U0923458

中华人民共和国

交通法规汇编

（2011）

中华人民共和国交通运输部　编

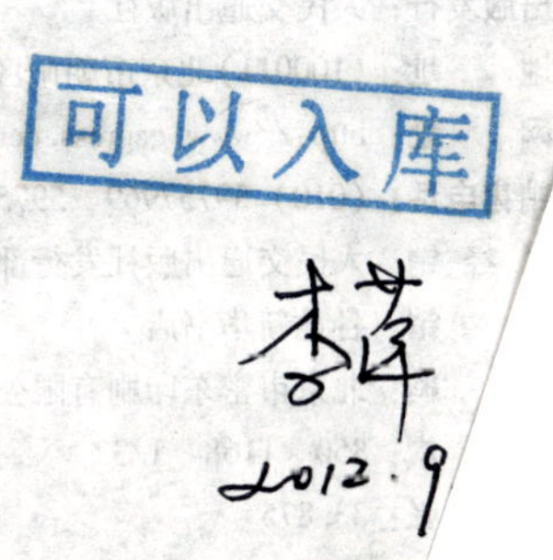

人民交通出版社

图书在版编目(CIP)数据

中华人民共和国交通法规汇编.2011／中华人民共和国交通运输部编. — 北京:人民交通出版社, 2012.8

ISBN 978-7-114-09928-1

Ⅰ. ①中…　Ⅱ. ①中…　Ⅲ. ①交通运输管理－法规－汇编－中国－2011　Ⅳ. ①D922.149

中国版本图书馆 CIP 数据核字(2012)第 157322 号

书　　名: **中华人民共和国交通法规汇编(2011)**
著 作 者: 中华人民共和国交通运输部
责任编辑: 张征宇　郭红蕊
出版发行: 人民交通出版社
地　　址: (100011)北京市朝阳区安定门外外馆斜街 3 号
网　　址: http://www.ccpress.com.cn
销售电话: (010) 59757969, 59757973
总 经 销: 人民交通出版社发行部
经　　销: 各地新华书店
印　　刷: 北京市密东印刷有限公司
开　　本: 850×1168　1/32
印　　张: 33.875
字　　数: 900 千
版　　次: 2012 年 8 月　第 1 版
印　　次: 2012 年 8 月　第 1 次印刷
书　　号: ISBN 978-7-114-09928-1
印　　数: 001－800 册
定　　价: 200.00 元

编 辑 说 明

一、本汇编是国家出版的交通运输专业性法律、法规、规章汇编正式版本。

二、本卷汇编收集了2011年公布的交通运输和与交通运输相关的法律、法规、规章、规范性文件，共98件。

三、本卷汇编收集的内容包括：2011年国务院公布的交通运输行政法规；交通运输部公布的规章；交通运输部的规范性文件；交通运输部与有关部委联合公布的规范性文件；部分地方交通运输法规；部分与交通运输有关的行政法规和规章，附录中收录了2011年废止的交通运输规章目录。

四、本卷汇编的内容按下列顺序编制：规划、公路建设养护管理、水运工程、运输管理、港口生产作业、海事救捞、人事劳动科技、行风建设、节能减排、法制建设、安全应急、邮政管理、其他、部分地方交通法规规章、附录。

目　录

规　划

公路建设养护管理

水运工程

运输管理

港口生产作业

海事救捞

人事劳动科技

行风建设

节能减排

法制建设

安全应急

邮 政 管 理

其　　他

部分地方交通法规规章

附　　录

规　　划

关于印发公路水路交通运输“十二五”科技发展规划的通知

交科技发〔2011〕234号　2011.6.7

各省、自治区、直辖市、新疆生产建设兵团、计划单列市交通运输厅(局、委),天津市、上海市交通运输和港口管理局,中央管理的交通运输企业,主要港口管理机构和港务(集团)公司,有关科研院所、高等院校,部属各单位:

“十二五”时期,是加快转变交通运输发展方式,推进现代交通运输业发展的关键时期。为深入实施科技强交战略,提高自主创新能力,推动交通运输行业科技进步,充分发挥科技的支撑和引领作用,我部编制了《公路水路交通运输“十二五”科技发展规划》。现印发给你们,请认真贯彻执行。

公路水路交通运输“十二五”科技发展规划

中华人民共和国交通运输部

二〇一一年六月

目　录

前　言

“十二五”时期，是加快转变发展方式、推进现代交通运输业发展的关键时期。面对交通运输发展的新形势新需求，必须深入实施科技强交战略，不断提高自主创新能力，加强科技研发，促进成果转化，充分发挥科技进步与创新在推进交通运输科学发展中的支撑和引领作用。

依据《交通运输“十二五”发展规划》和《公路水路交通中长期科技发展规划纲要（2006—2020 年）》，我部组织编制了《公路水路交通运输“十二五”科技发展规划》。本规划旨在阐明“十二五”时期公路水路交通运输科技发展的指导方针、发展目标、主要任务和保障措施，指导行业科技进步与创新，加快创新型行业建设，为转变发展方式、加快发展现代交通运输业，构建便捷、安全、经济、高效的交通运输体系提供重要支撑。

第一章　发展现状与需求

一、发展现状

"十一五"以来，交通运输行业深入实施"科教兴交"战略，坚持科技工作面向交通运输发展主战场，围绕交通基础设施建设与维护、安全保障和环境保护等领域关键技术问题，加大科技投入，强化科技管理，推进产学研相结合，开展重大科技研发和创新能力建设，取得了显著成效。五年来，全行业投入科研经费 120 亿元，比"十五"增长了近一倍，取得了一批重大科技创新成果，部分成果达到国际领先水平；获得国家级科技奖励 30 多项，自主创新能力与水平明显提高，行业科技进步贡献率达到 50%，科技发展效能显著提升。

（一）开展重大科技研发，增强了行业发展能力。

公路建设技术方面，针对西部地区复杂地质地形和恶劣气候条件等众多世界级难题，从勘察设计、建设施工、养护管理和生态环保等方面系统开展基础研究和技术开发，形成了以冻土、膨胀土和沙漠等 6 类筑路成套技术为代表的特殊地质地区公路建设关键技术，保障了西部地区大规模公路基础设施建设；针对跨江跨海和山区复杂条件下大型桥梁建设关键技术难题，形成了千米级斜拉桥、高墩大跨弯坡斜桥和钢管混凝土拱桥等设计施工成套技术，有力支撑了以苏通大桥为代表的一批世界级高难度桥梁建设工程，实现了我国桥梁建设技术自主创新的大跨越；针对特长公路隧道、山区隧道建设中的重大技术难题，解决了隧道工程、通风、防灾、监控等技术瓶颈，以秦岭终南山隧道为代表的公路隧道建设技术水平进入世界前列，有力地支撑了我国公路长大隧道的建设。

水路建设技术方面，针对离岸深水港设计、施工和养护中的重大技术难题开展研究，在码头泊稳条件、深水航道选线及设计参数和岛群中建港水动力等方面取得了技术突破，提高了工程质量和结构耐久性；以长江口深水航道整治为重点，加强不同类型河流滩险整治理论和关键技术攻关，保障了长江、西江等流域内河航道建设工程及航运梯级开发的顺利实施。

信息化技术方面，针对公路水路交通运输行业运营管理与服务水平亟待提升等突出问题，加强了信息通信等高新技术的渗透融合与集成应用，在电子政务建设、公众出行信息服务、道路运政信息化、高速公路不停车收费、港口物流管理、集装箱电子标签等方面取得了明显进展，智能交通和物流信息化由研究试验向集成应用转变，提升了交通运输信息化水平。

安全保障技术方面，针对交通安全与应急保障中的技术难题，与科技部、公安部联合实施了道路交通安全科技专项行动，加强了水上安全、救助打捞、船舶检验等监管手段和装备的技术创新，在船舶交通管理系统、船舶自动识别系统、中国船舶远程识别和跟踪系统、沉箱法整体打捞、溢油应急处置、交通工程安全等方面的研发应用取得突破，提高了交通安全和应急保障能力。

节能环保技术方面，面对资源节约与环境保护的更高要求，积极开展了内河船型标准化、港口与车船节能减排、路用材料循环利用等技术研究，对集装箱轮胎吊实施了“油改电”技术改造，经济社会效益显著，增强了交通运输可持续发展能力。

决策支持研究方面，围绕交通运输发展与改革的重大战略和政策问题，组织开展了建设创新型交通行业、发展现代交通运输业、资源节约环境友好交通发展政策及交通运输管理体制机制等研究，取得了一批重要成果，有力地支撑了交通运输科学决策。

（二）推进创新能力建设，提升了交通科技创新实力。

行业重点实验室布局基本完成，行业重点实验室达到43个，覆盖了公路水路交通运输科技发展的主要领域，在开展高水平研发活动、培养优秀科技人才、进行高层次学术交流等方面发挥了重要作用。各地交通运输主管部门和企业更加注重科研基地建设，科研基础条件显著完善，有效提升了全行业科技创新能力。

交通科技信息资源共享平台建设取得实质性进展，完成了平台建设试点工程，建立了平台建设的标准体系，整合形成了科技信息资源基础数据库，促进了科技信息资源的共建共享和有效利用，提升了科技管理信息化水平。

依托重大科研项目、重点科研基地和专项培训计划，培养、锻炼和汇聚了一批交通科技人才。截至目前，全国交通运输系统共有院士 5 名，拥有新世纪“十百千”人才工程第一层次人选 118 名和交通青年科技英才 211 名，科技人才梯队逐步形成，人才队伍结构显著改善，交通运输科技可持续发展能力不断增强。

（三）加强科技管理创新，提高了交通科技管理水平。

加强交通科技发展规划、管理制度和政策问题研究，完善了科技计划管理体系，制修订了科技项目管理办法、行业重点实验室建设、知识产权保护等管理办法，建立了交通科技统计报表制度。采取科技示范工程、专项行动计划等多种方式，促进科技成果转化应用。与科技部建立了部际会商机制，与地方交通运输主管部门加强了科技合作与信息交流。

积极探索以企业为主体的新型技术创新和研发组织模式，交通企业在重大科技研发、成果推广应用等方面投入加大，在技术创新中的主体作用进一步发挥，涌现出一批自主创新能力较强的交通企业。

地方交通运输科技管理部门、交通科研机构、交通企业等组织制订和有效实施了“十一五”科技发展规划，建立健全了具有各自特点的科技管理制度，采取多种措施加大科技投入，积极探索成果推广应用的工作机制和途径，构建了较为完善的科技管理体系，推进了科技创新体系建设。

在看到成绩的同时，应认识到交通运输科技仍存在一些不适应现代交通运输业发展的突出问题。主要体现在：基础性、前瞻性研究相对薄弱；成果推广应用体系不够完善；标准规范的研究与制修订不适应行业快速发展需求。

二、发展需求

“十二五”时期是全面建设小康社会的关键时期，是深化改革开放、加快转变经济发展方式的攻坚时期，交通运输发展仍处于重要战略机遇期和科学发展的关键时期。面对艰巨的发展任务与诸多的发展难题，交通运输科技发展必须紧紧围绕科学发展这一主题、加快转变发展方式这条主线，着力提高创新能力，持续推进科技进步与创新，支撑和引领交通运输科学发展。

——加强交通基础设施建养的科技需求。“十二五”时期我国交通运输仍处在大建设大发展时期，要坚持适度超前，继续保持交通运输基础设施建设适度规模和速度，优化基础设施网络和结构，促进形成连通全国、普惠城乡的交通基础设施体系，提高基础设施建设质量和服务水平。需研究解决基础设施建养急需突破的关键性技术瓶颈，强化基础设施耐久性和安全性技术、跨海通道建设技术、公路养护技术与装备、内河航道整治与维护技术的研发，提高基础设施的现代化水平。

——提升交通运输服务品质的科技需求。“十二五”时期是交通运输服务的全面提升期，将努力优化运输组织方式和装备结构，运用现代信息技术和管理技术提高运输现代化水平和运营效能，为全社会提供高品质、高效率、一体化的运输服务。需加强综合运输枢纽、多式联运、内河航运、城市客运等领域关键技术研究应用，强化物联网等现代信息技术的集成应用，大力推进智能交通，提高运输效率，降低运输成本，促进综合运输和现代物流业发展。

——提高安全应急保障能力的科技需求。加强交通运输安全监管，提升应急保障能力，是坚持以人为本的具体体现。要适应交通运输安全新形势，不断提高交通运输保障人民群众出行安全、国家经济安全和国防安全的能力。需加强基础设施安全监控、旅客运输与危险品运输安全、交通运输防灾减灾与应急保障等技术的系统研究，重点攻克灾害风险预警、安全监管、防灾减灾、应急指挥、应急处置以及救助打捞等方面的关键技术，促进交通运输安全发展。

——发展绿色交通运输体系的科技需求。发展以低碳为主要特征的交通运输体系，是加快转变发展方式的重要内容。要提高能源效率，减少污染排放，发展循环经济，加强生态保护和污染治理，构建绿色交通运输体系。需大力加强节能减排、材料循环利用、生态环境保护等技术与装备的研发应用，推进运输装备清洁燃料、替代能源和可再生能源应用技术推广，加快交通运输能耗及碳排放统计与检测技术研发，完善能耗和排放相关技术标准，推进资源节约型和环境友好型行业建设。

——建设服务型政府部门的科技需求。建设服务型政府部门，是提高行业管理和公共服务水平的客观要求。要加快转变政府职能，进一步提高政府交通运输部门的行政能力和水平。需深化交通运输发展规律性认识，加强交通运输改革与发展中重大战略规划、政策法规、体制机制和人民群众关注的热点难点问题等研究，提高交通运输决策和管理的科学化水平。

第二章 指导方针与发展目标

一、指导方针

深入贯彻落实科学发展观，深入实施科技强交战略，围绕交通运输建设、管理、服务的共性和核心技术，提升发展理念，攻克技术难题，搭建创新平台，健全创新体系，统筹推进创新能力建设、重大科技研发、成果推广应用和标准化建设，加快创新型行业建设，为转变发展方式、加快发展现代交通运输业，构建便捷、安全、经济、高效的交通运输体系提供重要支撑。

二、发展目标

创新体系进一步完善，创新能力明显提升，科技研发取得一批国际领先水平的自主创新成果，成果推广应用取得显著成效，标准化建设适应行业发展要求，信息化水平明显提升，支撑实现《交通运输"十二五"发展规划》确立的有关公路水路交通运输基础设施、运输服务、绿色交通和安全应急等方面的发展目标与重点任务，行业科技进步贡献率达到55%。

——创新能力建设达到新水平。完善行业重点实验室的总体布局，新建6~8个行业重点实验室，重点培育2~3个国家重点实验室。加快行业研发中心建设，建成15个左右行业研发中心，培育建设10个左右国家工程研究中心（工程实验室），综合实验基地和大型关键装备建设达到国家领先水平。完善科技信息资源共享平台建设，促进科技资源整合利用。依托重大建设工程、重大科研项目和重点科研基地，在重点领域着力培养一批学术带头人和优秀创新团队。

——科技研发取得新突破。在大型跨海通道、长江黄金水道、基于物联网的智能交通、公路维护、水上溢油应急处置等方面的重大关键技术开发与集成应用上，取得一批拥有核心自主知识产权、技术水平国际领先、实用性强的研发成果；在基础设施建设与养护、内河枢纽通航、运输组织与管理、信息资源开发利用、智能交通、安全与应急保障、资源节约与环境友好、科学决策支持等共性关键技术研发和应用基础研究上,取得重要突破,显著提升交通运输科技含量和水平。

——成果推广应用取得新成效。建立健全科研与生产紧密结合、加快成果转化的机制,形成较为完善的成果推广体系,推广一大批先进适用的科技成果,行业发展的科技含量明显提升。

——标准化建设取得新进展。健全行业技术标准规范体系,完善标准规范制修订和监督实施机制,提高行业标准的国际化程度;促进计量检测和产品质量监督体系建设,保障工程建设和产品质量的提升。

第三章　主要任务

一、创新能力建设

（一）重点科研基地建设。

研究制订行业科研基地的总体布局与功能定位，继续推进行业重点实验室建设，加快推进行业研发中心建设，积极培育建设国家科研基地，不断改善科研基础条件，全面提高科技创新能力，持续支持行业科技进步与创新。

1. 行业重点实验室建设。

结合行业科技创新的现实需求与长远需要，完善行业重点实验室布局，优化实验室研究方向，新建6～8个行业重点实验室，重点加强交通安全、节能环保、智能交通、材料工程和决策支持等领域实验室建设，支持行业重点实验室开展应用基础研究和重大科技研发。完善行业重点实验室建设模式与管理制度，推动行业重点实验室间的交流合作，促进行业重点实验室仪器设备向社会开放，发挥好行业重点实验室的公用科研平台作用。

对符合“十二五”期间国家重点实验室建设领域和方向、对交通运输行业发展有重大作用的行业重点实验室，继续加大支持力度，重点培育2～3个国家重点实验室。

2. 行业研发中心建设。

行业研发中心是行业科技创新体系的重要组成部分，是实现科技成果工程化应用与产业化推广的重要平台。在明确总体布局、建设模式、实施方式、管理机制和发展政策的基础上，加快推进行业研发中心建设，力争在基础设施建设与养护、综合运输与现代物流、交通安全和节能环保等领域建设15个左右行业研发中心，使之成为开展科技研发与成果转化的重要平台；培育建设10个左右国家工程研究中心（工程实验室）。各地交通运输主管部门和有关单位根据自身情况加强科技资源条件的培育建设，积极组建本区域或本单位研发中心，支持条件较好的科研基地建设成为行业研发中心。

3. 科研基础条件建设。

继续加大对交通运输主力科研机构科研基础条件投入，重点支持应用基础研究装备、重大关键仪器设备和大型综合试验场的建设，加快建设现代科研院所。继续支持工程建养领域科技基础条件建设，依托行业重点实验室，建设典型自然条件下公路水路交通运输基础设施长期性能观测和数据采集系统；着力支持运输、信息、安全、节能、环保和决策支持等领域科研条件建设。注重发挥中央财政资金投入的引导性作用，鼓励企事业单位以多种形式参与科研基础条件建设。

（二）科技信息资源共享平台建设。

1. 以服务于行业科技创新为目标，以加强科技信息资源整合利用为主线，完善行业科技信息资源共享机制，着力整合科技信息资源，推进交通运输科技数据中心建设，建立覆盖全国的交通运输科技信息资源共享体系，提升科技信息资源服务能力。

2. 以服务科技管理信息化为重点，强化共享平台应用，推进科技项目管理、科技成果管理、科技信息服务等系统应用，探索开展科技信用管理等服务，为行业科技宏观决策与管理等提供支持。

（三）科技创新人才梯队建设。

1. 加强高层次创新型科技人才队伍建设。采取倾斜政策，强化鼓励创新的动力机制与政策环境，依托重大建设工程、重大科研项目和重点科研基地，支持科研骨干潜心开展基础研究和科技攻关，参与国际国内学术交流，使之成为在国内外具有较高知名度和较大影响力的学术带头人。

2. 注重优秀青年科技人才队伍建设。以培养优秀青年科技骨干为目标，鼓励青年人才深入生产建设一线开展科技创新实践；本着鼓励创新的宗旨，支持优秀青年人才追求真理、敢于创新、勇攀高峰，支持围绕交通运输发展开展基础性、前瞻性探索研究；支持优秀青年人才参与学术交流、考察培训与国际合作；加大对优秀青年人才的培养、评选与发现力度,引导和激励青年人才健康快速成长。

二、科技研发

(一)重大科技专项。

以重大关键技术开发与集成应用为主,依托重大工程建设,重点支持对行业自主创新能力整体提升、支撑引领行业发展效果显著的重大科研项目,力争形成一批拥有核心自主知识产权、技术水平国际领先、实用性强的研发成果。

1. 大型跨海通道工程建设关键技术。

围绕港珠澳大桥等大型跨海通道高耐久结构工程建设需要,针对复杂海洋环境与远海深水施工,重点突破超长跨越桥梁、海底超长隧道、大型海上人工岛等建设的核心技术,提升跨海大型结构工程建设质量和耐久性。重点攻克:

——跨海大型结构工程综合防灾减灾理论、技术及装备

——超大跨桥梁结构体系与设计技术

——远海深水桥梁基础施工技术及装备

——跨海超长隧道结构体系、建造技术及装备

——海上人工岛适宜结构体系、修筑技术及装备

2. 长江黄金水道通过能力提升关键技术。

围绕长江等内河干线航道建设,以提高通过能力、确保航运安全为目标,重点突破通航设施建设、安全保障和航运信息服务等领域关键技术,实现内河航道治理技术的国际领先,支持干线航道通过能力的显著提升。重点攻克:

——长江航道急、浅、险滩整治关键技术

——长江中游航道系统整治技术

——长江口深水航道上延及多汊通航整治技术

——长江口航道回淤机理及减淤技术

——内河航运安全保障与船舶助导航智能化技术

——内河航运信息服务关键技术

3. 基于物联网的城市智能交通关键技术研发及应用。

促进民生改善，着眼于便民、惠民、安民，充分运用物联网技术，感知城市交通基础设施、车流、客流动静态信息，采用多模信息服务技术，重点加强公共交通信息服务、运营监管和应急保障等关键技术的研发及应用，有效缓解交通拥堵，显著提高城市交通运营管理与服务水平。重点攻克：

——城市客运智能车载终端设备研发

——公交线路优化及信号优先保障技术

——公共交通动态信息采集监测、服务及安全预警技术

——公共交通信息综合管理与决策支持技术

——城市交通共用信息平台建设、运营与服务技术

——城市客运综合枢纽换乘服务及客流诱导技术

——出租车运行管理及服务技术

——轨道交通安全运营及应急保障技术

——城市交通出行电子支付技术

——智能停车管理与动态诱导技术

4.新一代公路基础设施维护技术与装备开发。

以确保公路基础设施通畅运行为目标，重点突破公路基础设施无损检测、病害诊断、快速维修和材料循环利用等方面的核心技术，构建我国新一代高性能、高效率公路维护技术体系，填补国内相关技术领域的空白，实现公路维护关键技术、材料和重大装备的自主供给与产业化发展。重点攻克：

——公路基础设施结构状况无损检测评价技术与装备

——高等级公路路基病害快速综合诊断及加固新技术

——公路基础设施快速维修技术、材料与装备

——不中断交通的公路预防性养护与补强加固技术及装备

——公路废旧材料低碳高效循环利用产业化技术及装备

——半刚性基层路面性能保持与提升关键技术及装备

——交通工程及沿线设施快速修复技术

5.水上溢油事故应急反应与污染控制技术研究及示范。

以提高水上溢油应急反应和快速处理能力为目标，重点突破

水上溢油应急反应处置成套技术，攻克水上溢油围控、回收与处置技术与装备的技术瓶颈，为显著提升水上溢油应急反应处置能力提供技术支撑。重点攻克：

——水上溢油事故预防技术

——水上溢油围控技术

——水上溢油回收与处置技术及装备

——水上溢油立体监测与追踪系统集成技术

——水上溢油应急反应辅助决策系统技术开发及示范

——水上溢油生态环境污染损害评估技术

——大型溢油应急技术实验与检测关键技术

（二）重点研发方向。

以实用性、前瞻性技术为主，引导各级、各地交通运输部门紧密结合全国性或区域性交通运输发展需求，开展共性关键技术研发，力争取得重要突破，显著提升交通运输发展的科技含量。

1.公路基础设施建设与养护。

围绕提高公路基础设施耐久性和安全性，开展结构、材料、设计、施工和养护等方面关键技术研发，为降低工程造价、养护成本和保障运营安全提供技术支撑。

重点研究：高耐久路面结构设计与材料制备技术；持久稳定路基设计技术；高强复合纤维加筋混凝土桥梁设计与施工技术；高耐久桥梁结构表面防护材料与在役桥梁再涂装技术；山区公路建设与养护关键技术；冬季道路养护技术等。

2.港口和航道建设与维护。

围绕水运基础设施重大工程建设与维护，开展外海港口与航道建设、港口码头养护、内河航道治理等方面关键技术研发，为提升我国水运整体实力和国际竞争能力提供技术支撑。

重点研究：航道治理模拟技术；复杂自然条件下深水海港及航道工程建设技术；港口基础设施耐久性关键技术研究；港口码头健康检测评估、修复加固和改造技术；渠化河段航道与枢纽下游近坝段航道整治技术；航道整治建筑物新型结构技术等。

3. 内河枢纽通航。

围绕提升内河通航枢纽运行维护水平，开展枢纽通航安全和通航建筑物健康检测等方面关键技术研发，为提高内河枢纽通畅运行与安全保障能力提供技术支持。

重点研究：船舶过闸交通组织与枢纽联合调度技术；通航建筑物检测和安全评估技术与设备开发；船闸运行与船舶过闸安全状态监测技术；枢纽通航安全应急技术与装备开发；通航建筑物运行维护技术；枢纽航运扩能技术等。

4. 交通运输组织与管理。

围绕提升交通运输服务的品质和效率，促进综合运输体系和现代物流业发展，开展综合运输枢纽建设、多式联运和运输生产等方面关键技术研发，为提高运输组织与管理水平提供技术支撑。

重点研究：综合运输通道资源优化利用与综合运输枢纽建设运营技术；公铁水联运关键技术；公路网络状态检测与运营效率提升关键技术；物流资源优化配置与协同服务关键技术；城市物流配送及安全监管技术；公路甩挂运输、滚装运输和汽车列车技术；运输船舶动力装置故障监测与诊断技术；港口装卸机械健康监测与性能改造技术等。

5. 交通运输信息资源开发利用。

围绕交通运输信息资源开发利用，开展共性关键技术与基础性研究，夯实交通运输信息化建设的技术基础，为促进行业信息平台数据交换与协同服务，显著提升交通运输信息资源的共享与服务水平提供技术支撑。

重点研究：交通运输信息化顶层设计与系统整合技术；交通运输数据中心建设与运营管理技术；交通运输密钥管理与安全认证体系建设技术；交通运输信息化标准一致性和符合性检测技术；交通地理信息系统整合与服务技术；交通运输信息服务平台建设技术；交通运输经济运行监测预警与决策分析系统建设技术等。

6. 智能交通。

推进物联网、云计算等新一代信息技术在交通运输领域的研发与集成应用,开展运输装备身份识别、交通流感知等共性技术与关键设备研发,为加快发展智能交通提供技术支撑。

重点研究:交通要素标识与编码体系;交通运输电子标签及身份识别技术;智能车路协调技术;道路与航道环境信息感知技术与设备;智能航标与电子海图测绘技术;交通流信息智能化采集、传输、处理技术与设备;基于北斗二代卫星的定位导航应用关键技术等。

7. 交通运输资源节约与环境友好。

为缓解资源与环境制约,开展资源节约、生态保护与恢复、污染治理等方面的应用基础及实用技术研究,为建设资源节约型和环境友好型交通运输行业提供技术支撑。

重点研究:公路、港口建设集约节约利用土地和岸线技术;公路废旧材料循环利用及地方材料利用技术;运输装备清洁燃料、替代能源和可再生能源应用技术;运输装备节能环保应用技术;交通运输基础设施建设生态环境保护与修复技术;水上油品、化学品、危险品污染监测和处理技术;交通运输能耗及碳排放统计、检测与认证技术等。

8. 交通运输安全与应急保障。

针对我国自然灾害频发,交通运输安全应急保障水平急需提升的需求,开展主动预防、安全监管、应急处置等关键技术研发,为全面提高交通运输安全监管与应急处置能力提供技术支撑。

重点研究:公路交通安全设施设计开发与应用技术;公路网运营风险评估与安全管理技术及装备;重点营业性运输装备监管体系及联网联控关键技术;危险品运输应急反应与处置技术及装备;海事监管与航海保障技术;水上安全与搜救打捞关键技术及装备;交通运输大型基础设施灾害风险预警与防灾减灾技术;交通抗灾抢险与应急指挥系统技术;港口设施与船舶保安技术及装备等。

9. 交通运输科学决策支持。

紧密结合交通运输改革发展中的重大问题和热点难点问题,开展现代交通运输发展战略规划、政策法规、体制机制等研究,为交通运输科学决策提供理论依据和实践操作方案，促进交通运输科学决策水平迈上新台阶。

重点研究：综合运输与现代物流发展战略与政策；交通运输体制改革与法制建设；道路运输与城市客运发展政策；内河航运与国际航运发展政策；低碳交通运输体系建设框架与发展政策；交通运输信息化发展政策；交通运输科技教育与人才发展；交通运输投融资和资产管理等。

三、成果推广应用

（一）成果推广的重点领域。

基础设施建设方面，重点推广重载交通长寿命半刚性基层沥青路面设计与施工技术、路面温拌沥青技术、大跨径桥梁建设技术、长大隧道建设技术、深水筑港技术、内河航道整治技术、交通基础设施健康诊断技术等。

运输组织优化方面，重点推广甩挂运输技术、物流公共信息服务平台技术、船货动态集成一体化监控技术、多式联运组织优化技术等。

智能交通方面，重点推广联网不停车收费技术、电子证件技术、船舶交通监管技术、集装箱信息化管控一体化技术、集装箱码头集卡全场智能调度系统技术等。

安全保障方面，重点推广交通安全设施设计技术、山区公路运输安全保障技术与产品、道路安全评估技术与装备、水上危险品运输安全技术等。

资源节约方面，重点推广沥青与水泥混凝土路面材料再生利用技术、废旧轮胎橡胶粉筑路应用技术、隧道照明与通风节能技术、港口装卸机械“油改电”技术、港口船舶岸电利用技术、太阳能一体化航标灯等。

环境保护方面，重点推广路域生态工程技术、路域生态环境监测技术、航道整治工程生态环境保护技术、疏浚土利用技术、散货码头防风除尘体系等。

（二）成果推广的重点工作。

1. 完善成果推广方式。制订加强科技成果推广工作的指导意见,定期发布成果推广手册、指南或目录;依托工程建设和运输生产,重点在综合运输、现代物流、智能交通、交通安全、节能减排等领域开展10个左右的科技示范工程及专项行动计划;组织开展先进适用技术培训与成果推广经验交流,促进成果推广应用。

2. 健全成果推广机制。建立健全促进成果推广的规章制度,重点在资金投入、人才保障、激励措施、信息共享、知识产权保护等方面完善促进科技成果推广的制度保障与动力机制。完善以政府部门为指导、交通企业为主体、科研机构为支撑、中介机构为桥梁的组织体系,探索建立专业化成果推广机构,促进成果推广应用。

3. 成果推广信息平台建设。强化科技信息资源共享平台的成果推广功能,整合科技成果信息、供求信息、服务信息和管理信息等科技成果推广相关信息,为科技成果推广做好信息服务。

四、标准化建设

(一)标准规范制修订。

促进标准化建设的协同管理,加强重点领域标准化体系建设,形成基本适应现代交通运输业发展需要的标准规范体系。加强标准规范的前期研究,促进先进适用科技成果及时纳入标准规范,加快标准规范更新。重点开展基础设施建设养护以及运输管理、行业物流、城市客运、智能交通、信息化、交通安全、节能环保等领域标准规范的制修订。鼓励结合区域特点制订地方标准。推动企业积极参与制修订标准。积极吸纳重点领域的国外先进标准和国际标准,积极参与国际标准的制修订,提高我国交通运输国家标准和行业标准制修订水平。

(二)标准规范监督实施。

推进交通运输标准化建设的政策制定,组织开展标准宣贯、应用培训与经验交流,促进标准的推广应用。研究建立标准监测系统,开展标准使用监测,监督标准的有效实施,促进标准化建设质量与应用水平的有效提升。加强国际标准化工作,组织推介国家标准,支持我国标准"走出去",提高我国交通企业和科研机构参与国际竞争的能力。

(三)计量检测和产品质量监督。

加强计量技术规范的研究与计量检定规程制修订,开展检测设备的计量校准技术研究,加强检测计量技术交流。完善交通运输产品质量抽查制度,加强产品质量检测能力建设,重点加强交通运输安全、重点工程原材料、节能等方面产品的质量监督,推进交通运输产品质量认证工作,保障工程建设和产品质量的提升。

第四章 保障措施

一、规划实施的组织体系

本规划由各级交通运输主管部门、科研机构、大专院校和交通企业等共同实施，充分调动行业和社会科技资源，形成促进行业科技进步与创新的合力。交通运输部以本规划为依据，统筹科技资源配置，着力解决创新能力建设、重大科技研发、成果推广应用和标准化建设等方面全国性和跨区域重大关键问题；完善科技计划管理体系，以实施交通运输科学技术计划为依托，统筹推进基础研究、科技研发、成果推广和企业创新等计划实施。各地交通运输主管部门及有关单位结合各自实际制订科技发展规划，着力解决区域性交通运输科技发展问题。适时开展科技发展规划评估与调整，逐项抓好规划任务的落实。

二、科技管理的制度保障

根据实施各类科技计划的需要，进一步完善科技管理制度，规范和优化科技管理流程，完善重大科技项目顶层设计、立项论证与招投标制，引入科技信用、科技评价、绩效评估等制度，加强项目实施全过程监管，完善科技成果奖励方式，提高成果质量与创新水平。加强重大工程科技项目管理，明确科技主管部门与业务主管部门在科研立项、信息共享、成果推广和经费管理等环节实行协同管理的程序与要求。根据行业科技发展进程，适时修订行业技术政策，促进行业科技进步。

三、促进创新的协调机制

促进科技创新是全行业的共同使命，需要各地各部门密切配合，协同推进。在行业主管部门层面，推进建立跨部门创新工作协调机制，加强重大项目建设、重大科技研发、科研基地建设、创新人才发展等方面政策的有效衔接，凝聚创新合力，提升科技创新的整体效能。健全部际会商机制；强化有关地区和单位之间的科技资源共享与科研项目合作，协同开展技术攻关；支持科研机构、大专院校和交通企业联合，形成区域性和专业性的技术创新战略联盟，促进科技资源的优化配置和高效利用。加强国际交通运输科技交流与合作，注重引进技术的消化吸收和再创新，引导和推动科研机构、交通企业等“走出去”，向境外输出技术服务和产品。

四、科技发展的资金支持

继续争取中央和地方财政加大对交通运输科技发展的支持力度。在车辆购置税资金中安排部分资金用于交通运输科技发展，建立持续稳定的科技资金投入机制。各地交通运输主管部门主动与当地财政部门协调，从成品油消费税返还资金中安排一定比例，设立专项资金用于支持交通运输科技研发、成果推广、标准化建设和创新能力建设。鼓励企业结合生产建设工程加大科技投入，进一步发挥企业技术创新的主体作用。引导和吸纳社会资金投向交通运输科技研发。优化科技资金投入结构，加大应用基础研究投入力度，支持重点研发方向关键技术的滚动深化研究。

关于印发全国交通运输系统法制宣传教育第六个五年规划的通知

交政法发〔2011〕305号　2011.6.20

各省、自治区、直辖市、新疆生产建设兵团交通运输厅(局、委),天津市市政公路管理局,天津市、上海市交通运输和港口管理局,部属各单位,部内各单位,有关交通运输企业:

为进一步提高交通运输系统广大干部职工的法律素养,广泛深入宣传学习交通运输法律法规,推进交通运输法治政府部门建设的进程,为交通运输科学发展营造良好的法治环境,根据《中央宣传部、司法部关于在公民中开展法制宣传教育的第六个五年规划》,部研究制定了《全国交通运输系统法制宣传教育第六个五年规划》,现予印发,请结合实际情况,抓好落实。

全国交通运输系统
法制宣传教育第六个五年规划

为进一步贯彻落实《中共中央、国务院转发〈中央宣传部、司法部关于在公民中开展法制宣传教育的第六个五年规划(2011～2015年)〉的通知》(中发〔2011〕6号)精神,结合交通运输“十二五”期间改革与发展的总目标和主要任务,制定本规划。

一、指导思想、主要目标和工作原则

(一)指导思想

全国交通运输系统第六个五年法制宣传教育工作(简称“六五”普法)的指导思想是:高举中国特色社会主义伟大旗帜,以邓小平理论和“三个代表”重要思想为指导,深入贯彻落实科学发展观,按照全面落实依法治国基本方略和建设社会主义政治文明的新要求,紧紧围绕党、国家的工作大局和交通运输“十二五”发展目标,坚持法制宣传教育与社会主义核心价值体系教育相结合,与社会主义法制理念教育相结合,与社会主义公民意识教育相结合,与推进法治政府部门建设相结合,与提高交通运输管理水平、加强和创新社会管理工作相结合,大力推进依法治交,为保障和促进交通运输事业的科学发展营造良好的法治环境。

(二)主要日标

通过开展法制宣传教育和依法治交实践,深入宣传宪法,广泛传播基本法律和交通运输法律知识,进一步增强各级交通运输主管部门领导干部学法守法用法意识,不断提高依法执政、依法行政、依法决策的意识和能力;进一步增强交通运输系统公务员的法治理念,不断提高运用法律手段解决问题的水平和能力;进一步增强交通运输行政执法人员法律素养,不断提高执法水平;进一步增强交通运输企事业经营管理人员诚信守法的意识,不断提高依法管理、依法经营的能力;进一步向社会普及交通运输法律知识,为交通运输科学发展营造法制环境。

(三)工作原则

——坚持围绕中心,服务行业。按照"十二五"交通运输发展的目标和任务,深入开展法制宣传教育的各项工作,服务改革开放,服务保障和改善民生,服务和谐交通建设,服务交通运输事业的科学发展。

——坚持以人为本,服务群众。着眼于交通运输系统干部职工和社会群众的实际法律需求,重点解决基层和群众关心的热点和难点问题,开展形式多样、喜闻乐见的法制宣传教育活动,实现好、维护好、发展好最广大人民的根本利益。

——坚持学用结合,注重实效。坚持法制宣传教育与法治实践相结合,用法制宣传教育引导法治实践,在法治实践中加强法制宣传教育,突出法制宣传实践的重要作用,不断提高法制宣传教育的影响力和实际效果,扎实推进交通运输依法治交进程。

——坚持改革创新,与时俱进。要加强对交通运输法制宣传教育工作的研究,积极探索新时期交通运输法制宣传教育工作的新特点、新思路,拓宽工作领域,创新工作方法,突出交通运输法制宣传教育的行业特点和社会价值。

——坚持实事求是,分类指导。各地、各单位要结合自身实际,根据不同地区、不同对象的特点,确定交通运输法制宣传教育的重点内容,制订工作计划,采取切实可行的方法,提高交通运输法制宣传教育的针对性和时效性。

二、主要任务

(一)深入学习宣传宪法。宪法是国家的根本法,是治国安邦的总章程,也是交通运输系统法制宣传教育工作深入学习宣传的重点。要通过进一步学习宣传宪法,大力宣传社会主义制度的优越性,努力增强交通运输系统广大干部职工的宪法意识、公民意识、爱国意识、国家安全统一意识和民主法制意识,并按照宪法的要求,规范自己的行为。牢固树立党的领导、人民当家做主和依法治国有机统一的观念,树立国家一切权力属于人民,权利和义务相统一的观念,强化广大交通运输干部职工的公仆意识,形成崇尚宪法、维护宪法的良好氛围。

(二)深入学习宣传建设社会主义法治国家的基本方略和国家基本法律。广泛学习宣传宪法相关法、民商法、行政法、经济法、社会法、诉讼与非诉讼程序法、刑法等主要法律的基本精神和基本原则,提高交通运输系统广大干部职工的基本法律素养和技能。要进一步贯彻《国务院关于加强法治政府建设的意见》、《全面推进依法行政实施纲要》,加强《行政许可法》、《行政诉讼法》、《行政处罚法》、《行政复议法》、《国家赔偿法》、《招标投标法》等法律法规的学习宣传,使交通运输系统广大干部职工牢固树立依法行政、依法办事的理念,在交通运输系统形成学法用法守法的良好法治氛围,充分发挥法律在交通运输发展中的规范、引导和保障作用。

(三)深入学习宣传社会主义市场经济及规范交通运输市场秩序相关的法律法规。要加强中国特色社会主义市场经济法律体系的学习宣传,促进交通运输经济健康繁荣发展。要加强《中华人民共和国公路法》、《中华人民共和国港口法》等规范交通建设市场法律法规的学习宣传,促进交通运输建设市场的有序发展。加强《道路运输条例》、《水路运输管理条例》、《国际海运条例》等规范运输市场秩序法律法规的学习宣传,促进交通运输市场信用机制的建立。要进一步学习宣传《收费公路管理条例》,加强收费公路监管,规范公路收费。要加大新出台的《公路安全保护条例》的学习宣传力度,宣传公路使用利用的相关责任、权利和义务,做好公路安全保护工作。

(四)深入学习宣传保障和增强人民群众安全意识相关的交通运输法律法规。要重点学习《中华人民共和国安全生产法》,加强《海上交通安全法》、《内河交通安全管理条例》、《海上交通事故调查处理条例》、《船舶和海上设施检验条例》、《船员条例》等法律法规的学习宣传,增强人民群众安全生产、安全出行、安全救助的自我保护意识,保障人民群众生命财产的安全。

(五)深入学习宣传促进交通运输经济可持续发展相关的法律法规。要加强《中华人民共和国节约能源法》的学习宣传,开展交通运输行业节能低碳行动,进一步调动广大干部职工节约能源、降低消耗的自觉性,确保行业节能目标的实现。要加强《中华人民共和国海洋环境保护法》、《防止船舶污染海域管理》、《防止拆船污染环境管理条例》等保护自然环境方面的法律法规的学习宣传,使交通运输系统更加注重节能能力建设,促进交通运输经济发展与人口、资源、环境相协调。也使广大干部职工更加牢固地树立节约资源、发展循环经济、保护生态环境的观念,促进交通运输行业可持续发展,推动资源节约型、环境友好型行业建设。

(六)深入开展廉政法制宣传教育。以各级交通运输主管部门的领导干部和公务员为重点,进一步加强《中华人民共和国公务员法》、《中华人民共和国审计法》、《中华人民共和国行政监察法》和廉政准则等相关法律法规的学习宣传,促进交通运输行业廉政法制文化建设,增强交通运输系统领导干部和公务员立党为公、执政为民的理念,坚持反腐倡廉法制宣传教育与政治理论教育、理想信念教育、职业道德教育、党的优良传统教育和作风建设相结合,进一步转变工作作风,推进政务公开,不断增强领导干部和公务员反腐倡廉的意识,提高廉洁自律的自觉性。

(七)深入学习宣传社会管理职能方面的法律法规。要大力开展学习宣传维护国家安全、社会稳定、促进社会团结的相关法律法规,特别是与交通基础设施建设征地拆迁、国有企业改制、高速公路收费等相关法律法规的学习宣传,预防和减少社会矛盾,维护社会稳定,促进交通运输和谐发展。要加强信访、投诉、调解、刑事、民事和行政诉讼法律法规的学习宣传,引导公民依法按程序合理表达自己的利益诉求,依法化解矛盾纠纷,解决争议,促进社会公平正义。

(八)大力加强法治文化建设。要广泛学习宣传古今中外法治的历史和文化,学习宣传法律与道德的关系,将社会主义核心价值体系贯穿于法制宣传教育工作的始终,使广大交通运输干部职工深刻领悟法律的精神和精髓。组织开展丰富多彩的法治文化活动,丰富法制宣传教育的形式和载体。要培养树立一批普法先进典型,发挥典型示范作用,打造一批普法文化品牌。

(九)大力加强交通运输企业依法治理工作。要组织开展社会主义市场经济与企业经营管理的法律法规的学习宣传活动,一方面要学习宣传与企业经营管理密切相关的交通运输管理法律法规,另一方面要学习宣传公司治理方面的法律法规,包括公司法、劳动法、保险法等。进一步完善企业法律顾问制度。

(十)组织开展交通运输法制宣传教育主题活动。各级交通运输主管部门要结合工作实际,开展形式多样、生动活泼的法制宣传教育活动,突出服务科学发展的主题,立足促进交通运输经济发展和稳定,进一步深化法律进机关、进企业、进单位、进工地、进港站、进车船活动,继续做好"12·4"全国法制宣传日宣传教育活动,集中开展以学习宪法为核心的法制宣传教育。充分利用法律宣传月、法律宣传周、法律宣传日等,大力宣传交通运输法律法规,不断掀起学习交通运输法律法规的热潮。

三、对象和要求

全国交通运输系统"六五"普法的对象是:全国交通运输行业的广大干部职工,包括各级交通运输主管部门的领导干部,交通运输系统的公务员,交通运输行政执法人员,交通运输企业经营管理人员以及交通运输部门的服务和管理对象。

(一)切实加强各级交通运输部门领导干部法制宣传教育。各级交通运输部门领导干部要带头学法守法用法,要把宪法、法律和依法行政、建设法治政府的原则和要求作为学习的重要内容,树立在宪法和法律规范内活动的观念,不断提高依法决策、依法行政、依法管理交通运输的意识和能力。要继续坚持党组理论学习中心组集体学法制度、领导干部法制讲座、法制培训、法律知识考试考核等制度,大力推进领导干部学法经常化、制度化。全国各级交通运输主管部门和执法机构新任命领导班子成员,应当在任职一年内参加省、部交通运输主管部门组织的法制培训和考试，并把学习掌握法律知识，守法用法情况作为交通运输系统领导干部任职和年度评估考核的重要内容。

（二）切实加强各级交通运输系统公务员的法制宣传教育。各级交通运输主管部门要加大对公务员的培训力度，加强与正确履行职责相关的专门法律知识学习，树立有权必有责、用权受监督、违法要追究的观念，不断提高公务员运用法律手段解决问题的能力。各级交通运输主管部门要制订本单位公务员年度法制培训工作计划，要定期开展社会主义法制理念教育，举办专门法律知识和新颁布的法律法规培训班，大力推进交通运输系统公务员年度法制学习培训工作。各级交通运输部门要对公务员学法用法情况进行定期检查，并作为公务员任职、晋升和年度考核的重要内容。

（三）切实加强交通运输行政执法人员的法制宣传教育。交通运输行政执法人员应当熟练掌握和运用与交通运输行政执法工作相关的国家法律法规和交通运输法律法规，要通过加强执法监督、落实执法责任，做到公正执法、规范执法、文明执法，切实增强执法人员的服务意识和服务能力。交通运输部要组织编写交通运输行政执法人员职业道德规范，修订完善执法人员培训教材，出版交通运输行政执法工作手册，制订执法人员培训规划和培训大纲，分级分类组织执法人员培训工作，不断提升执法人员政治素质、法律素养和职业道德。

（四）切实加强交通运输企业经营管理人员和管理服务对象的法制宣传教育。要组织交通运输企业经营管理人员学习社会主义市场经济和与交通运输企业经营管理相关的法律法规，增强企业经营管理人员诚信守法、依法经营、依法办事的观念，提高依法经营管理的能力和水平。进一步深化企业职工法制宣传教育，引导职工遵纪守法，依法维护合法权益。要采取灵活多样的形式，广泛开展对管理服务对象的法制宣传教育，为维护良好的交通运输秩序营造和谐的法治环境。

四、工作步骤和安排

全国交通运输系统第六个五年法制宣传教育规划从2011年开始实施，到2015年结束。分三个阶段进行。

（一）宣传发动阶段：2011年6月至10月。各地区各单位要根据本规划，结合本地区、本部门、本单位的实际，研究制订“六五”普法规划，并报交通运输部备案。各地区、各单位要做好宣传、发动和组织工作。

（二）组织实施阶段：2011年11月至2015年6月。各地区、各单位要根据本规划确定的目标、任务和要求，结合本地区、本部门、本单位的实际，突出工作重点，及时制订年度工作计划，做好组织实施。各省级交通运输主管部门和部直属系统每年2月底前要将本地区、本部门上一年度普法工作总结和本年度普法工作计划报交通运输部。2013年部将组织开展中期检查督导和表彰活动。

（三）检查验收阶段：2015年下半年，各省级交通运输主管部门和部直属系统要完成对本地区、本部门“六五”普法规划实施情况的自查，并将自查结果报交通运输部。交通运输部将根据总结验收结果，评选全国交通运输系统“六五”普法先进单位和先进个人，予以表彰。具体评选标准和评选办法另行通知。

五、组织领导和保障

（一）加强领导。各级交通运输主管部门要高度重视法制宣传教育工作，要从构建和谐交通、建设法治政府、促进交通运输事业科学发展的高度，把法制宣传教育工作纳入交通运输“十二五”发展规划，切实加强对交通运输法制宣传教育工作的领导，进一步健全工作机构和组织机构，明确领导责任，落实专门机构和人员，建立相应的工作制度。

（二）落实责任。各级交通运输主管部门要明确领导职责，实行目标管理责任制，要建立和完善领导小组定期会议制度、年度工作汇报制度、普法督查与激励制度等。做到年初有部署、年中有检查、年末有总结，保障“六五”普法工作任务落到实处。

（三）落实经费保障。各级交通运输主管部门要按照中央的要求，把法制宣传教育经费列入本级财政预算，用于领导干部学法专题讲座、公务员和执法人员的普法培训、交通运输法律法规专题宣传和普法活动，做到专款专用，确保交通运输法制宣传教育工作顺利开展。

（四）加强阵地建设。各级交通运输部门要注重发挥行业和地区电视、广播、报刊、互联网、手机等媒介的重要作用，通过开辟法制专栏、普法网站、法律服务热线等形式，为人民群众提供方便快捷的交通运输法律法规咨询服务。要充分利用高速公路路口、桥梁、车站、港口、码头等公共场所，将其作为交通运输法制宣传教育阵地，开展丰富多彩、形式多样的法制宣传教育活动。要发挥交通运输系统党校、培训中心及各级、各类社会团体的作用，做好普法培训工作，扩大交通运输法制宣传教育的覆盖面，提高法制宣传教育的影响力。

关于印发公路水路交通运输节能减排“十二五”规划的通知

交政法发〔2011〕315号　2011.6.27

各省、自治区、直辖市、新疆生产建设兵团交通运输厅(局、委),天津市、上海市交通运输和港口管理局,天津市市政公路管理局,部属各单位,部内各单位,部管各社团,有关交通运输企业:

为进一步提高交通运输行业能源利用效率,促进能源消费结构优先升级,降低二氧化碳排放强度,建设低碳交通运输体系,实现国家“十二五”规划纲要提出的节能减排目标,我部编制了《公路水路交通运输节能减排“十二五”规划》。现印发给你们,请认真贯彻执行。

公路水路交通运输节能减排“十二五”规划

中华人民共和国交通运输部

二〇一一年六月

目　　录

前　言

为深入贯彻落实科学发展观,全面贯彻落实资源节约和环境保护基本国策,深化资源节约型、环境友好型交通运输行业建设,提高能源利用效率,优化能源消费结构,降低二氧化碳排放强度,根据《交通运输"十二五"发展规划》、《公路水路交通节能中长期规划纲要》等,编制本规划。

本规划阐明了"十二五"时期交通运输行业节能减排工作的指导思想和基本原则,明确了总体目标和主要指标,提出了重点任务和保障措施,是交通运输"十二五"规划体系的重要组成部分,是"十二五"期交通运输行业节能减排工作的纲领性文件。本规划的制定与实施,将为进一步深化交通运输行业节能减排工作,积极发展低碳交通运输体系,加快转变交通运输发展方式发挥重要的基础性指导作用。

一、现状与评价

(一)主要工作成绩

“十一五”期间,交通运输行业坚持以科学发展观为统领,以加快转变发展方式为主线,紧紧围绕提高能源利用效率,不断提升发展理念,加快推进结构调整,大力推动技术进步,加强节能减排监管,扎实推进节能减排工作,取得了积极进展,为推进交通运输行业又好又快可持续发展、实现国家“十一五”节能减排目标作出了积极贡献。

1. 优化交通运输结构,节能减排的集约效应日益显现。

一是大力推进综合运输体系建设,运输结构进一步优化,特别是内河航运、城市公共交通等节能环保的比较优势日益显现;二是着力优化交通基础设施网络布局、改善技术状况,2010 年底全国二级及二级以上公路、有铺装路面和简易铺装路面公路、万吨级以上泊位和五级以上内河航道所占比重分别比“十五”末提高了1.3个百分点、20.2 个百分点、2.3 个百分点和 1.1 个百分点,为交通运输节能减排提供了良好的物质基础;三是努力改善车船运力和工程机械装备结构,交通运输装备的大型化、专业化和标准化趋势明显,2010 年底营运货车平均吨位、营运船舶平均净载重量分别比“十五”末提高了 36.1%、105.9%,整体能效水平显著提高;四是加快调整交通运输企业组织结构,企业的集约化程度和用能管理水平有效提升。交通运输结构的不断优化,使节能减排的网络效应、规模效应和集约效应得到充分发挥,大大提升了交通运输系统节能减排的整体水平。

2. 加强科技创新与成果推广,节能减排技术基础明显增强。

一是组织开展了资源节约型环境友好型交通发展模式、低碳交通运输体系建设等一批重大战略规划与政策研究,为行业科学决策提供了有力支撑;二是扎实推进信息化建设,大力推广应用不停车收费(ETC)、智能交通系统(ITS)、物流公共信息平台、公众出行信息服务系统、无线射频识别技术(RFID)、全球导航卫星系统(GNSS)等现代信息技术,交通运输生产效率和服务水平有效提升;三是大力推进采用先进运输装备技术,开展了货运汽车及汽车列车推荐车型、客运车辆等级评定和内河船型标准化工作,配合开展了“十城千辆”节能与新能源汽车示范推广,积极开展港口轮胎式集装箱门式起重机(RTG)“油改电”,探索应用靠港船舶使用岸电技术等;四是发布了两批共40项重点推广在用车船节能产品(技术)目录,大力推广应用燃油添加剂、节油器等先进适用技术与产品;五是在交通基础设施建设养护中积极采用新结构、新工艺和新材料,推广应用隧道节能照明、路面材料再生、温拌沥青等新技术,探索应用太阳能、风能等可再生能源。通过这些科技创新与推广应用,交通运输节能减排的技术基础和保障能力不断增强。

3. 注重提升节能减排监管能力,节能减排管理水平明显提高。

一是建立健全节能减排管理机构。交通运输部成立了新的节能减排工作领导小组,并下设节能减排与应对气候变化工作办公室,各地交通运输主管部门、大型交通运输企业也普遍设立了相应的节能减排工作管理机构或岗位,为做好节能减排工作提供了有力的组织保障。二是组织开展了交通运输行业能源统计体系研究,公路运输、水路运输和港口生产能源统计指标初步纳入国家统计;着手研究构建行业节能减排监测考核体系,并在山东等地开展监测考核试点。三是积极推动实施了燃油消费税改革,实施了营运车辆燃料消耗量准入、实载率低于70%的客运线路不得新增运力等政策,强化交通运输市场监管,改进行业能源利用水平。四是积极引导企业规模化、集约化发展,组织开展甩挂运输、江海直达、多式联运等试点工作,不断提升交通运输系统运行效率。五是在交通建设领域,注重合理规划、创新设计、精心施工、严格监管,认真执行节能评估与审查、规划与建设项目环境影响评价等制度,使节能减排方针在交通建设工程实践中得到有效落实。这些工作的开展有效促进了行业节能减排管理体系的完善和监管能力的提升。

4. 健全法规标准和规划体系,节能减排制度环境持续改善。

相继出台了《公路、水路交通实施〈中华人民共和国节约能源法〉办法》、《道路运输车辆燃料消耗量检测和监督管理办法》等部门规章；制定了《营运客车燃料消耗量限值及测量方法》、《营运货车燃料消耗量限值及测量方法》、《水运工程节能设计规范》等标准规范；发布了《公路水路交通节能中长期规划纲要》以及各年度节能减排工作要点；印发了《交通行业全面贯彻落实〈国务院关于加强节能工作的决定〉的指导意见》、《资源节约型环境友好型公路水路交通发展政策》等指导性文件。与此同时，各地交通运输主管部门也根据自身实际制定了相应的规章制度、地方性标准、中长期规划和具体实施意见。法规标准与规划体系初步建立并不断完善，为交通运输节能减排工作逐步走上科学化、法制化、规范化提供了有力的制度保障。

5. 积极开展宣传培训与示范工程，节能减排理念不断提升。

组织召开了全国交通运输行业节能减排工作视频会议，以及资源节约型和环境友好型港口建设、港航共建绿色水运等专题工作会议，开展了“车、船、路、港”千家企业低碳交通运输、资源节约型环境友好型交通等专项行动，统筹部署全行业共同行动；组织开展了“宇通杯”机动车驾驶员节能、机动车检测维修、港口机械等职业技能竞赛，充分调动全行业共同参与的积极性；先后推出了三批共60个部级节能减排示范项目，总结提炼经验并予以大力宣传推广，发挥了良好的示范带动作用；认真组织“节能宣传周”等活动，广泛深入开展宣传教育与交流培训；开通了“交通节能网”，及时发布国内外动态信息，推广先进技术与经验。各地交通运输管理部门和企业也相应开展了形式多样的节能减排宣传培训、示范试点与实践活动。全行业节能减排意识明显增强，资源节约、环境友好、绿色低碳的理念不断提升。

（二）存在的主要问题

尽管“十一五”期间交通运输行业节能减排工作取得了一定成绩，但与国外先进水平相比，与全面落实科学发展观、发展绿色低碳经济的更高要求相比，还存在一定的差距与不足，主要体现在：

一是交通运输结构性矛盾尚未根本解决。内河航运比较优势尚未充分发挥，综合交通枢纽建设滞后，综合运输组合效率尚未充分显现；城市公共交通服务能力和质量不高，吸引力不强；断头路、局部瓶颈等已成为影响基础设施网络效应的重要制约因素，部分沿海港口进出港航道能力不足；运输装备结构不尽合理，大型化、专业化车船比重不高，老旧车船比重偏高；道路运输规模化、集约化程度还比较低；替代能源、可再生能源比重亟待提高。

二是交通运输节能减排技术创新与服务体系仍需健全。节能减排科技研发投入不足，节能减排技术、产品推广应用进展较为缓慢；现代信息技术应用推广还比较滞后；交通运输节能减排技术服务体系尚未建立，节能减排技术产品和服务市场还有待进一步规范。

三是交通运输节能减排监管能力还有待提升。节能减排意识有待进一步增强，专职管理机构和人员缺乏，体制机制性障碍尚未根本消除；引导性资金投入明显不足，节能减排长效机制尚未形成；政策法规和标准规范体系还不完善；节能减排统计计量、检测监测与考核评价等基础性工作薄弱。

二、形势与要求

“十二五”时期，是加快转变交通运输发展方式、发展现代交通运输业的关键时期，交通运输节能减排工作进入新阶段，面临新形势、新要求。

（一）应对全球气候变化迫切要求交通运输实施绿色、低碳发展战略

气候变化问题已成为影响人类社会发展和全球政治经济格局的重大战略课题。我国作为温室气体排放的主要大国，已成为全球关注的对象，面临巨大的国际压力。为此，党中央、国务院明确提出要大力发展绿色经济，积极发展低碳经济和循环经济，将应对气候变化纳入经济社会发展规划，并向世界郑重承诺到 2020 年单

位国内生产总值二氧化碳排放比2005年下降40%～45%的减排目标。从全球范围来看,交通运输业在世界能源消费和温室气体排放中所占比重均超过20%,且仍呈较快上升态势,节能减排责任重大。世界各国纷纷将发展绿色、低碳交通作为战略重点。我国交通运输行业作为能源资源消费和温室气体排放的重点领域之一,受到国际影响不断加大,特别是在国际航运领域将率先面临直接的减排压力。因此,交通运输行业必须按照发展绿色经济、低碳经济的要求,加快实施绿色、低碳发展战略。

(二)建设资源节约型、环境友好型社会,迫切要求交通运输加快转变发展方式、强化节能减排

节约资源、保护环境是我国的基本国策。当前我国经济发展与资源环境的矛盾突出,石油资源尤为紧缺,目前我国石油对外依存度已突破50%的警戒线。交通运输业是全社会石油消费的主要行业,也是建设资源节约型、环境友好型社会的重要领域。2008年交通运输业石油消费量约占全国石油终端消费总量的36%,其中公路运输、水路运输、城市客运在交通运输业中的比例分别约为44%、20%和15%。国家"十二五"规划纲要提出,到2015年,非化石能源占一次能源消费比重达到11.4%;单位国内生产总值能源消耗和二氧化碳排放比2010年分别降低16%和17%。因此,"十二五"时期,交通运输发展仍将处于重要战略机遇期。面对能源资源短缺、生态环境恶化所带来的严峻挑战,交通运输发展不可能通过单纯依靠扩充能力的粗放式发展方式,而必须通过整合资源、强化管理、科技创新、深入挖潜的内涵式发展方式来解决。这就迫切要求加快转变交通运输发展方式,把节能减排摆到更加突出的位置,实现能源资源利用效率的显著提升和生态环境的持续改善。

(三)加快发展现代交通运输业、建设低碳交通运输体系,迫切要求全面推进交通运输节能减排

交通运输作为国家能源消费和温室气体排放的重点行业之一,是国家推进节能减排工作的重要领域。近年来,党中央、国务

院多次强调要以工业、建筑、交通为重点,打好节能减排攻坚战和持久战,加快建立以低碳排放为特征的工业、建筑、交通体系。为此,交通运输部明确要求全行业必须以加快转变发展方式、发展现代交通运输业为主线,将努力建设资源节约型环境友好型行业作为重要着力点,加快建立以低碳为特征的交通运输体系。加快转变发展方式、大力发展现代交通运输业,是当前和今后一个时期交通运输发展的重大战略任务。全面深入推进交通运输节能减排,是发展现代交通运输业的本质要求,是建设资源节约型、环境友好型交通运输行业的迫切需要,也是建设低碳交通运输体系的必然选择。

(四)提高交通运输企业核心竞争力和可持续发展能力迫切要求提升交通运输节能减排水平

绿色经济、低碳经济已成为引领世界经济复苏与应对环境问题的新引擎,节能减排已成为新时期交通运输企业提升核心竞争力的必然要求。随着经济全球化和我国经济的快速发展,交通运输企业竞争日趋激烈,但归根结底是企业经营成本、管理服务水平、可持续发展能力等核心实力的综合竞争。当前,能源成本约占交通运输企业生产总成本的30% ~40%。特别是在当前应对全球金融危机、能源紧缺和油价上涨等大背景下,能源成本已成为企业经营成本和核心竞争力的重要影响因素。因此,切实强化交通运输节能减排,一方面可有效降低经营成本,提高企业核心竞争力;另一方面也有助于营造和谐、高效、绿色、低碳的交通运输环境,提升交通运输现代化水平,拓展交通运输可持续发展空间,履行社会责任和义务。

三、思路与目标

(一)指导思想

深入贯彻科学发展观,全面落实节约资源和保护环境基本国策,以提高能源利用效率、降低二氧化碳排放强度为核心,提升节能减排理念,调整优化交通运输结构,强化科技进步,完善法规标准，创新体制机制，加强监督管理，加快构建资源节约型、环境友好型的交通运输生产方式和消费模式，打造绿色、低碳交通运输体系，加快发展现代交通运输业。

（二）基本原则

坚持统筹节能减排与交通运输发展相协调，将节能减排作为加快交通运输发展方式转变的主要途径和重要抓手；坚持政府主导、市场调节、企业主体与公众参与相结合，建立交通运输节能减排长效机制；坚持科技创新与制度创新相结合，通过全面推进行业创新为交通运输节能减排提供根本动力；坚持突出重点与全面推进相结合，有力有序推动交通运输行业节能减排工作向纵深发展。

（三）总体目标

到2015年，交通运输行业能源利用效率明显提高，二氧化碳排放强度明显降低，绿色、低碳交通运输体系建设取得明显进展。

——结构性节能减排取得明显进展。基础设施网络体系更加完善，内河航运承运比重以及城市公共交通出行分担率明显提高，节能型综合交通运输体系初步形成；运输车辆、船舶、港口机械与施工设备的大型化、专业化和现代化水平明显提高，交通运输装备结构更加优化；替代能源和可再生能源比重有所提高，交通运输能源消费结构明显改善。

——节能减排科技创新与服务体系基本健全。节能减排科技创新体系进一步健全，成果转化与产品推广水平明显提高；节能减排技术服务体系进一步完善，培育壮大一批专业化的技术服务主体，节能减排服务产业化水平明显提高。

——节能减排监管能力显著提升。运输组织化程度和生产效率进一步提高，全行业节能减排理念与素质明显提升，基本形成与社会主义市场经济体制相适应的比较完善的交通运输节能减排战略规划体系、法规标准体系、政策支持体系、监管组织体系和统计监测考核体系。

（四）主要指标

——能源强度指标：与2005年相比，营运车辆单位运输周转量能耗下降10%，其中营运客车、营运货车分别下降6%和12%；营运船舶单位运输周转量能耗下降15%，其中海洋和内河船舶分别下降16%和14%；港口生产单位吞吐量综合能耗下降8%。

——二氧化碳排放强度指标：与2005年相比，营运车辆单位运输周转量二氧化碳排放下降11%，其中营运客车、营运货车分别下降7%和13%；营运船舶单位运输周转量二氧化碳排放下降16%，其中海洋和内河船舶分别下降17%和15%；港口生产单位吞吐量二氧化碳排放下降10%。

四、主要任务与重点工作

“十二五”时期交通运输行业节能减排工作的主要任务是：立足于交通基础设施、交通运输装备和运输组织方式体系建设，进一步发挥综合性节能减排效益；完善节能减排法规标准规划体系，健全节能减排统计监测考核体系，进一步提高行业节能减排管理效能；强化节能减排科技研发能力，培养节能减排科研工作人员，促进节能减排科技成果转化，进一步增强科技创新对节能减排的支撑作用；不断深化“车、船、路、港”千家企业低碳交通运输专项行动，深入推进低碳交通运输体系建设研究工作，组织做好低碳交通运输体系建设城市试点，继续开展节能减排示范工程和节能产品（技术）评选推广活动，进一步促进企业在节能减排工作中发挥主体作用；提升交通运输领域合同能源管理服务水平，推广绿色驾驶技术和车船驾驶培训模拟教学，积极宣传节能减排成效，进一步提高节能减排工作的社会参与水平。

为保障节能减排目标的顺利实现，“十二五”时期交通运输行业应重点加快构建“三大体系”，组织开展“两项专项行动”，着力推进“十大重点工程”。

（一）三大体系建设

1. 节能型交通基础设施网络体系建设

积极促进现代综合交通运输体系建设，优化交通布局，加强运输大通道和综合交通枢纽建设，实现客运的“零换乘”和货运的

"无缝衔接"。进一步完善公路网络结构,着力提升国省干线公路技术等级,提高路面铺装率,强化连接线、断头路、拥挤路段等薄弱环节,加强养护管理,使路网更畅通更高效。加快形成以高等级航道网为主体的干支直达、通江达海、结构合理的内河航道网,加强航道养护管理,开展碍航闸坝、桥梁专项整治工作,充分发挥内河航运的比较优势。建设布局合理、功能完善、专业化和高效率的港口体系,加大老码头更新改造力度,提高港口码头专业化、现代化水平。实施城市交通疏堵技术改造工程,开展公交示范城市建设,加快建设轨道交通和快速公交系统(BRT),加快公共交通场站和换乘枢纽建设,促进公交优先战略的全面落实。大力加强加气、充电等配套设施的规划与建设,为节能和新能源汽车推广应用提供有力支撑。在交通基础设施建设养护过程中,大力推进节能评估与审查,强化节能设计与绿色施工管理,努力降低能源消耗和排放水平,加强生态防护、植被恢复与绿化建设,增加碳汇能力。加大公路隧道、服务区、收费站、港口、航标等交通基础设施的节能技术改造力度,强化运营管理,提升运营效率和服务水平。通过不断提升交通基础设施的专业化、网络化水平和高效服务能力,加快形成节能型交通基础设施网络体系,为交通运输工具的安全、畅通、高效营运创造良好交通条件,促进交通运输系统能耗与排放水平的降低。

2. 节能环保型交通运输装备体系建设

运输车辆、船舶、港口机械、交通工程机械等交通运输装备是交通运输行业的用能主体。要大力调整优化车船运力结构,大力推广应用节能环保型运输车船,积极发展汽车列车、新型顶推船队,加快淘汰高能耗、低效率的老旧车船,引导营运车船向大型化、专业化、标准化、低碳化方向发展。大力推进港口 RTG"油改电"工作,加快淘汰高耗能、低效率的老旧设备,引导轻型、高效、电能驱动和变频控制的港口装卸设备发展。加快淘汰高能耗、高排放、老旧工程机械、工程船舶等。大力加强各类交通运输装备的检测和维修保养,保持良好技术状况。加快形成高能效、低碳化、环保型的交通运输装备体系，为交通运输行业节能减排奠定坚实的技术基础，最大限度地降低能耗和排放水平。

3. 节能高效运输组织体系建设

优化货运组织管理，引导货运企业规模化发展，加快发展第三方物流，培育一流的全球物流经营人。有效整合社会零散运力，实现货运的网络化、集约化、有序化和高效化，提高货运实载率。发展甩挂运输、多式联运等现代运输组织方式，推进江海直达运输。优化航运组织管理，提高船舶载重量利用率。强化港口生产运营管理，提高货物集疏运效率、装卸设备利用率和港口生产作业效率。

加强公路客运运力调控，严格执行实载率低于70%的客运线路不得新增运力的政策。大力推行公交优先战略，建立以公共交通为骨干的绿色出行系统，降低出租汽车空驶率。研究实施交通拥堵收费政策和技术，提升城市交通运行效率。加强交通流管理，提高道路通行效率。通过加快构建节能高效运输组织体系，全面提升交通运输系统运行效率和能源利用效率。

(二)两项专项行动

1. 节能减排科技专项行动

全面落实国家《应对气候变化科技专项行动》、《节能减排科技全民行动》，组织开展交通运输节能减排科技专项行动。加强交通运输节能减排与低碳交通实验室、技术研发中心、技术服务中心等技术创新和服务体系建设，强化节能减排专业人才队伍建设。组织实施一批重点科研项目，积极开展节能减排与应对气候变化重大战略与政策研究；加强基于物联网的智能交通技术研发与应用；大力推进交通运输节能减排重大关键技术、先进适用技术与产品的研发与推广，积极采用新技术、新材料、新装备、新工艺。制订并公布交通运输节能减排技术、产品的推广目录，建立交通运输行业能效与低碳标识、节能低碳产品认证制度。大力推进节能减排标准化与计量检测体系建设。组织实施节能减排科技示范项目和重点工程，推广一批潜力大、应用面广的节能减排技术和产品，促进成果市场化、产业化。密切配合国家节能产品惠民工程的实施，重点开展节能与新能源汽车、半导体照明产品、节能环保船型等示范推广。大力推进替代能源和可再生能源在交通基础设施建设与运营、运输生产等领域中的应用。积极开展节能减排与低碳科普行动，实施节能减排专项教育培训、国际科技合作计划。通过节能减排科技专项行动的实施，全面提升行业节能减排科技发展水平和保障能力。

2. 重点企业节能减排专项行动

在“车、船、路、港”千家企业低碳交通运输专项行动的基础上继续扩大范围，按照能耗量确定重点企业名单，深入开展交通运输行业重点企业节能减排示范活动，充分调动道路客货运输、水路客货运输、物流、港口、城市公交、出租客运、地铁、交通建设等各类交通运输企业的积极性。积极引导重点交通运输用能企业制订并实施节能减排规划和计划，建立严格的节能减排管理制度和有效的激励机制，完善节能减排管理组织体系，改进用能管理，开展节能减排技术创新与应用。各级交通运输主管部门要依法加大对所辖重点用能企业的指导、监督和考核力度。通过强化对重点用能企业的节能减排监管，充分发挥重点用能企业节能减排的示范效应，促进交通运输企业节能减排管理的规范化、常态化，推动交通运输行业节能减排向纵深发展。

（三）十大重点工程

1. 营运车船燃料消耗量准入与退出工程

营运车船燃料消耗量准入与退出。全面实施营运车辆燃料消耗量限值标准，在相关财税政策的支持配合下，试点开展老旧车辆提前退出运输市场。建立健全营运车船燃料消耗检测体系，加强检测监督管理，促进汽车生产企业和修造船厂切实强化节能减排技术进步与创新，加强对高能耗运输车船进入市场运营的源头控制。探索建立市场退出机制和配套经济补偿机制，积极争取加大国家汽车“以旧换新”补贴政策对大吨位载货汽车、公交车和农村客车的补贴力度，加快淘汰高能耗、高污染的运输车辆。

内河船型标准化。加紧完善并实施内河船型标准化的经济激励政策和相关法律、行政配套措施。加大资金投入，继续加强标准船型研发、现有船型比选以及落后船型淘汰等工作，加快推进长江、西江等船型标准化工作。进一步争取国家发展改革委、财政部等相关部委的支持，在《长江干线船型标准化补贴资金管理办法》的基础上，进一步扩大财政补贴的适用范围，由长江干线拓展到长江、西江等主要通航流域，加大补贴力度，引导内河船舶运力结构优化，提升内河航运竞争力，充分发挥内河航运节能环保的比较优势。

2. 节能与新能源车辆示范推广工程

推广使用节能与新能源车辆。进一步促进混合动力、纯电动等节能与新能源车辆的推广应用，重点针对新能源车辆在城市公共汽车和出租车示范推广过程中的安全、便捷使用和维修问题，加强相关设施建设和人员培训，减少车辆运行中安全、故障等问题，降低车辆运行费用。

推广使用天然气车辆。逐步提高城市公交、出租汽车中天然气车辆的比重，在城市物流配送、城际客货运输车辆中积极开展试点推广工作，以新购置天然气车辆代替淘汰的老旧车辆。

3. 甩挂运输节能减排推广工程

将加快发展甩挂运输作为转变道路运输发展方式、调整公路运力结构、提高货运实载率的突破口。认真落实《关于促进甩挂运输发展的通知》、《甩挂运输试点工作实施方案》精神，在全国范围内筛选典型区域和典型公路运输企业在适当地区和线路上组织开展甩挂运输节能减排试点工作。在试点的基础上，进一步完善促进甩挂运输发展的相关政策、法规和标准，带动和推进甩挂运输在全国范围内的快速发展，构建甩挂运输发展长效机制，提高公路货运业运输生产效率和能源利用效率，降低能耗和排放水平。

4. 绿色驾驶与维修工程

大力推广绿色驾驶。总结和推广汽车和船舶绿色驾驶操作与管理经验、技术，组织编写汽车驾驶员和船员绿色驾驶操作手册和培训教材，将节能减排意识和技能作为机动车驾驶培训教练员、汽车驾驶员、船员从业资格资质考核认定的重要内容和依据。开展汽车驾驶员绿色驾驶技能培训与竞赛，加强船员航行操作与管理节能减排培训，逐步建立一支节能减排意识强、驾驶技能好、业务素质高的汽车驾驶员和船员队伍。

大力推广车船驾驶培训模拟装置。出台机动车和船舶驾驶模拟器资金补助管理办法，加快建设全国驾培管理平台，实现驾培模拟器教学与IC卡计时联网。力争到“十二五”末，基本建成较完善的驾培行业节能减排体系，使全国使用模拟器教学的驾培机构覆盖面达到75%以上。

组织实施绿色维修工程。针对目前我国机动车维修业的环保状况，从机动车维修业的废物分类、管理要求、维修作业和废弃物处理等方面加强机动车维修的节能减排，重点加强对废水、废气、废机油、废旧蓄电池、废旧轮胎等废弃物的处置和污染治理。

5. 智能交通节能减排工程

以高速公路不停车收费、物流公共信息平台、公众出行信息服务系统为重点，大力推进智能交通技术、现代物流技术、现代信息技术等的开发和应用，改造和提升传统交通运输产业，提高运输组织效率，降低能耗和排放水平。

电子不停车收费技术推广。大力推进高速公路不停车收费，提高行车效率。有条件的区域，积极推进相邻省区市甚至更大范围的高速公路联网不停车收费，减少收费过程中由于车辆低速、怠速行驶造成的能源浪费和排放。

物流公共信息平台建设。重点加大对全国内河与长江干线综合物流信息平台、全国或长三角等重点区域物流公共信息平台的研发与推广，整合物流市场供需、货源、运力等信息并向社会提供，引导传统货运产业向现代物流转型，促进货运实载率和节能减排水平的提高。

内河船舶免停靠报港信息服务系统推广。进一步扩展系统功能，实现船舶在起运港和目的港的免停靠报港。加紧制定相关行业标准和管理规定，大力促进该系统的推广应用，提高管理效能。

公众出行信息服务系统建设。整合交通出行信息资源，建立统一的公众出行信息服务平台，采用多种信息发布方式向公众提供各种交通信息，从而提升行业服务水平、提高交通运营管理的效率，引导公众高效、便捷、舒适地出行，优化出行路线，引导交通参与者转变出行方式和消费观念，缩短出行人员在途距离和时间，最大限度降低能耗和排放水平。

6. 公路建设和运营节能减排技术推广工程

在公路基础设施建设和运营领域，积极组织开展先进适用节能减排技术的推广应用工作，降低能耗与排放水平。

温拌沥青铺路技术应用。选择部分省市开展温拌沥青技术的试点推广应用，研究解决关键技术难题，建立温拌沥青技术规范体系。

交通建设材料循环利用技术应用。开展交通运输循环经济示范活动，大力推进沥青和水泥混凝土路面材料再生利用；废旧轮胎胶粉改性沥青筑路应用；粉煤灰、矿渣、煤矸石等工业废料在交通建设工程中应用。

公路隧道节能减排技术改造与应用。积极开展隧道节能照明试点工作，系统总结试点工程实施经验，编制《公路隧道通风照明设计细则》，修改完善公路隧道照明相关技术规范，鼓励在新建隧道中采用技术成熟、功能可靠的公路隧道照明相关技术规范和产品。对在用隧道，根据现照明灯具的使用寿命，制订分期分批更换节能灯具方案，推行隧道绿色照明工程，推广应用寿命长、功能可靠的发光二极管（LED）等节能灯具。组织开展隧道通风照明控制技术、隧道群和毗邻隧道的智能联动控制技术和联网控制系统等的示范和推广。大力推进太阳能、风能等可再生能源应用。

高速公路服务区和公路收费站节能减排技术改造。对全国100个高速公路服务区、1600个收费站实施节能照明改造，并试点开展太阳能风光互补方式供电改造，建设低碳服务区。

7. 绿色港航建设工程

开展绿色港口创建活动。大力推进港口码头节能设计,优化装卸工艺、设备选型、配套工程等的设计,推广港口机械和车辆调度运营系统,将港口打造成为交通运输行业绿色低碳发展的窗口。

水铁联运节能减排示范。在主要港口深入开展水铁联运示范工程,从法规、政策、标准、单证和运营制度、信息化等方面入手,优化水铁联运发展环境,促进综合运输体系建设和现代物流发展。

港口装卸机械"油改电"。推广集装箱码头 RTG"油改电",对具有改造价值的 1600 台 RTG 实施"油改电"技术改造。积极推进件杂货码头轮胎吊和汽车吊"油改电"技术改造。

推广靠港船舶使用岸电。鼓励新建码头和船舶配套建设靠港船舶使用岸电的设备设施,鼓励既有码头开展靠港船舶使用岸电技术改造,以及船舶使用岸电的技术改造。在国际邮轮码头、主要客运码头以及有条件的大型集装箱和散货码头实现靠港船舶使用岸电。

推广应用可再生能源。充分利用港口地区风能、太阳能、水能、地热能、海洋能等可再生能源丰富的优势,提高港口可再生能源使用比例。探索风能、太阳能、核能等在运输船舶中的应用。

8. 合同能源管理推广工程

加快培育专业节能服务公司,积极引导大型交通运输企业、科研咨询机构、行业协会等组建专业节能减排服务公司,为企业实施节能减排改造提供诊断、设计、融资、改造、运行、管理等"一条龙"服务。认定一批省级、国家级节能服务公司。研究出台交通运输领域推广合同能源管理、促进节能减排服务产业化发展的指导意见,培育节能减排技术服务市场。重点在公路隧道节能改造、城市轨道交通节能改造、港口照明与 RTG"油改电"、营运车船先进成熟节能产品(技术)应用、靠港船舶使用岸电、公共机构大型建筑等领域组织启动一批合同能源管理的示范项目,带动全行业发展,使合同能源管理成为交通运输行业节能技术服务市场的重要机制。

9. 船舶能效管理体系与数据库建设工程

船舶能效管理体系建设。参照国际上在船舶能效改进方面的先进做法和经验,研究制订具有行业特点、满足国际国内相关要求的船舶能效管理体系标准和认证规范,积极推动航运企业将船舶能效纳入体系管理,建立统一的、可测量、可监控、可验证的船舶能效指标。开展重点航运企业的能效管理认证试点,为全面推广实施船舶能效管理体系做好准备工作。

船舶能效数据库建设。研究制订船舶能效数据的报告、核查制度,建立覆盖全面、数据统一、分类科学的船舶能效设计指数和营运指数数据库,为水运节能减排相关政策法规、市场机制、奖惩机制、财税优惠政策的制订与实施提供全面、可靠的基础数据支持。

10. 节能减排监管能力建设工程

制订并实施行业节能减排监管能力建设规划,围绕节能减排战略规划体系、法规标准体系、统计监测考核体系、监管组织体系等四大体系建设,着力提升行业节能减排监管能力。

完善节能减排战略规划体系。研究制订交通运输领域应对气候变化、低碳交通运输发展等重大战略。研究制订行业和企业节能减排规划编制指南,强化各类节能减排规划编制,建立分层级、分类别、分方式的规划体系。建立规划审批与报备制度,建立健全规划定期评估考核、通报和及时制修订机制。

完善节能减排法规标准体系。积极研究制订《交通运输节约能源条例》等法规,建立健全相关配套规章、标准和制度体系。重点加紧完善营运车船燃料消耗和碳排放的市场准入和退出、重点企业节能减排监管、交通固定资产投资节能评估和审查等制度;研究出台建设低碳交通运输体系的相关指导意见和具体实施方案;研究制订节能减排标准体系建设专项行动计划,抓紧制订营运船舶、港口装卸机械、交通施工机械等燃料消耗和碳排放限值标准,完善公路桥梁工程节能设计、绿色施工等技术规范,提高交通运输节能减排管理的法制化、规范化和标准化水平。

完善节能减排统计监测考核体系。加快完善并组织实施交通运输行业能源与碳排放统计分析制度，完善公路运输、水路运输、港口生产、城市客运等节能减排统计指标体系、方法体系和采集体系，纳入国家统计制度，强化各项指标的统计调查、分析、预测和发布工作，按照布局科学、数据准确、传输及时的要求，建立与交通运输行业节能减排统计分析、评价考核相适应、覆盖全行业的监测网络。加紧研究建立交通运输行业节能减排评价和考核体系，定期开展评估工作。提高统计监测考核的自动化和信息化水平。

完善节能减排监管组织体系。建立健全交通运输行业节能减排监督管理体制，明确专职管理机构与岗位，加强节能减排管理队伍建设，形成权责明确、协调顺畅、运行高效、保障有力的交通运输节能减排监管网络。

五、保障措施

(一)强化组织领导

加强组织领导与综合协调。各级交通运输主管部门要强化对交通运输节能减排工作的组织领导和宏观指导，建立健全节能减排管理体制，完善多部门协同推进机制，强化综合协调，加强与发展改革、财政、税收、统计、科技、环保等相关部门之间的信息共享与协同合作。

建立健全节能减排目标责任制和问责制。研究制订本规划的实施方案，将本规划的各项指标和重点任务逐级分解落实到年度计划，明确各有关部门的责任，由各级交通运输部门主要领导负总责，实行严格的问责制。加强对规划年度执行情况的督促和检查，并分别于 2013 年、2015 年开展中期、终期考核评价，确保规划实施。

(二)完善激励政策

制订和实施促进节能减排的交通运输产业政策。完善交通运输产业政策，积极调整交通运输投资结构，加大对城市公共交通和内河航运的投资倾斜，探索在中央和地方财政设立城市公共交通发展专项资金，拓宽内河航运建设资金渠道。研究制订交通运输节能减排技术政策,加大对节能环保型企业和技术的支持力度,限制高能耗、高污染交通运输企业和技术发展。安排政府性引导和补偿资金,鼓励并积极引导运输从业者和消费者购买和使用节能环保型车船、装卸和施工装备等,加快淘汰高能耗车船及其他落后装备设施。

建立健全节能减排激励政策。积极争取中央和地方财政的资金支持,将节能减排资金纳入预算管理,设立不同层次的交通运输节能减排专项资金,逐步形成以国家和地方政府资金为引导、企业资金为主体的交通运输节能减排投入机制。研究探索节能减排投资担保机制。拓宽交通运输节能减排融资渠道,充分利用金融机构信贷资金以及社会资金,扩大利用外资渠道,积极争取国外无偿援助和优惠贷款,探索碳排放交易、清洁发展机制(CDM)等在交通运输领域的应用。各级交通运输主管部门要加强与各级人民政府节能减排主管部门、财税部门等沟通与协调,争取加大财政支持力度并给予相关税收优惠政策。积极推动碳税、燃油消费税等绿色财税制度改革,实施差异化的车船使用税、通行费等政策,探索拥挤收费等经济政策。

(三)深化交流合作

加强国际国内技术交流与合作。搭建交通运输节能减排信息交流平台,完善节能减排信息政府网站,扩大信息共享,加强经验交流,引导行业选择使用优秀节能减排装备及技术、产品。通过合作研究开发、培训、考察、研讨会等多种方式,进一步加强与国际组织、金融机构,以及国外政府机构、交通运输企业、研究咨询机构等的联系,开展多层次、多领域、多形式的交流与合作,广泛利用国际资源,积极吸收借鉴国际先进经验。密切跟踪研究国际交通运输业应对气候变化与低碳发展动态,加大基础研究力度,积极参与国际航运温室气体减排谈判,反映我国诉求,为我国交通运输行业发展与参与国际竞争创造良好的外部条件。结合国际气候变化谈判,特别是国际航运谈判的进展,提高我国技术研发能力和组织管理水平,做好我国交通运输业的应对工作。

（四）加强宣传引导

强化节能减排宣传培训。各级交通运输主管部门、企事业单位、协会学会等要将节能减排宣传纳入重大主题宣传活动，利用行业报刊、网站等媒体，广泛、深入、持久地开展形式多样的节能减排宣传，增强全行业员工特别是各级领导干部的节能减排意识。充分发挥舆论引导和监督作用，完善公众参与机制。组织开展“节能宣传周”、“低碳出行周（月）”等全民活动，倡导资源节约、环境友好、绿色低碳的交通运输消费方式。组织开展经常性的节能减排培训教育、技术和经验交流工作，将交通运输节能减排知识纳入职业教育和培训体系，抓好节能减排基础教育、专业教育、社会教育和岗位培训，普及交通运输节能减排科学知识，全面提升全行业人员素质。

发挥公共机构节能减排的示范带动作用。各级交通运输主管部门率先垂范，积极开展节约型机关建设，倡导崇尚节约、合理消费的机关文化，实施政府机构能耗定额和支出标准，强化能源消费和污染物排放的计量与监测管理，完善节能减排规章制度。加大节能与低碳政府采购的实施力度，带头使用节能低碳产品。交通运输系统新增公务车要带头采购和使用节能与新能源汽车，在全国率先打造绿色公务车队；在各类交通公共建筑项目中率先推行合同能源管理等新机制，发挥政府部门节能减排的表率作用。

关于进一步完善投融资政策促进普通公路持续健康发展的实施意见

交规划发〔2011〕393号　2011.7.28

各省、自治区、直辖市、新疆生产建设兵团交通运输厅(局、委),天津市市政公路管理局,上海市城乡建设和交通委员会:

为深入贯彻落实国务院办公厅转发的国家发展改革委、财政部、交通运输部《关于进一步完善投融资政策促进普通公路持续健康发展的若干意见》(国办发〔2011〕22号)(以下简称《若干意见》),有效推进相关工作,现提出如下实施意见:

一、充分认识做好《若干意见》实施工作的重要性

(一)充分认识普通公路的地位与作用。

普通公路是我国覆盖范围最广、服务人口最多、提供服务最普遍、公益性最强的交通基础设施,是保障经济社会发展和人民生产生活的重要基础条件。不断完善普通公路网络,充分发挥普通公路的基础性服务作用,对于便利群众出行,推动社会主义新农村建设,促进城镇化和工业化发展,构建社会主义和谐社会,具有十分重要的意义。建设和维护好普通公路,是各级人民政府和交通运输主管部门履行公共服务职能的重要内容。各级交通运输部门要充分认识普通公路的地位和作用,努力促进普通公路持续健康发展。

(二)充分认识《若干意见》的重要意义。

《若干意见》针对现阶段我国普通公路发展所面临的突出矛盾和问题,从促进公路事业可持续发展的战略全局出发,对普通公路发展的总体要求、基本原则、投融资政策以及加强资金监管、规范交通融资平台和妥善处理债务等重大问题提出了明确的指导意见和政策措施。贯彻落实好《若干意见》,对于有效解决制约普通公路发展的突出矛盾和问题,促进普通公路持续健康发展;对于加快收费和不收费公路两个体系的建设,推动公路事业科学发展;对于转变公路发展方式,提高公共服务能力,具有十分重要的意义。

(三)切实做好《若干意见》的实施工作。

《若干意见》内容全面,涵盖面广,涉及中央和地方不同部门,涉及普通公路的投融资、规划、建设、养护和管理,其中许多政策措施还需要在实施过程中进行深化研究和细化落实。贯彻落实好《若干意见》,需要做大量深入细致的工作,需要有开拓创新的精神,需要持之以恒的长期努力。各级交通运输主管部门要充分认识做好《若干意见》实施工作的重要性,进一步增强工作的主动性、责任感和紧迫感,努力推进《若干意见》提出的各项重点任务和政策措施的全面落实。

二、总体要求

(一)明确目标,全面推进。以科学发展观为指导,按照建立"以公共财政为基础、各级政府责任清晰、财力和事权相匹配的投融资长效机制"的目标要求,从制约当前普通公路发展的关键环节入手,采取有力措施,全面落实《若干意见》的各项任务。

(二)科学统筹,稳步有序。促进普通公路建设与经济社会协调发展,统筹高速公路和普通公路协调发展,统筹普通公路建设和养护管理全面发展,妥善处理发展与稳定的关系,有序推进各项工作。

(三)突出重点,注重实效。紧紧抓住当前普通公路发展存在的突出问题,重点围绕普通公路投融资机制、规划、建设和养护管理等关键环节,处理好轻重缓急之间的关系,有力、有序、有效地推进《若干意见》各项政策措施的落实。

三、主要任务

(一)扎实做好公路网规划,科学指导普通公路发展。

坚持科学规划,进一步做好国家公路、省级公路和乡村公路三个层次的公路网规划工作。在国家层面,加快编制出台《国家公路网规划》，构建一个连接所有县级及以上行政中心的、为公众出行提供普遍运输服务的普通国道网；在省级层面，适时启动省级公路网规划调整工作，在国家公路网规划框架下，深入研究省级公路功能定位，科学把握规划目标及规模，合理构建省级干线公路网；在乡村公路层面，结合国家和省级公路规划调整，按照城乡统筹和公共服务均等化的要求，合理确定发展目标、建设任务和重点，进一步调整完善乡村公路规划。

（二）加快建立以公共财政为基础的投融资长效机制。

积极推动和配合各级政府和财政等相关部门，按照《若干意见》提出的“建立以公共财政为基础、各级政府责任清晰、财力和事权相匹配的投融资长效机制，实现普通公路的持续健康发展”的总体要求，全面促进和加快相关政策的落实。一是要坚持政府主导，提高公共财政保障能力，以财政资金为主解决普通公路投入问题；二是要坚持需求和财力相统筹，综合考虑发展需要和财力状况，实事求是、量力而行，有序推进普通公路发展；三是要坚持财力和事权相匹配，明确各级政府对普通公路的建设和养护管理责任，根据各级政府事权合理配置财力。建立以公共财政为基础的投融资长效机制，是实现普通公路持续健康发展的根本保障，也是一项长期工作，需要不断推进和完善。

（三）调整车购税支出结构，完善中央资金分配调节机制。

进一步加大中央资金对普通国省干线公路的投资力度，提高车购税用于普通干线公路的支出比重，重点支持国道改造，适当兼顾省道改造。力争到“十二五”末，普通国道覆盖范围进一步扩大，连接全国所有县级及以上行政节点，国道二级及以上公路比例达到70%以上，国省道服务水平和保障能力明显提高。同时，稳步加大车购税对农村公路的投资规模，重点推进西部地区建制村通沥青（水泥）路建设、危桥改造、安保工程建设，加强县乡道改造、连通工程、乡镇客运站建设等。完善中央资金分配调节机制，中央车购税资金进一步向西部地区、老少边穷地区以及部分特殊地区倾斜，促进区域交通协调发展。

（四）规范成品油价格和税费改革转移支付资金使用。

积极配合财政等有关部门尽快制定成品油价格和税费改革转移支付资金使用管理办法，规范交通专项资金与中央撤站补助资金的分配使用和监督管理，加大增量资金对普通公路养护和建设的转移支付力度。进一步加大与有关部门的沟通协调力度，研究建立成品油消费税交通运输专项资金征收使用动态跟踪机制，完善专项资金征收分配信息沟通渠道，及时足额拨付成品油价格和税费改革转移支付资金以及中央政府还贷二级收费公路撤站补助专项资金，加强对成品油消费税交通运输专项资金增量部分的管理，做到信息透明、分配合理。

（五）多渠道筹集资金，增加普通公路投入。

积极推动和配合财政部门及地方政府做好扩大地方政府债券发行规模支持普通公路发展的相关工作，建立和完善债券的分配、使用、偿还机制，充分利用地方政府债券支持普通公路发展。会同有关部门，进一步加强中央预算内资金和车购税资金投资公路交通领域形成收益用于普通公路建设具体办法和途径的研究工作。进一步完善政策措施，将转让政府还贷公路经营权益所得安排一定比例资金用于普通公路建设。积极探索符合普通公路公益性质的市场融资方式，鼓励社会各界支持普通公路发展。

（六）逐步建立高速公路与普通公路统筹发展机制。

积极会同发展改革、财政等有关部门，抓紧研究高速公路与普通公路统筹发展问题，按照《若干意见》的要求，逐步建立高速公路与普通公路统筹发展机制，新建、改扩建高速公路应将与之密切关联、提供集散服务的普通公路纳入项目范围，统一规划，统一建设。尽快研究制订具体政策措施，确保规定落到实处，促进以普通公路为主的非收费公路体系和以高速公路为主的收费公路体系的统筹协调发展。

（七）加强资金监管，妥善处理债务问题。

紧密配合财政部门，积极推动地方政府将用于普通公路发展的资金纳入预算管理，严格执行国库管理制度有关规定，确保及时足额拨付资金。成品油价格和税费改革形成的交通资金要专款专用，不得挤占、挪用。依法加强对各类资金使用情况的审计监督，切实提高资金使用效益。会同财政、发展改革等部门密切关注普通公路发展的债务问题，适时研究提出防范信贷风险的政策措施，逐步建立举债规模与建设任务、财力可能相适应的动态管理机制，积极推进地方各级政府做好普通公路债务清理工作，严格按有关规定和相关协议偿还普通公路发展形成的历史债务，做好地方政府性交通融资平台清理工作，为普通公路发展创造良好的融资环境。

（八）明晰公路事权，理顺公路管理体制。

积极会同发展改革、财政等有关部门，按照建设公路两个体系的总体要求，研究制订公路管养体制改革方案，进一步明确公路事权归属，分清各级政府责任，逐步理顺公路管理体制机制。继续按照《国务院办公厅关于印发农村公路管理养护体制改革方案的通知》（国办发〔2005〕49 号）要求，深化农村公路管理养护体制改革，研究解决目前农村公路管理养护中存在的突出问题，完善相关政策措施，提升农村公路管理养护水平。

（九）适时推进相关法律法规的修订完善工作。

根据公路管理体制改革情况和普通公路投融资政策、收费公路政策调整情况，适时推进《收费公路管理条例》以及部门和地方规章的修订工作，健全和完善公路管理法规体系，为建立公路两个体系，促进普通公路发展提供制度保障。

各级交通运输主管部门要按照本意见的要求，与发展改革、财政等相关部门密切协同配合，切实落实各项任务，强化政策执行和监督，确保各项工作稳妥推进，努力促进普通公路持续健康发展。

关于印发公路水路交通运输中长期人才发展规划纲要(2011~2020年)的通知

交人劳发〔2011〕337号　2011.7.8

各省、自治区、直辖市、新疆生产建设兵团、计划单列市交通运输厅(局、委),天津市、上海市交通运输和港口管理局,中央管理的交通运输企业,主要港口管理机构和港务(集团)公司,有关科研机构、高等院校,部属各单位:

交通运输业是经济社会发展的基础性产业和服务性行业,交通运输人才是国家人才发展的重点领域之一。依据《国家中长期人才发展规划纲要(2010~2020年)》,我部编制了《公路水路交通运输中长期人才发展规划纲要(2011~2020年)》,现印发给你们,请结合本地区、本部门、本单位实际,认真贯彻执行,努力完成公路水路交通运输人才发展的各项任务,为转变发展方式,加快发展现代交通运输业提供强有力的人才保障。

公路水路交通运输中长期人才发展规划纲要

（2011～2020年）

中华人民共和国交通运输部

二〇一一年六月

目　　录

前　言

交通运输业是经济社会发展的基础性产业和服务性行业，交通运输人才是国家人才发展的重点领域之一。目前以至今后十年是转变发展方式、加快发展现代交通运输业的关键时期，加强人才队伍建设，增强人才保障能力，将深刻影响现代交通运输业发展的进程和效率。

为统筹规划、稳步推进交通运输人才发展，按照中组部关于编制中长期人才发展规划纲要的总体部署，根据2010年全国人才工作会议精神和《国家中长期人才发展规划纲要（2010～2020年）》，我部编制了《公路水路交通运输中长期人才发展规划纲要（2011～2020年）》，明确了目前及今后一个时期公路水路交通运输行业人才发展的总体目标、主要任务和保障措施，指导公路水路交通运输行业人才工作。

一、发展现状

人才资源是第一资源。近年来,随着公路水路交通运输的大建设大发展,全行业深入实施"人才强交"战略,人才队伍建设不断取得新的进展和成效,人才总量不断增加,人才结构不断改善,人才素质不断提升。据统计,截至2010年底,公路水路交通运输行业共有从业人员3429万人,其中具有中专及以上文化程度人员1142万人,具有大专及以上文化程度人员571万人;共有专业技术人员303万人,其中具有初级及以上专业技术职务人员217万人,具有高级专业技术职务人员16万人;共有技能人员1420万人,其中具有初级工及以上技能等级人员800万人,具有技师及以上技能等级人员38万人;获得国家级和省部级科技奖励、受到国家级和省(部)级表彰、获得国家级和省部级技能竞赛奖励、享受国务院和各省(市、区)人民政府"政府特殊津贴"的人数达到14142人;与此同时,各地交通运输主管部门也加大人才评价与发现力度,评选出一批不同类别、不同层级的优秀人才。大批优秀人才快速成长,已成为行业快速发展的重要支撑。

行业人才发展存在的突出问题:一是高层次和高技能人才相对短缺。面对日趋复杂的自然条件和更加严重的资源环境制约,解决交通运输重大工程建养、运输服务、安全保障、节能环保等重点领域科技难题的科技领军人才相对匮乏;高技能人才严重不足,具有技师及以上技能等级的高技能人才远远低于全国平均水平和有关目标要求。二是人才的专业与地区分布不够合理。现有人才尤其具有高级专业技术职务的高层次人才主要集中于交通工程科技研发、勘察设计和施工领域,而养护管理、运输服务、安全保障和节能环保等领域人才十分缺乏;广大中西部地区和基层单位所需的各类专门人才普遍不足。三是高层次人才使用不够合理。"行政化"、"官本位"导致的人才隐形流失现象严重,人才的可持续发展问题突出。

二、形势要求

进入新世纪新阶段,党中央把人才工作提升到新的战略高度,实施了加快形成我国人才竞争比较优势,逐步实现由人力资源大国向人才强国转变的重大部署。交通运输业是经济社会发展的基础性产业和服务性行业,是国家人才资源开发的重点领域。目前以至今后一个时期,是转变发展方式、加快发展现代交通运输业的关键时期,公路水路交通运输业的发展将面临十分繁重的任务,到2020年要大力提升发展的质量和效率,大力提升服务的能力和水平,建成一个安全、畅通、便捷、绿色、经济的交通运输体系。发展现代交通运输业,归根到底依靠人才,依靠总量充足、结构优化、素质优良、分布合理的人才队伍。这就要求行业人才队伍建设,贯彻落实中央精神,紧密结合行业特点,根据现代交通运输业发展的新形势新要求,针对人才发展存在的突出问题,统筹规划,突出重点,增强人才发展的针对性与全局性。

一是要以能力建设为核心,切实加强优秀拔尖人才培养。发展现代交通运输业,突出强调依靠科技进步与从业人员素质提高,加快转变发展方式,不断提高交通运输现代化水平。这就要求行业人才队伍建设,着眼于有效解决交通运输基础设施规划、建设、养护、管理和运输服务等各个领域不断出现的大量科技和管理难题,以增强人才分析问题、解决问题的实践能力与创新能力为核心,切实加强高层次科技、高技能实用人才、高素质管理人才队伍建设。

二是要以重点领域为导向,大力加强急需紧缺人才培养。发展现代交通运输业,突出强调交通运输系统各领域、各环节的集约发展和协调发展。这就要求实现交通运输基础设施建设与规划、养护、管理和运输服务等领域人才队伍建设的统筹协调发展,大力加强综合运输、工程建养、现代物流、道路运输、轨道交通、港口航运、安全保障、交通执法和交通运输信息化等重点领域和特种专业急需紧缺人才的培养,着力优化人才队伍的专业构成,在结构调整中实现人才总量的有效增长。

三是以中西部地区为重点,继续支持区域专门人才发展。发展现代交通运输业,突出强调区域协调发展。这就要求行业人才队伍建设贯彻落实国家西部大开发、中部崛起和振兴东北老工业基地等区域发展战略,紧密结合区域交通基础设施和运输服务能力建设需要,以培养能长期服务于、扎根于当地的专门人才为主要目标,采取倾斜政策,支持区域人才发展,促进人才有效流动,为增强区域交通运输自我发展能力,促进区域交通运输协调发展提供人才保障和智力支持。

三、发展思路

(一)指导方针

以科学发展观为统领,以转变发展方式、加快发展现代交通运输业为主线,以高层次科技人才、高技能实用人才、高素质管理人才为重点,加强优秀拔尖人才和急需紧缺人才培养,继续支持中西部地区专门人才队伍建设,统筹推进各类人才队伍建设,为交通运输又好又快发展提供坚强的人才保障和广泛的智力支持。

行业人才发展应坚持以下主要原则:

——以支撑发展为基点。把支撑和服务现代交通运输业发展作为制订人才规划、做好人才工作的战略基点,围绕行业科学发展确定人才队伍建设的目标任务与政策措施,实现人才发展与行业发展的结构性协同与时序性协同,用行业科学发展成果检验人才发展效能。

——以用好人才为根本。坚持人才优先、以用为本的政策取向,把优先开发人才资源、充分发挥人才作用作为人才工作的根本任务,围绕用好用活人才来培养人才、引进人才,积极为各类人才干事创业和实现价值提供机会和条件。

——以高端人才为引领。以增强人才的实践能力、创新能力为核心,加强交通运输规划、建设、养护、管理和运输等重点领域高层次、高技能专业人才和高素质管理人才培养,带动行业人才队伍素质的整体提升，充分发挥优秀拔尖人才在交通运输事业发展中的引领作用。

——以创新机制为保障。落实国家政策，结合行业特点，围绕引进好、培养好、使用好人才，创新人才机制，增加人才投资，增强人才政策的规范性和约束力；加强用人单位绩效管理和收入分配等核心制度建设，最大限度地激发人才的创造活力。

（二）总体目标

完善人才发展的体制机制，优化人才发展的政策环境，持续推进人才资源开发，有效增加人才总量，着力优化人才结构，合理调整人才分布，显著提高人才素质。到2020年，公路水路交通运输行业具有中专及以上文化程度的各类专门人才达到1500万人，人才资源保障能力基本适应现代交通运输业发展的更高需要，人才对行业发展的贡献率达到新的更高水平。

公路水路交通运输行业人才发展主要指标

主要指标	单位	2010年	2015年	2020年
从业人员	万人	3429	3800	4200
具有中专及以上文化程度的人员	万人	1142	1300	1500
其中受过高等教育的比例	%	16.7	18.5	20.0
专业技术人员	万人	303	400	450
其中具有高级专业技术职称的比例	%	5.4	6.0	7.0
技能人员	万人	1420	1700	2000
其中具有技师及以上技能等级的比例	%	2.7	3.0	3.5

注：表中数据均为年末数；2010年数据为全国公路水路交通运输行业人才资源统计调查数据；2015年和2020年数据是基于2010年数据及其统计范围所做的预测。

四、主要任务

（一）重点加强优秀拔尖人才培养

1. 高层次科技人才

发展目标：以人才创新能力建设为核心，重点加强科技领军人才和优秀青年人才的培养。全行业具有高级专业技术职务的专业技术人才2015年达到25万人左右,2020年达到30万人左右;造就1000名左右高层次创新型科技人才,通过高端引领,显著提升行业专业技术人才队伍的梯队结构。

主要举措:坚持以重大建设工程、重点科研项目、重点科研基地为依托,采取倾斜政策,支持科研骨干潜心开展基础研究和科技攻关,加强高层次创新型科技人才培养。推进行业"两院"院士后备人才评选与培养工作,力争经过十年左右努力,造就30名左右"两院"院士后备人才等交通运输重点领域科技领军人才;完善部新世纪十百千人才工程实施方案,采用导师制、工作站和流动站等多种形式加大传帮带力度,力争经过十年左右努力,造就400名左右在国内外有较大知名度和影响力的学术带头人;完善部交通青年科技英才评选制度,加大对优秀青年人才的评价、发现和培养力度,造就500名左右在各学科领域起骨干作用的优秀青年人才;结合行业发展需要和科研基地建设,引进和用好能突破关键技术、发展高新技术产业的海外高层次人才;鼓励并支持重点科研基地开展国际国内学术交流,聚集和培养一批国际化交通运输科技人才;改进交通运输部部长政策咨询小组和专家委员会工作,促进成员和委员的年轻化、专业化,为制订重大政策、建设重大工程发挥好决策参谋和技术咨询作用。

2. 高技能实用人才

发展目标:以增强人才的实践能力为核心,重点加强高技能人才培养。全行业具有技师及以上技能等级人员的技能人才2015年达到50万人以上,2020年达到70万人以上,显著提升行业技能人才队伍的整体素质。

主要举措:以交通运输主干专业和紧缺人才为重点,继续推进技能人才实训基地和示范院校建设。适应确保交通基础设施畅通与客货运输安全的需要,重点支持基础设施建养与汽车维修领域技能型人才实训基地和示范院校建设,推动工学结合与校企合作,支持企业为交通职业院校提供教育教学实践基地,支持学校参与职业资格培训,加强技能人才培养与岗位技能培训,到 2015 年和 2020 年以技师和高级技师为主的高技能人才在高等级公路建养领域分别新增 10 万人和 20 万人,高等级航道养护与管理领域分别增加 3 万人和 5 万人,汽车维修领域分别新增 15 万人和 30 万人。同时加强船闸运行、城市轨道交通运营、港口航运、交通安全与应急管理等技能型人才实训基地和示范院校建设。探索加强新型职业教育教师队伍建设,在职业教育中推行学历和职业资格"双证书"制度;加强行业技能工人在职培训和农民工培训,抓住岗位培训、考核评价、竞赛选拔、表彰激励、社会保障等环节,完善政策,创新机制,健全用人单位培养、选拔、使用、激励高技能人才的工作体系,形成有利于高技能人才成长和发挥作用的制度环境和社会氛围,促进技能劳动者队伍整体素质的提高。

3. 高素质管理人才

发展目标:以交通运输主管部门公务员和所属单位领导干部为重点,以提高领导素质和管理能力为核心,加强实践锻炼与教育培训,全行业每年培训管理干部 40 万人次,造就一批德才兼备、勤勉廉洁、求真务实、奋发有为的高素质管理人才。

主要举措:整合利用行业和社会教育培训资源,继续对干部加强法律、管理、现代经济、交通运输专业、公文写作知识和信息化知识的培训,同时有针对性地支持、鼓励和组织干部接受再教育,增强干部队伍的履职能力和执行力,提高应对各类突发事件的能力;不断加大干部轮岗、交流和挂职力度,在艰苦、复杂环境和急难险重工作中培养锻炼干部;继续加强干部作风建设和廉政建设,健全领导干部选拔任用、绩效考评、权力运行监督机制,改进干部考评方式和手段,建设一支政治上靠得住、工作上有本事、作风上过得硬的干部队伍;继续推行干部竞争上岗、领导干部任期制,加强后备干部队伍建设,在领导干部选拔和后备干部推选中,不拘一格选拔任用优秀青年人才。

(二)大力加强重点领域急需紧缺人才培养

1. 综合运输人才

发展目标:适应综合运输体系发展要求,以教育和培训环节的知识拓展与更新培训为重点,在政府管理、科学研究、规划设计等机构和运输企业,加快建立一支数量充足、素质优良的综合运输专门人才队伍,到2020年综合运输人才比2010年新增100%以上。

主要举措:针对综合运输网规划、综合枢纽建设和运输组织管理等环节技术人才紧缺、知识结构欠缺等突出问题,引导高等院校调整课程体系,实行交通运输类专业宽口径教学;鼓励学有余力的交通运输类专业学生辅修第二专业,提升学生综合素质;加强在职员工的知识拓展与更新培训,重点针对政府管理、科学研究、规划设计等机构和运输企业从事管理决策和科学研究的有关人员,加强综合运输有关学科和专业知识的培训;加强各种运输方式有关部门之间人才的流动配置与合作交流,加快提升综合运输发展实践的人才保障能力。

2. 工程管理人才

发展目标:以保障公路水路交通运输基础设施建设质量为目标,在重大工程建设的管理实践中,培养和锻炼一支数量充足,精通工程专业技术、富有工程管理经验的人才队伍。

主要举措:面向公路、桥梁、隧道、港口和航道等重大工程的大建设大发展需要,加强对基础设施建设项目法人、项目总监、项目监理的培训考核;根据工程管理对人员知识结构与能力素质的要求,依托工程建设的规划、论证、勘察、设计和施工等环节的管理实践,加强对工程管理人员的传帮带,组织开展培训交流,系统提高工程管理人员的专业技术能力与组织管理能力。在专业技术方面,重点加强对技术标准、规范和工法及工程经济、工程造价和概预算等方面专业知识的运用能力培养;在组织管理方面,重点加强对法律法规和建设程序及质量管理体系和管理制度的执行能力培养,着力提高工程管理人才在项目质量控制、进度控制、成本控制和安全控制等方面的组织协调与管理能力。不断强化工程管理人员的质量责任意识与防腐倡廉意识,加强基础设施建设项目工程管理人员廉政风险防控,为重大工程建设项目优质高效实施提供数量充足的高素质、复合型工程管理人才。

3. 现代交通物流人才

发展目标：落实国家振兴物流业战略部署，加强现代交通物流管理层和操作层等专门人才的高等教育与在职培训，到2020年现代交通物流人才比2010年新增100%以上。

主要举措：面向交通运输行业延伸运输服务功能，加强物流基础设施、公共信息平台和物流标准体系建设等主要任务，加强物流管理层专门人才的培养与培训，重点加强从事物流规划设计等战略管理的高级物流管理人才和物流企业复合型中级管理人才的培养，着力充实和提高其物流管理和外语等综合知识及运用能力；加强物流操作层专门人才的培养与培训，着力充实和锻炼其熟练掌握物流操作流程和物流设施设备维护的技能；根据物流业发展的专业化特点，调整高等院校物流专业课程设置与师资队伍建设，增设物流规划设计类、系统工程类课程，强化信息新技术的学习与运用，增加实践环节的教学与实训；根据物流业发展的国际化特点，加强国际间的考察培训、学术交流与合作办学；继续推进物流从业人员的职业资格制度建设，着力完善和规范认证培训市场，强化职业资格认证监管，确保认证制度的实用性和认可度。

4. 道路运输人才

发展目标：以道路运输、城市客运等领域人才队伍建设为重点，以职业技能培养和职业资格制度建设为抓手，提高从业人员素质，规范从业行为，增加专门人才总量，到2020年道路运输人才比2010年新增70%以上。

主要举措：加快建立完善出租车驾驶员、城市公共交通驾驶员、经营性道路客货运输驾驶员、道路危险货物运输从业人员和机动车驾驶培训教练员从业资格制度，提升客货运输服务品质，确保人民生命、财产和环境安全；适应机动车快速增长趋势，加快实施机动车检测维修技术人员职业资格制度，稳步推进道路运输管理人员和汽车租赁从业人员职业能力评价制度，提升运输辅助服务质量；建立和实施道路运输服务人员职业技能鉴定制度。

5. 轨道交通人才

发展目标：适应城市轨道交通快速发展需要，加快培养数量充足、素质优良的城市轨道交通运营管理人才，到2020年城市轨道交通运营管理人才比2010年新增100%以上。

主要举措：加大对城市轨道交通专业人才的培养力度，着力提升城市轨道交通系统运营安全管理水平和服务水平。在高等教育领域，加强城市轨道交通专业学科建设，支持交通特色院校城市轨道交通学科建设，改进部属院校和交通共建院校城市轨道交通专业学科必要的科研实验条件和实习基地，搭建专业人才的培养平台；在职业教育方面，继续支持改善职业院校实训条件，建立城市轨道交通人才培养实训基地，缓解城市轨道交通技能型人才紧缺状况；加强城市轨道交通从业资格管理，制订轨道交通运营管理人员从业资格制度，提高轨道交通运营管理人员专业技术水平。

6. 港口与航运人才

发展目标：适应推进海运强国战略和大力发展内河航运的需要，加强复合型港口管理与航运管理人才培养；加强高级船员、高级验船师等专家型人才培养，到2015年新增高级船员4万人，到2020年新增高级船员6万人，为发展海洋经济、建设海洋强国提供坚强有力的人才保障。

主要举措：完善港口与航运人才的培养方式，通过政府引导，健全港口与航运人才培养的课程体系及协作机制，加强相关院校间在教学内容、教学资源等方面的协调与合作，联合培养港口与航运人才；加快教学内容的现代化步伐，加强多学科知识和新技术运用的教学，加强复合型现代航运人才的培养。不断提升高等航海教育师资队伍素质，着力改善高等航海教育的实训条件，同时有计划地选派中青年教师到国内外航海院校学习交流和到国内外船公司担任高级船员，加快引进现职中青年高级船员充实教师队伍。认真实施加快船员队伍发展的十大措施，大力推进“订单式”远洋船员培养模式，加强技术应用型航海人才的培养。贯彻落实国家有关政策，完善和规范航海类毕业生的就业协作工作。加强船检部门与高等院校的合作,优化课程设计与师资配置,培养和造就一支具有专业扎实理论基础,技术精湛,懂管理的应用型、复合型高层次验船师队伍。

7. 救助打捞人才

发展目标:适应海上应急救助和抢险打捞能力建设、交通运输安全保障、重大自然灾害和事故灾难紧急救援的需要,培养和造就数量充足、结构优化、布局合理、素质优良、管理高效的国家专业应急救援队伍,到2020年救助打捞人才达到9200人左右,形成救捞行业人才竞争比较优势。

主要举措:加强航海院校救助与打捞专业的学科建设,着力培养救助打捞专业高层次人才。深入推进人才专业化建设,建立健全人才专业化建设制度管理体系,形成成熟完备的人才专业化建设长效机制,实现人才管理制度化、程序化;统筹救捞各类人才队伍建设,重点加强救捞高级船员、高级潜水员、飞行员、救助打捞指挥专家、高级商务和管理人员等高层次人才队伍建设;推进重点人才机制保障工程,强化机制创新,完善重点岗位骨干人才分配激励机制,使救捞关键人才、重要人才、紧缺人才引得进、留得住、用得好。

8. 行政执法人才

发展目标:按照深入实施《全面推进依法行政实施纲要》的要求,在路政、运政、港政和海事等执法领域,加快建立一支素质过硬、作风优良、纪律严明的交通运输行政执法队伍,到2020年全行业行政执法队伍中大学本科及以上学历人员达到11万人。

主要举措:实施执法队伍人才培养工程。大力培养执法业务骨干、办案能手、法制小教员。加强执法业务骨干队伍建设与执法管理队伍建设,组织编写执法规范培训教材,对交通运输行政执法人员进行针对性、实用性强的系统培训,切实提高交通运输行政执法人员依法行政、文明服务的水平。举办执法业务骨干培训班与执法管理干部培训班,进行分类培训,选派优秀执法骨干到国内著名院校及国外接受培训。实施边远贫困地区、边疆民族地区和革命老区法制人才支持与服务工程，选派专业法制工作人员和优秀执法骨干到边远贫困地区、边疆民族地区和革命老区工作，帮助基层培养法制、执法人才，参与基层交通运输执法工作，为边远贫困地区、边疆民族地区提供人才和智力支持；邀请专家到边远贫困地区、边疆民族地区和革命老区举办专题讲座和研讨班；安排边远贫困地区、边疆民族地区和革命老区交通行政执法人员免费到东部发达地区学习培训、实地考察。

9.信息化人才

发展目标：以努力提高交通运输行业信息化水平，加快推进现代交通运输业发展为目标，在行业信息化建设中培养和锻炼人才，逐步建立一支既熟悉交通运输业务又掌握信息技术的交通运输信息化建设人才队伍，到2020年交通运输信息化人才比2010年新增100%以上。

主要举措：以推动交通运输电子政务和智能交通发展为主要任务，研究制订信息化人才培养的政策和措施，加强信息化人才的引进和培养；拓宽高等院校和职业院校交通运输类专业中信息技术的课程范围，推动部属及共建院校信息技术专业开设交通运输管理和服务类课程；推进交通运输信息化科技项目中跨专业研究团队的建立；加快建立高层次的交通运输信息化技术咨询团队和覆盖行业内外的信息化专家库；更加重视行业信息化人员队伍素质建设，加强对行业工作人员的信息化知识培训，提高其运用信息技术的能力；积极运用多种方式，对交通运输信息化新政策、新理念、新技术进行宣贯和培训，建立高水平的交流平台，推动行业信息化整体水平的提高。

（三）继续支持中西部地区人才队伍建设

发展目标：贯彻落实国家西部大开发和中部崛起等区域发展战略，紧密结合各地交通运输发展的阶段特征，以增加人才总量、改善人才结构、提升人才素质为核心，实施对口援助、干部培训和科技合作等人才培养专项计划，促进中西部地区高层次人才培养；建立健全中西部地区引进急需人才、稳定现有人才、培养民族人才等人才发展专项政策,加快培养能长期服务于并扎根于当地的优秀专门人才。

主要举措:继续实施对口援助计划。加大"双向挂职"力度,进一步加大东部地区对中西部地区和东北老工业基地在干部援助和人才培养等方面的支持力度;进一步明确援助干部在担任实职、工作时间、收入待遇和相关补贴等方面政策;进一步明确鼓励各类人才到中西部地区建功立业、支援建设的鼓励性政策。

继续实施西部地区干部培训计划。确保专项资金,采取请出来和派进去,通过参与项目、短期讲学、学术交流和国际培训等多种形式,组织对西部地区交通运输管理干部、技术人员和教育师资的培训,每年培训2.5万人次。

建立健全科技合作计划。继续依托交通运输科学技术计划,实行人才培养与科研项目和基地建设相结合,力争50%以上的部科技项目都吸纳中西部地区工程技术和科研人员参与,帮助中西部地区培养和稳定骨干人才,增强当地交通运输科技可持续发展能力。

五、保障措施

(一)完善人才领导体制

各级交通运输主管部门要高度重视人才工作,坚持党管人才原则,完善党委(党组)统一领导,组织人事部门牵头抓总,有关部门各司其职、密切配合的人才工作格局。建立健全交通运输主管部门人才工作跨部门协调机制,加强各业务部门、综合部门和人事人才部门之间的沟通,建立起各部门相关资源整合利用的经常性协商渠道,实现各部门之间在重大项目实施、科研基地建设、优秀人才培养等方面政策的有效衔接,协调解决人才发展中的突出问题,建立起更加有利于出好人才、用好人才的一体化政策大平台。建立健全行业人才工作联动机制,重点针对优秀拔尖人才、急需紧缺人才和中西部地区人才发展的目标任务,调用全行业力量,组织开展专题性研究和座谈,建立健全促进各类人才发展的政策与机制，有效推进规划目标任务的实现。

(二)创新人才工作机制

创新人才培养与使用机制。按照“以用为本”的政策导向，制订依托重大建设工程和重点科研项目培养与使用人才的倾斜政策，完善项目招投标加分政策、学术活动资助政策、国内外研修资助政策、学术休假保障政策和导师带培津贴政策等，鼓励和支持专业技术人才坚持走职业化、专业化道路。

创新人才评价与发现机制。改进专业技术职务评审与聘用制度，完善符合行业特点的以能力和业绩为导向的人才评价体系；修订优秀人才评选制度，完善评选方式，加大评选力度，优化政策导向，明确一定数量或比例用于青年人才、一线人才、基层人才以及中西部地区和少数民族人才评选，优化优秀人才的专业结构与地区分布。

创新人才激励与保障机制。以用人单位制度建设为载体，建立切合本单位实际的收入分配制度，加大收入分配向一线部门业务骨干倾斜的力度，大幅度提高优秀拔尖人才的收入待遇与保健待遇，鼓励和支持业务骨干潜心于一线科研开发与工程技术工作。规范社会化用工管理，切实体现同工同酬，缩小社会化用工与在编人员的待遇差距。

(三)开展人才资源统计

面向各行业及各领域的人才发展与管理需要，完善人才资源统计指标体系，改进人才统计调查方法，建立健全以全面调查为基础、以经常性抽样调查和重点调查为补充的行业人才统计调查体系，建立健全行业人才统计调查长效机制与统计分析监测制度，定期发布行业人才资源统计信息和行业人才发展报告。推进行业人才管理与服务信息化建设，加快建立行业人才资源统计调查管理系统及行业高层次高技能人才信息管理系统等人才信息平台，为提高行业人才管理决策的现代化水平提供支撑。

(四)强化人才资金保障

贯彻落实中央关于“人才资源优先开发”、“人才投资优先保证”政策，加快建立稳定长效的资金渠道，较大幅度增加人力资本的投资比重。各级、各地交通运输主管部门根据人才工作实际需要，积极争取在政府公共财政预算中，建立交通运输人才发展专项资金，用于资助科技领军人才、优秀青年人才、急需紧缺人才的培养，用于深化人才发展问题研究和开展人才资源统计调查。在重大建设和科研项目经费中，安排部分经费用于人才培训，强化人才发展的资金保障。

关于贯彻落实公路水路交通运输中长期人才发展规划纲要(2011~2020年)的意见

厅人劳字[2011]294号　2011.12.27

各省、自治区、直辖市、新疆生产建设兵团交通运输厅(局、委),天津市、上海市交通运输和港口管理局,天津市市政公路管理局,中央管理的交通运输企业,部属各单位及有关交通院校,部内有关司局:

为贯彻落实《公路水路交通运输中长期人才发展规划纲要(2011~2020年)》(以下简称"行业人才规划"),进一步把握工作重点,明确各方职责,凝聚行业力量,形成工作合力,扎实推进规划任务的有效实施,部制定了贯彻落实行业人才规划的意见。请认真学习,把握要求,贯彻执行。

一、提高认识,建立行业人才规划的实施体系

(一)高度重视行业人才规划的贯彻落实

行业人才规划是贯彻落实国家人才发展规划,指导行业人才工作的纲领性文件。贯彻落实行业人才规划是深入实施"人才强交"战略,加快发展现代交通运输业的重大举措。各级交通运输主管部门和有关单位要深刻认识行业人才规划的严肃性与约束力,将落实人才规划列入重要议事日程,将人才工作纳入党政领导班子综合考核指标体系;要明确主管领导,落实责任主体,完善党委(党组)统一领导,组织人事部门牵头抓总,有关部门各司其职、密切配合的人才工作格局。

(二)建立健全行业人才发展的规划体系

各地交通运输主管部门和有关单位,要以行业人才规划为指导,提升理念思路,注重规划衔接,根据各自实际,围绕支撑事业发展、用好用活人才、创新体制机制，组织编制本地区、本系统、本单位的人才发展规划，并督促指导所在地区和系统落实人才发展规划，形成落实行业人才发展规划的支撑体系与工作合力。

（三）建立健全行业人才规划的落实机制

要按照“统筹协调、明确责任、注重合作、强化考核”的原则，建立落实规划各项任务的目标责任机制与工作联动机制，增强凝聚利用行业合力做好人才工作的协同性；建立规划实施的监测、评估和考核机制，加强规划实施的督促检查与跟踪分析，及时掌握进展、发现问题、推广经验，通过机制创新，持续改进和不断深化规划的滚动落实。

二、突出重点，落实行业人才规划的主要任务

（一）重点加强优秀拔尖人才培养

1. 稳步推进科技领军人才培养与选拔。制定交通运输行业“两院”院士后备人才遴选与培养制度；制订实施计划，组织开展院士后备人才的遴选工作，落实到2020年造就30名左右院士后备人才的目标；制订后备人才培养政策，落实支持后备人才主持重大课题研究、开展学术交流等配套措施；加大对外宣传与沟通协调力度，支持后备人才参选院士；组织开展“全国水运工程勘察设计大师”和“全国公路工程勘察设计大师”评选工作。

2. 加强高层次科技人才培养与选拔。结合相关专项规划和管理制度的制修订及实施，将人才培养目标纳入相关项目管理目标，完善依托各领域重大建设工程、重点科研项目、重点科研基地等培养人才的目标要求与配套政策；完善优秀人才评选制度，修订部新世纪十百千人才工程第一层次人选、部青年科技英才等高层次科技人才评选制度，改进评选方式，加大评选力度，优化政策导向，明确一定数量或比例用于青年人才、一线人才、基层人才以及中西部地区和少数民族人才评选，优化优秀人才的专业结构与地区分布；制订实施计划，组织开展高层次科技人才培养和评选工作，优先从重大建设工程、重点科研项目和重点科研基地培养和选拔优秀科技人才；改进专业技术职务评审制度，积极推行专业技术人员职业资格制度，完善以能力和业绩为导向的人才评价体系，将科技成果推广绩效纳入重要评价内容；加强优秀人才的引进工作，积极吸纳海外优秀人才，聚集一批国际化高层次科技人才；各地交通运输主管部门和有关企事业单位，结合各自实际，建立健全相关制度，制订人才梯队建设计划，分层分类推进高层次科技人才的培养与选拔。落实到2020年造就1000名左右高层次科技人才的目标。

3. 加强优秀科技创新团队建设。建立健全相关制度和政策，依托重大建设工程、重点科研项目、重点科研基地，在重点领域建设一批行业长期需要、有基础、有潜力、组织健全、研究方向明确、水平一流的优秀创新团队，通过委托计划任务等持续支持其开展研发工作，保持其技术创新的领先地位和完整稳定的创新团队。

4. 加快推进高技能实用人才培养与选拔。结合《公路水路交通运输"十二五"教育与培训发展规划》的实施，实行省部联合，明确培养目标与任务，落实支持政策，推进技能人才实训基地和示范院校建设，加强主干专业和急需紧缺技能人才培养；大力开展特有工种职业技能鉴定工作和技师、高级技师考评工作；组织开展各种形式的职业技能竞赛与岗位练兵活动，加强并规范高技能人才的竞赛选拔与表彰激励。落实到2020年全行业技师及以上技能等级人员达到70万人左右的培养目标。

5. 加强高素质管理人才的培训选拔。结合教育培训规划的实施，落实和改进管理干部培训工作；加大干部轮岗、交流和挂职力度；加强港航与海事、救助等人员交流，加快复合型人才建设；积极争取和派遣优秀干部到国际组织工作，培养具有国际视野的高素质管理人才；健全领导干部选拔任用、绩效考评、权力运行监督机制，改进干部考评方式；加强后备干部队伍建设。加强教育培训管理人才、科技管理人才队伍建设，针对教育培训管理、科技管理的特点，制订有效的政策措施，培养和选拔一批素质优良、规模合理，能够提供专业化服务的高素质教育培训管理和科技管理人才。

6. 落实优秀拔尖人才的政策待遇。制订部人才培养专项经费管理制度，明确经费用途与资助对象，规范经费的使用与管理，支持高层次科技人才出版学术专著、参加国际培训和开展学术交流，支持高层次科技人才的持续发展；结合岗位聘用制度的实施，落实优秀科技人才、技能人才和管理人才的岗位待遇，优先解决两地分居、配偶就业、子女上学等后顾之忧。推进职业资格制度与企事业用人制度和薪酬制度相衔接；落实职业技能竞赛优胜选手直接晋升一级职业资格或优先参加技师、高级技师考评的政策。

（二）大力加强重点领域急需紧缺人才培养

1. 制订和实施加强重点领域急需紧缺人才培养的专项政策。针对综合运输、工程管理、现代物流、道路运输、城市客运、路网运行监测与公路应急管理、港口与航运、救助打捞、行政执法和信息化人才等重点领域急需紧缺人才的发展目标与重点工作，研究制订优先培养和引进重点领域急需紧缺人才、建立健全职业资格制度体系促进重点领域急需紧缺人才发展的专项政策或指导意见；指导各地有关部门和单位落实专项政策或指导意见，定期开展政策实施评估，不断加强和改进急需紧缺人才培养工作。

2. 明确和落实加强重点领域急需紧缺人才培养的工作机制。各牵头部门按照本意见关于加强规划实施的组织保障的总体要求，组织开展调查研究，制订工作落实方案，制订本领域人才发展的专项政策或指导意见，报部人事劳动司备案；各牵头部门组织并指导各地有关部门和单位共同落实专项政策或指导意见，定期开展实施情况的检查评估，将检查评估结果报部人事劳动司备案；各级各地有关部门和单位按照各牵头部门的要求，配合和支持开展相关工作。

（三）继续支持中西部地区人才队伍建设

1. 实施对口援助计划。完善对口援助政策，明确援助干部在担任实职、工作时间、收入待遇和相关补贴，明确鼓励各类人才到中西部地区建功立业、支援建设的鼓励性政策；抓好对口援助组织协调工作，加大东部地区与中西部地区和东部老工业基地之间的“双向挂职”工作力度。

2. 实施西部地区干部培训计划。结合《公路水路交通运输

“十二五”教育与培训发展规划》等的实施，创新方式方法，加强各地交通运输主管部门的沟通合作，落实和改进西部地区交通运输管理干部、技术人员和教育师资的培训工作。

3. 实施科技合作计划。完善相关管理制度，进一步明确依托交通运输科学技术计划的实施，实行人才培养与重点科研项目和重点基地建设相结合，帮助中西部地区培养和稳定骨干人才的目标要求和倾斜政策。

三、求真务实，加强行业人才规划实施的条件保障

（一）加强规划实施的组织保障

各有关任务落实的牵头部门，要组织制订工作落实方案，明确第一责任人、工作重点、进度安排；根据实际需要，注重发挥各级各地有关部门和单位的积极性，组织开展调查研究，按照要求推进各项任务的有效落实。部成立行业人才规划贯彻落实督导组，开展规划实施的组织协调、督促检查与评估考核；建立人才工作沟通协调平台，定期召开行业人才工作会议或专题座谈会，组织交流规划落实中的好做法、好经验，搭建相互学习和促进工作的交流平台。2012 年 6 月底前，督导组检查考核各有关部门和单位的落实本意见的工作方案；2012 年 12 月底前，检查考核有关专项政策或指导意见的研究制订情况；2016 年底前，开展规划实施的中期评估，同时滚动修订和部署落实行业人才规划的落实方案。

（二）落实规划实施的基础条件

各级交通运输主管部门根据中央关于人才投资优先保证的政策与要求，根据实际需要，积极协调本级财政部门，争取在政府公共财政预算中明确一定的比例或额度建立交通运输人才发展专项资金，支持行业人才工作的顺利开展。要结合规划实施，健全行业人才资源统计制度，完善行业人才统计调查方法，明确保障机构与经费渠道，建立健全行业人才资源统计调查长效机制、统计分析监测制度和统计信息发布机制，夯实行业人才资源开发和管理决策的信息基础。

（三）深化人才发展问题研究

围绕行业人才规划的实施,针对人才培养使用、评价发现、激励保障等方面政策和机制,深入开展调查研究,支撑相关人才制度的制修订。组织开展《国家职业分类大典》(交通运输)修订研究工作。各级交通运输主管部门和有关单位要上下联动,加强配合,支持开展人才发展重大问题的调查研究。

(四)加强人才工作队伍建设

各地交通运输主管部门和有关单位,要根据新的形势和要求,切实转变观念,健全人才工作机构,加强专门人才配置,完善人才工作制度,采取举办专题培训、学习考察、实践锻炼等方式,提高人才工作者知全局、懂人才、干实事、识别人才、研究人才、服务人才的能力和水平。

附件:贯彻落实《公路水路交通运输中长期人才发展规划纲要(2011 ~ 2020 年)》的职责分工

附件

贯彻落实《公路水路交通运输中长期人才发展规划纲要（2011～2020年）》的职责分工

主要任务	重点工作	工作内容	牵头部门
一、重点加强优秀拔尖人才培养	1. 稳步推进科技领军人才培养与选拔	制订交通运输行业“两院”院士后备人才遴选与培养制度，明确遴选规则；制定实施计划，组织开展院士后备人才的遴选工作；加大对外宣传与沟通协调力度，支持后备人才参选院士	部人事劳动司
		组织开展“全国水运工程勘察设计大师”和“全国公路工程勘察设计大师”评选工作	部水运局 部公路局
	2. 加强高层次科技人才培养与选拔	完善依托各领域重大建设工程培养人才的目标要求与配套政策	部公路局 部水运局
		完善依托重点科研项目、重点科研基地等培养人才的目标要求与配套政策	部科技司

续上表

主要任务	重点工作	工作内容	牵头部门
一、重点加强优秀拔尖人才培养	2. 加强高层次科技人才培养与选拔	修订部新世纪十百千人才工程第一层次人选、部青年科技英才等高层次科技人才评选制度；制订实施计划，组织开展高层次科技人才培养和评选工作；制订和执行部人才培养专项经费管理制度	部人事劳动司
		改进专业技术职务评审制度，积极推行专业技术人员职业资格制度，完善以能力和业绩为导向的人才评价体系，将科技成果推广绩效纳入评价内容	各地交通运输主管部门和有关企事业单位
		加强优秀人才的引进工作，积极吸纳海外优秀人才，聚集一批国际化高层次科技人才	各地交通运输主管部门和有关企事业单位
		建立健全相关制度，制订人才梯队建设计划，分层分类推进高层次科技人才的培养与选拔	各地交通运输主管部门和有关企事业单位
	3. 加强优秀科技创新团队建设	建立健全相关制度和政策，依托重大建设工程、重点科研项目、重点科研基地，建设一批优秀创新团队，持续支持其开展研发工作	部科技司

续上表

主要任务	重点工作	工作内容	牵头部门
一、重点加强优秀拔尖人才培养	4. 加快推进高技能实用人才培养与选拔	开展特有工种职业技能鉴定工作和技师、高级技师考评工作	部职业资格中心
		实行省部联合，明确培养目标与任务，落实支持政策，推进技能人才实训基地和示范院校建设，加强主干专业和急需紧缺技能人才培养	部科技司
		组织开展各种形式的职业技能竞赛与岗位练兵活动，加强并规范高技能人才的竞赛选拔与表彰激励	部人事劳动司、部职业资格中心
	5. 加强高素质管理人才的培训选拔	结合教育培训规划的实施，落实和改进管理干部培训工作	部科技司
		加大干部轮岗、交流和挂职力度；加强港航与海事、救助等的人员交流，加快复合型人才建设；积极争取和派遣优秀干部到国际组织工作，培养具有国际视野的管理人才；健全领导干部选拔任用、绩效考评、权力运行监督机制，改进干部考评方式和手段；加强后备干部队伍建设	部人事劳动司
		加强教育培训管理人才、科技管理人才队伍建设，制订有效的政策措施，培养和选拔一批高素质教育培训管理和科技管理人才	部科技司

续上表

主要任务	重点工作	工作内容	牵头部门
一、重点加强优秀拔尖人才培养	6. 落实优秀拔尖人才的政策待遇	制订部人才培养专项经费管理制度，明确经费用途与资助对象，规范经费的使用与管理	部人事劳动司、财务司
		结合岗位聘用制度的实施，落实优秀科技人才、技能人才和管理人才的岗位待遇，优先解决两地分居、配偶就业、子女上学等后顾之忧	各级各地交通运输主管部门和有关企事业单位
		推进职业资格制度与企事业用人制度和薪酬制度相衔接；落实职业技能竞赛优胜选手直接晋升一级职业资格或优先参加技师、高级技师考评的政策	各级各地交通运输主管部门和有关企事业单位
二、大力加强重点领域急需紧缺人才培养	1. 综合运输领域急需紧缺人才培养	制订加强重点领域急需紧缺人才培养的专项政策；落实加强重点领域急需紧缺人才培养的工作机制	部人事劳动司、有关省（区、市）交通运输主管部门
	2. 工程管理领域急需紧缺人才培养		部公路局、水运局
	3. 现代物流、道路运输、城市客运领域急需紧缺人才培养		部道路运输司

续上表

主要任务	重点工作	工作内容	牵头部门
二、大力加强重点领域急需紧缺人才培养	4. 路网运行监测与公路应急管理领域急需紧缺人才培养	制订加强重点领域急需紧缺人才培养的专项政策；落实加强重点领域急需紧缺人才培养的工作机制	部公路局
	5. 港口与航运领域急需紧缺人才培养		部水运局、海事局
	6. 救助打捞领域急需紧缺人才培养		部救捞局
	7. 行政执法领域急需紧缺人才培养		部政法司、海事局、公路局、水运局
	8. 信息化人才领域急需紧缺人才培养		部科技司
三、继续支持中西部地区人才队伍建设	1. 实施对口援助计划	完善对口援助政策；抓好对口援助组织协调工作	部人事劳动司
	2. 实施西部地区干部培训计划	加强各地交通运输主管部门的沟通合作，落实和改进西部地区交通运输管理干部、技术人员和教育师资的培训工作	部科技司
	3. 实施科技合作计划	完善相关管理制度，明确依托交通运输科学技术计划，帮助中西部地区培养人才的目标要求和倾斜政策	部科技司

续上表

主要任务	重点工作	工作内容	牵头部门
四、规划实施的条件保障工作	1. 加强规划实施的组织保障	任务落实的牵头部门，要组织制订工作落实方案；组织开展调查研究，按照要求推进各项任务的有效落实	各牵头部门
		部成立行业人才规划贯彻落实督导组，开展规划实施的组织协调、督促检查与评估考核	部人事劳动司
	2. 落实规划实施的基础条件	协调本级财政部门，争取在政府公共财政预算中明确一定的比例或额度建立交通运输人才发展专项资金	各级交通运输主管部门
		建立健全行业人才资源统计调查长效机制与统计分析监测制度	
	3. 深化人才发展问题研究	针对人才培养使用、评价发现、激励保障等方面政策和机制，深入开展调查研究，支撑相关人才制度的制修订	各级交通运输主管部门及有关企事业单位
		组织开展《国家职业分类大典》（交通运输）修订研究工作	部人事劳动司、部职业资格中心
	4. 加强人才工作队伍建设	健全人才工作机构，加强专门人才配置，提高人才工作者的管理能力和服务水平	各级交通运输主管部门及有关企事业单位

关于印发道路运输业“十二五”发展规划纲要的通知

交运发〔2011〕590号　2011.10.20

各省、自治区、直辖市、新疆生产建设兵团及计划单列市交通运输厅(局、委),天津市、上海市交通运输和港口管理局:

为积极推进现代道路运输业发展,根据《交通运输“十二五”发展规划》,部编制了《道路运输“十二五”发展规划钢要》现印发给你们,请结合本地区实际,认真贯彻落实。

道路运输业“十二五”发展规划纲要

二〇一一年九月

目　录

(三)强化出租汽车市场管理,促进行业稳定健康发展

(四)提升运输辅助业服务水平,强化规范诚信经营

(五)加快国际道路运输发展,提高运输服务能力

(六)加快枢纽站场建设,提升集约化组织与服务能力

(七)健全安全监管和应急保障体系,提升整体保障能力

(八)加快推进信息化建设,提升道路运输发展质量

(九)大力发展绿色道路运输,突出行业节能减排

五、保障措施

(一)加强制度建设,夯实行业法制基础

(二)创新政策手段,强化政策支持力度

(三)理顺体制机制,提高行业管理效能

(四)强化队伍建设,提升队伍整体素质

前　言

“十二五”时期是我国全面建设小康社会的关键时期，是深化改革开放、加快转变经济发展方式的攻坚时期，也是加快推进现代交通运输业发展的重大战略机遇期。

道路运输是综合运输体系的基础，在现代交通运输业发展中具有举足轻重的作用。改革开放以来，道路运输生产力持续快速增长，但发展形态粗放的问题没有根本解决。面向未来，必须加快转变发展方式，迈向发展现代道路运输业的新阶段。

发展现代道路运输业，即通过理念、政策、体制机制和技术的全面创新，一方面着力改造传统产业形态，不断提高运输站场、车辆装备的技术水平和从业队伍的素质，增强运输组织能力，加快结构调整，促进产业升级；另一方面，充分发挥自身比较优势，强化与其他运输方式的有效衔接和良性互动，促进综合运输体系建设和现代物流发展。

为积极推进现代道路运输业发展，根据《交通运输“十二五”发展规划》，编制了本规划纲要。

一、"十一五"道路运输业发展回顾

(一)取得的成绩

"十一五"以来,道路运输工作以科学发展观为指导,大力推进发展方式转变,积极探索又好又快发展的新路径,为保增长、保民生、保稳定作出了重大贡献。

运输生产能力快速增长,公共服务功能不断加强。2010 年与 2005 年相比,公路营运客货车辆数增长 71.7%。2010 年全社会完成客、货运量 305.3 亿人次和 244.8 亿吨,分别比 2005 年增长了 79.9% 和 82.4%,完成客、货周转量 15020.8 亿人公里和 43389.7 亿吨公里,分别比 2005 年增长了 61.7% 和 3.99 倍(见专栏 1 备注②)。道路运输完成的客货运量、周转量及在综合运输体系中的比重持续增加。道路运输不仅成为综合运输体系中最能体现普遍服务、最具基础保障功能的运输方式,而且在春运、"黄金周"、煤电油运等关键时期和奥运会、世博会等重大活动中,在抗震救灾、抗击冰冻雨雪灾害中,发挥了重要的基础性作用。国际道路运输合作不断拓展,客货运站场、机动车维修、机动车驾驶员培训、汽车租赁等运输辅助服务业全面发展,道路运输业综合服务能力显著增强。

结构调整初显成效,运输组织方式不断创新。客运企业进一步向大型化、规模化方向发展,2010 年与 2005 年相比,班车客运经营业户数下降 38%,户均车辆数增长 77%;货运企业专业化程度有所提高,普通货物运输业户的比例不断下降。营运车辆逐步向大型化、专业化和高级化方向发展,客车平均座位、货车平均吨位、中高级客车及专用货车比例稳步增加。客运班线公交化、旅游包车、网络化运输、小件快运、城市物流配送等运输组织方式快速发展,货运企业向现代物流企业转型步伐不断加快。

农村运输条件大幅改善,服务"三农"能力显著增强。农村客运网络化建设稳步推进,"十一五"期间,共投资 121.4 亿元,新建农村客运站近 8 万个,发放农村客运燃油补贴 209.2 亿元,开通农村客运班线8.8万条，乡镇、建制村通班车率进一步提高，农村客运公交化和城乡客运一体化进程明显加快。2010年农村客运车辆达35.7万辆，全年完成农村客运量79.5亿人，占道路运输完成客运量的26%。道路运输已成为支撑城乡经济社会一体化发展的重要纽带，农村地区“出行难”、“运货难”问题有了根本缓解。

安全管理工作不断强化，安全生产形势稳中趋好。各级交通运输部门始终把安全生产管理摆在道路运输工作的突出位置，全面加强“三关一监督”的监管职责，安全管理制度不断完善，安全专项整治取得新的成效。安全管理科技水平不断提升，车载卫星定位系统安装率稳步提高，全国重点营运车辆联网联控系统建设初见成效。安全源头管理进一步强化，客运站安全管理体系不断完善，货运源头治超取得新进展，对营运驾驶员的安全监管全面加强。道路运输重特大事故稳步下降，道路运输安全生产形势总体上稳定好转。

科技及信息化水平不断提升，有效支撑行业的内涵式发展。“十一五”期间，道路运输信息化建设成效显著，开展了3批部省道路运输信息系统联网工作，运政管理信息系统、营运车辆联网联控系统建设全面推进。区域性公众出行信息平台、物流公共信息平台、区域性客运售票联网系统建设以及IC卡道路运输电子证件的应用试点稳步推进，道路运输信息化标准规范体系不断完善。道路运输信息化建设在提升运输效率和服务品质、保障道路运输安全、提升政府公共服务能力等方面发挥着越来越重要的作用。

基础管理工作不断夯实，行业管理与服务水平不断提高。法规建设取得重大进展，以《道路运输条例》为龙头、部颁规章为基础、地方性法规和规章为补充的法制体系基本形成。行业体制改革不断深化，涵盖城市公共客运、出租汽车、汽车租赁、物流市场管理等新增职能的城乡一体的道路运输管理体制初步形成，运政管理队伍参照公务员管理等重大改革正稳步推进。节能减排工作有了新突破，初步建立起运营车辆燃油消耗量检测和监督管理制度，广泛开展了节能推优示范和驾驶员节能操作竞赛等活动。积极组织开展形式多样的服务竞赛和文明创建活动,行业精神文明建设不断取得新进展。组织开展了新时期道路运输业发展大调研活动,进一步凝聚发展共识。

专栏1:2010年与“十五”末道路运输发展情况对比

分类	具体指标	2005年	2010年	增长幅度
运营客货车辆	营运客车数量(万辆)	72.8	83.1	14.2%
	营运货车数量(万辆)	587.2	1050.2	78.9%
客货运输	客运量(亿人次)	169.7	305.3	79.9%
	客运量在综合运输体系中占比(%)	91.9%	93.4%	1.5个百分点
	旅客周转量(亿人公里)	9292.1	15020.8	61.7%
	旅客周转量在综合运输体系中占比(%)	53.2%	53.8%	0.6个百分点
	货运量(亿吨)	134.2	244.8	82.4%
	货运量在综合运输体系中占比(%)	72.1%	75.5%	3.4个百分点
	货物周转量(亿吨公里)	8693.2	43389.7	3.99倍[②]
	货物周转量在综合运输体系中占比(%)	10.8%	30.6%	19.8个百分点
	客运线路条数(条)	162330	168247	3.6%
	客运线路平均日发班次(班次/日)	1410590	1835650	30.1%
	国际道路运输完成客运量(万人)	795.72	780.14	-2.0%
	国际道路运输完成货运量(万吨)	973.0	2963.09	304.5%
运输结构	普通货运业户占比(%)	85.4%[①]	85.3%	-0.1个百分点
	集装箱运输业户占比(%)	0.07%	0.14%	0.07个百分点
	载客汽车平均座位(位/辆)	21.8	24.3	11.5%
	载货汽车平均吨位(吨/辆)	4.0	5.7	42.1%
	客运班车中中高级客车占比(%)	39.5%	53.5%	14个百分点
	专用载货汽车占比(%)	4.1%	5.1%	1个百分点

分类	具体指标	2005年	2010年	增长幅度
农村客运	乡镇通班车率(%)	97.8%	98.1%	0.3个百分点
	建制村通班车率(%)	84.7%	90.1%	5.4个百分点
客货运输站场	道路客运站(个)	14895	240152	16倍
	二级以上客运站数量	2570	2776	8.0%
	客运站平均日旅客发送量(万人次/日)	1808	2259	25%
	道路货运站(个)	1840	3317	80.3%
	货运站年平均日换算货物吞吐量(万吨/日)	513	742.5	44.7%
运输辅助业	机动车维修业户(万户)	34.6	40.5	17.1%
	机动车驾驶员培训经营业户(户)	5939	9492	59.8%
	汽车租赁经营业户(户)	2126	2937	38.1%
	物流服务经营业户(户)	4203	16536	2.93倍
	信息配载经营业户(户)	16526	22006	33.2%
	站场经营业户(户)	20817[③]	29136	40%

备注:①为2006年数据;②按照2008年交通运输部新的统计范围和口径,统计数据有较大变化;③为2006年数据。

(二)存在的主要问题

尽管成绩显著,但道路运输业快速健康发展仍面临许多问题,突出表现为“七个不足”:一是行业结构性矛盾仍较突出,满足多样化、高品质运输需求的能力不足。二是行业发展方式较为粗放,依靠技术进步和科学管理的集约化发展动力不足。三是运输市场秩序有待进一步完善,市场运营诚信与规范性不足。四是与支撑现代物流发展和满足公众便捷出行的需求相比,道路运输站场的设施条件和服务能力不足。五是行业节能减排形势严峻,可持续发展的后劲不足。六是道路运输自身比较优势尚未充分发挥,与其他运输方式间的有效衔接和良性互动不足。七是行业管理基础建设仍较薄弱,法规标准、政策手段、队伍素质与规范化管理仍显不足。总体来看,道路运输业的整体发展水平不高,已成为综合运输体系中的薄弱环节。继往开来,道路运输业正站在一个必须着力推进产业升级的转折点上。

二、"十二五"面临的形势和要求

"十二五"时期是我国全面建设小康社会的关键时期,是深化改革开放、加快转变经济发展方式的攻坚时期,这一时期的阶段特征主要体现在:保增长、保稳定仍然是基础,转方式、调结构将成为主线,扩内需、惠民生成为新的发展主题。道路运输业必须抓住这一重要战略机遇期,加快发展方式转变,全面推进现代道路运输业发展。

(一)保持经济社会平稳较快发展,要求进一步提高道路运输服务保障能力和水平

"十二五"时期我国国民经济仍将保持平稳较快增长,工业化、信息化、城镇化、市场化、国际化进程进一步加速,重化工业特征依然突出,内需拉动作用显著增强,对道路运输的需求将保持旺盛的态势。同时,"汽车社会"和"机动化"特征更加凸显,汽车后服务产业发展需求更加迫切。此外,我国应对各种自然灾害、事故灾难、公共卫生事件、社会安全事件的形势仍较严峻,道路运输业应急保障与维护公共安全的责任更加突出。

道路运输业应按照"适度超前"的原则,不断提高服务保障能力。要在"保增长、保民生、保稳定"中继续发挥基础支撑作用,确保运输生产力持续平稳较快发展;要切实加快提升机动车维修、驾驶员培训、汽车租赁等相关辅助业的服务能力和水平,满足人民群众日益增长的需要;要积极应对各类自然灾害和突发公共事件,确保重点物资、抢险救灾物资运输和重点时段客货运输的安全、平稳、顺畅。

（二）着力转变经济发展方式，要求加快道路运输结构调整和产业升级步伐

“十二五”时期，国家将以经济结构战略性调整为主攻方向，以科技进步和创新为重要支撑，以保障和改善民生为根本出发点和落脚点，确保转变经济发展方式取得实质性进展。一方面，经济结构调整将从产业结构调整转向需求结构、供给结构和要素投入结构的全方位调整，加速产业轻型化、产品轻质化的趋势。另一方面，社会结构调整力度不断增大，民生优先、民富为本将成为新的战略着力点，城乡居民的整体收入水平和消费能力将快速增长，出行需求将由大众化向个性化、高端化转变。

道路运输业必须着力于推进转型与升级。切实加大行业结构调整力度，不断提高道路运输的灵活性、机动性和多样性，满足个性化、多样化特别是高品质运输服务需求，切实增强运输服务保障的稳定性和可靠性；加快转变发展方式，努力提高集约化发展水平，大力发展运输效率高、通达度深的客货运输组织方式，推进传统产业形态的改造。

（三）进一步强化统筹区域及城乡协调发展力度，要求加快推进城乡道路运输一体化进程

“十二五”时期将是我国强化以工促农、以城带乡，着力破除城乡二元结构，加快形成城乡经济社会一体化发展新格局的关键时期。道路运输是联系城乡的重要纽带，是城乡经济社会一体化发展的基础，在密切城乡沟通、促进产业协同、改善出行条件、提高农民生活水平方面将发挥越来越重要的作用。“十二五”时期也是国家推进区域一体化战略的重要时期，更加突出强调利用区域发展的空间约束，实现区域的科学发展、可持续发展，而区域道路运输一体化将成为促进区域资源优化和统筹布局的重要方面。

道路运输行业必须抓住城乡一体化管理体制改变的重大机遇，着力解决统筹城乡客运协调发展中存在的突出问题，加快完善资源共享、相互衔接、布局合理、方便快捷的城乡道路运输网络，推进城乡客运一体化进程，促进基本公共客运服务均等化。加快完

善农村物流体系，努力实现农用物资、农副产品的便利高效运输，以道路运输发展支撑现代农业建设。同时，需要进一步打破地方行政壁垒，实现道路运输资源在区域内的优化配置，构建区域一体化、服务现代化的区域道路运输服务网络。

（四）综合运输和现代物流加快发展，要求进一步发挥道路运输业的比较优势

推进综合运输体系建设、促进现代物流业发展，将成为“十二五”时期现代交通运输业必须取得重大突破的关键任务。综合运输和现代物流业的发展，将为道路运输业延伸覆盖面、拓展新领域、加快结构调整、发挥比较优势提供新的外部条件和发展动力。同时，各种运输方式竞相加快发展，一定程度使竞争更为激烈，尤其是铁路快速客运系统的高速发展，已经并将继续对公路干线客运产生巨大影响，道路客运业实施战略调整、优化资源配置迫在眉睫。

道路运输业必须抓住机遇，直面挑战，优化运网布局和结构，加强站场设施建设，发展先进的运输车辆及装备，提升组织化程度和集约化水平，构建对接现代物流的政策标准体系，培养高素质的从业队伍。实施与铁路快客系统差异化发展战略，不断拓展突出自身比较优势的客运服务，并强化与其他方式的衔接。强化行业信息化建设，积极延伸服务领域，加快向现代物流业转型。

（五）深化体制机制改革，要求切实增强道路运输行业管理的能力和水平

“十二五”时期是我国行政管理体制改革向纵深推进的重要时期。目前全国城乡道路运输一体化管理的体制格局正在逐步形成，道路运输管理工作的职责范围、行业管理的内涵和外延都发生了较大变化，统筹城乡客运发展、承担物流市场有关管理、强化源头治超、做好经济运行分析等新增职能有待在积极探索中全面正确地履行。迫切需要进一步理顺管理体制和运行机制，加强市场监管，更加注重公共服务，进一步规范机构设置，构建统一、精简、高效的行业管理组织体系。

道路运输行业还要积极应对成品油价格和税费改革的影响，进一步转变行业管理的工作重心和职能手段，切实改进管理方法，从重许可向许可准入与动态管控并举转移，从重处罚向处罚教育与政策引导并举转移，从重监管向市场监管与服务公众并举转移；积极推动道路运输管理机构向行政机构转化，适应公共财政及公务员管理的新形势，不断创新机构、人员、财政等管理制度。

（六）应对气候变化、深化节能减排，要求大力推进以低碳为特征的道路运输业发展

我国已确立了控制温室气体排放行动目标（即 2020 年单位 GDP 二氧化碳排放比 2005 年下降 40% ~45%），作为约束性指标纳入国民经济和社会发展中长期规划。国务院明确提出要加快建设以低碳排放为特征的工业、建筑、交通体系，强化应对气候变化综合能力建设。《国民经济和社会发展第十二个五年规划纲要》中明确要求，“大力发展节能环保的运输工具和运输方式。积极发展公路甩挂运输。”

道路运输业所消耗的成品油占全国成品油消耗总量的 30% 左右，在低碳交通运输体系建设中肩负着重要的使命。建设低碳道路运输体系，不仅要继续在全行业深入开展节能降耗活动，深度挖掘节能减排的潜力，还应结合控制二氧化碳排放的新要求，鼓励节能和新能源汽车的运用，倡导理性的运输消费。要把低碳发展作为道路运输行业节能减排的新起点、两型行业建设的新抓手、转型升级的新动力。

三、“十二五”发展的思路和目标

（一）指导思想

深入贯彻落实科学发展观，以加快转变发展方式、发展现代道路运输业为主线，立足理念、政策、体制机制和技术的全面创新，促进结构调整和产业升级，努力构建高效便捷、安全可靠、绿色环保、规范诚信的道路运输服务体系，更好地保障经济社会发展，满足人民群众的需求。

专栏2:发展现代道路运输业的重点

现代道路运输业是指在经济社会对道路运输需求全面提升的背景下,以理念、政策、体制机制和技术的全面创新为手段,通过对传统道路运输业的改造升级而形成的新型运输服务体系。"十二五"时期,全行业将重点以"五化"建设为切入点,全面推进现代道路运输业的发展:

——城乡客运一体化:以推进基本出行服务均等化为重点,加快形成相互衔接、布局合理、通畅有序、经济可靠的城乡客运发展格局,促进道路客运资源在区域、城乡间以及综合运输体系内的统筹合理配置;

——货运组织集约化:以推进道路货运业与物流业的融合为重点,加快形成组织方式先进、服务功能拓展、产业链条延伸、集约程度和产品附加值高的道路货运发展模式;

——管理服务精细化:按照个性化、高端化、优质化的要求,全面提升道路运输服务的质量;推动安全管理精细化,促进行业管理和公共服务人性化;

——依托载体信息化:通过在全行业各个领域广泛运用现代信息技术,全面提升行业管理、运输企业、公众服务的信息化水平;

——发展方式低碳化:深化行业节能减排,降低行业发展对化石能源的过度依赖及对环境的负面影响,促进绿色发展。

(二)基本原则

坚持数量增长和质量提升并举。既要保持道路运输生产能力的持续较快增长,满足"量"的基本需求,又要突出质量和安全,着力优化结构,不断提升服务品质。

坚持市场机制与政府引导并举。既要充分发挥市场机制的作用,又要根据当前道路运输市场体系不尽完善的突出矛盾,注重政府在政策引导、市场监管、公共服务中的重要作用。

坚持生产发展与节能减排并举。在稳步扩大运能规模的同时，切实按照资源节约、环境友好的要求，更加突出节能减排，增进行业可持续发展能力。

坚持自我发展与协同发展并举。既要不断促进道路运输业自身加快发展，又要注重与其他运输方式的相互衔接与良性互动，找准道路运输在综合运输体系和现代物流发展中的着力点。

坚持全面创新与重点突破并举。既要立足全面创新，促进行业转型升级，更要突出重点，有针对性组织一系列试点和示范，开展重大科技攻关，确保取得一批突破性成果。

（三）发展目标

到 2015 年，现代道路运输服务体系建设取得突破性进展，道路运输服务的效率和质量显著提升，运输安全监管和应急保障能力显著增强，资源节约、环境友好型行业建设取得重大突破，法规政策、体制机制进一步完善，市场监管和公共服务能力有新的提高，为经济社会发展提供更安全、更高效、更便捷、更可靠、更绿色的道路运输服务。

——更安全

全国基本建成营运车辆联网联控系统，危险品运输车辆、国际道路运输车辆、三类以上的班线和旅游客运车辆、应急保障车队车辆的卫星定位系统安装率达到 100%，重型载货车辆卫星定位系统安装率稳步提升。重点领域和关键环节的安全监管进一步强化。源头安全管理体系进一步完善，二级及以上公路客运站危险品安全检测仪配置率达到 100%，货运源头治超体系基本建立。企业安全生产评估与考核体系全面建立。道路运输营运车辆万车公里事故件数和死亡人数年均下降 3%，群死群伤、重特大恶性事故得到遏制。覆盖全国的道路应急运输保障体系基本建立，基本建成功能完备、信息互通的应急指挥平台和专兼结合、保障有力的应急运输保障队伍。

——更高效

道路运输客运量、旅客周转量、货运量、货物周转量分别达到

375 亿人次、20800 亿人公里、300 亿吨、58400 亿吨公里。国家公路运输枢纽客、货运站场建成率分别达到 50%、40%。中高级客车所占比重以及重型、专用、厢式货车所占比重分别达到 40%、25%、10% 和 25%。客运班车、营运货车实载率达到 60%。牵引车与挂车比例达到 1:2,甩挂运输完成的周转量在道路货运中的比重达到 12% 以上。

——更便捷

乡镇通班车率达到 100%,建制村通班车率达到 92%,城市郊区客运班线公交化改造率达到 50% 以上,50 公里以内的城际客运公交化改造率达到 30%,与其他运输方式主动对接的道路客运网络全面形成,涵盖售票联网、联程售票等在内的出行信息服务进一步完善,二级及以上客运站售票联网覆盖面达到 100%。满足居民个性化出行需求的服务能力显著增强。基本形成覆盖面广、反应及时的维修救援网络以及区域性汽车租赁网络。

——更可靠

旅客班线运输发车正点率达到 95%。满足现代物流需求的公路快速货运限时到达更有保障,平均货损货差率下降至 5‰以下。构建完善的机动车维修质量监控和营运车辆技术管理体系,车辆维修返修率下降至 3% 以下。数据齐备、信息共享、标准规范的全国道路运输市场诚信体系基本建成,行业诚信经营理念全面增强,客货运输、出租汽车、机动车维修、驾驶员培训、汽车租赁服务的满意率达到 90% 以上。

——更绿色

道路运输发展对资源、环境的负面影响进一步降低,逐步提高道路运输业能源利用效率和环境友好水平。与 2005 年相比,营运客车、货车单位运输周转量能耗分别下降 6% 和 12%,营运车辆单位运输周转量二氧化碳排放下降 11%。新能源车型、节能环保车型得到进一步推广,营运客货车辆燃料消耗量限值标准达标率 100%。各项节能新技术、新设备、新产品、新工艺得到更大范围的推广,节能驾驶培训全面普及。

专栏3:“十二五”时期道路运输业发展主要指标表

类别	指　标	2010年	2015年	属　性
更安全	营运车辆万车公里事故件数和死亡人数年均下降	3%		约束性指标
	二级及以上公路客运站危险品安全检测仪配置率	79.6%	100%	约束性指标
更高效	客运量(亿人次)	305.3	375	预期性指标
	旅客周转量(亿人公里)	15020.8	20800	预期性指标
	货运量(亿吨)	244.8	300	预期性指标
	货物周转量(亿吨公里)	43389.7	58400	预期性指标
	国家公路运输枢纽客运站场建成率	—	50%	预期性指标
	国家公路运输枢纽货运站场建成率	—	40%	预期性指标
	客运班车实载率	47.5%①	60%	预期性指标
	营运货车实载率	50%①	60%	预期性指标
	甩挂运输拖挂比	1:1.2	1:2	预期性指标
	营运客车中、高级客车所占比重	27.7%②	40%	预期性指标
	重型货车所占比重	21.56%	25%	预期性指标
	专用货车所占比重	5.12%	10%	预期性指标
	厢式货车所占比重	19.09%	25%	预期性指标
更便捷	乡镇通班车率	98.06%	100%	约束性指标
	建制村通班车率	90.11%	92%	约束性指标
	二级及以上客运站售票联网开通率	—	100%	预期性指标
	维修救援平均到达时间(50公里以内)	—	1小时	预期性指标

类别	指　　标	2010 年	2015 年	属　性
更可靠	质量信誉考核 AA 及以上企业所占比重	—	90%	预期性指标
	运输服务满意率	—	90%	预期性指标
	旅客班线运输发车正点率	—	95%	预期性指标
	货损货差率	—	5‰	预期性指标
	车辆维修返修率	—	3%	预期性指标
更绿色	营运客货车辆燃料消耗限值达标率	—	100%	约束性指标
	营运客车单位运输周转量能耗降低(与 2005 年相比)	—	6%	约束性指标
	营运货车单位运输周转量能耗降低(与 2005 年相比)	—	12%	约束性指标
	营运车辆单位运输周转量二氧化碳排放降低(与 2005 年相比)	—	11%	约束性指标

注:①为 2008 年数据。②为 2009 年数据。

说明:依据规划实施的主体不同,指标划分为预期性指标和约束性指标两类:

(1)预期性指标。道路运输管理部门利用政策引导,期望市场所能实现的目标。主要依靠市场主体的自主行为实现,道路运输管理部门通过创造良好的制度环境和市场环境,并适时调整宏观调控方向和力度,综合运用各种政策引导社会资源配置,努力争取实现。

(2)约束性指标。在预期性基础上进一步明确并强化了道路运输管理部门责任的指标。涉及公共服务和公众利益领域,如安全、环保、诚信服务等,道路运输管理部门要通过合理配置公共资源和有效运用行政手段,确保实现。

四、重点任务

(一)构建便捷的客运服务网络,推进城乡客运一体化

1. 构建完善的道路客运服务网络,提升整体服务水平

构建班线客运快捷服务网络。加快班线客运结构调整和资源优化整合,完善客运线路招投标管理制度,推进道路运输许可审批的规范化,促进运营管理公司化、客运车辆舒适化、服务标准规范化、运输组织科学化。探索形成新型的客运组织模式和客运站点体系,大力优化长途客运资源配置,拓展中短途客运市场,发展机场班车网络等特色客运服务,促进与其他客运方式合理分工、优势互补和协同发展,充分发挥班线客运的规模效益、网络效益和机动化优势,全面提升道路客运的服务品质和整体竞争能力。

完善农村客运普遍服务网络。建立与农村公路等级、通行车型、载客限载、运行限速、通行时间等指标协同的农村客运线路审批制度,不断完善农村客运线网布局。建立以城带乡、干支互补、以热补冷的资源配置机制,对于偏僻地区的农村班线,可采取与地域特点、经济发展水平相适应的灵活的运输组织方式,探索开行隔日班、周班、节日或赶集班等固定或者非固定的班次。稳步推广农村客运的片区经营模式,将企业经营范围由线路划定改为区域划定,鼓励实行公司化经营。建立农村客运财政奖励制度,加大政府对农村客运的投入和补贴力度,对客流不稳定、实载率低的线路进行扶持,经济发达地区要依照公共服务均等化的要求,按照城市公交的政策、标准推进农村客运发展。

建立旅游客运精品服务网络。整合旅游客运资源,实现旅游客运与旅游市场有效对接和良性互动。加强旅游客运市场监管,转变旅游客运运行机制,优化整体发展环境。鼓励旅游客运公司化管理、集约化经营,不断完善旅游包车经营网点,打造旅游客运精品服务网络,满足游客高品质、个性化的运输需求。

2. 统筹区域与城乡客运资源配置,促进协调发展

加快推进城乡道路客运一体化发展。合理界定城市公交与农

村客运的服务功能,加强城乡公共客运的服务衔接。鼓励城市公交向城市周边延伸覆盖,支持有条件的地区进一步推进农村客运公交化改造,鼓励发展镇村公交,推广标准化、规范化服务。城乡结合部要加强城乡客运资源的统筹配置,鼓励多种模式统一线路经营主体。组织开展城乡道路客运一体化示范工程,统筹协调城乡公交客运在票价、税费、补贴、通行等方面的政策。加快发展适合城乡客运一体化的安全、实用、经济型客车。

稳步推进区域间道路客运统筹协调发展。支持条件适宜的地区打破区域行政分割,鼓励开通区域公交化班线,有效覆盖沿途乡镇,逐步实现客运线网的区域融合。建立和完善跨区域的城际公交协调机制,统筹建设城际、区间专用候车亭和招呼站,探索建立统一的市场准入与退出机制、统一的客服标准和运行监管机制。支持并规范引导城乡客运经营者在节假日、春运等高峰时段跨市、跨区域的互助合作或运力调剂。

3. 加强与其他运输方式协同互动,实现优势互补

推行与其他客运方式的差异化发展战略。积极应对综合运输体系中其他客运方式加快发展的挑战,不断优化线网布局,合理控制新增一类客运班线。对年平均实载率低于 70% 的县际以上客运班线不得新增运力。引导道路客运企业创新经营理念和服务方式,稳步拓展短途、多样化与个性化客运市场,优化中长途客运资源配置。大力发展包车客运、旅游客运、精品班线、机场快线、商务快客、短途驳载等特色客运业务,进一步丰富道路客运服务品种,形成与其他运输方式合理分工、优势互补、协同发展的良性格局。

加强与其他运输方式的服务衔接。强化道路客运衔接铁路、机场等枢纽、港站的集疏运功能,加快完善道路旅客集疏运服务网络,科学安排班次密度。促进道路班线客运与铁路、民航、城市公共交通等客运方式的有效对接,积极发展旅客联程运输,充分利用道路班线客运资源,运输邮政包裹快件,加强与邮政网络的协调与融合。

(二)提升货运组织化水平,服务现代物流发展

1. 创新道路货运发展模式,提高集约化和标准化水平

大力发展新型货运组织方式。大力发展各种专用运输、鲜活农产品及高附加值货物直达运输，加快发展甩挂运输、多式联运、定班定线的货物运输、汽车列车运输、冷链运输。支持零担、快运、货运代理、城市配送以及利用班线客运为依托的小件快运等经营业务的网络延展。鼓励有条件的道路运输企业向物流企业转型，建立全程、无缝、连续性运输经营组织和管理体系。全面推进甩挂运输试点工程，培育一批具有示范效应的甩挂运输企业，探索甩挂运输运营组织模式，进一步完善促进甩挂运输全面发展的政策法规和标准规范体系。

加快优化货运车型结构。推进车型标准化改造，完善营运车辆技术标准和综合性能检测标准，加快发展标准化程度高、自重轻、承载量大、安全性能好和能耗低的货运车辆，推进货运车辆大型化、厢式化和专业化，鼓励发展集装箱、厢式、冷藏、散装、液罐、城市配送等专用运输车辆和多轴重载大型车辆。

2. 着力培育重点货运物流企业，全面提升物流服务水平

大力培育龙头和骨干货运企业。从市场进入、车辆更新、技术改造、信息化建设等方面加大政策扶持力度，加快培育一批规模化、网络化、品牌化运作的现代道路货运企业，成为引领行业发展的龙头和骨干。到“十二五”末，全国道路货物运输业户中，道路货运一级企业达到 50 家，加快引导龙头和骨干企业充分发挥资金、技术、人才、管理、网络、品牌、货源组织等各方面的优势，通过收购兼并、资产重组、加盟连锁等方式拓展经营规模和网络，对中小货运物流企业和个体运输户起到引导、示范、整合、规范和服务的作用。对分散的道路货运资源实行整合。

促进重点道路货运企业向物流服务商转型。在全国开展重点道路货运企业物流转型培育工程，引导道路货运企业转变经营理念，积极拓展服务领域，利用信息技术和现代组织管理手段，为用户提供集运输、仓储、包装、加工、配送等为一体的综合物流服务。促进货运企业加强与生产、商贸企业的合作与联盟，拓展一体化物流和供应链集成等高附加值的物流服务。引导和规范货运代理、

无车承运人等运输组织的发展,鼓励拓展现代物流服务。加快推进城市配送和农村物流服务发展。

专栏4:促进货运与物流发展重点专项

培育现代物流企业:各省(市、区)交通运输部门要选择一批具备良好条件的道路货运企业,通过对其物流信息化建设、物流设施装备更新的引导和扶持,鼓励其延伸物流服务,加快向现代物流企业转型。

甩挂运输试点工程:在全国组织开展部、省两级甩挂运输试点工程。择优推荐具有较大资产规模、管理规范、社会信誉好、有稳定的甩挂运输业务需求,有一定的甩挂设施装备条件的企业作为试点对象,重点对试点企业(项目)的甩挂作业站场设施和信息管理系统改造、甩挂运输车辆购置更新给予资金补助和政策扶持,通过试点推动、示范引领,大力促进甩挂运输发展。

推进货运车型标准化:加强政策引导,积极争取各方面资金支持,引导干线公路营运货车向重型化、轻质化、标准化方向发展。

(三)强化出租汽车市场管理,促进行业稳定健康发展

1. 引导出租汽车科学发展,完善运营管理机制

引导出租汽车科学发展。根据城市规模、经济发展水平等实际情况,科学制订出租汽车发展规划,合理确定出租汽车在城市客运体系中的分担比例和运力规模,积极探索发展模式和管理方式,优化城市客运结构。

完善出租汽车运营管理机制。引导出租汽车经营者按照现代企业制度组建公司,按照"产权明晰、权责对等、收费合理、风险共担"的要求,完善出租汽车经营管理机制。完善运价与油(气)价联动机制,保持出租汽车与城市公共交通的合理比价关系,引导社会公众优先选择公共交通方式出行。

2. 健全法规制度体系，规范市场经营秩序

健全法规制度体系。加快研究制订出租汽车行业法规制度。建立出租汽车行业服务质量信誉考核制度，促进出租汽车企业诚信经营，逐步形成优胜劣汰的市场机制，引导出租汽车驾驶员优质服务，提升出租汽车服务水平。建立出租汽车驾驶员从业资格管理制度，明确出租汽车驾驶员准入条件、动态管理及退出机制，提高出租汽车驾驶员整体素质。

规范出租汽车市场经营秩序。采取信息化手段，及时掌握出租汽车市场动态，细化管理内容，提高资源合理配置与决策分析能力，加强出租汽车市场监管。探索建立打击非法营运长效机制，切实保护消费者、出租汽车经营者和出租汽车驾驶员的合法权益。

3. 建立健全法规标准，促进汽车租赁健康发展

建立健全汽车租赁法规标准。加快研究制订汽车租赁法规、规章，并纳入道路运输法规体系，建立完善市场准入、退出制度。加快制订汽车租赁服务质量标准，开展服务质量考核评比，促进汽车租赁企业诚信规范经营。

完善汽车租赁服务网络。引导汽车租赁企业规模化、网络化、品牌化发展，逐步形成龙头企业引领、经营主体多元、网络覆盖全国的汽车租赁服务体系。鼓励规模大、管理好、信誉高的汽车租赁企业设立分支机构，建立全国或区域性的汽车租赁网络。鼓励汽车租赁企业与汽车生产企业、汽车维修企业实行合作经营，增强服务能力，拓展服务范围。

创新汽车租赁服务模式。鼓励汽车租赁企业发展多种服务模式，开展异地还车、电话预约、电子商务、企业相互间代办业务、电子货币结算等业务，鼓励与交通运输企业、宾馆、旅行社、商务门户网站等开展合作，满足人民群众个性化出行需求。

培育汽车租赁发展环境。支持汽车租赁企业与银行、保险等金融服务行业及汽车产业链各环节的紧密合作，完善消费者诚信体系，增强企业发展能力，降低企业经营风险。加强与公安等部门密切配合，严厉打击诈骗租赁汽车等犯罪行为。

(四)提升运输辅助业服务水平,强化规范诚信经营

1. 推进维修连锁经营,强化维修质量管理

鼓励机动车维修连锁经营。大力倡导机动车维修企业的加盟连锁经营,树立维修品牌,统一服务质量标准,开展服务质量达标活动,提高服务水平。鼓励企业依托品牌优势积极拓展电话咨询、维修、检测、救援等全方位服务。到"十二五"末,在全国培育形成5~10个全国性的机动车维修品牌企业和若干个区域性机动车维修品牌企业。

强化机动车维修质量管理。建立机动车维修配件质量保证和追溯体系,对配件经销企业经销配件、维修企业使用配件进行全程跟踪管理,建立机动车维修质量动态监管体系,确保机动车维修质量。

推进机动车维修救援网络建设。规划建设全国机动车维修救援网络,完善区域性救援服务网络,加快建设机动车维修救援信息服务系统,提高救援响应速度,50公里以内1小时内实现救援。

2. 开展素质教育工程,提升驾驶员培训质量

大力推进驾驶员素质教育工程。严格执行《机动车驾驶员培训教学大纲》,继续推进驾驶员计时制培训,强化安全行车、文明行车和绿色驾驶技能培训,全方位提高学员的驾驶技能和驾驶道德操守。加强营运驾驶员的培训与考核工作,全面推行营运驾驶员继续教育制度,大力推进营运驾驶员诚信考核工作,对营运驾驶员的安全生产、遵守法规和服务质量进行综合评定。

着力强化驾驶员培训机构的管理。建立驾驶员培训教学质量监督体系。推进驾驶员培训机构和教练员质量信誉考核制度以及教练员职业资格管理制度建设,教练员持证上岗比例达到100%,建立机动车驾驶培训机构资质管理制度。鼓励培训机构利用信息化手段,开展网络培训和远程教学,丰富培训方式,提升服务质量。

(五)加快国际道路运输发展,提高运输服务能力

1. 强化对外沟通协调,营造良好的外部发展环境

进一步完善和修订国际道路运输协定及相关协议。根据我国

与周边国家外交、经贸合作的总体战略，充分利用双边和多边运输合作机制，加强与周边国家的交流与合作，推进汽车运输协定的签订、修订工作，积极推动加入有关国际道路运输便利公约。

逐步消除国际道路运输发展的非物理性障碍。开展双边或多边国际道路运输事务级会谈，积极协调各国与国际道路运输有关的法律、法规和技术标准，消除各种非物理性障碍，延伸和拓展运输线路，大力推进便利化运输，促进公平竞争。

2. 加强基础建设，提高国际道路运输服务能力

理顺国际道路运输口岸管理体制。加强与海关、边检及检验检疫等部门的沟通协调，进一步明确口岸国际道路运输管理机构的查验和监管职责，确保口岸国际道路运输管理机构依法履行职责。

加强国际道路运输服务能力建设。强化国家道路运输企业准入管理，提高从业人员素质，提升运输车辆装备水平，不断提升国际竞争力。完善相关标准规范，加强制度建设，提高管理与服务的规范化水平。

（六）加快枢纽站场建设，提升集约化组织与服务能力

1. 加快城乡公路客运站场建设，提高便捷化服务水平

加快公路客运枢纽站场建设。加快国家公路运输枢纽客运站场建设，推动区域性公路运输枢纽布局规划和建设，初步形成与城镇布局相协调、方便百姓安全便捷出行的公路客运枢纽站场系统。重点建设集铁路、公路、城市公共交通中转换乘功能于一体、具有示范效果的综合客运枢纽。加快城市出租汽车停靠站和服务区建设。改革和完善公路货运枢纽站场的投融资方式。

加快推进农村客运站场建设。加大农村客运站场投资建设力度，积极推进重点镇等级客运站建设，切实加快行政村招呼站、候车亭建设步伐。坚持“路、站、运”一体化发展，强化农村客运站点与农村公路同步规划、同步设计、同步建设、同步使用。探索建立农村客运站管养的长效机制，着力解决农村客运站特别是简易站和港湾式停靠站建成后的日常养护管理问题。促进农村客运与其

他客运系统在站点功能和布局上的衔接。

2. 健全公路货运枢纽节点体系，提升物流组织能力

优化公路货运枢纽站场布局。推动公路货运枢纽站场与港口物流园区、空港物流园区、铁路集装箱站场统一规划建设，促进其与政府规划的产业园区、商贸市场、国际口岸的有效对接。“十二五”期间，在全国所有百亿元专业市场，国家、省级工业园区或产业基地、国家一类口岸，规划建设1～2个与之相配套的公路货运站场。积极推进农村地区货运站场建设，完善县(市)、乡(镇)、村三级物流节点网络。

完善公路货运枢纽站场服务功能。加大对甩挂运输等专业化作业场站的投资补助力度，鼓励公路货运站场经营主体积极拓展仓储、分拨配送、流通加工、保税等服务，大力推广应用现代信息技术、运输组织及仓储管理技术，加快向现代综合物流园区转型。加快推进全国二级及以上公路货运站场的升级改造。

专栏5：道路运输基础设施建设重点项目

公路客运站场和综合客运枢纽：地级市至少拥有1个一级客运站，县及县级市基本拥有1个二级客运站。建设与铁路衔接的综合客运枢纽约100个，其中，在36个中心城市重点打造约40个集公路、铁路、轨道交通、城市公交、出租车等多种方式于一体的现代化大型综合客运枢纽。

物流园区和公路货运枢纽：在全国196个国家公路运输枢纽城市，共建设200个左右的具有综合物流服务功能的物流园区或公路货运枢纽。

(七)健全安全监管和应急保障体系，提升整体保障能力

1. 加强安全源头治理，严格各种防范措施

加强汽车客运站源头管理。进一步推进汽车客运站安全生产规范的贯彻落实，规范危险品查堵、车辆安全例检、出站检查的工作程序和具体措施。加大安全生产经费投入，推进汽车客运站安

装监控设备、电子显示设备和危险品检测仪。加强与公安、安监等部门的密切配合，深化专项整治，着力解决客运超载、疲劳驾驶、非法营运等顽疾。

强化道路货运源头治超。认真贯彻落实《公路安全保护条例》有关规定，建立健全超限运输源头治理的管控体系，全面实施货物装载源头运政派驻和巡查制度，将基层运管力量向货物集散地和运输源头延伸。严格落实黑名单制度，将货运车辆违法超限运输纳入诚信考核体系。切实把好车辆准入关，加大对营运车辆非法改装行为的打击力度。引导和支持公路货运站场推行货运车辆入站诚信验证制度。

加强营运车辆安全技术管理。强化部门联动，对营运车辆生产、改装、运行等进行多层面、多角度的综合管理。不断完善营运车辆安全技术标准和安全装备技术要求。加强维护检测和等级评定的监督管理，逐步建立综合性能检测许可证制度，加强资格管理。构建全国道路运输车辆管理和综合性能检测信息平台，实现全国范围的车辆技术管理信息共享。

2.加强重点领域监管，落实企业主体责任

加强重点领域和关键环节的安全监管。切实加强春运及“黄金周”等重点时段、重点营运车辆、重点区域和环节的安全管理。进一步完善农村客运安全监管体系，加强农村客运站源头管理和违法经营打击力度。进一步加强危险货物运输安全管理，完善跨部门、跨区域的应急联动机制。全面推进车辆运行的全程动态安全监管，旅游包车和三类以上的班线客车必须依法安装、使用符合国家标准的具有行驶记录功能的卫星定位装置，加快建立营运车辆动态信息公共服务平台。

加强营运驾驶员安全管理。严格营运驾驶员的培训与考试，严把营运驾驶员准入关，对不符合相应资格的驾驶员，一律不得进入道路运输市场。配合安监、公安部门，对发生重特大道路运输事故驾驶员的培训、考试、发证进行责任倒查。切实加强对违章违法驾驶员的管理。

全面推行运输安全生产企业主体责任制。实施企业安全生产管理规范和安全生产评估管理办法,督促企业建立健全安全生产管理体系,构建安全生产内控机制,落实全员安全生产责任。建立道路运输经理人和安全管理员资格制度,推动安全管理制度化。鼓励和支持企业加大安全设施和技术装备投入,积极推广应用安全生产和管理技术。督促运输企业安装并使用卫星定位装置,加强对所属车辆和驾驶员的安全监督。全面建立企业安全生产评估体系,严格企业安全生产绩效考核,并将评估考核结果与客运线路招投标、企业质量信誉档案、资质等级评定等相结合。

3. 建立应急保障体系,提高应急保障能力

建设道路应急运输指挥调度中心。根据公路水路安全监管与应急处置平台建设要求,依托重点营运车辆卫星定位联网联控系统,建设国家、省、市三级道路应急运输指挥中心,并与国家、省路网管理与应急处置中心相互对接,实现各级指挥调度中心信息的互通和共享,提高应急响应速度和指挥调度能力。健全各层级道路运输应急保障预案及运输企业应急预案,建立"组织健全、权责明确、协调有力"的道路运输应急组织体系和"分级响应、反应迅速、运行高效"应急运行机制。

建立道路运输应急保障车队。按照"平战结合、分级储备、统一指挥"的原则,依托大型道路运输企业,建立国家、省、市三级道路运输应急保障车队。以省为基本单元,与交通战备运输保障相结合,构建国家应急运输保障车队,应急运输车队数量各省(区、市)不少于300辆。以地市为基本单元,分别组建地方道路客、货应急运输保障队伍,地方应急运输车队数量客车不少于50辆、货车不少于100辆。强化应急运输队伍、应急运输装备的建设和管理,加强应急演练,应急运输车辆卫星定位监控设备安装率达到100%。

建立应急运输征用补偿机制。按照"谁征用、谁补偿"的原则,建立以政府公共财政资金为保障的运力征用补偿赔偿机制,切实保护被征用车辆的合法权益和参与应急保障的积极性,形成道

路运输应急保障的长效机制。建立应急运输车辆和应急装备购置、组织应急运输培训演练、客货运输站场等基础设施应急功能建设补助制度。

(八)加快推进信息化建设,提升道路运输发展质量

1.加强行业管理信息系统建设,完善基础信息平台

加快道路运输信息系统联网工作。深化部省道路运输信息系统联网工作,建立长效的数据交换与共享制度。探索建立部省两级道路运输数据中心的建设、运营及维护模式,完善数据的采集、更新机制。在统一组织建设的行业通信网络总体框架下,在全国范围内建设覆盖部、省、市、县四级运政管理机构的广域通信信息网络。积极推广应用IC卡道路运输电子证件,实现全国道路运输信息系统与治超信息系统联网与信息共享,加强对超限货运车辆的联防联治。

加快基础应用信息系统开发建设。建设和完善面向社会公众的道路运输服务网站和服务热线,及时发布各类服务信息,实现道路运输业务网上办理,并提供咨询、投诉、预约等服务。建设部省两级道路运输行业综合运行分析系统,为经济运行分析和宏观调控提供决策支持。依托道路运输信息系统联网和IC卡道路运输电子证件应用,推进道路运输跨区域执法信息共享。根据《公路水路交通运输信息化"十二五"发展规划》,开展道路运输市场信用信息服务系统重大工程和区域物流公共信息服务平台、城市出租汽车服务管理信息系统、道路货物甩挂运输信息平台示范工程建设。

2.推动企业广泛运用信息技术,提高经营管理水平

推动运输企业经营管理信息化建设。引导货运企业建立车辆指挥调度、货物跟踪查询、订单处理及甩挂作业信息管理系统,推广无线射频识别(RFID)、智能标签、智能化分拣、条形码技术等,提高运输生产的智能化程度。积极推动信息技术广泛应用到维修、租赁等汽车后市场服务体系。

规范引导企业接入道路运输信息系统。充分利用交通通信专网和社会公网资源,稳步推进道路运输管理信息系统向综合客运

枢纽、物流园区、运输企业、汽车检测站、驾驶员培训机构、汽车维修企业等的延伸。

3. 加快政府公共服务的信息化建设，提升综合服务能力

加快重点营运车辆联网联控系统建设。建成全国重点营运车辆联网联控系统，危险品运输车辆、班线客运和旅游包车的入网率达到100%，构建联网联控系统运营的长效机制，提高数据质量和车辆上线率，确保系统稳定可靠、有效运行。制订卫星定位监控平台、终端产品及数据交换的技术标准，降低系统运行、维护成本。建立维持系统平稳有序运行的机构及资金保障制度。逐步开发涵盖应急运输指挥调度、安全动态监管、运输经济运行分析在内的卫星定位联网联控信息服务系统。

加快全国道路客运售票联网系统建设。构建以道路客运站场信息平台为基础的道路客运售票联网系统，推进跨区域的客运售票联网系统和电子客票系统建设，为旅客提供网上售票、电话订票、邮政网点售票、信息咨询等便利的售票服务。

加快国际道路运输管理与服务信息系统建设。按照统一组织、统一标准、分别建设和分步实施的原则，加快建立国际道路运输管理与服务信息系统，实现部、省、口岸三级国际道路运输管理机构以及国际道路运输企业的数据交换、信息共享。推进与海关、边检、检验检疫等部门信息交换与共享，促进国际道路运输车辆的安全监控和快速通关。

（九）大力发展绿色道路运输，突出行业节能减排

1. 强化节能减排制度建设，加大行业监管力度

加强车辆燃料消耗和排放的技术管理。严格执行《道路运输车辆燃料消耗量检测和监督管理办法》，建立健全燃料消耗量检测、车型动态管理、车辆配置及相关参数核查等配套监管制度，完善准入和退出机制，建立《道路运输证》配发与车辆燃油消耗量监测紧密结合的工作机制。

建立健全节能减排监测考核体系。加快建立道路运输行业能源消耗和排放统计及分析制度，将节能减排统计指标纳入交通运

输部门统计体系。研究建立道路运输行业节能减排评价体系,制订监督考核和奖励办法。建立重点耗能单位联系点制度,加大能源消耗监控力度。研究建立针对运输企业的节能降耗考核制度,并将其纳入企业年度质量信誉考核。

2. 加强节能减排政策引导,加快应对气候变化能力建设

加大节能减排政策引导力度。开展形式多样的节能降耗宣传活动,增强节能减排意识。鼓励运输企业加快淘汰老旧、高耗能、高排放车辆,推广应用先进成熟的节油型车辆。鼓励道路旅客运使用新能源环保型车辆,加快推广使用新能源和混合动力出租汽车。鼓励有利于节能减排的新设备、新技术的开发应用。

加强道路运输行业应对气候变化综合能力建设。贯彻落实国家有关“全面加强应对气候变化能力建设”的要求,在强化节能减排基础上,积极探索道路运输行业从能源结构、发展模式上走清洁化、绿色化的道路,系统提升交通运输行业应对气候变化的综合能力。整合节能减排的各项技术、政策、制度,加快开展道路运输行业温室气体排放研究,积极参与国家应对气候变化的各项工作。

3. 优化运输生产组织管理,推广节能管理经验

优化运输组织方式,提高运输效率。全面推动甩挂运输、网络化运输等高效运输组织模式的发展,提高运输组织化程度。组织开展甩挂运输试点工程,以点带面,重点突破。

推广绿色驾驶和绿色维修经验。在驾驶员培训中增加节能操作技术内容,在从业人员资格考试中加强节能相关知识的考核。广泛组织运营车辆节能操作竞赛,推广节能减排经验。鼓励企业加强节能驾驶和节能操作管理。推广应用驾驶员培训模拟器和多媒体教学,有效降低驾培能耗。加强机动车维修企业废气、废水、废油的循环利用。

五、保障措施

(一)加强制度建设,夯实行业法制基础

健全道路运输法律法规体系。进一步完善道路运输法规和规

章，结合综合运输、现代物流、城乡和区域运输一体化、节能减排、从业人员队伍建设及职业资格等新要求，调整和修改相关规定和内容。研究提出道路运输行业立法计划，抓紧修改《道路运输条例》并完善相关管理规章，推动出租汽车、汽车租赁、物流市场管理等领域的法制建设，加快出台《城市公共交通条例》、《机动车维修管理条例》，以及《道路货物运输与物流市场管理规定》和《汽车租赁管理规定》，组织研究《道路运输法》立法的必要性。加强地方性道路运输法制建设。协调政府相关部门，系统解决阻碍甩挂运输、网络化运输、无车承运等先进运输组织模式发展的法制障碍。坚持依法行政，依法严厉打击各种违法违规行为。建立健全运政执法监督机制，严格规范执法，切实保护经营者权益。

完善道路运输标准规范体系。研究提出道路运输行业标准规范体系建设计划，重点加强城乡道路客运一体化标准规范，适应现代物流、多式联运、甩挂运输发展的车辆、装备、服务等标准规范，道路运输信息系统、电子数据交换与共享、物流信息平台建设等标准规范的制修订工作。进一步建立健全道路运输各门类、各子行业的服务行为规范，完善质量等级评定的相关技术标准。

加强道路运输行业基础制度体系建设。加快健全道路运输行业涵盖各个门类、各从业主体的市场诚信制度体系，逐步建立内外结合的诚信考核联动机制。健全和完善推荐车型制度、车辆分类和分级管理制度。积极建立道路运输业节能减排统计监测和考核体系。建立健全道路运输行业经济运行分析、预测预报预警和动态信息发布制度。建立道路运输管理机构与路政管理机构对违法超限运输车辆的联动处理和执法信息共享制度。

（二）创新政策手段，强化政策支持力度

创新资金保障政策。积极探索扩大各种投融资渠道，切实加大对道路运输业的资金投入。在充分发挥市场机制的同时，积极争取各级财政资金对道路运输站场设施建设、道路运输节能减排、道路运输信息化建设的投资补助；确保成品油消费税替代原客货运附加费部分70%以上用于道路运输发展，提高成品油消费税返还交通的增量部分对道路运输的投入比例;积极探索老旧营运车辆的技改补助政策;加快落实中央“三农”政策要求,将农村客运补贴补助统一纳入各级政府公共财政。积极开辟多元融资渠道,规范引导民间资本投资道路运输业。

完善运输结构调整政策。研究探索支持道路营运车辆结构优化的经济政策。研究引导企业使用清洁能源车辆的相关扶持政策。进一步落实对多轴重载货运车辆通行费减免政策。研究制订推荐标准车型应用、扶持龙头和骨干运输企业发展的相关政策和措施。

(三)理顺体制机制,提高行业管理效能

完善道路运输管理体制。加快完善城乡一体的道路运输大部门管理体制。整合运输管理资源,明确管理层级和职责,确保运管机构履行职能的统一、高效。建立健全道路运输行业管理部门与其他相关政府部门的沟通协调和协作联动机制,推进跨区域的道路运输协调发展。引导道路运输行业协会规范发展,充分发挥行业协会的自律管理功能及行业主管部门与企业间的桥梁纽带作用,切实维护好市场主体的正当权益。

转变道路运输管理职能。积极推进政、事、企分开,政府与市场中介组织分开,着力转变道路运输管理的重心和手段,强化市场监管、公共服务、安全和应急管理职能。切实履行好出租汽车客运、城市公交、汽车租赁和地铁与轨道交通运营及物流市场管理的职责。

(四)强化队伍建设,提升队伍整体素质

加强道路运输管理队伍建设。按照国家的统一部署和要求,推进道路运输管理机构改革,将运政管理人员纳入公务员管理或参照公务员管理。结合机构改革和职能变化,加强运管人员编制标准管理。制定和完善道路运输管理人员准入条件与标准,建立健全人员考试录用、考核奖惩机制,不断优化队伍结构。完善运管人员经常性教育培训机制,逐步建立运管人员培训登记制度。加强队伍规范化建设,提高执法装备水平,提升队伍形象。强化道路运输行业精神文明建设,加大行业文明创建力度,加强行业文化建设,切实把服务、安全、节能减排等核心价值理念融入职工教育和行业文明创建全过程。

强化道路运输从业人员职业资格管理。建立健全道路运输从业人员考试、注册管理、继续教育制度,完善从业人员职业资格管理体系,强化从业人员职业素质建设,建立和完善道路危险货物运输从业人员、长途客运驾驶员和出租汽车驾驶员从业资格制度,统筹规划机动车检测维修专业技术人员职业水平评价制度和机动车维修技术人员从业资格制度,建立道路运输经理人从业资格制度,研究建立物流从业人员职业能力评价制度。组织推广使用道路运输从业人员从业资格电子证件。

关于印发《国道建设项目计划管理规定(试行)》的通知

交规划发〔2011〕696 号　2011.11.28

各省、自治区、直辖市、新疆生产建设兵团及计划单列市交通运输厅(局、委),天津市市政公路管理局,上海市城乡建设和交通委员会:

为加强国道建设项目前期工作,规范管理,确保规划目标和重点建设任务的顺利完成,部制定了《国道建设项目计划管理规定(试行)》,现印发给你们,请遵照执行。

国道建设项目计划管理规定(试行)

第一条 根据国务院办公厅印发的《关于进一步完善投融资政策促进普通公路持续健康发展若干意见的通知》(国办发〔2011〕22号)和部制订的公路交通发展规划,将全面加强国道升级改造。为加强建设项目前期工作,规范计划管理,提高中央资金的使用权效益,确保规划目标和重点建设任务的顺利完成,特制定本规定。

第二条 本规定中建设项目是指使用车辆购置税(以下简称车购税)的新建、改建、扩建和路面改造等国道(不含高速公路)建设项目。

第三条 省级交通运输主管部门在安排建设时序时,根据部、省(区、市)公路发展规划确定的目标和重点建设任务,按照先重点后一般的原则安排前期工作,部将视建设条件具备情况安排年度投资计划。

第四条 国道建设项目前期工作的基本要求:

(一)在建设标准上要根据经济社会发展水平和自然地理条件,科学选用技术指标,统筹考虑路线整体效能,确保同一国道省际交界路段的技术等级基本匹配。

(二)在路线方案确定上应充分利用原有路基、桥梁和隧道,注重全线整体改造,集约、节约使用土地。对翻山越岭路段、穿越城镇且严重影响通行路段,应进行多方案技术经济比选。

(三)在建设内容上要注重完善出行服务设施,加强路域综合治理,合理设置加油站、汽修点、休息区、卫生间等,同步考虑养护工区、交通量观测点、治超站点的合理布设,完善指路标志。

第五条 建设项目按相关规定开展前期工作,规范审批程序。

(一)国道建设项目可直接开展工程可行性研究工作。跨大江(河)、海湾等特大桥梁、特长隧道项目的前期工作按规定报国家发展改革委审批；

（二）部确定的重点建设项目（除国家发展改革委审批项目外）原则上由省级人民政府授权的主管部门审批，在完成前期工作审批后，向部报送资金申请文件；

（三）其他国道建设项目原则上由上述主管部门或其授权部门审批。按基本建设程序可以直接进行一阶段施工图设计的建设项目，原则上由省级交通运输主管部门或授权部门（机构）审批；

（四）建设项目履行发展改革部门审批程序时，交通运输主管部门应出具行业审查意见，并作为建设项目审批的前置性条件。

第六条 建设项目实行项目库管理制度。

（一）省级交通运输主管部门根据公路交通发展规划和建设重点，结合项目前期工作进展情况，按本规定第三条确定的原则提出两年内拟实施的建设项目报部。

（二）部依据上述条款建立两年滚动项目库。遴选完成前期工作的项目纳入年度计划，并提出年度支出预算安排建议。

（三）部确定次年年度计划项目时，优先安排项目库内完成前期工作的建设项目。

（四）省级交通运输主管部门次年提出两年滚动项目时，对已进入项目库的项目调整个数原则上控制在25%以内。

第七条 各省级交通运输主管部门在上报两年滚动项目时，应随文上报建设项目的有关内容，并以部统一制订表式填报（加盖印章）。主要包括：

（一）建设项目现状和拟建项目的基本情况；

（二）建设项目总投资和资金来源构成情况，建成后是否收费以及收费性质；

（三）建设项目的工期；

（四）特大和大型桥梁、特长和长隧道的基本情况。

第八条 建设项目计划管理工作按照以下流程开展：

（一）部在每年八月确定国道建设专项年度资金规模后，通知各省（区、市）次年度建设项目的资金规模。

（二）省级交通运输主管部门根据车购税资金规模提出年度拟实施的建设项目，部和各省级交通运输主管部门在每年九月前后进行初步衔接；

（三）省级交通运输主管部门根据部省衔接情况和前期工作进展情况，于每年十一月底之前将两年滚动项目正式报部，同时附第一年建设项目的批复文件。未履行完上述程序的，不列入年度计划；

（四）部编制建设项目年度计划，预算批准后正式下达。

第九条 部对纳入年度计划的建设项目，实行项目唯一编码管理制度。省级交通运输主管部门必须保证同一项目的唯一编码在各工作阶段中的一致性。

第十条 部负责构建全国建设项目（含未使用车购税的建设项目）管理系统，并制定省级建设项目管理系统的相关技术规范，明确建设项目数据交换格式，实现部与各省级交通运输主管部门之间的数据交换。

第十一条 省级交通运输主管部门应根据部相关技术规范和数据交换格式，建立以1:5万地理信息数据为基础的省级建设项目管理系统，并依托两年项目滚动申报和管理系统对建设项目计划进行动态管理。

第十二条 省级交通运输主管部门在部正式下达建设项目年度计划后一个月内，将建设项目1:5万地理信息数据报部；每年1月31日前，将上年度完工建设项目（含未使用车购税的建设项目）1:5万地理信息数据报部。

第十三条 建设项目的统计工作按部有关规定执行。

第十四条 各级交通运输主管部门要对建设项目进行监督检查，保证建设项目在审批、资金使用、技术标准、建设工期和质量等方面符合相关规定和要求。

第十五条 部及时对各省（区、市）建设项目前期工作、计划执行、统计工作、1:5万地理信息数据质量、两年滚动项目申报和管理系统建设等情况进行检查，总结经验，查找问题，采取有效措施不断提高国道建设项目计划管理工作水平。

第十六条 重点公路、口岸公路、红色旅游公路等建设类别中的国道建设项目按本规定第七、第十二条执行。

第十七条 省级交通运输主管部门可依据本规定制定本地区建设项目计划管理实施细则。

第十八条 本规定由交通运输部负责解释。

第十九条 本规定自发布之日起执行。

公路建设养护管理

公路安全保护条例

中华人民共和国国务院令第593号　2011.3.7

第一章　总　则

第一条　为了加强公路保护，保障公路完好、安全和畅通，根据《中华人民共和国公路法》，制定本条例。

第二条　各级人民政府应当加强对公路保护工作的领导，依法履行公路保护职责。

第三条　国务院交通运输主管部门主管全国公路保护工作。

县级以上地方人民政府交通运输主管部门主管本行政区域的公路保护工作；但是，县级以上地方人民政府交通运输主管部门对国道、省道的保护职责，由省、自治区、直辖市人民政府确定。

公路管理机构依照本条例的规定具体负责公路保护的监督管理工作。

第四条　县级以上各级人民政府发展改革、工业和信息化、公安、工商、质检等部门按照职责分工，依法开展公路保护的相关工作。

第五条　县级以上各级人民政府应当将政府及其有关部门从事公路管理、养护所需经费以及公路管理机构行使公路行政管理职能所需经费纳入本级人民政府财政预算。但是，专用公路的公路保护经费除外。

第六条　县级以上各级人民政府交通运输主管部门应当综合考虑国家有关车辆技术标准、公路使用状况等因素，逐步提高公路建设、管理和养护水平，努力满足国民经济和社会发展以及人民群众生产、生活需要。

第七条 县级以上各级人民政府交通运输主管部门应当依照《中华人民共和国突发事件应对法》的规定，制订地震、泥石流、雨雪冰冻灾害等损毁公路的突发事件(以下简称公路突发事件)应急预案，报本级人民政府批准后实施。

公路管理机构、公路经营企业应当根据交通运输主管部门制订的公路突发事件应急预案，组建应急队伍，并定期组织应急演练。

第八条 国家建立健全公路突发事件应急物资储备保障制度，完善应急物资储备、调配体系，确保发生公路突发事件时能够满足应急处置工作的需要。

第九条 任何单位和个人不得破坏、损坏、非法占用或者非法利用公路、公路用地和公路附属设施。

第二章 公路线路

第十条 公路管理机构应当建立健全公路管理档案，对公路、公路用地和公路附属设施调查核实、登记造册。

第十一条 县级以上地方人民政府应当根据保障公路运行安全和节约用地的原则以及公路发展的需要，组织交通运输、国土资源等部门划定公路建筑控制区的范围。

公路建筑控制区的范围，从公路用地外缘起向外的距离标准为：

(一)国道不少于20米；

(二)省道不少于15米；

(三)县道不少于10米；

(四)乡道不少于5米。

属于高速公路的，公路建筑控制区的范围从公路用地外缘起向外的距离标准不少于30米。

公路弯道内侧、互通立交以及平面交叉道口的建筑控制区范围根据安全视距等要求确定。

第十二条 新建、改建公路的建筑控制区的范围，应当自公路初步设计批准之日起30日内，由公路沿线县级以上地方人民政府依照本条例划定并公告。

公路建筑控制区与铁路线路安全保护区、航道保护范围、河道管理范围或者水工程管理和保护范围重叠的，经公路管理机构和铁路管理机构、航道管理机构、水行政主管部门或者流域管理机构协商后划定。

第十三条 在公路建筑控制区内，除公路保护需要外，禁止修建建筑物和地面构筑物；公路建筑控制区划定前已经合法修建的不得扩建，因公路建设或者保障公路运行安全等原因需要拆除的应当依法给予补偿。

在公路建筑控制区外修建的建筑物、地面构筑物以及其他设施不得遮挡公路标志，不得妨碍安全视距。

第十四条 新建村镇、开发区、学校和货物集散地、大型商业网点、农贸市场等公共场所，与公路建筑控制区边界外缘的距离应当符合下列标准，并尽可能在公路一侧建设：

（一）国道、省道不少于50米；

（二）县道、乡道不少于20米。

第十五条 新建、改建公路与既有城市道路、铁路、通信等线路交叉或者新建、改建城市道路、铁路、通信等线路与既有公路交叉的，建设费用由新建、改建单位承担；城市道路、铁路、通信等线路的管理部门、单位或者公路管理机构要求提高既有建设标准而增加的费用，由提出要求的部门或者单位承担。

需要改变既有公路与城市道路、铁路、通信等线路交叉方式的，按照公平合理的原则分担建设费用。

第十六条 禁止将公路作为检验车辆制动性能的试车场地。

禁止在公路、公路用地范围内摆摊设点、堆放物品、倾倒垃圾、设置障碍、挖沟引水、打场晒粮、种植作物、放养牲畜、采石、取土、采空作业、焚烧物品、利用公路边沟排放污物或者进行其他损坏、污染公路和影响公路畅通的行为。

第十七条 禁止在下列范围内从事采矿、采石、取土、爆破作业等危及公路、公路桥梁、公路隧道、公路渡口安全的活动:

(一)国道、省道、县道的公路用地外缘起向外100米,乡道的公路用地外缘起向外50米;

(二)公路渡口和中型以上公路桥梁周围200米;

(三)公路隧道上方和洞口外100米。

在前款规定的范围内,因抢险、防汛需要修筑堤坝、压缩或者拓宽河床的,应当经省、自治区、直辖市人民政府交通运输主管部门会同水行政主管部门或者流域管理机构批准,并采取安全防护措施方可进行。

第十八条 除按照国家有关规定设立的为车辆补充燃料的场所、设施外,禁止在下列范围内设立生产、储存、销售易燃、易爆、剧毒、放射性等危险物品的场所、设施:

(一)公路用地外缘起向外100米;

(二)公路渡口和中型以上公路桥梁周围200米;

(三)公路隧道上方和洞口外100米。

第十九条 禁止擅自在中型以上公路桥梁跨越的河道上下游各1000米范围内抽取地下水、架设浮桥以及修建其他危及公路桥梁安全的设施。

在前款规定的范围内,确需进行抽取地下水、架设浮桥等活动的,应当经水行政主管部门、流域管理机构等有关单位会同公路管理机构批准,并采取安全防护措施方可进行。

第二十条 禁止在公路桥梁跨越的河道上下游的下列范围内采砂:

(一)特大型公路桥梁跨越的河道上游500米,下游3000米;

(二)大型公路桥梁跨越的河道上游500米,下游2000米;

(三)中小型公路桥梁跨越的河道上游500米,下游1000米。

第二十一条 在公路桥梁跨越的河道上下游各500米范围内依法进行疏浚作业的,应当符合公路桥梁安全要求,经公路管理机构确认安全方可作业。

第二十二条 禁止利用公路桥梁进行牵拉、吊装等危及公路桥梁安全的施工作业。

禁止利用公路桥梁(含桥下空间)、公路隧道、涵洞堆放物品，搭建设施以及铺设高压电线和输送易燃、易爆或者其他有毒有害气体、液体的管道。

第二十三条 公路桥梁跨越航道的，建设单位应当按照国家有关规定设置桥梁航标、桥柱标、桥梁水尺标，并按照国家标准、行业标准设置桥区水上航标和桥墩防撞装置。桥区水上航标由航标管理机构负责维护。

通过公路桥梁的船舶应当符合公路桥梁通航净空要求，严格遵守航行规则，不得在公路桥梁下停泊或者系缆。

第二十四条 重要的公路桥梁和公路隧道按照《中华人民共和国人民武装警察法》和国务院、中央军委的有关规定由中国人民武装警察部队守护。

第二十五条 禁止损坏、擅自移动、涂改、遮挡公路附属设施或者利用公路附属设施架设管道、悬挂物品。

第二十六条 禁止破坏公路、公路用地范围内的绿化物。需要更新采伐护路林的，应当向公路管理机构提出申请，经批准方可更新采伐，并及时补种；不能及时补种的，应当交纳补种所需费用，由公路管理机构代为补种。

第二十七条 进行下列涉路施工活动，建设单位应当向公路管理机构提出申请：

(一)因修建铁路、机场、供电、水利、通信等建设工程需要占用、挖掘公路、公路用地或者使公路改线；

(二)跨越、穿越公路修建桥梁、渡槽或者架设、埋设管道、电缆等设施；

(三)在公路用地范围内架设、埋设管道、电缆等设施；

(四)利用公路桥梁、公路隧道、涵洞铺设电缆等设施；

(五)利用跨越公路的设施悬挂非公路标志；

（六）在公路上增设或者改造平面交叉道口；

（七）在公路建筑控制区内埋设管道、电缆等设施。

第二十八条 申请进行涉路施工活动的建设单位应当向公路管理机构提交下列材料：

（一）符合有关技术标准、规范要求的设计和施工方案；

（二）保障公路、公路附属设施质量和安全的技术评价报告；

（三）处置施工险情和意外事故的应急方案。

公路管理机构应当自受理申请之日起20日内作出许可或者不予许可的决定；影响交通安全的，应当征得公安机关交通管理部门的同意；涉及经营性公路的，应当征求公路经营企业的意见；不予许可的，公路管理机构应当书面通知申请人并说明理由。

第二十九条 建设单位应当按照许可的设计和施工方案进行施工作业，并落实保障公路、公路附属设施质量和安全的防护措施。

涉路施工完毕，公路管理机构应当对公路、公路附属设施是否达到规定的技术标准以及施工是否符合保障公路、公路附属设施质量和安全的要求进行验收；影响交通安全的，还应当经公安机关交通管理部门验收。

涉路工程设施的所有人、管理人应当加强维护和管理，确保工程设施不影响公路的完好、安全和畅通。

第三章 公路通行

第三十条 车辆的外廓尺寸、轴荷和总质量应当符合国家有关车辆外廓尺寸、轴荷、质量限值等机动车安全技术标准，不符合标准的不得生产、销售。

第三十一条 公安机关交通管理部门办理车辆登记，应当当场查验，对不符合机动车国家安全技术标准的车辆不予登记。

第三十二条 运输不可解体物品需要改装车辆的，应当由具有相应资质的车辆生产企业按照规定的车型和技术参数进行改装。

第三十三条 超过公路、公路桥梁、公路隧道限载、限高、限宽、限长标准的车辆，不得在公路、公路桥梁或者公路隧道行驶；超过汽车渡船限载、限高、限宽、限长标准的车辆，不得使用汽车渡船。

公路、公路桥梁、公路隧道限载、限高、限宽、限长标准调整的，公路管理机构、公路经营企业应当及时变更限载、限高、限宽、限长标志；需要绕行的，还应当标明绕行路线。

第三十四条 县级人民政府交通运输主管部门或者乡级人民政府可以根据保护乡道、村道的需要，在乡道、村道的出入口设置必要的限高、限宽设施，但是不得影响消防和卫生急救等应急通行需要，不得向通行车辆收费。

第三十五条 车辆载运不可解体物品，车货总体的外廓尺寸或者总质量超过公路、公路桥梁、公路隧道的限载、限高、限宽、限长标准，确需在公路、公路桥梁、公路隧道行驶的，从事运输的单位和个人应当向公路管理机构申请公路超限运输许可。

第三十六条 申请公路超限运输许可按照下列规定办理：

（一）跨省、自治区、直辖市进行超限运输的，向公路沿线各省、自治区、直辖市公路管理机构提出申请，由起运地省、自治区、直辖市公路管理机构统一受理，并协调公路沿线各省、自治区、直辖市公路管理机构对超限运输申请进行审批，必要时可以由国务院交通运输主管部门统一协调处理；

（二）在省、自治区范围内跨设区的市进行超限运输，或者在直辖市范围内跨区、县进行超限运输的，向省、自治区、直辖市公路管理机构提出申请，由省、自治区、直辖市公路管理机构受理并审批；

（三）在设区的市范围内跨区、县进行超限运输的，向设区的市公路管理机构提出申请，由设区的市公路管理机构受理并审批；

（四）在区、县范围内进行超限运输的，向区、县公路管理机构提出申请，由区、县公路管理机构受理并审批。

公路超限运输影响交通安全的，公路管理机构在审批超限运输申请时，应当征求公安机关交通管理部门意见。

第三十七条 公路管理机构审批超限运输申请，应当根据实际情况勘测通行路线，需要采取加固、改造措施的，可以与申请人签订有关协议，制订相应的加固、改造方案。

公路管理机构应当根据其制订的加固、改造方案，对通行的公路桥梁、涵洞等设施进行加固、改造；必要时应当对超限运输车辆进行监管。

第三十八条 公路管理机构批准超限运输申请的，应当为超限运输车辆配发国务院交通运输主管部门规定式样的超限运输车辆通行证。

经批准进行超限运输的车辆，应当随车携带超限运输车辆通行证，按照指定的时间、路线和速度行驶，并悬挂明显标志。

禁止租借、转让超限运输车辆通行证。禁止使用伪造、变造的超限运输车辆通行证。

第三十九条 经省、自治区、直辖市人民政府批准，有关交通运输主管部门可以设立固定超限检测站点，配备必要的设备和人员。

固定超限检测站点应当规范执法，并公布监督电话。公路管理机构应当加强对固定超限检测站点的管理。

第四十条 公路管理机构在监督检查中发现车辆超过公路、公路桥梁、公路隧道或者汽车渡船的限载、限高、限宽、限长标准的，应当就近引导至固定超限检测站点进行处理。

车辆应当按照超限检测指示标志或者公路管理机构监督检查人员的指挥接受超限检测，不得故意堵塞固定超限检测站点通行车道、强行通过固定超限检测站点或者以其他方式扰乱超限检测秩序，不得采取短途驳载等方式逃避超限检测。

禁止通过引路绕行等方式为不符合国家有关载运标准的车辆逃避超限检测提供便利。

第四十一条 煤炭、水泥等货物集散地以及货运站等场所的经营人、管理人应当采取有效措施,防止不符合国家有关载运标准的车辆出场(站)。

道路运输管理机构应当加强对煤炭、水泥等货物集散地以及货运站等场所的监督检查,制止不符合国家有关载运标准的车辆出场(站)。

任何单位和个人不得指使、强令车辆驾驶人超限运输货物,不得阻碍道路运输管理机构依法进行监督检查。

第四十二条 载运易燃、易爆、剧毒、放射性等危险物品的车辆,应当符合国家有关安全管理规定,并避免通过特大型公路桥梁或者特长公路隧道;确需通过特大型公路桥梁或者特长公路隧道的,负责审批易燃、易爆、剧毒、放射性等危险物品运输许可的机关应当提前将行驶时间、路线通知特大型公路桥梁或者特长公路隧道的管理单位,并对在特大型公路桥梁或者特长公路隧道行驶的车辆进行现场监管。

第四十三条 车辆应当规范装载,装载物不得触地拖行。车辆装载物易掉落、遗洒或者飘散的,应当采取厢式密闭等有效防护措施方可在公路上行驶。

公路上行驶车辆的装载物掉落、遗洒或者飘散的,车辆驾驶人、押运人员应当及时采取措施处理;无法处理的,应当在掉落、遗洒或者飘散物来车方向适当距离外设置警示标志,并迅速报告公路管理机构或者公安机关交通管理部门。其他人员发现公路上有影响交通安全的障碍物的,也应当及时报告公路管埋机构或者公安机关交通管理部门。公安机关交通管理部门应当责令改正车辆装载物掉落、遗洒、飘散等违法行为;公路管理机构、公路经营企业应当及时清除掉落、遗洒、飘散在公路上的障碍物。

车辆装载物掉落、遗洒、飘散后,车辆驾驶人、押运人员未及时采取措施处理,造成他人人身、财产损害的,道路运输企业、车辆驾驶人应当依法承担赔偿责任。

第四章　公路养护

第四十四条　公路管理机构、公路经营企业应当加强公路养护,保证公路经常处于良好技术状态。

前款所称良好技术状态,是指公路自身的物理状态符合有关技术标准的要求,包括路面平整,路肩、边坡平顺,有关设施完好。

第四十五条　公路养护应当按照国务院交通运输主管部门规定的技术规范和操作规程实施作业。

第四十六条　从事公路养护作业的单位应当具备下列资质条件:

(一)有一定数量的符合要求的技术人员;

(二)有与公路养护作业相适应的技术设备;

(三)有与公路养护作业相适应的作业经历;

(四)国务院交通运输主管部门规定的其他条件。

公路养护作业单位资质管理办法由国务院交通运输主管部门另行制定。

第四十七条　公路管理机构、公路经营企业应当按照国务院交通运输主管部门的规定对公路进行巡查,并制作巡查记录;发现公路坍塌、坑槽、隆起等损毁的,应当及时设置警示标志,并采取措施修复。

公安机关交通管理部门发现公路坍塌、坑槽、隆起等损毁,危及交通安全的,应当及时采取措施,疏导交通,并通知公路管理机构或者公路经营企业。

其他人员发现公路坍塌、坑槽、隆起等损毁的,应当及时向公路管理机构、公安机关交通管理部门报告。

第四十八条　公路管理机构、公路经营企业应当定期对公路、公路桥梁、公路隧道进行检测和评定,保证其技术状态符合有关技术标准;对经检测发现不符合车辆通行安全要求的,应当进行维修,及时向社会公告,并通知公安机关交通管理部门。

第四十九条 公路管理机构、公路经营企业应当定期检查公路隧道的排水、通风、照明、监控、报警、消防、救助等设施，保持设施处于完好状态。

第五十条 公路管理机构应当统筹安排公路养护作业计划，避免集中进行公路养护作业造成交通堵塞。

在省、自治区、直辖市交界区域进行公路养护作业，可能造成交通堵塞的，有关公路管理机构、公安机关交通管理部门应当事先书面通报相邻的省、自治区、直辖市公路管理机构、公安机关交通管理部门，共同制订疏导预案，确定分流路线。

第五十一条 公路养护作业需要封闭公路的，或者占用半幅公路进行作业，作业路段长度在 2 公里以上，并且作业期限超过 30 日的，除紧急情况外，公路养护作业单位应当在作业开始之日前 5 日向社会公告，明确绕行路线，并在绕行处设置标志；不能绕行的，应当修建临时道路。

第五十二条 公路养护作业人员作业时，应当穿着统一的安全标志服。公路养护车辆、机械设备作业时，应当设置明显的作业标志，开启危险报警闪光灯。

第五十三条 发生公路突发事件影响通行的，公路管理机构、公路经营企业应当及时修复公路、恢复通行。设区的市级以上人民政府交通运输主管部门应当根据修复公路、恢复通行的需要，及时调集抢修力量，统筹安排有关作业计划，下达路网调度指令，配合有关部门组织绕行、分流。

设区的市级以上公路管理机构应当按照国务院交通运输主管部门的规定收集、汇总公路损毁、公路交通流量等信息，开展公路突发事件的监测、预报和预警工作，并利用多种方式及时向社会发布有关公路运行信息。

第五十四条 中国人民武装警察交通部队按照国家有关规定承担公路、公路桥梁、公路隧道等设施的抢修任务。

第五十五条 公路永久性停止使用的，应当按照国务院交通运输主管部门规定的程序核准后作报废处理，并向社会公告。

公路报废后的土地使用管理依照有关土地管理的法律、行政法规执行。

第五章 法律责任

第五十六条 违反本条例的规定,有下列情形之一的,由公路管理机构责令限期拆除,可以处5万元以下的罚款。逾期不拆除的,由公路管理机构拆除,有关费用由违法行为人承担:

(一)在公路建筑控制区内修建、扩建建筑物、地面构筑物或者未经许可埋设管道、电缆等设施的;

(二)在公路建筑控制区外修建的建筑物、地面构筑物以及其他设施遮挡公路标志或者妨碍安全视距的。

第五十七条 违反本条例第十八条、第十九条、第二十三条规定的,由安全生产监督管理部门、水行政主管部门、流域管理机构、海事管理机构等有关单位依法处理。

第五十八条 违反本条例第二十条规定的,由水行政主管部门或者流域管理机构责令改正,可以处3万元以下的罚款。

第五十九条 违反本条例第二十二条规定的,由公路管理机构责令改正,处2万元以上10万元以下的罚款。

第六十条 违反本条例的规定,有下列行为之一的,由公路管理机构责令改正,可以处3万元以下的罚款:

(一)损坏、擅自移动、涂改、遮挡公路附属设施或者利用公路附属设施架设管道、悬挂物品,可能危及公路安全的;

(二)涉路工程设施影响公路完好、安全和畅通的。

第六十一条 违反本条例的规定,未经批准更新采伐护路林的,由公路管理机构责令补种,没收违法所得,并处采伐林木价值3倍以上5倍以下的罚款。

第六十二条 违反本条例的规定,未经许可进行本条例第二十七条第一项至第五项规定的涉路施工活动的,由公路管理机构责令改正,可以处3万元以下的罚款;未经许可进行本条例第二十七条第六项规定的涉路施工活动的,由公路管理机构责令改正,处5万元以下的罚款。

第六十三条 违反本条例的规定,非法生产、销售外廓尺寸、轴荷、总质量不符合国家有关车辆外廓尺寸、轴荷、质量限值等机动车安全技术标准的车辆的,依照《中华人民共和国道路交通安全法》的有关规定处罚。

具有国家规定资质的车辆生产企业未按照规定车型和技术参数改装车辆的,由原发证机关责令改正,处4万元以上20万元以下的罚款;拒不改正的,吊销其资质证书。

第六十四条 违反本条例的规定,在公路上行驶的车辆,车货总体的外廓尺寸、轴荷或者总质量超过公路、公路桥梁、公路隧道、汽车渡船限定标准的,由公路管理机构责令改正,可以处3万元以下的罚款。

第六十五条 违反本条例的规定,经批准进行超限运输的车辆,未按照指定时间、路线和速度行驶的,由公路管理机构或者公安机关交通管理部门责令改正;拒不改正的,公路管理机构或者公安机关交通管理部门可以扣留车辆。

未随车携带超限运输车辆通行证的,由公路管理机构扣留车辆,责令车辆驾驶人提供超限运输车辆通行证或者相应的证明。

租借、转让超限运输车辆通行证的,由公路管理机构没收超限运输车辆通行证,处1000元以上5000元以下的罚款。使用伪造、变造的超限运输车辆通行证的,由公路管理机构没收伪造、变造的超限运输车辆通行证,处3万元以下的罚款。

第六十六条 对1年内违法超限运输超过3次的货运车辆,由道路运输管理机构吊销其车辆营运证;对1年内违法超限运输超过3次的货运车辆驾驶人,由道路运输管理机构责令其停止从事营业性运输;道路运输企业1年内违法超限运输的货运车辆超过本单位货运车辆总数10%的,由道路运输管理机构责令道路运输企业停业整顿;情节严重的,吊销其道路运输经营许可证,并向社会公告。

第六十七条 违反本条例的规定，有下列行为之一的，由公路管理机构强制拖离或者扣留车辆，处3万元以下的罚款：

（一）采取故意堵塞固定超限检测站点通行车道、强行通过固定超限检测站点等方式扰乱超限检测秩序的；

（二）采取短途驳载等方式逃避超限检测的。

第六十八条 违反本条例的规定，指使、强令车辆驾驶人超限运输货物的，由道路运输管理机构责令改正，处3万元以下的罚款。

第六十九条 车辆装载物触地拖行、掉落、遗洒或者飘散，造成公路路面损坏、污染的，由公路管理机构责令改正，处5000元以下的罚款。

第七十条 违反本条例的规定，公路养护作业单位未按照国务院交通运输主管部门规定的技术规范和操作规程进行公路养护作业的，由公路管理机构责令改正，处1万元以上5万元以下的罚款；拒不改正的，吊销其资质证书。

第七十一条 造成公路、公路附属设施损坏的单位和个人应当立即报告公路管理机构，接受公路管理机构的现场调查处理；危及交通安全的，还应当设置警示标志或者采取其他安全防护措施，并迅速报告公安机关交通管理部门。

发生交通事故造成公路、公路附属设施损坏的，公安机关交通管理部门在处理交通事故时应当及时通知有关公路管理机构到场调查处理。

第七十二条 造成公路、公路附属设施损坏，拒不接受公路管理机构现场调查处理的，公路管理机构可以扣留车辆、工具。

公路管理机构扣留车辆、工具的，应当当场出具凭证，并告知当事人在规定期限内到公路管理机构接受处理。逾期不接受处理，并且经公告3个月仍不来接受处理的，对扣留的车辆、工具，由公路管理机构依法处理。

公路管理机构对被扣留的车辆、工具应当妥善保管，不得使用。

第七十三条 违反本条例的规定,公路管理机构工作人员有下列行为之一的,依法给予处分:

(一)违法实施行政许可的;

(二)违反规定拦截、检查正常行驶的车辆的;

(三)未及时采取措施处理公路坍塌、坑槽、隆起等损毁的;

(四)违法扣留车辆、工具或者使用依法扣留的车辆、工具的;

(五)有其他玩忽职守、徇私舞弊、滥用职权行为的。

公路管理机构有前款所列行为之一的,对负有直接责任的主管人员和其他直接责任人员依法给予处分。

第七十四条 违反本条例的规定,构成违反治安管理行为的,由公安机关依法给予治安管理处罚;构成犯罪的,依法追究刑事责任。

第六章 附 则

第七十五条 村道的管理和养护工作,由乡级人民政府参照本条例的规定执行。

专用公路的保护不适用本条例。

第七十六条 军事运输使用公路按照国务院、中央军事委员会的有关规定执行。

第七十七条 本条例自2011年7月1日起施行。1987年10月13日国务院发布的《中华人民共和国公路管理条例》同时废止。

公路超限检测站管理办法

交通运输部令 2011 年第 7 号　2011.6.24

第一章　总　则

第一条　为加强和规范公路超限检测站管理，保障车辆超限治理工作依法有效进行，根据《中华人民共和国公路法》和《公路安全保护条例》，制定本办法。

第二条　本办法所称公路超限检测站，是指为保障公路完好、安全和畅通，在公路上设立的，对车辆实施超限检测，认定、查处和纠正违法行为的执法场所和设施。

第三条　公路超限检测站的管理，应当遵循统一领导、分级负责、规范运行、依法监管的原则。

交通运输部主管全国公路超限检测站的监督管理工作。

省、自治区、直辖市人民政府交通运输主管部门主管本行政区域内公路超限检测站的监督管理工作，并负责公路超限检测站的规划、验收等工作。

市、县级人民政府交通运输主管部门根据《中华人民共和国公路法》、《公路安全保护条例》等法律、法规、规章的规定主管本行政区域内公路超限检测站的监督管理工作。

公路超限检测站的建设、运行等具体监督管理工作，由公路管理机构负责。

第四条　公路超限检测站作为公路管理机构的派出机构，其主要职责是：

（一）宣传、贯彻、执行国家有关车辆超限治理的法律、法规、规章和政策；

（二）制订公路超限检测站的各项管理制度；

（三）依法对在公路上行驶的车辆进行超限检测，认定、查处和纠正违法行为；

（四）监督当事人对超限运输车辆采取卸载、分装等消除违法状态的改正措施；

（五）收集、整理、上报有关检测、执法等数据和动态信息；

（六）管理、维护公路超限检测站的设施、设备和信息系统；

（七）法律、法规规定的其他职责。

第五条 县级以上各级人民政府交通运输主管部门应当在经批准的公路管理经费预算中统筹安排公路超限检测站的建设和运行经费，并实行专款专用。任何单位和个人不得截留、挤占或者挪用。

第六条 县级以上地方人民政府交通运输主管部门可以结合本地区实际，在本级人民政府的统一领导下，会同有关部门组织路政管理、交通警察等执法人员依照各自职责，在公路超限检测站内对超限运输车辆实施联合执法。

第二章 规划建设

第七条 公路超限检测站按照布局和作用，分为Ⅰ类检测站和Ⅱ类检测站：

（一）Ⅰ类检测站主要用于监控国道或者省道的省界入口、多条国道或者省道的交汇点、跨省货物运输的主通道等全国性公路网的重要路段和节点；

（二）Ⅱ类检测站主要用于监控港口码头、厂矿等货物集散地、货运站的主要出入路段以及省内货物运输的主通道等区域性公路网的重要路段和节点。

第八条 公路超限检测站的设置，应当按照统一规划、合理布局、总量控制、适时调整的原则，由省、自治区、直辖市人民政府交通运输主管部门提出方案，报请本级人民政府批准；其中，Ⅰ类检测站的设置还应当符合交通运输部有关超限检测站的规划。

经批准设置的公路超限检测站，未经原批准机关同意，不得擅自撤销或者变更用途。

第九条 公路超限检测站的全称按照"公路管理机构名称 + 超限检测站所在地名称 + 超限检测站"的形式统一命名，其颜色、标识等外观要求应当符合附件 1、附件 2 的规定。

第十条 公路超限检测站的建设，除符合有关技术规范的要求外，还应当遵循下列原则：

（一）选址优先考虑公路网的关键节点；

（二）尽量选择视线开阔，用水、用电方便，生活便利的地点；

（三）以港湾式的建设方式为主，因客观条件限制，确需远离公路主线建设的，应当修建连接公路主线与检测站区的辅道；

（四）统筹考虑公路网运行监测、公路突发事件应急物资储备等因素，充分利用公路沿线现有设施、设备、人力、信息等资源，增强检测站的综合功能，降低运行成本。

第十一条 建设公路超限检测站，应当根据车辆超限检测的需要，合理设置下列功能区域及设施：

（一）检测、执法处理、卸载、停车等车辆超限检测基本功能区；

（二）站区交通安全、交通导流、视频监控、网络通信、照明和其他车辆超限检测辅助设施；

（三）必要的日常办公和生活设施。

对于交通流量较大、治理工作任务较重的公路超限检测站，可以在公路主线上设置不停车预检设施，对超限运输车辆进行预先识别。

第十二条 公路超限检测站应当在入口前方一定距离内按照附件 3 的规定设置检测站专用标志，对行驶车辆进行提示。

第十三条 公路超限检测站应当加强信息化建设，其信息系统应当符合交通运输部颁发的数据交换标准，并满足远程查询证照和违法记录信息、站内执法信息化以及部、省、站三级联网管理的需要。

第十四条　公路超限检测站建成后，省、自治区、直辖市人民政府交通运输主管部门应当按照国家有关规定和标准组织验收。验收合格后方可投入使用。

第十五条　新建、改建公路时，有经批准设置的公路超限检测站的，应当将其作为公路附属设施的组成部分，一并列入工程预算，与公路同步设计、同步建设、同步运行。

第十六条　省、自治区、直辖市人民政府交通运输主管部门应当组织有关部门定期对辖区内公路超限检测站的整体布局进行后评估，并可以根据交通流量、车辆超限变化情况等因素，适时对超限检测站进行合理调整。

第三章　运行管理

第十七条　公路超限检测站应当建立健全工作制度，参照附件4的规定规范检测、处罚、卸载等工作流程，并在显著位置设置公告栏，公示有关批准文书、工作流程、收费项目与标准、计量检测设备合格证等信息。

第十八条　公路超限检测站实行24小时工作制。因特殊情况确需暂停工作的，应当报经省、自治区、直辖市公路管理机构批准。

省、自治区、直辖市公路管理机构应当制订公路超限检测站运行管理办法，加强对公路超限检测站的组织管理和监督考核。

第十九条　公路超限检测站实行站长负责制。公路管理机构应当加强对站长、副站长的选拔和考核管理工作，实行站长定期轮岗交流制度。

第二十条　公路超限检测站应当根据检测执法工作流程，明确车辆引导、超限检测、行政处罚、卸载分装、流动检测、设备维护等不同岗位的工作职责，并结合当地实际，按照部颁Ⅰ类和Ⅱ类检测站的标准配备相应的路政执法人员。

第二十一条 公路超限检测站应当根据检测路段交通流量、车辆出行结构等因素合理配置下列超限检测执法设备:

(一)经依法定期检定合格的有关车辆计量检测设备;

(二)卸载、分装货物或者清除障碍的相关机械设备;

(三)执行公路监督检查任务的专用车辆;

(四)用于调查取证、执法文书处理、通信对讲、安全防护等与超限检测执法有关的其他设备。

第二十二条 公路超限检测站应当在站区内设置监督意见箱、开水桶、急救箱、卫生间等便民服务设施,并保持站内外环境整洁。

第二十三条 公路超限检测站应当加强对站内设施、设备的保管和维护,确保设施、设备处于良好运行状态。

第二十四条 公路超限检测站应当加强站区交通疏导,引导车辆有序检测,避免造成公路主线车辆拥堵。要结合实际情况制订突发事件应急预案,及时做好应急处置与安全防范等工作。

第四章 执法管理

第二十五条 公路超限检测应当采取固定检测为主的工作方式。

对于检测站附近路网密度较大、故意绕行逃避检测或者短途超限运输情形严重的地区,公路超限检测站可以按照省、自治区、直辖市人民政府交通运输主管部门的有关规定,利用移动检测设备等流动检测方式进行监督检查。经流动检测认定的违法超限运输车辆,应当就近引导至公路超限检测站进行处理。

禁止在高速公路主线上开展流动检测。

第二十六条 车辆违法超限运输的认定,应当经过依法检定合格的有关计量检测设备检测。

禁止通过目测的方式认定车辆违法超限运输。

第二十七条 经检测认定车辆存在违法超限运输情形的，公路超限检测站执法人员应当按照以下要求进行处理：

（一）对运载可分载货物的，应当责令当事人采取卸载、分装等改正措施，消除违法状态；对整车运输鲜活农产品以及易燃、易爆危险品的，按照有关规定处理；

（二）对运载不可解体大件物品且未办理超限运输许可手续的，应当责令当事人停止违法行为，接受调查处理，并告知当事人到有关部门申请办理超限运输许可手续。

第二十八条 对经检测发现不存在违法超限运输情形的车辆，或者经复检确认消除违法状态并依法处理完毕的车辆，应当立即放行。

第二十九条 公路超限检测站执法人员对车辆进行超限检测时，不得收取检测费用；对停放在公路超限检测站内接受调查处理的超限运输车辆，不得收取停车费用。

需要协助卸载、分装超限货物或者保管卸载货物的，相关收费标准应当按照省、自治区、直辖市人民政府物价部门核定的标准执行。卸载货物超过保管期限经通知当事人仍不领取的，可以按照有关规定予以处理。

第三十条 公路超限检测站执法人员依法实施罚款处罚，应当依照有关法律、行政法规的规定，实行罚款决定与罚款收缴分离；收缴的罚款应当全部上缴国库。

公路超限检测站执法人员依法当场收缴罚款的，应当向当事人出具省、自治区、直辖市财政部门统一制发的罚款收据；未出具的，当事人有权拒绝缴纳罚款。

禁止任何单位和个人向公路超限检测站执法人员下达或者变相下达罚款指标。

第三十一条 公路超限检测站执法人员应当按照规定利用车辆超限管理信息系统开展检测、执法工作，并及时将有关数据上报公路管理机构。

省、自治区、直辖市公路管理机构应当定期对超限运输违法信息进行整理和汇总,并抄送相关部门,由其对道路运输企业、货运车辆及其驾驶人依法处理。

第三十二条 公路超限检测站执法人员进行超限检测和执法时应当严格遵守法定程序,实施行政处罚时应当由 2 名以上执法人员参加,并向当事人出示有效执法证件。

在公路超限检测站从事后勤保障等工作,不具有执法证件的人员不得参与拦截车辆、检查证件、实施行政处罚等执法活动。

第三十三条 路政管理、交通警察等执法人员在公路超限检测站对超限运输车辆实施联合执法时,应当各司其职,密切合作,信息共享,严格执法。

第三十四条 公路超限检测站执法人员应当按照国家有关规定佩戴标志、持证上岗,坚持依法行政、文明执法、行为规范,做到着装规范、风纪严整、举止端庄、热情服务。

第三十五条 公路超限检测站执法人员在工作中,严禁下列行为:

(一)未按照规定佩戴标志或者未持证上岗;

(二)辱骂、殴打当事人;

(三)当场收缴罚款不开具罚款收据或者不如实填写罚款数额;

(四)擅自使用扣留车辆、私自处理卸载货物;

(五)对未消除违法状态的超限运输车辆予以放行;

(六)接受与执法有关的吃请、馈赠;

(七)包庇、袒护和纵容违法行为;

(八)指使或者协助外部人员带车绕行、闯卡;

(九)从事与职权相关的经营活动;

(十)贪污、挪用经费、罚没款。

第三十六条 省、自治区、直辖市公路管理机构应当设立公开电话,及时受理群众的投诉举报。同时通过政府网站、公路超限检测站公告栏等方式公示有关信息,接受社会监督。

第五章 法律责任

第三十七条 公路超限检测站违反本办法有关规定的，由县级以上人民政府交通运输主管部门责令改正，对负有直接责任的主管人员和其他直接责任人员依法给予处分，并由省、自治区、直辖市人民政府交通运输主管部门予以通报；情节严重的，由交通运输部予以通报。

第三十八条 公路超限检测站执法人员违反本办法第三十五条规定的，取消其行政执法资格，调离执法岗位；情节严重的，予以辞退或者开除公职；构成犯罪的，依法追究刑事责任。涉及驻站其他部门执法人员的，由交通运输主管部门向其主管部门予以通报。

第三十九条 公路超限检测站执法人员违法行使职权侵犯当事人的合法权益造成损害的，应当依照《中华人民共和国国家赔偿法》的有关规定给予赔偿。

第四十条 车辆所有人、驾驶人及其他人员采取故意堵塞公路超限检测站通行车道、强行通过公路超限检测站等方式扰乱超限检测秩序，或者采取短途驳载等方式逃避超限检测的，由公路管理机构强制拖离或者扣留车辆，处3万元以下的罚款；构成违反治安管理行为的，依法给予治安管理处罚；构成犯罪的，依法追究刑事责任。

第六章 附 则

第四十一条 本办法自2011年8月1日起施行。

附件1

公路超限检测站外观形象

图 1

图 2

说明：

公路超限检测站应当在站区雨棚顶部等显著位置标注站名简称。站名简称分两部分，前部分是“公路超限检测”（字体相对大），后部分是“超限检测站所在地名称＋站”，如“大同站”（字体相对小），字符统一使用白色黑体字型。站名简称前端设置超限检测专用标识。

附件2

超限检测专用标识

图 1

图 2

说明:

超限检测专用标识是一种专业性形象标识,可以附设于各种与超限检测执法有关的设施、设备、标志上。当背景底色为浅色时,使用深色标识(见图1);当背景底色为深色时,使用浅色标识(见图2)。

附件 3

公路超限检测站专用标志

图 1

图 2

说明:

高速公路超限检测站专用标志采用绿底白字,设置 2km、1km、500m 预告标志和进口指示标志(见图 1);其他等级公路超限检测站专用标志采用蓝底白字,设置 1km、500m 预告标志和进口指示标志(见图 2)。专用标志的字符、图形、尺寸、反光性能以及设置要求,应当符合《道路交通标志和标线》和交通运输部有关规定。

附件4

公路超限检测站检测执法工作流程参考示意图

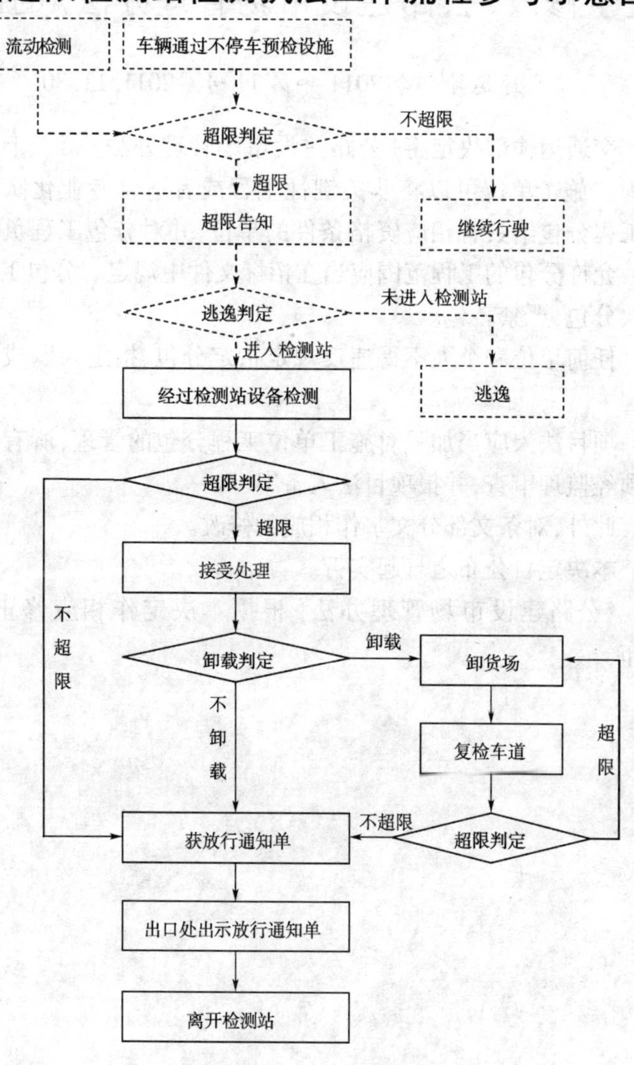

关于修改《公路建设市场管理办法》的决定

交通运输部令2011年第11号　2011.11.30

交通运输部决定将《公路建设市场管理办法》第三十八条修改为:“施工单位可以将非关键性工程或者适合专业化队伍施工的工程分包给具有相应资格条件的单位,并对分包工程负连带责任。允许分包的工程范围应当在招标文件中规定。分包工程不得再次分包,严禁转包。

任何单位和个人不得违反规定指定分包、指定采购或者分割工程。

项目法人应当加强对施工单位工程分包的管理,所有分包合同须经监理审查,并报项目法人备案。”

此外,对条文部分文字作相应的修改。

本决定自公布之日起实行。

《公路建设市场管理办法》根据本决定作相应修正,重新公布。

公路建设市场管理办法

（**2004**年**12**月**21**日交通部发布　根据**2011**年**11**月**30**日交通运输部《关于修改〈公路建设市场管理办法〉的决定》修正）

第一章　总　则

第一条　为加强公路建设市场管理，规范公路建设市场秩序，保证公路工程质量，促进公路建设市场健康发展，根据《中华人民共和国公路法》、《中华人民共和国招标投标法》、《建设工程质量管理条例》，制定本办法。

第二条　本办法适用于各级交通运输主管部门对公路建设市场的监督管理活动。

第三条　公路建设市场遵循公平、公正、公开、诚信的原则。

第四条　国家建立和完善统一、开放、竞争、有序的公路建设市场，禁止任何形式的地区封锁。

第五条　本办法中下列用语的含义是指：

公路建设市场主体是指公路建设的从业单位和从业人员。

从业单位是指从事公路建设的项目法人，项目建设管理单位，咨询、勘察、设计、施工、监理、试验检测单位，提供相关服务的社会中介机构以及设备和材料的供应单位。

从业人员是指从事公路建设活动的人员。

第二章　管理职责

第六条　公路建设市场管理实行统一管理、分级负责。

第七条　国务院交通运输主管部门负责全国公路建设市场的

监督管理工作,主要职责是:

(一)贯彻执行国家有关法律、法规,制定全国公路建设市场管理的规章制度;

(二)组织制定和监督执行公路建设的技术标准、规范和规程;

(三)依法实施公路建设市场准入管理、市场动态管理,并依法对全国公路建设市场进行监督检查;

(四)建立公路建设行业评标专家库,加强评标专家管理;

(五)发布全国公路建设市场信息;

(六)指导和监督省级地方人民政府交通运输主管部门的公路建设市场管理工作;

(七)依法受理举报和投诉,依法查处公路建设市场违法行为;

(八)法律、行政法规规定的其他职责。

第八条 省级人民政府交通运输主管部门负责本行政区域内公路建设市场的监督管理工作,主要职责是:

(一)贯彻执行国家有关法律、法规、规章和公路建设技术标准、规范和规程,结合本行政区域内的实际情况,制订具体的管理制度;

(二)依法实施公路建设市场准入管理,对本行政区域内公路建设市场实施动态管理和监督检查;

(三)建立本地区公路建设招标评标专家库,加强评标专家管理;

(四)发布本行政区域公路建设市场信息,并按规定向国务院交通运输主管部门报送本行政区域公路建设市场的信息;

(五)指导和监督下级交通运输主管部门的公路建设市场管理工作;

(六)依法受理举报和投诉,依法查处本行政区域内公路建设市场违法行为;

(七)法律、法规、规章规定的其他职责。

第九条　省级以下地方人民政府交通运输主管部门负责本行政区域内公路建设市场的监督管理工作，主要职责是：

（一）贯彻执行国家有关法律、法规、规章和公路建设技术标准、规范和规程；

（二）配合省级地方人民政府交通运输主管部门进行公路建设市场准入管理和动态管理；

（三）对本行政区域内公路建设市场进行监督检查；

（四）依法受理举报和投诉，依法查处本行政区域内公路建设市场违法行为；

（五）法律、法规、规章规定的其他职责。

第三章　市场准入管理

第十条　凡符合法律、法规规定的市场准入条件的从业单位和从业人员均可进入公路建设市场，任何单位和个人不得对公路建设市场实行地方保护，不得对符合市场准入条件的从业单位和从业人员实行歧视待遇。

第十一条　公路建设项目依法实行项目法人负责制。项目法人可自行管理公路建设项目，也可委托具备法人资格的项目建设管理单位进行项目管理。

项目法人或者其委托的项目建设管理单位的组织机构、主要负责人的技术和管理能力应当满足拟建项目的管理需要，符合国务院交通运输主管部门有关规定的要求。

第十二条　收费公路建设项目法人和项目建设管理单位进入公路建设市场实行备案制度。

收费公路建设项目可行性研究报告批准或依法核准后，项目投资主体应当成立或者明确项目法人。项目法人应当按照项目管理的隶属关系将其或者其委托的项目建设管理单位的有关情况报交通运输主管部门备案。

对不符合规定要求的项目法人或者项目建设管理单位，交通运输主管部门应当提出整改要求。

第十三条 公路工程勘察、设计、施工、监理、试验检测等从业单位应当按照法律、法规的规定，取得有关管理部门颁发的相应资质后，方可进入公路建设市场。

第十四条 法律、法规对公路建设从业人员的执业资格作出规定的，从业人员应当依法取得相应的执业资格后，方可进入公路建设市场。

第四章 市场主体行为管理

第十五条 公路建设从业单位和从业人员在公路建设市场中必须严格遵守国家有关法律、法规和规章，严格执行公路建设行业的强制性标准、各类技术规范及规程的要求。

第十六条 公路建设项目法人必须严格执行国家规定的基本建设程序，不得违反或者擅自简化基本建设程序。

第十七条 公路建设项目法人负责组织有关专家或者委托有相应工程咨询或者设计资质的单位，对施工图设计文件进行审查。施工图设计文件审查的主要内容包括：

（一）是否采纳工程可行性研究报告、初步设计批复意见；

（二）是否符合公路工程强制性标准、有关技术规范和规程要求；

（三）施工图设计文件是否齐全，是否达到规定的技术深度要求；

（四）工程结构设计是否符合安全和稳定性要求。

第十八条 公路建设项目法人应当按照项目管理隶属关系将施工图设计文件报交通运输主管部门审批。施工图设计文件未经审批的，不得使用。

第十九条 申请施工图设计文件审批应当向相关的交通运输主管部门提交以下材料：

（一）施工图设计的全套文件；

(二)专家或者委托的审查单位对施工图设计文件的审查意见;

(三)项目法人认为需要提交的其他说明材料。

第二十条 交通运输主管部门应当自收到完整齐备的申请材料之日起20日内审查完毕。经审查合格的,批准使用,并将许可决定及时通知申请人。审查不合格的,不予批准使用,应当书面通知申请人并说明理由。

第二十一条 公路建设项目法人应当按照公开、公平、公正的原则,依法组织公路建设项目的招标投标工作。不得规避招标,不得对潜在投标人和投标人实行歧视政策,不得实行地方保护和暗箱操作。

第二十二条 公路工程的勘察、设计、施工、监理单位和设备、材料供应单位应当依法投标,不得弄虚作假,不得串通投标,不得以行贿等不合法手段谋取中标。

第二十三条 公路建设项目法人与中标人应当根据招标文件和投标文件签订合同,不得附加不合理、不公正条款,不得签订虚假合同。

国家投资的公路建设项目,项目法人与施工、监理单位应当按照国务院交通运输主管部门的规定,签订廉政合同。

第二十四条 公路建设项目依法实行施工许可制度。国家和国务院交通运输主管部门确定的重点公路建设项目的施工许可由国务院交通运输主管部门实施,其他公路建设项目的施工许可按照项目管理权限由县级以上地方人民政府交通运输主管部门实施。

第二十五条 项目施工应当具备以下条件:

(一)项目已列入公路建设年度计划;

(二)施工图设计文件已经完成并经审批同意;

(三)建设资金已经落实,并经交通运输主管部门审计;

(四)征地手续已办理,拆迁基本完成;

(五)施工、监理单位已依法确定;

（六）已办理质量监督手续，已落实保证质量和安全的措施。

第二十六条 项目法人在申请施工许可时应当向相关的交通运输主管部门提交以下材料：

（一）施工图设计文件批复；

（二）交通运输主管部门对建设资金落实情况的审计意见；

（三）国土资源部门关于征地的批复或者控制性用地的批复；

（四）建设项目各合同段的施工单位和监理单位名单、合同价情况；

（五）应当报备的资格预审报告、招标文件和评标报告；

（六）已办理的质量监督手续材料；

（七）保证工程质量和安全措施的材料。

第二十七条 交通运输主管部门应当自收到完整齐备的申请材料之日起 **20** 日内作出行政许可决定。予以许可的，应当将许可决定及时通知申请人；不予许可的，应当书面通知申请人并说明理由。

第二十八条 公路建设从业单位应当按照合同约定全面履行义务：

（一）项目法人应当按照合同约定履行相应的职责，为项目实施创造良好的条件；

（二）勘察、设计单位应当按照合同约定，按期提供勘察设计资料和设计文件，工程实施过程中，应当按照合同约定派驻设计代表，提供设计后续服务；

（三）施工单位应当按照合同约定组织施工，管理和技术人员及施工设备应当及时到位，以满足工程需要，要均衡组织生产，加强现场管理，确保工程质量和进度，做到文明施工和安全生产；

（四）监理单位应当按照合同约定配备人员和设备，建立相应的现场监理机构，健全监理管理制度，保持监理人员稳定，确保对工程的有效监理；

（五）设备和材料供应单位应当按照合同约定，确保供货质量和时间，做好售后服务工作；

（六）试验检测单位应当按照试验规程和合同约定进行取样、试验和检测，提供真实、完整的试验检测资料。

第二十九条 公路工程实行政府监督、法人管理、社会监理、企业自检的质量保证体系。交通运输主管部门及其所属的质量监督机构对工程质量负监督责任，项目法人对工程质量负管理责任，勘察设计单位对勘察设计质量负责，施工单位对施工质量负责，监理单位对工程质量负现场管理责任，试验检测单位对试验检测结果负责，其他从业单位和从业人员按照有关规定对其产品或者服务质量负相应责任。

第三十条 各级交通运输主管部门及其所属的质量监督机构对工程建设项目进行监督检查时，公路建设从业单位和从业人员应当积极配合，不得拒绝和阻挠。

第三十一条 公路建设从业单位和从业人员应当严格执行国家有关安全生产的法律、法规、国家标准及行业标准，建立健全安全生产的各项规章制度，明确安全责任，落实安全措施，履行安全管理的职责。

第三十二条 发生工程质量、安全事故后，从业单位应当按照有关规定及时报有关主管部门，不得拖延和隐瞒。

第三十三条 公路建设项目法人应当合理确定建设工期，严格按照合同工期组织项目建设。项目法人不得随意要求更改合同工期。如遇特殊情况，确需缩短合同工期的，经合同双方协商一致，可以缩短合同工期，但应当采取措施，确保工程质量，并按照合同规定给予经济补偿。

第三十四条 公路建设项目法人应当按照国家有关规定管理和使用公路建设资金，做到专款专用，专户储存；按照工程进度，及时支付工程款；按照规定的期限及时退还保证金、办理工程结算。不得拖欠工程款和征地拆迁款，不得挤占挪用建设资金。

施工单位应当加强工程款管理，做到专款专用，不得拖欠分包人的工程款和农民工工资；项目法人对工程款使用情况进行监督检查时，施工单位应当积极配合，不得阻挠和拒绝。

第三十五条 公路建设从业单位和从业人员应当严格执行国家和地方有关环境保护和土地管理的规定,采取有效措施保护环境和节约用地。

第三十六条 公路建设项目法人、监理单位和施工单位对勘察设计中存在的问题应当及时提出设计变更的意见,并依法履行审批手续。设计变更应当符合国家制定的技术标准和设计规范要求。

任何单位和个人不得借设计变更虚报工程量或者提高单价。

重大工程变更设计应当按有关规定报原初步设计审批部门批准。

第三十七条 勘察、设计单位经项目法人批准,可以将工程设计中跨专业或者有特殊要求的勘察、设计工作委托给有相应资质条件的单位,但不得转包或者二次分包。

监理工作不得分包或者转包。

第三十八条 施工单位可以将非关键性工程或者适合专业化队伍施工的工程分包给具有相应资格条件的单位,并对分包工程负连带责任。允许分包的工程范围应当在招标文件中规定。分包工程不得再次分包,严禁转包。

任何单位和个人不得违反规定指定分包、指定采购或者分割工程。

项目法人应当加强对施工单位工程分包的管理,所有分包合同须经监理审查,并报项目法人备案。

第三十九条 施工单位可以直接招用农民工或者将劳务作业发包给具有劳务分包资质的劳务分包人。施工单位招用农民工的,应当依法签订劳动合同,并将劳动合同报项目监理工程师和项目法人备案。

施工单位和劳务分包人应当按照合同按时支付劳务工资,落实各项劳动保护措施,确保农民工安全。

劳务分包人应当接受施工单位的管理,按照技术规范要求进行劳务作业。劳务分包人不得将其分包的劳务作业再次分包。

第四十条 项目法人和监理单位应当加强对施工单位使用农民工的管理,对不签订劳动合同、非法使用农民工的,或者拖延和克扣农民工工资的,要予以纠正。拒不纠正的,项目法人要及时将有关情况报交通运输主管部门调查处理。

第四十一条 项目法人应当按照交通部《公路工程竣(交)工验收办法》的规定及时组织项目的交工验收,并报请交通运输主管部门进行竣工验收。

第五章 动态管理

第四十二条 各级交通运输主管部门应当加强对公路建设从业单位和从业人员的市场行为的动态管理。应当建立举报投诉制度,查处违法行为,对有关责任单位和责任人依法进行处理。

第四十三条 国务院交通运输主管部门和省级地方人民政府交通运输主管部门应当建立公路建设市场的信用管理体系,对进入公路建设市场的从业单位和主要从业人员在招投标活动、签订合同和履行合同中的信用情况进行记录并向社会公布。

第四十四条 公路工程勘察、设计、施工、监理等从业单位应当按照项目管理的隶属关系,向交通运输主管部门提供本单位的基本情况、承接任务情况和其他动态信息,并对所提供信息的真实性、准确性和完整性负责。项目法人应当将其他从业单位在建设项目中的履约情况,按照项目管理的隶属关系报交通运输主管部门,由交通运输主管部门核实后记入从业单位信用记录中。

第四十五条 从业单位和主要从业人员的信用记录应当作为公路建设项目招标资格审查和评标工作的重要依据。

第六章 法律责任

第四十六条 对公路建设从业单位和从业人员违反本办法规

定进行的处罚，国家有关法律、法规和交通运输部规章已有规定的，适用其规定；没有规定的，由交通运输主管部门根据各自的职责按照本办法规定进行处罚。

第四十七条 项目法人违反本办法规定，实行地方保护的或者对公路建设从业单位和从业人员实行歧视待遇的，由交通运输主管部门责令改正。

第四十八条 从业单位违反本办法规定，在申请公路建设从业许可时，隐瞒有关情况或者提供虚假材料的，行政机关不予受理或者不予行政许可，并给予警告；行政许可申请人在1年内不得再次申请该行政许可。

被许可人以欺骗、贿赂等不正当手段取得从业许可的，行政机关应当依照法律、法规给予行政处罚；申请人在3年内不得再次申请该行政许可；构成犯罪的，依法追究刑事责任。

第四十九条 投标人相互串通投标或者与招标人串通投标的，投标人以向招标人或者评标委员会成员行贿的手段谋取中标的，中标无效，处中标项目金额5‰以上10‰以下的罚款，对单位直接负责的主管人员和其他直接责任人员处单位罚款数额5%以上10%以下的罚款；有违法所得的，并处没收违法所得；情节严重的，取消其1年至2年内参加依法必须进行招标的项目的投标资格并予以公告；构成犯罪的，依法追究刑事责任。给他人造成损失的，依法承担赔偿责任。

第五十条 投标人以他人名义投标或者以其他方式弄虚作假，骗取中标的，中标无效，给招标人造成损失的，依法承担赔偿责任；构成犯罪的，依法追究刑事责任。

依法必须进行招标的项目的投标人有前款所列行为尚未构成犯罪的，处中标项目金额5‰以上10‰以下的罚款，对单位直接负责的主管人员和其他直接责任人员处单位罚款数额5%以上10%以下的罚款；有违法所得的，并处没收违法所得；情节严重的，取消其1年至3年内参加依法必须进行招标的项目的投标资格并予以公告。

第五十一条 项目法人违反本办法规定，拖欠工程款和征地拆迁款的，由交通运输主管部门责令改正，并由有关部门依法对有关责任人员给予行政处分。

第五十二条 除因不可抗力不能履行合同的，中标人不按照与招标人订立的合同履行施工质量、施工工期等义务，造成重大或者特大质量和安全事故，或者造成工期延误的，取消其2年至5年内参加依法必须进行招标的项目的投标资格并予以公告。

第五十三条 施工单位有以下违法违规行为的，由交通运输主管部门责令改正，并由有关部门依法对有关责任人员给予行政处分。

（一）违反本办法规定，拖欠分包人工程款和农民工工资的；

（二）违反本办法规定，造成生态环境破坏和乱占土地的；

（三）违反本办法规定，在变更设计中弄虚作假的；

（四）违反本办法规定，不按规定签订劳动合同的。

第五十四条 违反本办法规定，承包单位将承包的工程转包或者违法分包的，责令改正，没收违法所得，对勘察、设计单位处合同约定的勘察费、设计费25%以上50%以下的罚款；对施工单位处工程合同价款5‰以上10‰以下的罚款；可以责令停业整顿，降低资质等级；情节严重的，吊销资质证书。

工程监理单位转让工程监理业务的，责令改正，没收违法所得，处合同约定的监理酬金25%以上50%以下的罚款；可以责令停业整顿，降低资质等级；情节严重的，吊销资质证书。

第五十五条 公路建设从业单位违反本办法规定，在向交通运输主管部门填报有关市场信息时弄虚作假的，由交通运输主管部门责令改正。

第五十六条 各级交通运输主管部门和其所属的质量监督机构的工作人员违反本办法规定，在建设市场管理中徇私舞弊、滥用职权或者玩忽职守的，按照国家有关规定处理。构成犯罪的，由司法部门依法追究刑事责任。

第七章　附　　则

第五十七条　本办法由交通运输部负责解释。

第五十八条　本办法自 2005 年 3 月 1 日起施行。交通部 1996 年 7 月 11 日公布的《公路建设市场管理办法》同时废止。

关于开展高速公路施工标准化活动的通知

交公路发〔2011〕70号　2011.2.23

各省、自治区、直辖市、新疆生产建设兵团交通运输厅(局、委),天津市市政公路管理局:

为加快推行现代工程管理,促进工程施工管理的标准化、规范化、精细化,确保工程质量和安全,部决定开展高速公路施工标准化活动。现将《高速公路施工标准化活动实施方案》印发给你们,请认真组织实施。

附件:高速公路施工标准化活动实施方案

附件

高速公路施工标准化活动实施方案

为加强高速公路建设管理,进一步提升工程质量、安全水平和行业文明施工形象,部决定从2011年起,在高速公路建设中开展施工标准化活动,制订本方案。

一、指导思想

以科学发展观为指导,围绕加快转变公路发展方式、发展现代交通运输业的总体要求,大力推行现代工程管理,促进高速公路建设施工标准化、规范化、精细化,全面提高公路建设管理水平。

二、活动目标

(一)总体目标:通过开展高速公路施工标准化活动,建立科学系统的施工标准化体系,将标准化要求贯穿工程施工各个环节,促进规章制度更加完善,现场管理更加规范,人员技能更加精湛,材料加工、施工工艺更加精细,试验检测更加可靠,从业单位和从业人员标准化意识明显增强,工程质量、安全水平进一步提高,实现从业人员一流、管理水平一流、材料制备一流、施工工艺一流、作业环境一流、建设成果一流。

(二)具体目标:新开工高速公路项目100%开展施工标准化活动,各项目驻地建设、施工工艺和现场管理100%达到标准化要求,工程实体关键指标全部达到规范要求。

三、活动内容

开展施工标准化活动的主要内容包括工地标准化、施工标准化和管理标准化,专业涵盖路基、路面、桥涵、隧道、绿化及防护工程,有条件的也可在交通安全与机电工程实施。

(一)工地标准化。

工地标准化主要包括驻地和施工现场的标准化。按照标准化要求建设施工、监理驻地和试验室及施工便道,改善生产生活环境，提高施工管理效率。按照标准化要求建设各类拌和站、预制加工场地和材料存放场地，实现混合料（混凝土）集中拌制，钢筋、碎石集中加工，构件集中预制，充分发挥集约化施工的优势，规范施工现场管理，保证工程质量。按照标准化要求规范施工现场安全防护设施、安全标识及其他各类临时设施设置，消除隐患，文明施工。

（二）施工标准化。

按照规范要求，结合各省（区、市）实际情况，细化路基、路面、桥涵、隧道、绿化及防护、交通安全与机电等各项工程的施工标准化要求，优化施工工艺，严格工艺管理，提高施工效率和实体工程质量。规范质量检验与控制，强化各类验证试验和标准试验，做到检测项目完整齐全、检测频率符合要求、检测数据真实可靠。加强对隐蔽工程、关键工序的过程控制和验收，确保工程各项指标抽检合格率达到规范要求。

（三）管理标准化。

严格执行公路建设法律法规和强制性标准，在工程管理中查找薄弱环节，健全管理制度，优化管理流程，把技术标准、管理标准、作业标准落实到施工全过程，实现工程进度合理均衡，节能环保措施到位，档案资料收集齐全、整理规范。加强从业人员管理和培训，统一从业人员持证和着装。

四、活动安排

（一）活动范围：2011 年及以后新开工的高速公路项目。在建工程参照标准化活动要求执行。

（二）参加单位：各级交通运输主管部门及所属质量监督机构、高速公路建设管理单位及各参建单位。

（三）时间与安排：活动时间为 2011 年至 2013 年。2011 年 5 月31 日前为启动阶段，2011 年6 月 1 日至2013 年上半年为全面推行阶段，2013 年下半年为总结评比阶段。

（四）各阶段主要任务：

1. 启动阶段：各省级交通运输主管部门按照本活动方案，参照

《福建省高速公路施工标准化管理指南》(见附件),制订本地区活动方案、施工标准化技术指南和考核办法,2011 年 5 月 31 日前报部备案,并组织开展培训和动员。

2. 全面推行阶段:各省级交通运输主管部门自 2011 年 6 月 1 日起,在本地区所有高速公路建设项目中推行施工标准化,至 2013 年 6 月底,各专项工程及管理工作应全部达到标准化要求。其间,要针对标准化活动各项工作开展检查和考核,及时总结经验,完善措施要求,形成科学系统的施工标准化管理制度,并将考核结果记入公路建设市场信用体系。部将组织开展专项检查,适时召开现场经验交流会,推进此项工作制度化、常态化。

3. 总结评比阶段:为总结经验,表彰先进,部将于 2013 年下半年开展高速公路施工标准化活动评比和表彰工作,有关办法另行制订。

五、有关要求

(一)提高认识,加强组织领导。各省级交通运输主管部门要充分认识开展施工标准化活动的重要意义,加强组织领导和督促检查,要成立由主管厅领导任组长的施工标准化活动领导小组,以及有质量监督、建设、施工、监理等单位参与的施工标准化工作机构,明确工作目标,细化任务分工,确保施工标准化活动取得实效。活动期间,每半年将标准化活动实施情况报部。

(二)完善机制,落实各项要求。高速公路各参建单位要按照部和省级交通运输主管部门的统一部署,建立施工标准化工作责任制,落实施工标准化各项要求。

建设单位要制订项目施工标准化具体落实方案,督促施工、监理、设计等单位抓好落实,配合省级交通运输主管部门开展达标考核工作;要采用有利于标准化施工的大标段招标方式,将施工标准化要求纳入招标文件,评标办法与合同条款要将施工标准化要求作为评标与计量的要件。

施工单位要具体落实施工标准化活动要求,鼓励结合本单位施工能力和技术优势,积极采用有利于标准化施工的组织方式和工艺流程，加强工地建设、工艺控制、人员管理和内业资料管理，强化对施工一线操作人员的培训，改善职工生产生活条件。

设计单位要结合工程实际，推荐有利于标准化施工和组织管理的设计方案，推广成熟有效的技术科研成果，不断提高标准化活动的深度和广度。

监理单位要对照施工标准化实施方案和合同要求，督促施工单位落实各项工作，对施工单位驻地建设、施工组织、工艺方案、施工质量等加强监理，确保施工标准化活动有序推进。

（三）以人为本，关心职工生活。各地要按照标准化要求，落实以人为本的建设理念，大力改善一线施工人员的生产生活条件，强化文明施工意识，创建整洁、卫生的生产生活环境。施工人员应统一着装，持证上岗，形成以工地为家、爱岗敬业的工地文化。要加强公路建设法规和规范的培训，尤其是加强对一线施工人员的培训，做到应知应会。

（四）鼓励创新，提高活动成效。各地要结合标准化活动，不断改进管理方法，鼓励管理创新和技术创新，实现科学管理。要鼓励企业研制适合标准化施工的机具装备，研究总结新型施工工法，积极应用新技术、新工艺，推进技术革新，努力实现施工标准化活动与施工机械化、精细化有机结合，提高公路建设水平。

（五）加强宣传，营造良好氛围。各地要充分发挥舆论宣传推动作用，加强交流、互动，通过组织培训、技术竞赛、召开现场交流会等方式，形成比学赶超、争先创优的活动氛围，推动标准化活动深入开展。部将定期印发《高速公路施工标准化活动工作简报》，加强信息沟通和经验交流。

开展施工标准化活动是大力推行现代工程管理的有效举措和重要载体，各地交通运输主管部门要高度重视，认真组织，扎实开展好此项活动，务求取得实效，促进公路建设又好又快发展。

关于印发公路路网结构改造工程管理办法的通知

交公路发〔2011〕182号　2011.4.21

各省、自治区、直辖市、新疆生产建设兵团交通运输厅(局、委),天津市市政公路管理局:

为进一步加强公路路网结构改造工程管理,规范项目管理程序,提高资金使用效益,部对《公路路网结构改造工程项目管理办法(试行)》(交公路发〔2006〕410号)进行了修订。现印发给你们,自印发之日起执行。

公路路网结构改造工程管理办法

第一章　总　　则

第一条　为加强公路路网结构改造工程管理,规范项目管理程序,提高资金使用效益,根据国家相关规定和技术规范,制定本办法。

第二条　本办法适用于中央车辆购置税投资补助的公路路网结构改造工程的管理,其中,改造目标及补助范围、标准适用于"十二五"期的公路路网结构改造工程项目。

第三条　公路路网结构改造工程包括危桥改造、公路安全保障工程(以下简称安保工程)和干线公路灾害防治工程(以下简称灾害防治工程)三项内容。

第四条　公路路网结构改造工程管理应坚持统筹规划、规范有序、地方为主、科学有效的原则。

第二章　目标与前期工作

第五条　危桥改造目标为:"十二五"期间,全面完成国道、省道上现有危桥改造任务,基本完成县道、乡道上的中桥及以上现有危桥改造任务,适时启动村道中桥及以上危桥改造工作,确保农村公路危桥数量呈逐年下降趋势。

安保工程目标为:"十二五"期间,全面完成国省干线的实施任务,完成大部分县道的改造任务。

灾害防治目标为:完成国道、省道中抗灾能力明显不足路段的改造任务。

公路路网结构改造工程应优先安排国省干线公路、重要县道、通客运班线、学生班车和旅游公路上的相关项目并统筹考虑本辖区整条路线的规模效益。危桥改造工程应按照危险程度,优先安排五类桥梁。

第六条 各省级交通运输主管部门或公路管理机构应结合公路的正常养护工作,在技术评估的基础上,结合交通运输部确定的工作目标,提出本辖区(含计划单列市)"十二五"公路路网结构改造工程总体规划和实施规模,并将有关项目汇总,构建省级公路路网结构改造工程项目库,报部备案,作为安排年度投资补助计划的前提和依据。

交通运输部将在审核省级项目库的基础上构建"十二五"全国公路路网结构改造工程项目库。

第七条 公路路网结构改造工程的技术评估按以下方式进行。

桥梁技术评估工作按照《公路桥梁养护管理工作制度》和相关标准规范组织。

安保工程项目技术评估按照《公路安全保障工程实施技术指南》的相关规定进行。

灾害防治工程项目技术评估按照《干线公路灾害防治工程技术指南》等技术标准、规范,结合往年自然灾害造成的损毁情况进行。

第八条 公路路网结构改造工程项目库建成后,除危桥改造项目外,原则上不进行更新。

对于新增危桥改造项目,由省级交通运输主管部门或公路管理机构按年度进行更新。

第九条 各省级交通运输主管部门应在省级项目库的基础上,按照本办法第五条要求,制订分年度项目安排和实施目标。按照项目建设规模和技术复杂程度,相应组织开展方案设计、投资估算、方案审查、设计、概预算编制和设计审查等各项前期工作,并汇总有关信息形成省级公路路网结构改造工程管理信息系统。

第十条 交通运输部在汇总省级公路路网结构改造工程管理

信息系统的基础上，构建全国公路路网结构改造工程管理信息系统。

公路路网结构改造工程项目库和管理信息系统相关基础数据应以公路数据库和养护统计数据为基础，填报要求和内容另行制定。

纳入全国公路路网结构改造工程项目库的项目视同立项。

第十一条 公路路网结构改造工程设计一般采用一阶段设计。

第十二条 公路路网结构改造工程设计应符合有关技术标准、规范的规定，充分体现“因地制宜，安全经济”的原则。

危桥改造的设计荷载不得低于原设计荷载等级。原设计荷载等级低于公路-II 级的，原则上以公路-II 级或以上荷载等级为标准进行设计。拆除重建桥梁的设计荷载应符合现行《公路工程技术标准》的规定。

第十三条 公路路网结构改造工程项目的方案审查和设计审查程序由省级交通运输主管部门确定。

第十四条 公路路网结构改造工程计划管理按以下程序进行。

（一）各级交通运输主管部门或公路管理机构按照年度项目安排，组织开展项目方案设计和审查工作，并由省级交通运输主管部门于 9 月份在全国公路路网结构改造工程管理信息系统中集中填报已完成方案审查的项目情况。

（二）交通运输部根据公路路网结构改造工程项目库和完成方案审查的项目情况，以及上年度计划执行和配套资金落实情况等因素，确定对各省、自治区、直辖市的初步补助资金分配方案，并于每年 11 月底前通知各省级交通运输主管部门。

（三）省级交通运输主管部门以完成方案审查项目和初步补助资金为基础，组织开展设计、编制工程概（预）算和设计审查等工作，并于每年 1 月 31 日前在全国公路路网结构改造工程管理信息系统中集中填报，同时向交通运输部上报建议计划正式文件。

（四）交通运输部与财政部商定公路路网结构改造工程专项资金规模后，及时将审批后的年度计划草案下达各省级交通运输主管部门。

（五）计划执行过程中，省级交通运输主管部门或公路管理机构应分别于6月底、10月底、12月底在全国公路路网结构改造工程管理信息系统中填报计划下达、资金到位、资金使用、项目开工和交（竣）工等相关信息。

其中：10月底，应一并报送本年度公路路网结构改造工程计划调整情况；12月底，应一并报送本年度公路路网结构改造工程实施情况总结报告，全面总结计划执行情况、资金使用情况和项目实施效果等。

交通运输部将以全国公路路网结构改造工程管理信息系统相关数据为基础，及时通报公路路网结构改造工程进展情况。

第十五条 除在建议计划编制期间新增的危桥改造项目外，未按规定完成技术评估、相关前期工作和未纳入全国公路路网结构改造工程项目库的，不得列入年度计划。

第十六条 交通运输部年度计划草案下达后，各级交通运输主管部门应严格按照下达的项目名称和计划金额执行。在计划执行过程中，如确实需要对计划进行调整，应报省级交通运输主管部门审核同意，并在每年10月底，汇总报交通运输部备案。

第三章 补助范围与标准

第十七条 中央车辆购置税投资补助的公路路网结构改造工程项目为非收费公路，具体范围如下：

危桥改造为按照现行规范，技术状况评定为四、五类的中桥及以上桥梁。中桥以下（不含中桥）由各地自行安排。

安保工程为需要增设或完善安全防护设施，消除行车安全隐患的路段。

灾害防治工程为抗灾能力弱，易因洪水、泥石流、滑坡等自然灾害对交通产生重大影响,需要增设或完善公路防灾设施的路段。

第十八条 “十二五”期间中央车辆购置税投资采用分区域按定额和投资比例两者取低的办法进行补助,具体为:

东部地区:不超过项目概算的45%,且危桥改造加固改建类平均每平方米不超过800元,拆除重建类平均每平方米不超过1600元;国省干线安保工程平均每公里不超过4万元,农村公路不超过3万元;灾害防治工程平均每公里不超过15万元。

中部地区:不超过项目概算的60%,且危桥改造加固改建类平均每平方米不超过1000元,拆除重建类平均每平方米不超过2000元;安保工程国省干线平均每公里不超过5万元,农村公路平均每公里不超过4万元;灾害防治工程平均每公里不超过20万元。

西部地区:不超过项目概算的75%,且危桥改造加固改建类平均每平方米不超过1300元,拆除重建类平均每平方米不超过2600元;国省干线安保工程平均每公里不超过6万元,农村公路不超过5万元;灾害防治工程平均每公里不超过25万元。西藏自治区所有项目全额补助。

第十九条 总投资额超过500万元的项目可按照项目投资比例进行补助,由省级交通运输主管部门单独提出申请,经交通运输部审核同意后,列入年度补助计划中。

申请所需资料包括:项目具体情况说明,公路(桥梁)现状图片,以及设计文件批复意见。

上述项目需由省级交通运输主管部门或公路管理机构进行设计审查。

第四章 工程管理

第二十条 各地应按照公路养护工程管理的有关规定,组织实施公路路网结构改造工程。

第二十一条 各地交通运输主管部门或公路管理机构应根据

实际,制定适合本地区特点的公路路网结构改造工程管理办法,加强施工管理。

公路路网结构改造工程作业单位应按相关规定严格控制工程质量,强化安全管理,确保工程质量和安全。

第二十二条 各级交通运输主管部门和公路管理机构在组织公路路网结构改造工程作业时,应全面分析作业路段周边交通状况,制订绕行路线、交通组织疏导方案和应急疏导预案,严格控制施工工期。尽量避免同一公路主线上多个路段同时施工和长距离连续作业,最大程度减少对交通的影响。

省际出入口的改造工程,相关交通运输主管部门和公路管理机构应主动与相邻省份进行沟通,合理确定施工方案,做好组织协调。

第二十三条 公路路网结构改造工程施工单位应严格按照《中华人民共和国公路法》、《公路养护安全作业规程》(JTJ H30—2004)和交通运输部《关于加强公路养护作业组织管理的通知》(交函公路〔2010〕207 号)的规定,制订详细规范的施工组织设计,在施工路段两端设置明显的施工标志、安全标志,做好作业现场的管理工作,保证施工车辆、人员和过往车辆的安全。

第二十四条 公路路网结构改造工程完工后,应组织交(竣)工验收。对于一般性工程(工程量小且结构简单)可由地市级交通运输主管部门或公路管理机构组织验收,并将竣工验收资料报省级交通运输主管部门或公路管理机构备案,省级交通运输主管部门或公路管理机构应组织有关人员对其进行抽查;对于涉及复杂结构工程的项目应采用先交工验收后竣工验收的形式,由省级交通运输主管部门或公路管理机构按照国家有关规定组织。

公路路网结构改造工程通过交工验收后,相关管养单位应及时更新公路数据库相关信息。

第二十五条 省级交通运输主管部门或公路管理机构应建立公路路网结构改造工程效果评价机制,对公路路网结构改造工程取得的经济和社会效益做出评价,并在年度总结中反映。

第二十六条 省级交通运输主管部门及公路管理机构应加强对公路路网结构改造工程实施后的养护和管理,确保改造工程效果的可持续。

第五章 监督检查

第二十七条 各省级交通运输主管部门和公路管理机构应建立有效的监督检查机制,加强质量监督和安全监管,确保公路路网结构改造工程顺利实施。

第二十八条 交通运输部根据各地计划执行情况,组织对各地公路路网结构改造工程配套资金落实、技术方案合理性、项目管理规范化、工程进度、质量、安全等情况进行监督检查,督促各地切实加强公路路网结构改造工程的管理。

第二十九条 交通运输部根据督查情况和各地上报信息,对由于设计深度不足造成重大变更的单位,和因工程管理不到位或偷工减料等原因,引发不良社会影响或重大工程质量和安全事故的相关从业单位,进行通报,并列入不良信用单位名单。

第三十条 对有不良信用的从业单位,各级交通运输主管部门或公路管理机构要严格限制或禁止进入养护作业市场。

第三十一条 有关单位有下列行为之一,交通运输部可以责令限期整改,并视情节轻重,核减或停止下一年度该单位的公路路网结构改造工程补助资金。

(一)擅自改变车购税补助资金使用用途的;

(二)超标准、超范围安排项目的;

(三)年度计划总投资调整超过10%的;

(四)不能按照工程需要足额、及时配套公路路网结构改造工程资金的;

(五)无正当理由,年度实施计划完成70%以下的;

(六)因公路路网结构改造工程施工组织不当引起重大质量、安全事故或长时间交通拥堵,造成严重社会影响的;

（七）未按规定建立公路路网结构改造工程项目库和管理信息系统，并及时填报、更新相关信息的；

（八）在计划执行过程中被交通运输部通报批评的；

（九）其他违反国家法律、法规和本办法相关规定的。

第三十二条 省级交通运输主管部门要结合本辖区公路路网结构改造工程管理实际，根据各地（市）、县组织实施、配套资金落实，以及改造效果等情况，制定与投资规模相挂钩的奖惩办法。

第六章 附 则

第三十三条 公路路网结构改造工程管理除遵守本办法外，还应遵守国家相关法律、法规和规定。

第三十四条 省级交通运输主管部门应按照本办法及相关规定制定本辖区公路路网结构改造工程管理办法，并报交通运输部备案。

第三十五条 本办法由交通运输部解释。

第三十六条 本办法自印发之日起执行，原《公路路网结构改造工程项目管理办法（试行）》同时废止。

关于西部沙漠戈壁与草原地区高速公路建设执行技术标准的若干意见

交公路发〔2011〕400号　2011.8.1

新疆、内蒙古、宁夏、甘肃、青海等省(区)交通运输厅，新疆生产建设兵团交通局：

为贯彻落实《中共中央国务院关于深入实施西部大开发战略的若干意见》和交通运输部《深入实施西部大开发战略公路水路交通运输发展规划纲要(2011—2020)》的部署要求，促进西部地区高速公路又好又快发展，现就高速公路通过沙漠、戈壁和草原地区执行《公路工程技术标准》问题提出如下意见，请遵照执行。

一、适度超前，科学确定建设标准

沙漠、戈壁和草原等地区具有地形简单、人烟稀少、经济欠发达、交通流量小、横向干扰少等特点，应依据项目所在地区经济社会、综合运输体系发展的需求及国家和区域公路网规划、公路功能等综合因素，按照适度超前的原则，科学论证确定技术等级和建设规模。

二、因地制宜，合理运用技术指标

沙漠、戈壁和草原地区的高速公路，应因地制宜，根据项目所在地的实际建设、运行条件和沿线群众生产、生活的具体要求，合理选用技术指标。

(一)利用现有一级、二级公路改扩建为高速公路的建设工程，应按照“安全、节约”的原则进行总体设计，尽量利用既有工程，降低工程造价，并应符合以下要求：

1.在进行运行安全性评价、完善交通安全设施等措施、保证安全的前提下，可充分利用既有公路平纵面线形，但对于影响运行安全的主要指标,应当严格按照现行公路工程行业标准的规定确定。

2. 采用分离式断面形式的高速公路,当利用现有二级公路改建为一幅时,其路面等级、设计洪水频率可维持原有标准不变;对于新建的一幅应按现行公路工程行业标准的有关规定执行。

3. 当利用现有一级公路改建为高速公路,其原有路基宽度不小于新建路基宽度 0.5 米,或现有二级公路改建为分离式高速公路的一幅,其路基宽度不小于新建路基宽度 0.25 米,且均不小于公路工程技术标准规定最小值时,可维持现有路基宽度不变,直接利用。为保障运行安全,在对这些路段进行安全性评价的基础上,须设置完善的标志标线、港湾式应急停车带等安全设施。

4. 利用现有桥梁时应进行检测评估,其极限承载能力(含加固后)应满足现行标准相应汽车荷载等级的要求。对于重车少的高速公路,原按汽车—20 级或公路—II 级荷载标准建设的桥梁,经检测其技术状况良好的,可直接使用,但应提出针对性的运营管理和维护养护措施。

(二)对于长直线路段,应设置必要的限速、警告、振荡标线等交通安全设施,以提高车辆行驶的安全性。

(三)有条件的地段,宜采用宽中央分隔带、低路堤、缓边坡和宽浅边沟等形式,提高行车安全性,更好地与沿线自然环境相协调。

(四)高速公路主线不得设置平面交叉。对于交通量较小的交叉,可采用建设规模小的互通式立交形式(如简易菱形等),但应采取增设警告、限速等交通标志,设置强制减速、交通渠化等措施,给驾驶人员提前提供足够的交通安全信息,保证行车安全。

(五)对于通行收割机等大型机械或大型车辆的通道,应根据当地的交通组成特征和大型机械、车辆的需求及降雨排水特点,合理确定通道位置、净空尺寸、高程和引线纵坡,既要满足沿线群众生产生活需要,又要节省工程投资。

三、经济适用,灵活选择建设方案

(一)高速公路宜选择新建方案,如经论证确需利用既有公路改建，应同时恢复或建设辅道，保证沿线群众日常生产、生活需要。

（二）采用分离式路基的高速公路，可采用横向分幅、分期修建的建设方案。分期修建应按照总体规划、一次设计、分期实施的原则，统筹安排好路基、构造物、互通式立交和交通安全设施的分期建设方案，使前期工程在后期能得到充分利用。此外，路面的分期修建方案，可根据当地实际和交通流特点，综合研究确定。

（三）对于交通量较小，供水、供电困难路段，其服务区间距可适当加大，但要相应增大服务区的用地面积和建筑面积，且相邻服务区之间应合理设置停车区。此外，监控、通讯等设施可根据当前需要设置。

四、加强管理，保障运行安全

（一）加强服务区间距较大路段的日常巡逻，配备适当的救援力量，采取有效措施，保证应急服务的需要。

（二）采用分幅修建的项目，前期通车的一幅应按双车道对向行驶公路进行管理，最高时速不应超过 80 公里/小时。

（三）加强对横向分期修建公路的路侧管理，除预留的互通式立交位置处外，其他路段不得设置平面交叉。

（四）利用现有桥涵结构物，应加大检测和日常巡查频率，加强养护和病害处理，保证运营安全。

（五）加强对司乘人员交通安全、交通法规方面的宣传教育，有针对性地加强特殊地区驾驶环境和路况条件宣传，提高司乘人员和公路周边群众的交通安全意识，减少交通安全事故。

高速公路建设是落实国家西部大开发战略的重要手段，各有关地区交通建设主管部门在进行高速公路建设时，要真正贯彻实事求是、因地制宜的指导思想，从提高公路行业技术水平入手，切实保障高速公路的勘察、设计和施工质量，使高速公路建设符合特殊地区的实际情况，并满足这些地区的交通运输发展需求，为引导生产力合理布局、促进国土均衡开发和经济社会发展提供支撑。

关于进一步加强公路项目建设单位管理的若干意见

交公路发〔2011〕438号　2011.8.10

各省、自治区、直辖市、新疆生产建设兵团交通运输厅(局、委),天津市市政公路管理局:

公路项目建设单位是工程建设的组织者和管理者,在保证工程建设质量和提高管理水平方面承担着重要职责。近年来,各级交通运输主管部门切实加强对项目建设单位的管理,充分发挥项目建设单位的主导作用,为保证公路建设又好又快发展作出了重要贡献。但是,随着公路建设规模的持续扩大,一些项目建设单位出现了管理能力下降、技术人员配备不足等问题,影响工程建设质量与耐久性。为提高公路建设管理水平,规范管理行为,加快推行现代工程管理,现就进一步加强公路项目建设单位管理提出以下意见。

一、充分认识加强公路项目建设单位管理的重要意义

(一)加强公路项目建设单位管理是确保工程质量与安全的需求。质量与安全是工程建设永恒的主题。公路项目建设单位承担着工程的组织、协调和管理职责,处在建设项目管理的中心枢纽位置,其管理能力、眼界视野和质量安全意识,决定着工程的建设质量与安全水平。进一步提高项目建设单位的能力与素质,推行建设单位管理高标准、严要求,对提升工程内在品质与耐久性,提高工程质量与安全具有重要的保障作用。

(二)加强公路项目建设单位管理是控制工程投资、确保建设工期的需要。控制工程造价、降低建设成本,保证在合同工期内按时完成建设任务,是工程项目管理的重要内容。加强项目建设单位在工程建设中的全过程管理,保证勘察设计工作深度,落实各参建单位有效投入,明确建设各方责、权、利关系,有利于控制工程造价,减少设计变更,确保合理建设工期,发挥工程投资最大效益。

(三)加强公路项目建设单位管理是规范建设市场行为的需要。建立市场诚信体系,规范市场行为,引导从业单位和从业人员自觉遵章守纪,是工程建设市场管理的重要内容。项目建设单位作为工程合同的管理者和执行者,在落实建设单位合同义务,促进参建各方信守合同,提高市场履约水平等方面承担着重要职责。落实项目建设单位合同管理职责,严格合同执行,对于促进公路建设市场信用体系建设,建立规范、诚信的市场秩序,具有重要的推动作用。

(四)加强公路项目建设单位管理是建设廉政工程的需要。开展工程建设领域专项治理工作,建立健全防治公路建设领域商业贿赂的长效机制,是当前工程建设管理的一项重要工作。项目建设单位通过加强制度建设,完善工作机制,强化工程和人员的管理,从体制和机制上堵塞管理漏洞,有利于加快构建预防和惩治腐败体系,建设廉政工程,提高行业形象。

二、指导思想和工作原则

(五)指导思想:深入贯彻落实科学发展观,以增强建设单位能力与素质、推进建设管理专业化、提高工程质量与安全为核心,以严格资格标准、健全组织机构、规范管理行为、落实监督考评为举措,充分发挥建设单位的主导作用,完善公路建设市场信用体系建设,推进工程管理现代化,提高公路建设管理水平。

(六)工作原则:

——严格资格标准,推行管理专业化。严格公路项目建设单位的资格与素质要求,鼓励组建专业齐全、技术精湛、经验丰富的专业化管理团队,推进工程管理现代化。

——规范建设管理,实行施工标准化。健全公路项目建设单位的管理制度,细化质量安全与投资控制目标,严格建设管理关键环节控制,落实标准化要求,建立现代工程管理运行机制。

——加强监督检查，狠抓行为规范化。加强对公路项目建设单位的监督检查，落实管理制度与管理责任，发挥建设单位的管理示范效应，确保现代工程管理取得实效。

——创新管理机制，推进人员职业化。不断创新管理方法，推进公路项目建设单位的考核评价，加强绩效评估，建立考核制度，完善市场信用体系，促进建设管理队伍职业化。

三、严格公路项目建设单位资格管理

（七）公路项目建设单位系指承担工程建设管理职责的项目法人，及其派驻工程现场指挥、协调、管理各参建单位完成工程建设任务的管理机构（指挥部、项目办、管理处等）。

公路项目建设单位履行建设管理职责，应具备相应的管理能力和建设经验，按规定组建机构、配备人员，制订完善工程管理各项规章制度。

（八）高速公路新建（改扩建）项目或独立特大型桥梁、隧道项目，派驻工程现场的建设管理机构、管理人员应符合以下资格条件。各省级交通运输主管部门可根据本地区实际制订具体标准，但不应低于以下资格条件：

1. 管理机构：应设有计划、合同、技术、质量、安全、财务、纪检等职能部门。

2. 管理人员：总人数视工程项目建设规模和专业技术要求确定，其中工程技术人员应不少于管理人员总数的65%，具有高、中级以上专业技术职称的人员应占工程技术人员总数的70%以上。

3. 人员资格：管理机构负责人及其关键岗位人员应具有良好的社会信用和职业道德，具备相应工程组织管理能力，严格执行国家有关法律和规定，熟悉、掌握公路建设规章、政策，其中：

机构负责人：具有中级以上专业技术职称，具备2个及以上高速公路项目的建设管理经历；

技术负责人：熟悉、掌握公路工程技术标准、规范和规程，具有高级及以上专业技术职称，具备2个及以上高速公路项目的技术管理经历；

财务负责人:熟悉、掌握财经法规和财务制度,具有中级及以上职称,具备1个及以上高速公路项目的财务管理经历;

关键岗位人员:计划、合同、技术、质量、安全等部门负责人应具备相应岗位的专业技术和任职资格,并分别具备1个及以上高速公路项目的建设管理经历。

其他技术等级公路项目建设单位及其派驻工程现场的管理机构、管理人员及资格条件由省级交通运输主管部门根据本地区实际确定。

(九)公路项目建设单位派驻工程现场的管理机构、管理人员及资格条件实行核备制度。

在报批项目初步设计文件时,公路项目建设单位应将派驻工程现场的管理机构、管理人员及资格条件报有关交通运输主管部门核备。交通运输主管部门应及时审核,对未达到资格标准的,要责成其补充完善,或责成其按规定委托具备相应管理能力的代建单位负责建设管理。

四、规范建设管理行为

(十)执行国家基本建设程序。公路项目建设单位应按照公开、公平、公正的原则,依法组织招标投标,择优选定勘察、设计、施工、监理单位,按规定向主管部门报送有关文件,依法办理施工许可和竣(交)工验收。

(十一)严格合同管理。公路项目建设单位应严格履行合同义务,创建良好的施工环境和条件,确保按设计施工、按规程施工、按合同要求施工。所有设计变更应按规定程序经批准后实施,不得擅自修改。加强投资控制和资金管理,严格计量支付和工程造价控制,做到专款专用,专户储存,不得挤占挪用、不得拖欠工程款。

(十二)细化目标管理与责任。公路项目建设单位应根据工程特点,按单位工程、分项工程分解质量目标与管理要点,细化保证措施,健全岗位责任,落实工程质量责任登记制度,做到工程管理中各单项、各环节、各部位都有技术要求、管理措施和人员责任。

（十三）加强质量安全管理。公路项目建设单位应严格执行国家有关技术标准和规范，结合项目特点制定质量和安全管理要求，依据勘察、设计、施工、监理合同，加强检查落实，实行严格问责和评价制度，督促各从业单位建立健全规章制度，落实环境保护与资源节约政策，强化质量与安全保证措施，确保管理到位。

（十四）推进信息化管理。公路项目建设单位要以科技手段、信息技术、网络管理为支撑，建立并应用覆盖公路项目建设管理全过程的信息系统，将工程质量、安全、进度、投资以及设计变更和试验检测等管理内容纳入系统，实行动态管理，提高工程现代化管理水平。

（十五）维护公众利益。公路项目建设单位在加强工程管理的同时，要承担必要的社会责任，维护农民工合法权益，督促施工单位按时发放农民工工资；协调处理好与相关单位及沿线群众的关系，树立公路项目建设单位的良好社会形象。

（十六）加强廉洁自律。公路项目建设单位应依法办事、规范管理，切实加强廉政建设，自觉接受纪检监督、行政监督、舆论监督和社会监督，落实各项廉政制度和措施；要与从业单位逐一签订廉政合同，形成公路项目建设单位与从业单位相互监督机制。

五、加强监督检查

（十七）落实建设管理责任。省级交通运输主管部门要加强监管，重点核查公路项目建设单位在质量、安全、资金、环保等方面的制度建设与执行情况，发现问题及时提出整改意见；要加快省级项目管理信息平台建设，制定统一标准，督促建设单位应用技术成熟的项目管理信息系统，动态掌握项目建设进程与管理信息、质量安全信息、质量抽检评定信息等；要突出建设资金管理与使用的全过程、全方位的监督检查，确保建设资金安全，严肃查处虚假合同、违规支付等行为。

（十八）严格工程验收工作。省级交通运输主管部门要加强对验收工作的监督管理，严格按照规范、标准和设计批复文件鉴定、审核、验收工程项目。对违规自行提高或降低建设标准，增加或减少建设规模，隐瞒工程存在的质量和安全隐患的项目，交通运输主管部门不得批准开放交通，不得通过项目竣（交）工验收，要依法追究建设单位及其相关人员的责任并记入信用档案。

（十九）推行考核评价制度。省级交通运输主管部门要结合本地区公路建设实际，制订有针对性、操作性强的考核评价办法，加强对公路项目建设单位的履职状态、管理成效的考核评价，督促建设单位完善制度、提高素质、增强管理能力，切实履行建设管理职责，维护公共安全和公众利益。考核评价指标应涵盖工程质量、安全生产、环境保护、合同管理、投资控制、廉政建设等关键内容，实行质量、安全一票否决制。

（二十）建立奖惩激励机制。省级交通运输主管部门对公路项目建设单位管理创新、质量优良、安全有序、投资节省的，要给予表彰和奖励；对管理混乱、发生质量和安全责任事故的，要依法撤换和清退有关单位或人员，并追究其责任。

六、有关要求

（二十一）分步实施。省级交通运输主管部门要对照高速公路项目建设单位的资格标准，在 2011 年底前对本地区在建高速公路（含独立特大型桥梁、隧道）项目建设单位进行全面核查，对不符合要求的建设单位要责令整改，确保各建设单位派驻工程现场的管理机构和管理人员条件合格、素质过硬、管理规范。

（二十二）重点督查。从 2012 年上半年开始，部将结合公路建设市场督查，对高速公路（含独立特大型桥梁、隧道）项目建设单位的管理能力、管理行为、管理成效进行抽查，切实增强建设单位的素质能力，提高公路建设管理水平。

（二十三）考核评价。省级交通运输主管部门要按照强化管理、落实责任、切实推进的原则，不断深化公路项目建设单位的考核评价工作，建立公路项目省级建设管理人才库，2011 年底前要将考核评价办法报部。

从 2012 年开始，各省级交通运输主管部门要对高速公路（含独立特大型桥梁、隧道）项目建设单位开展年度考核评价，评价结果计入公路建设市场信用评价体系,并于当年底前报部,确保公路项目建设单位考核评价工作取得实效。

(二十四)本意见自2011年10月1日起施行。原交通部2001年9月30日公布的《公路建设项目法人资格标准(试行)》(交公路发〔2001〕583号)同时废止。

关于印发“十二五”公路养护管理发展纲要的通知

交公路发〔2011〕505号　2011.9.14

各省、自治区、直辖市、新疆生产建设兵团、计划单列市交通运输厅(局、委),天津市市政公路管理局,天津市、上海市交通运输和港口管理局:

现将《“十二五”公路养护管理发展纲要》印发给你们,请认真贯彻执行。各地可结合实际,研究制定本地区“十二五”公路养护管理发展规划,并报部备案。

“十二五”公路养护管理发展纲要

交通运输部

二〇一一年九月

"十二五"时期(2011 年至 2015 年),是深入落实科学发展观、促进经济社会全面、协调、可持续发展的关键时期,是全面建设小康社会、积极构建社会主义和谐社会的重要时期,也是公路交通行业转变发展方式,推进"两型"和"低碳"交通发展,促进现代交通运输业发展的战略机遇期。为适应新的形势要求,促进全国公路养护管理事业又好又快发展,更好地服务于国民经济发展,服务于新农村建设,服务于群众安全便捷出行,特制定本纲要。

一、突显服务理念,"十一五"公路养护管理工作得到全面发展

1. 公路养护管理事业取得显著成绩。过去五年来,各级交通运输主管部门和公路管理机构深入贯彻科学发展观,牢固树立服务理念,以"更好地为公众服务"为价值观,在加快公路建设的同时,全面加强公路养护管理工作。

——公路网总体水平明显提高。以高速公路为骨架的干线公路网络基本形成,国省干线公路等级逐步提升,农村公路行车条件不断改善。截至 2010 年底,全国公路总里程突破 400 万公里,其中高速公路 7.4 万公里,二级及以上公路 44.7 万公里,国省干线公路中二级及以上公路比例达到 72%,国省干线公路水泥、沥青路面铺装率达到 94.9 %,乡镇公路通达率达到 99.9%,通畅率达到 96.6%,建制村通达率达到 99.2%,通畅率达到 81.7%。"十一五"期间,全国公路优良路率平均每年增长 1%。截至 2010 年底,全国高速公路优良路率达到 99.2%,国道优良路率达到 79%,省道优良路率达到 75%。

——干线公路养护管理更趋规范。"十一五"期间,各地进一步完善养护技术体系,修订了《公路养护技术规范》等规范,颁布实施了《公路桥梁养护管理工作制度》,同时加大养护资金投入,积极实施公路养护工程和路网结构改造工程,实施了桥梁安全隐患排查和治理专项行动。"十一五"期间,全国累计用于公路养护工程的资金约 8011 亿元,完成路网改建工程 55 万公里、公路大修工程 16.7 万公里、公路中修工程 36.4 万公里。同时还完成危桥改造 11296 座/87 万延米,完成了国省干线公路安保工程实施工

作并累计整治安全隐患路段36万处/12万公里，处治公路灾害路段10283公里。全国国省干线公路的技术状况和安全水平稳步提升。

——农村公路养护管理取得历史性突破。2005年底国务院办公厅印发了《农村公路管理养护体制改革方案》，各省市相继出台了具体实施意见，明确了农村公路养护主体与责任，建立健全了政府投入为主的农村公路养护资金渠道和以县为主的农村公路养护管理体制，农村公路养护管理工作得到逐步加强。截至2010年底，全国农村公路列养里程已经占农村公路总里程的94.3%，其中18个省市实现“有路必养”的目标。

——公路网公共服务水平稳步提升。“十一五”期间，建立了覆盖全国40万公里公路的路况信息报送系统并有效运行；公路与气象部门全面开展合作，共同加强公路气象预测预报和恶劣气象预警等工作；部分省市交通运输主管部门建立了公路公众出行信息服务系统，并通过多种方式向社会发布公路路况以及公路交通气象信息；建立了我国自有产权的电子不停车收费相关标准、规范和技术，进一步推广实施高速公路联网电子不停车收费系统。全国共27个省（区、市）实施了高速公路联网收费，组织开展了京津冀和长三角等区域ETC系统的应用示范工程。到“十一五”末，全国开通了2000多条ETC车道，ETC用户达到150万，高速公路通行效率明显提高。此外，修订了《道路交通标志和标线》和《公路交通标志和标线设置规范》等技术规范，组织完成了国家高速公路网命名编号与标志标牌更换工作。

——路网管理与应急保障能力进一步加强。“十一五”期间，有效应对处置南方低温雨雪冰冻灾害、汶川和玉树地震、舟曲泥石流灾害、北京奥运会和上海世博会交通保障，以及汛期防洪与冬季强降雪等一系列重大突发事件。进一步修订完善了《公路交通突发事件应急预案》，初步建立了部省应急会商机制，完善了应急信息报送等制度，探索建立高速公路跨区联动协调等应急运行机制。经国务院、中央军委同意，武警水电、交通部队纳入国家应急救援力量体系，初步建立了专兼结合的公路应急抢险保通队伍，定期组织开展警地联合公路应急演练。此外，部印发《全国公路网管理与应急处置平台体系建设指导意见》，各地启动了部省两级公路网管理与应急处置中心平台建设，现已实现部与17个省区市的公路视频数据接入共享。

——公路法制和路政管理工作得到加强。“十一五”期间，先后出台了《公路保护条例》、《收费公路权益转让办法》、《公路桥梁养护管理工作制度》等法规规章以及地方性的公路管理方面的法规和技术规范，公路法律法规和技术规范体系进一步完善。根据国务院的统一部署，会同公安等部门持续开展集中治超工作，严重违法超载超限运输现象得到有效遏制，建成一批设置规范、标识统一的治超检测站点，逐步推进治超信息系统联网。加强路政管理，完善并执行公路执法评议考核制度、执法责任制度和执法公示监督制度，实现全国所有公路基本无“三乱”目标。

——燃油税费改革平稳实施。2009年年初，国务院正式实施成品油价格与税费改革，提高成品油消费税税率，取消了公路养路费等六项交通规费，基本完成了44万多名改革涉及人员的安置工作。同时，逐步有序取消政府还贷二级公路收费，“十一五”期间全国18个省区市取消了政府还贷二级公路收费，撤销收费站1892个。

总体上，《“十一五”公路养护管理事业发展纲要》确定的主要任务基本完成，目标基本实现，全国公路养护管理事业健康发展，养护管理的基础性地位得到增强，公路服务水平得到改善，公路交通防灾抗灾和应急处置能力得到提高，公路行业的可持续发展能力得到提升，充分发挥了公路基础设施在国民经济中的基础性、服务性、先导性作用，为我国经济社会发展和人民安全便捷出行做出了重要贡献。

2. 公路养护管理存在的主要问题。与快速发展的公路建设和日益高涨的公众出行需求相比，我国公路养护管理工作仍然存在一些急需解决的问题，主要体现在以下五个方面。

——公路养护资金缺口进一步扩大。随着我国公路里程的不断增长、交通流量的快速增加以及公众需求的日益提高，公路养护管理任务越来越艰巨、资金需求越来越大。但是一些地方对公路养护的重要性认识依然不足，重建轻养、以建代养问题依然存在，导致公路养护投入不足。燃油税费改革后，普通公路建设、养护面临巨大的资金压力，农村公路养护资金严重短缺。

——路网结构有待完善。高速公路网络尚未形成，断头路依然存在；一些主要高速公路的通行能力不足且可替代路线少，部分重要省际通道相邻省区市的公路技术等级不匹配的问题突出，路网整体服务能力和通行保障水平不高，部分公路交通拥堵较为严重；少数普通国道干线公路技术等级低、通行能力不足、服务水平低。

——公路服务水平亟待提高。公路网尤其是普通公路的监控设施不够完善，公路数据库的动态更新机制和应用支撑体系尚未建立，路况信息采集和发布机制还需进一步完善，公路服务信息量少且更新不及时，特别是普通公路信息服务体系尚未建立，公路交通出行信息服务难以满足公众出行服务多样化和个性化的需求。高速公路服务区、收费站的服务功能与水平还有待提高。

——公路安全形势依然严峻。普通公路特别是农村公路的安全防护设施不够完善，部分公路安全设施标准偏低；重载货车和船舶压垮、撞毁桥梁的安全事件时有发生，桥梁安全形势依然十分严峻。公路基础设施的耐久性和抗灾能力还有待进一步提高。公路应急物资储备和保障能力依然不足，有效的公路跨区联动协调机制尚未建立，公路网管理与应急处置平台体系尚未形成。

——公路养护管理的基础支撑仍然薄弱。地方公路管理体制不适应公路网络化运行管理与应急处置需要的矛盾日益突出，公路养护管理标准规范体系有待完善，公路养护技术力量薄弱，特别是高速公路养护施工技术和工艺难以满足快速、安全、环保的要求。预防性养护技术体系和科学决策体系尚待完善。公路网运行监测与应急处置缺乏有效的技术手段，部分公路安全技术难题尚未得到彻底解决。

二、坚持科学发展，准确把握“十二五”公路养护管理发展方向

3. 公路养护管理面临新的形势与挑战。从养护任务角度看，“十二五”期间将迎来周期性的公路养护高峰期，加之公路交通流量特别是重载交通量的持续快速增长，公路将面临集中大修和改造的压力，养护任务极为艰巨；从资金保障角度看，“十二五”期间公路养护资金不足的矛盾更为突出，特别是政府还贷二级公路取消收费后，随着普通公路融资难度加大，公路养护资金缺口进一步加大，而燃油税费改革后，公路养护资金的拨付程序与管理方式发生了变化，这将对公路养护资金的使用规模和养护管理模式产生一定影响。从服务需求和安全保障角度看，随着汽车保有量的快速增长和机动化社会的快速到来，公众对公路交通出行服务的期望和要求不断高涨，交通拥堵和安全问题日益被高度关注并逐步成为社会问题。加之，随着全球气候变暖，极端恶劣天气不断增多，由此引发的重特大自然灾害及突发性事件日益增加，交通运输安全风险持续加大，这对公路交通安全应急保障能力和服务水平提出了更大的挑战。此外，我国已进入资源环境矛盾的凸显期，公路养护管理是建设资源节约、环境友好社会的重要领域。发展绿色养护，促进资源循环利用，有效保护和改善生态环境，日益成为一项紧迫、艰巨而又长期的任务。因此，“十二五”期间，公路养护管理工作，必须立足于“十二五”经济社会发展特别是中央转变经济发展方式的要求，适应新变化，满足新需求，不断提高路网的服务能力和水平，更好地管理和维护好公路基础设施网络，更好地为公众服务。

4. 公路养护管理急需转变发展方式，促进科学发展。牢固树立并继续贯彻“更好地为公众服务”的价值观念，和“公路建设是发展，养护管理也是发展，而且是可持续发展”的发展理念，努力转变公路养护管理发展方式，坚持“提升管理水平、推进科学养护、强化应急保障、确保优质服务”的方针，进一步夯实公路养护管理基础，全面加强公路养护管理，切实提高公路基础设施网络使用效率和服务水平,促进公路交通网络“更安全、更畅通、更便捷、更高效、更经济、更和谐”。

5.公路养护管理事业发展的基本原则。“十二五”公路养护与管理工作应遵循以下基本原则:

——以人为本。以公众出行需求为导向,强化公路综合服务体系和服务能力建设,始终把“更好地为公众服务”作为养护管理工作的出发点和落脚点,拓展服务内涵、丰富服务形式、提升服务品质。

——安全第一。把保障公众生命财产安全作为首要任务。健全标准体系,强化安全监管,消除安全隐患。完善应急管理体系,强化运行机制,加快队伍建设,提高公路安全和应急保障能力。

——养护优先。强化公路养护管理的基础性地位,建立稳定的养护资金渠道,加大养护投入,加强公路养护和保护,充分发挥现有公路基础设施的使用效率。

——依法治路。健全法律法规体系,明确公路养护管理的法律地位,提高执法人员素质,推进依法履职、依法行政,加大公路保护力度。创新管理手段,提高管理效能,降低管理成本,增强管理透明度。

——科技支撑。加大自主创新力度,完善技术体系,实现科学决策,推进公路养护管理的技术进步。强化环保意识,推行绿色养护,发展预防性养护、再生利用、安全监测等技术,提高养护管理的信息化、智能化水平,促进人、车、路、自然和谐发展。

——体制创新。本着“层级清晰、事权明确、权责一致、运转高效”的原则,深化公路管理体制改革,理顺事权关系,建立适应燃油税费改革需要和公路网管理特性的公路管理体制。

6.公路养护管理事业发展目标。

力争到2015年,全国公路的技术状况和网络结构明显改善,路网的整体服务水平和安全保障水平明显提高,路网的协调管理能力、通行保障能力、应急处置能力明显增强,公路养护和管理的标准规范体系初步形成,依法治路和管理水平明显提高,公路管理体制改革稳步推进，初步形成高质量工程、高品质服务、高效率监管、高科技支撑、高素质队伍的公路养护管理格局，逐步实现管理决策科学化、养护作业规范化、路网调度智能化、运营服务精细化、应急救援高效化、路政管理法治化的目标，确保公路养护管理工作总体适应经济社会发展和公众安全便捷出行服务的需要。主要发展指标如下：

——国道中二级及以上公路比重达到70%以上，消除国省干线公路中的断头路、等外路，同一省际通道相邻省区市公路技术等级基本匹配；

——国省干线公路水泥、沥青路面铺装率达到95%以上，总体技术状况MQI达到80以上；高速公路平均路面使用性能指数PQI大于90，国省干线公路（高速公路除外）平均PQI大于80，且PQI值小于70的比重下降至12%以内；

——国道平均运行速度达到60公里/小时；

——国省干线公路现有危桥改造率100%，当年新发现危桥处治率100%。基本完成县乡公路中桥及以上现有危桥改造任务。农村公路危桥数量呈逐年下降趋势；

——每年国省干线公路实施大、中修工程（含预防性养护）的里程比重不少于17%；

——全国公路养护废旧沥青路面材料循环利用率达到40%，国省干线公路废旧沥青路面材料循环利用率达到70%，高速公路废旧沥青路面材料循环利用率达到90%；

——基本建立覆盖国家高速公路和主要国省干线公路的路网管理与应急处置中心平台体系，各省级路网管理与应急处置中心平台基本建成并与部级平台联网互通。高速公路重点路段运行实时监测覆盖率达100%，东中部地区普通国省干线公路重要节点实时运行监测覆盖率达60%；

——全国范围内高速公路联网电子不停车收费（ETC）的平均覆盖率达到60%，建成ETC车道6000条以上，ETC用户超过500万个；

——现实一般灾害情况下公路应急救援2小时内到达，公路应急抢通24小时内完成；

——建成具备24小时内预报，6小时内预警的国省干线公路气象监测网络和预报预警服务体系。

三、以加强国省干线公路改造为重点，进一步提高路网通行能力

7. 进一步完善路网结构。推进国家高速公路建设，提高主要通道的通行能力和全国高速公路的网络化程度。全面实施国、省干线公路改造，提升干线公路技术等级、服务能力和水平。继续推进农村公路建设，完善农村公路基础设施，提高农村公路抗灾能力和安全水平，满足农民群众的基本出行需求。到2015年，基本形成路网结构趋于合理、区域差距明显缩小、城乡衔接更加顺畅的公路交通网络。

8. 重点实施国省干线公路改造工程。“十二五”期间每年安排一批国省干线公路重点路段进行综合改造，重点提高国省干线公路中的二级及以上公路的比重，加快拥堵和交通瓶颈路段的升级改造，完善公路指路标志以及交通标志标线，增设必要的爬坡道、休息区、便民服务点、应急救援点、出行信息采集与发布设施以及标准化、规范化的治超检测站点，加强路域环境综合治理、绿化美化和公路文化等建设，着力提升国省干线公路的技术等级、路况水平和服务能力。

9. 继续实施路网结构改造工程。以国省干线公路、重要县道、通客运班线、学生班车和旅游公路为重点，继续实施危桥改造工程和公路安保工程。加大国省干线公路灾害防治工程实施力度，基本完成国道、省道公路中抗灾能力明显不足路段的改造任务，力争同一路段灾害损毁重复发生率控制在5%以内。在自然灾害频发地区按每个县拥有两条抗灾能力较高公路的标准推广和实施“生命线”工程，提高公路网的抗灾能力。

四、以完善养护管理制度和规范体系为基础，进一步加大养护管理力度

10. 加快完善公路养护管理制度和规范体系。研究制订公路养护作业单位市场准入、招投标、公路技术状况监督、长大桥梁安全运营管理和监测等方面的管理制度，制修订公路养护工程管理办法、养护定额和标准规范，规范路况检测、养护施工作业流程，形成一套公路养护科学决策机制、规范化管理标准及技术指南。

11. 加大公路养护工程实施力度。结合国省干线公路改造、文明样板路创建和标准化美化工程（GBM）的实施，在全国组织开展以“畅、安、舒、美”为主题的公路养护示范工程创建活动。加大预防性养护力度，树立全寿命周期养护成本理念，制定适合我国国情的预防性养护指导政策、技术标准，探索形成一系列预防性养护技术，列出一定比例的专项资金，全面实施预防性养护。在保证公路日常养护的基础上，进一步加大公路养护工程资金投入，及时组织实施公路大、中修工程，保持公路设施良好的技术状况，确保路网的通行能力和服务水平。

12. 重点加强桥隧养护管理工作。严格执行《公路桥梁养护管理工作制度》，全面落实桥隧养护的技术政策和管理制度；加强长大桥隧安全运营管理，强化健康监测和实时监控系统建设，逐步建立部、省两级桥梁安全监管机制，部将对部分跨越大江大河及跨海通道等特大型桥梁、隧道进行重点监控，对结构状况和养护运营进行抽检。要以特大和大型桥梁、特殊结构桥梁、双曲拱桥、系杆拱桥以及有一定使用年限的老旧桥梁为重点，加强养护、巡查、检测和隐患排查等工作，并及时采取现场监管和交通管制等措施，确保桥梁安全。加大桥梁养护从业人员的培训力度，研究建立桥梁养护从业人员资格制度。

13. 全面加强农村公路养护。完善农村公路养护管理工作机制，继续推进农村公路养护管理体制改革，分清事权，分级管理。进一步完善指标体系和考核体系，落实农村公路养护责任主体。加大政府财政投入，建立长期稳定可靠的农村公路养护资金渠道，着力解决农村公路缺桥少涵、安全防护设施不足、危病桥数量多、抗灾能力弱等突出问题，实现农村公路“有路必养”目标。

14. 加强公路养护装备与能力建设。推进公路养护大道班建设，逐步为公路养护施工及作业人员配备必要的专业养护机械装备，以及专用的通勤车辆和安全防护设施等，不断改善基层养护单位和人员的生产、生活条件，保障养护施工作业人员的人身安全，同时提升基层养护单位和道班的专业化、机械化养护水平以及应急保障能力和公共服务能力。

15. 提高养护施工安全保障水平。严格执行《公路养护安全作业规程》，加强对公路特别是高速公路养护施工作业的现场监管，督促养护施工企业按规定设置明显的施工及安全警示标志，切实做好养护施工路段交通组织管理工作，保障施工作业现场安全和车辆有序通行。相关行业主管部门、公路管理机构及运营单位要加大监督检查和省际沟通协调工作力度，统筹安排省际间相邻路段以及同一通道不同公路的养护施工计划，避免集中进行养护作业施工造成交通堵塞。

五、以构建养护科学决策体系为依托，进一步提高养护科技水平

16. 推进公路养护科学决策。大力推进公路养护信息化建设，完善部省两级公路数据库，建立数据动态更新机制。全面推广路况快速检测、分析、决策支持成套技术，促进路面、桥梁、隧道等养护管理系统的普及与集成应用。完善公路养护科学决策制度，研究建立以路况水平、服务水平和资金需求、投资效益评估结果等因素为依据的公路养护决策机制，初步实现在最佳时间对最需要实施养护的路段，采取最恰当的养护措施，提高公路养护决策的科学化水平和养护资金使用效率。

17. 积极推进绿色养护。研究推广符合资源节约、节能减排的绿色养护技术。重点推广沥青路面再生和温拌、水泥路面就地利用、废旧轮胎橡胶利用等废旧路面材料的循环利用技术和施工工艺，着力解决路面耐久性不足导致的早期损坏、车辙、反射裂缝等常见病害，在养护施工作业中降低排放，减少对环境的影响。

18. 加强养护新技术的研发应用。大力开展养护新设备、新技术、新材料和新工艺的研究和应用，重点研发推广公路养护科学决策成套技术、公路和桥梁隐蔽工程检测技术、全寿命周期养护设计、高速公路快速养护施工技术、应急处置技术等,高度重视灌缝、挖补、水泥路面日常养护等技术和材料、设备的研发应用,着力提高全国公路养护整体技术水平。

六、以完善路网运行监测体系为抓手,进一步提高路网服务水平

19. 加快公路网监测与应急处置平台体系建设。基本建成部公路网监测与应急处置中心,全面推进省级公路网监测与应急处置中心示范工程建设和部省平台联网建设,形成信息互通、协同高效的公路网监测与应急处置平台体系,为路网运行监测、协调会商与指挥调度、公众出行服务和应急处置提供支撑。

20. 加强公路网运行监测体系建设。编印公路网运行监测和服务相关技术要求,结合公路建设与改造工程,重点加强高速公路和重要干线公路运行监控设施建设,合理设置公路运行监控与信息发布设施,形成完善的公路网运行信息监测网络,基本实现部对国家高速公路、国省干线公路重要路段、长大桥隧、大型互通式立交桥以及区域交通状态等的实时监控和信息发布。力争到"十二五"末初步实现国家高速公路和国省干线公路网络的可视、可测、可控。

21. 建立完善路网跨区联动协调机制。结合全国路网平台体系建设,通过推进路警联合办公、跨区定期会商等机制,实现高速公路和重要干线公路跨区域、跨部门的联动协调管理。选择条件成熟的路网区域,研究跨区域路网仿真决策和协调调度辅助支持系统。配合公安交通管理部门,加强对重要易堵路段进行现场监管和交通疏导,并采取措施实行综合治理,避免出现大范围严重堵车现象。

22. 全力做好公路出行服务工作。制订并实施公路服务标准规范和等级评定等制度,完善公路休息区、便民服务点等设施,进一步强化和规范高速公路及其收费站和服务区的经营管理行为,力争在"十二五"期间实现高速公路收费站和服务区24小时不间断服务。建立基本覆盖重要国省干线公路的交通广播网络及行业统一的出行信息服务平台，提供多渠道、全方位、立体化的综合出行信息服务，满足人民群众多样化、个性化的出行服务要求。

23. 全面开展公路气象预报服务工作。深入推进各地交通与气象部门的合作与会商，完善合作工作机制，促进两个部门的工作信息平台的联网共享，共同做好公路交通气象预测与预警工作。推进公路交通气象观测站建设，实现交通、气象观测站点和公路交通气象信息的集成共享。

七、以强化安全应急能力建设为基础，进一步提高应急处置水平

24. 进一步完善公路交通预案体系。按照部修订后的《公路交通突发事件应急预案》的要求，完善地方公路交通应急预案，重点是结合本地实际，制定针对自然灾害、事故灾难、公共卫生事件、社会安全事件的专项处置预案和针对重大桥梁、隧道等现场预案，着力提高预案的针对性和可操作性。力争到 2015 年，初步形成部、省、市、县四级公路交通应急预案体系。

25. 强化应急运行机制建设。进一步建立健全预测预警、应急处置和信息发布等应急运行机制。加强高速公路应急管理的多部门、跨区域协作，推动跨部门、跨区域的沟通与交流，建立预警信息快速通报与联动响应机制。定期组织开展公路交通应急演练，建立公路应急管理培训制度，进一步提高公路应急处置与保障能力。

26. 建立公路应急抢险保通队伍。在积极培育公路养护市场的同时，加快组建以地方公路管理机构现有力量为主体的不以盈利为目的的公路应急养护中心以及专业化的公路应急抢险保通队伍。充分发挥武警交通部队作为国家级公路应急抢险保通专业力量的优势，按照有关规定承担部分具有重要意义的国(边)防公路的养护保通以及重大突发事件的应急救援与处置工作。逐步落实重要的公路桥梁和隧道由武警部队守护。长大桥隧还应根据需要组建必要的专业化养护队伍，提高其应急处置与养护保障能力。

27. 推进公路交通应急物资储备体系建设。根据国省干线公路分布情况，按照"均衡分布、分片负责、有效衔接"的原则，重点建设国家区域性公路交通应急物资储备中心，配备必要的公路抢通物资和大型交通专用抢险装备、车辆及机械。充分利用公路养护施工企业的装备设施资源，统筹规划建设省级公路应急保障基地，基本建成包括地方公路交通部门和武警交通部队的公路交通应急物资储备体系。

28. 构建高速公路应急救助网络。以高速公路服务区为依托，以统一规范高速公路清障救援服务为重点，加快高速公路应急救援装备、队伍建设，会同公安、卫生、消防等相关部门，建立高速公路应急救援联动机制，逐步构建集运力集结、资源补给、医疗救助、车辆维修等功能于一体的高速公路应急救援体系。督促高速公路经营管理单位强化车辆救援服务工作，并根据需要在高速公路沿线统一布点和配置专业清障车辆和设备，依托路网管理与应急平台，建立健全高速公路车辆救援服务调度和指挥系统。

八、以完善收费公路政策为契机，进一步强化收费公路监管

29. 完善收费公路发展政策。按照国务院的统一部署，继续逐步取消政府还贷二级公路收费，进一步控制收费公路总规模和收费站点数量。结合收费公路专项清理，全面取消超期及不合理收费等现象，促进现有收费公路全面规范并符合《收费公路管理条例》的规定。同时修订《收费公路管理条例》，进一步完善收费公路发展政策，建立严格的收费公路监管机制，细化并完善收费公路"统贷统还"制度，积极探索高速公路与普通公路统筹发展的新机制，逐步形成以高速公路为主体的收费公路体系和以普通公路为主体的非收费公路体系，建立更加合理的收费年限和通行费标准调整机制，推动收费公路政策的可持续发展。

30. 强化并规范高速公路运营管理。研究制订高速公路服务规范，重点强化行业主管部门对经营性高速公路的政府监管，督促其认真履行公路养护、提供良好服务和相关信息报送等义务。建立实施高速公路服务区服务质量评定制度，确保服务质量与水平。研究实施提升高速公路通行效率、减少交通拥堵的工作机制，进一步强化高速公路综合服务水平和网络化监管与服务能力。

31. 推进高速公路联网电子不停车收费(ETC)。按照国家节能减排等有关要求,通过政府引导、政策优惠、经济补助等方式,在全国范围内推广 ETC 系统,逐步扩大 ETC 车道的覆盖率,培育并扩大 ETC 用户规模,扩大客服网点覆盖面,形成全国统一的 ETC 服务网点体系和分级管理的收费结算体系。力争到 2015 年,全国基本实现省内高速公路联网收费,收费公路非现金支付使用率达到 40%。

32. 继续落实鲜活农产品运输“绿色通道”政策。确保鲜活农产品运输“绿色通道”网络畅通,落实所有收费公路对整车合法装载鲜活农产品运输车辆免收车辆通行费等优惠政策。依法加大检查工作力度,充分利用高科技手段和设备,提高检测效率和鲜活农产品运输车辆的通行效率,严厉打击假冒行为。同时研究并积极争取相关补偿政策,确保鲜活农产品运输“绿色通道”政策长期有序贯彻落实。

九、以贯彻落实公路保护条例为重点,进一步提高路政管理水平

33. 进一步完善公路法规体系。全面贯彻落实《公路安全保护条例》,尽快出台《超限运输车辆行驶公路管理规定》、《公路超限检测站管理办法》等配套规章。推进《收费公路管理条例》修订工作。研究启动《高速公路条例》立法工作。同时加大地方性公路法规的立法工作力度。到“十二五”末,基本形成由国家和行业法律、法规和地方性法规、规章共同构成的相对完善的公路法规体系。

34. 建立和完善治超长效机制。继续坚持部门联动和区域联动,实行路面执法与源头监管并重,继续开展违法超限超载治理工作。深化落实治超工作责任追究制度,强化源头治理力度,综合利用行政、经济、技术等手段,进一步建立健全治超工作长效机制,巩固治超成果,防止反弹。基本完成治超监控网络建设,逐步推广治超信息管理系统和高速公路不停车检测系统,确保治超检测站标识统一、设备完备、管理规范、信息共享。

35. 加强公路路政管理工作。以贯彻《公路安全保护条例》为契机，有针对性地开展路政管理文明创建活动，强化路域环境治理，促进公路与周边环境的和谐与适应。加大公路保护与宣传力度，增强社会公众的爱路护路意识。逐步推行网上办理行政许可、跨省大件运输联合审批、首问负责制、高速公路救援、公路养护作业现场秩序维持和交通疏导等服务措施。逐步提高路政管理设施与装备水平，创新路政管理手段，加快路政管理信息化进程，切实提高路政管理决策科学化水平。同时，推进路政管理与公路养护的有机衔接与工作融合，探索高速公路路政管理和公路超限检测站管理工作由公路管理机构统筹管理的模式。

36. 加强公路路政队伍规范化建设。依法实施行政许可、行政处罚、行政强制等行政执法行为，加强对执法行为的监督检查，建立公路执法考核监督机制。利用科技手段推行非现场执法，并实现罚缴分离。推进文明执法、规范执法，力争在“十二五”期间路政案件查处率达到90%以上，杜绝公路“三乱”现象。统一规范执法人员外观形象和基层站所标志标识，优化服务环境。到2015年，基本建立一支素质高、业务强、纪律严、作风硬、反应快的路政执法队伍。

十、积极争取政策支持，为实现“十二五”规划目标提供有力保障

37. 体制保障方面。结合国家事业单位改革以及成品油价格与税费改革，加快推进地方公路管理体制改革，研究建立“层级清晰、集中统一、事权明确、权责一致、运转高效”的地方公路管理体制，强化部对国道的监管和投资力度，推进国道、省道由省级交通运输主管部门和公路管理机构统筹管理的格局；本着“多元化投资、一元化管理”的原则和方向，理顺高速公路管理体制，实现各省级辖区内高速公路的网络化运营、收费和管理模式，依法强化省级交通运输主管部门对本辖区高速公路的监管职责。坚持农村公路由县、乡人民政府为主的管理体制，进一步深化落实农村公路管理养护体制改革，全面推进农村公路管理养护责任主体、资金、机构“三落实”。

38.资金保障方面。建立稳定的公路养护资金来源渠道。继续贯彻落实成品油价格与税费改革,出台符合行业发展特点的规范化的地方公路养护经费使用与管理办法,全力保障公路日常养护和大中修工程的资金需求,继续安排专项资金支持危桥改造、安保工程、灾害防治工程等路网改造工程。落实《国务院办公厅转发发展改革委财政部交通运输部关于进一步完善投融资政策促进普通公路持续健康发展若干意见的通知》(国办发〔2011〕22号)中“成品油消费税替代原公路养路费的专项资金原则上全额用于普通公路的养护管理,不得用于收费公路建设;中央取消政府还贷二级收费路专项补助资金在债务偿还完毕后,全额用于普通公路养护管理和建设”的有关政策。同时,加强资金监管,规范资金使用。

39.科技保障方面。进一步加大公路养护新技术的研发应用力度。根据我国实际,推动科技创新,通过开发、引进和消化吸收先进成熟的新技术、新工艺、新材料、新设备、新方法,逐步提高科技进步对公路养护发展的推动作用。充分应用信息技术,结合现有的路面、桥梁管理评价信息平台,科学分析公路及桥梁技术状况,科学制订预防性养护计划,为实现公路养护科学决策提供有力的技术支撑。同时,进一步加强路网管理、收费公路管理、路政管理、治超等业务系统的推广和应用。研究部省路网管理与应急处置的关键技术和跨区域路网仿真决策支持系统,推广路政巡查监控等信息系统,进一步提升公路养护、管理与服务的技术水平。

40.人才保障方面。完善教育培训机制,推进公路养护管理、路网运营管理人才培养实训基地建设,通过多种方式引进专业人才。严格职业资格认证,全面实施桥梁养护工程师制度,依托大专院校和科研院所以及重大科研项目与开展国际合作等方式,全面加强公路职工的教育与培训,重点加快公路养护、运营管理、收费服务、监控、路况信息采集与报送等紧缺的技能型人才的培养,造就一支素质高、业务精、风气正的路政执法队伍和养护施工队伍。

全面开展公路行业文化建设工作，继续塑造并展现服务人民、奉献社会的行业风貌，形成普遍认同的公路行业核心价值观和行业文明，增强公路职工的行业使命感、责任感和自豪感，展现新的时代精神与行业风采。

关于进一步加强公路勘察设计工作的若干意见

交公路发〔2011〕504 号　2011.9.15

各省、自治区、直辖市、新疆生产建设兵团交通运输厅(局、委),天津市市政公路管理局:

勘察设计是工程建设的前提和基础,是工程建设的灵魂。公路工程勘察设计工作的质量,直接影响公路的使用功能和寿命、环境保护、行车安全和工程造价等。近年来,各级交通运输主管部门和公路建设从业单位,认真贯彻国家有关法律、法规和建设程序,全面落实科学发展观,按照公路勘察设计新理念的要求,积极引进和开发应用新技术,大胆创新,勇于实践,有力地促进了公路勘察设计水平的提高,为公路建设又好又快发展提供了可靠保证。但是近年来一些工程存在勘察设计周期不合理、地质勘察工作量不足、地质勘察与设计脱节、项目总体协调不力等问题,导致工程变更增多,有的甚至影响到工程质量和安全。为保证工程质量和安全,控制工程造价,切实提高公路勘察设计水平,现就进一步加强公路勘察设计工作,提出如下意见:

一、总结经验,进一步创新提升公路勘察设计理念

先进的理念是引领公路建设又好又快发展的前提。自 2004 年部提出"六个坚持六个树立"的公路勘察设计新理念以来,各地结合本地区实际,深入贯彻落实公路勘察设计新理念,建设了一批安全、环保、舒适、耐久、经济的优质公路工程。面对当前公路建设的新形势,按照部提出的加快转变发展方式,推行现代工程管理,加快发展现代交通运输业的新要求,公路勘察设计工作更要不断总结经验,进一步创新提升公路勘察设计理念。

(一)贯彻“以人为本,安全至上”理念,进一步提升公路安全水平。

公路是人民群众安全、便捷出行的重要基础设施。作为工程建设的基础,勘察设计始终要将“以人为本,安全至上”的理念贯穿于设计的全过程。要认真落实“地形地质选线”和“安全选线”原则,掌握地质状况,对不良地质灾害体要尽量予以绕避,做好路线方案比选工作;因地制宜,合理采用技术指标,优化平纵面设计,尽量避免出现长大纵坡和高填深挖。同时,对交通工程及沿线设施要加强其针对性设计。对特殊复杂桥梁隧道工程,要认真组织开展公路桥梁和隧道工程安全风险评估工作,确保结构安全可靠、技术经济合理。针对当前气候异常、水灾频发的情况,要高度重视公路沿线气象、水文、地质等建设条件的调查工作,加强防护工程设计,进一步提高公路基础设施的防灾抗灾能力,尽最大努力减少公路的水损坏,确保公路“生命线”的畅通和安全。

(二)贯彻“生态环保、资源节约”理念,促进公路交通可持续发展。

生态环境是人类生存和发展的基本条件,是经济和社会发展的基础。为此,在设计中特别是在选取路线方案时要认真贯彻“生态环保选线”的原则,在满足规范标准的前提下,使路线尽量与地形相拟合,路基尽可能避免高填深挖,隧道尽可能实现“零开挖进洞”,以减少对自然生态环境的破坏。路线在经过水源地保护区、风景名胜区、自然保护区、水土保持敏感区等区域时,要做好环境影响、水土保持评价工作,采取避让和保护措施。

资源是人类生存发展的物质基础,也是可持续发展的重要保证,特别是土地更是关系国计民生的重要战略资源,耕地是百姓赖以生存的基础。我国土地资源十分紧缺,珍惜保护耕地是基本国策。为此,一是在设计中应当统筹利用线位资源,将减少土地占用、减少矿产资源压覆作为路线方案选择和优化的重要指标,合理确定建设规模和方案,提高土地的集约利用程度,减少对土地的分割,尽可能不占或少占耕地,合理设置取弃土场,尽量复耕还田。

二是按照发展循环和低碳经济的要求,在沿线房屋设施、隧道照明等供配电设计中,积极推广利用风能、太阳能、地热等清洁能源和节能设备;在养护维修和改扩建项目设计中,积极采用沥青、水泥混凝土路面再生利用技术等,以节约利用资源。

(三)贯彻"全寿命周期成本"理念,合理控制公路建设成本。

树立全寿命周期成本的理念,就是要从项目生命周期全过程去看待成本,既要注重项目初期的建设成本,也要注重后期的维修和养护成本。为此,一是要把提高建设质量和工程耐久性放在首位,确定符合实际需要和经济能力的工程建设方案,同时要避免贪大求洋,更不能未经批准擅自提高标准、扩大建设规模;二是要把严格控制工程投资作为约束性目标,始终贯穿到项目设计、建设的各个环节,在精心设计、优化设计上下工夫,合理确定投资规模,有效控制建设成本;三是要及时吸收养护和运营管理中的好经验好做法,尽可能减少后期维护费用,延长使用寿命;通过这些措施以及提高技术含量,用好建设资金,以达到最佳的技术经济效益。

二、进一步加强地质勘察与外业调查工作,确保基础资料全面、实用、可信

外业勘察资料尤其是地质勘察资料是设计的基础和依据,直接影响工程方案的确定。为此,要进一步加强地质勘察和外业调查工作,确保基础资料全面、实用、可信。一是勘察设计单位应根据相关技术标准规范的要求,针对项目区域地形地质特点及工程建设需要,提出外业勘察特别是地质勘察的工作量、勘察重点及勘察费用,编制外业勘察与地质勘察指导书,并报项目建设管理单位批准。经批准的指导书,建设管理单位应报省级交通运输主管部门备案,以便项目建设管理单位、交通运输主管部门监督检查,确保外业勘察工作保质、保量、规范进行。今后,凡是由于勘察设计单位未完成地质勘察指导书所确定的工作量、或项目建设管理单位把关不严而引发重大、较大设计变更的,交通运输主管部门不予确认,并追究相关单位的责任。二是外业勘察验收工作是开展设计工作的基本要求和条件。为此,项目建设管理单位或交通运输主管部门,要组织有关单位和专家认真做好外业勘察验收,特别是地质勘察专项验收工作。今后,凡是勘察工作量没有完成、深度不足的,不得组织验收,验收不合格的不得开展内业设计工作。

三、明确各方责任,加强总体设计

总体设计是勘察设计的总纲,既要体现公路使用功能、质量、安全、环保、节约的基本要求,又要处理好主体工程与附属工程、各专业之间的衔接与协调配合,是一项系统工程。为此,在勘察设计阶段务必要加强总体设计工作,以保证设计成果的完整性、合理性、统一性。一是对于有多个勘察设计单位参与的建设项目,项目建设管理单位首先要确定综合实力强、技术水平高的设计单位作为总体设计单位;其次要做好对总体勘察设计大纲和事先指导书的审查确认,并督促各参与设计单位严格执行;同时,要及时协调解决总体设计过程中遇到的问题,对总体勘察设计大纲和事先指导书执行不力的单位要提出整改要求。二是总体设计单位要组织参与设计的单位编制总体勘察设计大纲和事先指导书,报项目建设管理单位审查确认后执行。同时,要做好各工程专业间的相互协调及合理衔接,杜绝总体设计只是“简单汇总”的倾向。三是各参与设计单位要严格按照批准的总体勘察设计大纲和事先指导书的要求,认真做好各自承担的设计任务,积极配合总体设计单位做好总体设计工作。四是省级交通运输主管部门进行设计文件预审或审查时,要将总体设计作为审查的重点认真加以审查。对总体设计不到位、设计原则不统一,总体设计只做“简单汇总”的,应责令改正。今后,对报部的设计文件,部将把总体设计作为初步设计文件的审查内容,对不符合要求的将予以退回重新补充完善。

四、强化过程管理,提高勘察设计质量

加强设计工作过程的管理是保证设计质量的必要手段。为此,设计单位要进一步加强勘察设计过程的管理和控制。一是设计单位要建立健全内部质量保证体系,严格按照设计质量管理流程开展勘察设计,依据通过验收的外业勘察资料和地质勘察资料进行内业设计。二是项目建设管理单位要给勘察设计单位一个合理的勘察设计周期，以保证设计质量。今后，除平原区等地形地质条件相对简单的项目外，初步设计有效工作周期一般不少于120个工作日，施工图设计有效工作周期不少于180个工作日；对地形、地质条件及工程方案复杂的项目，设计周期根据实际情况相应增加。三是省级交通运输主管部门进行初步设计预审、审查工作时，要将设计是否充分应用外业勘察成果资料纳入审查范围。凡是设计文件未利用外业勘察资料或结合不紧密的，要一律退回重做，以杜绝外业勘察与内业设计严重脱节问题的再次发生。四是加强施工图设计审查工作。省级交通运输主管部门进行施工图设计审查时，要将初步设计批复意见和审查咨询意见落实情况作为审查的重点予以严格核查。今后，凡是施工图设计未执行初步设计批复意见且无合理理由，造成重大、较大设计变更且由此增加投资的，应依法追究相关单位及人员的责任，增加的投资不得纳入工程决算。五是要大力推行设计标准化。对桥梁上下部结构、路基路面、交通工程设施等成熟的技术、成功的经验和典型结构，各地要认真加以总结，并结合实际，研究制订标准图，促进设计施工标准化，以提高设计施工质量和效率。六是要加强建设过程中设计与施工的密切配合衔接。路基边坡开挖后，设计单位要根据实际地质情况，优化边坡坡率、边坡防护、绿化与排水方案；隧道进洞后，要根据围岩实际等级，细化衬砌方案等，认真做好后续服务和动态设计。

五、健全设计变更管理制度，规范设计变更管理

加强设计变更管理工作是完善设计、提高建设质量、预防腐败的重要手段。各级交通运输主管部门应按照《公路工程设计变更管理办法》(交通部令2005年第5号)的要求，健全完善设计变更管理制度，进一步规范设计变更管理工作。一是要严格执行设计变更审查审批程序。对重大、较大设计变更要组织专家进行研究论证，报经原设计批复部门审查批准后方可实施。二是要明确设计变更审批时限。对一般设计变更的审批，项目建设管理单位要在5～10个工作日内办结；对较大、重大设计变更的审批，相关交通运输主管部门应在接到申请之日起10个工作日内完成符合性审查,并出具予以受理或不予受理的书面意见,对于予以受理的还要告知批复的时限。三是要严格控制投资。对未经审查批准的设计变更,费用不得纳入决算。四是要建立健全工程设计变更台账。项目建设管理单位要建立设计变更管理台账,定期汇总设计变更情况。相关交通运输主管部门要随机抽查、定期检查,实施动态监管。五是对重大、较大设计变更审批要实行“阳光化”操作。要将设计变更审批情况向社会公开,接受建设各方和社会的监督,防止出现不合理变更和腐败现象的发生。

六、加强工程科研项目管理,提高公路建设技术水平

结合工程项目实施,开展科技攻关是推动工程技术进步,提高工程建设科技含量和技术水平的重要手段。因此,要进一步重视和加强工程科研项目的管理。一是要结合工程项目特点、技术难点,有针对性地确定工程科研项目,以解决工程技术难题,确保工程顺利实施。二是要严格执行工程科研项目申报和审查程序。今后,对拟列入工程投资规模的科研项目,要按照有关要求,严格筛选,阳光操作,并将科研项目清单、背景、内容等形成专题报告随初步设计文件一起上报。初步设计审批部门对其要进行认真审查,严格把关,以保证科研的针对性和实用性,避免为科研而科研、重复研究、研用脱节。三是要加强科研项目的管理。研究项目实施过程中,相关交通运输主管部门要加强跟踪和指导。研究项目完成后,省级交通运输主管部门要及时组织验收,对部批复项目中的研究项目,部公路局将派人参加验收。对于通过验收的研究项目,省级交通运输主管部门要将研究成果和研究报告报部公路局备案,以便加以推广应用,提高研究成果的使用效益,促进行业技术进步。

七、建立设计单位信用管理制度,规范勘察设计市场

为促进设计单位进一步加强内部管理,重视设计质量,提升设计水平,各省(区、市)交通运输主管部门应按照部《关于建立公路建设市场信用体系的指导意见》以及开展勘察设计企业信用管理的总体工作部署，加快建立设计单位信用管理制度步伐。一是要尽快建立勘察设计企业信用信息库，实现设计企业的信息公开。二是要按照统一部署，开展勘察设计企业信用评价，并将评价结果作为设计单位资质管理、招标评标、评优评奖工作等的重要依据。三是对有严重不良记录的勘察设计单位，要公开曝光，一年内不得承揽新的设计任务。

勘察设计是保证工程质量和安全的基础，各级交通运输主管部门和有关单位，要认真按本意见要求，结合本地实际，严格管理，落实责任，进一步提高勘察设计质量，促进公路建设又好又快发展。

关于进一步加强车辆违法超限超载治理工作的通知

交公路发〔2011〕577 号　2011.10.12

各省、自治区、直辖市人民政府，新疆生产建设兵团：

《国务院办公厅关于加强车辆超限超载治理工作的通知》（国办发〔2005〕30 号）印发以来，全国的车辆超限超载治理（以下简称“治超”）工作取得了较为明显的成效，道路交通事故有所下降，公路、桥梁等基础设施得到有效保护。但最近一个时期以来，一些地方治超工作力度有所减弱，部分地区和局部路段严重违法超限超载运输现象出现反弹，导致连续发生多起违法超限超载车辆压垮桥梁、造成人员伤亡等安全事故，引起社会各界的高度关注。为进一步加强车辆违法超限超载治理工作，经国务院同意，现就有关事项通知如下：

一、进一步加强对治超工作的组织领导

各地区要从以人为本、关爱生命、遏制重大安全事故、维护社会和谐稳定的高度，充分认识加强治超工作的重要性和复杂性，认真学习和借鉴山西省治超工作经验，全面贯彻落实《公路安全保护条例》（国务院令第 593 号）、国务院第 165 次常务会议、《国务院安委会关于认真贯彻落实国务院第 165 次常务会议精神进一步加强安全生产工作的通知》（安委明电〔2011〕8 号）和国务院领导同志有关批示精神，充分发挥各地现有治超工作领导机构的协调作用，在省级治超工作领导小组的统一领导下，坚持“政府主抓、部门联动”的原则，结合安全隐患排查工作，抓紧研究制订进一步加强车辆违法超限超载治理工作的具体实施方案，按照“标本兼治、治本为主”的原则，精心策划，周密部署，突出重点，加强协作，集中力量，加大治超工作力度，防范和遏制重特大事故特别是桥梁垮塌事故发生，切实维护人民群众生命财产及公路基础设施安全。

二、加大货运车辆生产及改装监管工作力度

各地区工业和信息化、质检部门要对本辖区内的车辆生产企业以及车辆产品进行针对性的审核和排查。发现车辆生产企业未按照《道路车辆外廓尺寸、轴荷及质量限值》(GB 1589—2004)等有关规定生产车辆的，要督促企业整改，依法要求认证机构暂停或撤销车辆强制性认证证书，责令生产企业召回超标车辆，并依法予以处罚。工商部门要会同有关部门，加强对本辖区内的机动车改装企业检查和监管，对从事非法改装、拼装车辆的企业，要坚决依法查处。对查获的非法改装、拼装车辆以及超长超宽的商品车运输车辆，有关部门要在政府统一领导下，按规定予以纠正或拆解。

三、加强对重点货物运输装载源头单位监管工作

各地区交通运输部门要会同有关部门，集中组织开展货运源头治超监管工作。要在对本地区重点货运源头单位全面梳理和排查的基础上，研究提出重点货运源头单位名单及其治超责任考核管理办法，报请省级人民政府批准后实施，并争取在今年年底前公布一批重点监管的货运源头单位。道路运输管理部门要加大货运源头治超投入力度，强化货运源头派驻、巡查等措施，切实防止违法超限超载运输车辆出厂(站、矿)上路。对货运源头单位特别是重点货运源头单位违反相关规定，纵容或允许违法超限超载运输车辆出厂(站、矿)上路行驶的，要严格按照《公路安全保护条例》等有关法律法规进行处理。

四、着力加强货运车辆查验审核工作

各地区公安机关交通管理部门要加强对货运车辆的查验工作。对不符合国家有关标准、与《车辆生产企业及产品公告》(以下简称《公告》)或车辆强制性认证一致性证书不一致的车辆，要严格按照有关规定处理。发现生产(改装)企业生产的车辆不符合国家有关标准、与《公告》或车辆强制性认证一致性证书不一致的，公安机关交通管理部门要将相关情况及时通报工业和信息化、质检部门，由质检部门依法处理。各地区交通运输部门要加强货运市场准入审核，规范货运市场经营行为。要坚决杜绝非法生产、改装及不符合《道路车辆外廓尺寸、轴荷及质量限制》(GB 1589—2004)等国家有关标准、不符合规定用途的车辆进入道路货运市场。已进入运输市场的，要限期纠正。各地区公安机关交通管理和质检部门要加强对机动车安全技术检验机构的监管，对出具虚假检验结果以及未按国家机动车安全技术检验标准检验货运车辆的，要依法依规严格处理。构成犯罪的，要依法追究刑事责任。

五、强化信息共享和监管处罚

各省级交通运输部门要采取有效措施，加快推进本地区治超检测站点的信息系统联网工作，加快推进本地区治超管理信息系统与运政管理信息系统以及公安交通管理信息系统的数据交换与共享，特别是要及时交换违法超限超载运输车辆的有关信息，促进路面执法与源头监管的相互衔接、密切配合和联防联治。各地区交通运输部门要严格按照有关规定，对违法超限运输的货运车辆、驾驶人和道路运输企业，严格实施吊销车辆营运证和道路运输经营许可证等处罚。

六、加强路面治超执法工作

地方各级交通运输、公安机关交通管理部门要切实加大投入，进一步完善路面治超执法协作机制，以固定超限检测站为依托，以车货总重超过55吨的违法超限超载运输车辆和特大桥梁为重点，切实加大货车检测和执法检查工作力度。要严格按照《道路车辆外廓尺寸、轴荷及质量限值》(GB 1589—2004)国家强制性标准和超限超载认定标准，严肃查处违法超限超载运输车辆。对违法超限超载运输的车辆，要严格按照有关规定，责令并监督违法行为人采取卸载、分装等改正措施，及时纠正违法状态。对违法超限超载运输车辆绕行较多的路段，要根据需要加大流动检测力度。对违法超限超载运输严重的省际交界地区和路段，相关省份要加强区域协作，共同组织开展有针对性的联合整治活动，协同打击和遏止违法超限超载运输行为。对货运机动车超载的，公安机关交通管理部门要严格按照《中华人民共和国道路交通安全法》的有关规定予以处罚，并严格执行违法记分制度；对累积记分超过规定限值的驾驶人，要按照《道路交通安全法实施条例》（国务院令第405号）的有关规定处理。

七、全面加强公路桥梁安全监管工作

地方各级交通运输部门要以各类公路桥梁特别是普通公路上的大型以上桥梁为重点，采取多种措施，切实加强安全巡查和车辆通行现场监管。对技术状况为四类、五类的桥梁，要责成桥梁管养单位立即进行安全隐患整治。短期内难以整治的，要及时增置相关提示及警示标志，并按照规定程序采取限载通行或限行、禁行等措施。对实施交通管制的路段和桥梁，公安机关交通管理部门要加强现场监管，维护车辆通行秩序。各地交通运输部门要积极会同公安机关交通管理和安全监管部门，以客、货运交通流量密集的路段为重点，开展道路安全隐患排查治理工作。对于连续下坡、急弯陡坡等特殊路段，要结合公路安全保障工程的实施，完善限载、限速以及提示警示等标志，并通过设置减速带、安全护栏、紧急避险车道、货车爬坡道等措施，改善公路通行条件，预防重特大交通事故的发生。

八、加强治超工作监督检查

地方各级交通运输和公安机关交通管理部门要结合本地区实际，加强对重点地区和路段的督导检查。对治超执法人员违反规定执法或徇私舞弊的，要严肃追究相关单位和人员的责任；对货运车辆拒检逃逸、聚众闯卡、故意滞留阻塞交通、"车托"带车绕行逃避检测等严重影响和破坏治超工作秩序的，要组织力量开展专项整治，切实维护正常治超工作秩序。地方各级安全监管部门要会同有关部门，对因违法超限超载运输发生的事故进行调查处理，依法追究相关地方政府、单位和人员的责任。对治超工作不力、违法超限超载运输未能得到有效遏止的省份，交通运输部将予以通报，必要时，还将实行公路交通建设项目限批。

九、进一步完善治超工作长效机制

各地区要进一步完善有关政策法规和技术标准，加强运输市场准入管理，提高市场准入条件，对货运车辆实施总量调控，促进货运企业规模化、网络化发展。要积极采取优惠政策，扶持、推动发展甩挂运输和厢式运输，促进货运车型标准化。高速公路以及有条件的特大和大型桥梁，要根据实际情况和需要逐步在其入口处配置称重检测设备，加强货运车辆检测，并采取入口执法劝返、动态预检预警等措施，防止违法超限超载运输车辆进路上桥行驶。要充分利用科技手段加强治超工作，实施好"重点货运车辆运输过程监控管理服务"示范及推广工程，建设道路货运车辆公共安全监管与服务系统，切实加强货车的动态监管。

十、加强治超工作政策措施宣传

各地区要采取多种方式，全面加强治超法律法规和政策措施宣传及对相关从业人员的教育培训，组织典型宣传报道，努力提高道路货运从业人员的安全意识、责任意识和法制意识，引导相关企业和人员按章装载、合法运输。要积极学习和借鉴先进地区的治超工作经验，不断完善本地区治超工作机制和法规体系。对治理过程中有效的经验和做法，要采取多种形式，及时进行宣传和推广，推动治超工作深入有效开展。

关于“十二五”农村公路建设的指导意见

交公路发〔2011〕723 号　2011.12.5

各省、自治区、直辖市、新疆生产建设兵团交通运输厅(局、委),天津市市政公路管理局:

为加强“十二五”时期全国农村公路建设工作,进一步提升建设能力和发展质量,更好服务于农村经济社会发展,根据《交通运输“十二五”发展规划》,现对“十二五”时期全国农村公路建设提出如下指导意见。

一、重要意义

农村公路是广大农村地区生产生活的先导性、基础性、服务性设施,是我国公路网的主要组成部分。经过“十一五”时期的快速发展,我国农村公路总量不断攀升,结构持续优化,管理不断加强,服务能力显著提升,在农村经济社会发展中发挥了重要支撑作用。但同时,也存在发展不均衡、附属设施不完善、建设能力和管理水平亟待提升等问题。“十二五”时期国家将推进农业现代化,加快社会主义新农村建设,对农村公路交通基础设施提出了新要求。加强“十二五”时期农村公路建设,提高建设管理能力,既是农村公路转变发展方式、实现又好又快发展的客观要求,也是交通运输行业支持农业现代化、加快社会主义新农村建设的重要举措。

二、指导思想、基本原则、发展目标和建设重点

(一)指导思想

深入贯彻落实科学发展观,服务于农民群众便捷出行,服务于农村经济社会发展。按照“扩大成果、完善设施、提升能力、统筹城乡”的基本要求,深化前期工作,提升建设能力,消除薄弱环节,提高发展质量,构筑安全、耐久、便捷、畅通的农村公路网络。

（二）基本原则

——坚持政府主导，社会参与。强化地方政府在农村公路建设中的主体地位和导向作用，健全农村公路作为政府公共服务的工作运行机制和责任考核体系，加大公共财政投入。鼓励引导全社会参与，调动激发农民群众的积极性和创造力，继续保持和营造有利于农村公路发展的社会环境。

——坚持统筹兼顾，协调发展。统筹区域发展，资金、政策向薄弱地区倾斜，缩小地区差别。统筹城乡发展，路网形成与城乡辐射功能相结合，加快城乡交通一体化进程。健全农村公路协调发展机制，在协调中促发展，在发展中促协调。

——坚持以人为本，惠及民生。加快构筑结构合理、功能完善的农村公路网络，提供安全、耐久、便捷、畅通的农村交通保障条件，为广大农村地区提供更广泛、更完善的公路交通服务。加大安全设施投入，改善安全状况，让人民群众走上安全路、放心路。

——坚持实事求是，因地制宜。合理制订发展目标，既立足实际，避免资源浪费，又坚持适度超前，满足农村经济社会快速发展的需要。综合考虑当地经济社会需求和路网功能定位，因地制宜确定发展目标、路网规模、建设重点、技术标准，坚持发展与财力相统筹、速度与能力相匹配、需求与民意相结合。

——坚持深化改革，探索创新。探索完善适应新时期农村发展的公路建设模式，着力健全符合农村公路特点的质量保证体系和建设管理机制，完善有利于提高发展质量和培育建设能力的政策措施，努力提高工程实体质量和管理能力。注重典型示范，注重经验总结，以深化改革调整完善制度，以制度创新解决各种矛盾和问题。

（三）发展目标

——提高通达深度和通畅程度，增强网络覆盖能力。到“十二五”末，农村通行条件明显改善，服务能力显著增强，基本形成结构合理、功能完善、安全便捷的农村公路网络，农村公路总里程达到390万公里。

——提高建设管理能力，改善工程质量状况。到“十二五”末，农村公路建设体制更加完善，管理措施更加规范，制度体系更加健全，使用政府投资的农村公路项目质量监督覆盖率达到100%，工程实体总体合格率稳定在95%以上，县道、乡道建设项目优良率稳定在85%以上。

（四）建设重点

——西部地区重点实施以乡（镇）、建制村通沥青（水泥）路的通达、通畅工程。

——东中部地区重点实施县道、乡道改造和县、乡、村连通工程。

——实施危桥改造和渡改桥工程，基本完成县道、乡道中桥及以上现有危桥改造，在此基础上启动村道中桥及以上危桥改造工程。

——完善安全保障等附属设施，改善安全运行状况。

三、政策措施

（一）注重源头管理，优化前期工作

1. 科学编制和实施规划。农村公路区域规划编制应综合考虑国土资源的有效开发和当地山、水、林、田的综合治理，根据对农村经济社会发展的重要程度、资金供给、交通需求等因素，区分重点地区、一般地区，合理确定规划目标和数量，防止因盲目追求规划数量而导致建设资金的不足，影响耐久性。应与村镇规划和易地扶贫搬迁（生态移民）相结合，与小城镇建设相结合，注重与其他路网和运输方式的衔接互补。坚持统筹编制规划、按轻重缓急实施，实施过程中应充分调查研究，对因村镇规划、农经社情发生变化或其他特殊原因确需调整规划的，在履行必要的审核程序后可作适度调整。规划一经确定，应保持严肃性和稳定性，严格执行。

2. 加强计划管理。充分发挥计划调控作用，促进农村公路建设均衡、协调发展。在项目计划安排上，既要兼顾公平，重视农民群众诉求，优先安排未通公路地区的通达工程，加快实施对出行需求迫切、交通条件急需改善地区的项目，确保有一条出行通道，又要注重效益，优先安排对区域经济促进作用大、交通量增长快的项目和断头路项目。要提高年度计划管理水平，进一步完善农村公路项目库，做好项目排序和储备，纳入计划的项目须符合规划要求且能够保证完成前期工作，并对社会公布。协调好项目实施与资金的关系，确保项目资金最大程度地满足，最大程度地发挥效益。协调好农村客运站（亭）等配套设施建设和农村公路建成后的管理养护问题，把管养工作作为年度计划安排的重要依据，对管养主体不明确、管养责任不落实的地区应减少计划项目安排和资金支持。

3. 强化资金保障。完善以政府公共财政投入为主、多渠道筹措为辅、社会各界参与的资金筹措机制，中央补助资金应全额用于农村公路建设，严格用于备案的项目，不得挪作他用或分解使用。在中央加大支持力度的同时，地方要积极落实主体责任，同步加大财政投入。按照责权统一的原则，统筹项目计划和资金安排，实现事权和财权统一、权利和责任匹配。推动建立和完善多种方式筹资和资金多元化的机制，鼓励地方投资实行奖补结合的政策，发挥补助资金的激励杠杆作用，调动地方的积极性。

（二）严格控制，提升建设能力和工程质量

1. 合理确定建设标准。农村公路建设标准按照“因地制宜、实事求是、量力而行”的原则，结合农村地区生产生活、农业经营开发、客货运输、城乡一体化建设等因素合理确定，对交通量增长快的地区应适当考虑提高建设标准，预留发展空间。东中部地区县道、重要的乡道和西部地区的县道新改建工程宜采用三级及以上公路标准，西部地区通乡公路宜采用四级（双车道）以上公路标准。通村油（水泥）路除受到地形、地质等自然条件和经济条件限制外，应采用等级公路标准。

2. 深化设计管理。农村公路设计应遵循“安全、实用、经济、环保、耐久”的原则，在具体技术指标选择时，既要立足当前需要，又要考虑远期改造升级的需要。要加强经济技术论证，禁止超越经济条件追求高指标和高标准，严格控制工程造价。交通安全、排水防护设施要与主体工程同步设计、同步实施,农村公路改造扩建应充分利用原有线位资源和道路设施,减少征地拆迁和土地占用。穿越场镇、学校等人员、交通相对密集的路段,可适当增加路基、路面宽度,完善交通安全设施,提高安全性。桥涵等构造物宜采用施工简便、经济适用、适合养护的形式,提倡采用标准跨径,路面结构应选择当地耐久的材料。

3. 规范招投标工作。符合法定招标条件的农村公路建设项目应当公开招标,对采用施工图一阶段设计的简易项目可适当简化招标程序。为便于施工组织和减少招标工作量,对工程规模不大、技术相对简单的同区域或临近项目,可采用多项目捆绑式招标。加强招投标监督指导和基层招标工作人员的业务培训,各地可根据《公路工程标准施工招标文件》和《简明标准施工招标文件》编制符合当地实际的简易招标文件范本。对于由乡(镇)组织的农村公路招标活动,县级交通运输主管部门可派人现场监督和指导。鼓励在施工和监理单位中开展"优质优价"、"优监优酬"活动,发挥激励引导作用。

4. 严格建设管理。农村公路除规模较小的村道外,应按国家规定履行基本建设程序。要增强质量意识,加强建设管理,完善质量保证体系,落实参建单位责任。建设单位应具备与项目管理相适应的机构和人员,健全管理制度,加强组织协调,强化过程管控,促进参建各方认真履约。施工和监理单位应配备必要的人员、机械设备和试验检测仪器,优化施工组织和施工工艺,强化过程控制和中间验收,确保施工质量。要全面推行信用管理,加大对违法违规行为的查处,建立市场清退机制和"黑名单"制度。农村公路建设项目实行公示制度,工地现场应设置公告牌或采用媒体刊登等方式公布项目名称、责任单位、工程规模、建设工期、投资额等项目信息及举报方式,接受社会监督。

5. 鼓励专业化施工。稳步提高农村公路机械化、专业化施工水平,加强技术、人员保障,推动农村公路建设向精细化方向转变。东中部地区农村公路和西部地区的县道、乡道建设应主要由专业化队伍承担，采用机械化方式施工。西部地区的通村油(水泥)路建设，除路基改建或简易的附属工程可在技术人员指导下由当地村民实施外，也要逐步由专业队伍实施。鼓励农村公路路面和桥梁采用标准化方法施工，保证工程质量和耐久性。认真实施工程质量责任登记制度，落实岗位质量责任，做到各工作环节、各分部工程有管理措施、技术要求和人员责任，使各工序衔接不断档、不缺位。重视安全生产工作，构筑安全管理网络，落实岗位安全职责，增强防范意识，把安全生产工作抓实、抓好。

6. 强化质量监管。坚持和完善农村公路“政府监督，专群结合”的质量监督模式，县道、乡道建设以交通运输主管部门和质量监督机构的政府监督为主，村道建设继续坚持“专群结合”模式，在政府监督的基础上发挥社会监督和群众监督的作用，形成重点突出、控制有效、全面覆盖的质量监督机制。每个县级单位宜建立或指定一个具有相应资格的工程试验室，开展工程质量抽检和检验评定工作，使质量监督工作专业化、制度化、规范化。加强建设过程中的质量监管，强化巡查和重点抽检，严格原材料质量控制，发现问题及时整改。

7. 加强项目验收。农村公路建设项目交付使用前应履行验收程序，验收不合格的项目不得开放交通。县道和投资额较大的乡道原则上按项目进行验收，其他项目可通过以乡(镇)为单位分批捆绑验收，技术简单的小型农村公路项目可将交工验收和竣工验收合并进行。地市级和县级交通运输主管部门应通过验收工作认真总结项目建设的经验和不足，落实管养主体和责任。验收不合格的项目应责令整改。技术简单的小型农村公路项目的具体标准由省级交通运输主管部门结合本地情况研究提出。

(三)消除薄弱环节，提高服务能力。

1. 推进危桥改造和渡改桥、渡口改造工程。加大农村公路危桥改造、渡改桥、渡口改造的实施力度，逐步减少危桥数量。加强桥梁巡查，及时更新病危桥梁数据库，对仍具有一定使用能力但受制于资金等因素暂时不能改造的，应进行技术检测评估并采取加固措施。科学实施渡改桥、渡口改造工程,统筹考虑,优先改造有安全隐患和交通流量大的渡口,努力解决农村水网地区、江河两岸和岛屿居民的过渡难和渡运安全问题。

2. 完善农村公路安保等附属设施。新改建农村公路应根据需要同步实施安保等附属设施。已建成的农村公路应按照“安全、有效、经济、实用”的原则,逐步完善安保等附属设施,实施前应科学分析,认真排查安全隐患点,按照轻重缓急的顺序分期分批整治。总结推广既有的安保等附属工程建设经验,鼓励探索既能够节约成本又能有效解决问题的新方法,使有限资金发挥最大效益,提升安全防护水平。鼓励有条件的地区实施农村公路绿化工程。

3. 加强地质灾害防治。高度重视地质灾害防治工作,加强灾害易发地区农村公路的环境特点分析,制订符合实际的防治标准和技术指南,加大防护、排水等设施建设,加强组织抢修和保通工作,提高农村公路基础设施防灾抗灾能力。

(四)坚持科学发展,提高发展质量。

1. 重视节约资源和环境保护。农村公路建设应贯彻集约节约用地的要求,尽可能利用原有路基,避让基本农田和经济作物区。积极采用符合当地实际的路面结构形式,科学选择筑路材料,注重与沿线环境和农田水利设施的协调。山区农村公路建设要做好生态保护和水土保持工作,加强排水和防护设施建设,避免大挖大填、扰动山体、破坏植被。

2. 强化技术支撑保障。加强农村公路宏观政策、战略规划、法规制度、标准体系的研究,及时总结建设经验,归集工作亮点,把行之有效的做法上升为规章制度或标准规范。发挥科学技术对农村公路发展的支撑作用,注重新工艺、新材料、新技术的推广和普及应用,提高农村公路建设技术含量。加强基层人才的培养和专业技能培训,提高一线人员的业务素养和责任心,带动整体素质提高。

3. 切实维护农民利益。农村公路建设资金应主要由公共财政解决,避免增加乡村债务和农民负担,规范使用“一事一议”政策,充分尊重农民群众意愿，不强制参与建设。农村公路立项、计划、实施等工作要广泛征求农民意见，使农村公路适合农村地区，贴近农民需求。工程建设中应尽可能使用当地劳动力和运输工具，增加农民收入。农村公路建设不得拖欠工程款和农民工工资。

四、保障措施

（一）强化组织领导。积极争取地方人民政府和有关部门支持，构建由地方人民政府领导、交通运输部门牵头、有关部门参与的农村公路联合发展机制。加强对农村公路建设的组织领导，县级地方人民政府要将其纳入政府目标考核，各地交通运输部门要纳入单位绩效考核，以效能推动农村公路建设的规范化、标准化。要逐级分解建设目标，完善工作制度，落实相关执行机构和人员，细化责任，建立以单位和个人为责任主体的考核体系，形成管理硬约束和良性循环。

（二）强化指导协调。要按照职责分工，明确发展重点，制订和完善相关政策措施，加强对本地区农村公路建设情况的跟踪分析和调查研究，重视发展差异性，做好分类指导和示范引导。要加强业务指导，通过组织培训班、发放技术指南、实地技术指导等方式，培养基层人才，普及基本常识，帮助基层和农村解决建设中的技术难题，提高工作水平。

（三）强化宣传引导。农村公路建设离不开广大人民群众的理解和支持，省级交通运输主管部门应在政府门户网站开辟农村公路专栏，重点报道本地区农村公路工作动态，宣传先进经验，加强政策引导。各地要充分利用新闻媒体、宣传横幅、村务公告等，通过集中宣传、专题报道的方式，分阶段、有重点地宣传农村公路，让基层政府、社会各界和农民群众了解农村公路发展的重要性和有关政策措施，营造全社会关心、支持农村公路建设的良好氛围。

（四）强化监督检查。各省级交通运输主管部门应建立健全农村公路建设考核监督机制，加强信息沟通和协调，定期对农村公路年度建设目标完成情况、实体质量及实施效果等进行综合督查，重点督查农村公路项目在质量、安全、资金、廉政等方面的制度执行情况，及时协调解决问题。要构建多层次的监督体系，采取明察暗访、重点督办、公示举报等方式，加大农村公路建设的监督检查力度，使监督检查常态化。

“十二五”时期农村公路建设工作任务艰巨，责任重大，各地交通运输主管部门要加强组织领导，认真履行职责，制订具体的工作目标和措施，狠抓落实，推动“十二五”时期农村公路建设再上新台阶。各地在农村公路建设中的意见和建议，请及时报部。

关于印发公路建设项目评标专家库管理办法的通知

交公路发〔2011〕797号　2011.12.29

各省、自治区、直辖市、新疆生产建设兵团交通运输厅(局、委),天津市市政公路管理局,部属各单位,部管各社团,有关交通运输企业:

为加强对公路建设项目评标专家和评标专家库的管理,保证评标活动的公平、公正,部对《公路建设项目评标专家库管理办法》进行了修订,现予印发,请遵照执行。

公路建设项目评标专家库管理办法

第一条 为加强对公路建设项目评标专家和评标专家库的管理，保证评标活动的公平、公正，根据《中华人民共和国招标投标法》、《评标委员会和评标方法暂行规定》以及《公路建设市场管理办法》等规定，制定本办法。

第二条 本办法适用于公路建设项目评标专家库的更新、维护、使用、管理等活动。

第三条 公路建设项目评标专家库管理实行统一管理、分级负责。

第四条 国务院交通运输主管部门负责全国公路建设项目评标专家库的监督管理工作，主要职责是：

（一）贯彻执行国家有关法律、法规，制定全国公路建设项目评标专家库管理的规章制度；

（二）更新、维护并管理国家公路建设项目评标专家库及专家库管理系统；

（三）指导和监督省级公路建设项目评标专家库管理工作；

（四）依法受理投诉，查处相关违法行为；

（五）法律、法规、规章规定的其他职责。

第五条 省级交通运输主管部门负责本行政区域内公路建设项目评标专家库的监督管理工作，主要职责是：

（一）贯彻执行国家有关法律、法规、规章，结合实际情况，制定本行政区域内公路建设项目评标专家库管理制度，并报国务院交通运输主管部门备案；

（二）更新、维护并管理省级公路建设项目评标专家库及专家库管理系统；

（三）监督管理国家公路建设项目评标专家库的专家抽取活动；

（四）依法受理投诉，查处本行政区域内相关违法行为；

（五）法律、法规、规章规定的其他职责。

第六条 国家公路建设项目评标专家库专业分类标准如下：

类别	设计类（A04）	监理类（A05）	施工类（A08）	货物类（B）
专业	路线（A040301）	路基路面（A050301）	路基路面（A080301）	机械设备（B01）
	路基路面（A040302）	桥梁（A050302）	桥梁（A080302）	建筑材料（B07）
	桥梁（A040303）	隧道（A050303）	隧道（A080303）	商务合同（B10）
	隧道（A040304）	公路机电工程（A050304）	公路机电工程（A080304）	
	交通工程（A040305）	公路安全设施（A050305）	公路安全设施（A080305）	
	概预算（A040306）	商务合同（A050306）	商务合同（A080306）	
	勘察（A040307）		房建（A080307）	
	商务合同（A040308）		环保（含绿化等）（A080308）	

省级交通运输主管部门可根据实际需要，对省级公路建设项目评标专家库的专业分类进行补充和细化。

第七条 国家公路建设项目评标专家采用个人申请、单位推荐、国务院交通运输主管部门审查的方式确定，其程序为：

（一）申请人填写“公路建设项目评标专家库评标专家申报表”（见附件），报申请人所在工作单位；

（二）申请人所在工作单位同意推荐后报有关单位初审；

（三）推荐单位所在地省级交通运输主管部门对申报材料进行初审；推荐单位为部属事业单位或中央管理企业及其所属单位的，由部属事业单位或中央管理企业负责初审；

（四）省级交通运输主管部门和部属事业单位或中央管理企业通过“全国公路建设市场信用信息管理系统”将初审合格的人员报国务院交通运输主管部门；

（五）国务院交通运输主管部门组织对申报材料进行审查，符合条件的,经培训考核合格后,纳入国家公路建设项目评标专家库。

省级公路建设项目评标专家库申报程序由省级交通运输主管部门确定。

第八条 推荐的公路建设项目评标专家应具备下列基本条件:

(一)具有良好的政治素质和职业道德,能够依法履行职责,维护招投标双方的合法权益;

(二)熟悉有关公路建设招标投标的法律、法规和规章;

(三)从事公路行业相关专业领域工作且满 8 年,具有高级职称或同等专业水平;

(四)年龄不超过 65 周岁,身体健康状况能够胜任评标工作;

(五)未曾受到刑事处罚或行政处罚;

(六)省级交通运输主管部门报送的申报国家公路建设项目评标专家库人员一般应为省级公路建设项目评标专家库专家。

第九条 评标专家的主要权利:

(一)接受招标人聘请,担任招标项目评标委员会成员;

(二)依法独立评标,不受任何单位和个人的非法干预和影响;

(三)向交通运输主管部门举报评标活动存在的违法、违规或不公正行为;

(四)依法获取劳动报酬;

(五)法律、法规、规章规定的其他权利。

第十条 评标专家的主要义务:

(一)准时参加评标活动;

(二)遵守职业道德,依法履行职责;

(三)接受交通运输主管部门的监督管理,协助配合有关投诉处理;

(四)国家公路建设项目评标专家库评标专家,及时登录“全国公路建设市场信用信息管理系统”维护个人信息;

（五）法律、法规、规章规定的其他义务。

第十一条 评标专家所在单位应当对评标专家参加评标活动和继续教育的培训给予支持。

第十二条 国家公路建设项目评标专家库评标专家，因故无法参加某一时段评标时，可事先登录"全国公路建设市场信用信息管理系统"进行自主屏蔽，一年之内自主屏蔽次数不得超过5次，总时间不得超过30天。

第十三条 国家审批（核准）公路建设项目的勘察、设计、施工、监理以及与工程建设有关的重要设备、材料采购等依法必须招标的，应当从国家公路建设项目评标专家库中确定资格审查委员会和评标委员会专家；其他公路招标项目，从省级公路建设项目评标专家库或国家公路建设项目评标专家库中确定资格审查委员会和评标委员会专家。

第十四条 评标专家的确定，应当采取随机抽取方式。对于技术复杂、专业性强，采取随机抽取方式确定的评标专家难以胜任评标工作的特殊招标项目，可以由招标人采取人工选择方式直接确定，并按照项目管理权限报交通运输主管部门备案。

第十五条 招标人应按照资格审查或评标项目招标类型和所含专业确定评标专家类别和专业，商务合同专业和招标所含主要专业均需抽取至少一名专家，不得抽取项目招标类型和所含专业以外的专家。施工招标可根据工程特点和评标需要，从设计类概预算专业抽取一名专家，房建或环保（含绿化等）工程单独开展设计或监理招标的，所含专业专家从施工类相应专业中抽取。

第十六条 有下列情形之一的，不得担任资格审查委员会和评标委员会成员：

（一）投标人的工作人员或退休人员；

（二）投标人主要负责人和具体负责人的近亲属；

（三）负责招标项目监督管理的交通运输主管部门的工作人员；

（四）其他与投标人有利害关系、可能影响评标活动公正性的人员。

招标人应按前款规定设定回避条件,禁止以其他各种理由排斥或限制评标专家参加评标。评标专家有前款规定情形之一的,应当主动提出回避;未提出回避的,招标人或者有关交通运输主管部门发现后,应当立即停止其参加评标。

第十七条 国家公路建设项目评标专家库抽取使用程序如下:

(一)招标人向省级交通运输主管部门提出书面申请,明确抽取方式、类别、专业、数量和回避条件;

(二)在省级交通运输主管部门监督下,招标人通过"全国公路建设市场信用信息管理系统"抽取评标专家;

(三)省级交通运输主管部门登录"全国公路建设市场信用信息管理系统"确认评标结束。

(四)招标人和评标专家登录"全国公路建设市场信用信息管理系统"进行相互评价。

省级公路建设项目评标专家库抽取使用程序由省级交通运输主管部门确定。

第十八条 评标专家确定后,发生不能到场或需要回避等特殊情况的,应当从原评标专家库中按原抽取方式补选确定,也可在符合规定的前提下相应减少招标人代表数量。

第十九条 评标专家有下列情形之一的,注销其评标专家资格:

(一)本人申请不再担任;

(二)健康等原因不能胜任;

(三)工作调动不再适宜继续担任;

(四)年龄超过 70 周岁(不含院士、勘察设计大师)。

第二十条 评标专家有下列情形之一的,暂停其评标专家资格半年:

(一)连续五次被抽中均未参加;

(二)一年之内被抽中三次以上,参加次数少于被抽中次数三

分之二;

(三)承诺参加但没有参加;

(四)有关行政监督部门依法对投诉进行调查时,不予配合;

(五)国家公路建设项目评标专家库专家,在评标结束一周内未对招标人进行评价,或未及时维护个人信息。

第二十一条 评标专家有下列情形之一的,取消其评标专家资格:

(一)以虚假材料骗取评标专家资格;

(二)未按要求参加培训或考核不合格;

(三)评标出现重大疏漏或错误;

(四)被暂停评标专家资格的处罚期满后,再次出现本办法第二十条规定情形之一;

(五)受到刑事处罚或行政处罚;

(六)违反招标投标法律、法规和规章。

被取消评标专家资格的,五年内不得再次申请入选公路建设项目评标专家库,有违法违规行为的,终身不得入选公路建设项目评标专家库。

第二十二条 公路建设项目评标专家库实行动态管理。评标专家有违反招标投标法律、法规、规章和本办法规定行为,以及存在其他不适宜继续担任专家情形的,交通运输主管部门应当及时作出处理,暂停、取消或注销其评标专家资格。根据需要,可适时补充评标专家。

第二十三条 本办法由交通运输部负责解释。

第二十四条 本办法自发布之日起施行,2001 年 6 月 11 日实施的《公路建设项目评标专家库管理办法》(交公路发〔2001〕300 号)同时废止。

附件

公路建设项目评标专家库评标专家申报表

<table>
<tr><td>姓　　名</td><td></td><td>性　　别</td><td></td><td rowspan="7">照片</td></tr>
<tr><td>出生年月</td><td></td><td>民　　族</td><td></td></tr>
<tr><td>毕业学校</td><td></td><td>毕业时间</td><td></td></tr>
<tr><td>学　　历</td><td></td><td>所学专业</td><td></td></tr>
<tr><td>工作单位/
退休单位</td><td></td><td>职　　务</td><td></td></tr>
<tr><td>从事专业</td><td></td><td>职　　称</td><td></td></tr>
<tr><td>移动电话</td><td></td><td>电子信箱</td><td></td></tr>
<tr><td>申报类别</td><td colspan="4"></td></tr>
<tr><td>申报专业</td><td colspan="2"></td><td colspan="2"></td></tr>
<tr><td>工作经历</td><td colspan="4"></td></tr>
<tr><td>主要业绩</td><td colspan="4"></td></tr>
<tr><td colspan="5">推荐单位意见：

（盖章）　　年　　月　　日</td></tr>
<tr><td colspan="5">省级交通运输主管部门（部属事业单位或中央管理企业）初审意见：

（盖章）　　年　　月　　日</td></tr>
</table>

注：1. 每人限报一个类别，且不得超过该类别的 2 个专业。

2. 主要业绩指拟申请专家库类别和专业领域取得的业绩和具有的业务能力以及评标经历等。

3. 附身份证、毕业证、职称证等复印件。

水 运 工 程

关于进一步加快水运建设市场信用体系建设的通知

交水发〔2011〕17 号　2011.1.25

各省、自治区、直辖市交通运输厅(委),天津市、上海市交通运输和港口管理局,长江航务管理局:

为深入推进水运建设市场信用体系建设,提高信用管理信息化水平,规范水运建设市场行为,维护水运建设市场秩序,促进水运建设又好又快发展,我部先后印发了《水运工程建设市场信用信息管理办法(试行)》(交水发〔2008〕510 号)(以下简称《管理办法》)和《水运工程建设市场主要责任主体不良行为记录认定标准(试行)》(交水发〔2008〕511 号)(以下简称《认定标准》),组织开发了全国水运工程建设市场信用信息管理系统(简称部级平台),于 2010 年 8 月 15 日正式上网运行,并开展了相关的培训工作。为进一步加快水运建设市场信用信息管理体系建设,现将有关事项和要求通知如下:

一、加强组织领导,切实加快省级水运工程建设市场信用信息管理系统(简称省级平台)建设

省级平台是全国水运工程建设市场信用管理系统的重要组成部分,省级平台与部级平台互联互通是实现信用信息共享的关键环节。目前,已有江苏、浙江、重庆、安徽、广东、广西、黑龙江、湖南等 8 省(区、市)省级平台实现了与部级平台互联互通,还有部分省完成了省级平台建设,但尚未与部级平台联通,还有一些省级平台正在建设中。有关省级交通运输主管部门应对省级平台建设高度重视,加强领导,加快进度,确保 2011 年 3 月底前实现与部级平台互联互通。

二、结合实际,抓紧制定实施细则

制定省级水运工程建设市场信用信息管理实施细则是落实《管理办法》和《认定标准》两个文件的一项重要工作。广西、山东、辽宁、福建、浙江等省(区)已制定了本省(区)实施细则,但还有部分省(区、市)的实施细则正在制定中。有关省级交通运输主管部门应结合本省(区、市)水运建设市场实际,按照部统一要求,抓紧制定本省(区、市)水运工程建设市场信用信息管理实施细则,于2011年6月底前报部备案。实施细则应严格按照《管理办法》和《认定标准》两个文件确定的原则、方法,在已有框架内对有关规定进行细化或补充,并结合本省(区、市)情况,明确工作机制和工作主体,明确工作步骤、环节、责任人员、不良行为处罚等内容。

三、做好信息录入和审核工作,确保数据完整、准确、及时

各类市场责任主体信用信息数据的准确、完整、真实是信用管理工作的基础。各省级交通运输主管部门应按照《管理办法》和《认定标准》要求,认真做好市场责任主体信用信息录入和更新维护。按照属地化管理的原则,各类责任主体信息的更新维护和动态监管工作由其注册地省级交通运输主管部门负责,不得拒绝受理、拖延或疏于监管。

曝光不良行为是规范市场的重要手段之一。各省级交通运输主管部门应根据有关规定和《认定标准》,切实加强水运建设市场监管,认真做好市场责任主体不良行为处罚相关信息的收集、审核、发布工作,在省级平台上发布后5个工作日内需上传到部级平台。

四、加强组织协调,完善保障工作

各省级交通运输主管部门应完善工作保障措施,明确信用体系建设专门机构,落实信用信息管理系统建设与维护工作经费,确保信用体系建设各项工作顺利开展。并请尽快明确一名日常工作联系人,于2011年3月31日前将其有关信息按照附表格式报部。

部将根据进展情况对信用体系建设进行专项检查,确保工作顺利完成。

附件:水运建设市场信用信息管理工作机构联系表

附件

水运建设市场信用信息管理工作机构联系表

省级交通运输主管部门(公章):

管理工作机构名称	地　址	邮政编码	联系人	办公电话	手　机	电子邮箱

关于印发"十二五"期长江黄金水道建设总体推进方案的通知

交水发〔2011〕291号　2011.6.12

上海、江苏、安徽、江西、湖北、湖南、重庆、四川、云南省(市)交通运输、发展改革、财政、国土资源、水利、环保厅(委、局),沿江各地(市、州)人民政府,长江航务管理局,长江口航道管理局:

经交通运输部与上海、江苏、安徽、江西、湖北、湖南、重庆、四川、云南省(市)人民政府共同研究,现将《"十二五"期长江黄金水道建设总体推进方案》印发给你们,请遵照执行。

“十二五”期长江黄金水道建设总体推进方案

“十一五”期是长江黄金水道建设成效显著的五年。在党中央、国务院的正确领导下,交通运输部会同长江沿江七省二市人民政府成立了长江水运发展协调领导小组,以《全国内河航道与港口布局规划》和《长江干线航道总体规划纲要》为指导,共同制定实施了《“十一五”期长江黄金水道建设总体推进方案》,加大了资金投入和政策支持力度,港航基础设施建设得到加强,船型标准化和运力结构调整取得显著成效,运输服务能力和水平进一步提升,长江水运发展跨上了新的台阶,促进了沿江产业加快发展和布局优化,带动了长江流域经济社会又好又快发展。

为深入贯彻党的十七届五中全会精神和《国务院关于加快长江等内河水运发展的意见》,加快“十二五”期长江黄金水道建设,进一步发挥长江水运的优势和潜力,更好地带动流域经济发展,更有力地促进资源节约型、环境友好型社会建设,更有效地加快转变经济发展方式,交通运输部会同沿江七省二市共同制定《“十二五”期长江黄金水道建设总体推进方案》,以指导“十二五”期的长江黄金水道建设工作。

一、指导思想

以科学发展观为统领,以《国民经济和社会发展第十二个五年规划纲要》和《国务院关于加快长江等内河水运发展的意见》为指导,以建设畅通、高效、平安、绿色的长江现代化水运体系为目标,把加快长江黄金水道建设作为流域经济社会发展的重要任务,加大投入和建设力度,提升长江水运服务能力,完善流域综合运输体系,带动流域经济社会全面协调可持续发展。

二、推进原则

(一)加快发展,适度超前。

以全国内河航道与港口布局规划为指导,以高等级航道建设和船型标准化为重点，加大投入力度，创新体制机制，加快推进各项工作。确保长江干线航道、力争有条件的主要支流航道提前完成原规划2020年建设任务。

（二）加强协调，合力建设。

充分发挥中央与地方两个积极性，共同推进长江干线和主要支流航道建设，实现干支联动，高效连通。做好与水利、水电开发的衔接、协调和合作，实现水资源综合开发和利用。充分发挥市场机制作用，吸引社会资金积极参与长江水运建设。

（三）安全至上，质量第一。

牢固树立“安全至上”的思想，坚持预防为主，切实加强预防预警和应急处置体系建设，强化长江水运建设、运行各环节安全监督管理，实现长江水运安全发展。严格执行国家法律法规和行业强制性标准，加大监管力度，确保工程建设质量。

（四）节能环保，绿色发展。

将节约资源和保护环境的理念，贯穿于长江水运发展的各个环节，优化规划、设计、施工方案，节约集约利用土地和岸线资源，有效降低建设与运营环节能源消耗和污染排放。更加注重保护生态环境，严格进行环境影响评价，确保同步建设环保设施，实现长江水运可持续发展。

（五）科技支撑，政策保障。

全面落实“科技强交”战略，加强关键技术攻坚，加大新技术、新材料和新工艺的推广应用力度，推进信息化建设，提高长江黄金水道建设科技含量。强化资金支持、人才保障、体制机制等配套措施，为长江黄金水道建设提供有力支撑。

三、发展目标

到2015年实现以下主要发展目标：

——长江干线航道：基本完成《长江干线航道总体规划纲要》提出的2020年主要建设任务，并力争开通南京以下12.5米深水航道。

——主要支流航道：京杭运河苏南段全线达到三级航道标准；

长江三角洲高等级航道网达标率达到60%以上;长江主要支流等其他高等级航道建设取得显著进展。

——港口:上海国际航运中心基础设施进一步完善,现代航运服务功能显著增强;重庆长江上游航运中心、武汉长江中游航运中心建设取得重大进展;主要港口建成一批规模化、专业化港区。

——船型标准化:长江干线船型标准化率达到70%以上,货运船舶平均吨位达到1600吨。

——支持保障系统:长江干线数字航道系统初步建成,重点水域安全监管和应急救助体系更加完善,支持保障能力显著增强。

四、建设重点

(一)加快推进长江干线航道系统治理,重点推进长江中游荆江河段航道治理工程和南京以下12.5米深水航道工程。

南京以下航道。重点实施南京以下12.5米深水航道建设工程,治理通州沙、白茆沙水道,实现南通以下航道水深达到12.5米;实施仪征、和畅洲、口岸直、福姜沙等水道航道治理和完善工程,力争开通南京以下12.5米深水航道。实施长江口深水航道深化减淤工程,保障长江口12.5米深水航道畅通、稳定,适时启动北港航道开发治理和扁担沙守护等工程,优化长江口通航条件。

武汉至南京航道。完成戴家洲右缘守护和安庆水道航道整治工程,实施武汉至安庆河段湖广至罗湖洲、新洲至九江以及马南水道等航道整治工程,使武汉至安庆段航道水深达到4.5米(武汉至安庆段可通航由2000吨或5000吨驳船组成的2万~4万吨级船队、利用自然水深通航5000吨级海船),安庆至芜湖段航道水深达到6.0米,芜湖至南京段航道水深达到7.5米(安庆至南京段可通航由2000吨或5000吨驳船组成的2万~4万吨级船队,通航5000吨级海船,利用自然水深通航1万吨级海船)。

宜昌至武汉航道。重点实施长江中游荆江河段(宜昌至城陵矶)航道治理工程,结合河势控制和防洪工程,整治沙市、窑监、藕池口等主要碍航水道,协调推进宜昌至昌门溪河段航道整治工程,将航道等级由二级提高到一级,航道水深达到3.5米(宜昌至城陵矶段可通航由2000~3000吨级驳船组成的6000吨至1万吨级船队)。继续推进城陵矶至武汉航道建设,治理武桥水道、道人矶至杨林岩、界牌、赤壁至潘家湾等河段航道,航道水深达到3.7米(城陵矶至武汉段通航由3500吨级油驳船组成的万吨级油运船队,利用自然水深通航3000吨级海船)。

水富至宜昌航道。力争实施水富至宜宾段三级航道建设工程,将三级航道延伸至云南水富。完成三峡至葛洲坝两坝间乐天溪段航道整治工程,实施两坝间莲沱段整治及配套设施建设工程,结合优化水库调度、加强管理等手段,改善两坝间通航条件。协调有关部门,加快推进三峡枢纽升船机建设,确保“十二五”期间基本建成。结合三峡后续规划,推进三峡水库库尾航道治理,加强库区重要支流航道建设。

(二)加快推进长江流域主要支流高等级航道建设,着力提高高等级航道“干支直达、区域成网”水平。

加快推进京杭运河航道建设,重点实施苏南段三级航道建设等工程,形成一条苏南可通行1000吨级船舶,苏北可通行2000吨级船舶的高效通道。

全面加快长江三角洲地区高等级航道网建设,重点推进上海市长湖申线、杭申线、杭平申线、黄浦江上游、大芦线二期和苏申内港线,江苏省苏申内港线、芜申线高溧段、连申线东台—长江段、申张线张家港—江阴段、盐河杨庄—武障河段、丹金溧漕河、杨林塘、锡澄运河及安徽省芜申线航道整治等重大建设项目,建成一批三级及以上航道,使长三角地区高等级航道网络化水平得到显著提高。

加快推进七省二市其他高等级航道建设,重点实施岷江航运开发工程,嘉陵江苍溪和利泽航电枢纽及部分枢纽库尾航道整治,乌江航道建设;湘江土谷塘航电枢纽、长沙综合枢纽以及衡阳—城陵矶二级航道建设,沅水洪江—辰溪、浦市—常德航道建设;引江济汉通航建设,汉江丹江—白河口、兴隆—汉川段航道整治;赣江石虎塘和永泰航电枢纽、井冈山和峡江枢纽、南昌—湖口和石虎塘—神岗山航道整治,信江八字嘴航电枢纽和航道整治;合裕线、淮河干流以及沙颍河航道整治工程等,重视库区航道治理,进一步改善通航条件。

(三)加快上海国际航运中心发展,推进重庆长江上游航运中心、武汉长江中游航运中心建设,大力发展主要港口规模化港区。

继续加快上海国际航运中心发展,稳步推进集装箱码头建设,着力加强铁路、内河和公路集疏运通道建设,大力发展航运金融、保险、海事仲裁、信息、航运交易等高端航运服务业。加快上海国际航运中心北翼港口发展,充分发挥长江南京以下12.5米深水航道效益。

推进重庆长江上游航运中心、武汉长江中游航运中心建设,加快重庆港和武汉新港规模化、集约化港区发展,重点建设一批集装箱、矿石、煤炭等专业化泊位,完善重点港区集疏运体系,加快港区后方物流园区和临港产业发展。

以泸州、宜昌、荆州、黄石、长沙、岳阳、南昌、九江、合肥、安庆、芜湖、马鞍山、蚌埠、徐州、无锡等主要港口及云南省水富港为重点,进一步加快规模化、专业化港区建设,促进港口结构优化和功能拓展。

(四)贯彻落实《推进长江干线船型标准化实施方案》,继续推进长江干线船型标准化,促进运力结构优化。

根据《推进长江干线船型标准化实施方案》要求,按照"立足现状、突出重点、政府引导、市场推动"的工作思路,加快长江干线船型标准化进程,促进运力结构优化。严格执行《长江干线船型标准化补贴资金管理办法》和《加快推进长江干线船型标准化工作方案(试行)》,实现中央与地方,运政与海事、船检、港政、船闸等部门联动。2012年底前完成通过三峡船闸的小吨位船舶拆解,三峡库区单壳油船、单壳化学品船和老旧客船拆解以及非老旧客船的生活污水处理装置加装工作。2013年底前完成长江干线老旧单壳油船和单壳化学品船拆解,其他老旧运输船舶力争逐步予以拆解。加快推进长江中下游标准化船型和江海直达标准化船型研发工作。

（五）加快推进长江水运支持保障系统和信息化建设，不断提升安全应急和行业管理能力。

加快出台和落实《全国航道管理与养护发展纲要（2011—2020年）》，加大航道养护资金投入，提升航道养护设施和设备能力，提高长江流域主要高等级航道养护水平。促进长江干线航道维护船舶更新升级，加快建设水路抢通应急设施和物资储备库，提升长江干线航道维护和应急抢通能力。

加快实施国务院批准的《国家水上交通安全监管和救助系统布局规划》，完善长江干线甚高频（VHF）安全通信系统及重点水域船舶交通管理系统（VTS），建设覆盖长江干线和主要支流船舶自动识别系统（AIS），重点航段、桥梁、港口以及渡口等水域的电视监控系统（CCTV），加强长江干线及其他高等级航道"四客一危"船舶的监控和监管，基本实现危化品船舶GPS动态跟踪。积极推进航路改革，在重点航段实施分道通航和船舶报告制。加强长江水系水上应急保障体系建设。

加快长江干线等数字航道建设，推进船闸联合调度系统建设，提高航道管理水平。推进长江航运综合信息服务系统和主要港口交通电子口岸系统建设，支持上海和重庆航交所发展，推动长江航运服务体系建设，提升长江水运综合服务能力。

重点建设项目实施计划进度见附表。

五、保障措施

（一）加强规划指导。

以《全国内河航道与港口布局规划》、《长江干线航道总体规划纲要》及内河水运"十二五"规划等为指导，加快"十二五"期长江干线及主要支流高等级航道建设规划编制工作，加强水运发展规划、航道发展规划、港口布局规划和总体规划等工作，做好与国土、城市、水利等相关规划及其他运输方式的衔接与协调。强化规划实施监管，严格港口岸线使用审批，有序开发、合理利用港口岸线资源。

（二）加大资金投入。

进一步发挥中央和地方各级政府作用，建立长江黄金水道建设资金的保障体系，加大西部地区扶持力度。“十二五”期国家将继续大幅度增加资金投入，重点加强长江干线航道和支持保障系统建设，进一步加大对其他高等级航道和中西部地区内河港口等基础设施建设的支持力度。沿江地区各级人民政府将积极安排财政资金用于内河水运建设，并根据本地建设需求逐步扩大资金规模，努力实现省级财政资金投入和中央资金补助金额相当，有条件的省市进一步加大投入。

国家继续安排一定数额的资金，引导船型标准化和提前淘汰老旧运输船舶，沿江各省（市）按照与中央补贴资金等额配套的原则，大力支持辖区内船型标准化和提前淘汰老旧运输船舶的工作。

充分发挥市场机制作用，鼓励社会资金积极参与长江水运建设。用好沿江各省（市）水运建设投融资平台，规范平台公司运作，拓宽融资渠道。

（三）完善法律法规。

交通运输部积极推进《航道法》和《国内水路运输条例》出台，修订水运工程勘察设计、施工、监理、机电设备招投标等管理办法，进一步完善水运管理相关法规。沿江各省（市）结合自身发展特点和需求，加快制定促进本地区水运发展的地方性法规和政府规章，形成多层次全方位的法律法规体系，保护长江水运资源，维护长江水运合法权益，规范行业发展。

（四）增强政策支持。

交通运输部颁布实施《关于贯彻 < 国务院关于加快长江等内河水运发展的意见 > 的实施意见》，研究制定长江黄金水道发展战略，引导长江水运科学发展。沿江各省（市）将结合自身实际，制定具体落实方案，研究加快内河水运发展的具体政策和措施，从资金投入、建设用地、项目审批、港口岸线资源保护、沿江产业布局等方面，加大对长江水系水运发展的政策支持力度。

（五）强化科技支撑。

用好国家科技专项支撑平台和西部交通建设专项资金，加大对黄金水道相关研究项目的支持力度。交通运输部将实施长江黄金水道通过能力提升关键技术行业重大科技专项研究计划，加快制(修)订内河航道建设、港口节能减排等标准规范，加快节能、环保标准化船型研发。沿江各省(市)将加大对内河水运科研支持力度，推进重大科技研究开发，强化原始创新，强化先进技术的引进和推广，不断提高长江水运科技含量。

(六)完善体制机制。

完善水路运输、航道、港口等行业管理制度，努力构建"建、管、养"协调发展机制，加快建立权责明确、运转高效的港航管理体制，加快推进全国航道管理体制改革研究工作，进一步完善船闸和航电枢纽运行管理体制，理顺三峡船闸管理体制。

(七)加大宣传力度。

组织开展形式多样的宣传活动，充分利用中央、行业、地方媒体对长江黄金水道进行深入细致地宣传，重点报道加快长江黄金水道建设的政策、经验和措施，加强宣传优质精品示范工程、船型标准化工作和长江黄金水道建设取得的经济和社会效益，使加快长江水运建设深入人心，赢得社会各方面的广泛理解与支持。

六、组织实施

(一)加强领导协调，精心组织落实。

充分发挥长江水运发展协调机制作用，定期召开领导小组和办公室协调会议，沟通有关情况，研究解决长江黄金水道建设重大问题。充分发挥长江干线航道建设前期工作专家顾问组的作用，加强对重大技术问题的专业指导。交通运输部和江苏省联合成立了长江南京以下深水航道建设工程领导小组和办公室，并组建了工程指挥部。沿江七省二市各级地方政府将结合本地区实际，建立并完善领导和协调机制，进一步加强对内河水运建设的指导，抓好组织落实。

(二)加快前期工作，加大项目储备。

创新前期工作机制，开放前期工作市场，保证前期工作质量和进度,加大项目储备,为重点项目及时开工建设创造条件。围绕高等级航道和主要港口重点项目,细化前期工作安排,制定工作时间表,“十二五”期计划完工的项目,前期工作在2013年10月底以前完成,“十二五”期开工跨“十三五”期的项目,前期工作在2014年10月底以前完成,“十三五”期准备开工的重大项目,要尽早开展前期工作。

(三)严格基本建设程序,强化规范管理。

严格执行国家基本建设程序,以“三个合理”和“三个关键人”为主线,以人本化、专业化、标准化、信息化、精细化为抓手,落实项目法人制、招投标制、工程监理制和合同管理制,加大工程建设管理力度。认真执行《港口建设管理规定》、《航道建设管理规定》等规定,加强市场准入管理,加快水运工程建设市场信用体系建设,强化招投标监督管理,全面规范市场建设行为,构建“诚信、守责、公正、公平”的水运建设市场。

(四)加强监督检查,确保质量安全。

坚持监督检查工作制度化,对列入推进方案的项目实行动态跟踪与专项督促检查,并结合水运建设市场检查和绩效考核工作,重点对项目的进度、安全、质量等各项工作加强监督检查,及时发现存在的问题,提出整改意见,加大整改力度,确保重点建设项目按时保质保量建成,发挥投资效益。

(五)开展示范活动,打造精品工程。

在长江黄金水道重点建设项目中,选择若干典型项目,开展创优质创精品的示范工程活动,加大对示范工程的宣传力度,发挥示范作用,及时总结先进经验与做法,在全行业推广应用,建成一批国家级和省部级优质工程,提升长江黄金水道建设管理整体水平。

附表

“十二五”期长江黄金水道建设重点项目实施计划进度表

序号	项目名称	建设规模	计划进度					备注
			2011 年	2012 年	2013 年	2014 年	2015 年	
一、长江干线								
（一）长江上游								
1	长江上游水富到宜宾航道建设一期工程	整治重点枯水急、险滩	工可	初设、开工		完工		
2	长江上游娄溪沟至涪陵河段炸礁工程	清除重点碍航礁石		工可	初设、开工	完工		
3	长江上游九龙坡至朝天门航道建设工程	建设航标及其他配套设施，整治部分浅滩		工可	初设、开工	完工		
4	两坝间航道莲沱整治工程	整治航道，抛填深沱		工可	初设、开工		完工	
（二）长江中游								
5	长江中游宜昌到昌门溪河段航道整治工程	实施控制宜昌水位下降的洲滩守护工程，芦家河水道控导工程		工可	初设、开工		完工	

续上表

序号	项目名称	建设规模	计划进度					备注
			2011年	2012年	2013年	2014年	2015年	
6	长江中游荆江河段航道整治工程	实施枝江至江口河段、沙市河段、周天河段、藕池口河段、调关—莱家铺河段、窑监河段、铁铺—尺八口河段等心滩边滩以及高滩守护工程	工可	初设、开工			完工	
7	长江中游道人矶至杨林岩河段航道整治工程	实施南阳洲中上段护岸工程及头部护滩工程			工可	初设、开工		
8	长江中游界牌河段航道整治二期工程	实施新淤洲鱼嘴丁坝群修复工程及鱼嘴头部护滩工程	初设、开工		完工			
9	长江中游赤壁至潘家湾河段航道整治工程	实施陆溪口左岸护滩工程和嘉鱼—燕子窝护滩加固工程			工可	初设、开工		
10	长江中游湖广至罗湖洲河段航道整治工程	实施右岸赵家矶边滩守护工程、左岸岸线加固工程、江心东槽洲头低滩头部守护工程和右岸人民洲边滩头部守护工程			工可	初设、开工		

续上表

序号	项目名称	建设规模	计划进度					备注
			2011 年	2012 年	2013 年	2014 年	2015 年	
11	长江中游戴家洲河段航道整治二期工程	实施巴河边滩守护工程、戴家洲洲头鱼骨坝延长和加固工程、戴家洲右缘中上段守护工程、戴家洲洲尾低滩控制工程和直港水道右侧边滩守护潜丁坝群工程	工可	初设、开工	完工			
12	长江中游新洲至九江河段航道整治工程	实施新洲尾护滩、右岸徐家村边滩守护及左岸岸线守护工程，白沙边滩护滩、鳊鱼洲洲头、右缘及低滩守护，二套口护滩工程	初设、开工		完工			
(三)长江下游								
13	长江下游马南水道航道整治工程	实施棉外洲洲头固滩洲尾切滩、骨牌洲护岸、北槽潜坝等工程	初设、开工		完工			
14	长江下游东流水道航道整治二期工程	实施老虎滩头部守护、右侧三道潜坝、东港和天玉窜沟封堵锁坝、右岸老虎滩下游护岸等工程	工可	初设、开工	完工			

续上表

序号	项目名称	建设规模	计划进度					备注
			2011 年	2012 年	2013 年	2014 年	2015 年	
15	长江下游口岸直水道航道整治落成洲守护工程	实施落成洲低滩守护、洲头护岸工程	初设、开工		完工			
16	长江南京以下 12.5 米深水航道建设一期工程（太仓—南通）	实施通州沙尾至狼山沙尾左缘守护，白茆沙沙头中上段守护控制工程	初设、开工		完工			
17	长江南京以下 12.5 米深水航道建设二期工程（南通—南京）	实施世业洲洲头守护、左汊及进口集中下段护底、左汊左侧低滩守护、右缘低滩守护，和畅洲左汊潜坝工程、右汊疏浚，落成洲洲头梳齿坝、鳗鱼沙心滩整体守护并加高，双涧沙头部建潜堤及头部北侧丁坝，福姜沙左侧短丁坝工程	工可	初设、开工			完工	
（四）长江口								
18	长江口深水航道深化减淤工程	兴建、改建整治建筑物	工可、初设	开工	完工			

续上表

序号	项目名称	建设规模	计划进度					备注
			2011 年	2012 年	2013 年	2014 年	2015 年	
二、上海市								
19	黄浦江上游(分水龙王庙——大涨泾河口)航道整治工程	整治三级航道 8.9 公里	完工					已开工
20	杭申线航道整治工程	整治三级航道 17.2 公里			完工			已开工
21	大芦线二期(大治河段)航道整治工程	整治三级航道 38 公里		开工			完工	
22	长湖申线航道整治工程	整治三级航道 17 公里	工可	初设、开工		完工		
23	平申线航道整治工程	整治四级航道 19.3 公里		工可、初设	开工		完工	
24	苏申内港线航道整治工程	整治三级航道 46.7 公里	工可、初设			开工		
25	外高桥内河港区一期工程	建设 1000 吨级泊位 5 个		初设	开工		完工	

续上表

序号	项目名称	建设规模	计划进度					备注
			2011年	2012年	2013年	2014年	2015年	
26	芦潮港内河港区一期工程	建设1000吨级泊位4个	初设、开工		完工			
三、江苏省								
27	苏南运河三级航道整治工程	整治三级航道187公里				完工		已开工
28	盐河(杨庄—武障河段)航道整治工程(含杨庄二线、朱码二线船闸)	整治三级航道91.2公里,建设1000吨级船闸2座			完工			已开工
29	连申线(东台—长江段)航道整治工程(含海安双线船闸)	整治三级航道90公里,建设1000吨级船闸2座			完工			已开工
30	申张线(张家港—江阴段)航道整治工程(含张家港复线船闸)	整治三级航道48.1公里,建设1000吨级船闸1座					完工	已开工

续上表

序号	项目名称	建设规模	计划进度					备注
			2011 年	2012 年	2013 年	2014 年	2015 年	
31	芜申线高溧段航道整治工程(含杨家湾、下坝复线船闸)	整治三级航道 92 公里,建设 1000 吨级船闸 2 座				完工		已开工
32	丹金溧漕河航道整治工程(含丹金船闸)	整治三级航道 65.2 公里,建设 1000 吨级船闸 1 座					完工	已开工
33	杨林塘航道整治工程(含杨林船闸)	整治三级航道 53.8 公里,建设 1000 吨级船闸 1 座	初设、开工				完工	
34	锡澄运河航道整治工程(含新夏港双线船闸)	整治三级航道 40 公里,建设 1000 吨级船闸 2 座	工可、初设、开工				完工	
35	苏申内港线航道整治工程	整治三级航道 55 公里	工可	初设、开工			完工	
36	徐州港顺堤河作业区煤炭码头一期工程	建设 2000 吨级泊位 9 个	工可、初设、开工		完工			

续上表

序号	项目名称	建设规模	计划进度					备注
			2011年	2012年	2013年	2014年	2015年	
37	无锡内河港惠山港区前洲作业区码头工程	建设1000吨级泊位17个	工可	初设、开工		完工		
四、安徽省								
38	芜申运河安徽段航道整治工程	整治三级航道45.8公里					完工	已开工
39	合裕线航道整治工程	整治二级航道131.9公里	初设	开工		完工		
40	沙颍河航道整治工程	整治四级航道206公里	开工				完工	
41	淮河干流航道安徽段整治工程	整治航道378公里，改建蚌埠老铁路桥，建设临淮岗复线船闸1座		工可	初设、开工			
42	合肥港主要港区建设工程	建设综合码头二期工程2000吨级泊位3个和中派港区一期工程1000吨级件杂货泊位4个	工可	初设、开工		完工		

续上表

序号	项目名称	建设规模	计划进度					备注
			2011 年	2012 年	2013 年	2014 年	2015 年	
43	蚌埠新港二期工程	建设 1000 吨级泊位 2 个	工可	初设、开工		完工		
44	芜湖港锚地建设工程	建设三山港区头棚锚地和荻港港区万家滩锚地	开工	完工				
45	安庆港长风港区二期工程	建设 5000 吨级通用泊位 2 个	工可、初设	开工		完工		
五、江西省								
46	石虎塘航电枢纽	渠化三级航道 38 公里，建设 1000 吨级船闸 1 座			完工			已开工
47	赣江南昌—湖口二级航道整治工程	整治二级航道 175 公里	开工		完工			
48	赣江峡江枢纽	渠化三级航道 77 公里，建设 1000 吨级船闸 1 座				完工		已开工
49	赣江井冈山枢纽	渠化三级航道 42 公里，建设 1000 吨级船闸 1 座推进		开工			完工	

续上表

序号	项目名称	建设规模	计划进度					备注
			2011年	2012年	2013年	2014年	2015年	
50	信江渠化航道整治工程	整治三级航道110公里		工可、初设	开工		完工	
51	赣江石虎塘—神岗山三级航道整治工程	整治三级航道23公里		工可、初设	开工		完工	
52	赣江永泰航电枢纽	渠化三级航道50公里,建设1000吨级船闸1座		开工				
53	信江八字嘴航电枢纽	渠化三级航道46公里,建设1000吨级船闸1座			开工			
54	南昌新港综合枢纽码头	建设龙头岗、樵舍、鸡山港区,设计通过能力492万吨/年、5万TEU/年	开工		完工			
55	九江港城西港区阎家渡综合码头	设计通过能力400万吨/年、30万TEU/年	工可	初设	开工		完工	
六、湖北省								
56	引江济汉通航工程	建设三级航道67公里,建设1000吨级船闸2座		船闸完工		完工		已开工

续上表

序号	项目名称	建设规模	计划进度					备注
			2011 年	2012 年	2013 年	2014 年	2015 年	
57	汉江兴隆至汉川段航道整治工程	整治三级航道 189.7 公里				完工		已开工
58	汉江丹白段航道整治工程	整治四级航道 185 公里、六级航道 24 公里			完工			已开工
59	荆州港盐卡港区三期多用途码头	建设 3000 吨级泊位 4 个	开工		完工			
60	宜昌港主城港区云池作业区二期工程	建设 3000 吨级泊位 4 个	开工		完工			
61	武汉新港阳逻港区三作业区集装箱码头一期工程	建设 5000 吨级泊位 4 个	开工				完工	
62	武汉新港林四房煤炭转运中心码头工程	建设 3000 吨级泊位 4 个		开工			完工	
63	武汉新港金口港区综合码头工程	建设 3000 吨级泊位 6 个		开工			完工	

续上表

序号	项目名称	建设规模	计划进度					备注
			2011 年	2012 年	2013 年	2014 年	2015 年	
七、湖南省								
64	湘江土谷塘航电枢组	渠化三级航道 50 公里,建设 1000 吨级船闸 1 座,装机容量 9 万千瓦	开工		船闸通航	第一台机组发电		
65	湘江二级航道建设一期工程(株洲至城陵矶)	整治二级航道 170 公里,建设水上服务区等设施	开工					
66	湘西自治州航运建设一期工程	整治沅水等航道 50 公里	开工			完工		
67	湘江长沙综合枢组工程	渠化二级航道 135 公里,建设 2000 吨级双线船闸,装机容量 5.7 万千瓦		船闸通航		第一台机组发电		已开工
68	湘江二级航道建设二期工程(衡阳至株洲)	建设株洲航电枢纽和大源渡航电枢纽 2000 吨级二线船闸各 1 座,整治大源渡枢纽库尾航道		工可	初设	开工		

续上表

序号	项目名称	建设规模	计划进度					备注
			2011年	2012年	2013年	2014年	2015年	
69	沅水浦市至常德航道建设工程	整治三级航道20公里、四级航道20公里	工可	初设	开工			
70	沅水洪江至辰溪航道建设工程	整治四级航道66.5公里			工可	初设	开工	
71	岳阳城陵矶综合枢纽工程	渠化二级航道248km，建设3000吨级三线船闸，装机容量20万千瓦			工可	初设	开工	
72	长沙港主要港区建设工程	建设2000吨级件杂货泊位2个、1000吨级泊位7个	开工			完工		
73	岳阳港主要港区建设工程	建设3000吨级泊位10个、2000吨级泊位2个、1000吨级泊位4个	开工			完工		
八、重庆市								
74	嘉陵江利泽航电枢纽工程	渠化航道35公里		工可	初设	开工		

续上表

序号	项目名称	建设规模	计划进度					备注
			2011 年	2012 年	2013 年	2014 年	2015 年	
75	嘉陵江草街库区航道整治工程	整治草街枢纽库尾三级航道，渠江渠河咀至丹溪口 74 公里	开工		完工			
76	乌江白马枢纽船闸工程	新建 1000 吨级船闸 1 座	工可	初设、开工				
77	乌江航道整治工程	整治三级航道 147 公里，四级航道 41 公里	初设、开工		完工			
78	重庆港主要港区建设工程	建设主城果园港区 5000 吨级集装箱泊位 10 个，5000 吨级散货泊位 1 个，商品汽车滚装泊位 2 个；万州新田港区 5000 吨级多用途泊位 5 个，涪陵龙头港区 5000 吨级多用途泊位 2 个，5000 吨级散货泊位 5 个；永川朱沱港区 3000 吨级多用途泊位 2 个；建设主城港区客运泊位 6 个				完工		已开工

续上表

序号	项目名称	建设规模	计划进度					备注
			2011年	2012年	2013年	2014年	2015年	
九、四川省								
79	嘉陵江苍溪航电枢纽	渠化航道11公里，建设500吨级船闸1座，装机容量6.6万千瓦		完工				已开工
80	嘉陵江亭子口枢纽	渠化航道150公里，建设升船机1座，装机容量110万千瓦					完工	已开工
81	岷江老木孔航电枢纽	渠化航道18公里，建设1000吨级船闸1座，装机容量32万千瓦	开工				完工	
82	岷江东风岩航电枢纽	渠化航道10.1公里，建设1000吨级船闸1座，装机18万千瓦	开工				完工	
83	岷江犍为航电枢纽	渠化航道24.9公里，建设1000吨级船闸1座，装机36万千瓦	开工				完工	

续上表

序号	项目名称	建设规模	计划进度					备注
			2011 年	2012 年	2013 年	2014 年	2015 年	
84	岷江龙溪口航电枢纽	渠化航道 31.1 公里，建设 1000 吨级船闸 1 座，装机容量 36 万千瓦	开工				完工	
85	岷江龙溪口至宜宾段航道整治工程	整治三级航道 81 公里	工可、初设	开工		完工		
86	嘉陵江航运配套工程建设	整治各枢纽库尾航道，建设助导航设施等	工可、初设	开工			完工	
87	泸州港多用途码头二期续建工程	建设 1000 吨级多用途泊位 3 个		完工				已开工
十、云南省								
88	水富港扩能工程	建设 1000 吨级泊位 3 个		工可	初设	开工	完工	

关于印发水运工程计算机软件管理办法的通知

交水发〔2011〕434号　2011.8.10

各省、自治区、直辖市交通运输厅(委),天津市、上海市交通运输和港口管理局,长江、珠江航务管理局,长江口航道管理局,中国交通建设股份有限公司:

随着水运工程建设技术与现代信息技术的快速融合,为提升水运工程信息化水平,促进水运行业技术进步,规范水运工程计算机软件应用管理,保障水运工程建设质量和安全,适应水运工程建设发展的需要,我部组织制定了《水运工程计算机软件管理办法》,现予印发,请遵照执行。

水运工程计算机软件管理办法

第一章　总　则

第一条　为提升水运工程信息化水平，促进水运行业技术进步，规范水运工程计算机软件应用管理，保障水运工程建设质量和安全，根据《中华人民共和国科学技术进步法》、《中华人民共和国标准化法》、《中华人民共和国促进科技成果转化法》、《计算机软件保护条例》等法律法规，制定本办法。

第二条　本办法适用于水运工程计算机软件的登录、评优和推广应用工作。

第三条　本办法所称水运工程计算机软件是指：依据国家现行水运工程技术标准编制，与水运工程建设质量、安全直接相关，应用于水运行业科研、勘察、设计、造价、施工、监理、维护、管理等方面的计算机软件，包括自主研发的国产软件、国外引进软件和引进后经二次开发的软件。

第四条　交通运输部负责全国水运工程计算机软件的管理工作，并具体负责涉及国家、行业标准以及在全行业应用的计算机软件的管理工作。具体工作由部水运工程技术主管部门负责实施。

省级交通运输管理部门负责涉及地方标准、在地方范围内推广的水运工程计算机软件的管理工作。

第五条　水运工程计算机软件登录需履行申报、测评、登录管理等程序。

第六条　在水运工程中应用的计算机软件必须符合我国现行国家标准和行业标准，软件产品质量必须满足国家有关要求，并经主管部门测评后公布。

第七条　部水运工程技术主管部门可委托中国工程建设标准

化协会水运专业委员会承担水运工程计算机软件登录相关工作。

第二章　申　　报

第八条　水运工程计算机软件著作权人须向主管部门申请软件登录。

国外引进软件可由软件著作权人授权经营的单位提出申请。

软件著作权人及其授权经营单位统称申报单位。

第九条　申报登录的水运工程计算机软件应具备以下条件：

（一）软件设计所依据的水运工程建设标准是国家现行标准；

（二）符合国家软件工程相关技术标准、规定；

（三）具有合法有效的软件著作权；

（四）应经过两个（含）以上已建工程项目的对比性验证。

第十条　申报单位向本办法第四条规定的主管部门提交申报材料，并对申报材料的真实性和有效性负责。申报材料包括：

（一）水运工程计算机软件登录申报表（见附件1）；

（二）申报单位拥有知识产权的有效证明或软件著作权人授权经营的证明材料；

（三）软件样品（光盘形式）；

（四）软件设计文档及技术报告，主要包括：需求分析报告、系统设计、数据库设计、产品说明及用户操作手册等；

（五）软件安装和使用说明书；

（六）软件自测报告（含测试用例、测试结论等）；

（七）对比性验证资料；

（八）国家和交通运输部委托研发的软件，应提供委托单位的技术鉴定或验收意见；列为科研项目的软件，应提供立项审批单位的技术鉴定意见。

本办法颁布前已使用的水运工程计算机软件，应提供应用情况说明及用户意见。

第十一条　涉及国家、行业标准以及在全行业应用的计算机软件,部水运工程技术主管部门可委托中国工程建设标准化协会水运专业委员会对申报材料进行符合性审查,在收到申报材料30日内,将审查结果告知申报单位。通过符合性审查的,通知申报单位接受测评。

第三章 测 评

第十二条 软件测评包括软件测试与技术鉴定。

第十三条 测试工作必须经本办法第四条规定的主管部门认定的软件测试中心进行。

主管部门应当对软件测试中心的能力和信用进行定期考核,实行动态管理。

第十四条 软件测试中心应具备以下条件:

(一)具有国家信息系统集成二级(含)以上资质,有较强的软件研发能力;

(二)具备完善的测试环境和先进的测试管理工具;

(三)具有国家认证的软件测评师人数不少于5名;

(四)熟悉水运行业,具有丰富的信息系统工程测试经验。

第十五条 测试中心应编制测试方案,客观、公正地开展软件测试工作,必要时可组织相关业务专家和技术专家进行测试。业务专家应当从《水运工程技术与标准专家库》中选取。

第十六条 测试内容包括:

(一)软件功能验证。验证软件功能点是否与设计说明一致,计算模型、计算方法和计算系数是否符合国家现行的水运工程建设标准,计算结果是否准确。

(二)软件性能测试。测试软件的稳定性、可靠性、可用性、响应速度、可维护性、安全性等指标,给出测试评价。

(三)核实用户单位使用软件的情况,可采用实地调查、电话或书面调查等形式。

(四)软件技术评价。对所测软件采用的技术体系、软件架构、程序语言、实现技术等先进性和成熟度进行评价。

（五）软件综合评价。综合比较该软件与当前国内外同类软件的优势与不足，对软件整体水平及推广应用价值给予评价。

第十七条 测试中心根据测试结果形成测试报告（见附件2），报部水运工程技术主管部门。

第十八条 测试中心自主研发或二次开发的水运工程计算机软件，应由其他测试中心进行测试。

第十九条 符合下列条件之一的水运工程计算机软件，可省略软件测试环节：

（一）国家和交通运输部委托研发的水运工程计算机软件；

（二）列为省、部级科研项目的水运工程计算机软件；

（三）已在工业和信息化部登记备案的国外引进软件；

（四）本办法颁布前已使用的水运工程计算机软件，在实际工程中正常使用两年以上并经过三个以上工程项目应用。

第二十条 涉及国家、行业标准以及在全行业应用的计算机软件，部水运工程技术主管部门可委托中国工程建设标准化协会水运专业委员会组织专家开展技术鉴定工作，专家组成员由技术专家和相关业务领域专家组成。

第二十一条 技术鉴定工作应对软件测试报告、适用范围、创新点以及推广应用价值进行综合评价，形成鉴定意见（见附件3）。

具体鉴定内容包括：

（一）软件测试报告及相关附件；

（二）软件功能演示；

（三）软件编制所依据的标准和原理；

（四）软件技术先进性、实用性、可靠性；

（五）软件适用、推广范围；

（六）其他材料。

第二十二条 对新开发尚未应用的水运工程计算机软件应当进行两个模拟工程环境验算，并经过主管部门测评后可在一定范围内试用。

经过两个(含)以上实际工程项目的试用成功后,按照本办法规定的程序申请登录。

第四章 登录管理

第二十三条 主管部门应当将测评结果在相应网站上公示7日。对通过测评且公示期间无异议的软件,由主管部门颁发登录证书(见附件4)。

经过省级交通运输主管部门登录的软件,省级交通运输主管部门应当在登录后15日内报部水运工程技术主管部门备案。

第二十四条 部水运工程技术主管部门应当及时发布已登录的计算机软件,并定期汇总全国水运工程计算机软件目录,在交通运输部网站、行业媒体上公布。

第二十五条 已登录软件有下列情形之一的,须重新履行申报、测评和登录管理程序:

(一)软件所依据的国家和行业标准发生重大变化;

(二)软件功能或系统架构发生了较大调整、变更;

(三)在实际应用中发现软件技术或质量问题。

第二十六条 软件登录证书有效期为5年。软件登录证书有效期满前6个月内,申报单位须向本办法第四条规定的主管部门申请复审。

复审程序参照本办法规定的申报程序进行。

第二十七条 复审的主要内容包括:软件使用范围及条件、运行状态、使用效果、用户数量、存在问题及反馈意见等。

通过复审的软件,延长有效期5年;未通过的,登录证书到期作废。

第五章 责任与义务

第二十八条 申报单位应当依据国家相关法律法规,对已登录软件进行无偿或有偿转让使用。

第二十九条 申报单位应当对所申报软件知识产权的真实性负责。用户单位应注重对知识产权的保护。

第三十条 申报单位应当对登录的软件提供技术及服务保障;用户单位发现软件存在使用问题可向申报单位反映并向主管部门报告,主管部门视情处理。

第三十一条 测试中心应当保证测试工作的客观、公正,确保测试数据及结果真实、可靠。

测试中心应当对水运工程软件测试样品及其相关设计文档进行归档,保存期为5年。

测试中心必须对申报单位提供的技术文件、资料保密。

第三十二条 主管部门发现软件测试中心不能客观、公正地开展工作的,要求其进行整改;对情况严重且造成不良后果的将予以暂停或撤销其测试资格。

第三十三条 主管部门和有关机构的工作人员违反本办法规定,玩忽职守、滥用职权、徇私舞弊的,由其所在单位给予行政处分;构成犯罪的,依法追究刑事责任。

第六章 附 则

第三十四条 为鼓励水运行业技术进步,激励自主创新,部水运工程技术主管部门定期对优秀水运工程计算机软件进行评选,评选办法另行制定。

第三十五条 本办法由部水运工程技术主管部门负责解释。省级交通运输主管部门可依据本办法制定实施办法,并报交通运输部备案。

第三十六条 本办法自发布之日起执行。原《交通部水运工程设计计算机软件管理办法(试行)》(交基发〔1995〕520号)、《交通部水运工程设计计算机软件登录办法(试行)》(基技字〔1997〕305号)同时废止。

附件 1

水运工程计算机软件登录申报表

软件名称：________________

申报单位：________________（盖公章）

填报日期：　　年　　月　　日

中华人民共和国交通运输部制

填表说明

一、申报登录的水运工程计算机软件,需提供申报材料一式三份,单独装订成册,并附电子版。

二、水运工程计算机软件申报表,应使用黑色钢笔或签字笔填写,或使用计算机打印,要求字迹工整。内容一律用中文填写,数字均使用阿拉伯数字。对于国家统一规定的科技术语,应采用规范词。外国人名、地名和科技术语如无统一中文译文时,应当注明原文。

表中的"□"供填表人填写选择项目时使用,若有方格后所述情况,应在方格内标上"√"号。

软件名称栏的全称应简短明确、针对性强,各种文件中的软件名称应填写一致。简称栏里没有简称可以不填此栏。

三、水运工程计算机软件的申报资料将存档备案,不予退还。

四、水运工程计算机软件申报表可从交通运输部网站(网址:www.moc.gov.cn)下载,填写时如需加页,一律使用A4型纸。

申报单位法定代表人声明

本人＿＿＿＿＿＿(法定代表人)＿＿＿＿＿＿(身份证号码)郑重声明,本单位此次填报的《水运工程计算机软件登录申报表》及附件材料的全部数据、内容是真实的。申报资料如有虚假,本单位将自愿放弃申请,并愿按有关法律法规接受处理。

单位法定代表人(签名):

(单位公章)

年　　月　　日

水运工程计算机软件登录申报表

<table>
<tr><td rowspan="2">软 件 名 称</td><td colspan="4">全称：</td></tr>
<tr><td colspan="4">简称：</td></tr>
<tr><td colspan="5">软件类型：　□自主研发　□国外引进　□二次开发</td></tr>
<tr><td colspan="5">软件类别：□管理类　□科研类　□勘测类　□设计类　□施工类
□监理类　□造价类　□检测类　□维护类　□其他类</td></tr>
<tr><td colspan="5">著作权登记情况：</td></tr>
<tr><td colspan="2">软件符合哪类现行国家/行业规范</td><td colspan="3"></td></tr>
<tr><td colspan="2">开发单位</td><td colspan="3"></td></tr>
<tr><td colspan="2">协作单位</td><td colspan="3"></td></tr>
<tr><td colspan="2">软件开发起止年月</td><td colspan="3"></td></tr>
<tr><td colspan="2">验收部门</td><td></td><td>验收年月</td><td></td></tr>
<tr><td colspan="2">鉴定部门</td><td></td><td>鉴定时间</td><td></td></tr>
<tr><td colspan="5">保密级别：　□绝密　□机密　□秘密　□不限制</td></tr>
<tr><td rowspan="3">软件环境</td><td>运行操作系统名称及版本号</td><td colspan="3"></td></tr>
<tr><td>支撑环境名称及版本号</td><td colspan="3"></td></tr>
<tr><td>编程语言名称及版本号</td><td colspan="3"></td></tr>
<tr><td rowspan="2">适用范围</td><td>主要适用范围</td><td colspan="3">□港口工程　□航道工程　□支持系统工程　□其他</td></tr>
<tr><td>主要用途号</td><td colspan="3"></td></tr>
</table>

申报单位法定代表人签字：____________

软件主要功能及创新概述：
该软件与当前国内外同类软件的综合比较(包括存在问题及改进措施)：

该软件的经济与社会效益：

申报单位法定代表人签字：____________

获奖情况	
申报单位意见	（盖公章） 年　　月　　日

申报单位法定代表人签字：____________

项目主要人员情况表

序号	姓名	性别	年龄	职务或职称	工作单位	参加本项目起止时间	在本项目中担任的主要工作职责
1							
2							
3							
4							
5							
6							
7							
8							
9							
…							

备注:主要编制人员应明确项目总负责人和相关专业负责人。

联　系　表

申报单位			
联系人		联系电话	
地址		邮政编码	
传真		电子邮箱	

申报材料清单

序号	材料名称	备 注
1		
2		
3		
4		
5		
6		
7		
8		
9		
10		
11		
12		
13		
…		

附件 2

水运工程计算机软件测试报告

<table>
<tr><td rowspan="5">文件状态：
[ ] 草稿
[ ] 正式发布
[ ] 正在修改</td><td>报告编号：</td><td colspan="3"></td></tr>
<tr><td>当前版本：</td><td colspan="3"></td></tr>
<tr><td>编写人：</td><td></td><td>编写日期</td><td></td></tr>
<tr><td>审批人：</td><td></td><td>审批日期</td><td></td></tr>
<tr><td>保密级别：</td><td colspan="3"></td></tr>
</table>

测试单位(盖公章)：________________

中华人民共和国交通运输部制

目　　录

3.4 可靠性

3.5 安全性

3.6 易用性

3.7 兼容性

3.8 安装和手册

第4章 覆盖分析

第5章 缺陷的统计与分析

5.1 缺陷汇总

5.2 缺陷分析

5.3 残留缺陷与未解决问题

第6章 测试结论与建议

6.1 测试结论

6.2 建议

软件测试基本信息

软件名称	
申报单位	
软件测试单位	
测试委托时间	
测试时间范围	从　　年　　月　　日至　　年　　月　　日
测试人员	

第1章 引 言

1.1 编写目的

(以下作为参考。)

本测评报告为XXX软件的测评报告,目的是软件推广前进行软件测试,分析测试结果,描述系统是否符合需求。预期参考单位包括:软件行业用户、行业主管部门以及软件评优相关单位。

1.2 项目背景

本报告主要内容包括:

(对软件目标和目的进行简要说明。)

1.3 依据标准

(测试使用的国家标准、行业指标、公司规范和质量手册等。)

标准名称	发布机关

1.4 术语和缩略语

(列出设计本软件/系统的专用术语和缩写语约定。对于与技术相关的名词和多义词一定要注明,以便阅读时不会产生歧义。)

缩略语	全意

第2章 测试概要

(测试的概要介绍,包括测试的一些声明、测试范围、测试目的等，主要是测试情况简介。）

2.1 测试用例设计

（简要介绍测试用例的设计方法。例如：等价类划分、边界值、因果图等。）

2.2 测试环境与配置

（对于三层架构的，也可以根据网络拓扑图列出相关配置。）

数据库服务器配置			
机器名（IP）	CPU	内存	软件环境（操作系统、应用软件）
应用服务器配置			
机器名（IP）	CPU	内存	软件环境（操作系统、应用软件）
客户端配置			
机器名（IP）	CPU	内存	软件环境（操作系统、应用软件）
说明	（访问地址等。）		

2.2.1 功能测试

模块名称	开始时间	结束时间	用例数	用例通过数	问题数	用例通过率
			个	个	个	%

2.2.2　性能测试

软件版本	开始时间	结束时间	用例数	用例通过数	问题数	用例通过率
			个	个	个	%

2.3　测试方法和工具

测试内容	测 试 方 法	测 试 工 具	备注
功能	黑盒□、手工□、回归□		
性能	黑盒□、手工□、回归□		
可靠性	黑盒□、手工□、回归□		
安全性	黑盒□、手工□、回归□		
可使用性	黑盒□、手工□、回归□		
兼容性	黑盒□、手工□、回归□		
安装和手册	黑盒□、手工□、回归□		

第3章　测试内容和执行情况

（是否采用了CMM/ISO或者其他工程标准过程。这部分主要汇总各种数据并进行度量，度量包括对软件能力评估、对软件产品的质量度量和产品评估。）

3.1　软件测试概况表

（对××××软件的功能、性能、可靠性、安全性、可使用性、兼容性、安装和手册等方面的测试。）

软件测试概况表

软件版本	开始时间	结束时间	用例数	用例通过数	问题数	用例通过率
			个	个	个	%

3.2 功能

功能测试情况概要

模块名称	开始时间	结束时间	用例数	用例通过数	问题数	用例通过率
			个	个	个	%

3.2.1 总体 KPI

[下表摘一些需求点(可融合用例,框架性内容,不需要太具体的用例)、用例执行情况出来。]

功能	基本要求	测试情况	测试通过	
			是	否
登录	输入正确的用户名和密码可以登录系统。输入错误的用户名和密码系统给出明确提示。	功能实现。		

3.2.2 模块二

功能	基本要求	测试情况	测试通过	
			是	否

3.2.3 模块三

……

3.3 性能(效率)

性能测试情况概要

软件版本	开始时间	结束时间	用例数 个	用例通过数 个	问题数 个	用例通过率 %

3.3.1 测试用例

(测试系统在预定环境和负载下的响应速度、通信效率、设备效率、执行效率等。)

序号	用例名称	基本要求	测试情况	测试通过	
				是	否
1	登录	同时登录的用户数量			
2	查询				
3					
4					

3.3.2 参数设置

脚本循环次数		并发用户数	
真实客户端数量		脚本录制方法	□自动 □手动
模拟线路类型	□10M □100M □1000M		

3.3.3 通信效率

(测试内容和测试标准,网络的使用频度与带宽占用并填写下表。)

用户数	接收(字节数/秒)	发送(字节数/秒)	当前带宽(M)

(说明:使用 LoadRunner 测试以上各种情况,包括测试该功能得到的性能指标的截图。)

3.3.4　设备效率

（测试内容和测试标准，包括 CPU 占用率、内存占用率、磁盘占用率、输入输出效率等，包括软件在不工作状态下对于硬件资源的占用情况和进行业务处理过程中对于硬件资源的占用情况，并填写下面表格。）

用户数	CPU 占用率（%）	内存占用率（KB）	磁盘占用率（%）	磁盘传输率（B/ S）

（说明：包括使用 LoadRunner 测试以上各种情况，包括测试该功能得到的性能指标的截图。）

3.3.5　执行效率

（测试内容和测试标准，包括在预定环境和负载下的响应速度，特别是在大负载、大并发量情况下的响应速度，并填写下表。）

并发用户数	平均响应时间（秒）					
	登录	查询	退出	…	…	…

（说明：包括使用 LoadRunner 测试以上各种情况，包括测试该功能得到的性能指标的截图。）

3.4　可靠性

测试内容	基本要求	测试情况	测试通过	
			是	否
掉电	客户机掉电或强行关机后重启机器，不丢失数据。	实现要求。		

3.5 安全性

测试内容	基本要求	测试情况	测试通过	
			是	否
用户权限	所有授权用户是否能在所授权限下进行工作,不容许超权限。	实现要求。		

3.6 易用性

测试内容	基本要求	测试情况	测试通过	
			是	否
易安装性	安装参数给出默认值或提示,需要用户干预的地方尽量少,操作方便。	实现要求。		

3.7 兼容性

测试内容	基本要求	测试情况	测试通过	
			是	否
硬件	软件对硬件的最低配置要求、推荐配置和特殊要求	数据库 PC 服务器:CPU、内存、硬盘; WEB 服务器:CPU、内存、硬盘; 客户机:CPU、内存、硬盘。		

3.8 安装和手册

测试内容	基本要求	测试情况	测试通过	
			是	否
启动安装程序	如果安装了 CD - ROM，插入安装盘后自动启动安装程序。 在 CD 盘中突出显示 setup. exe 文件，双击文件启动安装程序。	实现要求。		

第4章 覆盖分析

测试覆盖率

模块名称	用例个数	执行数	模块测试覆盖率	未/漏测分析和原因

说明：测试覆盖率 = 执行数/用例总数 ×100%

第5章 缺陷的统计与分析

5.1 缺陷汇总

测试问题数量 - 问题类型

（使用 BI，截表、柱状图。）

测试问题数量 - 其他数据

（使用BI，截表。）

测试问题数量－问题产生原因

（使用BI，截表、柱状图。）

5.2 缺陷分析

（本部分对上述缺陷和其他收集数据进行综合分析……）

重要缺陷分析表

模块名称	缺陷编号	简要描述	分析结果	是否测试通过

5.3 残留缺陷与未解决问题

残留缺陷与未解决问题列表

模块名称	缺陷编号	性质	简要描述	原因分析

说明：性质包括错误、缺陷、建议等。

第6章 测试结论与建议

6.1 测试结论

例子："×××软件"在用户现场环境进行功能、稳定性、可靠性、可用性、安全性、兼容性、可维护性、安装和手册等方面进行了全面、严格、规范的测试。测试结果表明：

1. 软件功能验证：该软件由××系统、××××服务器、×××应用服务器等模块组成，完全达到业务需求文档中的要求，软件功能点与设计说明一致。

系统以工程数据进行检测，计算模型、计算方法和计算系数符合国家现行的水运工程建设标准;计算结果准确。

2. 软件性能、质量:系统的稳定性、可靠性、可用性、响应速度、可维护性、安全性等指标符合要求。

系统具有严格的权限设置功能,权限设置可细化到字段级,不同权限的人员只能看到自己有权限访问的字段内容,有效地保证了数据的安全性。

有完善的数据校验机制,对用户输入不符合要求的数据,给出了简洁、准确的提示信息,必要时给出了帮助。

能满足用户在各种操作系统,各种 web 应用服务器及各种主流数据库支撑软件下的使用。

3. 用户单位使用软件的情况较好,上报材料真实。

4. 软件技术评价:该系统采用先进的 B/S 架构,后台支持各种数据库,系统结构清晰明确,软件采用 J2EE 技术体系、软件架构、JAVA 程序语言,实现技术等具有较好先进性和成熟度。

5. 软件综合评价:经综合比较该软件与当前国内外同类软件的优势与不足,软件处于国内领先水平。

6.2　建议

1. 对系统存在问题的说明,描述测试所揭露的软件缺陷和不足,以及可能给软件实施和运行带来的影响。

2. 可能存在的潜在缺陷和后续工作。

3. 对缺陷修改和产品设计的建议。

4. 对过程改进方面的建议。

……

附件3

水运工程计算机软件鉴定意见

软件名称：____________________

申报单位：____________________

组织鉴定单位：________________

鉴定日期：____________________

中华人民共和国交通运输部制

编号：

<table>
<tr><td colspan="2">软件名称</td><td></td></tr>
<tr><td colspan="2">软件类别</td><td></td></tr>
<tr><td colspan="2">开发单位</td><td></td></tr>
<tr><td colspan="2">软件测试单位</td><td></td></tr>
<tr><td>软件技术说明</td><td colspan="2">（软件主要功能及主要技术、性能指标。）</td></tr>
</table>

软件测试报告	（软件测试结论和评价。）
软件编制依据和原理	（评价软件编制所依据的标准、规范和原理是否正确、清楚，是否符合国家现行的水运工程建设标准规范及规程。）

<table>
<tr><td>适
用
范
围</td><td colspan="5">（评价软件的适用范围、创新点、推广措施、应用价值。）</td></tr>
<tr><td rowspan="8">鉴
定
专
家
组</td><td colspan="5">鉴定专家组名单</td></tr>
<tr><td>编号</td><td>姓名</td><td>单位</td><td>职称职务</td><td>签名</td></tr>
<tr><td></td><td></td><td></td><td></td><td></td></tr>
<tr><td></td><td></td><td></td><td></td><td></td></tr>
<tr><td></td><td></td><td></td><td></td><td></td></tr>
<tr><td></td><td></td><td></td><td></td><td></td></tr>
<tr><td></td><td></td><td></td><td></td><td></td></tr>
<tr><td></td><td></td><td></td><td></td><td></td></tr>
</table>

<table>
<tr><td>专
家
组
鉴
定
意
见</td><td>鉴定意见：

建议：

结论：

□通过　　　　□不通过

专家组组长(签字)：
年　　月　　日</td></tr>
</table>

<table>
<tr><td>组织鉴定单位意见</td><td>

主管领导签字：____________
（盖单位公章）

年　　月　　日</td></tr>
<tr><td>主管部门审核意见</td><td>

主管领导签字：____________
（盖单位公章）

年　　月　　日</td></tr>
</table>

附件 4

水运工程计算机软件登录证书

中华人民共和国交通运输部制

登 录 证 书

目录号：

＿＿＿＿＿＿＿（申报单位名称）：

根据《水运工程计算机软件管理办法》的规定，你单位申报的＿＿＿＿＿＿＿＿＿＿（软件名称），已经测试通过，同意登录并编入水运工程计算机软件目录，特发此证。

发证日期：　　　年　　月　　日

有效期至：　　　年　　月　　日

发证机构（盖公章）：＿＿＿＿＿＿＿

附件5

水运工程计算机软件分类及目录编号规则

一、水运工程计算机软件目录

目录号	软件名称	登录日期	有效期	备注

二、软件目录号编码规则

水运工程计算机软件目录号由三种数据组成，中间以“—”分割，组成11位字符、数字码复合结构的唯一标识码。其结构为：

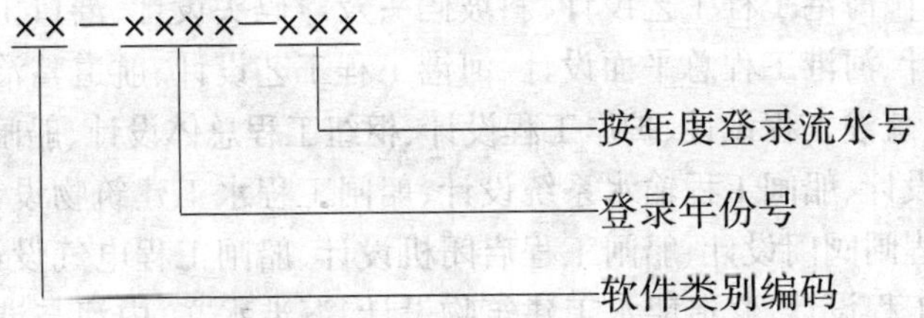

第1~2位为软件类别编码，如下表：

编码	软件类别	备　　注
GL	管理类	
KY	科研类	
KC	勘测类	
SJ	设计类	
SG	施工类	
JL	监理类	

续上表

编码	软件类别	备注
ZJ	造价类	
JC	检测类	
WH	维护类	
QT	其他类	

（例如：GL—2011—001 表示 2011 年登录的第 1 个管理类软件。）

三、软件类别的专业划分内容

1. 管理类：包括建设标准、项目评价与验收、项目管理等。

2. 科研类：包括结构、土工、波浪、水流泥沙、潮流泥沙、通航水力学、材料、试验等。

3. 勘测类：包括港口工程地质勘察、航道工程地质勘察、枢纽工程地质勘察、港口工程测量、航道工程测量、原型观测等。

4. 设计类：包括海港工程总平面设计、桩基码头结构设计、板桩码头结构设计、重力式码头结构设计、防波堤结构设计、滚装码头设计、海港工程工艺设计、斜坡码头及浮码头设计、港口工程电气设计、河港工程总平面设计、河港工程工艺设计、航道整治工程设计、疏浚工程设计、护岸工程设计、枢纽工程总体设计、船闸工程总体设计、船闸工程输水系统设计、船闸工程水工建筑物设计、船闸工程闸阀门设计、船闸工程启闭机设计、船闸工程电气设计、升船机工程设计、修造船水工建筑物设计、海港水文、内河与港口水文、环境保护设计、助导航设施设计、地基与基础设计、信息与自动化控制系统设计、消防设计、钢结构设计、通信交管设计等。

5. 施工类：包括桩基码头施工、板桩码头施工、重力式码头施工、防波堤施工、航道整治工程施工、护岸工程施工、疏浚工程施工、通航建筑物工程施工、修造船水工建筑物施工、地基处理、爆破工程施工、设备安装等。

6. 监理类：包括港口工程施工监理、航道工程施工监理、疏浚工程施工监理、通航建筑物工程施工监理、修造船水工建筑物施工监理等。

7. 造价类:包括沿海工程估算、概(预)算;内河工程估算、概(预)算;疏浚工程概(预)算等。

8. 检测类:包括材料检测、结构检测、原型监测等。

9. 维护类:包括水运工程及设备维修、保养、改造加固等。

10. 其他类:包括应急处置、环境保护、安全防护等。

关于开展“十二五”时期水运结构调整示范项目建设工作的通知

交水发〔2011〕608 号　2011.10.31

各省、自治区、直辖市交通运输厅（委），天津市、上海市交通运输和港口管理局，中远、中海、中外运长航、招商局、中交建设集团，主要港口企业，各示范项目承担单位，长江、珠江航务管理局，长江口航道管理局：

为贯彻落实 2011 年全国交通运输工作会议关于加快推进交通运输结构调整的工作部署，促进水运发展方式转变和结构优化，进一步提升水运科学发展水平，我部决定，按照“兴内河、优港口、强海运”的结构调整思路，开展低碳运输、内河船型标准化、铁水联运、现代物流、现代航运服务业、节能减排等一批“十二五”时期水运结构调整示范项目建设工作。现将示范项目名称、承担单位及工作要求通知如下：

一、示范项目

（一）大宗货物低碳运输北江示范项目。

1. 总体目标：引导北江沿线大宗货物选择水路运输方式，缓解银英公路、英佛公路等道路拥堵问题，降低货物运输的能源消耗和废气排放。到 2015 年，北江沿线水泥、建材等大宗货物通过北江运输的比重从 2010 年的 10% 提高到 50%。通过项目示范，研究形成全省大宗货物和集装箱水路运输引导机制和政策体系。

2. 主要内容：吸引大宗货物企业沿江布局，建设北江沿线船闸调度运行管理系统，升级改造英德港等港口基础设施及其集疏运系统，研究开发适应北江航道及其船闸通行的标准化船型，推动水泥等大宗货物运输向物流化发展，加大对银英公路、英佛公路的治超力度，研究建立引导、鼓励北江沿线大宗货物选择水路运输的机制和政策。

3. 承担单位：广东省交通运输厅。

4. 实施时限：2012 年 1 月 ~2015 年 12 月。

（二）集装箱铁水联运示范项目。

首批选择大连—东北地区，天津—华北、西北地区，青岛—郑州及陇海线沿线地区，连云港—阿拉山口沿线地区，宁波—华东地区和深圳—华南、西南地区等 6 条集装箱铁水联运通道开展示范项目建设工作。

1. 总体目标：创新集装箱铁水联运运营管理模式，提高集装箱铁水联运运输效率和效益，提升集装箱运输“门到门”服务质量，促进集装箱铁水联运全面快速发展。到 2015 年，集装箱铁水联运量年均增长 20% 以上。

2. 主要内容：构建铁水联运合作机制，完善联运基础设施，加大铁路运力保障力度，实现铁水联运信息共享，培育和发展铁水联运市场主体，争取地方政府扶持政策，实现操作流程和相关技术标准化。

3. 承担单位：各相关港口集团公司牵头，相关铁路、航运公司参加。

4. 实施时限：2011 年 11 月 ~2015 年 12 月。

（三）内河船型标准化示范项目。

1. 川江及三峡库区船型标准化示范项目。

（1）总体目标：川江及三峡库区船型标准化率达到 75% 以上，货运船舶的平均吨位达到 2000 载重吨以上，船舶安全技术性能明显提高。

（2）主要内容：禁止新开工建造或者改建非标准船进入川江和三峡库区航运市场，自 2013 年 1 月 1 日起，禁止 600 总吨以下的商船通过三峡船闸，禁止生活污水排放达不到规范要求的客船（含载货汽车滚装船）以及单壳油船、单壳化学品船进入三峡库区航运市场；修改完善川江及三峡库区标准船型主尺度系列和标准船型技术方案政策,对现有船舶进行比选认定,建立标准船型评价指标体系,将经济补偿与行政措施有机结合,进一步调动船东淘汰非标船舶的积极性。

(3)承担单位:长江航务管理局,云南、四川、重庆、湖北、湖南、江西、安徽、江苏、上海、河南省(市)港航(航务、运输)管理局(处),长江海事局,长江三峡通航管理局,中国船级社南京、武汉、重庆分社,中国船级社武汉规范研究所。

(4)实施时限:2011 年 11 月 ~2015 年 12 月。

2. 西江航运干线过闸船舶标准化“关后门”示范项目。

(1)总体目标:2012 年 1 月 1 日起新建(含船舶主尺度发生变化的重大改装)西江航运干线过闸船舶应符合《西江航运干线过闸船舶标准船型主尺度系列》要求。

(2)主要内容:公布《西江航运干线过闸船舶标准船型主尺度系列》及配套的管理规定;大力开展社会宣传工作,珠江水系各有关部门对新建船舶按配套管理规定在市场准入、检验、发证和过闸等环节进行把关,确保新建的干货船、液货船、集装箱船和自卸砂船等主要过闸船舶主尺度全部符合《西江航运干线过闸船舶标准船型主尺度系列》要求。

(3)承担单位:珠江航务管理局,广西、广东省(区)交通运输厅。

(4)实施时限:2011 年 11 月 ~2012 年 12 月。

(四)港口物流示范项目。

1. 上海港码头冷链物流示范项目。

(1)总体目标:建立冷冻(藏)食品分拨中心,参与中国冷链物流市场的规范化、信息化发展,降低物流成本,进一步完善港口功能,提高港口的综合实力。

(2)主要内容:在上海港建立冷链物流分拨中心,构建冷链物流实体运营公司,形成港、航、货三位一体的冷链物流合作模式,搭建上海港冷链服务平台,为上海及长三角地区提供进口冷冻(藏)食品的清关、仓储、配送等服务,并通过与上海海关、检验检疫局等政府机构的积极沟通,使冷冻(冷藏)品进出口流程简化和便捷。

(3)承担单位:上港集团物流有限公司。

(4)实施时限:2012 年 1 月 ~2015 年 12 月。

2. 招商局国际冷链物流示范项目。

(1)总体目标:构建全国范围的冷链物流网络,完成国内主要一、二线城市冷链网络的布局,打造国内一流公共冷链服务企业。

(2)主要内容:以“多温区、全产品”的公共冷链服务商为定位,坚持以重资产投资为发展方向,采取收购和自建并举的方式完成冷链物流网络的战略布局,大力发展集“冷链物流、中央厨房、电子商务”等功能为一体的综合性冷链设施,加快业务创新步伐,积极开展全球采购与分销及融通仓等新业务模式。

(3)承担单位:招商局国际有限公司。

(4)实施时限:2011 年 11 月 ~2015 年 12 月。

3. 天津港汽车物流示范项目。

(1)总体目标:规划建设天津港汽车物流中心,全力打造汽车产业集群、配套物流增值服务的新模式和新平台。打造成商品车的海陆换装中心、检验加工中心、仓储分拨中心,形成规模效应,降低物流成本,充分发挥物流信息系统的效用,使整个物流链的效用最大化。

(2)主要内容:加强港口汽车物流业务发展,整合堆场资源,形成年吞吐量 200 万辆汽车的能力;建设天津北疆汽车物流中心项目,发展汽车综合服务功能建设,打造汽车综合服务平台;积极开展过境汽车运输业务,围绕国际中转汽车进行深入研究,在进口汽车通过天津港过境到中亚地区业务上寻求突破;加强货主、船公司和相关物流企业的合作,创造条件满足客户开展专业出口汽车整备中心、进口汽车分拨中心的建设需求。

(3)承担单位:天津港(集团)有限公司。

(4)实施时限:2011 年 11 月 ~2015 年 12 月。

(五)现代航运服务体系建设示范项目。

1. 总体目标:针对上海国际航运中心航运服务体系建设中存

在的问题,提出对策建议,进一步完善航运中心建设的政策、市场环境,提高上海国际航运中心航运资源配置能力。

2. 主要内容:通过对上海国际航运中心建设现状的梳理、研究,提出进一步完善航运服务体系建设的对策建议,推进相关政策试点,发挥“国际航运发展综合试验区”政策优势,形成示范效应。

3. 承担单位:上海市城乡建设和交通委员会。

4. 实施时限:2011 年 11 月 ~2012 年 10 月。

(六)航运企业应对市场结构性变化示范项目。

1. 总体目标:分析研究中国航运公司如何通过有效的战略联营,增强综合竞争力。

2. 主要内容:总结梳理当前国际航运合作的主要模式和发展趋势;重点围绕 CKYH 联营体(中远、川崎、韩进、阳明联合组成)的成长发展、中远通过联盟取得的市场发展和经济效益分析,总结合作经验,明确发展方向;结合国际贸易物流及运输服务需求提升的发展趋势,综合分析联营模式,更好适应市场需求;结合国际航运市场竞争发展趋势,提出中国航运企业开展国际航运合作的基本原则。

3. 承担单位:中国远洋运输(集团)总公司。

4. 实施时限:2011 年 12 月 ~2012 年 12 月。

(七)资源节约型港口建设示范项目。

1. 总体目标:结合苏州港太仓港区三期工程的建设,针对港口建设和运营的关键环节,研究和分析资源节约型集装箱港口资源因素,确定资源节约控制性指标,提炼出资源节约型集装箱港口建设的示范性经验,提升港口建设资源节约建设理念,推动全国资源节约型港口建设。

2. 主要内容:结合苏州港太仓港区三期工程的建设,在工程选址、工程设计、工程施工和港口运营等关键环节,对节约土地资源、节约岸线资源、提高港区运输效率、电力驱动堆场装卸设备、水工结构全寿命设计、施工工艺优化、供水供电及港区照明节能、供暖供热及建筑节能、燃料物料消耗和降低工程造价等方面进行控制。

重点推进免压蒸制桩新工艺,减少压蒸制桩的原材料、能耗和成本;通过先进的仿真模拟技术,优化港区运输布局,提高运输作业效率,减少交通运输能耗;优选配备电动轮胎吊(ERTG),减少污染物排放,降低堆场装卸生产能耗;开展岸电技术和LED照明技术研究,建设环保、节能、绿色港口。通过苏州港太仓港区三期工程资源节约型港口建设,明确资源节约型港口的控制性指标,总结集装箱港口建设的示范性经验,推动全国资源节约型港口建设。

3. 承担单位:太仓港口投资发展有限公司。

4. 实施时限:2011年11月~2012年12月。

(八)调整水运用能结构,建设现代绿色物流链示范项目。

1. 总体目标:结合干散货运输、船舶靠港及堆场等物流链的重要环节,调整用能结构,降低粉尘排放,建设现代绿色物流链。降低船舶运行过程中的用能;调整船舶靠港过程中的用能结构,由用油改成用电,形成较为完善、成熟的船舶使用岸电技术指南,制定有关靠港船舶使用岸电技术规范,并提出相关政策建议;形成具有较强操作性的船舶使用清洁能源新建、改造技术方案;总结、编制带式输送机系统节能运行技术方案和操作规程;解决散货码头粉尘防治关键技术难题,形成相对完整的干散货物流链节能减排技术体系。

2. 主要内容:分析、研究国内靠港船舶使用岸电的政策和技术问题和国外相关措施,通过对高压供电或低压供电方式、港口岸基供电设施与船用接电设施的配套等方面技术的研究,为制定相关标准提供技术支撑;开展应用全电喷控制柴油机的精确喷油技术、油水分离技术等节能减排技术的应用,探索液化天然气(LNG)、电力等新能源作为船舶动力的技术研究,优化船舶运行管理的节能操作,为推广应用提供技术支撑;针对港口带式输送机系统,研究节能减排运行控制技术和操作规程,进行推广应用;在干散货码头的平面布置、装卸工艺与装备、煤炭矿石散货码头粉尘防治、供电系统、运行管理等方面开展关键技术攻关,进行示范工程应用。

3. 承担单位:神华集团有限责任公司。

4. 实施时限:2011 年 11 月 ~2015 年 12 月。

(九)水运信息化建设示范项目。

1. 长江兰家沱至大埠街河段智能航道示范工程。

(1)总体目标:发挥科技信息化的引领作用,以电子航道图为基础,以感知航道与船舶为主线,通过智能航道示范工程建设,到 2015 年,初步建立全面感知、广泛互联、深度融合、智能应用、机制完善的智能航道系统,基本形成长江智能航道体系,实现航标状态自动感知与揭示,提高航标维护正常率;实现航道信息实时、动态、便捷发布,提高航道通过能力和应急保障能力,提升航道服务水平。全面实现示范区范围内航道维护管理科学化、综合服务便捷化、内部管理精细化。

(2)主要内容:研发多功能、具有世界先进水平的长江电子航道图系统;建设长江兰家沱至大埠街河段数字航道,将航道管理和对外服务从传统模式转入数字化和信息化模式;利用现有信息化建设成果构建智能航道体系支撑系统,拓展建设航道与船舶信息感知系统、应用支撑技术平台、应用服务系统等智能航道体系子系统,进一步完善对外提供统一信息服务的网站系统。

(3)承担单位:长江航道局。

(4)实施时限:2012 年 1 月 ~2015 年 12 月。

2. 全国交通电子口岸物流信息平台建设示范项目。

(1)总体目标:依托交通电子口岸建设,主要港口建成区域性物流信息平台,基本建立全国交通电子口岸物流信息平台,有力促进综合运输和现代物流发展。

(2)主要内容:修订《海上国际集装箱运输电子数据交换管理办法》和相关规则;规范和统一电子报文标准和运输信息标准;稳步推进运输单证、港口作业单证、申报单的电子化管理;加快建设进出境船舶电子联检系统;推进建立集装箱多式联运信息服务系统;推进建立区域港航数据中心和信息交换平台;提供集装箱和主要货种运输和物流信息公共服务。

(3)承担单位:天津市、上海市交通运输和港口管理局,大连、连云港、宁波、厦门、深圳市交通运输委员会(港口管理局),大连、天津、连云港、上海、宁波、厦门、深圳港口集团、港航 EDI 中心(交通电子口岸分中心),部水运科学研究院。

(4)实施时限:2011 年 11 月 ~2015 年 12 月。

3. 内河航运综合信息服务系统建设示范项目。

(1)总体目标:建成长三角和京杭运河航运公共信息服务系统,推进港航要素集聚,实现标准化、统一化的信息服务和港航信息资源共享共用,区域内河水运信息化达到国际先进水平,用信息化带动和促进长三角和京杭运河航运的科学发展。

(2)主要内容:编制京杭运河和长三角内河航运综合信息服务管理办法,规范和统一信息申报格式和标准,推进危险品信息申报向电子化管理转变,规范和统一企业和船舶信息化设施配备要求,规范和统一提供航道、港口、运输相关管理信息和服务信息,推进建立船闸联合调度管理信息系统和市场信用信息系统,推进建立区域港航数据中心和信息交换平台,逐步实现水路危险品运输信息全程监控。

(3)承担单位:上海市交通运输和港口管理局,浙江、江苏省交通运输厅,上海组合港管理委员会办公室,中国交通通信信息中心。

(4)完成时限:2011 年 11 月 ~2015 年 12 月。

二、工作要求

(一)加强组织引导。

各有关交通运输、港航管理部门要积极支持示范项目建设工作,制定完善相关政策,加强指导和协调,为示范项目建设创造良好条件,确保示范项目顺利实施。

(二)积极务实推进。

各示范项目承担单位要高度重视,认真研究制定示范项目具体实施方案,于 2011 年 12 月 31 日前报部水运局。要加大人力、物力、财力投入,做好科技攻关和项目实施工作,并于每年 12 月 31 日前将示范项目实施进展情况报所在地交通运输、港航管理部门和部水运局。

(三)强化责任落实。

示范项目涵盖面广,涉及单位多,各承担单位要明确责任分工,加强进度管理,确保项目质量和按期完成。特别是由多家单位共同承担的示范项目,牵头单位要加强统筹协调,参与单位要积极主动做好相关工作,协调一致,形成合力,保证各项工作顺利开展。部水运局将根据各示范项目确定的目标、内容及实施进度对实施情况进行监督检查,并组织考核验收。

(四)做好宣传推广。

各级交通运输、港航管理部门和项目承担单位要充分利用各种宣传途径,广泛、深入开展水运结构调整工作和示范项目的宣传活动,营造良好的氛围,充分调动各方面的积极性。同时,加强示范项目经验总结与推广,扩大示范效应,促进水运结构优化升级。

关于印发全国航道管理与养护发展纲要(2011—2015年)的通知

交水发〔2011〕778号　2011.12.22

各省、自治区、直辖市交通运输厅(委),天津市、上海市交通运输和港口管理局,长江、珠江航务管理局,长江口航道管理局:

为贯彻落实《国务院关于加快长江等内河水运发展的意见》,指导今后5年我国航道管理与养护工作,提高航道管理与养护能力和公共服务水平,我部组织制定了《全国航道管理与养护发展纲要(2011—2015年)》,现予印发。请各地结合各自实际制定实施方案,并认真贯彻执行。

全国航道管理与养护发展纲要
（2011—2015 年）

航道是国家重要的公益性交通基础设施，加强航道管理与养护是实现水路运输畅通、高效、平安、绿色的重要保证。为贯彻落实《国务院关于加快长江等内河水运发展的意见》，明确今后 5 年航道管理与养护工作的指导思想、工作原则、发展目标、主要任务和保障措施，提高航道管理与养护能力和公共服务水平，适应水运和经济社会发展的新要求，制定本纲要。

一、发展现状

《内河航道养护与管理发展纲要（2001—2010 年）》贯彻实施以来，全国航道事业取得了长足发展，航道管理与养护成效显著，管理能力明显提升，航道条件明显改善，养护水平明显提高，公共服务能力明显增强，有力促进了水运和经济社会发展。2010 年，全国内河航道通航里程 12.42 万公里，养护里程 10.22 万公里，沿海航道养护里程 10000 多公里，设标 8000 多座，基本形成了以长江干线、西江航运干线、京杭运河、长江三角洲和珠江三角洲航道网为骨干的干支直达、江海连通的航道网，辽宁、天津、河北、山东、江苏、浙江、广东、广西等省（区、市）15 万～30 万吨沿海深水航道相继建成。水路货运量达到 37.89 亿吨（其中，内河 18.86 亿吨），货物周转量 68427.53 亿吨公里，分别比 2000 年增长 210%、188%，占全社会货运量、货物周转量的 11.7% 和 48.2%。

10 年来，航道立法进程加快，一批部颁规章、地方性航道法规相继发布实施。对《内河通航标准》等技术标准进行了修订，航道法规、标准体系不断完善；航道养护专用航标测量船、大型疏浚船舶等装备和多波束测量系统陆续投入使用，航道养护能力大幅提升；电子航道图、航标遥测遥控系统、太阳能一体化航标灯、同步闪技术、差分 GPS、AIS 等新技术、新材料、新设备在航道养护中推广应用，部分重点航道养护实现了信息化、数字化，航道养护科技含量不断提高；创建国家级文明样板航道1700多公里，省级文明样板航道3000多公里，航道文明建设取得了新成果。

按照建设现代化水运体系的要求，航道管理与养护仍然存在体制机制不适应、法律法规不健全、养护资金少和应急抢通能力不足等问题，需要在今后的工作中认真解决，以进一步提升航道管理养护能力与水平，不断适应水运现代化发展的新要求。

二、发展环境

今后5年，是我国全面建设小康社会的关键时期，是深化改革、加快转变经济发展方式的攻坚时期，也是推进“两型”社会建设，转变交通运输发展方式，大力发展水运的重要战略机遇期。随着工业化、城镇化建设的深入推进，资源、能源和环境的约束日益加剧，经济社会发展与节约资源、保护环境的矛盾日趋突出，区域经济发展和产业布局调整迫切需要充分发挥水运的比较优势，水运在经济社会发展中的地位更加突出。

《国务院关于加快长江等内河水运发展的意见》是国家从加快转变经济发展方式、建设资源节约型和环境友好型社会的高度作出的战略决策，标志着加快内河水运发展上升为国家战略，成为建设综合运输体系的战略重点。《意见》提出，到2020年，国家“两横一纵两网十八线”1.9万公里内河高等级航道建成，全国内河水运货运量达到30亿吨以上。《交通运输“十二五”发展规划》明确提出，到2015年，内河高等级航道里程达到1.3万公里，沿海港口深水泊位达到2214个。水运发展速度将明显加快，在综合运输体系中的比较优势将进一步发挥。随着航道等级逐步提高，通航需求不断扩大，与通航有关的设施建设逐渐增多，航道管理与养护的任务将更加艰巨。

航道管理与养护工作要适应航道建设与发展以及水运现代化的需要，必须加快转变发展方式，提升航道畅通保障、公共服务、科技创新能力，着力加强航道管理，不断提升养护水平，大力推进航道信息化、数字化、智能化建设，为实现航道现代化打下坚实的基础。

三、指导思想和工作原则

（一）指导思想。

全面贯彻落实科学发展观，坚持改革创新，转变发展方式，坚持水资源综合利用，树立建设是发展、管理养护是可持续发展、建管养并重是科学发展的新理念。强化规范管理，推进科学养护，提高保障能力，不断提高航道管理与养护水平，提供优质公共服务，为建设畅通、高效、平安、绿色的现代化水运体系提供有力保障。

（二）工作原则。

1. 深化改革，管养转型。逐步建立健全与航道事业发展相适应的航道管理体制和养护机制，推动航道服务由被动型向主动型转变，管理手段由传统型向智能型转变，养护方式由粗放式向精细化转变。

2. 依法行政，强化管理。加快法律法规和技术标准体系建设，促进航道管理与养护法制化、标准化、规范化。强化行政管理，规范行政行为，有效保护航道资源。

3. 科学统筹，协调发展。统筹建设、管理与养护的协调发展，统筹地区间、流域间的航道管理与养护工作，充分发挥高等级航道的骨干作用。

4. 需求引导，服务至上。以服务经济社会发展为根本，以水运需求为导向，拓展服务内涵，丰富服务形式，提升服务品质。

5. 科技引领，人才强航。加强航道管理与养护的科学理论研究和新技术推广应用。不断完善航道管理养护人才培养、使用机制，推进适应航道事业发展要求的人才队伍建设。

四、发展目标和主要任务

（一）发展目标。

以构建现代化水运体系为中心，以加快转变发展方式为主线，以提高公共服务能力为宗旨，逐步建立统一、高效、协调的航道管理体制和养护机制，建成比较完善的航道法律法规和技术标准体系，基本建成管理规范、养护科学、信息畅通、保障有力的航道公共服务体系，初步形成以资金、科技、人才为核心的航道可持续发展保障体系，建设具有时代气息和行业特色的文化体系。到2015年，实现航道更畅通、更安全、更绿色、更文明、更和谐，总体适应经济社会发展需要。

（二）主要任务。

1. 深化体制机制改革，释放航道活力。

——按照国家关于事业单位分类改革实施指导意见的要求，积极推进航道事业单位分类改革。

——逐步建立以中央和省两级为主、相对集中管理的模式，建立适应航道管理与养护发展的省级航道管理机构。加强航道管理体制和运行机制改革研究，探索内河、沿海主要干线航道管理新模式。

——根据航道的公益性本质特性，以社会效益最大化为目标，强化航道管理机构的专业化养护。同时，发挥市场机制作用，明确市场准入条件。

——研究解决制约枢纽通航的重大问题，逐步建立通航建筑物运行考评体系和责任追究制度，明确相关单位的责任和义务；研究推进干线通航建筑物管理体制改革。

2. 加快法制建设，保障持续发展。

——以《航道法》为重点，着力推进航道法律法规的立法进程，力争出台《航道法》，并做好配套法规的研究和制定工作。充分利用地方立法资源，加快制定地方性航道法规和政府规章，形成比较完善的航道管理与养护法律法规体系。加强航道管理与养护发展的政策研究，积极争取政策支持，促进航道管理与养护科学发展。

——制定长江干线、西江航运干线、运河通航标准，修订《内河通航标准》、《内河航道维护技术规范》等技术标准；制定内河航标、电子航道图、沿海航道养护等技术规范；制定航道养护分类定额，不断完善航道技术标准和养护定额体系。

——加强航道管理与养护制度建设,制修订航道管理与养护工作制度,完善通航建筑物及航电枢纽管理制度,推动航道管理与养护工作制度化、规范化。

3. 强化行政管理,保护航道资源。

——加强对跨、临、拦河(海)等与通航有关设施建设的通航安全影响论证审批工作,加强采砂、勘探等作业对航道影响的审查。

——强化对拦河建筑物的通航标准审批、施工监督、运营监管,实现通航建筑物与枢纽其他设施同步规划、同步建设、同步投入使用,避免出现新的碍航闸坝。推动有复航价值的枢纽、航道逐步进行复航建设和改造。

——做好专设航标行政许可工作,切实加强专设航标日常养护的指导和监督管理。

——加强与通航有关设施的施工、作业对航道影响的现场监管,做好航道专项查验工作。加强对航道及航道设施的巡查与保护,对各种侵占、破坏航道及航道设施的行为依法进行处理、处罚,并责令赔偿、修复。

——完善内河航道技术等级评定工作。

——加强航道行政管理和行政执法监督,进一步完善行政管理和行政执法的责任制度。严格按照交通运输执法检查行为、用语、禁令、风纪以及文书制作等规范要求,规范行为,文明执法。按照交通运输行政执法形象建设的统一部署,统一执法标志、统一执法证件、统一执法工作服装、统一基层执法场所外观,树立良好执法形象。

4. 突出养护重点,提升公共服务能力。

——坚持分类养护,突出重点,兼顾一般。以长江干线、西江航运干线、京杭运河等内河高等级航道、沿海航道和国境国际河流航道为重点,干支联动,推进全国航道养护工作协调发展。

——强化Ⅳ级以上高等级航道的养护,充分发挥高等级航道在水路运输网络中的骨干作用;重点加强运量较大的航道、跨省航道的养护与管理;重视Ⅴ级航道和中西部地区重要航道的养护;注重库区、湖区、山区、沿海陆岛和岛际运输等航道的养护,服务群众便捷出行。

——加强沿海航道管理与养护工作,延伸沿海航道管理养护范围。开展沿海航道普查、测绘等工作,完善基础资料,制定沿海航道通航标准。

——加强国境国际河流航道管理与养护,维护国家航行权益,加强装备配置,完善船舶卧泊基地、越冬锚地等基础设施,初步形成覆盖国境国际河流区域的测绘保障系统,注重国境国际河流航道应急抢通能力建设。

——建立健全统一指挥、反应快速、协调有序、运转高效的航道应急抢通机制,建立完善特殊时段及突发事件的工作预案,规范信息报送和应急处置程序,加强应急抢通队伍建设,配备必要的应急抢通装备,提高航道应急处置能力,确保有效应对航道突发事件。

——完善航道信息发布机制,建立运转高效的信息发布平台,增强信息发布的及时性和准确性,满足经济社会发展对航道信息的需求。

——加强数字航道建设,实现沿海航道电子海图全覆盖,实现长江等主要内河干线航道电子航道图覆盖。

5. 提高工作质量,增强养护能力。

——加强内部管理,认真执行《航道养护管理规定》、《内河航道维护技术规范》等规定规范,建立航道养护质量管理体系。科学制定并严格落实养护计划,规范养护行为,重视航道及航道设施的日常养护、安全生产、基础资料收集和统计等工作,定期开展航道养护管理检查、考核。

——内河高等级航道和沿海航道维护水深年保证率达到95%以上,其他区域重要航道维护水深年保证率达到90%。航道设标里程达到50000公里,实现长江干线、西江航运干线和沿海航道航标遥测遥控全覆盖,其他重要航道积极采用航标遥测遥控技术。

——加强航标养护管理，坚持航标巡查与日常保养，确保标位准确、结构完整、灯光明亮、颜色鲜明，提高航标维护正常率。切实加强重点标位、重要河段航标的养护管理工作，在高等级航道和通航海轮航道上，设置大型浮标和塔型岸标；重要海轮航道重点标位配置雷达应答器，提高助航的可靠性。

——加强航道整治建筑物观测，定期开展技术状况评价，树立预防性养护理念，提高整治建筑物的养护质量，保障整治建筑物功能的有效发挥。充分利用自然水深，主动作为，最大程度地提高航道通过能力。

——加强通航建筑物管理与养护，做到科学管理、合理调度、定期保养、计划维修，确保正常高效运行，为船舶提供安全、及时、方便的服务。

——配备先进测绘装备，运用现代测绘技术，逐步形成快速、准确、高效的测绘能力，加强浅滩、桥区、河口、库尾等重点航段观测，为航道管理养护、应急抢通和数字航道建设提供测绘保障。

——优化资源配置，完善养护船艇、工作船码头、养护站场等设备设施，逐步建成布局合理、功能齐全、技术先进、运行安全、适应水运现代化要求的航道养护装备和设施。

6. 坚持科技创新，推进航道现代化。

——建设长江干线、西江航运干线、京杭运河等数字航道，加快内河电子航道图推广应用。加快航道管理与养护信息化建设，建设航道综合信息服务系统、船闸联合调度系统，逐步实现航道实时动态监测、联网便捷服务。积极开展智能航道研究和建设试点工作。

——开展环保、节能航道养护设备研制，加强通航建筑物管理与养护技术创新，加大航标新材料、新能源、新光源的研究和推广应用力度，推广应用太阳能一体化航标灯，积极推动绿色航道发展。

——加强航道整治建筑物维修、航道减淤、生态航道、船闸运行维护等技术研究和示范应用,形成一批技术新成果。积极推进航道科研基地建设,提升科技创新能力。加强航道管理与养护技术国际交流与合作。

7. 健全协调机制,合力开发水运资源。

——加强与国土、环保、水利、电力、渔业等行业部门的沟通与联系,积极参与涉及航道权益的水利、水电及其他行业的规划、建设过程,倡导联合治水,提高水资源综合利用效能,结合江河治理改善航道通航条件。

——加强部与省、省与省以及行业内部的沟通协调,形成合力。加强对跨省重要航道管理与养护的协调,促进航道资源利用、养护标准和信息服务的有效衔接。

——发挥行业协会等社会中介组织在航道法律法规制定与宣贯培训、政策研究、沟通协调、行业自律以及信息收集与传递等方面的作用。

8. 加强队伍建设,提供人才保障。

——树立和落实以人为本、全面协调可持续的科学发展观,把促进航道事业发展作为人才队伍建设的根本出发点。制定省级航道管理机构的人才规划,加强队伍建设,加大培训教育力度,提高人员综合素质和能力。

——以能力建设为核心,以重点航道管理养护、重大建设工程、重点科研项目和重点科研基地为依托,重点加强高层次科技人才、高技能实用人才、高素质管理人才的培养,造就一批在航道管理与养护重点专业领域中有影响的专业带头人和在交通运输系统有较高知名度的专家;采取培训、轮岗、挂职锻炼等措施,培养一批能满足航道管理与养护综合工作需要的骨干队伍。到2015年末,全国航道管理、养护专业技术人员占职工总数的40%以上;专业技术人员中,具有中级及以上专业技术任职资格的技术人才不低于40%;养护作业人员中,具有中级工及以上技术资格的技能人才达到50%以上;航道行政管理人员整体文化水平达到大专以上。

——健全从业人员岗位职责、能力水平、绩效考评、考核标准等制度体系。建立职工培训机制，利用现有培训资源，建立航道管理与养护培训基地，加强航道养护专业人员的培训。实行职业技能认定和关键岗位从业资格制度。

9. 加强航道文化建设，凝聚行业力量。

——加强职工社会主义核心价值观、职业道德、航道文化教育，不断提升职工的思想素质和职业认同感，增强职工创造力，激发工作热情，强化责任意识。

——加强航道文化建设。以交通运输行业核心价值体系为指导，明确航道管理与养护的使命追求、共同愿景、行业精神和道德规范。构建与文化传统相承接、与时代发展相适应、与航道特色相吻合的航道文化体系，增强行业凝聚力。确定全国统一的徽标，强化品牌效应，增强社会知名度和认同感。

——加强行业先进典型、劳动模范的选树和培养工作，全国航道系统力争培养、选树 5 名以上全国劳动模范。大力弘扬劳模精神，充分发挥先进典型的示范引领作用。

——进一步推进文明样板航道创建，把提高服务能力和水平作为创建活动的出发点和归宿，创新创建方式，丰富创建内涵，提高创建成效。文明样板航道达到 6500 公里，其中国家级文明样板航道 2000 公里，省级文明样板航道 4500 公里。

——开展航道养护示范工程、通航设施管理示范工程建设，精心打造一批内涵丰富、特点突出、体系完备、质量过硬、辐射带动力强的航道品牌。

五、保障措施

（一）提高思想认识，树立科学发展的新理念。

加强航道管理与养护，促进水运科学发展，对于构建安全、畅通、便捷、绿色的交通运输体系，调整优化地区产业布局，促进区域经济协调发展和节能减排具有重要的现实意义。正确把握好建、管、养三者的关系，树立建设是发展，管理养护是可持续发展，建管养并重是科学发展的新理念，以管理为根本，以建设为手段，以养护为保障，切实把航道管理与养护工作提高到更加重要的位置，实现航道更长远、更持久地发展。

（二）加强组织领导，建立监督检查激励机制。

各级交通运输主管部门和航道、海事管理机构要根据各自职责，进一步增强责任感、紧迫感和使命感，把加快航道发展摆在更加突出的位置，以更大的决心、更多的精力、更实的措施支持和促进航道事业发展。要加强领导、统筹安排、整体部署、明确责任、细化管理，及时解决工作中遇到的重大问题。要建立和完善监督、检查、激励机制，根据实际情况，采取自查、抽查、互查、巡查等方式对本纲要的执行情况进行监督检查。

（三）加大资金投入，建立航道管理养护资金保障体系。

各级政府和交通运输主管部门要加大对航道管理与养护的资金投入，加强航道养护设施设备建设和更新，确保日常养护资金需求。建立航道管理养护以中央和地方政府财政投入为主的资金保障体系，将航道管理与养护资金纳入政府财政预算，统筹使用成品油价格和税费改革转移支付资金和规费收入，增加专项养护资金，航电枢纽部分收益用于航道养护，设立地方应急抢通专项资金等，拓宽筹资渠道，积极鼓励和引导社会资本对航道管理养护的投入。同时，要强化对航道管理养护资金的科学管理与使用。

（四）加强舆论引导，营造良好氛围。

充分利用各类新闻媒体和各种宣传形式，制定宣传方案，加强舆论引导，多角度深入开展航道的地位作用、发展形势、政策法规、经验成就、行业先进人物、典型事迹的宣传，增强航道发展的凝聚力、向心力，营造良好的舆论氛围和社会环境。

站在新起点，迎接新挑战，抢抓新机遇，谱写新篇章。各级交通运输主管部门和航道、海事管理机构要按照发展现代交通运输业的总体要求，转变观念，开拓创新，积极研究新情况、解决新问题、实现新突破，认真贯彻落实本纲要提出的各项任务，为实现水运现代化而努力奋斗。

运 输 管 理

出租汽车驾驶员从业资格管理规定

交通运输部令2011年第13号　2011.12.26

第一章　总　则

第一条　为了规范出租汽车驾驶员从业行为，提升出租汽车客运服务水平，根据国家有关规定，制定本规定。

第二条　出租汽车驾驶员的从业资格管理适用本规定。

第三条　国家对从事出租汽车客运服务的驾驶员实行从业资格制度。

从业资格制度包括考试、注册、继续教育和从业资格证件管理制度。

第四条　出租汽车驾驶员从业资格管理工作应当公平、公正、公开和便民。

第五条　出租汽车驾驶员应当依法经营、诚实守信、文明服务、保障安全。

第六条　交通运输部负责指导全国出租汽车驾驶员从业资格管理工作。

县级以上地方人民政府交通运输主管部门负责组织领导本行政区域内的出租汽车驾驶员从业资格管理工作。

县级以上道路运输管理机构（含出租汽车管理机构，下同）具体实施本行政区域内的出租汽车驾驶员从业资格管理工作。

第二章　考　试

第七条　出租汽车驾驶员从业资格考试包括全国公共科目和

区域科目考试。

全国公共科目考试是对国家出租汽车法律法规、职业道德、服务规范、安全运营等具有普遍规范要求的知识测试;区域科目考试是对地方出租汽车政策法规、经营区域人文地理和交通路线等具有区域服务特征的知识测试。

第八条 出租汽车驾驶员从业资格考试实行全国统一考试大纲,按照交通运输部编制的考试工作规范和程序组织实施。

交通运输主管部门应当建立相应的考试题库。全国公共科目考试题库由交通运输部负责编制;区域科目考试题库由设区的市级道路运输管理机构在省级道路运输管理机构指导下编制,直辖市所属区域科目考试题库由直辖市所属省级道路运输管理机构负责编制。

第九条 拟从事出租汽车客运服务的驾驶员,应当填写《出租汽车驾驶员从业资格证申请表》(式样见附件1),向所在地设区的市级道路运输管理机构申请参加出租汽车驾驶员从业资格考试。

第十条 申请参加出租汽车驾驶员从业资格考试的,应当符合下列条件:

(一)取得相应的机动车驾驶证3年以上;

(二)近3年内无重大以上且负同等以上责任的交通事故。

第十一条 申请参加出租汽车驾驶员从业资格考试的,应当提供符合第十条规定的证明材料:

(一)机动车驾驶证及复印件;

(二)有关部门或者单位出具的近3年内无重大以上且负同等以上责任的交通事故记录证明;

(三)身份证明及复印件。

第十二条 设区的市级道路运输管理机构对符合申请条件的申请人,应当按照出租汽车驾驶员从业资格考试工作规范及时安排考试。

首次参加出租汽车驾驶员从业资格考试的申请人,全国公共科目和区域科目考试应当在首次申请考试的区域完成。

第十三条 设区的市级道路运输管理机构应当在考试结束10日内公布考试成绩。考试合格成绩有效期为3年。

全国公共科目考试成绩在全国范围内有效,区域科目考试成绩在所在地行政区域内有效。

第十四条 出租汽车驾驶员从业资格考试全国公共科目和区域科目考试均合格的,设区的市级道路运输管理机构应当自公布考试成绩之日起10日内核发《中华人民共和国道路运输从业人员从业资格证》(以下简称从业资格证)。

出租汽车驾驶员从业资格证式样参照《道路运输从业人员管理规定》(交通部令2006年第9号)规定执行。从业资格电子证件另行规定。

第十五条 出租汽车驾驶员到从业资格证发证机关核定的范围外从事出租汽车客运服务的,应当参加当地的区域科目考试。区域科目考试合格的,由当地设区的市级道路运输管理机构核发从业资格证。

第三章 注 册

第十六条 取得从业资格证的出租汽车驾驶员,应当经道路运输管理机构从业资格注册后,方可从事出租汽车客运服务。

出租汽车驾驶员从业资格注册有效期为3年。

第十七条 出租汽车经营者应当聘用取得从业资格证的出租汽车驾驶员,并在出租汽车驾驶员办理从业资格注册后再安排上岗。

第十八条 申请从业资格注册或者延续注册的出租汽车驾驶员,应当填写《出租汽车驾驶员从业资格注册登记表》(式样见附件2),持其从业资格证及与出租汽车经营者签订的劳动合同或者聘用协议或者经营合同,到发证机关所在地的市、县级道路运输管理机构申请注册。

个体出租汽车经营者自己驾驶出租汽车从事经营活动的，持其从业资格证及车辆运营证申请注册。

第十九条 受理注册申请的道路运输管理机构应当在5日内办理完结注册手续，并在从业资格证中加盖注册章。

第二十条 出租汽车驾驶员注册有效期届满需继续从事出租汽车客运服务的，应当在有效期届满30日前，向所在地市、县级道路运输管理机构申请延续注册。

第二十一条 出租汽车驾驶员不具有完全民事行为能力，或者受到刑事处罚且刑事处罚尚未执行完毕的，不予延续注册。

第二十二条 出租汽车驾驶员在从业资格注册有效期内，与出租汽车经营者解除劳动合同、聘用协议或者经营合同的，应当在20日内向原注册机构报告，并申请注销注册。

出租汽车驾驶员变更服务单位的，应当重新申请注册。

第四章 继续教育

第二十三条 出租汽车驾驶员在注册期内应当按规定完成继续教育。

继续教育周期自出租汽车驾驶员从业资格注册之日起计算。

第二十四条 出租汽车驾驶员继续教育周期为3年。

出租汽车驾驶员在每个连续计算的继续教育周期内，应当接受不少于54学时的继续教育。出租汽车驾驶员累计注册时间满3年的，也应当接受不少于54学时的继续教育。

取得从业资格证超过3年未申请注册的，注册后应当在1年内完成不少于27学时的继续教育。

第二十五条 交通运输部统一制定出租汽车驾驶员继续教育大纲并向社会公布。继续教育大纲内容包括出租汽车相关政策法规、社会责任和职业道德、服务规范、安全运营和节能减排知识等。

第二十六条 出租汽车驾驶员继续教育以出租汽车企业为主组织实施。

具备条件的出租汽车企业经市、县级道路运输管理机构备案后，组织开展出租汽车驾驶员继续教育工作。不具备条件的出租汽车企业和个体出租汽车驾驶员的继续教育工作，由其他继续教育机构承担，具体包括以下形式：

（一）交通运输部或者省级交通运输主管部门备案的网络远程继续教育；

（二）在县级以上道路运输管理机构备案的其他继续教育形式。

第二十七条 出租汽车驾驶员完成继续教育后，应当由出租汽车经营者向所在地市、县级道路运输管理机构报备，道路运输管理机构在出租汽车驾驶员从业资格证中予以记录。

第二十八条 道路运输管理机构应当加强对出租汽车企业和继续教育机构组织继续教育情况的监督检查。

第二十九条 出租汽车企业和继续教育机构应当建立学员培训档案，将继续教育计划、继续教育师资情况、参培学员登记表等纳入档案管理，并接受道路运输管理机构的监督检查。

第三十条 出租汽车企业和继续教育机构违反本规定，有下列情形之一的，由道路运输管理机构责令改正：

（一）未经备案擅自从事继续教育或者提供虚假继续教育资料的；

（二）未按照继续教育大纲要求组织相应继续教育的；

（三）发布继续教育虚假信息的。

第五章 从业资格证件管理

第三十一条 出租汽车驾驶员从业资格证由交通运输部统一制发并制定编号规则。设区的市级道路运输管理机构负责从业资格证的发放和管理工作。

第三十二条 出租汽车驾驶员从业资格证遗失、毁损的，应当到原发证机关办理证件补（换）发手续。

第三十三条 出租汽车驾驶员办理从业资格证补(换)发手续,应当填写《出租汽车驾驶员从业资格证补(换)发登记表》(式样见附件3)。道路运输管理机构应当对符合要求的从业资格证补(换)发申请予以办理。

第三十四条 出租汽车驾驶员在从事出租汽车客运服务时,应当携带从业资格证。

第三十五条 出租汽车驾驶员从业资格证不得转借、出租、涂改、伪造或者变造。

第三十六条 出租汽车经营者应当维护出租汽车驾驶员的合法权益,为出租汽车驾驶员从业资格注册、继续教育等提供便利。

第三十七条 市、县级道路运输管理机构应当加强对出租汽车驾驶员的从业管理,将其违法行为记录作为服务质量信誉考核的依据。

第三十八条 市、县级道路运输管理机构应当建立出租汽车驾驶员从业资格管理档案。

出租汽车驾驶员从业资格管理档案包括:从业资格考试申请材料、从业资格证申请、注册及补(换)发记录、违法行为记录、交通责任事故情况、继续教育记录和服务质量信誉考核结果等。

第三十九条 出租汽车驾驶员有下列情形之一的,由发证机关注销其从业资格证。从业资格证被注销的,应当及时收回;无法收回的,由发证机关公告作废。

(一)持证人死亡的;

(二)持证人申请注销的;

(三)持证人达到法定退休年龄的;

(四)持证人机动车驾驶证被注销或者被吊销的;

(五)因身体健康等其他原因不宜继续从事出租汽车客运服务的。

第四十条 出租汽车驾驶员有下列不具备安全运营条件情形之一的,由发证机关撤销其从业资格证,并公告作废:

(一)持证人身体健康状况不再符合从业要求且没有主动申

请注销从业资格证的；

（二）发生重大以上且负同等以上责任的交通事故的。

第四十一条 出租汽车驾驶员在运营过程中，应当遵纪守法、文明行车、优质服务。出租汽车驾驶员不得有下列行为：

（一）拒载；

（二）议价；

（三）途中甩客；

（四）故意绕道行驶。

出租汽车驾驶员有本条前款违法行为的，应当加强继续教育；情节严重的，道路运输管理机构应当对其延期注册。

第六章 法律责任

第四十二条 违反本规定，有下列行为之一的人员，由县级以上道路运输管理机构责令改正，并处200元以上2000元以下的罚款；构成犯罪的，依法追究刑事责任：

（一）未取得从业资格证或者超越从业资格证核定范围，驾驶出租汽车从事经营活动的；

（二）使用失效、伪造、变造的从业资格证，驾驶出租汽车从事经营活动的；

（三）转借、出租、涂改从业资格证的。

第四十三条 违反本规定，出租汽车驾驶员有下列行为之一的，由县级以上道路运输管理机构责令改正，并处50元以上200元以下的罚款：

（一）不按照规定携带从业资格证的；

（二）未办理注册手续驾驶出租汽车从事经营活动的；

（三）拒载、议价、途中甩客或者故意绕道行驶的。

第四十四条 违反本规定，有下列行为之一的出租汽车经营者，由县级以上道路运输管理机构责令改正，并处1000元以上3000元以下的罚款：

（一）聘用未取得从业资格证的人员，驾驶出租汽车从事经营活动的；

（二）聘用未按规定办理注册手续的人员，驾驶出租汽车从事经营活动的；

（三）不按照规定组织实施继续教育的。

第四十五条 违反本规定，道路运输管理机构及工作人员有下列情形之一的，对直接负责的主管人员和其他直接责任人员，依法给予行政处分；构成犯罪的，依法追究刑事责任：

（一）未按规定的条件、程序和期限组织从业资格考试及核发从业资格证的；

（二）发现违法行为未及时查处的；

（三）索取、收受他人财物及谋取其他不正当利益的；

（四）其他违法行为。

第七章 附 则

第四十六条 本规定实施前已取得出租汽车驾驶员从业资格的，可在原证件有效期内申请换发新的从业资格证，并按规定进行注册。

第四十七条 本规定自2012年4月1日起施行。

附件 1

出租汽车驾驶员从业资格证申请表

<table>
<tr><td>姓　　名</td><td></td><td>性　　别</td><td></td><td colspan="3" rowspan="4">照片</td></tr>
<tr><td>住　　址</td><td colspan="3">（电话）</td></tr>
<tr><td>身份证号</td><td colspan="3"></td></tr>
<tr><td>培训单位</td><td colspan="3"></td></tr>
<tr><td>机动车驾驶证
准驾车型</td><td></td><td>初领机动车
驾驶证日期</td><td colspan="4">年　　月　　日</td></tr>
<tr><td>材料清单</td><td colspan="6">申请材料清单：
□ 机动车驾驶证及复印件
□ 3 年内无重大以上且负同等以上责任的交通事故记录证明
□ 身份证明及复印件
□ 近期 1 寸彩色照片</td></tr>
<tr><td>承　　诺</td><td colspan="6">本人承诺上述所有内容真实、有效，并承担由此产生的法律责任。
本人签字：　　　　日期：</td></tr>
<tr><td rowspan="3">考试记录</td><td>类　　别</td><td>考试时间</td><td>成　　绩</td><td>考核员</td><td colspan="2">考核员</td></tr>
<tr><td>全国公共
科目考试</td><td></td><td></td><td></td><td colspan="2"></td></tr>
<tr><td>区域科目考试</td><td></td><td></td><td></td><td colspan="2"></td></tr>
<tr><td>管理部门意见</td><td colspan="6">经审核：
□ 同意发证（具备从业资格条件，且从业资格考试成绩合格）。
□ 不同意发证，理由：＿＿＿＿＿＿＿＿＿＿
（盖章）
年　　月　　日</td></tr>
<tr><td rowspan="3">从业资格证
发放</td><td>从业资格证号</td><td colspan="5"></td></tr>
<tr><td>发放人（签字）</td><td></td><td>日　　期</td><td colspan="3"></td></tr>
<tr><td>领取人（签字）</td><td></td><td>日　　期</td><td colspan="3"></td></tr>
</table>

注：1. 此表为申请核发从业资格证的原始记录，须存入从业资格管理档案。

2. 此表考试记录为考生参加从业资格考试后的相关信息，可将考试成绩单等一并存入从业资格管理档案。

附件2

出租汽车驾驶员从业资格注册登记表

<table>
<tr><td>姓　　名</td><td colspan="2"></td><td>性　　别</td><td></td><td rowspan="4">照片</td></tr>
<tr><td>住　　址</td><td colspan="4">（电话）</td></tr>
<tr><td>注册服务单位</td><td colspan="4">（电话）</td></tr>
<tr><td>身份证号</td><td colspan="4"></td></tr>
<tr><td>从业资格证号</td><td colspan="5"></td></tr>
<tr><td>申请种类</td><td colspan="5">□注册　　□延续注册</td></tr>
<tr><td>材料清单</td><td colspan="2">注册材料清单：
□ 从业资格证及复印件
□ 劳动合同、聘用协议或者经营合同原件及复印件</td><td colspan="3">延续注册材料清单：
□ 从业资格证及复印件
□ 劳动合同、聘用协议或者经营合同原件及复印件
□ 继续教育记录</td></tr>
<tr><td>承　　诺</td><td colspan="5">本人承诺上述所有内容真实、有效，并承担由此产生的法律责任。
本人签字：　　日期：</td></tr>
<tr><td>管理部门意见</td><td colspan="5">经审核，□ 同意注册；□ 不同意注册，理由：________
（盖章）
年　　月　　日</td></tr>
<tr><td rowspan="3">证件注册信息</td><td>从业资格证号</td><td colspan="4"></td></tr>
<tr><td>从业资格证注册有效期</td><td></td><td>注册日期</td><td colspan="2"></td></tr>
<tr><td>经办人（签字）</td><td></td><td>日　　期</td><td colspan="2"></td></tr>
</table>

注：此表为申请从业资格证注册的原始记录，须存入从业资格管理档案。

附件3

出租汽车驾驶员从业资格证补(换)发申请表

姓　　名		性　别		照片
住　　址	(电话)			
身份证号				
机动车驾驶证准驾车型		初领机动车驾驶证日期	年　月　日	
原从业资格证件号		初领从业资格证件日期	年　月　日	
申请种类	□ 补发　□ 换发			
承　　诺	本人承诺上述所有内容真实、有效，并承担由此产生的法律责任。 本人签字：　　日期：			
管理部门意见	经审核， □ 同意补(换)发证件； □ 不同意补(换)发证件，理由：＿＿＿＿ (盖章) 年　月　日			
从业资格证发放	从业资格证号			
	发放人(签字)		日　期	
	领取人(签字)		日　期	

关于发布第37批高级客车类型划分及等级评定表的通知

交运发〔2011〕20号　2011.1.27

各省、自治区、直辖市、新疆生产建设兵团及计划单列市交通运输厅(局、委)：

根据《营运客车类型划分及等级评定规则》(交公路发〔2002〕590号)规定，现发布《高级客车类型划分及等级评定表》(第37批)，请认真贯彻执行。

附件：1. 高级客车类型划分及等级评定表
2. 车型等级对照表
3. 关于《高级客车类型划分及等级评定表》的说明
4. 企业名称与厂家简称对照表

附件1

高级客车类型划分及等级评定表

技术参数 ＼ 厂家 / 车型	北京北方 BFC6120 A2-2	北京北方 BFC6120 B2-2	北京北方 BFC6120 A2	上海申龙 SLK6126 F6AN	上海申龙 SLK6940 F2A3	上海申龙 SLK6602 C1G3
评定类型及等级	大型高二级	大型高二级	大型高一级	大型高一级	大型高一级	小型高一级
车身长度(mm)	12000	12000	12000	11995	9395	5995
座位数＋司机＋导游 ≤	49＋1＋1	49＋1＋1	53(51) ＋1＋1	53(51) ＋1＋1	35＋1＋1	16＋1
额定功率(kw) ≥	243	247	243	220	169	92
比功率(kw/t) ≥	13.5	13.5	12	12	12	19
最高车速(km/h) ≥	120	120	110	110	110	105
匀速车内噪声[dB(A)] ≤	69	69	72	72	72	72
发动机位置	后	后	后	后	后	前
乘客门位置	前中	前中	前(前中)＊	前(前中)＊	前中	中
车内通道宽(mm) ≥	350	350	350	350	350	300
悬架类型	A	A	A	B	B	E
盘式制动器	装置	装置	—	—	—	—
ABS(一类)	装置	装置	装置	装置	装置	装置
蹄片间隙自调装置	装置	装置	装置	装置	装置	装置
缓行器	装置	装置	装置	装置	装置	—
底盘自动润滑系统	装置	装置	—	—	—	—
旋压车轮	装置	装置	装置	装置	装置	装置
无内胎子午线轮胎	装置	装置	装置	装置	装置	—
座间距(同向)(mm) ≥	750	750	720	720	720	670
座垫宽(mm) ≥	440	440	440	440	440	440
座椅深(mm) ≥	440	440	440	440	440	440
靠背高(mm) ≥	720	720	680	680	680	680
靠背角度可调	装置	装置	装置	装置	装置	装置
扶手(靠通道处)	可调	可调	可调	可调	可调	可调
座椅脚蹬	可调	可调	可调	可调	可调	—
座椅横移(向通道)(mm) ≥	60	60	60	60	60	—
座椅汽车安全带	装置	装置	装置	装置	装置	装置
空气调节装置	冷暖	冷暖	冷暖	冷暖	冷暖	冷暖
卫生间(位置)	中	中	—	—	—	—
影视设备	装置	装置	装置	装置	装置	—
饮水设备或冰箱	装置	装置	装置	装置	装置	—
CAN 总线	装置	装置	—	—	—	—
车桥随动转向	—	—	—	—	—	—
行驶记录仪	装置	装置	装置	装置	装置	—
发动机舱自动灭火装置	装置	装置	装置	装置	装置	—
人均行李舱容积(m^3/人) ≥	0.17	0.17	0.15	0.075	0.11	—
特殊结构说明				天然气		

＊注释:“(　)”表示可选配置。

续上表

技术参数 \ 车型 \ 厂家		苏州金龙 KLQ6145 DE42	苏州金龙 KLQ6145 DE41	苏州金龙 KLQ6125 DE4	苏州金龙 KLQ6125 DE42	苏州金龙 KLQ6125 BE41	苏州金龙 KLQ6798 QE41
评定类型及等级		特大型高二级	特大型高一级	大型高三级	大型高二级	大型高一级	中型高一级
车身长度(mm)		13700	13700	12000	12000	12000	7948
座位数+司机+导游	≤	61+1+1	65+1+1	47+1+1	53+1+1	53(51)+1+1	21+1+1
额定功率(kw)	≥	273	251	254	243	221	132
比功率(kw/t)	≥	12	11	15	13.5	12	13
最高车速(km/h)	≥	120	110	125	120	110	110
匀速车内噪声[dB(A)]	≤	69	72	66	69	72	72
发动机位置		后	后	后	后	后	后
乘客门位置		前中	前中	前中	前中	前(前中)*	前
车内通道宽(mm)	≥	350	350	350	350	350	350
悬架类型		A	A	A	A	B	B、C
盘式制动器		装置	装置	装置	装置	—	—
ABS(一类)		装置	装置	装置	装置	装置	装置
蹄片间隙自调装置		装置	装置	装置	装置	装置	装置
缓行器		装置	装置	装置	装置	装置	—
底盘自动润滑系统		装置	装置	装置	装置	—	—
旋压车轮		装置	装置	装置	装置	装置	装置
无内胎子午线轮胎		装置	装置	装置	装置	装置	装置
座间距(同向)(mm)	≥	750	720	770	750	720	720
座垫宽(mm)	≥	440	440	450	440	440	440
座椅深(mm)	≥	440	440	440	440	440	440
靠背高(mm)	≥	720	680	720	720	680	680
靠背角度可调		装置	装置	装置	装置	装置	装置
扶手(靠通道处)		可调	可调	可调	可调	可调	可调
座椅脚蹬		可调	可调	可调	可调	可调	—
座椅横移(向通道)(mm)	≥	60	60	60	60	60	60
座椅汽车安全带		装置	装置	装置	装置	装置	装置
空气调节装置		冷暖	冷暖	冷暖	冷暖	冷暖	冷暖
卫生间(位置)		中	—	中	中	—	—
影视设备		装置	装置	装置	装置	装置	装置
饮水设备或冰箱		装置	装置	装置	装置	装置	装置
CAN 总线		装置	—	装置	装置	—	—
车桥随动转向		3 桥	3 桥	—	—	—	—
行驶记录仪		装置	装置	装置	装置	装置	装置
发动机舱自动灭火装置		装置	装置	装置	装置	装置	—
人均行李舱容积(m^3/人)	≥	0.15	0.13	0.19	0.17	0.15	0.06
特殊结构说明		低驾驶区	低驾驶区	低驾驶区	低驾驶区		

*注释:“( )”表示可选配置。

续上表

技术参数 \ 车型 \ 厂家		江苏女神	江苏友谊	常州黄海	依维柯	九龙汽车	安徽安凯
车型		JB6110K	ZGT6820DHG	DD6110K01	NJ6745CE2	HKL6600C	HFF6100LK10D
评定类型及等级		大型高一级	中型高一级	大型高一级	中型高一级	小型高一级	大型高一级
车身长度(mm)		11200	8150	10800	7445	5990	10490
座位数 + 司机 + 导游	≤	49(47)+1+1	29+1+1	45+1+1	22+1+1	15+1+1	45(43)+1+1
额定功率(kw)	≥	206	132	177	92	75	177
比功率(kw/t)	≥	12	13	12	13	19	12
最高车速(km/h)	≥	110	110	110	110	105	110
匀速车内噪声[dB(A)]	≤	72	72	72	72	72	72
发动机位置		后	后	后	前	前	后
乘客门位置		前(前中)*	前	前	前	前中	前(前中)*
车内通道宽(mm)	≥	350	350	350	350	300	350
悬架类型		B	C	B	E	E	B
盘式制动器		—	—	—	—	—	—
ABS(一类)		装置	装置	装置	装置	装置	装置
蹄片间隙自调装置		装置	装置	装置	装置	装置	装置
缓行器		装置	—	装置	—	—	装置
底盘自动润滑系统		—	—	—	—	—	—
旋压车轮		装置	装置	装置	装置	—	装置
无内胎子午线轮胎		装置	装置	装置	装置	—	装置
座间距(同向)(mm)	≥	720	720	720	720	670	720
座垫宽(mm)	≥	440	440	440	440	440	440
座椅深(mm)	≥	440	440	440	440	440	440
靠背高(mm)	≥	680	680	680	680	680	680
靠背角度可调		装置	装置	装置	装置	装置	装置
扶手(靠通道处)		可调	可调	可调	可调	可调	可调
座椅脚蹬		可调	—	可调	—	—	可调
座椅横移(向通道)(mm)	≥	60	60	60	60	—	60
座椅汽车安全带		装置	装置	装置	装置	装置	装置
空气调节装置		冷暖	冷暖	冷暖	冷暖	冷暖	冷暖
卫生间(位置)		—	—	—	—	—	—
影视设备		装置	装置	装置	装置	—	装置
饮水设备或冰箱		装置	装置	装置	装置	—	装置
CAN 总线		—	—	—	—	—	—
车桥随动转向		—	—	—	—	—	—
行驶记录仪		装置	装置	装置	装置	—	装置
发动机舱自动灭火装置		装置	—	装置	—	—	装置
人均行李舱容积(m^3/人)	≥	0.15	0.09	0.13	—	—	0.13
特殊结构说明							

*注释:“( )”表示可选配置。

续上表

技术参数 \ 车型 \ 厂家	金华青年 JNP6126B	金华青年 JNP6900H	郑州宇通 ZK6147 HBA	郑州宇通 ZK6147 HNDA	郑州宇通 ZK6120 R41BA	郑州宇通 ZK6127 HNQCA
评定类型及等级	大型高二级	中型高二级	特大型高二级	特大型高一级	大型高二级	大型高一级
车身长度(mm)	12000	9000	13670	13670	12000	12000
座位数+司机+导游 ≤	47+1+1	33+1+1	55(53)+1+1	59+1+1	45(43)+1+1	57(55)+1+1
额定功率(kw)≥	265	183.9	275	280	243	280
比功率(kw/t) ≥	13.5	14	12	11	13.5	12
最高车速(km/h) ≥	120	115	120	110	120	110
匀速车内噪声[dB(A)] ≤	69	70	69	72	69	72
发动机位置	后	后	后	后	后	后
乘客门位置	前中	前	前中(前后)*	前中(前后)*	前中(前后)*	前(前中)*
车内通道宽(mm) ≥	350	350	350	350	350	350
悬架类型	A	B	B	B	B	B
盘式制动器	装置	—	装置	装置	装置	—
ABS(一类)	装置	装置	装置	装置	装置	装置
蹄片间隙自调装置	装置	装置	装置	装置	装置	装置
缓行器	装置	装置	装置	装置	装置	装置
底盘自动润滑系统	装置	装置	装置	装置	装置	—
旋压车轮	装置	装置	装置	装置	装置	装置
无内胎子午线轮胎	装置	装置	装置	装置	装置	装置
座间距(同向)(mm) ≥	750	750	750	720	750	720
座垫宽(mm) ≥	440	440	440	440	440	440
座椅深(mm) ≥	440	440	440	440	440	440
靠背高(mm) ≥	720	720	720	680	720	680
靠背角度可调	装置	装置	装置	装置	装置	装置
扶手(靠通道处)	可调	可调	可调	可调	可调	可调
座椅脚蹬	可调	可调	可调	可调	可调	可调
座椅横移(向通道)(mm) ≥	60	60	60	60	60	60
座椅汽车安全带	装置	装置	装置	装置	装置	装置
空气调节装置	冷暖	冷暖	冷暖	冷暖	冷暖	冷暖
卫生间(位置)	中	—	中(后)*	—	中(后)*	—
影视设备	装置	装置	装置	装置	装置	装置
饮水设备或冰箱	装置	装置	装置	装置	装置	装置
CAN 总线	装置	—	装置	—	装置	—
车桥随动转向	—	—	3桥	3桥	—	—
行驶记录仪	装置	装置	装置	装置	装置	装置
发动机舱自动灭火装置	装置	—	装置	装置	装置	装置
人均行李舱容积(m^3/人) ≥	0.17	0.10	0.15	0.065	0.17	0.075
特殊结构说明				天然气		低驾天然气

*注释:“( )”表示可选配置。

续上表

技术参数 \ 厂家 / 车型	洛阳中集 CLY6810 HDA	华晨金杯 SY6548 MS3BH	江铃全顺 JX6581 T-M4	江铃全顺 JX6581 T-H4	江铃全顺 JX6501 T-M4	江铃全顺 JX6501 T-L4
评定类型及等级	中型高一级	小型高一级	小型高一级	小型高一级	小型高一级	小型高一级
车身长度(mm)	8145	5420	5780	5780	4963	4963
座位数+司机+导游 ≤	31+1+1	12+1+1	14+1	14+1	11+1	11+1
额定功率(kw) ≥	132	102	103	103	103	103
比功率(kw/t) ≥	13	19	19	19	19	19
最高车速(km/h) ≥	110	105	105	105	105	105
匀速车内噪声[dB(A)] ≤	72	72	72	72	72	72
发动机位置	后	前	前	前	前	前
乘客门位置	前	前中	前中	前中	前中	前中
车内通道宽(mm) ≥	350	300	300	300	300	300
悬架类型	B	E	E	E	E	E
盘式制动器	—	—	—	—	—	—
ABS(一类)	装置	装置	装置	装置	装置	装置
蹄片间隙自调装置	装置	装置	装置	装置	装置	装置
缓行器	—	—	—	—	—	—
底盘自动润滑系统	—	—	—	—	—	—
旋压车轮	装置	—	—	—	—	—
无内胎子午线轮胎	装置	—	—	—	—	—
座间距(同向)(mm) ≥	720	670	670	670	670	670
座垫宽(mm) ≥	440	440	440	440	440	440
座椅深(mm) ≥	440	440	440	440	440	440
靠背高(mm) ≥	680	680	680	680	680	680
靠背角度可调	装置	装置	装置	装置	装置	装置
扶手(靠通道处)	可调	可调	可调	可调	可调	可调
座椅脚蹬	—	—	—	—	—	—
座椅横移(向通道)(mm) ≥	60	—	—	—	—	—
座椅汽车安全带	装置	装置	装置	装置	装置	装置
空气调节装置	冷暖	冷暖	冷暖	冷暖	冷暖	冷暖
卫生间(位置)	—	—	—	—	—	—
影视设备	装置	—	—	—	—	—
饮水设备或冰箱	装置	—	—	—	—	—
CAN 总线	—	—	—	—	—	—
车桥随动转向	—	—	—	—	—	—
行驶记录仪	装置	—	—	—	—	—
发动机舱自动灭火装置	—	—	—	—	—	—
人均行李舱容积(m^3/人) ≥	0.09	—	—	—	—	—
特殊结构说明						

*注释:“( )”表示可选配置。

续上表

技术参数 \ 厂家 / 车型	厦门金龙 XMQ6129 DY4A	厦门金龙 XMQ6128 AY4B	厦门金龙 XMQ6129 EY4C	厦门金龙 XMQ6898 Y6	厦门金龙 XMQ6898 Y7	厦门金旅 XML6128 M18
评定类型及等级	大型高三级	大型高二级	大型高一级	中型高二级	中型高一级	大型高三级
车身长度(mm)	11950	12000	12000	8945	8945	11985
座位数+司机+导游 ≤	45+1+1	47+1+1	57(55)+1+1	37(35)+1+1	37(35)+1+1	53+1+1
额定功率(kw) ≥	258	243	220	169	155	297
比功率(kw/t) ≥	15	13.5	12	14	13	15
最高车速(km/h) ≥	125	120	110	115	110	125
匀速车内噪声[dB(A)] ≤	66	69	72	70	72	66
发动机位置	后	后	后	后	后	后
乘客门位置	前中	前(前中)*	前(前中)*	前(前中)*	前(前中)*	前中
车内通道宽(mm) ≥	350	350	350	350	350	350
悬架类型	A	B	B	B	B、C	A
盘式制动器	装置	装置	—	—	—	装置
ABS(一类)	装置	装置	装置	装置	装置	装置
蹄片间隙自调装置	装置	装置	装置	装置	装置	装置
缓行器	装置	装置	装置	装置	—	装置
底盘自动润滑系统	装置	装置	—	装置	—	装置
旋压车轮	装置	装置	装置	装置	装置	装置
无内胎子午线轮胎	装置	装置	装置	装置	装置	装置
座间距(同向)(mm) ≥	770	750	720	750	720	770
座垫宽(mm) ≥	450	440	440	440	440	450
座椅深(mm) ≥	440	440	440	440	440	440
靠背高(mm) ≥	720	720	680	720	680	720
靠背角度可调	装置	装置	装置	装置	装置	装置
扶手(靠通道处)	可调	可调	可调	可调	可调	可调
座椅脚蹬	可调	可调	可调	可调	—	可调
座椅横移(向通道)(mm) ≥	60	60	60	60	60	60
座椅汽车安全带	装置	装置	装置	装置	装置	装置
空气调节装置	冷暖	冷暖	冷暖	冷暖	冷暖	冷暖
卫生间(位置)	中	中	—	—	—	中
影视设备	装置	装置	装置	装置	装置	装置
饮水设备或冰箱	装置	装置	装置	装置	装置	装置
CAN 总线	装置	装置	—	—	—	装置
车桥随动转向	—	—	—	—	—	—
行驶记录仪	装置	装置	装置	装置	装置	装置
发动机舱自动灭火装置	装置	装置	装置	—	—	装置
人均行李舱容积(m^3/人) ≥	0.19	0.17	0.15	0.10	0.09	0.19
特殊结构说明			低驾驶区			低驾驶区

*注释："(　)"表示可选配置。

续上表

技术参数 \ 厂家 / 车型	厦门金旅	厦门金旅	福建新龙马	福建新龙马	中通客车	中通客车
车型	XML6128J63	XML6730J13	FJ6120HA2	FJ6105HA	LCK6129HCD	LCK6117HD1
评定类型及等级	大型高一级	中型高一级	大型高一级	大型高一级	大型高一级	大型高一级
车身长度(mm)	11985	7345	11980	10490	11990	10980
座位数+司机+导游 ≤	57(55)+1+1	22+1	59(57)+1+1	51(49)+1+1	53(51)+1+1	47(45)+1+1
额定功率(kw) ≥	243	100	243	177	247	206
比功率(kw/t) ≥	12	13	12	12	12	12
最高车速(km/h) ≥	110	110	110	110	110	110
匀速车内噪声[dB(A)] ≤	72	72	72	72	72	72
发动机位置	后	后	后	后	后	后
乘客门位置	前(前中)*	中	前(前中、前后)*	前(前中)*	前(前中)*	前(前中)*
车内通道宽(mm) ≥	350	350	350	350	350	350
悬架类型	B	B	B	B	B	B
盘式制动器	—	—	—	—	—	—
ABS(一类)	装置	装置	装置	装置	装置	装置
蹄片间隙自调装置	装置	装置	装置	装置	装置	装置
缓行器	装置	—	装置	装置	装置	装置
底盘自动润滑系统	—	—	—	—	—	—
旋压车轮	装置	装置	装置	装置	装置	装置
无内胎子午线轮胎	装置	装置	装置	装置	装置	装置
座间距(同向)(mm) ≥	720	720	720	720	720	720
座垫宽(mm) ≥	440	440	440	440	440	440
座椅深(mm) ≥	440	440	440	440	440	440
靠背高(mm) ≥	680	680	680	680	680	680
靠背角度可调	装置	装置	装置	装置	装置	装置
扶手(靠通道处)	可调	可调	可调	可调	可调	可调
座椅脚蹬	可调	—	可调	可调	可调	可调
座椅横移(向通道)(mm) ≥	60	60	60	60	60	60
座椅汽车安全带	装置	装置	装置	装置	装置	装置
空气调节装置	冷暖	冷暖	冷暖	冷暖	冷暖	冷暖
卫生间(位置)	—	—	—	—	—	—
影视设备	装置	装置	装置	装置	装置	装置
饮水设备或冰箱	装置	装置	装置	装置	装置	装置
CAN 总线	—	—	—	—	—	—
车桥随动转向	—	—	—	—	—	—
行驶记录仪	装置	装置	装置	装置	装置	装置
发动机舱自动灭火装置	装置	—	装置	装置	装置	装置
人均行李舱容积(m^3/人) ≥	0.15	—	0.15	0.13	0.075	0.13
特殊结构说明	低驾驶区		低驾驶区	低驾驶区	天然气	

*注释:“( )”表示可选配置。

续上表

技术参数 \ 车型 \ 厂家	西安西沃	西安西沃	西安西沃	桂林客车	桂林客车
	XW6123CE	XW6123CF	XW6960A	GL6118HS	GL6903HS
评定类型及等级	大型高二级	大型高一级	大型高一级	大型高二级	中型高二级
车身长度(mm)	12000	12000	9580	10600	8995
座位数+司机+导游 ≤	45+1+1	53(49)+1+1	37+1+1	39+1+1	35+1+1
额定功率(kw) ≥	261	261	179	206	198.5
比功率(kw/t) ≥	13.5	12	12	13.5	14
最高车速(km/h) ≥	120	110	110	120	115
匀速车内噪声[dB(A)] ≤	69	72	72	69	70
发动机位置	后	后	后	后	后
乘客门位置	前(前中)*	前(前中)*	前	前	前
车内通道宽(mm) ≥	350	350	350	350	350
悬架类型	A、B	B	B	B	B
盘式制动器	装置	—	—	装置	—
ABS(一类)	装置	装置	装置	装置	装置
蹄片间隙自调装置	装置	装置	装置	装置	装置
缓行器	装置	装置	装置	装置	装置
底盘自动润滑系统	装置	—	—	装置	装置
旋压车轮	装置	装置	装置	装置	装置
无内胎子午线轮胎	装置	装置	装置	装置	装置
座间距(同向)(mm) ≥	750	720	720	750	750
座垫宽(mm) ≥	440	440	440	440	440
座椅深(mm) ≥	440	440	440	440	440
靠背高(mm) ≥	720	680	680	720	720
靠背角度可调	装置	装置	装置	装置	装置
扶手(靠通道处)	可调	可调	可调	可调	可调
座椅脚蹬	可调	可调	可调	可调	可调
座椅横移(向通道)(mm) ≥	60	60	60	60	60
座椅汽车安全带	装置	装置	装置	装置	装置
空气调节装置	冷暖	冷暖	冷暖	冷暖	冷暖
卫生间(位置)	中	—	—	后	—
影视设备	装置	装置	装置	装置	装置
饮水设备或冰箱	装置	装置	装置	装置	装置
CAN 总线	装置	—	—	装置	—
车桥随动转向	—	—	—	—	—
行驶记录仪	装置	装置	装置	装置	装置
发动机舱自动灭火装置	装置	装置	装置	装置	—
人均行李舱容积(m^3/人) ≥	0.17	0.15	0.11	0.15	0.10
特殊结构说明					

*注释:“( )”表示可选配置。

高级(卧铺)客车类型划分及等级评定表

技术参数 \ 车型 \ 厂家		苏州金龙	苏州金龙	苏州金龙	厦门金龙	厦门金龙
		KLQ6125 DWE41	KLQ6125 DW1	KLQ6125 DWC	XMQ6129 AP4C	XMQ6129 AP4B
评定类型及等级		大型高一级	大型高一级	大型高一级	大型高一级	大型高二级
车身长度(mm)		12000	12000	12000	11950	11950
卧铺排列形式		1+1+1	1+1+1	1+1+1	1+1+1	1+1+1
卧铺数+司机+导游	≤	38+1+1（半躺）	38+1+1（半躺）	38+1+1（半躺）	38(36)+1+1（半躺）	36+1+1（半躺）
额定功率(kw)	≥	228	228	228	220	239
比功率(kw/t)	≥	12	12	12	12	13.5
最高车速(km/h)	≥	110	110	110	110	120
匀速车内噪声[dB(A)]	≤	72	72	72	72	69
发动机位置		后	后	后	后	后
乘客门位置		前	前	前	前(前中)*	前
悬架类型		B	B	B	B	B
盘式制动器		—	—	—	—	装置
ABS(一类)		装置	装置	装置	装置	装置
蹄片间隙自调装置		装置	装置	装置	装置	装置
缓行器		装置	装置	装置	装置	装置
动力转向		装置	装置	装置	装置	装置
底盘自动润滑系统		—	—	—	—	装置
旋压车轮		装置	装置	装置	装置	装置
无内胎子午线轮胎		装置	装置	装置	装置	装置
卧铺全长(mm)	≥	1900	1900	1900	1900	1900
卧铺宽度(mm)	≥	500	500	500	500	500
铺纵向间距(mm)	≥	1950(平铺) 1550(半躺)	1950(平铺) 1550(半躺)	1950(平铺) 1550(半躺)	1950(平铺) 1550(半躺)	1950(平铺) 1600(半躺)
铺横向间距(mm)	≥	350	350	350	350	350
上铺空间高度(mm)	≥	800	800	800	800	800
铺间高度(mm)	≥	850	850	850	850	850
重叠脚窝内端高(mm)	≥	250	250	250	250	250
下铺面距地高度(mm)	≥	250	250	250	250	250
护栏高度(mm)	≥	150	150	150	150	150
铺垫厚(mm)	≥	70	70	70	70	70
卧铺汽车安全带		装置	装置	装置	装置	装置
空气调节装置		冷暖	冷暖	冷暖	冷暖	冷暖
卫生间(位置)		—	—	—	—	后
影视设备		装置	装置	装置	装置	装置
饮水设备或冰箱		装置	装置	装置	装置	装置
CAN 总线		—	—	—	—	装置
车桥随动转向		—	—	—	—	—
行驶记录仪		装置	装置	装置	装置	装置
发动机舱自动灭火装置		装置	装置	装置	装置	装置
人均行李舱容积(m^3/人)	≥	0.17	0.17	0.17	0.17	0.19
特殊结构说明		低驾驶区	低驾驶区	低驾天然气	低驾驶区	低驾驶区

*注释："（ ）"表示可选配置。

续上表

厂家 / 车型 / 技术参数	厦门金龙 XMQ6129 BP4C	郑州宇通 ZK6147 HWQEA	福建新龙马 FJ6120WA2		
评定类型及等级	大型高一级	特大型高二级	大型高一级		
车身长度(mm)	12000	13670	11980		
卧铺排列形式	1+1+1	1+1+1	1+1+1		
卧铺数+司机+导游 ≤	38(36)+1+1(半躺)	42+1+1(半躺)	38(36)+1+1(半躺)		
额定功率(kw)≥	220	275	243		
比功率(kw/t) ≥	12	12	12		
最高车速(km/h) ≥	110	120	110		
匀速车内噪声[dB(A)] ≤	72	69	72		
发动机位置	后	后	后		
乘客门位置	前(前中)*	前中(前后)*	前(前中、前后)*		
悬架类型	B	B	B		
盘式制动器	—	装置	—		
ABS(一类)	装置	装置	装置		
蹄片间隙自调装置	装置	装置	装置		
缓行器	装置	装置	装置		
动力转向	装置	装置	装置		
底盘自动润滑系统	—	装置	—		
旋压车轮	装置	装置	装置		
无内胎子午线轮胎	装置	装置	装置		
卧铺全长(mm) ≥	1900	1900	1900		
卧铺宽度(mm) ≥	500	500	500		
铺纵向间距(mm) ≥	1950(平铺) 1550(半躺)	1950(平铺) 1600(半躺)	1950(平铺) 1550(半躺)		
铺横向间距(mm) ≥	350	350	350		
上铺空间高度(mm) ≥	800	800	800		
铺间高度(mm) ≥	850	850	850		
重叠脚窝内端高(mm) ≥	250	250	250		
下铺面距地高度(mm) ≥	250	250	250		
护栏高度(mm) ≥	150	150	150		
铺垫厚(mm) ≥	70	70	70		
卧铺汽车安全带	装置	装置	装置		
空气调节装置	冷暖	冷暖	冷暖		
卫生间(位置)	—	中(后)*	—		
影视设备	装置	装置	装置		
饮水设备或冰箱	装置	装置	装置		
CAN 总线	—	装置	—		
车桥随动转向	—	3 桥	—		
行驶记录仪	装置	装置	装置		
发动机舱自动灭火装置	装置	装置	装置		
人均行李舱容积(m^3/人) ≥	0.17	0.18	0.17		
特殊结构说明	低驾驶区	低驾驶区	低驾驶区		

*注释:“(　)”表示可选配置。

附件 2

车型等级对照

序号	厂家简称	车型	仅评定类型及等级同	额定功率 kw≥	车身长度	座位(卧铺)数+司机+导游≤	乘客门位置	悬架类型	卫生间位置	行李舱容积	特殊结构说明
1	厦门金旅	XML6113J18	同本批 XML6128J63	176	10730	45+1+1	前	B	—	0.13	—
		XML6998J18	同本批 XML6128J63	176	9945	41+1+1	前	B	—	0.11	—
		XML6958J18	同本批 XML6128J63	162	9545	39+1+1	前	B	—	0.11	—
2	郑州宇通	ZK6147HAA	同本批 ZK6147HNDA	275	13670	59+1+1	前中(前后)*	B	—	0.13	—
		ZK6126HQB9	同本批 ZK6120R41BA	243	12000	53+1+1	前中(前后)*	B	中(后)*	0.17	低驾驶区
		ZK6121HA9	同本批 ZK6127HNQCA	217	12000	53(51)+1+1	前(前中)*	B	—	0.15	—
		ZK6120R41AA	同本批 ZK6127HNQCA	243	12000	51(49、47)+1+1	前(前中、前后)*	B	—	0.15	—
		ZK6120HYA1	同本批 ZK6127HNQCA	228	12000	53(51、49)+1+1	前(前中、前后)*	B	—	0.15	—
		ZK6126HQA9	同本批 ZK6127HNQCA	243	12000	57(55)+1+1	前(前中)*	B	—	0.15	低驾驶区
3	厦门金龙	XMQ6129BY4B	同本批 XMQ6128AY4B	243	11950	47+1+1	前	B	中	0.17	—
		XMQ6129AY4B	同本批 XMQ6128AY4B	243	11950	47+1+1	前	B	中	0.17	—
		XMQ6129EY4B	同本批 XMQ6128AY4B	243	12000	53+1+1	前中	B	中	0.17	低驾驶区
		XMQ6129CY4C	同本批 XMQ6129EY4C	220	12000	53(51)+1+1	前(前中)*	B	—	0.15	—
		XMQ6129BY4C	同本批 XMQ6129EY4C	220	11950	51(49)+1+1	前(前中)*	B	—	0.15	—
		XMQ6129AY4C	同本批 XMQ6129EY4C	220	11950	51(49)+1+1	前(前中)*	B	—	0.15	—

续上表

序号	厂家简称	车型	仅评定类型及等级同	额定功率kw≥	车身长度	座位(卧铺)数+司机+导游≤	乘客门位置	悬架类型	卫生间位置	行李舱容积	特殊结构说明
3	厦门金龙	XMQ6128AY4C	同本批XMQ6129EY4C	221	12000	53(51)+1+1	前(前中)*	B	—	0.15	—
		XMQ6111AY4C	同本批XMQ6129EY4C	109	11480	49(47)+1+1	前(前中)*	B	—	0.15	—
		XMQ6129CYN3C	同本批XMQ6129EY4C	250	12000	53(51)+1+1	前(前中)*	B	—	0.075	天然气车
		XMQ6118EYN3C	同本批XMQ6129EY4C	250	11460	47(45)+1+1	前(前中)*	B	—	0.075	天然气车
		XMQ6898Y4	同本批XMQ6898Y6	169	8945	37(35)+1+1	前(前中)*	B	—	0.10	—
		XMQ6900AYD5C	同本批XMQ6898Y7	155	8995	37+1+1	前	B、C	—	0.09	—
8	苏州金龙	KLQ6125AE42	同本批KLQ6125DE42	243	12000	47+1+1	前中	B	中	0.17	低驾驶区
		KLQ6125AE41	同本批KLQ6125BE41	228	12000	53(51)+1+1	前(前中)*	B	—	0.15	—
		KLQ6125DE41	同本批KLQ6125BE41	221	12000	57+1+1	前	B	—	0.15	低驾驶区
		KLQ6115HQ1	同本批KLQ6125BE41	177	10740	45+1+1	前	B	—	0.15	—
		KLQ6125QC	同本批KLQ6125BE41	228	12000	53(51)+1+1	前(前中)*	B	—	0.075	天然气车
		KLQ6977QC	同本批KLQ6125BE41	177	9690	39+1+1	前	B	—	0.055	天然气车
		KLQ6920QC	同本批KLQ6125BE41	155	9225	37(35)+1+1	前(前中)*	B	—	0.055	天然气车

*注释:“(　)”表示可选配置。

附件3

关于《高级客车类型划分及等级评定表》的说明

一、车辆各项技术参数及服务装备均须符合评定表中的要求，只要有一项低于相应类型及等级的标准限值，在核发《道路运输证》时就不能核定为该类型及等级。确需降级的，由地市级道路运输管理机构对该车型进行现场核查和实测，确认符合标准后，才予以降级。高级客车等级只能下降一个等级。

二、评定表中各车型的技术参数及服务装备等均以新出厂的车辆为依据，所有内容均经过现场核查或实测。对于在用营运客车，还应根据车辆的实际技术状况进行等级评定。

三、对已评定类型及等级的客车因改装（改造），引起评定表中所列技术参数及服务装备变化的，须重新核定等级。

四、评定表中划“—”的为该等级车型该项技术参数或服务装备不要求。

附件4

企业名称与厂家简称对照表

序号	申报企业名称	厂家简称
1	北京北方华德尼奥普兰客车股份有限公司	北京北方
2	沈阳华晨金杯汽车有限公司	华晨金杯
3	上海申龙客车有限公司	上海申龙
4	南京依维柯汽车有限公司	依维柯
5	常州黄海汽车有限公司	常州黄海
6	金龙联合汽车工业(苏州)有限公司	苏州金龙
7	江苏友谊汽车有限公司	江苏友谊
8	江苏女神汽车集团公司	江苏女神
9	江苏九龙汽车制造有限公司	九龙汽车
10	金华青年汽车制造有限公司	金华青年
11	江铃汽车股份有限公司	江铃全顺
12	安徽安凯汽车股份有限公司	安徽安凯
13	厦门金龙联合汽车工业有限公司	厦门金龙
14	厦门金龙旅行车有限公司	厦门金旅
15	中通客车控股股份有限公司	中通客车
16	郑州宇通客车股份有限公司	郑州宇通
17	桂林客车工业集团有限公司	桂林客车
18	西安西沃客车有限公司	西安西沃
19	洛阳中集凌宇汽车有限公司	洛阳中集凌宇
20	福建新龙马汽车股份有限公司	福建新龙马

关于印发《道路运输驾驶员继续教育办法》的通知

交运发〔2011〕106号　2011.3.18

各省、自治区、直辖市、新疆生产建设兵团交通运输厅(局、委)：

现将《道路运输驾驶员继续教育办法》印发给你们,请遵照执行。

道路运输驾驶员继续教育办法

第一章 总 则

第一条 为不断提高道路运输驾驶员职业素质，促进道路运输驾驶员继续教育科学化、制度化和规范化，根据《中华人民共和国道路运输条例》及有关规章，制定本办法。

第二条 道路运输驾驶员的继续教育，应当遵守本办法。

本办法所称的道路运输驾驶员，是指持有《中华人民共和国道路运输从业人员从业资格证》的经营性道路客货运输驾驶员和道路危险货物运输驾驶员。

本办法所称的继续教育，是指为不断提高道路运输驾驶员的职业技能和职业道德水平，使其知识和技能得到更新的多种形式的教育。

第三条 接受继续教育是道路运输驾驶员的义务。道路运输驾驶员应当按照规定接受相应的继续教育。

第四条 继续教育坚持以具有一定规模的道路运输企业实施为主的原则。

第五条 交通运输部负责指导全国道路运输驾驶员的继续教育工作。

县级以上地方人民政府交通运输主管部门负责组织领导本行政区域内的道路运输驾驶员继续教育工作。

县级以上道路运输管理机构负责监督本行政区域内的道路运输驾驶员继续教育工作。

第二章 继续教育的内容和形式

第六条 交通运输部统一制定道路运输驾驶员继续教育大纲

并向社会公布。

继续教育大纲内容包括道路运输相关政策法规、职业道德、运输安全和节能减排等。

第七条 交通运输部职业资格机构根据继续教育大纲，组织编写继续教育教材。各地可结合本行政区域实际，组织编写补充教材。

第八条 道路运输驾驶员继续教育周期为2年。道路运输驾驶员在每个周期接受继续教育的时间累计应不少于24学时。

第九条 道路运输驾驶员继续教育以接受道路运输企业组织并经县级以上道路运输管理机构备案的培训为主。不具备条件的运输企业和个体运输驾驶员的继续教育工作，由其他继续教育机构承担。继续教育还包括以下形式：

（一）经许可的道路运输驾驶员从业资格培训机构组织的继续教育；

（二）经交通运输部或省级交通运输主管部门备案的网络远程继续教育；

（三）经省级道路运输管理机构认定的其他继续教育形式。

第三章 继续教育的组织和实施

第十条 道路运输管理机构应当制定并按照管理权限，向社会公布继续教育培训计划和安排，指导道路运输企业合理、有序地组织道路运输驾驶员参加继续教育。

第十一条 道路运输企业应当组织和督促本单位的道路运输驾驶员参加继续教育，并保证道路运输驾驶员参加继续教育的时间，提供必要的学习条件。

第十二条 道路运输管理机构应当建立继续教育机构的信用管理数据库，对参与继续教育的教职人员建立信用档案，规范继续教育机构的教学行为，完善监督管理。

第十三条 继续教育机构应当根据继续教育大纲要求，按照确定的科目和课程编制教学计划、组织教学,加强教学管理,保证教学质量。

第十四条 从事道路运输驾驶员继续教育的师资,应当参加省级交通运输主管部门组织的师资培训。

第十五条 道路运输驾驶员完成继续教育并经相应道路运输管理机构确认后,道路运输管理机构应当及时在其从业资格证件和从业资格管理档案予以记载。

继续教育的确认可采取考核或学时认定等方式,具体由省级道路运输管理机构确定。

第四章 继续教育的监督检查

第十六条 道路运输管理机构应当加强对道路运输驾驶员继续教育情况的检查,并将参加继续教育的情况纳入诚信考核的内容。

道路运输企业及个体运输经营者应当督促其所聘用的道路运输驾驶员参加继续教育。

第十七条 继续教育机构应当建立学员培训档案,将继续教育培训计划、继续教育师资情况、参培学员登记表等纳入档案管理,并接受道路运输管理机构的监督检查。

第十八条 继续教育机构违反本规定,有下列情形之一的,由道路运输管理机构责令改正;拒不改正的,不予确认其所开展的继续教育:

(一)未经备案擅自从事继续教育或者提供虚假继续教育资料的;

(二)未按照继续教育大纲要求组织相应继续教育的;

(三)发布继续教育虚假信息的。

第十九条 道路运输驾驶员在其从业资格证件有效期内,未按规定完成继续教育的,应当补充完成继续教育后办理换证手续。

第二十条 道路运输管理机构及其工作人员违反本规定,有徇私舞弊、弄虚作假等情形的，依法给予行政处分；构成犯罪的，依法追究刑事责任。

第二十一条 道路运输驾驶员在诚信考核周期内累计计分达到20分应接受诚信考核教育的，按照《道路运输驾驶员诚信考核办法（试行）》有关规定执行。

第五章 附 则

第二十二条 各省、自治区、直辖市交通运输主管部门可依据本办法制定具体实施办法。

第二十三条 本办法自2011年5月1日起施行。

关于加强道路运输车辆动态监管工作的通知

交运发〔2011〕80 号　2011. 3. 19

各省、自治区、直辖市、新疆生产建设兵团交通运输厅(局、委)、公安厅(局)、安全生产监督管理局、工业和信息化主管部门:

为认真贯彻落实《国务院关于进一步加强企业安全生产工作的通知》(国发〔2010〕23 号,以下简称国务院《通知》)精神,切实加强道路运输车辆动态监管工作,预防和减少道路交通运输事故,确保 2011 年 12 月 31 日前所有旅游包车、三类以上班线客车和运输危险化学品、烟花爆竹、民用爆炸物品的道路专用车辆(以下简称"两客一危"车辆),安装使用具有行驶记录功能的卫星定位装置(以下简称卫星定位装置)工作全部完成,现就有关事项通知如下:

一、加强领导,建立协调机制

利用运输车辆卫星定位系统,加强道路运输安全管理,实时监控运输车辆驾驶人超速行驶、疲劳驾驶等违法行为,是有效遏制重特大事故、实现道路运输科学发展、安全发展的有效手段。各级交通运输、公安、安全监管、工业和信息化部门要把加强动态监管工作作为一项重要任务,思想上高度重视,工作上精心组织,结合各地实际,制定切实可行的工作方案,细化各项工作措施,建立协调合作机制,加强部门协作,形成监管合力,确保按时完成国务院《通知》明确的任务。

二、各司其职,严把市场准入关

运输企业要按照国务院《通知》要求,必须为"两客一危"车辆安装符合《道路运输车辆卫星定位系统车载终端技术要求》(JT/T

794—2011)的卫星定位装置,并接入全国重点营运车辆联网联控系统,保证车辆监控数据准确、实时、完整传输,确保车载卫星定位装置工作正常、数据准确、监控有效。

自2011年8月1日起,新出厂的"两客一危"车辆,在车辆出厂前应安装符合《道路运输车辆卫星定位系统车载终端技术要求》(JT/T 794—2011)的卫星定位装置。对于不符合规定的车辆,工业和信息化部不予上车辆产品公告;道路运输管理部门在为车辆办理道路运输证时,要检查车辆卫星定位装置的安装和工作情况。凡未按规定安装卫星定位装置的新增车辆,交通运输部门不予核发道路运输证。

对于已经取得道路运输证但尚未安装卫星定位装置的营运车辆,道路运输管理部门要督促运输企业按照规定加装卫星定位装置,并接入全国重点营运车辆联网联控系统。从2012年1月1日起,没有按照规定安装卫星定位装置或未接入全国联网联控系统的运输车辆,道路运输管理部门应暂停营运车辆资格审验。公安部门要逐步将"两客一危"车辆是否安装使用卫星定位装置纳入检验范围。

三、加强监管,落实运输企业监控主体责任

道路运输企业要进一步落实安全生产主体责任,切实加强对所属车辆的动态监控。企业主要负责人对本单位所属车辆的动态监控工作全面负责。要按规定为其所属车辆安装符合标准的卫星定位装置,接入符合《道路运输车辆卫星定位系统平台技术要求》(JT/T 796—2011)标准的监控平台(或监控端);制定和完善卫星定位装置安装使用规定,建立动态监控工作台账,根据车辆行经道路的实际情况,设置相应的车辆行驶速度限速标准;配备专职人员负责监控车辆行驶动态,分析处理动态信息;充分运用卫星定位监控手段加强对所属车辆和驾驶员的日常监督,按照有关规定及时纠正和处理超速、疲劳驾驶等违法驾驶行为,对多次有违法驾驶行为的要按照有关规定加重处理,对违法驾驶信息要留存在案,至少保存1年时间;定期检查车载卫星定位装置使用情况,确保车辆在线时间。对不按规定使用、故意损坏卫星定位装置的单位和个人，以及不严格监控车辆行驶动态的值守人员，要依照相关规定给予处理；造成严重后果的，依法追究企业负责人和相关责任人的法律责任。

四、协同联动，加强联合监管力度

交通运输、公安、安全监管部门要充分利用全国重点营运车辆联网联控系统提供的监管手段，依据法定职责，实施联合监管。交通运输部门负责建立营运车辆动态信息公共服务平台，实现与全国重点营运车辆联网联控系统的联网，利用动态监控手段加强对运输市场秩序管理，并向公安、安全监管等有关部门开放数据传送，为政府有关部门和运输企业加强动态监控提供有效技术手段；公安部门根据符合标准的卫星定位装置采集的监控记录资料，严格依法查处超速行驶、疲劳驾驶等道路交通安全违法行为；安全监管部门利用动态监督手段，做好应急指挥及事故调查处理工作。

五、落实经费，建立长效运行机制

各级交通运输部门要进一步完善全国重点营运车辆联网联控系统的各项功能，加强对营运车辆动态信息公共服务平台的维护，制定平台长期稳定运行的保障机制。要落实专项经费，保证公共服务平台长期稳定运行，并将其纳入部门和地方的年度预算。要加强考核，建立逐级考核和通报制度，定期对下级管理机构和运输企业进行考核，并将考核情况报送上级管理部门。

六、加强督导，定期通报卫星定位装置安装情况

各省级交通运输主管部门每季度要向交通运输部报送本地区“两客一危”车辆安装卫星定位装置的情况，交通运输部、公安部、安全监管总局、工业和信息化部将定期通报各地区工作进展情况，并对各地区“两客一危”车辆安装卫星定位装置的情况进行督导。

关于进一步加强道路运输市场诚信体系建设的意见

交运发〔2011〕157 号　2011.4.11

各省、自治区、直辖市、新疆生产建设兵团交通运输厅(局、委):

为进一步规范道路运输市场秩序,促进道路运输企业守法经营、诚信服务,保护消费者正当权益,推动道路运输行业全面、协调、可持续发展,按照党中央、国务院关于加快建设社会信用体系的总体要求,进一步加强道路运输市场诚信体系建设,现提出如下意见:

一、加强道路运输市场诚信体系建设的重要性和紧迫性

道路运输业是服务国民经济和社会发展的基础产业,与人民群众生产生活息息相关。依法经营、诚信服务、履行承诺、承担社会责任是道路运输企业的基本行为准则,也是市场经济的重要基础。

为加强道路运输行业诚信体系建设,近年来,部相继出台了《道路运输企业质量信誉考核办法(试行)》(交公路发〔2006〕294号)、《机动车维修企业质量信誉考核办法(试行)》(交公路发〔2006〕719 号)和《道路运输驾驶员诚信考核办法(试行)》(交公路发〔2008〕280 号)等文件。各地交通运输主管部门和道路运输管理机构按照部的统一要求,充分调动广大运输企业的积极性,努力推动道路运输市场诚信体系建设,取得了一定成效。但一些经营者和从业人员受利益驱动,诚信意识和服务意识淡薄,弄虚作假,甚至用违法等不正当手段谋取利益的现象在道路客运、货运、出租汽车、机动车维修、驾驶员培训等行业仍大量存在,严重侵害了广大消费者的利益,扰乱了公平竞争的市场秩序,阻碍了道路运输业的健康发展。

建立完善道路运输市场诚信体系是规范市场秩序、维护消费者利益的迫切需要，是转变道路运输发展方式、提升行业文明水平的重要措施，是道路运输管理的一项重要任务。各级交通运输主管部门和道路运输管理机构要统一思想，提高认识，明确任务，健全制度，落实责任，加强引导，把加快道路运输市场诚信体系建设各项措施落到实处。

二、指导思想、主要目标和基本原则

（一）指导思想。深入贯彻落实科学发展观，坚持以人为本，以维护消费者利益和公平竞争的市场秩序为目标，以加强企业和从业人员遵章守法、遵守职业道德、诚信经营、优质服务为重点，发挥行政推动与市场引导双重作用，建立健全配套法规制度，完善体制机制，增强科技和信息化支撑，推进道路运输市场诚信体系建设的制度化、规范化，全面提升行业诚信水平。

（二）主要目标。力争用5年左右时间，基本建立起全国道路运输市场诚信法规体系、诚信信息征集和披露体系、诚信评价体系、失信惩戒体系。通过诚信体系建设，道路运输企业和从业人员诚信意识显著增强，遵章守法、讲文明、守信用的风尚逐步形成，弄虚作假、假冒伪劣、损人利己等侵害群众利益的现象得到有效遏制，行业公信力和服务质量明显改善，社会满意度明显提高。

（三）基本原则。

——坚持企业自律与政府监管相结合。引导企业增强诚信意识，加强自律，落实主体责任，强化企业职工管理。要将诚信管理作为道路运输行政管理的重要内容，形成企业自律、政府监管的工作机制。

——坚持诚信褒奖与失信惩戒相结合。加大政策扶持力度，鼓励和支持诚信企业的发展；发挥惩戒约束作用，警示和惩治失信企业与从业人员，形成优胜劣汰的竞争机制。

——坚持制度约束与教育培训相结合。发挥法规制度对道路运输市场诚信建设工作的指导、规范、考核、评价和约束作用；加大对从业人员的诚信教育，树立以诚信为荣、失信为耻的价值观，使诚信经营真正成为广大从业人员的自觉行为。

——坚持依靠科技与加强协调配合相结合。加快道路运输信息平台建设，增强道路运输行业管理科技手段支撑；加强地区和部门之间的协调配合，实现诚信信息资源互通共享，建立完善的诚信信息体系。

三、主要任务和政策措施

（一）加快建立完善道路运输市场诚信体系建设法规制度。

要加快研究制订道路运输市场诚信体系建设的法规制度。各省级交通运输主管部门要将诚信体系建设有关内容纳入地方道路运输法规。力争5年内形成以《中华人民共和国道路运输条例》为基础，《道路运输企业质量信誉考核办法》、《道路运输驾驶员诚信考核办法》等部颁规章制度和地方性法规规章为补充的道路运输诚信法规体系，将诚信考核和管理工作纳入法制轨道。

（二）完善诚信考核指标体系，建立诚信评价机制。

1. 建立全国统一的诚信考核指标体系。针对道路运输市场不同经营门类分别制订考核指标。各地可根据本地区实际情况进一步细化，以便全面、准确、客观、公正地反映企业诚信状况。

2. 实施分类考核评价。建立完善道路运输诚信考核评价制度，根据考核指标体系，科学制定诚信评价内容、评价等级、评价标准、评价方法和评价周期等，建立完善道路运输行业分类考核评价机制。

3. 加强诚信考核评价监督管理。各级交通运输主管部门负责诚信考核评价的监督工作，县级以上道路运输管理机构负责道路运输市场诚信考核评价的具体工作。要积极引导行业协会等第三方机构参与诚信考核评价，逐步建立道路运输管理机构与社会信用评价机构相结合，具有监督、申诉和复核机制的综合考核评价体系，保证考核评价结果的公正性、合法性和权威性。

（三）加快诚信信息征集和披露体系建设。

1. 建立道路运输市场诚信信息系统。依托道路运政管理信息系统,按“部省共建、逐步推进”的方式,建立部、省、市、县四级联网应用的诚信信息系统;研究制订统一的诚信信息分类及编码、信息格式、诚信报告文本和数据库建设规范以及信息采集、使用、保护、监督等工作规范等,实现道路运输企业和从业人员基本信息及诚信信息共享。

2. 切实做好信息征集和披露工作。各级交通运输主管部门和道路运输管理机构要进一步规范道路运政管理,结合市场准入管理和日常监督检查,建立道路运输企业、从业人员诚信信息收集和整理制度,并通过信息系统自动记录企业、从业人员的各种信用信息;要建立与有关部门考核信息的共享机制,逐步将公安、工商、安监、质监、劳动保障、税务等部门掌握的道路运输企业有关诚信信息纳入诚信考核。要依法建立和完善诚信信息披露和查询系统,及时向社会提供道路运输企业和从业人员诚信信息服务,充分体现诚信信息的重要价值。

(四)建立诚信奖惩机制,营造诚信经营环境。

1. 建立诚信激励机制。各级交通运输主管部门要争取政府支持,充分依靠和发挥政府政策引导、宣传教育、组织协调、诚信示范等作用,在政府采购、招投标管理、投资补助等环节对诚信企业给予重点支持和优先安排。对诚信考核良好的企业和从业人员,在扩大经营范围和经营规模审批、客运线路招投标以及评比表彰等方面优先考虑,在站场建设投资补助、技改资金补助等国家和地方政府优惠政策上给予重点倾斜。鼓励和支持各单位在采购道路运输服务、招投标、人员招聘等方面优先选择诚信考核等级高的道路运输企业和从业人员。

2. 落实失信惩戒措施。对失信企业和从业人员,要加强监管和制约,严格实施惩处措施。违法的要追究法律责任,对于存在严重诚信经营问题的企业,要按照法律法规限制其业务发展。逐步建立跨地区、跨行业诚信奖惩联动机制,使失信企业和从业人员一处失信,处处受制。

(五)落实责任,形成合力。

1. 落实道路运输管理机构监管责任。将诚信监管纳入道路运输行政管理日常工作，明确诚信监管职能，建立诚信档案，确定专人负责。结合日常业务和专项检查等工作，定期或不定期对道路运输企业和从业人员守法诚信情况进行检查，及时发现、制止和惩戒各类违法失信行为。

2. 落实企业主体责任。道路运输企业主要负责人是企业诚信建设第一责任人，道路运输从业人员是诚信建设直接责任人。企业应当建立内部诚信管理制度，包括诚信教育制度、诚信信息采集制度、自查自纠制度和失信惩戒公示制度以及诚信档案管理制度等。大力加强诚信文化建设，加强对从业人员诚信教育培训，全面提高从业人员素质。

3. 充分发挥社会监督和各类社团组织的参与作用。通过聘请社会监督员、新闻舆论监督、公布举报投诉电话等方法，建立畅通的社会监督网络。发挥各类社团组织在宣传倡导诚信理念、加强诚信文化建设、提供诚信建设咨询服务、促进行业自律等方面的作用，建立和完善诚信自律的制度规范和行规行约，组织会员签订诚信自律公约，强化会员守信意识，对会员的失信行为进行评议和失信惩戒；建立信用风险管理制度，提供诚信信息服务，促进行业诚信建设。

四、保障措施

（一）加强组织领导。道路运输市场诚信体系建设既是一项当前亟待加强的重要工作，又是一项长期而复杂的系统工程。各级交通运输主管部门要高度重视，切实加强组织领导。各级道路运输管理机构要落实工作责任，将道路运输市场诚信体系建设作为道路运输行政管理的重要内容，切实抓紧抓好。

（二）加大资金投入。鼓励各地加快道路运输市场诚信信息系统建设。省级交通运输主管部门要加强与财政部门的沟通协调，将诚信信息系统建设经费以及诚信考核评价工作经费纳入年度财政预算，确保道路运输市场诚信体系建设工作的正常运转。

（三）发挥信息平台作用。各地交通运输主管部门和道路运输管理机构要充分利用诚信信息管理系统,保障信息资源共享,不断提高诚信信息的完整性、准确性和有效性,实现诚信信息管理的常态化,及时更新,并积极为社会提供诚信信息服务,充分发挥信息平台在企业自律、行业管理和社会监督中的作用。

（四）推进道路运政管理规范化。要严格贯彻落实部发布的《道路运政管理工作规范》,加强队伍素质建设,推进管理内容法定化、管理行为规范化、管理手段信息化、管理结果透明化,不断提升道路运政管理的效能和质量。

（五）加大宣传力度。采取多种行之有效的方式,加强道路运输企业诚信文化宣传教育,弘扬诚信美德,增强企业法制意识、责任意识、诚信意识和品牌意识,逐步形成以守法、履责、诚信为核心的企业诚信文化。

（六）坚持试点先行。选择有一定工作基础的地区分批开展道路运输诚信体系建设试点工作。在试点基础上,进一步完善配套规章制度和规范标准,总结经验,在全行业推广应用,逐步建立道路运输市场诚信体系运行长效机制。

各级交通运输主管部门要根据本意见精神,制定具体工作措施,确保道路运输诚信建设的各项任务落到实处。

关于发布第38批高级客车类型划分及等级评定表的通知

交运发〔2011〕184号　2011.4.21

各省、自治区、直辖市、新疆生产建设兵团交通运输厅(局、委):

根据《营运客车类型划分及等级评定规则》(交公路发〔2002〕590号)规定,现发布《高级客车类型划分及等级评定表》(第38批),请认真贯彻执行。

附件:1.高级客车类型划分及等级评定表

2.关于《高级客车类型划分及等级评定表》的说明

3.申报企业名称与企业简称对照表

附件1

高级客车类型划分及等级评定表

技术参数 厂家/车型	江淮星锐 HFC6591 KH	安徽安凯 HFF6112 K06D	苏州金龙 KLQ6125 AC	苏州金龙 KLQ6125 ACE4	苏州金龙 KLQ6115 HQCE4	苏州金龙 KLQ6115 QC
评定类型及等级	小型高一级	大型高一级	大型高二级	大型高二级	大型高一级	大型高一级
车身长度(mm)	5995	10600	12000	12000	10740	11490
座位数+司机+导游 ≤	16+1	45(43)+1+1	47(45)+1+1	47(45)+1+1	45(43)+1+1	49(47)+1+1
额定功率(kw) ≥	88	191	250	250	191	199
比功率(kw/t) ≥	19	12	13.5	13.5	12	12
最高车速(km/h) ≥	105	110	120	120	110	110
匀速车内噪声[dB(A)] ≤	72	72	69	69	72	72
发动机位置	前	后	后	后	后	后
乘客门位置	前	前(前中)*	前(前中)*	前(前中)*	前(前中)*	前(前中)*
车身全承载式结构	—	—	装置	装置	—	—
车内通道宽(mm) ≥	300	350	350	350	350	350
悬架类型	C	B	B	B	B	B
盘式制动器	装置	装置	装置	装置	装置	装置
ABS(一类)	装置	装置	装置	装置	装置	装置
蹄片间隙自调装置	装置	装置	装置	装置	装置	装置
缓速器	—	装置	装置	装置	装置	装置
底盘自动润滑系统	—	—	装置	装置	—	—
节能风扇散热系统	—	装置	装置	装置	装置	装置
后置发动机舱温度报警系统和自动灭火装置	—	装置	装置	装置	装置	装置
无内胎子午线轮胎	装置	装置	装置	装置	装置	装置
胎压监测报警系统	—	—	—	—	—	—
座间距(同向)(mm) ≥	670	720	750	750	720	720
座垫宽(mm) ≥	440	440	440	440	440	440
座椅深(mm) ≥	440	440	440	440	440	440
靠背高(mm) ≥	680	680	720	720	680	680
靠背角度可调	装置	装置	装置	装置	装置	装置
扶手(靠通道处)	可调	可调	可调	可调	可调	可调
座椅脚蹬	—	可调	可调	可调	可调	可调
座椅横移(向通道)(mm) ≥	—	60	60	60	60	60
座椅汽车安全带	装置	装置	装置	装置	装置	装置
空气调节装置	冷暖	冷暖	冷暖	冷暖	冷暖	冷暖
空气净化装置	—	—	装置	装置	—	—
卫生间(位置)	—	—	后	后	—	—
CAN 总线	—	—	装置	装置	—	—
车桥随动转向	—	—	—	—	—	—
卫星定位系统	—	装置	装置	装置	装置	装置
人均行李舱容积(m^3/人) ≥	—	0.13	0.085	0.085	0.065	0.075
特殊结构说明			天然气	天然气	天然气	天然气

*注释:“( )”表示可选配置。

续上表

技术参数 \ 车型 \ 厂家	苏州金龙 KLQ6125B1CE4	苏州金龙 KLQ6115QCE4	苏州金龙 KLQ6798QCE4	苏州金龙 KLQ6858QCE4	中通客车 LCK6125HD1	中通客车 LCK6939HC1
评定类型及等级	大型高一级	大型高一级	中型高一级	中型高一级	大型高一级	大型高一级
车身长度(mm)	12000	11490	7998	8545	11990	9345
座位数+司机+导游 ≤	53(51)+1+1	49(47)+1+1	31+1+1	33+1+1	53(51)+1+1	39(37)+1+1
额定功率(kw) ≥	217	199	132	155	243	176
比功率(kw/t) ≥	12	12	13	13	12	12
最高车速(km/h) ≥	110	110	110	110	110	110
匀速车内噪声[dB(A)] ≤	72	72	72	72	72	72
发动机位置	后	后	后	后	后	后
乘客门位置	前(前中)*	前(前中)*	前	前	前(前中)*	前(前中)*
车身全承载式结构	—	—	—	—	—	—
车内通道宽(mm) ≥	350	350	350	350	350	350
悬架类型	B	B	B	B	B	B
盘式制动器	装置	装置	装置	装置	装置	装置
ABS(一类)	装置	装置	装置	装置	装置	装置
蹄片间隙自调装置	装置	装置	装置	装置	装置	装置
缓速器	装置	装置	—	—	装置	装置
底盘自动润滑系统	—	—	—	—	—	—
节能风扇散热系统	装置	装置	装置	装置	装置	装置
后置发动机舱温度报警系统和自动灭火装置	装置	装置	装置	装置	装置	装置
无内胎子午线轮胎	装置	装置	装置	装置	装置	装置
胎压监测报警系统	—	—	—	—	—	—
座间距(同向)(mm) ≥	720	720	720	720	720	720
座垫宽(mm) ≥	440	440	440	440	440	440
座椅深(mm) ≥	440	440	440	440	440	440
靠背高(mm) ≥	680	680	680	680	680	680
靠背角度可调	装置	装置	装置	装置	装置	装置
扶手(靠通道处)	可调	可调	可调	可调	可调	可调
座椅脚蹬	可调	可调	—	—	可调	可调
座椅横移(向通道)(mm) ≥	60	60	60	60	60	60
座椅汽车安全带	装置	装置	装置	装置	装置	装置
空气调节装置	冷暖	冷暖	冷暖	冷暖	冷暖	冷暖
空气净化装置	—	—	—	—	—	—
卫生间(位置)	—	—	—	—	—	—
CAN 总线	—	—	—	—	—	—
车桥随动转向	—	—	—	—	—	—
卫星定位系统	装置	装置	装置	装置	装置	装置
人均行李舱容积(m^3/人) ≥	0.075	0.075	0.03	0.045	0.15	0.055
特殊结构说明	天然气	天然气	天然气	天然气		天然气

*注释:“( )”表示可选配置。

续上表

技术参数 \ 车型 \ 厂家	中通客车	中通客车	中通客车	九龙汽车	佛山飞驰	佛山飞驰
	LCK6856 HC1	LCK6809 HC1	LCK6909 HC1	HKL6541	FSQ6110 DN	FSQ6950 DN
评定类型及等级	中型高一级	中型高一级	中型高一级	小型高一级	大型高一级	大型高一级
车身长度(mm)	8540	8040	8995	5380	10600	9500
座位数+司机+导游 ≤	33+1+1	31+1+1	37(35)+1+1	12+1+1	45+1+1	39+1+1
额定功率(kw) ≥	155	132	162	110	191	170
比功率(kw/t) ≥	12	12	12	19	12	12
最高车速(km/h) ≥	110	110	110	105	110	110
匀速车内噪声[dB(A)] ≤	72	72	72	72	72	72
发动机位置	后	后	后	前	后	后
乘客门位置	前	前	前(前中)*	前中	前	前
车身全承载式结构	—	—	—	—	—	—
车内通道宽(mm) ≥	350	350	350	300	350	350
悬架类型	B	B	B	C	B	B
盘式制动器	装置	装置	装置	装置	装置	装置
ABS(一类)	装置	装置	装置	装置	装置	装置
蹄片间隙自调装置	装置	装置	装置	装置	装置	装置
缓速器	—	—	—	—	装置	装置
底盘自动润滑系统	—	—	—	—	—	—
节能风扇散热系统	装置	装置	装置	—	装置	装置
后置发动机舱温度报警系统和自动灭火装置	装置	装置	装置	—	装置	装置
无内胎子午线轮胎	装置	装置	装置	装置	装置	装置
胎压监测报警系统	—	—	—	—	—	—
座间距(同向)(mm) ≥	720	720	720	670	720	720
座垫宽(mm) ≥	440	440	440	440	440	440
座椅深(mm) ≥	440	440	440	440	440	440
靠背高(mm) ≥	680	680	680	680	680	680
靠背角度可调	装置	装置	装置	装置	装置	装置
扶手(靠通道处)	可调	可调	可调	可调	可调	可调
座椅脚蹬	—	—	—	—	可调	可调
座椅横移(向通道)(mm) ≥	60	60	60	—	60	60
座椅汽车安全带	装置	装置	装置	装置	装置	装置
空气调节装置	冷暖	冷暖	冷暖	冷暖	冷暖	冷暖
空气净化装置	—	—	—	—	—	—
卫生间(位置)	—	—	—	—	—	—
CAN 总线	—	—	—	—	—	—
车桥随动转向	—	—	—	—	—	—
卫星定位系统	装置	装置	装置	—	装置	装置
人均行李舱容积(m^3/人) ≥	0.045	0.03	0.045	—	0.065	0.055
特殊结构说明	天然气	天然气	天然气		天然气	天然气

*注释:"( )"表示可选配置。

续上表

技术参数 \ 车型 \ 厂家	北汽福田 BJ6526 B1DVA-X1	北汽福田 BJ6516 B1DVA-3	北汽福田 BJ6546 B1DVA	北汽福田 BJ6526 B1DDA-X1	厦门金龙 XMQ6129 DY4B	厦门金龙 XMQ6900 AYN4C
评定类型及等级	小型高一级	小型高一级	小型高一级	小型高一级	大型高二级	中型高一级
车身长度(mm)	5235	5020/5085	5320/5385	5245	11950	8995
座位数+司机+导游 ≤	8+1	9+1	10+1	8+1	47+1+1	37+1+1
额定功率(kw) ≥	95	95	95	96	243	170
比功率(kw/t) ≥	19	19	19	19	13.5	13
最高车速(km/h) ≥	105	105	105	105	120	110
匀速车内噪声[dB(A)] ≤	72	72	72	72	69	72
发动机位置	前	前	前	前	后	后
乘客门位置	前中	前中	前中	前中	前(前中)*	前
车身全承载式结构	—	—	—	—	装置	—
车内通道宽(mm) ≥	300	300	300	300	350	350
悬架类型	C	C	C	C	B	B
盘式制动器	装置	装置	装置	装置	装置	装置
ABS(一类)	装置	装置	装置	装置	装置	装置
蹄片间隙自调装置	装置	装置	装置	装置	装置	装置
缓速器	—	—	—	—	装置	—
底盘自动润滑系统	—	—	—	—	装置	—
节能风扇散热系统	—	—	—	—	装置	装置
后置发动机舱温度报警系统和自动灭火装置	—	—	—	—	装置	装置
无内胎子午线轮胎	装置	装置	装置	装置	装置	装置
胎压监测报警系统	—	—	—	—	—	—
座间距(同向)(mm) ≥	670	670	670	670	750	720
座垫宽(mm) ≥	440	440	440	440	440	440
座椅深(mm) ≥	440	440	440	440	440	440
靠背高(mm) ≥	680	680	680	680	720	680
靠背角度可调	装置	装置	装置	装置	装置	装置
扶手(靠通道处)	可调	可调	可调	可调	可调	可调
座椅脚蹬	—	—	—	—	可调	—
座椅横移(向通道)(mm) ≥	—	—	—	—	60	60
座椅汽车安全带	装置	装置	装置	装置	装置	装置
空气调节装置	冷暖	冷暖	冷暖	冷暖	冷暖	冷暖
空气净化装置	—	—	—	—	装置	—
卫生间(位置)	—	—	—	—	中	—
CAN 总线	—	—	—	—	装置	—
车桥随动转向	—	—	—	—	—	—
卫星定位系统	—	—	—	—	装置	装置
人均行李舱容积(m^3/人) ≥	—	—	—	—	0.17	0.045
特殊结构说明						天然气

*注释:“( )”表示可选配置。

续上表

技术参数 \ 厂家 / 车型		西安西沃 XW6123CH	郑州宇通 ZK6107HA1A	郑州宇通 ZK6128HL9	郑州宇通 ZK6122HN01Y	郑州宇通 ZK6808HNAA	厦门金旅 XML6148J33
评定类型及等级		大型高三级	大型高一级	大型高一级	大型高一级	中型高一级	特大型高三级
车身长度(mm)		12000	10490	12000	12000	8000	13695
座位数+司机+导游	≤	45+1+1	45(43)+1+1	53(51)+1+1	53(51、49)+1+1	31(29)+1+1	61+1+1
额定功率(kw)	≥	261	184	243	220	132	276
比功率(kw/t)	≥	15	12	12	12	13	13
最高车速(km/h)	≥	125	110	110	110	110	125
匀速车内噪声[dB(A)]	≤	66	72	72	72	72	66
发动机位置		后	后	后	后	后	后
乘客门位置		前(前中)*	前(前中)*	前(前中)*	前(前中、前后)*	前(前中)*	前中
车身全承载式结构		装置	—	—	—	—	装置
车内通道宽(mm)	≥	350	350	350	350	350	350
悬架类型		A	B	B	B	B	A
盘式制动器		装置	装置	装置	装置	装置	装置
ABS(一类)		装置	装置	装置	装置	装置	装置
蹄片间隙自调装置		装置	装置	装置	装置	装置	装置
缓速器		装置	装置	装置	装置	—	装置
底盘自动润滑系统		装置	—	—	—	—	装置
节能风扇散热系统		装置	装置	装置	装置	装置	装置
后置发动机舱温度报警系统和自动灭火装置		装置	装置	装置	装置	装置	装置
无内胎子午线轮胎		装置	装置	装置	装置	装置	装置
胎压监测报警系统		装置	—	—	—	—	装置
座间距(同向)(mm)	≥	770	720	720	720	720	770
座垫宽(mm)	≥	450	440	440	440	440	450
座椅深(mm)	≥	440	440	440	440	440	440
靠背高(mm)	≥	720	680	680	680	680	720
靠背角度可调		装置	装置	装置	装置	装置	装置
扶手(靠通道处)		可调	可调	可调	可调	可调	可调
座椅脚蹬		可调	可调	可调	可调	—	可调
座椅横移(向通道)(mm)	≥	60	60	60	60	60	60
座椅汽车安全带		装置	装置	装置	装置	装置	装置
空气调节装置		冷暖	冷暖	冷暖	冷暖	冷暖	冷暖
空气净化装置		装置	—	—	—	—	装置
卫生间(位置)		中	—	—	—	—	中
CAN 总线		装置	—	—	—	—	装置
车桥随动转向		—	—	—	—	—	3 桥
卫星定位系统		装置	装置	装置	装置	装置	装置
人均行李舱容积(m^3/人)	≥	0.19	0.13	0.15	0.075	0.03	0.17
特殊结构说明					天然气	天然气	低驾驶区

*注释:“(　)”表示可选配置。

续上表

厂家 / 车型 / 技术参数	厦门金旅 XML6148M18	厦门金旅 XML6127J28N	厦门金旅 XML6103J18N			
评定类型及等级	特大型高三级	大型高一级	大型高一级			
车身长度(mm)	13695	11985	10490			
座位数+司机+导游 ≤	61+1+1	53+1+1	45+1+1			
额定功率(kw) ≥	327	235	191			
比功率(kw/t) ≥	13	12	12			
最高车速(km/h) ≥	125	110	110			
匀速车内噪声[dB(A)] ≤	66	72	72			
发动机位置	后	后	后			
乘客门位置	前中	前	前			
车身全承载式结构	装置	—	—			
车内通道宽(mm) ≥	350	350	350			
悬架类型	A	B	B			
盘式制动器	装置	装置	装置			
ABS(一类)	装置	装置	装置			
蹄片间隙自调装置	装置	装置	装置			
缓速器	装置	装置	装置			
底盘自动润滑系统	装置	—	—			
节能风扇散热系统	装置	装置	装置			
后置发动机舱温度报警系统和自动灭火装置	装置	装置	装置			
无内胎子午线轮胎	装置	装置	装置			
胎压监测报警系统	装置	—	—			
座间距(同向)(mm) ≥	770	720	720			
座垫宽(mm) ≥	450	440	440			
座椅深(mm) ≥	440	440	440			
靠背高(mm) ≥	720	680	680			
靠背角度可调	装置	装置	装置			
扶手(靠通道处)	可调	可调	可调			
座椅脚蹬	可调	可调	可调			
座椅横移(向通道)(mm) ≥	60	60	60			
座椅汽车安全带	装置	装置	装置			
空气调节装置	冷暖	冷暖	冷暖			
空气净化装置	装置	—	—			
卫生间(位置)	中	—	—			
CAN 总线	装置	—	—			
车桥随动转向	3 桥	—	—			
卫星定位系统	装置	装置	装置			
人均行李舱容积(m^3/人) ≥	0.17	0.075	0.065			
特殊结构说明	低驾驶区	天然气	天然气			

＊注释:“(　)”表示可选配置。

续上表

技术参数 \ 车型 \ 厂家	东风杭汽	东风杭汽	东风杭汽	东风杭汽	东风杭汽	广汽日野（沈阳）
车型	DHZ 6120Y2*	DHZ 6120Y1*	DHZ 6100Y1*	DHZ 6860Y2*	DHZ 6860Y*	SFQ6123 PTLG*
评定类型及等级	大型高二级	大型高一级	大型高一级	中型高二级	中型高一级	大型高一级
车身长度(mm)	12000	12000	10490	8590	8590	12000
座位数+司机+导游 ≤	45+1+1	51(49)+1+1	43+1+1	33+1+1	35+1+1	51(49)+1+1
额定功率(kw) ≥	243	243	180	162	162	240
比功率(kw/t) ≥	13.5	12	12	14	13	12
最高车速(km/h) ≥	120	110	110	115	110	110
匀速车内噪声[dB(A)] ≤	69	72	72	70	72	72
发动机位置	后	后	后	后	后	后
乘客门位置	前（前中）**	前（前中）**	前	前	前	前（前中）**
车内通道宽(mm) ≥	350	350	350	350	350	350
悬架类型	B	B	B	B	B	B
盘式制动器	装置	—	—	—	—	—
ABS(一类)	装置	装置	装置	装置	装置	装置
蹄片间隙自调装置	装置	装置	装置	装置	装置	装置
缓行器	装置	装置	装置	装置	—	装置
底盘自动润滑系统	装置	—	—	装置	—	—
旋压车轮	装置	装置	装置	装置	装置	装置
无内胎子午线轮胎	装置	装置	装置	装置	装置	装置
座间距(同向)(mm) ≥	750	720	720	750	720	720
座垫宽(mm) ≥	440	440	440	440	440	440
座椅深(mm) ≥	440	440	440	440	440	440
靠背高(mm) ≥	720	680	680	720	680	680
靠背角度可调	装置	装置	装置	装置	装置	装置
扶手(靠通道处)	可调	可调	可调	可调	可调	可调
座椅脚蹬	可调	可调	可调	可调	—	可调
座椅横移(向通道)(mm) ≥	60	60	60	60	60	60
座椅汽车安全带	装置	装置	装置	装置	装置	装置
空气调节装置	冷暖	冷暖	冷暖	冷暖	冷暖	冷暖
卫生间(位置)	中	—	—	—	—	—
影视设备	装置	装置	装置	装置	装置	装置
饮水设备或冰箱	装置	装置	装置	装置	装置	装置
CAN 总线	装置	—	—	—	—	—
车桥随动转向	—	—	—	—	—	—
行驶记录仪	装置	装置	装置	装置	装置	装置
发动机舱自动灭火装置	装置	装置	装置	—	—	装置
人均行李舱容积(m^3/人) ≥	0.17	0.15	0.13	0.10	0.09	0.15
特殊结构说明						

*注释:属按 JT/T 325—2006 评定车型。

**注释:“（ ）”表示可选配置。

续上表

技术参数 \ 车型 \ 厂家	广汽日野(沈阳) SFQ6115 JTLG*	成都客车 CDK6940 BR*	桂林大宇 GDW6121 HKD1*	桂林大宇 GDW6119 HKD1*	桂林大宇 GDW6115 HKD1*	桂林大宇 GDW6900 HKD2*
评定类型及等级	大型高一级	大型高一级	大型高一级	大型高一级	大型高一级	中型高一级
车身长度(mm)	11500	9395	12000	10810	11330	8990
座位数+司机+导游 ≤	47(45)+1+1	37+1+1	53(51)+1+1	45(41)+1+1	49(47)+1+1	37+1+1
额定功率(kw) ≥	224	180	243	180	228	162
比功率(kw/t) ≥	12	12	12	12	12	13
最高车速(km/h) ≥	110	110	110	110	110	110
匀速车内噪声[dB(A)] ≤	72	72	72	72	72	72
发动机位置	后	后	后	后	后	后
乘客门位置	前(前中)**	前	前(前中)**	前(前中)**	前(前中)**	前
车内通道宽(mm) ≥	350	350	350	350	350	350
悬架类型	B	B	B	B	B	B
盘式制动器	—	—	—	—	—	—
ABS(一类)	装置	装置	装置	装置	装置	装置
蹄片间隙自调装置	装置	装置	装置	装置	装置	装置
缓行器	装置	装置	装置	装置	装置	—
底盘自动润滑系统	—	—	—	—	—	—
旋压车轮	装置	装置	装置	装置	装置	装置
无内胎子午线轮胎	装置	装置	装置	装置	装置	装置
座间距(同向)(mm) ≥	720	720	720	720	720	720
座垫宽(mm) ≥	440	440	440	440	440	440
座椅深(mm) ≥	440	440	440	440	440	440
靠背高(mm) ≥	680	680	680	680	680	680
靠背角度可调	装置	装置	装置	装置	装置	装置
扶手(靠通道处)	可调	可调	可调	可调	可调	可调
座椅脚蹬	可调	可调	可调	可调	可调	—
座椅横移(向通道)(mm) ≥	60	60	60	60	60	60
座椅汽车安全带	装置	装置	装置	装置	装置	装置
空气调节装置	冷暖	冷暖	冷暖	冷暖	冷暖	冷暖
卫生间(位置)	—	—	—	—	—	—
影视设备	装置	装置	装置	装置	装置	装置
饮水设备或冰箱	装置	装置	装置	装置	装置	装置
CAN 总线	—	—	—	—	—	—
车桥随动转向	—	—	—	—	—	—
行驶记录仪	装置	装置	装置	装置	装置	装置
发动机舱自动灭火装置	装置	装置	装置	装置	装置	—
人均行李舱容积(m^3/人) ≥	0.15	0.11	0.15	0.13	0.15	0.09
特殊结构说明						

* 注释:属按 JT/T 325—2006 评定车型。

* * 注释:“(　)”表示可选配置。

续上表

厂家 车型 技术参数	桂林客车 GL6128 CHA*	桂林客车 GL6128 CHB*	桂林客车 GL6118 HS1*	桂林客车 GL6903 HS2*	桂林客车 GL6903 HS1*	江苏女神 JB6122K7*
评定类型及等级	大型高二级	大型高一级	大型高一级	中型高一级	中型高一级	大型高一级
车身长度(mm)	12000	12000	10600	8995	8995	12000
座位数+司机+导游 ≤	45+1+1	53(51)+1+1	45+1+1	22+1	37+1+1	57(55)+3+1+1
额定功率(kw) ≥	243	243	206	198.5	198.5	276
比功率(kw/t) ≥	13.5	12	12	13	13	12
最高车速(km/h) ≥	120	110	110	110	110	110
匀速车内噪声[dB(A)] ≤	69	72	72	72	72	72
发动机位置	后	后	后	后	后	后
乘客门位置	前(前中)**	前(前中)**	前	前	前	前(前中)**
车内通道宽(mm) ≥	350	350	350	350	350	350
悬架类型	B	B	B	B	B	B
盘式制动器	装置	—	—	—	—	—
ABS(一类)	装置	装置	装置	装置	装置	装置
蹄片间隙自调装置	装置	装置	装置	装置	装置	装置
缓行器	装置	装置	装置	—	—	装置
底盘自动润滑系统	装置	—	—	—	—	—
旋压车轮	装置	装置	装置	装置	装置	装置
无内胎子午线轮胎	装置	装置	装置	装置	装置	装置
座间距(同向)(mm) ≥	750	720	720	720	720	720
座垫宽(mm) ≥	440	440	440	440	440	440
座椅深(mm) ≥	440	440	440	440	440	440
靠背高(mm) ≥	720	680	680	680	680	680
靠背角度可调	装置	装置	装置	装置	装置	装置
扶手(靠通道处)	可调	可调	可调	可调	可调	可调
座椅脚蹬	可调	可调	可调	—	—	可调
座椅横移(向通道)(mm) ≥	60	60	60	60	60	60
座椅汽车安全带	装置	装置	装置	装置	装置	装置
空气调节装置	冷暖	冷暖	冷暖	冷暖	冷暖	冷暖
卫生间(位置)	中	—	—	—	—	—
影视设备	装置	装置	装置	装置	装置	装置
饮水设备或冰箱	装置	装置	装置	装置	装置	装置
CAN 总线	装置	—	—	—	—	—
车桥随动转向	—	—	—	—	—	—
行驶记录仪	装置	装置	装置	装置	装置	装置
发动机舱自动灭火装置	装置	装置	装置	—	—	装置
人均行李舱容积(m^3/人) ≥	0.17	0.15	0.13	0.09	0.09	0.15
特殊结构说明						低驾驶区

* 注释:属按 JT/T 325—2006 评定车型。

* * 注释:“( )”表示可选配置。

续上表

技术参数 \ 车型 \ 厂家	上海申龙	上海申龙	上海申龙	上海申龙	上海申龙	上海申龙
	SLK6122 F5A*	SLK6112 F5A*	SLK6120 F8A*	SLK6802 F5A*	SLK6872 F5A*	SLK6902 F5A*
评定类型及等级	大型高一级	大型高一级	大型高一级	中型高一级	中型高一级	中型高一级
车身长度(mm)	11995	10800	12000	7995	8720	8975
座位数+司机+导游 ≤	53(51)+1+1	47(45)+1+1	53(51)+1+1	31+1+1	35+1+1	37+1+1
额定功率(kw) ≥	206	199	247	147	162	162
比功率(kw/t) ≥	12	12	12	13	13	13
最高车速(km/h) ≥	110	110	110	110	110	110
匀速车内噪声[dB(A)] ≤	72	72	72	72	72	72
发动机位置	后	后	后	后	后	后
乘客门位置	前(前中)**	前(前中)**	前(前中)**	前	前	前
车内通道宽(mm) ≥	350	350	350	350	350	350
悬架类型	B	B	B	B、C	B	B
盘式制动器	—	—	—	—	—	—
ABS(一类)	装置	装置	装置	装置	装置	装置
蹄片间隙自调装置	装置	装置	装置	装置	装置	装置
缓行器	装置	装置	装置	—	—	—
底盘自动润滑系统	—	—	—	—	—	—
旋压车轮	装置	装置	装置	装置	装置	装置
无内胎子午线轮胎	装置	装置	装置	装置	装置	装置
座间距(同向)(mm) ≥	720	720	720	720	720	720
座垫宽(mm) ≥	440	440	440	440	440	440
座椅深(mm) ≥	440	440	440	440	440	440
靠背高(mm) ≥	680	680	680	680	680	680
靠背角度可调	装置	装置	装置	装置	装置	装置
扶手(靠通道处)	可调	可调	可调	可调	可调	可调
座椅脚蹬	可调	可调	可调	—	—	—
座椅横移(向通道)(mm) ≥	60	60	60	60	60	60
座椅汽车安全带	装置	装置	装置	装置	装置	装置
空气调节装置	冷暖	冷暖	冷暖	冷暖	冷暖	冷暖
卫生间(位置)	—	—	—	—	—	—
影视设备	装置	装置	装置	装置	装置	装置
饮水设备或冰箱	装置	装置	装置	装置	装置	装置
CAN 总线	—	—	—	—	—	—
车桥随动转向	—	—	—	—	—	—
行驶记录仪	装置	装置	装置	装置	装置	装置
发动机舱自动灭火装置	装置	装置	装置	—	—	—
人均行李舱容积(m^3/人) ≥	0.15	0.13	0.15	0.06	0.09	0.09
特殊结构说明						

＊注释:属按 JT/T 325—2006 评定车型。

＊＊注释:“(　)”表示可选配置。

续上表

技术参数 \ 车型 \ 厂家	北京北方 BFC 6100A*	北京北方 BFC 6901A*	常州黄海 DD 6119K30*	烟台舒驰 YTK 6730H*	江淮客车 HK 6127H4*	西安西沃 XW 6122DA*
评定类型及等级	大型高一级	中型高二级	大型高一级	中型高一级	大型高一级	大型高二级
车身长度(mm)	10200	8995	10800	7280	11990	12000
座位数+司机+导游 ≤	41+1+1	37+1+1	45+1+1	21+1+1	53(51)+1+1	47+1+1
额定功率(kw) ≥	180	180	191	95	228	235
比功率(kw/t) ≥	12	14	12	13	12	13.5
最高车速(km/h) ≥	110	115	110	110	110	120
匀速车内噪声[dB(A)] ≤	72	70	72	72	72	69
发动机位置	后	后	后	后	后	后
乘客门位置	前	前	前	前	前(前中)**	前(前中)**
车内通道宽(mm) ≥	350	350	350	350	350	350
悬架类型	A	A	B	B	B	A、B
盘式制动器	—	—	—	—	—	装置
ABS(一类)	装置	装置	装置	装置	装置	装置
蹄片间隙自调装置	装置	装置	装置	装置	装置	装置
缓行器	装置	装置	装置	—	装置	装置
底盘自动润滑系统	—	装置	—	—	—	装置
旋压车轮	装置	装置	装置	装置	装置	装置
无内胎子午线轮胎	装置	装置	装置	装置	装置	装置
座间距(同向)(mm) ≥	720	750	720	720	720	750
座垫宽(mm) ≥	440	440	440	440	440	440
座椅深(mm) ≥	440	440	440	440	440	440
靠背高(mm) ≥	680	720	680	680	680	720
靠背角度可调	装置	装置	装置	装置	装置	装置
扶手(靠通道处)	可调	可调	可调	可调	可调	可调
座椅脚蹬	可调	可调	可调	—	可调	可调
座椅横移(向通道)(mm) ≥	60	60	60	60	60	60
座椅汽车安全带	装置	装置	装置	装置	装置	装置
空气调节装置	冷暖	冷暖	冷暖	冷暖	冷暖	冷暖
卫生间(位置)	—	—	—	—	—	中
影视设备	装置	装置	装置	装置	装置	装置
饮水设备或冰箱	装置	装置	装置	装置	装置	装置
CAN 总线	—	—	—	—	—	装置
车桥随动转向	—	—	—	—	—	—
行驶记录仪	装置	装置	装置	装置	装置	装置
发动机舱自动灭火装置	装置	—	装置	—	装置	装置
人均行李舱容积(m^3/人) ≥	0.13	0.10	0.13		0.15	0.17
特殊结构说明						

*注释:属按 JT/T 325—2006 评定车型。

**注释:"( )"表示可选配置。

续上表

技术参数 \ 车型 \ 厂家	金华青年	金华青年	金华青年	金华青年	金华青年	金华青年
	JNP6140FKM*	JNP6120FS*	JNP6127M*	JNP6122M*	JNP6127M-1*	JNP6122M-1*
评定类型及等级	特大型高二级	大型高二级	大型高二级	大型高二级	大型高一级	大型高一级
车身长度(mm)	13700	12000	12000	12000	12000	12000
座位数+司机+导游 ≤	61+1+1	51+1+1	47+1+1	47+1+1	53(51)+1+1	53(51)+1+1
额定功率(kw) ≥	294.2	276	243	243	243	243
比功率(kw/t) ≥	12	13.5	13.5	13.5	12	12
最高车速(km/h) ≥	120	120	120	120	110	110
匀速车内噪声[dB(A)] ≤	69	69	69	69	72	72
发动机位置	后	后	后	后	后	后
乘客门位置	前中	前中	前中	前中	前(前中)**	前(前中)**
车内通道宽(mm) ≥	350	350	350	350	350	350
悬架类型	A	A	A	A	A	A
盘式制动器	装置	装置	装置	装置	—	—
ABS(一类)	装置	装置	装置	装置	装置	装置
蹄片间隙自调装置	装置	装置	装置	装置	装置	装置
缓行器	装置	装置	装置	装置	装置	装置
底盘自动润滑系统	装置	装置	装置	装置	—	—
旋压车轮	装置	装置	装置	装置	装置	装置
无内胎子午线轮胎	装置	装置	装置	装置	装置	装置
座间距(同向)(mm) ≥	750	750	750	750	720	720
座垫宽(mm) ≥	440	440	440	440	440	440
座椅深(mm) ≥	440	440	440	440	440	440
靠背高(mm) ≥	720	720	720	720	680	680
靠背角度可调	装置	装置	装置	装置	装置	装置
扶手(靠通道处)	可调	可调	可调	可调	可调	可调
座椅脚蹬	可调	可调	可调	可调	可调	可调
座椅横移(向通道)(mm) ≥	60	60	60	60	60	60
座椅汽车安全带	装置	装置	装置	装置	装置	装置
空气调节装置	冷暖	冷暖	冷暖	冷暖	冷暖	冷暖
卫生间(位置)	中	中	中	中	—	—
影视设备	装置	装置	装置	装置	装置	装置
饮水设备或冰箱	装置	装置	装置	装置	装置	装置
CAN 总线	装置	装置	装置	装置	—	—
车桥随动转向	3 桥	—	—	—	—	—
行驶记录仪	装置	装置	装置	装置	装置	装置
发动机舱自动灭火装置	装置	装置	装置	装置	装置	装置
人均行李舱容积(m^3/人) ≥	0.15	0.17	0.17	0.17	0.15	0.15
特殊结构说明	低驾驶区	低驾驶区				

* 注释:属按 JT/T 325—2006 评定车型。

* * 注释:“( )”表示可选配置。

续上表

技术参数 \ 厂家 / 车型	金华青年 JNP 6127FM-1*	金华青年 JNP 6100M-1*	金华青年 JNP 6115M-1*	郑州宇通 ZK6 146HQC9*	郑州宇通 ZK6 146HQF9*	郑州宇通 ZK6 146HQB9*
评定类型及等级	大型高一级	大型高一级	大型高一级	特大型 高三级	特大型 高三级	特大型 高二级
车身长度(mm)	12000	10000	11500	13670	13670	13670
座位数 + 司机 + 导游 ≤	57(55) +1 +1	41(39) +1 +1	49(47) +1 +1	61 +1 +1	59 +4 +1 +1	61 +1 +1
额定功率(kw) ≥	276	180	206	316	316	275
比功率(kw/t) ≥	12	12	12	13	13	12
最高车速(km/h) ≥	110	110	110	125	125	120
匀速车内噪声[dB(A)] ≤	72	72	72	66	66	69
发动机位置	后	后	后	后	后	后
乘客门位置	前 (前中)**	前 (前中)**	前 (前中)**	前中	前中	前中
车内通道宽(mm) ≥	350	350	350	350	350	350
悬架类型	A	A	A	A	A	A
盘式制动器	—	—	—	装置	装置	装置
ABS(一类)	装置	装置	装置	装置	装置	装置
蹄片间隙自调装置	装置	装置	装置	装置	装置	装置
缓行器	装置	装置	装置	装置	装置	装置
底盘自动润滑系统	—	—	—	装置	装置	装置
旋压车轮	装置	装置	装置	装置	装置	装置
无内胎子午线轮胎	装置	装置	装置	装置	装置	装置
座间距(同向)(mm) ≥	720	720	720	770	770	750
座垫宽(mm) ≥	440	440	440	450	450	440
座椅深(mm) ≥	440	440	440	440	440	440
靠背高(mm) ≥	680	680	680	720	720	720
靠背角度可调	装置	装置	装置	装置	装置	装置
扶手(靠通道处)	可调	可调	可调	可调	可调	可调
座椅脚蹬	可调	可调	可调	可调	可调	可调
座椅横移(向通道)(mm) ≥	60	60	60	60	60	60
座椅汽车安全带	装置	装置	装置	装置	装置	装置
空气调节装置	冷暖	冷暖	冷暖	冷暖	冷暖	冷暖
卫生间(位置)	—	—	—	中	中	中
影视设备	装置	装置	装置	装置	装置	装置
饮水设备或冰箱	装置	装置	装置	装置	装置	装置
CAN 总线	—	—	—	装置	装置	装置
车桥随动转向	—	—	—	3 桥	3 桥	3 桥
行驶记录仪	装置	装置	装置	装置	装置	装置
发动机舱自动灭火装置	装置	装置	装置	装置	装置	装置
人均行李舱容积(m^3/人) ≥	0.15	0.11	0.15	0.17	0.17	0.15
特殊结构说明	低驾驶区			低驾驶区	低驾驶区	低驾驶区

* 注释:属按 JT/T 325—2006 评定车型。

* * 注释:“(　)”表示可选配置。

续上表

技术参数 \ 厂家 / 车型	郑州宇通 ZK6146HQA9*	郑州宇通 ZK6126HQC9*	郑州宇通 ZK6930HAA*	郑州宇通 ZK6909HAA*	郑州宇通 ZK6858HQD9*	北汽福田 BJ6120U8LJB-5*
评定类型及等级	特大型高一级	大型高三级	大型高一级	中型高一级	中型高一级	大型高一级
车身长度(mm)	13670	12000	9325	8995	8543	11980
座位数 + 司机 + 导游 ≤	65 +1 +1	53 +1 +1	21 +1 +1	21 +1 +1	33(31) +1 +1	53(51) +1 +1
额定功率(kw) ≥	275	275	162	165	155	228
比功率(kw/t) ≥	11	15	12	13	13	12
最高车速(km/h) ≥	110	125	110	110	110	110
匀速车内噪声[dB(A)] ≤	72	66	72	72	72	72
发动机位置	后	后	后	后	后	后
乘客门位置	前中	前中	前(前中)**	前(前中)**	前(前中、前后)**	前(前中)**
车内通道宽(mm) ≥	350	350	350	350	350	350
悬架类型	A	A	B	B	B	B
盘式制动器	装置	装置	—	—	—	—
ABS(一类)	装置	装置	装置	装置	装置	装置
蹄片间隙自调装置	装置	装置	装置	装置	装置	装置
缓行器	装置	装置	装置	—	—	装置
底盘自动润滑系统	装置	装置	—	—	—	—
旋压车轮	装置	装置	装置	装置	装置	装置
无内胎子午线轮胎	装置	装置	装置	装置	装置	装置
座间距(同向)(mm) ≥	720	770	720	720	720	720
座垫宽(mm) ≥	440	450	440	440	440	440
座椅深(mm) ≥	440	440	440	440	440	440
靠背高(mm) ≥	680	720	680	680	680	680
靠背角度可调	装置	装置	装置	装置	装置	装置
扶手(靠通道处)	可调	可调	可调	可调	可调	可调
座椅脚蹬	可调	可调	可调	—	—	可调
座椅横移(向通道)(mm) ≥	60	60	60	60	60	60
座椅汽车安全带	装置	装置	装置	装置	装置	装置
空气调节装置	冷暖	冷暖	冷暖	冷暖	冷暖	冷暖
卫生间(位置)	—	中	—	—	—	—
影视设备	装置	装置	装置	装置	装置	装置
饮水设备或冰箱	装置	装置	装置	装置	装置	装置
CAN 总线	—	装置	—	—	—	—
车桥随动转向	3 桥	—	—	—	—	—
行驶记录仪	装置	装置	装置	装置	装置	装置
发动机舱自动灭火装置	装置	装置	装置	—	—	装置
人均行李舱容积(m^3/人) ≥	0.13	0.19	0.11	0.09	0.09	0.15
特殊结构说明	低驾驶区	低驾驶区				

* 注释:属按 JT/T 325—2006 评定车型。

* * 注释:“(　)”表示可选配置。

续上表

技术参数 \ 车型 \ 厂家		江铃全顺	江铃全顺	江铃全顺	江铃全顺	苏州金龙	苏州金龙
		JX6581 TA-M4*	JX6581 TA-H4*	JX6501 TA-M4*	JX6501 TA-L4*	KLQ6125 BE4*	KLQ6898 QE5*
评定类型及等级		小型高一级	小型高一级	小型高一级	小型高一级	大型高二级	中型高一级
车身长度(mm)		5780	5780	4963	4963	12000	8949
座位数+司机+导游	≤	14+1	14+1	11+1	11+1	47+1+1	37+1+1
额定功率(kw)	≥	92	92	92	92	239	180
比功率(kw/t)	≥	19	19	19	19	13.5	13
最高车速(km/h)	≥	105	105	105	105	120	110
匀速车内噪声[dB(A)]	≤	72	72	72	72	69	72
发动机位置		前	前	前	前	后	后
乘客门位置		前中	前中	前中	前中	前中	前
车内通道宽(mm)	≥	300	300	300	300	350	350
悬架类型		E	E	E	E	B	B
盘式制动器		—	—	—	—	装置	—
ABS(一类)		装置	装置	装置	装置	装置	装置
蹄片间隙自调装置		装置	装置	装置	装置	装置	装置
缓行器		—	—	—	—	装置	—
底盘自动润滑系统		—	—	—	—	装置	—
旋压车轮		—	—	—	—	装置	装置
无内胎子午线轮胎		—	—	—	—	装置	装置
座间距(同向)(mm)	≥	670	670	670	670	750	720
座垫宽(mm)	≥	440	440	440	440	440	440
座椅深(mm)	≥	440	440	440	440	440	440
靠背高(mm)	≥	680	680	680	680	720	680
靠背角度可调		装置	装置	装置	装置	装置	装置
扶手(靠通道处)		可调	可调	可调	可调	可调	可调
座椅脚蹬		—	—	—	—	可调	—
座椅横移(向通道)(mm)	≥	—	—	—	—	60	60
座椅汽车安全带		装置	装置	装置	装置	装置	装置
空气调节装置		冷暖	冷暖	冷暖	冷暖	冷暖	冷暖
卫生间(位置)		—	—	—	—	中	—
影视设备		—	—	—	—	装置	装置
饮水设备或冰箱		—	—	—	—	装置	装置
CAN 总线		—	—	—	—	装置	—
车桥随动转向		—	—	—	—	—	—
行驶记录仪		—	—	—	—	装置	装置
发动机舱自动灭火装置		—	—	—	—	装置	—
人均行李舱容积(m^3/人)	≥	—	—	—	—	0.17	0.09
特殊结构说明							

*注释:属按 JT/T 325—2006 评定车型。

**注释:“( )”表示可选配置。

续上表

技术参数 \ 车型 \ 厂家	厦门金龙 XMQ6800 AYD4C*	厦门金龙 XMQ6802 AYD4C*	厦门金龙 XMQ6879 AYD4C*	厦门金龙 XMQ6898 AYD4C*	厦门金旅 XML6148 J23*	厦门金旅 XML6148 J13*
评定类型及等级	中型高一级	中型高一级	中型高一级	中型高一级	特大型 高二级	特大型 高一级
车身长度(mm)	7995	8045	8745	8945	13695	13695
座位数+司机+导游 ≤	31(29) +1+1	31(29) +1+1	35(33) +1+1	37(35) +1+1	61+1+1	63+1+1
额定功率(kw) ≥	132	132	147	162	276	276
比功率(kw/t) ≥	13	13	13	13	12	11
最高车速(km/h) ≥	110	110	110	110	120	110
匀速车内噪声[dB(A)] ≤	72	72	72	72	69	72
发动机位置	后	后	后	后	后	后
乘客门位置	前 (前中)**	前 (前中)**	前 (前中)**	前 (前中)**	前中	前中
车内通道宽(mm) ≥	350	350	350	350	350	350
悬架类型	B、C	B、C	B、C	B、C	B	B
盘式制动器	—	—	—	—	装置	装置
ABS(一类)	装置	装置	装置	装置	装置	装置
蹄片间隙自调装置	装置	装置	装置	装置	装置	装置
缓行器	—	—	—	—	装置	装置
底盘自动润滑系统	—	—	—	—	装置	装置
旋压车轮	装置	装置	装置	装置	装置	装置
无内胎子午线轮胎	装置	装置	装置	装置	装置	装置
座间距(同向)(mm) ≥	720	720	720	720	750	720
座垫宽(mm) ≥	440	440	440	440	440	440
座椅深(mm) ≥	440	440	440	440	440	440
靠背高(mm) ≥	680	680	680	680	720	680
靠背角度可调	装置	装置	装置	装置	装置	装置
扶手(靠通道处)	可调	可调	可调	可调	可调	可调
座椅脚蹬	—	—	—	—	可调	可调
座椅横移(向通道)(mm) ≥	60	60	60	60	60	60
座椅汽车安全带	装置	装置	装置	装置	装置	装置
空气调节装置	冷暖	冷暖	冷暖	冷暖	冷暖	冷暖
卫生间(位置)	—	—	—	—	中	—
影视设备	装置	装置	装置	装置	装置	装置
饮水设备或冰箱	装置	装置	装置	装置	装置	装置
CAN 总线	—	—	—	—	装置	—
车桥随动转向	—	—	—	—	3 桥	3 桥
行驶记录仪	装置	装置	装置	装置	装置	装置
发动机舱自动灭火装置	—	—	—	—	装置	装置
人均行李舱容积(m^3/人) ≥	0.06	0.09	0.09	0.09	0.15	0.13
特殊结构说明					低驾驶区	低驾驶区

*注释:属按 JT/T 325—2006 评定车型。

**注释:“(　)”表示可选配置。

续上表

技术参数 \ 车型 \ 厂家	厦门金旅 XML 6128J53*	厦门金旅 XML 6126J28*	厦门金旅 XML 6125J28*	厦门金旅 XML 6126J18*	厦门金旅 XML 6127J15*	厦门金旅 XML 6113J98*
评定类型及等级	大型高三级	大型高二级	大型高一级	大型高一级	大型高一级	大型高一级
车身长度(mm)	11985	11985	12000	11985	11985	10730
座位数+司机+导游 ≤	53+1+1	47+1+1	53(51)+1+1	51(49)+1+1	53(51)+1+1	45+1+1
额定功率(kw) ≥	287	243	228	228	243	180
比功率(kw/t) ≥	15	13.5	12	12	12	12
最高车速(km/h) ≥	125	120	110	110	110	110
匀速车内噪声[dB(A)] ≤	66	69	72	72	72	72
发动机位置	后	后	后	后	后	后
乘客门位置	前中	前中	前（前中）**	前	前（前中）**	前
车内通道宽(mm) ≥	350	350	350	350	350	350
悬架类型	A	B	B	B	B	B
盘式制动器	装置	装置	—	—	—	—
ABS(一类)	装置	装置	装置	装置	装置	装置
蹄片间隙自调装置	装置	装置	装置	装置	装置	装置
缓行器	装置	装置	装置	装置	装置	装置
底盘自动润滑系统	装置	装置	—	—	—	—
旋压车轮	装置	装置	装置	装置	装置	装置
无内胎子午线轮胎	装置	装置	装置	装置	装置	装置
座间距(同向)(mm) ≥	770	750	720	720	720	720
座垫宽(mm) ≥	450	440	440	440	440	440
座椅深(mm) ≥	440	440	440	440	440	440
靠背高(mm) ≥	720	720	680	680	680	680
靠背角度可调	装置	装置	装置	装置	装置	装置
扶手(靠通道处)	可调	可调	可调	可调	可调	可调
座椅脚蹬	可调	可调	可调	可调	可调	可调
座椅横移(向通道)(mm) ≥	60	60	60	60	60	60
座椅汽车安全带	装置	装置	装置	装置	装置	装置
空气调节装置	冷暖	冷暖	冷暖	冷暖	冷暖	冷暖
卫生间(位置)	中	中	—	—	—	—
影视设备	装置	装置	装置	装置	装置	装置
饮水设备或冰箱	装置	装置	装置	装置	装置	装置
CAN 总线	装置	装置	—	—	—	—
车桥随动转向	—	—	—	—	—	—
行驶记录仪	装置	装置	装置	装置	装置	装置
发动机舱自动灭火装置	装置	装置	装置	装置	装置	装置
人均行李舱容积(m^3/人) ≥	0.19	0.17	0.15	0.15	0.15	0.13
特殊结构说明	低驾驶区					

*注释：属按 JT/T 325—2006 评定车型。

**注释：“( )”表示可选配置。

续上表

技术参数 \ 车型 \ 厂家	厦门金旅	厦门金旅	厦门金旅	厦门金旅	厦门金旅	厦门金旅
	XML 6908J28*	XML 6807J28*	XML 6807J58*	XML 6858J15*	XML 6908J18*	XML 6909J18*
评定类型及等级	中型高二级	中型高一级	中型高一级	中型高一级	中型高一级	中型高一级
车身长度(mm)	8995	7990	7990	8540	8995	8945
座位数+司机+导游 ≤	37+1+1	21+1+1	31+1+1	33+1+1	37+1+1	37+1+1
额定功率(kw) ≥	176	132	147	162	162	169
比功率(kw/t) ≥	14	13	13	13	13	13
最高车速(km/h) ≥	115	110	110	110	110	110
匀速车内噪声[dB(A)] ≤	70	72	72	72	72	72
发动机位置	后	后	后	后	后	后
乘客门位置	前	前	前	前	前	前
车内通道宽(mm) ≥	350	350	350	350	350	350
悬架类型	B	B	B	B	B	B
盘式制动器	—	—	—	—	—	—
ABS(一类)	装置	装置	装置	装置	装置	装置
蹄片间隙自调装置	装置	装置	装置	装置	装置	装置
缓行器	装置	—	—	—	—	—
底盘自动润滑系统	装置	—	—	—	—	—
旋压车轮	装置	装置	装置	装置	装置	装置
无内胎子午线轮胎	装置	装置	装置	装置	装置	装置
座间距(同向)(mm) ≥	750	720	720	720	720	720
座垫宽(mm) ≥	440	440	440	440	440	440
座椅深(mm) ≥	440	440	440	440	440	440
靠背高(mm) ≥	720	680	680	680	680	680
靠背角度可调	装置	装置	装置	装置	装置	装置
扶手(靠通道处)	可调	可调	可调	可调	可调	可调
座椅脚蹬	可调	—	—	—	—	—
座椅横移(向通道)(mm) ≥	60	60	60	60	60	60
座椅汽车安全带	装置	装置	装置	装置	装置	装置
空气调节装置	冷暖	冷暖	冷暖	冷暖	冷暖	冷暖
卫生间(位置)	—	—	—	—	—	—
影视设备	装置	装置	装置	装置	装置	装置
饮水设备或冰箱	装置	装置	装置	装置	装置	装置
CAN 总线	—	—	—	—	—	—
车桥随动转向	—	—	—	—	—	—
行驶记录仪	装置	装置	装置	装置	装置	装置
发动机舱自动灭火装置	—	—	—	—	—	—
人均行李舱容积(m^3/人) ≥	0.10	0.06	0.06	0.09	0.09	0.09
特殊结构说明						

*注释:属按 JT/T 325—2006 评定车型。

**注释:"( )"表示可选配置。

续上表

技术参数 \ 车型 \ 厂家	厦门金旅 XML 6808J28*	厦门金旅 XML 6808J18*	九龙汽车 HKL 6600Q*			
评定类型及等级	中型高一级	中型高一级	小型高一级			
车身长度(mm)	8030	8030	5990			
座位数+司机+导游 ≤	21+1+1	31+1+1	15+1+1			
额定功率(kw) ≥	127	132	110			
比功率(kw/t) ≥	13	13	19			
最高车速(km/h) ≥	110	110	105			
匀速车内噪声[dB(A)] ≤	72	72	72			
发动机位置	后	后	前			
乘客门位置	前	前	前中			
车内通道宽(mm) ≥	350	350	300			
悬架类型	B	B	E			
盘式制动器	—	—	—			
ABS(一类)	装置	装置	装置			
蹄片间隙自调装置	装置	装置	装置			
缓行器	—	—	—			
底盘自动润滑系统	—	—	—			
旋压车轮	装置	装置	—			
无内胎子午线轮胎	装置	装置	—			
座间距(同向)(mm) ≥	720	720	670			
座垫宽(mm) ≥	440	440	440			
座椅深(mm) ≥	440	440	440			
靠背高(mm) ≥	680	680	680			
靠背角度可调	装置	装置	装置			
扶手(靠通道处)	可调	可调	可调			
座椅脚蹬	—	—	—			
座椅横移(向通道)(mm) ≥	60	60	—			
座椅汽车安全带	装置	装置	装置			
空气调节装置	冷暖	冷暖	冷暖			
卫生间(位置)	—	—	—			
影视设备	装置	装置	—			
饮水设备或冰箱	装置	装置	—			
CAN 总线	—	—	—			
车桥随动转向	—	—	—			
行驶记录仪	装置	装置	—			
发动机舱自动灭火装置	—	—	—			
人均行李舱容积(m^3/人) ≥	0.09	0.09	—			
特殊结构说明						

＊注释:属按 JT/T 325—2006 评定车型。

＊＊注释:“(　)”表示可选配置。

高级(卧铺)客车类型划分及等级评定表

技术参数 \ 车型 \ 厂家		郑州宇通 ZK6122 HWQAA	郑州宇通 ZK6122 HNWQ01Y	郑州宇通 ZK6122 HWQ9A	厦门金龙 XMQ6129 FPD3C	厦门金龙 XMQ6129 DPD3C
评定类型及等级		大型高二级	大型高一级	大型高一级	大型高一级	大型高一级
车身长度(mm)		12000	12000	12000	12000	12000
卧铺排列形式		1+1+1	1+1+1	1+1+1	1+1+1	1+1+1
卧铺数+司机+导游	≤	36+1+1 (半躺)	38(36)+1+1 (半躺)	38(36)+1+1 (半躺)	38(36)+1+1 (半躺)	36(34)+1+1 (半躺)
额定功率(kw)	≥	243	247	243	240	240
比功率(kw/t)	≥	13.5	12	12	12	12
最高车速(km/h)	≥	120	110	110	110	110
匀速车内噪声[dB(A)]	≤	69	72	72	72	72
发动机位置		后	后	后	后	后
乘客门位置		前中(前后)*	前(前中、前后)*	前(前中、前后)*	前(前中)*	前(前中)*
悬架类型		B	B	B	B	B
车身全承载式结构		装置	装置	装置	装置	装置
盘式制动器		装置	装置	装置	装置	装置
ABS(一类)		装置	装置	装置	装置	装置
蹄片间隙自调装置		装置	装置	装置	装置	装置
缓行器		装置	装置	装置	装置	装置
动力转向		装置	装置	装置	装置	装置
底盘自动润滑系统		装置	—	—	—	—
节能风扇散热系统		装置	装置	装置	装置	装置
后置发动机舱温度报警系统和自动灭火装置		装置	装置	装置	装置	装置
无内胎子午线轮胎		装置	装置	装置	装置	装置
胎压监测报警系统		—	—	—	—	—
卧铺全长(mm)	≥	1900	1900	1900	1900	1900
卧铺宽度(mm)	≥	500	500	500	500	500
铺纵向间距(mm)	≥	1950(平铺) 1600(半躺)	1950(平铺) 1550(半躺)	1950(平铺) 1550(半躺)	1950(平铺) 1550(半躺)	1950(平铺) 1550(半躺)
铺横向间距(mm)	≥	350	350	350	350	350
上铺空间高度(mm)	≥	800	800	800	800	800
铺间高度(mm)	≥	850	850	850	850	850
重叠脚窝内端高(mm)	≥	250	250	250	250	250
下铺面距地高度(mm)	≥	250	250	250	250	250
护栏高度(mm)	≥	150	150	150	150	150
铺垫厚(mm)	≥	70	70	70	70	70
卧铺汽车安全带		装置	装置	装置	装置	装置
空气调节装置		冷暖	冷暖	冷暖	冷暖	冷暖
空气净化装置		装置	装置	装置	装置	装置
卫生间(位置)		中(后)*	—	—	—	—
CAN 总线		装置	—	—	—	—
车桥随动转向		—	—	—	—	—
卫星定位系统		装置	装置	装置	装置	装置
人均行李舱容积(m^3/人)	≥	0.19	0.085	0.17	0.17	0.17
特殊结构说明		低驾驶区	低驾天然气	低驾驶区	低驾驶区	

*注释:“( )”表示可选配置。

续上表

厂家 / 车型 / 技术参数	安徽安凯 HFF6120 WK79C				
评定类型及等级	大型高一级				
车身长度(mm)	12000				
卧铺排列形式	1+1+1				
卧铺数+司机+导游 ≤	38(36)+1+1(半躺)				
额定功率(kw) ≥	257				
比功率(kw/t) ≥	12				
最高车速(km/h) ≥	110				
匀速车内噪声[dB(A)] ≤	72				
发动机位置	后				
乘客门位置	前(前中、前后)*				
悬架类型	B				
车身全承载式结构	装置				
盘式制动器	装置				
ABS(一类)	装置				
蹄片间隙自调装置	装置				
缓行器	装置				
动力转向	装置				
底盘自动润滑系统	—				
节能风扇散热系统	装置				
后置发动机舱温度报警系统和自动灭火装置	装置				
无内胎子午线轮胎	装置				
胎压监测报警系统	1900				
卧铺全长(mm) ≥	500				
卧铺宽度(mm) ≥	1550				
铺纵向间距(mm) ≥	350				
铺横向间距(mm) ≥	800				
上铺空间高度(mm) ≥	850				
铺间高度(mm) ≥	250				
重叠脚窝内端高(mm) ≥	250				
下铺面距地高度(mm) ≥	150				
护栏高度(mm) ≥	70				
铺垫厚(mm) ≥	装置				
卧铺汽车安全带	冷暖				
空气调节装置	装置				
空气净化装置	装置				
卫生间(位置)	—				
CAN 总线	—				
车桥随动转向	—				
卫星定位系统	装置				
人均行李舱容积(m^3/人) ≥	0.085				
特殊结构说明	低驾天然气				

*注释:“( )”表示可选配置。

续上表

技术参数 \ 车型 \ 厂家		北京北方 BFC 6140HW *	厦门金旅 XML6125 J18W *	金华青年 JNP6127 WM-1 *		
评定类型及等级		特大型高一级	大型高一级	大型高一级		
车身长度(mm)		13700	11985	12000		
卧铺排列形式		1+1+1	1+1+1	1+1+1		
卧铺数+司机+导游	≤	42+1+1（半躺）	38+1+1（半躺）	38(36)+1+1(半躺)		
额定功率(kw)	≥	294	228	276		
比功率(kw/t)	≥	12	12	12		
最高车速(km/h)	≥	120	110	110		
匀速车内噪声[dB(A)]	≤	69	72	72		
发动机位置		后	后	后		
乘客门位置		前后	前	前(前中、前后)**		
悬架类型		B	B	A		
盘式制动器		装置	—	—		
ABS(一类)		装置	装置	装置		
蹄片间隙自调装置		装置	装置	装置		
缓行器		装置	装置	装置		
动力转向		装置	装置	装置		
底盘自动润滑系统		装置	—	—		
旋压车轮		装置	装置	装置		
无内胎子午线轮胎		装置	装置	装置		
卧铺全长(mm)	≥	1900	1900	1900		
卧铺宽度(mm)	≥	500	500	500		
铺纵向间距(mm)	≥	1950(平铺) 1550(半躺)	1950(平铺) 1550(半躺)	1950(平铺) 1550(半躺)		
铺横向间距(mm)	≥	350	350	350		
上铺空间高度(mm)	≥	800	800	800		
铺间高度(mm)	≥	850	850	850		
重叠脚窝内端高(mm)	≥	250	250	250		
下铺面距地高度(mm)	≥	250	250	250		
护栏高度(mm)	≥	150	150	150		
铺垫厚(mm)	≥	70	70	70		
卧铺座椅汽车安全带		装置	装置	装置		
空气调节装置		冷暖	冷暖	冷暖		
卫生间(位置)		后	—	—		
影视设备		装置	装置	装置		
饮水设备或冰箱		装置	装置	装置		
CAN 总线		装置	—	—		
车桥随动转向		3 桥	—	—		
行驶记录仪		装置	装置	装置		
发动机舱自动灭火装置		装置	装置	装置		
人均行李舱容积(m^3/人)	≥	0.18	0.17	0.17		
特殊结构说明		低驾驶区	低驾驶区	低驾驶区		

*注释:属按 JT/T 325—2006 评定车型。

**注释:“( )”表示可选配置。

附件 2

关于《高级客车类型划分及等级评定表》的说明

一、车辆各项技术参数及服务装备均须符合评定表中的要求，只要有一项低于相应类型及等级的标准限制，在核发《道路运输证》时就不能核定为该类别及等级。确需降级的，由地市级道路运输管理机构对该车型进行现场核查和实测，确认符合标准后，才予以降级。高级客车等级只能下降一个等级。

二、评定表中各车型的技术参数及服务装备等均以新出厂的车辆为依据，所有内容均经过现场核查或实测。对于在用营运客车，还应根据车辆的实际技术状况进行等级评定。

三、对已评定类型及等级的客车因改装（改造），引起评定表中所列技术参数及服务装备变化的，须重新核定等级。

四、评定表中划“—”的为该等级车型该项技术参数或服务装备不要求。

附件3

申报企业名称与企业简称对照表

序号	申报企业名称	企 业 简 称
1	北京北方华德尼奥普兰客车股份有限公司	北京北方
2	北汽福田汽车股份有限公司	北汽福田
3	广汽日野(沈阳)有限公司	广汽日野(沈阳)
4	上海申龙客车有限公司	上海申龙
5	常州黄海汽车有限公司	常州黄海
6	金龙联合汽车工业(苏州)有限公司	苏州金龙
7	江苏女神汽车集团公司	江苏女神
8	江苏九龙汽车制造有限公司	九龙汽车
9	金华青年汽车制造有限公司	金华青年
10	东风杭州汽车有限公司	东风杭汽
11	江铃汽车股份有限公司	江铃全顺
12	安徽安凯汽车股份有限公司	安徽安凯
13	江淮客车有限公司	江淮客车
14	江淮汽车股份有限公司	江淮星锐
15	厦门金龙联合汽车工业有限公司	厦门金龙
16	厦门金龙旅行车有限公司	厦门金旅
17	中通客车控股股份有限公司	中通客车
18	烟台舒驰客车有限责任公司	烟台舒驰
19	郑州宇通客车股份有限公司	郑州宇通
20	桂林客车工业集团有限公司	桂林客车
21	桂林大宇客车有限公司	桂林大宇
22	西安西沃客车有限公司	西安西沃
23	成都客车股份有限公司	成都客车
24	佛山市飞驰汽车制造有限公司	佛山飞驰

关于印发道路运输经理人从业资格实施办法的通知

交运发〔2011〕281号　2011.6.8

各省、自治区、直辖市、新疆生产建设兵团交通运输厅(局、委):

现将《道路运输经理人从业资格实施办法》印发给你们,请遵照执行。

道路运输经理人从业资格实施办法

第一章　总　　则

第一条　为加强道路运输经理人管理,提高其综合素质,规范其从业行为,根据《中华人民共和国道路运输条例》、《道路运输从业人员管理规定》和国家职业资格制度的有关规定,制定本办法。

第二条　本办法所称道路运输经理人是指道路客货运输企业、国际道路运输企业、出租汽车企业、机动车维修企业、机动车综合性能检测机构、道路客货运输站(场)、机动车驾驶员培训机构等单位(以下统称道路运输企业)的主要负责人,以及主管生产、经营和安全管理的负责人。

第三条　道路运输经理人从业资格分为道路旅客运输及客运站经理人、道路货物运输及站场经理人、机动车检测维修经理人和机动车驾驶培训经理人 4 个类别。

第四条　道路运输经理人取得从业资格证,是对其具备所从事的经营管理岗位职业素质的基本评价。

道路运输经理人必须取得从业资格,方可从事相应的道路运输企业经营管理工作。

第五条　道路运输经理人从业资格管理工作应当公平、公正、公开和便民。

第六条　交通运输部主管全国道路运输经理人从业资格工作。

县级以上地方人民政府交通运输主管部门负责组织领导本行政区域内的道路运输经理人管理工作。

县级以上道路运输管理机构负责具体实施本行政区域内道路运输经理人的管理工作。

第二章　考　　试

第七条　道路运输经理人从业资格考试工作由省级道路运输管理机构组织实施。

第八条　凡中华人民共和国公民，遵守法律、法规和规章，恪守职业道德，所在企业3年内无重特大安全事故或对重特大安全事故不负主要领导责任，并符合下列条件之一者，均可报名参加道路运输经理人从业资格考试。

（一）高中或者中专毕业，累计从事道路运输企业经营管理工作满3年，或者相关企业经营管理工作满5年；

（二）大专及大专以上毕业，累计从事道路运输企业经营管理工作满1年，或者相关企业经营管理工作满3年。

第九条　报名参加道路运输经理人从业资格考试的人员，应当向其从业单位工商注册所在地设区的市级道路运输管理机构报名，填写《道路运输经理人从业资格考试报名表》（式样见附件1），并提供下列材料：

（一）身份证明及复印件；

（二）学历证明及复印件；

（三）所在单位出具的本人工作经历证明原件；

（四）所在单位出具的3年内无重特大事故中负主要领导责任的证明原件；

（五）省级道路运输管理机构要求提供的其他材料。

第十条　设区的市级道路运输管理机构对报名材料提出初审意见后报省级道路运输管理机构。省级道路运输管理机构审核后，对符合报名条件的申请人安排考试。

第十一条　从业资格考试合格者，由省级道路运输管理机构颁发交通运输部统一印制的从业资格证。

第十二条　已获得从业资格证的人员需要增加类别的，应当向原发证机关提出申请，参加相应类别的考试。考试合格的，申请人应办理证件变更手续，由原发证机关在其从业资格证上增加相应类别。

第十三条 凡以不正当手段取得从业资格证的，由发证机关取消资格并收回证书，当事人3年内不得再次申请参加道路运输经理人从业资格考试。

第十四条 道路运输经理人从业资格考试实行全国统一大纲、统一题库、统一考核标准、统一工作规范和程序的制度。

具体考试实施办法由交通运输部另行规定。

第十五条 道路运输经理人从业资格考试采用理论考试方式。

第十六条 交通运输部负责组织编写和审定考试大纲，组织建立考试题库，组织制定考核标准、工作规范和考试程序。交通运输部职业资格管理机构承担有关具体工作。

第三章 从业管理

第十七条 道路运输经理人应当恪守职业道德，接受继续教育，不断提高自身职业素养和企业经营管理水平。在道路运输企业经营管理活动中，应当依法经营、保证质量，并承担相应责任。

第十八条 国家鼓励道路运输经理人参加道路运输经理人职业能力考试取得中、高级道路运输经理人证书。

《道路运输经理人职业能力评价管理规定》由交通运输部另行制定。

第十九条 道路运输经理人持证情况纳入道路运输企业年度质量信誉考核内容，并作为客运班线经营权招标条件之一。

第二十条 一级（类）或者具备相应条件的道路运输企业道路运输经理人持有高级经理人证书的比例应不低于60%。

二级（类）或者具备相应条件的道路运输企业道路运输经理人持有中级或者高级经理人证书的比例应不低于60%。

第二十一条 从业资格证全国通用，有效期为6年。道路运输经理人应当在证件有效期届满30日前到原发证机关办理换证手续。

从业资格证遗失、损毁的,应当向原发证机关申请补发。

第二十二条 道路运输经理人办理换证和补证手续,应当填写《道路运输经理人从业资格证换发、补发登记表》(式样见附件2)。

第二十三条 道路运输经理人有下列情形之一的,由发证机关注销其从业资格证,并报交通运输部职业资格管理机构备案:

(一)本人主动申请注销的;

(二)持证人死亡的;

(三)超过从业资格证有效期180日未申请换证的;

(四)在经营管理中有严重违法乱纪行为或者所在企业发生重特大事故负有主要领导责任的;

(五)法律、法规规定应当注销的其他情形。

凡被注销的从业资格证,应当由发证机关予以收回,公告作废并登记归档。无法收回的,证书自行作废。

第二十四条 违反本办法,道路运输管理机构工作人员有下列情形之一的,依法给予行政处分;构成犯罪的,依法追究刑事责任:

(一)不按照规定的条件和程序组织道路运输经理人从业资格考试的;

(二)发现违法行为未查处的;

(三)索取、收受他人财物及谋取不正当利益的;

(四)滥用职权、玩忽职守的其他行为。

第四章 附 则

第二十五条 道路运输经理人从业资格考试收费标准由省级以上交通运输主管部门会同同级财政、物价部门核定。

第二十六条 本办法于2011年8月1日起施行。

附件1

道路运输经理人从业资格考试报名表

<table>
<tr><td>姓名</td><td></td><td>性别</td><td></td><td>民族</td><td></td><td rowspan="5">照片</td></tr>
<tr><td>出生日期</td><td></td><td>身份证号</td><td></td><td></td><td></td></tr>
<tr><td>联系电话</td><td></td><td>电子邮箱</td><td></td><td></td><td></td></tr>
<tr><td>最高学历</td><td></td><td>现任职务</td><td></td><td></td><td></td></tr>
<tr><td>从业单位</td><td colspan="5"></td></tr>
<tr><td>单位地址</td><td colspan="6"></td></tr>
<tr><td>联系人</td><td></td><td>联系电话</td><td></td><td>邮编</td><td colspan="2"></td></tr>
<tr><td>考试类型</td><td colspan="6">初考□　增项□</td></tr>
<tr><td colspan="4">原专业</td><td colspan="3"></td></tr>
<tr><td>从业资格证号</td><td colspan="6"></td></tr>
<tr><td rowspan="2">报考类别</td><td colspan="3"></td><td colspan="3"></td></tr>
<tr><td colspan="3"></td><td colspan="3"></td></tr>
<tr><td>材料清单</td><td colspan="6">身份证原件□　身份证复印件□
从业资格证原件□　从业资格证复印件□
学历证书原件□　学历证书复印件□
本人工作经历证明原件□
3年内无在重特大事故中负主要领导责任证明原件□</td></tr>
<tr><td>承诺</td><td colspan="6">本人承诺上述所有内容真实、有效，并承担由此产生的法律责任。
本人签字：　日期：</td></tr>
<tr><td>从业单位
审查意见</td><td colspan="6">（盖章）
年　月　日</td></tr>
<tr><td>设区的市级道路
运输管理机构
初审意见</td><td colspan="6">（盖章）
年　月　日</td></tr>
<tr><td>省级道路运输管理
机构审核意见</td><td colspan="6">（盖章）
年　月　日</td></tr>
</table>

附件2

道路运输经理人从业资格证书换发、补发登记表

<table>
<tr><td>姓名</td><td></td><td>性别</td><td></td><td>学历</td><td></td><td rowspan="4">照片</td></tr>
<tr><td>住址</td><td colspan="3"></td><td>联系电话</td><td></td></tr>
<tr><td>工作单位</td><td colspan="5"></td></tr>
<tr><td>身份证号</td><td colspan="5"></td></tr>
<tr><td>原从业
资格证号</td><td colspan="3"></td><td colspan="2">初领从业
资格证日期</td><td>年　月　日</td></tr>
<tr><td>申请种类</td><td colspan="3">换发□</td><td colspan="3">补发□</td></tr>
<tr><td>申请理由</td><td colspan="6"></td></tr>
<tr><td>承诺</td><td colspan="6">本人承诺上述所有内容真实、有效,并承担由此产生的法律责任。
本人签字：　　　　日期：</td></tr>
<tr><td>发证机关
意见</td><td colspan="6">（盖章）
年　月　日</td></tr>
<tr><td rowspan="2">从业资格证
发放</td><td>发放人(签字)</td><td colspan="2"></td><td>日期</td><td colspan="2"></td></tr>
<tr><td>领取人(签字)</td><td colspan="2"></td><td>日期</td><td colspan="2"></td></tr>
</table>

关于发布第39批高级客车类型划分及等级评定表的通知

交运发〔2011〕347号　2011.7.15

各省、自治区、直辖市、新疆生产建设兵团交通运输厅(局、委)：

根据《营运客车类型划分及等级评定规则》(交公路发〔2002〕590号)规定，现发布第39批《高级客车类型划分及等级评定表》，请认真贯彻执行。

附件：1. 高级客车类型划分及等级评定表

2. 关于《高级客车类型划分及等级评定表》的说明

3. 企业名称与厂家简称对照表

附件1

高级客车类型划分及等级评定表

技术参数 ╲ 车型 ╲ 厂家	金华青年 JNP6122 DCN	金华青年 JNP6127 LN	金华青年 JNP6115 M	金华青年 JNP6122 DCN-1	金华青年 JNP6127 LN-1	金华青年 JNP6900 M-1
评定类型及等级	大型高二级	大型高二级	大型高二级	大型高一级	大型高一级	中型高二级
车身长度(mm)	12000	12000	11500	12000	12000	9000
座位数+司机+导游 ≤	49+1+1	49+1+1	45+1+1	53(51)+1+1	53(51)+1+1	37+1+1
额定功率(kw) ≥	247	247	220	247	247	180
比功率(kw/t) ≥	13.5	13.5	13.5	12	12	13
最高车速(km/h) ≥	120	120	120	110	110	110
匀速车内噪声[dB(A)] ≤	69	69	69	72	72	72
发动机位置	后	后	后	后	后	后
乘客门位置	前中	前中	前中	前(前中)*	前(前中)*	前
车身全承载式结构	装置	装置	装置	—	—	—
车内通道宽(mm) ≥	350	350	350	350	350	350
悬架类型	A	A	A	A	A	A
盘式制动器	装置	装置	装置	装置	装置	装置
ABS(一类)	装置	装置	装置	装置	装置	装置
蹄片间隙自调装置	装置	装置	装置	装置	装置	装置
缓行器	装置	装置	装置	装置	装置	装置
底盘自动润滑系统	装置	装置	装置	—	—	—
节能风扇散热系统	装置	装置	装置	装置	装置	装置
后置发动机舱温度报警系统和自动灭火装置	装置	装置	装置	装置	装置	装置
无内胎子午线轮胎	装置	装置	装置	装置	装置	装置
胎压监测报警系统	—	—	—	—	—	—
座间距(同向)(mm) ≥	750	750	750	720	720	750
座垫宽(mm) ≥	440	440	440	440	440	440
座椅深(mm) ≥	440	440	440	440	440	440
靠背高(mm) ≥	720	720	720	680	680	720
靠背角度可调	装置	装置	装置	装置	装置	装置
扶手(靠通道处)	可调	可调	可调	可调	可调	可调
座椅脚蹬	可调	可调	可调	可调	可调	可调
座椅横移(向通道)(mm) ≥	60	60	60	60	60	60
座椅汽车安全带	装置	装置	装置	装置	装置	装置
空气调节装置	冷暖	冷暖	冷暖	冷暖	冷暖	冷暖
空气净化装置	装置	装置	装置	—	—	—
卫生间(位置)	中	中	中	—	—	—
CAN 总线	装置	装置	装置	—	—	—
车桥随动转向	—	—	—	—	—	—
卫星定位系统	装置	装置	装置	装置	装置	装置
人均行李舱容积(m^3/人) ≥	0.085	0.085	0.17	0.075	0.075	0.10
特殊结构说明	天然气	天然气		天然气	天然气	

*注释:"( )"表示可选配置。

续上表

技术参数 \ 车型 \ 厂家	郑州宇通 ZK6122 HQAA	郑州宇通 ZK6122 HQ9A	郑州宇通 ZK6122 HQBA	郑州宇通 ZK6120 HAA1	郑州宇通 ZK6122 H9A	郑州宇通 ZK6110 HE1A
评定类型及等级	大型高二级	大型高一级	大型高一级	大型高一级	大型高一级	大型高一级
车身长度(mm)	12000	12000	12000	12000	12000	10990
座位数+司机+导游 ≤	47+1+1	53(51、49)+1+1	53(51)+1+1	53(51、49)+1+1	53(51、49)+1+1	47(45)+1+1
额定功率(kw) ≥	243	243	243	243	243	191
比功率(kw/t) ≥	13.5	12	12	12	12	12
最高车速(km/h) ≥	120	110	110	110	110	110
匀速车内噪声[dB(A)] ≤	69	72	72	72	72	72
发动机位置	后	后	后	后	后	后
乘客门位置	前中(前后)*	前(前中、前后)*	前(前中)*	前(前中、前后)*	前(前中、前后)*	前(前中)*
车身全承载式结构	装置	—	—	—	—	—
车内通道宽(mm) ≥	350	350	350	350	350	350
悬架类型	B	B	B	B	B	B
盘式制动器	装置	装置	装置	装置	装置	装置
ABS(一类)	装置	装置	装置	装置	装置	装置
蹄片间隙自调装置	装置	装置	装置	装置	装置	装置
缓行器	装置	装置	装置	装置	装置	装置
底盘自动润滑系统	装置	—	—	—	—	—
节能风扇散热系统	装置	装置	装置	装置	装置	装置
后置发动机舱温度报警系统和自动灭火装置	装置	装置	装置	装置	装置	装置
无内胎子午线轮胎	装置	装置	装置	装置	装置	装置
胎压监测报警系统	—	—	—	—	—	—
座间距(同向)(mm) ≥	750	720	720	720	720	720
座垫宽(mm) ≥	440	440	440	440	440	440
座椅深(mm) ≥	440	440	440	440	440	440
靠背高(mm) ≥	720	680	680	680	680	680
靠背角度可调	装置	装置	装置	装置	装置	装置
扶手(靠通道处)	可调	可调	可调	可调	可调	可调
座椅脚蹬	可调	可调	可调	可调	可调	可调
座椅横移(向通道)(mm) ≥	60	60	60	60	60	60
座椅汽车安全带	装置	装置	装置	装置	装置	装置
空气调节装置	冷暖	冷暖	冷暖	冷暖	冷暖	冷暖
空气净化装置	装置	—	—	—	—	—
卫生间(位置)	中(后)*	—	—	—	—	—
CAN 总线	装置	—	—	—	—	—
车桥随动转向	—	—	—	—	—	—
卫星定位系统	装置	装置	装置	装置	装置	装置
人均行李舱容积(m^3/人) ≥	0.17	0.15	0.15	0.15	0.15	0.13
特殊结构说明						

*注释:“( )”表示可选配置。

续上表

技术参数 \ 车型 \ 厂家	郑州宇通	郑州宇通	郑州宇通	郑州宇通	郑州宇通	郑州宇通
车型	ZK6110 HA1A	ZK6110 HQA1A	ZK6110 HN01Y	ZK6107 HB1A	ZK6998 HNAA	ZK6938 HNAA
评定类型及等级	大型高一级	大型高一级	大型高一级	大型高一级	大型高一级	大型高一级
车身长度(mm)	10800	10800	10800	10490	9945	9320
座位数+司机+导游 ≤	45(43)+1+1	45(43)+1+1	45(43)+1+1	45(43)+1+1	43(41)+1+1	39(37)+1+1
额定功率(kw) ≥	191	191	191	184	176	176
比功率(kw/t) ≥	12	12	12	12	12	12
最高车速(km/h) ≥	110	110	110	110	110	110
匀速车内噪声[dB(A)] ≤	72	72	72	72	72	72
发动机位置	后	后	后	后	后	后
乘客门位置	前(前中)*	前(前中)*	前(前中)*	前(前中)*	前(前中)*	前(前中)*
车身全承载式结构	—	—	—	—	—	—
车内通道宽(mm) ≥	350	350	350	350	350	350
悬架类型	B	B	B	B	B	B
盘式制动器	装置	装置	装置	装置	装置	装置
ABS(一类)	装置	装置	装置	装置	装置	装置
蹄片间隙自调装置	装置	装置	装置	装置	装置	装置
缓行器	装置	装置	装置	装置	装置	装置
底盘自动润滑系统	—	—	—	—	—	—
节能风扇散热系统	装置	装置	装置	装置	装置	装置
后置发动机舱温度报警系统和自动灭火装置	装置	装置	装置	装置	装置	装置
无内胎子午线轮胎	装置	装置	装置	装置	装置	装置
胎压监测报警系统	—	—	—	—	—	—
座间距(同向)(mm) ≥	720	720	720	720	720	720
座垫宽(mm) ≥	440	440	440	440	440	440
座椅深(mm) ≥	440	440	440	440	440	440
靠背高(mm) ≥	680	680	680	680	680	680
靠背角度可调	装置	装置	装置	装置	装置	装置
扶手(靠通道处)	可调	可调	可调	可调	可调	可调
座椅脚蹬	可调	可调	可调	可调	可调	可调
座椅横移(向通道)(mm) ≥	60	60	60	60	60	60
座椅汽车安全带	装置	装置	装置	装置	装置	装置
空气调节装置	冷暖	冷暖	冷暖	冷暖	冷暖	冷暖
空气净化装置	—	—	—	—	—	—
卫生间(位置)	—	—	—	—	—	—
CAN 总线	—	—	—	—	—	—
车桥随动转向	—	—	—	—	—	—
卫星定位系统	装置	装置	装置	装置	装置	装置
人均行李舱容积(m^3/人) ≥	0.13	0.13	0.065	0.13	0.055	0.055
特殊结构说明			天然气		天然气	天然气

*注释:“( )”表示可选配置。

续上表

技术参数 \ 车型 \ 厂家	郑州宇通	郑州宇通	郑州宇通	郑州宇通	郑州宇通	重庆嘉陵川江
车型	ZK6888 HNAA	ZK6808 HQAA	ZK6808 HAA	ZK6858 HNAA	ZK6908 HNAA	YZ6120 D160DR
评定类型及等级	中型高一级	中型高一级	中型高一级	中型高一级	中型高一级	大型高一级
车身长度(mm)	8774	8000	8000	8543	8995	12000
座位数+司机+导游 ≤	35(33)+1+1	31(29)+1+1	31(29)+1+1	33(31)+1+1	37(35)+1+1	57+1+1
额定功率(kw) ≥	170	147	147	155	176	243
比功率(kw/t) ≥	13	13	13	13	13	12
最高车速(km/h) ≥	110	110	110	110	110	110
匀速车内噪声[dB(A)] ≤	72	72	72	72	72	72
发动机位置	后	后	后	后	后	后
乘客门位置	前(前中)*	前(前中)*	前(前中)*	前(前中)*	前(前中)*	前
车身全承载式结构	—	—	—	—	—	—
车内通道宽(mm) ≥	350	350	350	350	350	350
悬架类型	B	B	B	B	B	B
盘式制动器	装置	装置	装置	装置	装置	装置
ABS(一类)	装置	装置	装置	装置	装置	装置
蹄片间隙自调装置	装置	装置	装置	装置	装置	装置
缓行器	—	—	—	—	—	装置
底盘自动润滑系统	—	—	—	—	—	—
节能风扇散热系统	装置	装置	装置	装置	装置	装置
后置发动机舱温度报警系统和自动灭火装置	装置	装置	装置	装置	装置	装置
无内胎子午线轮胎	装置	装置	装置	装置	装置	装置
胎压监测报警系统	—	—	—	—	—	—
座间距(同向)(mm) ≥	720	720	720	720	720	720
座垫宽(mm) ≥	440	440	440	440	440	440
座椅深(mm) ≥	440	440	440	440	440	440
靠背高(mm) ≥	680	680	680	680	680	680
靠背角度可调	装置	装置	装置	装置	装置	装置
扶手(靠通道处)	可调	可调	可调	可调	可调	可调
座椅脚蹬	—	—	—	—	—	可调
座椅横移(向通道)(mm) ≥	60	60	60	60	60	60
座椅汽车安全带	装置	装置	装置	装置	装置	装置
空气调节装置	冷暖	冷暖	冷暖	冷暖	冷暖	冷暖
空气净化装置	—	—	—	—	—	—
卫生间(位置)	—	—	—	—	—	—
CAN 总线	—	—	—	—	—	—
车桥随动转向	—	—	—	—	—	—
卫星定位系统	装置	装置	装置	装置	装置	装置
人均行李舱容积(m^3/人) ≥	0.045	0.06	0.06	0.045	0.045	0.15
特殊结构说明	天然气			天然气	天然气	低驾驶区

*注释:“( )”表示可选配置。

续上表

技术参数 \ 车型 \ 厂家	厦门金龙 XMQ6129 FYD3B	厦门金龙 XMQ6129 CYD3C	厦门金龙 XMQ6122 AYD4C	厦门金龙 XMQ6101 BYD4C	厦门金龙 XMQ6759 AYD3C	厦门金旅 XML6127 J28
评定类型及等级	大型高二级	大型高一级	大型高一级	大型高一级	中型高一级	大型高一级
车身长度(mm)	12000	12000	11940	10490	7495	11985
座位数+司机+导游 ≤	53(51)+1+1	53(51)+1+1	51(49)+1+1	45(43)+1+1	25+1+1	53+1+1
额定功率(kw) ≥	243	240	243	180	118	228
比功率(kw/t) ≥	13.5	12	12	12	13	12
最高车速(km/h) ≥	120	110	110	110	110	110
匀速车内噪声[dB(A)] ≤	69	72	72	72	72	72
发动机位置	后	后	后	后	后	后
乘客门位置	前中	前(前中)*	前(前中)*	前(前中)*	前	前
车身全承载式结构	装置	—	—	—	—	—
车内通道宽(mm) ≥	350	350	350	350	350	350
悬架类型	B	B	B	B	B	B
盘式制动器	装置	装置	装置	装置	装置	装置
ABS(一类)	装置	装置	装置	装置	装置	装置
蹄片间隙自调装置	装置	装置	装置	装置	装置	装置
缓行器	装置	装置	装置	装置	—	装置
底盘自动润滑系统	装置	—	—	—	—	—
节能风扇散热系统	装置	装置	装置	装置	装置	装置
后置发动机舱温度报警系统和自动灭火装置	装置	装置	装置	装置	装置	装置
无内胎子午线轮胎	装置	装置	装置	装置	装置	装置
胎压监测报警系统	—	—	—	—	—	—
座间距(同向)(mm) ≥	750	720	720	720	720	720
座垫宽(mm) ≥	440	440	440	440	440	440
座椅深(mm) ≥	440	440	440	440	440	440
靠背高(mm) ≥	720	680	680	680	680	680
靠背角度可调	装置	装置	装置	装置	装置	装置
扶手(靠通道处)	可调	可调	可调	可调	可调	可调
座椅脚蹬	可调	可调	可调	可调	—	可调
座椅横移(向通道)(mm) ≥	60	60	60	60	60	60
座椅汽车安全带	装置	装置	装置	装置	装置	装置
空气调节装置	冷暖	冷暖	冷暖	冷暖	冷暖	冷暖
空气净化装置	装置	—	—	—	—	—
卫生间(位置)	中	—	—	—	—	—
CAN 总线	装置	—	—	—	—	—
车桥随动转向	—	—	—	—	—	—
卫星定位系统	装置	装置	装置	装置	装置	装置
人均行李舱容积(m^3/人) ≥	0.17	0.15	0.15	0.13	—	0.15
特殊结构说明	低驾驶区					

*注释:“( )”表示可选配置。

续上表

技术参数 \ 车型 \ 厂家	厦门金旅 XML6858 J18N	福建戴姆勒 FA6500E	福建戴姆勒 FA6500	福建戴姆勒 FA6520	贵州万达 WD6602C	烟台舒驰 YTK6750 HE
评定类型及等级	中型高一级	小型高一级	小型高一级	小型高一级	小型高一级	中型高一级
车身长度(mm)	8540	4993	4993	5223	5995	7490
座位数＋司机＋导游 ≤	33＋1＋1	6＋1	6＋1	8＋1	16＋1	22＋1
额定功率(kw) ≥	155	140	140	140	92	115
比功率(kw/t) ≥	13	19	19	19	19	13
最高车速(km/h) ≥	110	105	105	105	105	110
匀速车内噪声[dB(A)] ≤	72	72	72	72	72	72
发动机位置	后	前	前	前	前	后
乘客门位置	前	前中	前中	前中	中	前(中)＊
车身全承载式结构	—	—	—	—	—	—
车内通道宽(mm) ≥	350	300	300	300	300	350
悬架类型	B	C	C	C	C	B
盘式制动器	装置	装置	装置	装置	装置	装置
ABS(一类)	装置	装置	装置	装置	装置	装置
蹄片间隙自调装置	装置	装置	装置	装置	装置	装置
缓行器	—	—	—	—	—	—
底盘自动润滑系统	—	—	—	—	—	—
节能风扇散热系统	装置	—	—	—	—	装置
后置发动机舱温度报警系统和自动灭火装置	装置	—	—	—	—	装置
无内胎子午线轮胎	装置	装置	装置	装置	装置	装置
胎压监测报警系统	—	—	—	—	—	—
座间距(同向)(mm) ≥	720	670	670	670	670	720
座垫宽(mm) ≥	440	440	440	440	440	440
座椅深(mm) ≥	440	440	440	440	440	440
靠背高(mm) ≥	680	680	680	680	680	680
靠背角度可调	装置	装置	装置	装置	装置	装置
扶手(靠通道处)	可调	可调	可调	可调	可调	可调
座椅脚蹬	—	—	—	—	—	—
座椅横移(向通道)(mm) ≥	60	—	—	—	—	60
座椅汽车安全带	装置	装置	装置	装置	装置	装置
空气调节装置	冷暖	冷暖	冷暖	冷暖	冷暖	冷暖
空气净化装置	—	—	—	—	—	—
卫生间(位置)	—	—	—	—	—	—
CAN 总线	—	—	—	—	—	—
车桥随动转向	—	—	—	—	—	—
卫星定位系统	装置				—	装置
人均行李舱容积(m^3/人) ≥	0.045	—	—	—	—	—
特殊结构说明	天然气					

＊注释:“(　)”表示可选配置。

续上表

技术参数 \ 车型 \ 厂家	江铃全顺 JX6477 D-M	江铃全顺 JX6477 DA-L	江铃全顺 JX6477 DA-M	江铃全顺 JX6477 D-L	江铃全顺 JX6547 D-M	江铃全顺 JX6547 DA-H
评定类型及等级	小型高一级	小型高一级	小型高一级	小型高一级	小型高一级	小型高一级
车身长度(mm)	4666	4666	4666	4666	5418	5418
座位数+司机+导游 ≤	10+1	7+1	7+1	10+1	13+1	8+1
额定功率(kw) ≥	80	80	80	80	80	80
比功率(kw/t) ≥	19	19	19	19	19	19
最高车速(km/h) ≥	105	105	105	105	105	105
匀速车内噪声[dB(A)] ≤	72	72	72	72	72	72
发动机位置	前	前	前	前	前	前
乘客门位置	前中	前中	前中	前中	前中	前中
车身全承载式结构	—	—	—	—	—	—
车内通道宽(mm) ≥	300	300	300	300	300	300
悬架类型	C	C	C	C	C	C
盘式制动器	装置	装置	装置	装置	装置	装置
ABS(一类)	装置	装置	装置	装置	装置	装置
蹄片间隙自调装置	装置	装置	装置	装置	装置	装置
缓行器	—	—	—	—	—	—
底盘自动润滑系统	—	—	—	—	—	—
节能风扇散热系统	—	—	—	—	—	—
后置发动机舱温度报警系统和自动灭火装置	—	—	—	—	—	—
无内胎子午线轮胎	装置	装置	装置	装置	装置	装置
胎压监测报警系统	—	—	—	—	—	—
座间距(同向)(mm) ≥	670	670	670	670	670	670
座垫宽(mm) ≥	440	440	440	440	440	440
座椅深(mm) ≥	440	440	440	440	440	440
靠背高(mm) ≥	680	680	680	680	680	680
靠背角度可调	装置	装置	装置	装置	装置	装置
扶手(靠通道处)	可调	可调	可调	可调	可调	可调
座椅脚蹬	—	—	—	—	—	—
座椅横移(向通道)(mm) ≥	—	—	—	—	—	—
座椅汽车安全带	装置	装置	装置	装置	装置	装置
空气调节装置	冷暖	冷暖	冷暖	冷暖	冷暖	冷暖
空气净化装置	—	—	—	—	—	—
卫生间(位置)	—	—	—	—	—	—
CAN 总线	—	—	—	—	—	—
车桥随动转向	—	—	—	—	—	—
卫星定位系统						
人均行李舱容积(m^3/人) ≥	—	—	—	—	—	—
特殊结构说明						

*注释:“( )”表示可选配置。

续上表

厂家 / 车型 / 技术参数	江铃全顺 JX6547 DA-M	江铃全顺 JX6547 D-H	江铃全顺 JX6600 D2-H	江铃全顺 JX6600 D-M	江铃全顺 JX6600 D-H	依维柯 NJ6606 DA
评定类型及等级	小型高一级	小型高一级	小型高一级	小型高一级	小型高一级	小型高二级
车身长度(mm)	5418	5418	5968	5968	5968	5990
座位数＋司机＋导游 ≤	8＋1	13＋1	16＋1	16＋1	16＋1	13＋1＋1
额定功率(kw) ≥	80	80	80	80	80	107
比功率(kw/t) ≥	19	19	19	19	19	21
最高车速(km/h) ≥	105	105	105	105	105	110
匀速车内噪声[dB(A)] ≤	72	72	72	72	72	70
发动机位置	前	前	前	前	前	前
乘客门位置	前中	前中	前	前	前	前
车身全承载式结构	—	—	—	—	—	—
车内通道宽(mm) ≥	300	300	300	300	300	300
悬架类型	C	C	C	C	C	A、C
盘式制动器	装置	装置	装置	装置	装置	装置
ABS(一类)	装置	装置	装置	装置	装置	装置
蹄片间隙自调装置	装置	装置	装置	装置	装置	装置
缓行器	—	—	—	—	—	—
底盘自动润滑系统	—	—	—	—	—	—
节能风扇散热系统	—	—	—	—	—	—
后置发动机舱温度报警系统和自动灭火装置	—	—	—	—	—	—
无内胎子午线轮胎	装置	装置	装置	装置	装置	装置
胎压监测报警系统	—	—	—	—	—	—
座间距(同向)(mm) ≥	670	670	670	670	670	680
座垫宽(mm) ≥	440	440	440	440	440	440
座椅深(mm) ≥	440	440	440	440	440	440
靠背高(mm) ≥	680	680	680	680	680	720
靠背角度可调	装置	装置	装置	装置	装置	装置
扶手(靠通道处)	可调	可调	可调	可调	可调	可调
座椅脚蹬	—	—	—	—	—	—
座椅横移(向通道)(mm) ≥	—	—	—	—	—	—
座椅汽车安全带	装置	装置	装置	装置	装置	装置
空气调节装置	冷暖	冷暖	冷暖	冷暖	冷暖	冷暖
空气净化装置	—	—	—	—	—	—
卫生间(位置)	—	—	—	—	—	—
CAN 总线	—	—	—	—	—	—
车桥随动转向	—	—	—	—	—	—
卫星定位系统	—	—	—	—	—	—
人均行李舱容积(m^3/人) ≥	—	—	—	—	—	—
特殊结构说明						

＊注释:“(　)”表示可选配置。

续上表

技术参数 \ 车型 \ 厂家	佛山飞驰	佛山飞驰	中通客车	中通客车	中通客车	中通客车
	FSQ6121ACB	FSQ6121AC	LCK6129HBD1	LCK6909H1	LCK6758H-1	LCK6809H1
评定类型及等级	大型高一级	大型高一级	大型高一级	中型高一级	中型高一级	中型高一级
车身长度(mm)	12000	12000	11990	8995	7548	8040
座位数+司机+导游 ≤	57(55)+1+1	53(51)+1+1	57(55)+1+1	37(35)+1+1	29+1+1	31+1+1
额定功率(kw) ≥	276	243	276	162	117	132
比功率(kw/t) ≥	12	12	12	13	13	13
最高车速(km/h) ≥	110	110	110	110	110	110
匀速车内噪声[dB(A)] ≤	72	72	72	72	72	72
发动机位置	后	后	后	后	后	后
乘客门位置	前(前中)*	前(前中)*	前(前中)*	前(前中)*	前	前
车身全承载式结构	—	—	—	—	—	—
车内通道宽(mm) ≥	350	350	350	350	350	350
悬架类型	B	B	B	B	B	B
盘式制动器	装置	装置	装置	装置	装置	装置
ABS(一类)	装置	装置	装置	装置	装置	装置
蹄片间隙自调装置	装置	装置	装置	装置	装置	装置
缓行器	装置	装置	装置	—	—	—
底盘自动润滑系统	—	—	—	—	—	—
节能风扇散热系统	装置	装置	装置	装置	装置	装置
后置发动机舱温度报警系统和自动灭火装置	装置	装置	装置	装置	装置	装置
无内胎子午线轮胎	装置	装置	装置	装置	装置	装置
胎压监测报警系统	—	—	—	—	—	—
座间距(同向)(mm) ≥	720	720	720	720	720	720
座垫宽(mm) ≥	440	440	440	440	440	440
座椅深(mm) ≥	440	440	440	440	440	440
靠背高(mm) ≥	680	680	680	680	680	680
靠背角度可调	装置	装置	装置	装置	装置	装置
扶手(靠通道处)	可调	可调	可调	可调	可调	可调
座椅脚蹬	可调	可调	可调	—	—	—
座椅横移(向通道)(mm) ≥	60	60	60	60	60	60
座椅汽车安全带	装置	装置	装置	装置	装置	装置
空气调节装置	冷暖	冷暖	冷暖	冷暖	冷暖	冷暖
空气净化装置	—	—	—	—	—	—
卫生间(位置)	—	—	—	—	—	—
CAN 总线	—	—	—	—	—	—
车桥随动转向	—	—	—	—	—	—
卫星定位系统	装置	装置	装置	装置	装置	装置
人均行李舱容积(m^3/人) ≥	0.15	0.15	0.15	0.09	0.06	0.09
特殊结构说明	低驾驶区		低驾驶区			

*注释:“(　)”表示可选配置。

续上表

技术参数 \ 车型 \ 厂家		北汽福田	北汽福田	北汽福田	北汽福田	华晨金杯	华晨金杯
		BJ6125 U8BKB-6	BJ6126 U8MTB-1	BJ6110 U7LCB-1	BJ6800 U6AFB-3	SY6513 W1S1BH	SY6513 U1S1BH
评定类型及等级		大型高二级	大型高一级	大型高一级	中型高一级	小型高一级	小型高一级
车身长度(mm)		12000	12000	10680	7995	5070	5070
座位数+司机+导游	≤	47+1+1	51+1+1	45(43)+1+1	31+1+1	8+1	8+1
额定功率(kw)	≥	247	247	191	132	104	75
比功率(kw/t)	≥	13.5	12	12	13	19	19
最高车速(km/h)	≥	120	110	110	110	105	105
匀速车内噪声[dB(A)]	≤	69	72	72	72	72	72
发动机位置		后	后	后	后	前	前
乘客门位置		前中	前	前(前中)*	前	前中	前中
车身全承载式结构		装置	—	—	—	—	—
车内通道宽(mm)	≥	350	350	350	350	300	300
悬架类型		B	B	B	B	C	C
盘式制动器		装置	装置	装置	装置	装置	装置
ABS(一类)		装置	装置	装置	装置	装置	装置
蹄片间隙自调装置		装置	装置	装置	装置	装置	装置
缓行器		装置	装置	装置	—	—	—
底盘自动润滑系统		装置	—	—	—	—	—
节能风扇散热系统		装置	装置	装置	装置	—	—
后置发动机舱温度报警系统和自动灭火装置		装置	装置	装置	装置	—	—
无内胎子午线轮胎		装置	装置	装置	装置	装置	装置
胎压监测报警系统		—	—	—	—	—	—
座间距(同向)(mm)	≥	750	720	720	720	670	670
座垫宽(mm)	≥	440	440	440	440	440	440
座椅深(mm)	≥	440	440	440	440	440	440
靠背高(mm)	≥	720	680	680	680	680	680
靠背角度可调		装置	装置	装置	装置	装置	装置
扶手(靠通道处)		可调	可调	可调	可调	可调	可调
座椅脚蹬		可调	可调	可调	—	—	—
座椅横移(向通道)(mm)	≥	60	60	60	60	—	—
座椅汽车安全带		装置	装置	装置	装置	装置	装置
空气调节装置		冷暖	冷暖	冷暖	冷暖	冷暖	冷暖
空气净化装置		装置	—	—	—	—	—
卫生间(位置)		中	—	—	—	—	—
CAN 总线		装置	—	—	—	—	—
车桥随动转向		—	—	—	—	—	—
卫星定位系统		装置	装置	装置	装置	—	—
人均行李舱容积(m^3/人)	≥	0.17	0.075	0.065	0.06	—	—
特殊结构说明			天然气	天然气			

*注释:“( )”表示可选配置。

续上表

技术参数 \ 车型 \ 厂家	丹东黄海 DD6119 K02	丹东黄海 DD6129 K04	丹东黄海 DD6129 K12	亚星客车 YBL6125 H1QJ	桂林大宇 GDW6103 HKD1	桂林大宇 GDW6840 HKD1
评定类型及等级	大型高一级	大型高一级	大型高一级	大型高一级	大型高一级	中型高一级
车身长度(mm)	11260	11980	11980	12000	10000	8410
座位数+司机+导游 ≤	47(45)+1+1	53(49)+1+1	53(49)+1+1	53(51)+1+1	43+1+1	33+1+1
额定功率(kw) ≥	228	228	228	243	180	147
比功率(kw/t) ≥	12	12	12	12	12	13
最高车速(km/h) ≥	110	110	110	110	110	110
匀速车内噪声[dB(A)] ≤	72	72	72	72	72	72
发动机位置	后	后	后	后	后	后
乘客门位置	前(前中)*	前(前中)*	前(前中)*	前(前中)*	前	前
车身全承载式结构	—	—	—	—	—	—
车内通道宽(mm) ≥	350	350	350	350	350	350
悬架类型	B	B	B	B	B	B
盘式制动器	装置	装置	装置	装置	装置	装置
ABS(一类)	装置	装置	装置	装置	装置	装置
蹄片间隙自调装置	装置	装置	装置	装置	装置	装置
缓行器	装置	装置	装置	装置	装置	—
底盘自动润滑系统	—	—	—	—	—	—
节能风扇散热系统	装置	装置	装置	装置	装置	装置
后置发动机舱温度报警系统和自动灭火装置	装置	装置	装置	装置	装置	装置
无内胎子午线轮胎	装置	装置	装置	装置	装置	装置
胎压监测报警系统	—	—	—	—	—	—
座间距(同向)(mm) ≥	720	720	720	720	720	720
座垫宽(mm) ≥	440	440	440	440	440	440
座椅深(mm) ≥	440	440	440	440	440	440
靠背高(mm) ≥	680	680	680	680	680	680
靠背角度可调	装置	装置	装置	装置	装置	装置
扶手(靠通道处)	可调	可调	可调	可调	可调	可调
座椅脚蹬	可调	可调	可调	可调	可调	—
座椅横移(向通道)(mm) ≥	60	60	60	60	60	60
座椅汽车安全带	装置	装置	装置	装置	装置	装置
空气调节装置	冷暖	冷暖	冷暖	冷暖	冷暖	冷暖
空气净化装置	—	—	—	—	—	—
卫生间(位置)	—	—	—	—	—	—
CAN 总线	—	—	—	—	—	—
车桥随动转向	—	—	—	—	—	—
卫星定位系统	装置	装置	装置	装置	装置	装置
人均行李舱容积(m^3/人) ≥	0.15	0.15	0.15	0.15	0.11	0.06
特殊结构说明						

*注释:“( )”表示可选配置。

续上表

技术参数 \ 厂家 / 车型	桂林客车 GL6118HSD1	桂林客车 GL6903HSD1	上海申龙 SLK6127F8A	上海申龙 SLK6126F8A	上海申龙 SLK6116F5A	上海申龙 SLK6972F5A
评定类型及等级	大型高二级	中型高二级	大型高一级	大型高一级	大型高一级	大型高一级
车身长度(mm)	10600	8995	11985	11995	11385	9670
座位数+司机+导游 ≤	39+1+1	35+1+1	53(51)+1+1	53(51)+1+1	47(45)+1+1	39(37)+1+1
额定功率(kw) ≥	250	198.6	243	247	221	180
比功率(kw/t) ≥	13.5	13	12	12	12	12
最高车速(km/h) ≥	120	110	110	110	110	110
匀速车内噪声[dB(A)] ≤	69	72	72	72	72	72
发动机位置	后	后	后	后	后	后
乘客门位置	前	前	前(前中)*	前(前中)*	前(前中)*	前(前中)*
车身全承载式结构	装置	—	—	—	—	—
车内通道宽(mm) ≥	350	350	350	350	350	350
悬架类型	B	B	B	B	B	B
盘式制动器	装置	装置	装置	装置	装置	装置
ABS(一类)	装置	装置	装置	装置	装置	装置
蹄片间隙自调装置	装置	装置	装置	装置	装置	装置
缓行器	装置	装置	装置	装置	装置	装置
底盘自动润滑系统	装置	—	—	—	—	—
节能风扇散热系统	装置	装置	装置	装置	装置	装置
后置发动机舱温度报警系统和自动灭火装置	装置	装置	装置	装置	装置	装置
无内胎子午线轮胎	装置	装置	装置	装置	装置	装置
胎压监测报警系统	—	—	—	—	—	—
座间距(同向)(mm) ≥	750	750	720	720	720	720
座垫宽(mm) ≥	440	440	440	440	440	440
座椅深(mm) ≥	440	440	440	440	440	440
靠背高(mm) ≥	720	720	680	680	680	680
靠背角度可调	装置	装置	装置	装置	装置	装置
扶手(靠通道处)	可调	可调	可调	可调	可调	可调
座椅脚蹬	可调	可调	可调	可调	可调	可调
座椅横移(向通道)(mm) ≥	60	60	60	60	60	60
座椅汽车安全带	装置	装置	装置	装置	装置	装置
空气调节装置	冷暖	冷暖	冷暖	冷暖	冷暖	冷暖
空气净化装置	装置	—	—	—	—	—
卫生间(位置)	后	—	—	—	—	—
CAN 总线	装置	—	—	—	—	—
车桥随动转向	—	—	—	—	—	—
卫星定位系统	装置	装置	装置	装置	装置	装置
人均行李舱容积(m^3/人) ≥	0.15	0.10	0.15	0.15	0.15	0.11
特殊结构说明						

*注释:“(　)”表示可选配置。

续上表

技术参数 \ 车型 \ 厂家	上汽商用车	上汽商用车	上汽商用车	上汽商用车	江淮客车	江淮客车
车型	SH6571 A3D4	SH6501 A3D4	SH6571 A1D4	SH6501 A1D4	HK6959 H	HK6909 H
评定类型及等级	小型高二级	小型高二级	小型高二级	小型高二级	大型高一级	中型高一级
车身长度(mm)	5700	4950	5700/5910	4950/5160	9490	8970
座位数 + 司机 + 导游 ≤	13 +1 +1	10 +1 +1	8 +1	8 +1	39(37) +1 +1	37(35) +1 +1
额定功率(kw) ≥	100	88	100	88	180	162
比功率(kw/t) ≥	21	21	21	21	12	13
最高车速(km/h) ≥	110	110	110	110	110	110
匀速车内噪声[dB(A)] ≤	70	70	70	70	72	72
发动机位置	前	前	前	前	后	后
乘客门位置	前中	前中	前中	前中	前(前中)*	前(前中)*
车身全承载式结构	—	—	—	—	—	—
车内通道宽(mm) ≥	300	300	300	300	350	350
悬架类型	C	C	C	C	B	B
盘式制动器	装置	装置	装置	装置	装置	装置
ABS(一类)	装置	装置	装置	装置	装置	装置
蹄片间隙自调装置	装置	装置	装置	装置	装置	装置
缓行器	—	—	—	—	装置	—
底盘自动润滑系统	—	—	—	—	—	—
节能风扇散热系统	—	—	—	—	装置	装置
后置发动机舱温度报警系统和自动灭火装置	—	—	—	—	装置	装置
无内胎子午线轮胎	装置	装置	装置	装置	装置	装置
胎压监测报警系统	—	—	—	—	—	—
座间距(同向)(mm) ≥	680	680	680	680	720	720
座垫宽(mm) ≥	440	440	440	440	440	440
座椅深(mm) ≥	440	440	440	440	440	440
靠背高(mm) ≥	720	720	720	720	680	680
靠背角度可调	装置	装置	装置	装置	装置	装置
扶手(靠通道处)	可调	可调	可调	可调	可调	可调
座椅脚蹬	—	—	—	—	可调	—
座椅横移(向通道)(mm) ≥	—	—	—	—	60	60
座椅汽车安全带	装置	装置	装置	装置	装置	装置
空气调节装置	冷暖	冷暖	冷暖	冷暖	冷暖	冷暖
空气净化装置	—	—	—	—	—	—
卫生间(位置)	—	—	—	—	—	—
CAN 总线	—	—	—	—	—	—
车桥随动转向	—	—	—	—	—	—
卫星定位系统	—	—	—	—	装置	装置
人均行李舱容积(m^3/人) ≥	—	—	—	—	0.11	0.09
特殊结构说明						

*注释:"(　)"表示可选配置。

续上表

技术参数＼车型＼厂家	安徽安凯	安徽安凯	安徽安凯	安徽安凯	安徽安凯	苏州金龙
	HFF6122 YK40C	HFF6124 K40D1	HFF6850 K57C	HFF6902 K08C	HFF6111 K06C	KLQ6920 QCE4
评定类型及等级	大型高二级	大型高一级	中型高一级	中型高一级	大型高一级	大型高一级
车身长度(mm)	12000	12000	8490	8990	10600	9225
座位数+司机+导游 ≤	53+1+1	57(55)+1+1	33+1+1	37+1+1	45(43)+1+1	37(35)+1+1
额定功率(kw) ≥	250	247	155	170	191	155
比功率(kw/t) ≥	13.5	12	13	13	12	12
最高车速(km/h) ≥	120	110	110	110	110	110
匀速车内噪声[dB(A)] ≤	69	72	72	72	72	72
发动机位置	后	后	后	后	后	后
乘客门位置	前中	前(前中)*	前	前	前(前中)*	前(前中)*
车身全承载式结构	装置	—	—	—	—	—
车内通道宽(mm) ≥	350	350	350	350	350	350
悬架类型	B	B	B	B	B	B
盘式制动器	装置	装置	装置	装置	装置	装置
ABS(一类)	装置	装置	装置	装置	装置	装置
蹄片间隙自调装置	装置	装置	装置	装置	装置	装置
缓行器	装置	装置	—	—	装置	装置
底盘自动润滑系统	装置	—	—	—	—	—
节能风扇散热系统	装置	装置	装置	装置	装置	装置
后置发动机舱温度报警系统和自动灭火装置	装置	装置	装置	装置	装置	装置
无内胎子午线轮胎	装置	装置	装置	装置	装置	装置
胎压监测报警系统	—	—	—	—	—	—
座间距(同向)(mm) ≥	750	720	720	720	720	720
座垫宽(mm) ≥	440	440	440	440	440	440
座椅深(mm) ≥	440	440	440	440	440	440
靠背高(mm) ≥	720	680	680	680	680	680
靠背角度可调	装置	装置	装置	装置	装置	装置
扶手(靠通道处)	可调	可调	可调	可调	可调	可调
座椅脚蹬	可调	可调	—	—	可调	可调
座椅横移(向通道)(mm) ≥	60	60	60	60	60	60
座椅汽车安全带	装置	装置	装置	装置	装置	装置
空气调节装置	冷暖	冷暖	冷暖	冷暖	冷暖	冷暖
空气净化装置	装置	—	—	—	—	—
卫生间(位置)	中	—	—	—	—	—
CAN 总线	装置	—	—	—	—	—
车桥随动转向	—	—	—	—	—	—
卫星定位系统	装置	装置	装置	装置	装置	装置
人均行李舱容积(m^3/人) ≥	0.085	0.15	0.045	0.045	0.065	0055
特殊结构说明	低驾天然气	低驾驶区	天然气	天然气	天然气	天然气

*注释:“( )”表示可选配置。

续上表

技术参数 \ 车型 \ 厂家	苏州金龙 KLQ6129QC	苏州金龙 KLQ6898QCE4	苏州金龙 KLQ6898QA	豪沃客车 JK6128HAD	豪沃客车 JK6108HAD	豪沃客车 JK6108HTAD
评定类型及等级	大型高一级	中型高一级	中型高一级	大型高一级	大型高一级	大型高一级
车身长度(mm)	12000	8949	8949	11900	10500	10500
座位数＋司机＋导游 ≤	53(51)＋1＋1	37(35)＋1＋1	37(35)＋1＋1	53(51)＋1＋1	45(43)＋1＋1	45(43)＋1＋1
额定功率(kw) ≥	217	176	180	243	191	180
比功率(kw/t) ≥	12	13	13	12	12	12
最高车速(km/h) ≥	110	110	110	110	110	110
匀速车内噪声[dB(A)] ≤	72	72	72	72	72	72
发动机位置	后	后	后	后	后	后
乘客门位置	前(前中)*	前(前中)*	前(前中)*	前(前中)*	前(前中)*	前(前中)*
车身全承载式结构	—	—	—	—	—	—
车内通道宽(mm) ≥	350	350	350	350	350	350
悬架类型	B	B	B	B	B	B
盘式制动器	装置	装置	装置	装置	装置	装置
ABS(一类)	装置	装置	装置	装置	装置	装置
蹄片间隙自调装置	装置	装置	装置	装置	装置	装置
缓行器	装置	—	—	装置	装置	装置
底盘自动润滑系统	—	—	—	—	—	—
节能风扇散热系统	装置	装置	装置	装置	装置	装置
后置发动机舱温度报警系统和自动灭火装置	装置	装置	装置	装置	装置	装置
无内胎子午线轮胎	装置	装置	装置	装置	装置	装置
胎压监测报警系统	—	—	—	—	—	—
座间距(同向)(mm) ≥	720	720	720	720	720	720
座垫宽(mm) ≥	440	440	440	440	440	440
座椅深(mm) ≥	440	440	440	440	440	440
靠背高(mm) ≥	680	680	680	680	680	680
靠背角度可调	装置	装置	装置	装置	装置	装置
扶手(靠通道处)	可调	可调	可调	可调	可调	可调
座椅脚蹬	可调	—	—	可调	可调	可调
座椅横移(向通道)(mm) ≥	60	60	60	60	60	60
座椅汽车安全带	装置	装置	装置	装置	装置	装置
空气调节装置	冷暖	冷暖	冷暖	冷暖	冷暖	冷暖
空气净化装置	—	—	—	—	—	—
卫生间(位置)	—	—	—	—	—	—
CAN 总线	—	—	—	—	—	—
车桥随动转向	—	—	—	—	—	—
卫星定位系统	装置	装置	装置	装置	装置	装置
人均行李舱容积(m^3/人) ≥	0.075	0.045	0.09	0.15	0.13	0.13
特殊结构说明	天然气	天然气				

*注释:“( )”表示可选配置。

续上表

技术参数 \ 厂家 / 车型	豪沃客车 JK6898 HAD	豪沃客车 JK6858 HAD1	豪沃客车 JK6858 HNA	豪沃客车 JK6808 HAD		
评定类型及等级	中型高一级	中型高一级	中型高一级	中型高一级		
车身长度(mm)	8945	8540	8540	7999		
座位数 + 司机 + 导游 ≤	37 +1 +1	33 +1 +1	33 +1 +1	31 +1 +1		
额定功率(kw) ≥	162	162	155	132		
比功率(kw/t) ≥	13	13	13	13		
最高车速(km/h) ≥	110	110	110	110		
匀速车内噪声[dB(A)] ≤	72	72	72	72		
发动机位置	后	后	后	后		
乘客门位置	前	前	前	前		
车身全承载式结构	—	—	—	—		
车内通道宽(mm) ≥	350	350	350	350		
悬架类型	B	B	B	B		
盘式制动器	装置	装置	装置	装置		
ABS(一类)	装置	装置	装置	装置		
蹄片间隙自调装置	装置	装置	装置	装置		
缓行器	—	—	—	—		
底盘自动润滑系统	—	—	—	—		
节能风扇散热系统	装置	装置	装置	装置		
后置发动机舱温度报警系统和自动灭火装置	装置	装置	装置	装置		
无内胎子午线轮胎	装置	装置	装置	装置		
胎压监测报警系统	—	—	—	—		
座间距(同向)(mm) ≥	720	720	720	720		
座垫宽(mm) ≥	440	440	440	440		
座椅深(mm) ≥	440	440	440	440		
靠背高(mm) ≥	680	680	680	680		
靠背角度可调	装置	装置	装置	装置		
扶手(靠通道处)	可调	可调	可调	可调		
座椅脚蹬	—	—	—	—		
座椅横移(向通道)(mm) ≥	60	60	60	60		
座椅汽车安全带	装置	装置	装置	装置		
空气调节装置	冷暖	冷暖	冷暖	冷暖		
空气净化装置	—	—	—	—		
卫生间(位置)	—	—	—	—		
CAN 总线	—	—	—	—		
车桥随动转向	—	—	—	—		
卫星定位系统	装置	装置	装置	装置		
人均行李舱容积(m^3/人) ≥	0.09	0.09	0.045	0.06		
特殊结构说明			天然气			

*注释:"( )"表示可选配置。

高级(卧铺)客车类型划分及等级评定表

技术参数 \ 厂家 / 车型		金华青年 JNP6140 WM	郑州宇通 ZK6127 HWQAA	郑州宇通 ZK6127 HNWQ01Y	厦门金龙 XMQ6129 FPD3B	厦门金龙 XMQ6129 DPD3B
评定类型及等级		特大型高二级	大型高一级	大型高一级	大型高二级	大型高二级
车身长度(mm)		13700	12000	12000	12000	12000
卧铺排列形式		1+1+1	1+1+1	1+1+1	1+1+1	1+1+1
卧铺数+司机+导游	≤	42+1+1(半躺)	38(36、35)+1+1(半躺)	38(36、35)+1+1(半躺)	36+1+1(半躺)	34+1+1(半躺)
额定功率(kw)	≥	301	243	247	243	243
比功率(kw/t)	≥	12	12	12	13.5	13.5
最高车速(km/h)	≥	110	110	110	120	120
匀速车内噪声[dB(A)]	≤	72	72	72	69	69
发动机位置		后	后	后	后	后
乘客门位置		前中	前(前中、前后)*	前(前中、前后)*	前	前中
悬架类型		A	B	B	B	B
车身全承载式结构		装置	装置	装置	装置	装置
盘式制动器		装置	装置	装置	装置	装置
ABS(一类)		装置	装置	装置	装置	装置
蹄片间隙自调装置		装置	装置	装置	装置	装置
缓行器		装置	装置	装置	装置	装置
动力转向		装置	装置	装置	装置	装置
底盘自动润滑系统		装置	—	—	装置	装置
节能风扇散热系统		装置	装置	装置	装置	装置
后置发动机舱温度报警系统和自动灭火装置		装置	装置	装置	装置	装置
无内胎子午线轮胎		装置	装置	装置	装置	装置
胎压监测报警系统		装置	—	—	—	—
卧铺全长(mm)	≥	1900	1900	1900	1900	1900
卧铺宽度(mm)	≥	500	500	500	500	500
铺纵向间距(mm)	≥	1600(半躺)	1550(半躺)	1550(半躺)	1600(半躺)	1600(半躺)
铺横向间距(mm)	≥	350	350	350	350	350
上铺空间高度(mm)	≥	800	800	800	800	800
铺间高度(mm)	≥	850	850	850	850	850
重叠脚窝内端高(mm)	≥	250	250	250	250	250
下铺面距地高度(mm)	≥	250	250	250	250	250
护栏高度(mm)	≥	150	150	150	150	150
铺垫厚(mm)	≥	70	70	70	70	70
卧铺汽车安全带		装置	装置	装置	装置	装置
空气调节装置		冷暖	冷暖	冷暖	冷暖	冷暖
空气净化装置		装置	装置	装置	装置	装置
卫生间(位置)		中	—	—	后	后
CAN 总线		装置	—	—	装置	装置
车桥随动转向		装置	—	—	—	—
卫星定位系统		装置	装置	装置	装置	装置
人均行李舱容积(m^3/人)	≥	0.18	0.17	0.085	0.19	0.19
特殊结构说明		低驾驶区	低驾驶区	低驾天然气	低驾驶区	

*注释:“(　)”表示可选配置。

续上表

技术参数 \ 车型 \ 厂家		厦门金旅	厦门金旅	厦门金旅	厦门金旅	厦门金旅
		XML6148 J28W	XML6148 J18W	XML6125 J28W	XML6128 J28W	XML6128 J18W
评定类型及等级		特大型高二级	特大型高一级	大型高二级	大型高二级	大型高一级
车身长度(mm)		13695	13695	11985	11985	11985
卧铺排列形式		1+1+1	1+1+1	1+1+1	1+1+1	1+1+1
卧铺数+司机+导游	≤	42+1+1（半躺）	42+1+1（半躺）	36+1+1（半躺）	36+1+1（半躺）	38+1+1（半躺）
额定功率(kw)	≥	294	294	243	243	243
比功率(kw/t)	≥	12	12	13.5	13.5	12
最高车速(km/h)	≥	110	110	120	120	110
匀速车内噪声[dB(A)]	≤	72	72	69	69	72
发动机位置		后	后	后	后	后
乘客门位置		前后	前后	前	前	前
悬架类型		A	A	B	B	B
车身全承载式结构		装置	装置	装置	装置	装置
盘式制动器		装置	装置	装置	装置	装置
ABS(一类)		装置	装置	装置	装置	装置
蹄片间隙自调装置		装置	装置	装置	装置	装置
缓行器		装置	装置	装置	装置	装置
动力转向		装置	装置	装置	装置	装置
底盘自动润滑系统		装置	—	装置	装置	—
节能风扇散热系统		装置	装置	装置	装置	装置
后置发动机舱温度报警系统和自动灭火装置		装置	装置	装置	装置	装置
无内胎子午线轮胎		装置	装置	装置	装置	装置
胎压监测报警系统		装置	—	—	—	—
卧铺全长(mm)	≥	1900	1900	1900	1900	1900
卧铺宽度(mm)	≥	500	500	500	500	500
铺纵向间距(mm)	≥	1600(半躺)	1550(半躺)	1600(半躺)	1600(半躺)	1550(半躺)
铺横向间距(mm)	≥	350	350	350	350	350
上铺空间高度(mm)	≥	800	800	800	800	800
铺间高度(mm)	≥	850	850	850	850	850
重叠脚窝内端高(mm)	≥	250	250	250	250	250
下铺面距地高度(mm)	≥	250	250	250	250	250
护栏高度(mm)	≥	150	150	150	150	150
铺垫厚(mm)	≥	70	70	70	70	70
卧铺汽车安全带		装置	装置	装置	装置	装置
空气调节装置		冷暖	冷暖	冷暖	冷暖	冷暖
空气净化装置		装置	装置	装置	装置	装置
卫生间(位置)		后	—	后	后	—
CAN 总线		装置	—	装置	装置	—
车桥随动转向		装置	装置	—	—	—
卫星定位系统		装置	装置	装置	装置	装置
人均行李舱容积(m^3/人)	≥	0.18	0.16	0.19	0.19	0.17
特殊结构说明		低驾驶区	低驾驶区	低驾驶区	低驾驶区	低驾驶区

*注释:“(　)”表示可选配置。

续上表

技术参数 \ 车型 \ 厂家		北京北方 BFC6127 W4	北京北方 BFC6127 WA4	福建新龙马 FJ6120 WA4	福建新龙马 FJ6120 WA3	佛山飞驰 FSQ6121 ACW
评定类型及等级		大型高二级	大型高一级	大型高二级	大型高一级	大型高一级
车身长度(mm)		12000	12000	11980	11980	12000
卧铺排列形式		1+1+1	1+1+1	1+1+1	1+1+1	1+1+1
卧铺数+司机+导游	≤	36+1+1（半躺）	38(36、35)+1+1（半躺）	36+1+1（半躺）	38(36)+1+1（半躺）	38(36)+1+1（半躺）
额定功率(kw)	≥	247	247	259	243	243
比功率(kw/t)	≥	13.5	12	13.5	12	12
最高车速(km/h)	≥	120	110	120	110	110
匀速车内噪声[dB(A)]	≤	69	72	69	72	72
发动机位置		后	后	后	后	后
乘客门位置		前中(前后)*	前(前中、前后)*	前中	前(前中)*	前(前中)*
悬架类型		A	A	B	B	B
车身全承载式结构		装置	装置	装置	装置	装置
盘式制动器		装置	装置	装置	装置	装置
ABS(一类)		装置	装置	装置	装置	装置
蹄片间隙自调装置		装置	装置	装置	装置	装置
缓行器		装置	装置	装置	装置	装置
动力转向		装置	装置	装置	装置	装置
底盘自动润滑系统		装置	—	装置	—	—
节能风扇散热系统		装置	装置	装置	装置	装置
后置发动机舱温度报警系统和自动灭火装置		装置	装置	装置	装置	装置
无内胎子午线轮胎		装置	装置	装置	装置	装置
胎压监测报警系统		—	—	—	—	—
卧铺全长(mm)	≥	1900	1900	1900	1900	1900
卧铺宽度(mm)	≥	500	500	500	500	500
铺纵向间距(mm)	≥	1600(半躺)	1550(半躺)	1600(半躺)	1550(半躺)	1550(半躺)
铺横向间距(mm)	≥	350	350	350	350	350
上铺空间高度(mm)	≥	800	800	800	800	800
铺间高度(mm)	≥	850	850	850	850	850
重叠脚窝内端高(mm)	≥	250	250	250	250	250
下铺面距地高度(mm)	≥	250	250	250	250	250
护栏高度(mm)	≥	150	150	150	150	150
铺垫厚(mm)	≥	70	70	70	70	70
卧铺汽车安全带		装置	装置	装置	装置	装置
空气调节装置		冷暖	冷暖	冷暖	冷暖	冷暖
空气净化装置		装置	装置	装置	装置	装置
卫生间(位置)		中(后)*	—	中	—	—
CAN 总线		装置	—	装置	—	—
车桥随动转向		—	—	—	—	—
卫星定位系统		装置	装置	装置	装置	装置
人均行李舱容积(m^3/人)	≥	0.19	0.17	0.19	0.17	0.17
特殊结构说明		低驾驶区	低驾驶区	低驾驶区	低驾驶区	低驾驶区

*注释："（ ）"表示可选配置。

续上表

技术参数 \ 车型 \ 厂家		桂林客车	安徽安凯
		GL6126 HWC1	HFF6120 WK79D1
评定类型及等级		大型高一级	大型高一级
车身长度(mm)		12000	12000
卧铺排列形式		1+1+1	1+1+1
卧铺数+司机+导游	≤	38(36)+1+1(半躺)	38(36)+1+1(半躺)
额定功率(kw)	≥	243	247
比功率(kw/t)	≥	12	12
最高车速(km/h)	≥	110	110
匀速车内噪声[dB(A)]	≤	72	72
发动机位置		后	后
乘客门位置		前(前中)*	前(前中、前后)*
悬架类型		B	B
车身全承载式结构		装置	装置
盘式制动器		装置	装置
ABS(一类)		装置	装置
蹄片间隙自调装置		装置	装置
缓行器		装置	装置
动力转向		装置	装置
底盘自动润滑系统		—	—
节能风扇散热系统		装置	装置
后置发动机舱温度报警系统和自动灭火装置		装置	装置
无内胎子午线轮胎		装置	装置
胎压监测报警系统		—	—
卧铺全长(mm)	≥	1900	1900
卧铺宽度(mm)	≥	500	500
铺纵向间距(mm)	≥	1550(半躺)	1550(半躺)
铺横向间距(mm)	≥	350	350
上铺空间高度(mm)	≥	800	800
铺间高度(mm)	≥	850	850
重叠脚窝内端高(mm)	≥	250	250
下铺面距地高度(mm)	≥	250	250
护栏高度(mm)	≥	150	150
铺垫厚(mm)	≥	70	70
卧铺汽车安全带		装置	装置
空气调节装置		冷暖	冷暖
空气净化装置		装置	装置
卫生间(位置)		—	—
CAN 总线		—	—
车桥随动转向		—	—
卫星定位系统		装置	装置
人均行李舱容积(m^3/人)	≥	0.17	0.17
特殊结构说明		低驾驶区	低驾驶区

*注释:“( )”表示可选配置。

附件 2

关于《高级客车类型划分及等级评定表》的说明

一、车辆各项技术参数及服务装备均须符合评定表中的要求，只要有一项低于相应类型及等级的标准限制，在核发《道路运输证》时就不能核定为该类别及等级。确需降级的，由地市级道路运输管理机构对该车型进行现场核查和实测，确认符合标准后，才予以降级。高级客车等级只能下降一个等级。

二、评定表中各车型的技术参数及服务装备等均以新出厂的车辆为依据，所有内容均经过现场核查或实测。对于在用营运客车，还应根据车辆的实际技术状况进行等级评定。

三、对已评定类型及等级的客车因改装（改造），引起评定表中所列技术参数及服务装备变化的，须重新核定等级。

四、评定表中划“—”的为该等级车型该项技术参数或服务装备不要求。

附件3

企业名称与厂家简称对照表

序号	申报企业名称	厂家简称
1	北京北方华德尼奥普兰客车股份有限公司	北京北方
2	北汽福田汽车股份有限公司	北汽福田
3	上海申龙客车有限公司	上海申龙
4	上海汽车商用车有限公司	上汽商用车
5	金华青年汽车制造有限公司	金华青年
6	金龙联合汽车工业（苏州）有限公司	苏州金龙
7	扬州亚星客车股份有限公司	亚星客车
8	南京依维柯汽车有限公司	依维柯
9	安徽安凯汽车股份有限公司	安徽安凯
10	江淮客车有限公司	江淮客车
11	重庆市嘉陵川江汽车制造有限公司	重庆嘉陵川江
12	贵州万达客车股份有限公司	贵州万达
13	江铃汽车股份有限公司	江铃全顺
14	厦门金龙联合汽车工业有限公司	厦门金龙
15	厦门金龙旅行车有限公司	厦门金旅
16	福建戴姆勒汽车工业有限公司	福建戴姆勒
17	福建新龙马汽车股份有限公司	福建新龙马
18	郑州宇通客车股份有限公司	郑州宇通
19	桂林客车工业集团有限公司	桂林客车
20	桂林大宇客车有限公司	桂林大宇
21	佛山市飞驰汽车制造有限公司	佛山飞驰
22	中通客车控股股份有限公司	中通客车
23	烟台舒驰客车有限责任公司	烟台舒驰
24	中国重汽集团济南客车有限公司	豪沃客车
25	丹东黄海汽车有限责任公司	丹东黄海
26	沈阳华晨金杯汽车有限公司	华晨金杯

关于加强道路货运车辆超限超载源头治理工作的通知

交运发〔2011〕355号 2011.7.21

各省、自治区、直辖市、新疆生产建设兵团交通运输厅(局、委):

为进一步加强道路货运车辆超限超载运输源头治理工作,根据《中华人民共和国公路安全保护条例》和《中华人民共和国道路运输条例》的有关规定,现就有关事项通知如下:

一、充分认识道路货运车辆超限超载源头治理工作的重要意义

近年来,各地交通运输部门按照国务院和部的统一部署,坚持路面执法与源头监管并重的治超方针,在严格路面执法的同时,强化货运源头监管,积极探索建立治超长效机制,取得了明显成效,对保障道路畅通、提高监管效能、节约治理成本产生了积极作用。

2011年7月1日起施行的《公路安全保护条例》,为全面开展道路货运车辆超限超载运输源头治理工作提供了明确的法律依据,从法规层面赋予了道路运输管理机构在更大范围和更深层次全面参与道路货运车辆超限超载运输源头治理的重要职责,对加强公路保护、保障公路完好安全畅通具有重要意义。各地交通运输主管部门和道路运输管理机构要在当地政府的领导下,将贯彻落实《公路安全保护条例》、加强货运源头监管作为一项紧迫而重要任务,进一步提高思想认识,切实落实责任和管理措施,争取通过2—3年的努力,对全国范围内的重点货物集散地、货运站场普遍建立起运政执法人员监管制度,努力开创治超工作新局面。

二、明确道路货运车辆源头治超的基本原则

各地交通运输主管部门及道路运输管理机构在货运源头治理工作中,应把握以下原则:

一是坚持依法治理。认真执行《公路安全保护条例》、《道路运输条例》及相关法律法规，把货物集散地和货运站场作为超限超载运输源头治理的重点。通过加强地方立法，完善相关法规体系，赋予运管机构必要的执法手段，为货运源头治理工作提供有力保障。

二是坚持政府主导。在地方党委和政府的统一领导下，建立完善"全国统一领导、地方政府负责、部门指导协调、各方联合行动"工作机制，为加强货运源头监管提供有效的体制机制保障。

三是坚持路面执法与源头监管并重。创新思路、加大力度，建立路面执法与源头监管互联互动、相互补充的工作机制，形成全方位、无盲区的治超监控网络体系，最大限度地把超限超载车辆堵在运输源头。

四是坚持监管与服务相结合。在加大监管力度，坚决查处违法违规现象的同时，积极增强服务意识，千方百计为车主、货主排忧解难，切实保障和维护各方的合法利益，保证运输源头治理工作的顺利推进。

五是坚持货运源头治理与道路货运市场管理相结合。要把运输源头治理作为道路货运市场监管的有效载体，积极创新管理方式，强化管理手段，取缔非法运输，建立货运市场诚信考核体系，维护公平竞争、规范有序的市场秩序。

三、扎实推进货运车辆超限超载源头治理工作

各地交通运输部门和道路运输管理机构要严格按照《公路安全保护条例》、《国务院办公厅关于加强车辆超限超载治理工作的通知》（国办发〔2005〕30 号）和九部委《关于印发全国车辆超限超载长效治理实施意见的通知》（交公路发〔2007〕596 号）明确的工作措施及要求，将重点货物集散地、货运车辆、运输企业及相关从业人员作为监管重点，切实推动货运源头治理工作。

（一）明确并公开重点货运源头单位。

各地要根据当地经济发展、货源分布和地理条件等实际情况，将货运量较大、容易发生超限超载的矿山、水泥厂、煤场、沙石料场、港口、火车站、汽车货运站(含物流园区、物流中心)、蔬菜集散站(场)等货物集散地、装卸现场作为重点货运源头单位,加强监管。地方交通运输部门会同相关部门核查和确定货运源头单位,上报当地政府批准并向社会公布。

各地道路运输管理机构对经政府批准公布的重点货运源头单位,应采取驻点、巡查等方式实施监督管理。

(二)落实货运源头单位主体责任。

货运源头单位是车辆合法装载的责任主体。要在货物装运场地安装合格的称重和计量设备,严格按照国家标准对车辆进行装载,确保违法超限超载车辆不出厂、不出站;要建立工作制度,加强人员培训,明确工作人员职责;对车辆驾驶员从业资格证、车辆营运证和车辆装载情况等进行登记,建立健全统计制度和档案,按规定向道路运输管理机构报送相关信息;自觉接受执法人员依法实施的监督检查,并按要求提供有关情况和资料。

(三)加强运管机构源头监管。

道路运输管理机构及运管执法人员对货运源头单位监管工作应履行以下职责:

1. 宣传有关法律法规和规章制度,提高货运源头单位和运输经营者的守法经营意识。

2. 通过驻点、巡查等有效方式,对政府公布的重点货运源头单位实施监管,制止非法超限超载车辆出场、出站。对重点货运源头单位建立治超有关制度、履行职责的情况进行监督检查,发现违法行为责令纠正,依法予以处罚。

3. 加强对违规装载行为的查处,对违法超限运输的道路运输企业、货运车辆、驾驶人员以及指使、强令车辆驾驶员超限运输货物的单位和人员,依法予以处罚。

4. 监督运输服务质量和市场竞争秩序,将车辆超限超载运输违法行为纳入、道路运输企业质量信誉考核和驾驶员诚信考核,建立和完善超限超载运输“黑名单”制度,协助货运源头单位维护好市场运营秩序。

5. 对不属于本机构职责范围的违法行为及时抄告相关主管部门查处，同时向本级人民政府和上级有关部门报告。

（四）建立路面执法与源头治超联动机制。

各地交通运输部门要建立路面执法与源头监管的联动机制。公路管理机构在路面执法工作中，对查处的非法超限超载车辆有关信息要及时抄告给同级运管机构。抄告内容应包括违章车辆牌号和道路运输证号、违规驾驶员姓名和从业资格证号、违规车辆所属企业名称、违法违规行为简要描述及处罚决定等事项。运管机构要严格按照《公路安全保护条例》等有关规定，切实加大非法超限运输车辆、驾驶人和企业跟踪处罚力度，并将相关处理（处罚）信息及时反馈公路管理部门和治超工作机构。

（五）实行货运源头监管信息报送制度。

各地道路运输管理机构要进一步完善货运源头监管信息报送制度，建立科学、准确、完整的信息报送体系，对查处的违法装载运输的单位和个人有关信息按月报送上级道路运输管理机构。省级道路运输管理机构汇总后，对外省（区、市）籍车辆至少每半年向相关省通报一次，相关省（区、市）道路运输管理机构要及时记入质量信誉考核档案，对违法行为依法进行处理。

四、切实落实各项政策措施

（一）切实加强组织领导。各地交通运输部门及道路运输管理机构要把货运源头治理作为保障人民生命财产安全、促进经济社会健康发展的一项重要任务，在当地政府的统一领导下，建立完善组织领导机构，健全源头治理工作机制，加大力度，周密安排，加强指导协调和监督检查，形成工作合力。要积极争取当地政府和有关部门的支持，制订出台货运源头治理的相关政策措施，为源头治理工作顺利开展提供有力保障。

（二）切实加大宣传力度。一是通过宣传贯彻《公路安全保护条例》，进一步统一思想，明确职责，落实责任。二是通过召开座谈会、印发宣传材料等多种形式，使货运源头单位、运输企业、车辆驾驶员明确其责任义务，提高合法经营的自觉性。三是充分利用广播、电视、报纸、网络等宣传工具和制作标语等多种形式，使社会各个层面深入了解货运源头治理的重要意义。加大对正面典型的宣传力度，对严重违法违规行为公开曝光，为源头治理工作的深入开展营造良好的舆论环境。

（三）切实落实经费保障。车辆超限超载运输治理是一项长期而艰巨的重要工作，源头治理所需经费应依法纳入地方财政预算。各地交通运输部门应从成品油消费税等转移支付资金中安排专项资金，用于对道路运输管理机构货运源头治理工作的执法装备、信息化建设和经费补助，确保治理工作有序推进。

（四）切实加大科技投入。充分发挥现代科技手段在源头治理中的重要作用，积极引导重点货运源头单位安装使用货物装载视频系统。同时，要加大源头治理信息管理平台、道路运输 IC 卡系统建设力度，加快治超信息系统和货运车辆管理系统部省站联网管理工作步伐，尽快实现治超信息系统与货运管理系统之间的链接，实现路面执法信息、营运车辆管理信息和货运源头监管信息交换和共享，为强化货运源头治理和非法超限超载运输联防联治提供科技保障。

（五）切实落实治理责任。各地交通运输部门及道路运输管理机构应当结合实际，制定源头治理目标任务，层层签订责任书，落实责任单位和人员，纳入年度目标考核，实行责任追究，确保各项工作落到实处。

（六）切实加强队伍建设。各地交通运输主管部门要充实加强道路运输管理机构源头治理执法队伍建设，落实人员编制和工作职责。源头治超执法人员要参加执法培训考试，取得执法资格，实行持证上岗，实施源头治超执法时按规定着装和佩戴标识。要组织开展培训，重点学习《公路安全保护条例》等法律法规和相关政策，提高依法行政、依法管理的能力和水平。要加强对货运源头治理执法人员的法制教育、廉政教育和职业道德教育，做到文明执法，规范执法，自觉接受社会监督，坚决杜绝源头治理工作中“三乱”现象的发生。

关于积极推行道路客运安全告知制度有关事项的通知

交运发〔2011〕396 号　2011.8.1

各省、自治区、直辖市、新疆生产建设兵团交通运输厅(局、委):

为充分发挥社会监督作用,进一步加强和改善道路客运安全管理,部决定在道路客运行业推行安全告知制度。现将有关事项通知如下:

一、充分认识安全告知制度的重要意义。进入 7 月份以来,道路运输行业安全事故呈明显上升趋势,全国接连发生了 9 起较大以上道路客运安全事故,特别是 7 月 22 日,京珠高速公路河南信阳市境内一辆长途卧铺客车发生燃烧事故,造成 41 人死亡。这些事故暴露了驾驶员安全素质不高、企业安全责任落实不到位、驾驶员违法违规行为动态监控力度不够、整改不及时等问题。在道路客运行业推行安全告知制度,是充分发挥社会各界特别是广大乘客监督作用、切实加强道路客运安全生产管理的重要手段,是向公众普及安全应急处置知识的重要途径,是提升客运服务质量的重要载体。各级交通运输主管部门和道路运输管理机构一定要高度重视,完善措施,加快推进。

二、明确告知内容。安全告知的主要内容包括:一是客运公司名称、客车号牌、驾驶员及乘务员姓名和监督举报电话。二是客运车辆核定载客人数、行驶线路、经批准的停靠站点、中途休息站点。三是法律法规规定事项,如禁止旅客携带或客运车辆装运的危险品,禁止超载、超速、疲劳驾驶的规定,特别是连续驾驶时间不得超过 4 小时;禁止在高速公路上和未经批准的站点上下客;禁止携带危险品进站上车;禁止改变线路行驶;禁止关闭 GPS;禁止客车

22时至凌晨6时途径三级以下山区公路达不到夜间安全通行条件的路段;卧铺客车凌晨2时至5时停车休息以及客运票价的有关规定等。四是车辆安全出口及应急出口逃生、安全带和安全锤使用方法。

三、规范告知方法。一是由乘务员或驾驶员在发车前向乘客告知;二是在车内明显位置标示客运车辆核定载客人数、经批准的停靠站点和投诉举报电话;三是由省级交通运输主管部门统一制作音像资料,向客运企业免费发放,并要求在客车发车前向乘客播放。

四、分步推行安全告知制度。2011年年底前,先在所有卧铺客车、超过800公里的省际班线客运车辆上推行,2012年上半年推广至所有省际班线客运车辆和省际旅游客车。省内班线客车和省内旅游客车的具体实施时间由省级交通运输主管部门确定。

五、加快建立监督举报电话处理机制。一是监督举报电话由市级道路运输管理机构统一管理,并建立每天24小时值班制度,市级以下道路运输管理机构和所有客运企业也要建立相应的值班制度,负责处理投诉举报事项;二是对监督举报信息应认真调查核实,严格按规定处理,并将处理结果向监督人告知;三是对投诉举报的违法违规行为查实处理后,应记入对驾驶员和车辆所属企业的质量信誉考核档案,对旅客反映的好人好事给予表彰。

部将适时开展明察暗访工作,对各地贯彻落实情况进行督察。请各地将贯彻落实情况于2011年12月底前报部。

关于加强道路货物运输受理环节安全管理工作的通知

交运发〔2011〕414 号　2011.8.3

各省、自治区、直辖市、新疆生产建设兵团交通运输厅(局、委),天津市、上海市交通运输和港口管理局:

为贯彻落实《道路运输条例》等国家有关法律法规,加强道路货物运输受理环节安全管理工作,增强反恐安全防范措施,遏制重大安全事故发生,现将有关工作通知如下:

一、加大监管力度,严格执法、监督到位

货物受理工作是道路货物运输业务的第一个环节,也是保证道路货物运输安全的第一道关口。做好受理环节安全管理工作是在新形势下加强反恐安全防范工作,防止发生恶性破坏事故,确保人民生命财产安全的重要措施。各地交通运输管理部门要高度重视,强化各项工作措施,建立健全监督检查机制,督促道路货物运输经营者严格执行货物受理环节的验视工作,坚决依法查处不认真履行安检责任、不严格执行验视等安全制度的道路货物运输经营者。

对于新申请从事道路货运站(场)、零担运输、客运行包(物品)托运经营的,道路运输管理部门要加强对申请人安全生产制度和安全保障能力的审核。申请人应当制订货物受理环节的验视制度,配备必需的安全检测设备,确保运输安全。对于无道路运输经营许可证从事道路货物运输经营的,道路运输管理部门要依法查处,同时,积极配合工商部门,查处无营业执照的道路货物运输经营者。

二、加强源头管理，做好货物受理环节安全管理工作

道路货物运输经营者要按照国家有关行政法规的要求，建立健全货物受理环节的验视制度，切实加强对各类禁运物品、违禁物品、危险物品的检查、甄别和处置，坚决堵塞安全管理漏洞。

货运站（场）要严格执行市场准入制度，严禁无证无照的道路货物运输、货运代理等经营者进入站场内经营。有条件的大型站场要设置大型安检仪，防止危险货物等进站（场）上车。零担运输企业在受理托运的货物时，要对货物进行开箱（包）验视。对整车运输的批量货物应根据公安部等7部局《关于加强物流、寄递渠道安全监管工作的通知》（公治〔2009〕475号）的要求，对可疑货物进行开箱（包）检查，确保托运的货物与运单填写的货物一致，防止托运人将禁运物品、违禁物品、危险物品和限运货物、凭证运输货物谎报或者匿报为普通货物。

客运站对旅客随身携带的行包、物品要严格履行安检责任。二级以上的客运站必须配备安检仪，有条件的可以配备单独的托运行包、物品安检仪，没有安检仪的客运站应当做到每件行包、物品都进行开箱（包）验视。客运站应当配备与旅客流量相适应的安检人员。开展行包、物品托运的客运站要核对托运人的有效身份证件。对不能确定安全性能的物品（如机电装置、粉末、不明金属、装有不明气体或液体的密闭装置等）或寄件人拒绝验视的，不予承运。

为了保证货物按托运人的要求，安全、准确、及时送到收货方，道路货物运输经营者和货物托运人还应当按照《合同法》的要求，签订道路货物运输合同。道路货物运输合同，可以采用原交通部颁布的《道路货物运输及站场管理规定》（交通部令2005年第6号）所推荐的道路货物运单。签订运输合同时，应当核对并登记托运单位的有效证明、个人的有效身份证件，建立健全货运托运人、运输合同信息的可追溯机制，运输合同要留存半年以上，以备查询。

道路货物运输经营者不得运输法律、行政法规禁止运输的货

物，在受理法律、行政法规规定限运、凭证运输的货物时，应当查验并确认有关手续齐全有效后方可运输。

三、落实安全监管责任，明确安全主体责任

各级交通运输管理部门要按照“谁许可、谁负责”的原则，加强对道路货物运输经营者经营行为、安全管理责任的监督检查，认真落实道路货物运输安全生产监管责任。

道路货物运输经营者，要切实承担起安全生产管理主体责任，将安全管理责任落实到每一个岗位、每一名员工；要教育员工增强安全意识，提高业务技能，对承运物品实行验视、登记制度要落实到职工的岗位责任制当中，并将落实情况与职工绩效考核挂钩。

四、大力开展安全宣传，抓好教育培训

各级交通运输管理部门要进一步提高反恐防范安全意识，大力开展安全宣传工作，强化对道路运输经营者和从业人员的安全教育培训。一是通过召开座谈会、印发宣传材料等多种形式，使从事道路零担运输、客运行包、小件快运的经营者，特别是货运站（场）经营者明确其安全责任、义务，提高守法经营的自觉性。二是要充分利用广播、电视、报纸、网络等媒体和制作标语等多种形式，使托运人、承运人深入了解货物受理环节做好验视工作的重要意义。三是加强道路货物运输从业人员的培训教育，在从业资格培训、考试和继续教育等环节，将货物受理环节安全管理作为重要内容。

关于印发《出租汽车服务质量信誉考核办法(试行)》的通知

交运发〔2011〕463号　2011.8.26

各省、自治区、直辖市、新疆生产建设兵团交通运输厅(局、委):

现将《出租汽车服务质量信誉考核办法(试行)》印发给你们,请结合各地实际,认真贯彻执行。

出租汽车服务质量信誉考核办法(试行)

第一章 总 则

第一条 为规范出租汽车经营行为,建立完善出租汽车行业诚信体系,提升出租汽车服务水平,根据国家有关规定,制定本办法。

第二条 出租汽车服务质量信誉考核,应当遵守本办法。

出租汽车服务质量信誉考核,包括对出租汽车企业和驾驶员的服务质量信誉考核。

第三条 出租汽车服务质量信誉考核工作应当遵循公开、公平、公正的原则。

第四条 交通运输部负责指导全国出租汽车服务质量信誉考核工作。

县级以上人民政府交通运输主管部门负责组织领导本行政区域内的出租汽车服务质量信誉考核工作。

县级以上道路运输管理机构(含出租汽车管理机构,下同)具体实施本行政区域内的出租汽车服务质量信誉考核工作。

第二章 服务质量信誉考核等级

第五条 出租汽车企业和驾驶员服务质量信誉考核等级分为优良、合格、基本合格和不合格,分别用 AAA 级、AA 级、A 级和 B 级表示。

第六条 出租汽车企业服务质量信誉考核指标包括:

(一)企业管理指标:管理制度、合同管理、驾驶员权益保障、信息化建设、服务质量信誉档案、保险、企业文化、职工教育培训等情况；

（二）安全运营指标：安全责任落实、交通责任事故率、交通责任事故伤人率、交通责任事故死亡率等情况；

（三）经营行为指标：交通违法行为、经营违法行为等情况；

（四）运营服务指标：车容车貌、服务评价、乘客投诉及处理、媒体曝光等情况；

（五）社会责任指标：维护行业稳定、节能减排与环保等情况；

（六）加分项目：政府及部门表彰奖励、社会公益、新能源出租汽车使用等情况。

第七条 出租汽车企业服务质量信誉考核实行基准分值为1000分的计分制，另外加分分值为100分。考核周期为每年的1月1日至12月31日。

第八条 出租汽车企业服务质量信誉等级按照下列标准进行评定：

（一）考核周期内综合得分在850分以上，且其出租汽车驾驶员服务质量信誉考核等级为AA级及以上的比例不少于90%的，为AAA级；

（二）考核周期内综合得分在700分至849分之间的，或者综合得分在850分以上，但其出租汽车驾驶员服务质量信誉考核等级为AA级及以上的比例低于90%的，为AA级；

（三）考核周期内综合得分在600分至699分之间的，为A级；

（四）考核周期内有下列情形之一的，考核等级为B级：

1. 综合得分在600分以下的；

2. 出租汽车驾驶员有20%以上服务质量信誉考核等级为B级的；

3. 发生一次死亡3人以上交通事故且负同等或主要责任的；

4. 发生一次重特大恶性服务质量事件的；

5. 违反法律法规，组织或引发影响社会公共秩序，损害社会公共利益的停运事件的；

6. 损害出租汽车驾驶员合法权益，造成严重后果或引起重大信访事件发生的；

7. 不参加服务质量信誉考核工作的。

出租汽车企业在考核周期内经营时间少于6个月的，其服务质量信誉考核等级最高为AA级。

第九条 出租汽车驾驶员服务质量信誉考核内容包括：

（一）遵守法规：遵守相关法律、法规、规章等情况；

（二）安全生产：参加教育培训和发生交通责任事故等情况；

（三）经营行为：发生交通违法行为、经营违法行为等情况；

（四）运营服务：文明优质服务、维护乘客权益、乘客投诉等情况。

第十条 出租汽车驾驶员服务质量信誉考核实行基准分值为20分的计分制，另外加分分值为10分。计分周期为12个月，从初次领取从业资格证件之日起计算。取得从业资格证件但在考核周期内未注册在岗的，不参加服务质量信誉考核。

违反服务质量信誉考核指标的，一次扣分分值分别为：1分、3分、5分、10分、20分五种。扣至0分为止。

出租汽车驾驶员服务质量信誉考核加分累计不得超过10分。

第十一条 出租汽车驾驶员服务质量信誉考核等级按照下列标准进行评定：

（一）考核周期内综合得分为20分及以上的，考核等级为AAA级；

（二）考核周期内综合得分为11～19分的，考核等级为AA级；

（三）考核周期内综合得分为1～10分的，考核等级为A级；

（四）考核周期内综合得分为0分的，考核等级为B级。

出租汽车驾驶员在考核周期内注册在岗时间少于6个月的，其服务质量信誉考核等级最高为AA级。

第十二条 出租汽车驾驶员有见义勇为、救死扶伤、拾金不昧等先进事迹的，道路运输管理机构应给予相应加分奖励。

第十三条 市县道路运输管理机构应当建立完善出租汽车服务质量信誉公共信息平台，并在当地主要新闻媒体或本机构网站上及时公布出租汽车企业和驾驶员服务质量信誉考核结果以及下一次签注驾驶员服务质量信誉考核时间等信息，方便社会各界查询。

省级道路运输管理机构应当在本机构网站或本级交通运输主管部门网站上公布上一年度出租汽车企业服务质量信誉考核结果，并在网站上建立查询系统。

第十四条 市县道路运输管理机构应当加强出租汽车市场监管，建立出租汽车企业、驾驶员服务质量信誉信息收集制度。

市县道路运输管理机构应当通过信息系统及时记录和更新企业、驾驶员服务质量信誉信息，并建立与其他部门的信息共享机制。

第三章 企业服务质量信誉考核

第十五条 出租汽车企业服务质量信誉考核工作应当每年进行一次，并在考核周期次年的3月31日前完成。

第十六条 出租汽车企业应在每年的1月10日前，向所在地市县道路运输管理机构申请服务质量信誉考核，并如实报送出租汽车企业服务质量信誉档案等材料。

出租汽车企业服务质量信誉档案应当包括下列内容：

（一）经营者基本情况，包括出租汽车经营许可证、工商执照、从业人员数量、出租汽车数量、车辆运营证件等情况；

（二）企业管理情况，包括管理制度、劳动合同或经营合同、安装卫星定位系统、电召服务系统及车载终端设备、企业文化与职工教育培训等情况；

（三）安全运营情况，包括安全责任制度、交通事故责任认定书、交通事故处理等情况。含每次交通责任事故、违章时间、地点、肇事车辆、肇事原因、驾驶员基本情况、死伤人数及后果等；

（四）经营行为情况，包括对驾驶员交通违法行为、经营者和驾驶员经营违法行为的行政处罚等情况；

（五）运营服务情况，包括乘客投诉、媒体曝光、核查处理和整改等情况；

（六）社会责任情况，包括完成政府指令性任务、车辆能耗和使用节能减排技术等情况；

（七）稳定情况，包括影响社会稳定事件的时间、主要原因、事件经过、参加人数、社会影响和处理等情况；

（八）加分项目情况，包括获得政府和部门表彰、社会公益、新能源出租汽车使用等情况。

第十七条 市县道路运输管理机构应当对出租汽车企业报送的材料进行核实。发现不一致的，应当组织核查，要求出租汽车企业进行说明。

第十八条 市县道路运输管理机构应当根据《出租汽车企业服务质量信誉考核评分标准》（见附件1）组织对出租汽车企业服务质量信誉等级进行初评。

市县道路运输管理机构应当在当地主要新闻媒体或本机构网站上对初评结果进行为期10日的公示。对公示结果有异议的，可在公示期内向市县道路运输管理机构申诉或者举报。道路运输管理机构应当为举报人保密。

第十九条 市县道路运输管理机构应当在公示结束后，对申诉和举报情况进行调查核实，根据各项指标的考核结果对出租汽车企业的服务质量信誉等级进行评定并逐级上报。

出租汽车企业服务质量信誉考核等级为AA级及以下的，由市级道路运输管理机构核定，并报省级道路运输管理机构备案；考核等级为AAA级的，由省级道路运输管理机构核定，并于3月31日前报交通运输部备案。

第二十条 市县道路运输管理机构、出租汽车企业应当分别建立出租汽车企业服务质量信誉档案，并加强对服务质量信誉档案的管理，及时将相关内容和材料记入服务质量信誉档案。

第四章　驾驶员服务质量信誉考核

第二十一条　出租汽车驾驶员服务质量信誉考核工作每年进行一次。

出租汽车驾驶员应当在服务质量信誉考核周期届满后30日内，持本人的从业资格证件到当地道路运输管理机构签注服务质量信誉考核等级。

第二十二条　市县道路运输管理机构应当按照《出租汽车驾驶员服务质量信誉考核评分标准》(见附件2)计分，根据出租汽车驾驶员考核周期内综合得分情况评定服务质量信誉考核等级，并提供查询服务。

第二十三条　出租汽车驾驶员一个考核周期届满，经签注服务质量信誉考核等级后，该考核周期内的扣分与加分予以清除，不转入下一个考核周期。

第二十四条　出租汽车驾驶员在考核周期内综合得分计至0分的，应当在计至0分之日起15日内，到从业资格管理档案所在地有培训资格的机构，接受不少于18个学时的出租汽车法规、职业道德和安全意识等培训，并凭培训证明到道路运输管理机构办理清除计分手续。

道路运输管理机构应当审核并收存培训证明，在驾驶员从业资格证件上标注培训起止时间，并录入出租汽车驾驶员数据库，清除培训前的扣分和加分。在本次服务质量信誉考核周期内，出租汽车驾驶员服务质量信誉考核等级为B级。

第二十五条　对出租汽车驾驶员服务质量信誉考核信息有异议的，可以向市县道路运输管理机构进行举报。经核实举报属实的，应对驾驶员服务质量信誉考核信息予以变更。

第二十六条　市县道路运输管理机构、出租汽车企业应当分别建立出租汽车驾驶员服务质量信誉档案。出租汽车驾驶员服务质量信誉档案应当包括下列内容：

（一）基本情况，包括出租汽车驾驶员的姓名、性别、身份证号、住址、联系电话、服务单位、初领驾驶证日期、准驾车型、从业资格证号、从业资格证件领取和变更记录等情况，以及培训教育等情况；

（二）遵守法规情况，包括查处出租汽车驾驶员违法行为等情况；

（三）安全生产情况，包括交通责任事故的时间、地点、死伤人数、经济损失等情况，以及交通事故责任认定和处理等情况；

（四）经营服务情况，包括乘客投诉、媒体曝光的服务质量事件等情况。

第五章　奖惩措施

第二十七条　市县道路运输管理机构应当将出租汽车企业服务质量信誉考核结果作为配置出租汽车经营权指标的重要依据，并按以下规定执行：

（一）对近三年服务质量信誉考核等级连续被评为AAA级的出租汽车企业，在申请新增出租汽车经营权指标时，可优先考虑，或在出租汽车经营权服务质量招投标时予以加分；

（二）对近三年服务质量信誉考核等级连续被评为AA级及以上的出租汽车企业，在申请出租汽车经营权延续经营时，在符合法定条件下，可优先予以批准；

（三）对服务质量信誉考核等级连续两年被评为A级的出租汽车企业，应当督促其加强内部管理；

（四）对服务质量信誉考核等级被评为B级的出租汽车企业，应当责令其限期整改，并不能参加出租汽车经营权服务质量招投标。

第二十八条　出租汽车企业服务质量信誉考核等级连续三年为AAA级的，交通运输部择优评为出租汽车行业优秀企业。

省、市级交通运输主管部门分别对服务质量信誉考核等级

AAA 级、AA 级的出租汽车企业，颁发证书，视情颁发标牌（式样见附件 3）。AA 级以上出租汽车企业在市县交通运输主管部门督导下，可在出租汽车顶灯或车门外侧等显著位置标示企业服务质量信誉考核等级。

第二十九条 出租汽车企业有下列情形之一的，省、市交通运输主管部门应当按照职责分工，视不同情形，将其已评定考核等级降级：

（一）发生一次死亡 3 人以上交通事故且负同等或主要责任的；

（二）发生一次重特大恶性服务质量事件的；

（三）违反法律法规，组织或引发影响社会公共秩序，损害社会公共利益的停运事件的。

第三十条 市县道路运输管理机构应当在服务监督卡上标注出租汽车驾驶员服务质量信誉考核等级。

鼓励市县道路运输管理机构、出租汽车企业以及相关社团组织对服务质量信誉考核等级为 AAA 级及有较高奖励分值的出租汽车驾驶员进行表彰奖励。

第三十一条 出租汽车企业应当加强对服务质量信誉考核等级为 B 级的出租汽车驾驶员的教育和管理。

第三十二条 出租汽车驾驶员有下列情形之一的，市县道路运输管理机构应当将其列入不良记录名单：

（一）在考核周期内服务质量信誉考核综合得分为 0 分，且未按照规定参加培训的；

（二）连续两个考核周期服务质量信誉考核等级均为 B 级的；

（三）在一个考核周期内累积综合得分有两次以上为 0 分的；

（四）无正当理由超过规定时间，未签注服务质量信誉考核等级的；

（五）发生其他严重违法行为或服务质量事故的。

县级以上道路运输管理机构应当建立不良记录驾驶员名单数据库，并加强对不良记录驾驶员的培训教育和管理。

第六章　附　　则

第三十三条　本办法所称出租汽车驾驶员，是指取得出租汽车从业资格并在考核周期内从事出租汽车服务的驾驶人员。

本办法所称出租汽车企业服务质量信誉考核，是指在考核周期内，对出租汽车企业的管理制度、安全运营、经营行为、运营服务和社会责任等方面的综合评价。

本办法所称出租汽车驾驶员服务质量信誉考核，是指在考核周期内，对驾驶员在出租汽车服务中遵纪守法、安全生产、经营行为和运营服务等方面的综合评价。

本办法所称重特大恶性服务质量事件，是指由于出租汽车企业或其出租汽车驾驶员的原因，造成严重人身伤害或重大财产损失，或造成恶劣社会影响的服务质量事件。

第三十四条　上级道路运输管理机构应当对下级道路运输管理机构组织开展的服务质量信誉考核工作进行监督检查。

第三十五条　鼓励行业协会等第三方机构参与出租汽车服务质量信誉考核工作。

第三十六条　个体出租汽车经营的服务质量信誉考核，重点考核驾驶员的服务质量信誉。经营者的服务质量信誉考核，由省级交通运输主管部门参照本办法制定。

第三十七条　省、市交通运输主管部门可依据本办法细化考核标准、奖惩措施等。

第三十八条　本办法自发布之日起施行。

附件1

出租汽车企业服务质量信誉考核评分标准

考核项目		考核分数	评分标准
企业管理（300分）	管理制度	50	不按规定建立安全生产、服务质量管理、质量认证、应急预案、营运车辆管理、驾驶员管理等制度的，每缺一项扣10分，扣完为止。
	合同管理	40	不与驾驶员规范签订劳动合同或经营合同的，按比例扣分，扣完为止。
	驾驶员权益保障	50	不按规定公开收费情况及保障驾驶员劳动报酬权、休息休假权和社会保险权等各项权益的，按比例扣分，扣完为止。
	信息化建设	60	不按规定安装和使用卫星定位系统、电召服务系统、车载终端设备的，按比例扣分，扣完为止。
	服务质量信誉档案	30	服务质量信誉档案不健全的，每缺一项扣10分，扣完为止。
	保险	20	不按规定购买乘客险、第三者责任险等保险的，扣20分。
	企业文化	20	不具备开展企业文化建设的必要设施的，扣10分；不按要求开展党工团组织建设及精神文明创建活动的，扣10分。
	职工教育培训	30	不按规定组织职工参加教育培训的，按比例扣分，扣完为止。

续上表

考核项目		考核分数	评分标准
安全运营（200分）	安全责任落实情况	40	不按规定落实安全生产责任制度的，酌情扣分，扣完为止。
	交通责任事故率	50	发生交通事故且负同等或主要责任的，每增加0.1次/车扣5分，扣完为止。（注：交通责任事故率＝出租汽车企业全年发生的责任事故次数/出租汽车企业拥有车辆数，其他指标参照该方法计算）
	交通责任事故伤人率	50	发生交通事故致人受伤且负同等或主要责任的，每增加0.001人/车扣3分，扣完为止。
	交通责任事故死亡率	60	发生交通事故致人死亡且负同等或主要责任的，每增加0.0001人/车扣3分，扣完为止。
经营行为（200分）	交通违法行为	100	发生交通违法行为的，每增加0.1次/车扣3分，扣完为止。
	经营违法行为	100	发生拒载、故意绕道、甩客等经营违规行为，每增加0.01次/车扣3分，扣完为止。
运营服务（200分）	车容车貌	50	根据查处车容车貌不符合要求的记录，每增加0.1次/车扣5分，扣完为止。
	服务评价	50	根据乘客不满意率，每增加1%，扣10分；未按规定安装服务评价设备的，扣50分；扣完为止。
	乘客投诉及处理	80	根据乘客有效投诉率，每增加0.01次/车扣2分；乘客投诉后24小时内未回复，或乘客投诉后10日内未作处理的，每次扣10分；扣完为止。

续上表

考核项目		考核分数	评分标准
运营服务（200分）	媒体曝光	20	因服务质量低劣而被市级以上媒体曝光并经查证属实的，每次扣10分，扣完为止。
社会责任（100分）	维护行业稳定	80	企业所属驾驶员参与影响社会公共秩序、损害社会公共利益的停运事件的，酌情扣分；情节严重的，扣80分。
	节能减排与环保	20	车辆不符合排放和能耗规定的扣10分，不开展节能减排教育培训或不采用节能减排新技术的，扣10分。
加分项目（100分）	政府及部门表彰奖励情况	40	获得省、部级及以上荣誉称号的，加40分；获得地、市级荣誉称号的，加30分；获得县、区级荣誉称号的，加10分；加到40分为止。
	社会公益	40	按规定完成政府指令性任务，或积极组织参加抢险救灾、赈灾、救死扶伤、优质服务等具有较大社会影响的公益活动，每参加1次加10分；企业所属驾驶员有见义勇为等行为的，每次加10分；加到40分为止。
	新能源出租汽车使用	20	使用新能源出租汽车的，每20辆加10分，加到20分为止。

注：表中各项评分标准作为出租汽车企业服务质量信誉考核工作参考依据。各省、市交通运输主管部门可按照本地区有关规定制定具体的评分细则。

附件 2

出租汽车驾驶员服务质量信誉考核评分标准

分　值	评分标准
出租汽车驾驶员有所列情形之一的，扣 20 分	在出租汽车经营活动中，发生交通事故致人死亡且负同等或主要责任的。
	驾驶未取得出租汽车营运证的车辆，擅自从事出租汽车经营活动的。
	出租或者转让出租汽车驾驶员从业资格证件的。
	将出租汽车交给无从业资格证件的人员驾驶，并从事出租汽车经营活动的。
	私自改装、调整计价器造成计费失准的。
	拒绝接受依法检查的。
	违反法律法规，参与影响社会公共秩序、损害社会公众利益等停运事件的。
	本次考核过程中或者上一次考核等级签注后，发现有弄虚作假或者隐瞒诚信考核相关情况，且情节严重的。
出租汽车驾驶员有所列情形之一的，扣 10 分	在出租汽车经营活动中，发生交通事故致人受伤且负同等或主要责任的。
	擅自涂改、伪造、变造出租汽车从业资格证件上相关记录的。
	无正当理由拒载的。
	营运途中无正当理由擅自中断服务的。
	不积极配合处理乘客投诉或者纠纷的。

续上表

分　值	评分标准
出租汽车驾驶员有所列情形之一的，扣5分	接受预约服务而未前往载客的。
	未经乘客同意，故意绕道的。
	未经乘客同意，强行合乘的。
	未按规定随车携带有效消防器材的。
	计价器、待租标志灯、卫星定位设备等车载运营设备不能正常使用而继续运营的。
	不按计价器显示金额收费的。
	在公示的营业站区未按规定停放车辆、候客、揽客的。
	不给付乘客专用发票的。
出租汽车驾驶员有所列情形之一的，扣3分	驾驶未按照规定安装、设置、喷涂、张贴出租汽车经营标志标识（标志灯、企业标识、价格标签和监督电话号码等）的车辆，从事出租汽车经营活动的。
	车容车貌不整洁的。
	不按规定着装，仪容仪表不整的。
	向车外抛物、吐痰或在车内抽烟的。
	使用服务忌语的。
出租汽车驾驶员有所列情形之一的，扣1分	未按规定携带出租汽车从业资格证件，从事出租汽车经营活动的。
	未按规定放置出租汽车服务监督卡等标志，从事出租汽车经营活动的。
	不按乘客意愿使用音响和空调等设施设备的。
出租汽车驾驶员有所列情形之一的，加5分或10分	有见义勇为、救死扶伤等先进事迹的。

续上表

分　值	评分标准
出租汽车驾驶员有所列情形之一的，加3分	有拾金不昧行为的。
	有协助查处违法行为的。
出租汽车驾驶员有所列情形之一的，加1分	有积极参加抢险救灾、义务服务等社会公益活动行为的。

注：表中各项评分标准作为出租汽车驾驶员服务质量信誉考核工作参考依据。各省、市交通运输主管部门可按照本地区有关规定制定具体的评分细则。

附件3

出租汽车企业服务质量信誉考核等级证书式样

一、证书封面

（一）尺寸：大16开，210mm×297mm（合上后尺寸）；

（二）材质：深红色，200g 铜版纸；

（三）字体格式：

第一行：汉仪大宋体，20磅字，字高拉长10%，金色，居中。

第二行：汉仪大隶书体，48磅字，字高拉长40%，宽缩为88%，金色，居中。

图标：高27mm×宽25mm，金色，居中。

二、证书内芯

（一）尺寸：405mm×287mm；

（二）材质：白色，200g 铜版纸；

（三）字体格式：

出租汽车企业

服务质量信誉考核等级证书

×××××公司：

你公司20××年度被评为×××级服务质量信誉企业。

特发此证。

（发证机关印章）
二〇××年×月

第一行:汉仪中宋体,45 磅字,棕红色,居中。

第二行:汉仪大隶书体,62.5 磅字,高拉长 25%,棕红色,居中。

第三行:汉仪楷体,43.6 磅字,高拉长 5%,黑色,左顶格。

第四、五、六行:方正小标宋体,45 磅字,高拉长 5%;第四行缩进 2 格;第五行左顶格;第六行缩进 2 格;其中“×××级服务质量信誉企业”为红色,其余字为黑色。

第七行:汉仪中黑体,30 磅字,黑色,右下方。

三、标牌

(一)尺寸: 40cm×60cm;

(二)材质:金色,铜牌,外加木框边;

(三)字体格式:

第一行:汉仪大宋体,66 磅字,高拉长 10%,黑色,左顶格。

第二行:字母“×××”为 Arial 字体,213 磅;“级”字为汉仪大宋体,字宽缩为 90%,213 磅;红色,居中。

第三行:汉仪中黑体,55 磅字,黑色,右下方。

20××年度出租汽车企业服务质量信誉考核

（发证机关名称）

关于印发《中华人民共和国道路客货运输驾驶员继续教育大纲》的通知

交运发〔2011〕475 号　2011.8.30

各省、自治区、直辖市、新疆生产建设兵团交通运输厅(局、委):

现将《中华人民共和国道路客货运输驾驶员继续教育大纲》印发给你们,自印发之日起实施,请认真遵照执行。

中华人民共和国
道路客货运输驾驶员继续教育大纲

为规范道路运输驾驶员继续教育，强化道路运输驾驶员安全意识、责任意识、法制意识和服务意识，不断提高安全驾驶和节能驾驶职业技能，进一步提升道路运输驾驶员职业素质，根据《中华人民共和国道路运输条例》、《道路运输从业人员管理规定》(原交通部令2006年第9号)和《道路运输驾驶员继续教育办法》(交运发〔2011〕106号)等有关规定，制定本大纲。

本大纲包括道路旅客运输驾驶员继续教育大纲和道路货物运输驾驶员继续教育大纲两部分。

一、道路旅客运输驾驶员继续教育大纲(24学时)

单元一　道路运输法规、政策　2学时

教学目标：

深入理解道路旅客运输相关法规，强化遵纪守法意识；掌握新制定(修订)法规对道路旅客运输驾驶员的要求。

教学内容：

1. 国家和行业的相关法规政策：

(1)《中华人民共和国安全生产法》、《中华人民共和国劳动合同法》、《中华人民共和国道路交通安全法》、《中华人民共和国合同法》等国家法律对道路旅客运输驾驶员责任、权利、义务等的规定；

(2)《中华人民共和国道路运输条例》、《道路旅客运输及客运站管理规定》、《道路运输从业人员管理规定》、《道路运输驾驶员继续教育办法》、《道路运输驾驶员诚信考核办法》等法规、部门规章对道路旅客运输驾驶员的要求及违法行为的处罚规定。

2. 省级人民政府及行业主管部门的法规政策：

省级人民政府、交通运输主管部门和道路运输管理机构关于辖区内道路旅客运输的相关法规规章和要求。

单元二　社会责任与职业道德　2 学时

教学目标:

了解道路旅客运输驾驶员的职业特点,深入理解道路旅客运输驾驶员的社会责任和职业道德。

教学内容:

1. 道路旅客运输驾驶员的职业特点;

2. 道路旅客运输驾驶员应履行的社会责任;

3. 道路旅客运输驾驶员职业道德包含的主要内容。

单元三　道路旅客运输驾驶员职业心理和生理健康　2 学时

教学目标:

了解驾驶员心理、生理健康与道路旅客运输安全的关系;掌握心理健康调节方法;了解道路旅客运输驾驶员常见职业病及预防措施。

教学内容:

1. 驾驶员心理、生理健康对行车安全的影响;

2. 影响心理、生理健康的主要因素;

3. 心理健康调节方法;

4. 酒后驾驶、疲劳驾驶的危害;

5. 道路旅客运输驾驶员常见职业病及其预防措施。

单元四　道路旅客运输车辆　2 学时

教学目标:

了解客运车辆新标准以及新技术、新设备的作用;掌握客运车辆维护周期及维护作业内容;掌握客运车辆常见故障识别;掌握客运车辆的安全检视项目、方法。

教学内容:

1. 客运车辆动态监控要求和正确使用;

2. 客运车辆的维护及相关安全备品、工具使用:

(1) 日常维护作业内容;

(2)一级维护、二级维护的周期；

(3)车辆备品、工具和消防器材的原理、配置及使用方法。

3.道路旅客运输车辆常见故障的识别、描述和实用的故障排除方法；

4.道路旅客运输车辆行车前、行车中和收车后的安全检查方法步骤和重点项目；

单元五 道路旅客运输行车危险源辨识 3学时

教学目标：

掌握道路旅客运输行车危险源辨识的基本概念，能正确地辨识道路旅客运输过程中的危险源。

教学内容：

1.危险源辨识的基本概念；

2.驾驶员、其他交通参与人的不安全行为危险源辨识；

3.车辆、行李物品等的不安全状态危险源辨识；

4.道路的不安全因素危险源辨识；

5.夜间、特殊天气及自然灾害的负面影响危险源辨识。

单元六 道路旅客运输防御性驾驶方法及不安全驾驶习惯纠正 6学时

教学目标：

结合典型案例掌握道路旅客运输防御性驾驶方法；掌握常见的不安全驾驶行为及其产生的主要原因，纠正不安全驾驶的习惯。

教学内容：

1.防御性驾驶的通用规则；

2.防御性驾驶方法：

(1)起步、直线行驶、跟车、超车、停车、倒车、掉头时的防御性驾驶方法；

(2)客运站内、进出客运站及站外停车的防御性驾驶方法；

(3)高速公路、山区道路等不同道路的防御性驾驶方法；

(4)桥梁、隧道、交叉路口、城乡结合部等特殊路段的防御性驾驶方法；

(5)冰雪路面、积水路面、砂石路面、沉降路面和泥石流等的防御性驾驶方法；

(6)夜间行车防御性驾驶方法；

(7)雨天、雪天、雾天、雷电、大风沙尘及高温等气象条件的防御性驾驶方法。

3. 超速、疲劳驾驶、注意力分散等不安全驾驶行为原因分析及其习惯纠正。

单元七　紧急情况及应急处置　3 学时

教学目标：

掌握紧急情况应急处置原则；掌握事故发生后报告程序、内容和处理方法；掌握事故发生后的脱困方法。

教学内容：

1. 制动失效、转向失控、爆胎、车辆侧滑失控、发动机熄火、车辆起火，行人、牲畜突然横穿道路等紧急情况的处置原则、方法；

2. 事故报告程序、内容；

3. 事故现场的处理步骤、方法；

4. 事故现场保护旅客安全的原则；

5. 车辆发生碰撞、侧翻、坠车、落水、起火等事故后的脱困方法；

6. 驾驶员或乘客突发疾病的应急处置。

单元八　道路旅客运输知识　2 学时

教学目标：

掌握道路旅客运输运营管理基础知识，道路旅客运输服务要求和业务流程。

教学内容：

1. 道路旅客运输"三关一监督"和"三不进站、五不出站"的安全管理规定；

2. 乘客出行心理、服务需求；

3. 旅客运输成本核算、运营调度及服务规范；

4. 服务纠纷等异常情况的处理；

5. 旅客禁止携带危险品种类、规定及其识别。

单元九　道路旅客运输节能减排　2 学时

教学目标：

了解客运车辆燃料消耗影响因素，道路旅客运输节能的方法途径；掌握旅客运输节能驾驶操作规范。

教学内容：

1. 影响客运车辆燃料消耗的主要因素；

2. 道路旅客运输节能的方法途径；

3. 旅客运输节能驾驶操作规范。

二、道路货物运输驾驶员继续教育大纲(24 学时)

单元一　道路运输法规、政策　2 学时

教学目标：

深入理解道路货物运输相关法规，强化遵纪守法意识；掌握新制定(修订)法规对道路货物运输驾驶员的要求。

教学内容：

1. 国家和行业的相关法规政策：

(1)《中华人民共和国安全生产法》、《中华人民共和国劳动合同法》、《中华人民共和国道路交通安全法》、《中华人民共和国合同法》等国家法律对道路货物运输驾驶员责任、权利、义务等的规定；

(2)《中华人民共和国道路运输条例》、《中华人民共和国公路安全保护条例》、《道路货物运输及场站管理规定》、《道路运输从业人员管理规定》《道路运输驾驶员继续教育办法》、《道路运输驾驶员诚信考核办法》等法规、部门规章对道路货物运输驾驶员的要求及违法行为的处罚规定。

2. 省级人民政府及行业主管部门的法规政策

省级人民政府、交通运输主管部门和道路运输管理机构关于辖区内道路货物运输的相关法规规章和要求。

单元二　社会责任与职业道德　2 学时

教学目标：

了解道路货物运输驾驶员的职业特点，深入理解道路货物运输驾驶员的社会责任和职业道德。

教学内容：

1. 道路货物运输驾驶员的职业特点；

2. 道路货物运输驾驶员应履行的社会责任；

3. 道路货物运输驾驶员职业道德包含的主要内容。

单元三　道路货物运输驾驶员职业心理和生理健康　2 学时

教学目标：

了解驾驶员心理、生理健康与道路货物运输安全的关系；掌握心理健康调节方法；了解道路货物运输驾驶员常见职业病及预防措施。

教学内容：

1. 驾驶员心理、生理健康对行车安全的影响；

2. 影响心理、生理健康的主要因素；

3. 心理健康调节方法；

4. 酒后驾驶、疲劳驾驶的危害；

5. 道路货物运输驾驶员常见职业病及其预防措施。

单元四　道路货物运输车辆　2 学时

教学目标：

了解货运车辆新标准以及新技术、新设备的作用；掌握货运车辆维护周期及维护作业内容；掌握货运车辆常见故障识别；掌握车辆的安全检视项目、方法。

教学内容：

1. 道路运输车辆动态监控要求和正确使用；

2. 货运车辆的维护及相关备品、工具使用；

(1) 日常维护的内容；

(2) 一级维护、二级维护的周期；

(3) 车辆备品、工具和消防器材的原理、配置及使用方法。

3. 货运车辆常见故障的识别和描述以及常见故障排除；

4. 道路货物运输车辆行车前、行车中和收车后的安全检查方法步骤和重点项目；

5. 货运车辆知识及使用常识：

(1)气制动系统检查和使用；

(2)牵引车、(半)挂车连接、分离方法。

单元五　道路货物运输危险源辨识应用　3 学时

教学目标：

掌握道路货物运输行车危险源辨识的基本概念，能正确地辨识出道路货物运输过程中的危险源。

教学内容：

1. 危险源辨识的基本概念；

2. 驾驶员、其他交通参与人的不安全行为危险源辨识；

3. 车辆、货物、装卸场所等不安全状态危险源辨识；

4. 道路的不安全因素危险源辨识；

5. 夜间、特殊天气及自然灾害等负面影响的危险源辨识。

单元六　道路货物运输防御性驾驶方法与不安全驾驶习惯纠正　6 学时

教学目标：

结合典型案例掌握道路货物运输防御性驾驶方法；掌握常见的不安全驾驶行为及其产生的主要原因，纠正不安全驾驶的习惯。

教学内容：

1. 防御性驾驶的通用规则；

2. 防御性驾驶方法：

(1)起步、直线行驶、跟车、超车、停车、倒车、掉头时的防御性驾驶方法；

(2)货运场站内及进出货运场站的防御性驾驶方法；

(3)高速公路、山区道路等不同道路的防御性驾驶方法；

(4)桥梁、隧道、交叉路口、城乡结合部等特殊路段的防御性驾驶方法；

(5)冰雪路面、积水路面、砂石路面、沉降路面和泥石流等的防御性驾驶方法；

(6)夜间行车防御性驾驶方法;

(7)雨天、雪天、雾天、雷电、大风沙尘及高温等气象条件的防御性驾驶方法。

3. 超速、疲劳驾驶、注意力分散等不安全驾驶行为原因分析及其习惯纠正。

单元七　紧急情况及应急处置　3 学时

教学目标:

掌握紧急情况应急处置原则;掌握事故发生后报告程序、内容和处理方法;掌握事故发生后的脱困方法。

教学内容:

1. 制动失效、转向失控、爆胎、车辆侧滑失控、发动机熄火、车辆起火,行人、牲畜突然横穿道路等紧急情况的处置原则、方法;

2. 事故报告程序、内容;

3. 事故现场的处理步骤、方法;

4. 事故现场保护货物安全的原则;

5. 车辆发生碰撞、侧翻、坠车、落水、起火等事故后的脱困方法;

6. 驾驶员突发疾病的应急处置。

单元八　道路货物运输知识　2 学时

教学目标:

掌握道路货物运输运营管理基础知识,道路货物运输服务要求和业务流程;

教学内容:

1. 货物运输需求及客户服务技巧,货运成本核算、运营调度、运输合同、商务洽谈知识;

2. 货物运输的基本环节及货物安全:

(1)货物检查与交接;

(2)货物装载与配载;

(3)货物安全保管;

(4)货物包装、标识及危险品识别;

(5)冷藏保鲜、鲜活易腐、大件、贵重等特种货物运输安全注意事项。

3. 国际运输、国际集装箱运输、多式联运等基础知识;

4. 港口、铁路货场、保税区、物流园区(场站)等货物装卸场所的特点及注意事项。

单元九　道路货物运输节能减排　2 学时

教学目标:

了解货运车辆燃料消耗影响因素,道路货物运输节能的方法途径;掌握货物运输节能驾驶操作规范。

教学内容:

1. 影响货运车辆燃料消耗的主要因素;

2. 道路货物运输节能的方法途径;

3. 货物运输节能驾驶操作规范。

关于积极推进城乡道路客运一体化发展的意见

交运发〔2011〕490号　2011.9.13

各省、自治区、直辖市、新疆生产建设兵团交通运输厅(局、委),天津市、上海市交通运输和港口管理局:

为深入贯彻落实党中央、国务院关于统筹城乡协调发展、加快社会主义新农村建设和推进城乡基本公共服务均等化的有关精神和战略部署,积极推进城乡道路客运一体化发展,现提出如下意见:

一、推进城乡道路客运一体化发展的重要性和紧迫性

城乡道路客运是联系城乡、服务居民出行的重要纽带,是城乡经济社会一体化发展的重要基础,与人民群众生产生活息息相关。推进城乡道路客运一体化发展,实现城乡道路客运资源共享、政策协调、衔接顺畅、布局合理、结构优化、服务优质,是实践科学发展观、贯彻中央统筹城乡协调发展战略、落实中央“三农”政策的重要举措,是加快转变城乡道路客运发展方式、提升行业可持续发展能力、发挥行业比较优势的迫切需要,对推进城乡道路客运基本公共服务均等化具有重要意义。

近年来,在各级政府的大力支持下,各地交通运输主管部门和道路运输管理机构创新推动,广大运输企业和从业人员积极奉献,我国城乡道路客运一体化发展步伐加快,成效初现。但城市公共交通、城际客运、农村客运发展不平衡,网络不协调,衔接不顺畅,政策不配套等问题仍很突出,制约了城乡道路客运公共服务能力和保障水平,影响了城乡道路客运的竞争力和可持续发展能力。各级交通运输主管部门和道路运输管理机构要在当地政府的统一领导下,进一步统一思想、明确任务、完善体制、健全制度、落实责任、增加投入、加强引导,积极推进城乡道路客运一体化发展,逐步实现城乡道路客运基本公共服务均等化。

二、指导思想、主要目标和基本原则

(一)指导思想。深入贯彻落实科学发展观,以推进城乡道路客运基本公共服务均等化和保障城乡居民“行有所乘”基本需求为目标,以转变城乡道路客运发展方式为主线,坚持“公交优先、城乡一体”的发展理念,将统筹城乡道路客运协调发展作为为民办实事的重大工程,充分发挥政府主导和部门联动、政策引导和市场互动的组合作用,努力为城乡居民提供安全、便捷、经济、高效的出行服务。

(二)主要目标。力争用5年左右时间,全国城乡道路客运一体化发展取得重要突破,城乡道路客运发展更加协调、网络衔接更加顺畅、政策保障更加到位,服务广度和深度逐步提升,服务质量显著改善,可持续发展能力明显增强。具体目标包括:一是基本建成分工明确、衔接顺畅、保障有力、安全高效的城际、城市、城乡、镇村四级客运网络。二是建设一个管理规范、服务优质、衔接顺畅、方便灵活的城际客运系统,有效衔接城市公共交通、农村客运及其他客运方式,不断巩固道路客运的保障能力、竞争优势及其在综合运输体系中的主体地位。三是基本建成能力充分、方便快捷、安全舒适、节能环保的城市公共交通系统,实现地市级以上城市公共交通网络覆盖郊区主要乡镇。四是加快构建覆盖全面、运行稳定、安全规范、经济便捷的农村客运系统,实现全国乡镇通班车率达到100%,建制村通班车率达到92%,100%的中心镇建成客运站、候车亭或招呼站;积极推进农村客运线路公交化改造,力争实现县域内20公里范围内的农村客运线路公交化运行率达到30%以上。

(三)基本原则。

——坚持以人为本,城乡协调。以满足城乡居民出行需求为根本出发点,逐步消除城乡二元结构,加强城乡联动,有序衔接,促进城乡道路客运基本公共服务均等化。

——坚持政府主导,政策引导。确立城市公共交通和农村客运的公益属性,争取各级政府和相关部门的支持,将城市公共交通和农村客运服务纳入政府公共服务范围,加大公共财政、土地等公共资源保障力度,不断满足城乡居民“行有所乘”的基本公共服务需求。

——坚持因地制宜,分步推进。从实际出发,根据不同的发展条件和需求特征,探索城乡道路客运一体化发展模式和推进路径,不搞“齐步走”和“一刀切”。选择有一定工作基础的地区分批开展推进城乡道路客运一体化发展试点工作。在试点基础上总结经验,进一步完善配套规章制度和标准规范,在全行业推广应用,逐步建立城乡道路客运一体化发展长效推进机制。

——坚持统筹协调,资源整合。统筹协调城市公共交通、城际客运和农村客运发展。在普通公路上,人员往来比较频繁的毗邻城市之间以班线客运公交化改造为主,地市级以上城市周边地区以城市公共交通线路延伸为主,县域内特别是乡镇以下地区以农村客运线网优化为主,并积极推进公交化改造;在高速公路上,以发展班线客运直达运输为主。注重整合城乡道路客运企业、线路、场站等资源,提高集约化、组织化水平,强化市场监管,规范经营行为,维护经营者和乘客的合法权益。

三、主要任务

(一)加快完善城乡道路客运一体化法规和标准规范体系。

加快建立以《道路运输条例》、《城市公共交通条例》为龙头,以部颁规章为基础,以地方性法规为补充的城乡道路客运法规体系,为城乡道路客运科学发展提供法规保障。省级交通运输主管部门要加快完善城乡道路客运法规体系,特别是加快制定或完善城市公共交通的地方性法规,解决城市公共交通管理无法可依的问题,并完善城乡道路客运一体化标准规范体系,实现城乡道路客运服务的有效衔接。

城市公共交通线路延伸的管理按照城市公共交通管理的相关法律法规和标准规范实施;公交化运行的城际客运和农村客运管

理按照道路客运相关的法律法规和标准规范实施；对政府支持力度较大、推行“镇村公交”的线路管理，可参照城市公共交通管理的相关法律法规和标准规范实施。

（二）加快建设城乡道路客运服务保障网络。

1. 加强规划统筹，优化资源配置。科学制定城乡道路客运一体化发展规划，打破部门、区域和行业分割，统筹规划城乡道路客运服务设施和运营线路，合理调控城乡道路客运资源。坚持“无缝衔接、方便换乘”的原则，充分利用城市公共交通、城际客运和农村客运的各种站点设施，统一规划功能层次合理的换乘枢纽和城际、城市、城乡、镇村四级客运网络，优化城乡道路客运网络衔接。交通运输部门要主动协调政府有关部门，将城乡道路客运站场建设纳入本级城镇体系或城乡总体规划，并同步编制、修编和实施。

2. 加强城乡道路客运枢纽场站建设。争取当地政府和有关部门支持，将城乡道路客运枢纽场站作为重要基础设施，推动国家、区域性、集散性公路运输枢纽场站建设，完善建设标准，增强资金和土地保障，引导形成与城镇布局相协调、方便群众安全便捷出行的城乡道路客运枢纽场站网络。

3. 推进城市公共交通和城市周边短途班线客运的融合。根据城乡毗邻地区居民出行需求特点，充分考虑城市公共交通与城市周边短途客运班线的服务差异，明晰各自功能和服务范围，完善体制机制，逐步消除同一条线路城市公共交通和短途班线客运并存和不平等竞争的现象。争取政府和有关部门支持，逐步统一公交化运行的农村客运与城市公共交通在税费、补贴等方面的政策，实现服务标准和政策保障的有效衔接。

（三）加快落实城市公共交通优先发展战略。

1. 确立城市公共交通的公益性定位。贯彻落实国家优先发展城市公共交通战略和有关政策措施，争取城市人民政府和有关部门支持，实行政府主导，从资金投入、路权保障、用地安排、设施建设等方面给予城市公共交通优先保障。

2. 扩大城市公共交通网络覆盖面。稳步拓展城市公共交通服务网络，鼓励经济发展水平和城镇化程度较高的城市，公共交通线网向城市周边的县城、重点乡镇以及主要人流集散点延伸，逐步实现城市公共交通在城市城区和郊区范围内的全覆盖，为城乡居民提供均等化的公共交通服务。

3. 提升城市公共交通服务质量。制定城市公共交通安全运营和服务质量评价标准，加强公众出行信息服务和运营监管，加快提升城市公共交通服务水平。开展城市公共交通智能调度与管理、动态停车诱导等智能化系统的示范建设与推广应用，大力推广普及城市公共交通"一卡通"。

4. 加强行业中介组织建设。加快完善城市公共交通行业中介组织，理顺中介组织管理体制，充分发挥中介组织的桥梁纽带作用。

（四）加快提升农村客运普遍服务能力。

1. 完善农村客运基础设施。稳步推进农村公路建设，提高农村公路建设标准，加快已建成农村公路通行条件改造，完善农村公路安保设施。加快完善农村客运站场布局，根据各地农村地区生产、生活、生态的客观条件和需求特点规划建设标准适宜的乡镇客运站（候车亭、招呼站）。在城乡公路干道沿线规划建设港湾式停靠站、沿途招呼站，并配套完善候车亭、站牌等设施。坚持路、站（亭）、运一体化发展，在新建、改扩建农村公路项目时，将农村客运站（亭）纳入计划并与农村公路同步设计、同步建设、同步交付使用。参照农村公路管养模式，研究建立农村客运站（亭）管养的长效机制，落实各方责任，解决农村客运站特别是简易站和港湾式停靠站建成后的日常养护管理问题。

2. 完善农村客运服务网络。争取政府和有关部门支持，采取综合措施提高乡镇和建制村班车通达率，提供农村客运普遍服务，解决农村地区居民的基本出行问题。通过新辟、改线、延伸现有农村客运班线，扩大农村客运的覆盖和服务范围，提高建制村通班车率。改革农村客运线路管理方式，依据经济发展水平和客流情况，稳步推广农村客运片区经营模式,探索开行隔日班、周班、节日或赶集班等固定或者非固定的班次。大力支持城镇化水平和居民出行密度较高的地区持续推进农村客运线路公交化运行,推广规范化、标准化的服务。对实行公交化运行的农村客运线路,在保证基本服务质量的前提下,运输企业可以根据客流情况调整班次和运力。支持"镇到村"农村客运网络发展,鼓励有条件的地区结合本地实际,有重点、分阶段在镇域内发展"镇村公交"。

3. 完善农村客运扶持政策。贯彻落实《中共中央国务院关于2009年促进农业稳定发展农民持续增收的若干意见》(中发〔2009〕1号)和《中共中央国务院关于加大统筹城乡发展力度进一步夯实农业农村发展基础的若干意见》(中发〔2010〕1号),研究制定农村客运公共财政保障制度。积极争取公共财政支持,通过以奖代补的方式,鼓励提高农村客运通达深度、广度和服务水平,引导农村客运公司化、集约化、规范化经营,增强农村客运可持续发展能力。

(五)加快推进道路客运经营结构调整。

1. 加强道路客运线路结构调整。科学制定道路旅客运输线网发展规划,合理规划和调整客运线网布局、运力规模及结构等,增强线路和运力发展的科学性。推进与其他运输方式差异化发展战略,优化城际客运班线线网布局,稳步拓展短途、多样化与个性化客运市场,严格控制地市级以上城市间新增直达客运线路,优先安排至民航、铁路枢纽场站的集疏运线路,大力发展精品班线、机场快线、商务快客、短途驳载等特色客运业务,形成与其他运输方式合理分工、优势互补、协同发展的良性格局。

2. 引导毗邻地区客运班线公交化改造。建立和完善跨区域的城际客运协调机制和联合审批机制,探索并完善城际客运公交化运行的管理机制和运营模式。在客运量大、距离较近的毗邻城市间可以借鉴城市公交的运营服务方式,对客运班线运营实行公交化改造,方便群众出行,有效覆盖沿途乡镇,逐步实现客运线网的跨市、跨区融合。通过实行股份制、企业收购等手段整合经营主体，并保护好既有经营者的合法权益。对群众出行需求大的毗邻县间跨省线路进行公交化改造，原则上实行“一线一审”，为运力投入和运营调度提供方便。具体审批办法由相关省份交通运输主管部门协商确定。

3. 提升道路客运信息服务水平。选择部分省份开展省域或跨省域客运联网售票和电子客票系统试点工程，按照统一建设标准，规范数据代码和交换标准的要求，加快建设省域、跨省域道路客运联网售票系统，方便群众出行选择，并实现道路客运信息共享和运行动态的及时监控；完善百城百站客运信息报送制度，加强数据统计分析，提升道路客运运力投放的科学性和信息发布的时效性。

4. 统筹城乡道路客运经营结构调整。鼓励和引导城乡道路客运经营主体以资产为纽带实施公司化改造，建立健全现代企业制度，加强规范化、规模化运营，提高发展质量。整合城际客运经营主体，引导成立城际客运线路公司。打破地域壁垒，积极引入规模、资金、管理、服务有优势的企业投资经营城乡道路客运，有条件的地区可积极推进城市公共交通、短途班线客运经营主体的统一，优化资源配置，培育骨干运输企业和城乡道路客运一体化服务品牌，形成区域内业务整合、服务统一、组织集约、竞争有序的格局。完善城乡道路客运的质量信誉考核体系，引导企业提升服务质量、承担社会责任。

（六）加强城乡道路客运安全管理。

1. 进一步提升农村客运安全保障能力。认真贯彻落实交通运输部、公安部、安监总局《关于进一步加强和改进道路客运安全工作的通知》（交运发〔2010〕210 号）要求，通过各级道路交通安全工作联席会议提请地方政府明确由乡（镇）政府实施农村客运安全监管，实行“县管、乡包、村落实”的政策。坚持安全第一、预防为主，完善车型标准、通行条件、安全监管等方面的制度，加强农村客运车辆、站场、企业资格、线路审批等源头管理。对于县域内等外公路需开通客运班车的，由县级道路运输管理机构会同当地公安交管和安全监督部门对客运线路进行实地调查，联合提出通车车型、载客限载、运行限速、通行时间等安全控制指标后，方可审批。

2. 完善城际客运公交化运行安全管理措施。联合有关部门，加快完善城际客运班线公交化运行的线路长度、车辆标准、安全监管、站点设置、服务质量考评、运营市场管理等方面的制度、标准和规范，为客运班线公交化运行提供基础支撑。严格车辆技术标准审查，运营车辆应安装符合标准的卫星定位车载终端和视频监控设备，并缴纳法定保险；对线路走向不途经高速公路、且运营线路长度较短的车辆，可以商请有关部门试行双开门车型；对途经高速公路的城乡道路客运车辆，不得批准设立站席；进一步明确安全监管责任，落实属地道路运输管理机构安全源头监管职责，落实企业安全生产主体责任，督促相关经营者切实加强对所属车辆、驾驶员和乘务员的管理。

（七）建立科学合理的城乡道路客运票制票价体系。

城市公共交通实行成本定价，各级交通运输部门要积极会同价格部门，综合考虑社会承受能力、企业运营成本和交通供求状况，完善价格形成机制，并根据服务质量、运输距离以及公共交通方式间的换乘等因素，建立多层次、差别化的价格体系；结合公共财政补贴补偿情况，研究建立城市公共交通低票价政策，增强公共交通吸引力。城际客运和农村客运票制票价按照《道路运输价格管理规定》和《汽车运价规则》的规定执行，对公交化运行的城际客运和农村客运，可结合地方公共财政补贴情况，实施特定的票价优惠政策，但不宜实行过低票价。

四、保障措施

（一）加强组织领导。推进城乡道路客运一体化发展既是一项当前亟待加强的重要工作，又是一项长期而复杂的系统工程。各级交通运输主管部门要高度重视，积极争取当地政府和有关部门支持，探索建立在地方政府领导下由交通运输部门牵头、相关部门参加的城乡道路客运发展联席会议制度，切实加强组织领导，加强对城乡道路客运一体化的统筹指导，研究制定城乡道路客运发展规划，加快完善城乡道路客运地方性法规和扶持政策，为城乡道路客运统筹协调发展提供政策法规和组织保障。

（二）完善体制机制。各级交通运输主管部门要争取当地政府和有关部门的支持，进一步推进地方交通运输行政管理体制改革，破除二元管理体制，推行城乡道路客运一体化管理。要认真贯彻落实《关于加强道路运输管理队伍建设的指导意见》（交运发〔2011〕468 号），加强道路运政队伍建设，提高统筹管理和指导城乡道路客运发展的能力，不断提升城乡道路客运公共交通服务效能和质量。

（三）增加资金投入。各级交通运输主管部门要积极协助有关部门，研究制定城市公共交通投资政策，加快完善城市公共交通和农村客运的公共财政保障制度，拓宽资金来源渠道，构建多级公共财政保障体系，并探索因地制宜的税费、用地等优惠政策。贯彻落实《城乡道路客运成品油价格补助专项资金管理暂行办法》（财建〔2009〕1008 号），准确全面统计城乡道路客运成品油消耗数据，按时足额发放成品油价格补助资金。对纳入部推进城乡道路客运一体化发展试点的地方和经营者，在部支持项目和政策中给予优先安排，并纳入交通运输节能减排示范工程，在交通运输节能减排专项资金补贴上给予倾斜；落实成品油价格改革方案，继续实施原客货运附加费中央财政转移支付基数不低于 70% 用于道路运输枢纽场站建设的政策，并保持城乡道路客运枢纽场站建设资金的稳步增长。

（四）实施考核评价。各级交通运输主管部门要加快建立城乡道路客运一体化发展水平评价制度，研究制定城乡道路客运一体化评价标准和评价办法，定期对辖区内城乡道路客运一体化发展情况实施考核评价，并向社会公布。总结不同地域、不同类型的城乡道路客运一体化发展模式和发展经验，并积极推广。

各级交通运输主管部门要根据本意见精神，制定具体实施方案，确保城乡道路客运一体化发展的各项任务和政策措施落到实处。各地具体实施方案和推进城乡道路客运一体化发展中的具体问题请及时报部。

关于发布第40批高级客车类型划分及等级评定表的通知

交运发〔2011〕561号　2011.10.8

各省、自治区、直辖市、新疆生产建设兵团交通运输厅(局、委):

根据《营运客车类型划分及等级评定规则》(交公路发〔2002〕590号)规定,现发布第40批《高级客车类型划分及等级评定表》,请认真贯彻执行。

附件:1. 高级客车类型划分及等级评定表

2. 关于《高级客车类型划分及等级评定表》的说明

3. 企业名称与厂家简称对照表

附件1

高级客车类型划分及等级评定表

技术参数 \ 车型 \ 厂家	南车时代	上海申龙	上海申龙	上海申龙	佛山飞驰	佛山飞驰
	TEG6129H	SLK6106 F5GT3	SLK6902 F5AN	SLK6802 F5AN	FSQ6106 DC	FSQ6970 DC
评定类型及等级	大型高一级	大型高一级	中型高一级	中型高一级	大型高一级	大型高一级
车身长度(mm)	11980	10500	8975	7995	10500	9745
座位数+司机+导游 ≤	53+1+1	45+1+1	37(35)+1+1	31(29)+1+1	45+1+1	41+1+1
额定功率(kw) ≥	243	177	176	132	191	180
比功率(kw/t) ≥	12	12	13	13	12	12
最高车速(km/h) ≥	110	110	110	110	110	110
匀速车内噪声[dB(A)] ≤	72	72	72	72	72	72
发动机位置	后	后	后	后	后	后
乘客门位置	前	前	前(前中)*	前(前中)*	前	前
车身全承载式结构	—	—	—	—	—	—
车内通道宽(mm) ≥	350	350	350	350	350	350
悬架类型	B	B	B	B	B	B
盘式制动器	装置	装置	装置	装置	装置	装置
ABS(一类)	装置	装置	装置	装置	装置	装置
蹄片间隙自调装置	装置	装置	装置	装置	装置	装置
缓速器	装置	装置	—	—	装置	装置
底盘自动润滑系统	—	—	—	—	—	—
节能风扇散热系统	装置	装置	装置	装置	装置	装置
后置发动机舱温度报警系统和自动灭火装置	装置	装置	装置	装置	装置	装置
无内胎子午线轮胎	装置	装置	装置	装置	装置	装置
胎压监测报警系统	—	—	—	—	—	—
座间距(同向)(mm) ≥	720	720	720	720	720	720
座垫宽(mm) ≥	440	440	440	440	440	440
座椅深(mm) ≥	440	440	440	440	440	440
靠背高(mm) ≥	680	680	680	680	680	680
靠背角度可调	装置	装置	装置	装置	装置	装置
扶手(靠通道处)	可调	可调	可调	可调	可调	可调
座椅脚蹬	可调	可调	—	—	可调	可调
座椅横移(向通道)(mm) ≥	60	60	60	60	60	60
座椅汽车安全带	装置	装置	装置	装置	装置	装置
空气调节装置	冷暖	冷暖	冷暖	冷暖	冷暖	冷暖
空气净化装置	—	—	—	—	—	—
卫生间(位置)	—	—	—	—	—	—
CAN 总线	—	—	—	—	—	—
车桥随动转向	—	—	—	—	—	—
卫星定位系统	装置	装置	装置	装置	装置	装置
人均行李舱容积(m^3/人) ≥	0.15	0.13	0.045	0.03	0.13	0.11
特殊结构说明			天然气	天然气		

*注释:“( )”表示可选配置。

续上表

技术参数 \ 厂家 / 车型	苏州金龙 KLQ6145 BE41	苏州金龙 KLQ6122 QE3	苏州金龙 KLQ6122 B1E3	苏州金龙 KLQ6798 QACE4	北京北方 BFC6123 KE	亚星客车 YBL6125 H2QJ
评定类型及等级	特大型高一级	大型高一级	大型高一级	中型高一级	大型高二级	大型高二级
车身长度(mm)	13700	12000	12000	7948	12000	12000
座位数+司机+导游 ≤	59+1+1	53(51)+1+1	53(51)+1+1	31(29)+1+1	49+1+1	49+1+1
额定功率(kw) ≥	275	221	221	132	247	243
比功率(kw/t) ≥	11	12	12	13	13.5	13.5
最高车速(km/h) ≥	110	110	110	110	120	120
匀速车内噪声[dB(A)] ≤	72	72	72	72	69	69
发动机位置	后	后	后	后	后	后
乘客门位置	前中	前(前中)*	前(前中)*	前(前中)*	前中	前中
车身全承载式结构	—	—	—	—	装置	装置
车内通道宽(mm) ≥	350	350	350	350	350	350
悬架类型	B	B	B	B	A	B
盘式制动器	装置	装置	装置	装置	装置	装置
ABS(一类)	装置	装置	装置	装置	装置	装置
蹄片间隙自调装置	装置	装置	装置	装置	装置	装置
缓速器	装置	装置	装置	—	装置	装置
底盘自动润滑系统	—	—	—	—	装置	装置
节能风扇散热系统	装置	装置	装置	装置	装置	装置
后置发动机舱温度报警系统和自动灭火装置	装置	装置	装置	装置	装置	装置
无内胎子午线轮胎	装置	装置	装置	装置	装置	装置
胎压监测报警系统	—	—	—	—	—	—
座间距(同向)(mm) ≥	720	720	720	720	750	750
座垫宽(mm) ≥	440	440	440	440	440	440
座椅深(mm) ≥	440	440	440	440	440	440
靠背高(mm) ≥	680	680	680	680	720	720
靠背角度可调	装置	装置	装置	装置	装置	装置
扶手(靠通道处)	可调	可调	可调	可调	可调	可调
座椅脚蹬	可调	可调	可调	—	可调	可调
座椅横移(向通道)(mm) ≥	60	60	60	60	60	60
座椅汽车安全带	装置	装置	装置	装置	装置	装置
空气调节装置	冷暖	冷暖	冷暖	冷暖	冷暖	冷暖
空气净化装置	—	—	—	—	装置	装置
卫生间(位置)	—	—	—	—	中	中
CAN 总线	—	—	—	—	装置	装置
车桥随动转向	装置	—	—	—	—	—
卫星定位系统	装置	装置	装置	装置	装置	装置
人均行李舱容积(m^3/人) ≥	0.13	0.15	0.15	0.03	0.17	0.17
特殊结构说明				天然气		

*注释："(　)"表示可选配置。

续上表

技术参数 \ 车型 \ 厂家	亚星客车	亚星客车	亚星客车	亚星客车	亚星客车	亚星客车
	YBL6125 H1QCJ	YBL6123 H1CJ	YBL6123 H1J	YBL6119 H1CJ	YBL6119 H1J	YBL6105 H1CJ
评定类型及等级	大型高一级	大型高一级	大型高一级	大型高一级	大型高一级	大型高一级
车身长度(mm)	12000	12000	12000	11450	11450	10490
座位数+司机+导游 ≤	53(51)+1+1	53(51)+1+1	53(51)+1+1	49(47)+1+1	49(47)+1+1	45(43)+1+1
额定功率(kw) ≥	243	247	243	199	228	191
比功率(kw/t) ≥	12	12	12	12	12	12
最高车速(km/h) ≥	110	110	110	110	110	110
匀速车内噪声[dB(A)] ≤	72	72	72	72	72	72
发动机位置	后	后	后	后	后	后
乘客门位置	前(前中)*	前(前中)*	前(前中)*	前(前中)*	前(前中)*	前(前中)*
车身全承载式结构	—	—	—	—	—	—
车内通道宽(mm) ≥	350	350	350	350	350	350
悬架类型	B	B	B	B	B	B
盘式制动器	装置	装置	装置	装置	装置	装置
ABS(一类)	装置	装置	装置	装置	装置	装置
蹄片间隙自调装置	装置	装置	装置	装置	装置	装置
缓速器	装置	装置	装置	装置	装置	装置
底盘自动润滑系统	—	—	—	—	—	—
节能风扇散热系统	装置	装置	装置	装置	装置	装置
后置发动机舱温度报警系统和自动灭火装置	装置	装置	装置	装置	装置	装置
无内胎子午线轮胎	装置	装置	装置	装置	装置	装置
胎压监测报警系统	—	—	—	—	—	—
座间距(同向)(mm) ≥	720	720	720	720	720	720
座垫宽(mm) ≥	440	440	440	440	440	440
座椅深(mm) ≥	440	440	440	440	440	440
靠背高(mm) ≥	680	680	680	680	680	680
靠背角度可调	装置	装置	装置	装置	装置	装置
扶手(靠通道处)	可调	可调	可调	可调	可调	可调
座椅脚蹬	可调	可调	可调	可调	可调	可调
座椅横移(向通道)(mm) ≥	60	60	60	60	60	60
座椅汽车安全带	装置	装置	装置	装置	装置	装置
空气调节装置	冷暖	冷暖	冷暖	冷暖	冷暖	冷暖
空气净化装置	—	—	—	—	—	—
卫生间(位置)	—	—	—	—	—	—
CAN 总线	—	—	—	—	—	—
车桥随动转向	—	—	—	—	—	—
卫星定位系统	装置	装置	装置	装置	装置	装置
人均行李舱容积(m^3/人) ≥	0.075	0.075	0.15	0.075	0.15	0.065
特殊结构说明	天然气	天然气		天然气		天然气

*注释:"( )"表示可选配置。

续上表

技术参数 \ 车型 \ 厂家	亚星客车	亚星客车	亚星客车	亚星客车	厦门金龙	厦门金龙
车型	YBL6905 H2QJ	YBL6905 H1CJ	YBL6905 H1QJ	YBL6905 H1J	XMQ6129 FYD3A	XMQ6759 AYD3C1
评定类型及等级	中型高二级	中型高一级	中型高一级	中型高一级	大型高一级	中型高一级
车身长度(mm)	8995	8995	8995	8995	12000	7495
座位数+司机+导游 ≤	37+1+1	37+1+1	37+1+1	37+1+1	57(55)+1+1	21+1+1
额定功率(kw) ≥	176	170	176	176	240	118
比功率(kw/t) ≥	13	13	13	13	12	13
最高车速(km/h) ≥	110	110	110	110	110	110
匀速车内噪声[dB(A)] ≤	72	72	72	72	72	72
发动机位置	后	后	后	后	后	后
乘客门位置	前	前	前	前	前(前中)*	前
车身全承载式结构	—	—	—	—	—	—
车内通道宽(mm) ≥	350	350	350	350	350	350
悬架类型	B	B	B	B	B	B
盘式制动器	装置	装置	装置	装置	装置	装置
ABS(一类)	装置	装置	装置	装置	装置	装置
蹄片间隙自调装置	装置	装置	装置	装置	装置	装置
缓速器	装置	—	—	—	装置	—
底盘自动润滑系统	装置	—	—	—	—	—
节能风扇散热系统	装置	装置	装置	装置	装置	装置
后置发动机舱温度报警系统和自动灭火装置	装置	装置	装置	装置	装置	装置
无内胎子午线轮胎	装置	装置	装置	装置	装置	装置
胎压监测报警系统	—	—	—	—	—	—
座间距(同向)(mm) ≥	750	720	720	720	720	720
座垫宽(mm) ≥	440	440	440	440	440	440
座椅深(mm) ≥	440	440	440	440	440	440
靠背高(mm) ≥	720	680	680	680	680	680
靠背角度可调	装置	装置	装置	装置	装置	装置
扶手(靠通道处)	可调	可调	可调	可调	可调	可调
座椅脚蹬	可调	—	—	—	可调	—
座椅横移(向通道)(mm) ≥	60	60	60	60	60	60
座椅汽车安全带	装置	装置	装置	装置	装置	装置
空气调节装置	冷暖	冷暖	冷暖	冷暖	冷暖	冷暖
空气净化装置	—	—	—	—	—	—
卫生间(位置)	—	—	—	—	—	—
CAN 总线	—	—	—	—	—	—
车桥随动转向	—	—	—	—	—	—
卫星定位系统	装置	装置	装置	装置	装置	装置
人均行李舱容积(m^3/人) ≥	0.10	0.045	0.09	0.09	0.15	—
特殊结构说明		天然气			低驾驶区	

*注释:“( )”表示可选配置。

续上表

技术参数 \ 厂家 / 车型	安徽安凯 HFF6101 LK10D	安徽安凯 HFF6124 K40D3	安徽安凯 HFF6124 K40D2	江淮星锐 HFC6591 KHF	上汽商用车 SH6571 A4D4	上汽商用车 SH6501 A4D4
评定类型及等级	大型高一级	大型高三级	大型高二级	小型高一级	小型高三级	小型高二级
车身长度(mm)	10490	12000	12000	5945	5700	4950
座位数+司机+导游 ≤	45(43)+1+1	51+1+1	53+1+1	16+1	13+1+1	10+1+1
额定功率(kw) ≥	191	276	247	88	100	88
比功率(kw/t) ≥	12	15	13.5	19	21	21
最高车速(km/h) ≥	110	125	120	105	110	110
匀速车内噪声[dB(A)] ≤	72	66	69	72	70	70
发动机位置	后	后	后	前	前	前
乘客门位置	前(前中)*	前中	前中	前	前中	前中
车身全承载式结构	—	装置	装置	—	—	—
车内通道宽(mm) ≥	350	350	350	300	300	300
悬架类型	B	A	B	C	C	C
盘式制动器	装置	装置	装置	装置	装置	装置
ABS(一类)	装置	装置	装置	装置	装置	装置
蹄片间隙自调装置	装置	装置	装置	装置	装置	装置
缓速器	装置	装置	装置	—	—	—
底盘自动润滑系统	—	装置	装置	—	—	—
节能风扇散热系统	装置	装置	装置	—	—	—
后置发动机舱温度报警系统和自动灭火装置	装置	装置	装置	—	—	—
无内胎子午线轮胎	装置	装置	装置	装置	装置	装置
胎压监测报警系统	—	装置	—	—	—	—
座间距(同向)(mm) ≥	720	770	750	670	680	680
座垫宽(mm) ≥	440	450	440	440	440	440
座椅深(mm) ≥	440	440	440	440	440	440
靠背高(mm) ≥	680	720	720	680	720	720
靠背角度可调	装置	装置	装置	装置	装置	装置
扶手(靠通道处)	可调	可调	可调	可调	可调	可调
座椅脚蹬	可调	可调	可调	—	—	—
座椅横移(向通道)(mm) ≥	60	60	60	—	—	—
座椅汽车安全带	装置	装置	装置	装置	装置	装置
空气调节装置	冷暖	冷暖	冷暖	冷暖	冷暖	冷暖
空气净化装置	—	装置	装置	—	—	—
卫生间(位置)	—	中	中	—	—	—
CAN 总线	—	装置	装置	—	—	—
车桥随动转向	—	—	—	—	—	—
卫星定位系统	装置	装置	装置	—	—	—
人均行李舱容积(m^3/人) ≥	0.13	0.19	0.17	—	—	—
特殊结构说明		低驾驶区	低驾驶区			

*注释:"( )"表示可选配置。

续上表

技术参数 \ 车型 \ 厂家	郑州宇通 ZK6122 HQ3A	郑州宇通 ZK6122 HQCA	郑州宇通 ZK6110 HQA2A	郑州宇通 ZK6122 HNQ1E	郑州宇通 ZK6117 H2Y	郑州宇通 ZK6109 H2Y
评定类型及等级	大型高三级	大型高二级	大型高二级	大型高二级	大型高一级	大型高一级
车身长度(mm)	12000	12000	10800	12000	10690	10390
座位数+司机+导游 ≤	45(43)+1+1	49(47)+1+1	41(39)+1+1	49(47、45)+1+1	45(43)+1+1	43(41)+1+1
额定功率(kw) ≥	275	243	220	247	191	180
比功率(kw/t) ≥	15	13.5	13.5	13.5	12	12
最高车速(km/h) ≥	125	120	120	120	110	110
匀速车内噪声[dB(A)] ≤	66	69	69	69	72	72
发动机位置	后	后	后	后	后	后
乘客门位置	前、前中(前后)*	前(前中)*	前(前中)*	前(前中、前后)*	前(前中)*	前(前中)*
车身全承载式结构	装置	装置	装置	装置	—	—
车内通道宽(mm) ≥	350	350	350	350	350	350
悬架类型	A	B	B	B	B	B
盘式制动器	装置	装置	装置	装置	装置	装置
ABS(一类)	装置	装置	装置	装置	装置	装置
蹄片间隙自调装置	装置	装置	装置	装置	装置	装置
缓速器	装置	装置	装置	装置	装置	装置
底盘自动润滑系统	装置	装置	装置	装置	—	—
节能风扇散热系统	装置	装置	装置	装置	装置	装置
后置发动机舱温度报警系统和自动灭火装置	装置	装置	装置	装置	装置	装置
无内胎子午线轮胎	装置	装置	装置	装置	装置	装置
胎压监测报警系统	装置	—	—	—	—	—
座间距(同向)(mm) ≥	770	750	750	750	720	720
座垫宽(mm) ≥	450	440	440	440	440	440
座椅深(mm) ≥	440	440	440	440	440	440
靠背高(mm) ≥	720	720	720	720	680	680
靠背角度可调	装置	装置	装置	装置	装置	装置
扶手(靠通道处)	可调	可调	可调	可调	可调	可调
座椅脚蹬	可调	可调	可调	可调	可调	可调
座椅横移(向通道)(mm) ≥	60	60	60	60	60	60
座椅汽车安全带	装置	装置	装置	装置	装置	装置
空气调节装置	冷暖	冷暖	冷暖	冷暖	冷暖	冷暖
空气净化装置	装置	装置	装置	装置	—	—
卫生间(位置)	中(后)*	中	中	中(中、后)*	—	—
CAN 总线	装置	装置	装置	装置	—	—
车桥随动转向	—	—	—	—	—	—
卫星定位系统	装置	装置	装置	装置	装置	装置
人均行李舱容积(m^3/人) ≥	0.19	0.17	0.15	0.085	0.13	0.13
特殊结构说明				天然气		

*注释:“( )”表示可选配置。

续上表

技术参数 \ 车型 \ 厂家	郑州宇通 ZK6102H	郑州宇通 ZK6117 HNQ2Y	郑州宇通 ZK6858 HNQ1Y	郑州宇通 ZK6858 HAA	郑州宇通 ZK6908 HNQ1Y	郑州宇通 ZK6858 HQAA
评定类型及等级	大型高一级	大型高一级	中型高一级	中型高一级	中型高一级	中型高一级
车身长度(mm)	10200	10690	8543	8543	8995	8543
座位数+司机+导游 ≤	43(41)+1+1	45(43)+1+1	33(31)+1+1	33(31)+1+1	37(35)+1+1	33(31)+1+1
额定功率(kw) ≥	176	191	155	147	176	147
比功率(kw/t) ≥	12	12	13	13	13	13
最高车速(km/h) ≥	110	110	110	110	110	110
匀速车内噪声[dB(A)] ≤	72	72	72	72	72	72
发动机位置	后	后	后	后	后	后
乘客门位置	前(前中)*	前(前中)*	前(前中)*	前(前中)*	前(前中)*	前(前中)*
车身全承载式结构	—	—	—	—	—	—
车内通道宽(mm) ≥	350	350	350	350	350	350
悬架类型	B	B	B	B	B	B
盘式制动器	装置	装置	装置	装置	装置	装置
ABS(一类)	装置	装置	装置	装置	装置	装置
蹄片间隙自调装置	装置	装置	装置	装置	装置	装置
缓速器	装置	装置	—	—	—	—
底盘自动润滑系统	—	—	—	—	—	—
节能风扇散热系统	装置	装置	装置	装置	装置	装置
后置发动机舱温度报警系统和自动灭火装置	装置	装置	装置	装置	装置	装置
无内胎子午线轮胎	装置	装置	装置	装置	装置	装置
胎压监测报警系统	—	—	—	—	—	—
座间距(同向)(mm) ≥	720	720	720	720	720	720
座垫宽(mm) ≥	440	440	440	440	440	440
座椅深(mm) ≥	440	440	440	440	440	440
靠背高(mm) ≥	680	680	680	680	680	680
靠背角度可调	装置	装置	装置	装置	装置	装置
扶手(靠通道处)	可调	可调	可调	可调	可调	可调
座椅脚蹬	可调	可调	—	—	—	—
座椅横移(向通道)(mm) ≥	60	60	60	60	60	60
座椅汽车安全带	装置	装置	装置	装置	装置	装置
空气调节装置	冷暖	冷暖	冷暖	冷暖	冷暖	冷暖
空气净化装置	—	—	—	—	—	—
卫生间(位置)	—	—	—	—	—	—
CAN 总线	—	—	—	—	—	—
车桥随动转向	—	—	—	—	—	—
卫星定位系统	装置	装置	装置	装置	装置	装置
人均行李舱容积(m^3/人) ≥	0.13	0.065	0.045	0.09	0.045	0.09
特殊结构说明		天然气	天然气		天然气	

*注释:"( )"表示可选配置。

续上表

技术参数 \ 车型 \ 厂家	厦门金旅	厦门金旅	厦门金旅	中通客车	中通客车	中通客车
	XML6116 J28	XML6116 J18	XML6808 J58	LCK6129 HBD2	LCK6107 HD1	LCK6107 HCD1
评定类型及等级	大型高二级	大型高一级	中型高一级	大型高二级	大型高一级	大型高一级
车身长度(mm)	11485	11485	8030	11990	10500	10500
座位数+司机+导游 ≤	43+1+1	49+1+1	31+1+1	51(49)+1+1	45(43)+1+1	45(43)+1+1
额定功率(kw) ≥	220	206	147	276	176	191
比功率(kw/t) ≥	13.5	12	13	13.5	12	12
最高车速(km/h) ≥	120	110	110	120	110	110
匀速车内噪声[dB(A)] ≤	69	72	72	69	72	72
发动机位置	后	后	后	后	后	后
乘客门位置	前中	前	前	前(前中)*	前(前中)*	前(前中)*
车身全承载式结构	装置	—	—	装置	—	—
车内通道宽(mm) ≥	350	350	350	350	350	350
悬架类型	B	B	B	B	B	B
盘式制动器	装置	装置	装置	装置	装置	装置
ABS(一类)	装置	装置	装置	装置	装置	装置
蹄片间隙自调装置	装置	装置	装置	装置	装置	装置
缓速器	装置	装置	—	装置	装置	装置
底盘自动润滑系统	装置	—	—	装置	—	—
节能风扇散热系统	装置	装置	装置	装置	装置	装置
后置发动机舱温度报警系统和自动灭火装置	装置	装置	装置	装置	装置	装置
无内胎子午线轮胎	装置	装置	装置	装置	装置	装置
胎压监测报警系统	—	—	—	—	—	—
座间距(同向)(mm) ≥	750	720	720	750	720	720
座垫宽(mm) ≥	440	440	440	440	440	440
座椅深(mm) ≥	440	440	440	440	440	440
靠背高(mm) ≥	720	680	680	720	680	680
靠背角度可调	装置	装置	装置	装置	装置	装置
扶手(靠通道处)	可调	可调	可调	可调	可调	可调
座椅脚蹬	可调	可调	—	可调	可调	可调
座椅横移(向通道)(mm) ≥	60	60	60	60	60	60
座椅汽车安全带	装置	装置	装置	装置	装置	装置
空气调节装置	冷暖	冷暖	冷暖	冷暖	冷暖	冷暖
空气净化装置	装置	—	—	装置	—	—
卫生间(位置)	中	—	—	中	—	—
CAN 总线	装置	—	—	装置	—	—
车桥随动转向	—	—	—	—	—	—
卫星定位系统	装置	装置	装置	装置	装置	装置
人均行李舱容积(m^3/人) ≥	0.17	0.15	0.09	0.17	0.13	0.065
特殊结构说明				低驾驶区		天然气

*注释:"( )"表示可选配置。

续上表

技术参数 \ 车型 \ 厂家	中通客车	福建戴姆勒	福建戴姆勒	华晨金杯		
	LCK6117 HCD1	FA6521	FA6501	SY6548 J1S3BH		
评定类型及等级	大型高一级	小型高一级	小型高一级	小型高一级		
车身长度(mm)	10980	5223	4993	5420		
座位数+司机+导游 ≤	47(45)+1+1	8+1	6+1	12+1+1		
额定功率(kw) ≥	191	140	140	85		
比功率(kw/t) ≥	12	19	19	19		
最高车速(km/h) ≥	110	105	105	105		
匀速车内噪声[dB(A)] ≤	72	72	72	72		
发动机位置	后	前	前	前		
乘客门位置	前(前中)*	前中	前中	前中		
车身全承载式结构	—	—	—	—		
车内通道宽(mm) ≥	350	300	300	300		
悬架类型	B	C	C	C		
盘式制动器	装置	装置	装置	装置		
ABS(一类)	装置	装置	装置	装置		
蹄片间隙自调装置	装置	装置	装置	装置		
缓速器	装置	—	—	—		
底盘自动润滑系统	—	—	—	—		
节能风扇散热系统	装置	—	—	—		
后置发动机舱温度报警系统和自动灭火装置	装置	—	—	—		
无内胎子午线轮胎	装置	装置	装置	装置		
胎压监测报警系统	—	—	—	—		
座间距(同向)(mm) ≥	720	670	670	670		
座垫宽(mm) ≥	440	440	440	440		
座椅深(mm) ≥	440	440	440	440		
靠背高(mm) ≥	680	680	680	680		
靠背角度可调	装置	装置	装置	装置		
扶手(靠通道处)	可调	可调	可调	可调		
座椅脚蹬	可调	—	—	—		
座椅横移(向通道)(mm) ≥	60	—	—	—		
座椅汽车安全带	装置	装置	装置	装置		
空气调节装置	冷暖	冷暖	冷暖	冷暖		
空气净化装置	—	—	—	—		
卫生间(位置)	—	—	—	—		
CAN 总线	—	—	—	—		
车桥随动转向	—	—	—	—		
卫星定位系统	装置	—	—	—		
人均行李舱容积(m^3/人) ≥	0.065	—	—	—		
特殊结构说明	天然气					

*注释:“( )”表示可选配置。

高级(卧铺)客车类型划分及等级评定表

技术参数 \ 厂家 / 车型		厦门金龙 MQ6129 FPN4C	厦门金龙 XMQ6129 DPN4C	中通客车 LCK6129 HQWD2	中通客车 LCK6129 HQWD1	中通客车 LCK6129 HQCWD
评定类型及等级		大型高一级	大型高一级	大型高二级	大型高一级	大型高一级
车身长度(mm)		12000	12000	11990	11990	11990
卧铺排列形式		1+1+1	1+1+1	1+1+1	1+1+1	1+1+1
卧铺数+司机+导游	≤	38(36)+1+1(半躺)	36(34)+1+1(半躺)	36+1+1(半躺)	38(36)+1+1(半躺)	38(36)+1+1(半躺)
额定功率(kw)	≥	257	257	243	243	247
比功率(kw/t)	≥	12	12	13.5	12	12
最高车速(km/h)	≥	110	110	120	110	110
匀速车内噪声[dB(A)]	≤	72	72	69	72	72
发动机位置		后	后	后	后	后
乘客门位置		前(前中)*	前(前中)*	前后	前(前中)*	前(前中)*
悬架类型		B	B	B	B	B
车身全承载式结构		装置	装置	装置	装置	装置
盘式制动器		装置	装置	装置	装置	装置
ABS(一类)		装置	装置	装置	装置	装置
蹄片间隙自调装置		装置	装置	装置	装置	装置
缓速器		装置	装置	装置	装置	装置
动力转向		装置	装置	装置	装置	装置
底盘自动润滑系统		—	—	装置	—	—
节能风扇散热系统		装置	装置	装置	装置	装置
后置发动机舱温度报警系统和自动灭火装置		装置	装置	装置	装置	装置
无内胎子午线轮胎		装置	装置	装置	装置	装置
胎压监测报警系统		—	—	—	—	—
卧铺全长(mm)	≥	1900	1900	1900	1900	1900
卧铺宽度(mm)	≥	500	500	500	500	500
铺纵向间距(mm)	≥	1550(半躺)	1550(半躺)	1600(半躺)	1550(半躺)	1550(半躺)
铺横向间距(mm)	≥	350	350	350	350	350
上铺空间高度(mm)	≥	800	800	800	800	800
铺间高度(mm)	≥	850	850	850	850	850
重叠脚窝内端高(mm)	≥	250	250	250	250	250
下铺面距地高度(mm)	≥	250	250	250	250	250
护栏高度(mm)	≥	150	150	150	150	150
铺垫厚(mm)	≥	70	70	70	70	70
卧铺汽车安全带		装置	装置	装置	装置	装置
空气调节装置		冷暖	冷暖	冷暖	冷暖	冷暖
空气净化装置		装置	装置	装置	装置	装置
卫生间(位置)		—	—	后	—	—
CAN 总线		—	—	装置	—	—
车桥随动转向		—	—	—	—	—
卫星定位系统		装置	装置	装置	装置	装置
人均行李舱容积(m^3/人)	≥	0.085	0.085	0.19	0.17	0.085
特殊结构说明		低驾天然气	低驾天然气	低驾驶区	低驾驶区	低驾天然气

*注释:"(　)"表示可选配置。

续上表

技术参数 \ 车型 \ 厂家		苏州金龙 KLQ6122 DWCE41				
评定类型及等级		大型高一级				
车身长度(mm)		12000				
卧铺排列形式		1+1+1				
卧铺数+司机+导游	≤	38(36)+1+1（半躺）				
额定功率(kw)	≥	231				
比功率(kw/t)	≥	12				
最高车速(km/h)	≥	110				
匀速车内噪声[dB(A)]	≤	72				
发动机位置		后				
乘客门位置		前(前中、前后)*				
悬架类型		B				
车身全承载式结构		装置				
盘式制动器		装置				
ABS(一类)		装置				
蹄片间隙自调装置		装置				
缓速器		装置				
动力转向		装置				
底盘自动润滑系统		—				
节能风扇散热系统		装置				
后置发动机舱温度报警系统和自动灭火装置		装置				
无内胎子午线轮胎		装置				
胎压监测报警系统		—				
卧铺全长(mm)	≥	1900				
卧铺宽度(mm)	≥	500				
铺纵向间距(mm)	≥	1550(半躺)				
铺横向间距(mm)	≥	350				
上铺空间高度(mm)	≥	800				
铺间高度(mm)	≥	850				
重叠脚窝内端高(mm)	≥	250				
下铺面距地高度(mm)	≥	250				
护栏高度(mm)	≥	150				
铺垫厚(mm)	≥	70				
卧铺汽车安全带		装置				
空气调节装置		冷暖				
空气净化装置		装置				
卫生间(位置)		—				
CAN 总线		—				
车桥随动转向		—				
卫星定位系统		装置				
人均行李舱容积(m^3/人)	≥	0.085				
特殊结构说明		低驾天然气				

*注释:“( )”表示可选配置。

附件 2

关于《高级客车类型划分及等级评定表》的说明

一、车辆各项技术参数及服务装备均须符合评定表中的要求，只要有一项低于相应类型及等级的标准限制，在核发《道路运输证》时就不能核定为该类别及等级。确需降级的，由地市级道路运输管理机构对该车型进行现场核查和实测，确认符合标准后，才予以降级。高级客车等级只能下降一个等级。

二、评定表中各车型的技术参数及服务装备等均以新出厂的车辆为依据，所有内容均经过现场核查或实测。对于在用营运客车，还应根据车辆的实际技术状况进行等级评定。

三、对已评定类型及等级的客车因改装（改造），引起评定表中所列技术参数及服务装备变化的，须重新核定等级。

四、评定表中划“—”的为该等级车型该项技术参数或服务装备不要求。

附件3

企业名称与厂家简称对照表

序号	申报企业名称	厂家简称
1	北京北方华德尼奥普兰客车股份有限公司	北京北方
2	上海申龙客车有限公司	上海申龙
3	上海汽车商用车有限公司	上汽商用车
4	金龙联合汽车工业(苏州)有限公司	苏州金龙
5	扬州亚星客车股份有限公司	亚星客车
6	安徽安凯汽车股份有限公司	安徽安凯
7	江淮汽车股份有限公司	江淮星锐
8	厦门金龙联合汽车工业有限公司	厦门金龙
9	厦门金龙旅行车有限公司	厦门金旅
10	福建戴姆勒汽车工业有限公司	福建戴姆勒
11	沈阳华晨金杯汽车有限公司	华晨金杯
12	佛山市飞驰汽车制造有限公司	佛山飞驰
13	郑州宇通客车股份有限公司	郑州宇通
14	中通客车控股股份有限公司	中通客车
15	湖南南车时代电动汽车股份有限公司	南车时代

关于同意将潮湿棉花等危险货物豁免按普通货物道路运输的通知

交运发〔2011〕141 号　2010.11.30

各省、自治区、直辖市交通运输厅(委、局):

为更好地满足危险货物道路运输管理需要,提高运输效率,降低运输成本,按照分类管理的原则和区别对待不同危险程度货物运输的要求,根据有关单位申请,经研究,对国家标准《危险货物品名表》(GB 12268—2005)所列潮湿棉花等危险货物(见附件),豁免按普通货物道路运输管理。

上述豁免的危险货物仅适用于道路货物运输环节,其生产、包装、经营、储存、使用等仍应遵照《危险化学品安全管理条例》有关规定执行。

附件:危险货物道路运输豁免品名表

附件

危险货物道路运输豁免品名表

序号	UN编号	名称和说明	包装类别	UN编号	豁免及其豁免条件
1	UN1365	潮湿棉花	Ⅲ	42505	全部豁免
2	UN1362	活性炭	Ⅲ	42521	全部豁免
3	UN1350	硫	Ⅲ	41501	其中，做成某种形状（如小球、颗粒、丸状、锭状或薄片）的硫黄全部豁免
4	UN3166	内燃发动机或易燃气体发动的车辆或易燃液体发动的车辆	—	—	全部豁免
5	UN1327	干草，禾秆或碎稻草和稻壳	—	—	全部豁免
6	UN3065	乙醇饮料，按体积含乙醇高于24%，但不超过70%	Ⅲ	33551	其中，5升以下的全部豁免
7	UN1373	动物或植物或合成的纤维或纤维织品，未另列明的，含油	Ⅲ	42509	全部豁免
8	UN3360	植物纤维，干的	—	—	全部豁免
9	UN1263	涂料	Ⅲ	32198	其中，20升以下的水性涂料全部豁免
	UN3066			—	
10	UN1210	印刷油墨，易燃，或印刷油墨相关材料，易燃	Ⅲ	32119	其中，20升以下胶印油墨、润版液全部豁免

关于加强外商独资船务公司审批管理工作的通知

交水发〔2011〕440号　2011.8.15

各省、自治区、直辖市交通运输厅(委),天津市、上海市交通运输和港口管理局:

为规范外国航运公司在我国境内的投资经营行为,保护投资者合法权益,进一步促进我国际航运业发展,经商商务部,现就加强外商独资船务公司(以下简称独资船务公司)审批管理工作的有关事项通知如下:

一、明确审批机构和业务管理部门

我部和各省、自治区、直辖市及计划单列市商务主管部门(以下称省级商务主管部门)负责外国航运公司在我国境内设立独资船务公司的审批工作。我部和各省、自治区、直辖市交通运输主管部门负责独资船务公司的业务管理工作。

二、适当放宽独资船务公司市场准入条件和经营范围

我部和各省、自治区、直辖市交通运输主管部门对独资船务公司(包括独资船务公司及其分公司)市场准入条件进行检查认定。对现行相关规定在以下方面予以适当放宽:

(一)允许外国航运公司根据需要直接在我国境内投资设立独资船务公司,不必先行设立常驻代表机构。

(二)允许外国航运公司在其具有稳定货源或客源的对外开放口岸城市设立独资船务公司。独资船务公司的注册资本全部缴付、开业满1年后,可在外国航运公司具有稳定货源或客源的其他对外开放口岸城市设立独资船务公司分公司。

(三)允许经批准的独资船务公司或其分公司,为该独资船务公司的母公司拥有或经营的船舶提供揽货、揽客、签发提单、出具客票、结算运费和签订服务合同等服务。

三、明确独资船务公司申请设立的程序

（一）外国航运公司应向我部提出申请，并同时将申请材料抄报拟设独资船务公司所在地的省级交通运输主管部门。

有关省级交通运输主管部门收到上述抄报材料后，应对材料进行审核，并自收到材料之日起 7 个工作日内将有关审核意见报送我部。

（二）我部自收到申请之日起 20 个工作日内对申请材料审核完毕。申请材料真实、齐备的，同意设立申请，由我部下发批复文件；申请材料不真实或不齐备的，不予同意设立申请，书面通知申请人并告知理由。申请人凭交通运输部批复文件及设立独资企业的其他必要文件向所在地省级商务主管部门申请办理企业设立手续。

（三）获得省级商务主管部门的批准后，申请人应在规定的期限内，依照公司登记的有关规定，向工商行政管理机关办理申请登记，领取营业执照，并凭营业执照向我部申领《外商独资船务公司经营许可证》后，方可从事经营性业务。

关于设立独资船务公司的其他事项，仍按《外商独资船务公司审批管理暂行办法》现行有关规定办理。

关于加快铁水联运发展的指导意见

交水发〔2011〕544 号　2011.9.29

各省、自治区、直辖市交通运输厅（委），天津市、上海市交通运输和港口管理局，各铁路局，长江、珠江航务管理局，上海组合港办公室，各直属海事局，各有关港航企业，中铁集装箱公司：

为贯彻落实中华人民共和国国民经济和社会发展第十二个五年规划纲要、交通运输发展规划、铁路发展规划和《交通运输部铁道部关于共同推进铁水联运发展合作协议》，进一步发挥铁水联运的优势和潜力，促进综合运输体系建设和现代物流发展，现就加快铁水联运发展提出以下意见：

一、充分认识加快铁水联运发展的重要意义

（一）加快铁水联运发展有利于促进综合运输体系建设。铁路运输和水路运输是综合运输体系的重要组成部分。加快发展铁水联运，有利于转变交通运输发展方式，优化运输通道布局和运输结构，完善综合运输体系，加强水陆口岸功能衔接、实现货物运输无缝衔接，更好地发挥铁路、水路运输对国民经济和对外贸易的支撑保障作用。

（二）加快铁水联运发展有利于促进现代物流发展。铁路运输和水路运输是现代物流的主要载体。加快发展铁水联运，有利于充分发挥铁路和水路运输的比较优势和组合效应，提高能源、原材料等大宗货物和集装箱运输效率，降低物流成本，更好地满足经济发展对提升现代物流水平的要求。

（三）加快铁水联运发展有利于促进区域经济协调发展。深入实施东部率先、中部崛起、西部大开发和东北振兴战略，促进资源开发和产业梯度转移，对密切内陆与沿海、沿江地区的交通联系提出了更高要求。加快发展铁水联运，有利于增强运输保障能力，扩大区域经济交流合作，更好地服务内陆地区外向型经济发展。

（四）加快铁水联运发展有利于促进节能减排。加快发展铁水联运，有利于降低能源、资源消耗，减少污染物排放，符合建设资源节约型、环境友好型社会的总体要求，对于加快转变运输发展方式具有重要意义。

二、指导思想、主要原则和发展目标

（五）指导思想。深入贯彻落实科学发展观，转变交通运输发展方式，把发展铁水联运作为综合运输体系建设的重点任务，坚持深化改革、开拓创新、统筹规划、科学管理，加大投入和建设力度，强化组织协调，推进运输结构调整，切实提升铁水联运服务能力和水平，促进区域经济协调发展，保障国民经济平稳运行。

（六）主要原则。坚持统筹发展，以市场为导向，突出重点，有序推进，充分发挥铁水联运组合效应；坚持同步发展，在着力加强铁水联运硬件设施建设的同时，不断增强铁水联运软件能力和服务水平；坚持创新发展，加大铁水联运关键技术研发和推广力度；坚持合力发展，建立和完善部门合作机制，充分调动各有关单位发展铁水联运的积极性，加强沟通协调，形成齐抓共管、协调发展的良好发展氛围，加快建设覆盖主要联运通道的铁水联运体系。

（七）发展目标。统一的铁水联运标准化体系基本形成，铁水联运信息化建设取得突破性进展，科技创新能力进一步提升；主要联运通道铁水联运运行机制基本建立，铁水联运枢纽港站换装能力明显增强；培育一批能够提供综合性一体化服务、具有较强竞争力的铁水联运企业，铁水联运服务能力和水平显著提高。到2015年，集装箱铁水联运量年均增长20%以上，港口煤炭、矿石、粮食、化肥等大宗散货铁路集疏运比重比2010年提高10个百分点。

三、主要工作和任务

（八）合理布局联运通道和网络。贯彻落实交通运输“十二五”发展规划和铁路“十二五”发展规划，做好铁路与港口的规划衔接，以沿海和沿江主要港口为铁水联运枢纽、经济腹地铁路干线为骨架、沿线主要货运站场为节点，科学布局铁水联运通道，完善区域性铁水联运网络。

（九）加强铁水联运基础设施和运输装备建设。加快推进主要港口、铁路和货运站场及运输装备等联运设施设备建设，大力推进铁路装卸线向港口码头延伸，推进“港站一体化”，实现铁路货运站场与港区无缝衔接。

（十）完善铁水联运相关标准、制度。加快铁水联运标准化建设，统一铁水联运集装箱规格、货种限制（含危险货物）、装载技术等相关标准和要求，制定铁水联运数据信息传输、交换的相关标准。建立健全铁水联运统计和考核制度，完善统计调查方法和指标体系。推进铁水联运统一单证、优化流程、责任交接和全程联保制度的建设。

（十一）加强先进技术的研发和推广。鼓励企业在铁水联运运输、装卸、配送等环节采用先进技术和标准化专用装备。通过研究开发和示范应用，促进电子数据交换（EDI）、无线射频识别（RFID）、供应链管理（SCM）等先进技术在铁水联运领域的推广应用，全面提升铁水联运技术水平。

（十二）推进铁水联运信息化建设。加快铁水联运信息化建设步伐，在信息开放、数据交换等方面取得重大突破，充分利用港航、铁路、口岸管理等部门的信息资源，支持各铁水联运通道建立公共信息共享平台，逐步提供班轮/班列运行时刻、运价、联运货物动态、订舱/请车、港口/车站业务、口岸监管等数据查询、业务办理等信息服务。

（十三）积极引导铁水联运市场发展。充分发挥市场配置资源的作用，推动铁水联运多元化、市场化。在大力发展中长途铁水联运的同时，完善价格机制和政策，加快拓展短途铁水联运市场。充分发挥铁路集装箱场站和内陆无水港的作用，进一步加快集装箱铁水联运市场发展。优化铁水联运运输组织，合理设计运输方案，提高往返重载运输比重，减少车船排空，提高运输效率。鼓励货运枢纽拓展仓储、分拨配送、流通加工、保税等功能，促进货运枢纽站场加快发展现代综合物流。

（十四）大力培育铁水联运市场主体。引导和规范铁水联运代理等中介服务机构的发展，鼓励大型航运、港口、铁路运输企业积极发展铁水联运业务，完善铁水联运功能，拓展经营网络，延伸服务范围，扩大铁水联运规模。支持企业按照市场机制整合资源，构建面向国际国内贸易的铁水联运服务网络。

（十五）实施铁水联运示范工程。积极开展铁水联运示范工程建设，根据铁水联运市场需求和有关联运通道的软硬件条件，选择一批铁水联运示范项目，加快组织实施。在总结示范经验的基础上，逐步推广示范成果，带动我国铁水联运整体水平的提升。

四、保障措施

（十六）加强和完善铁水联运发展规划。把加快铁水联运发展作为贯彻落实交通运输、铁路“十二五”发展规划，推进综合运输体系建设的一项重要任务，做好铁水联运规划编制工作，加强统筹协调，完善铁水联运通道和网络。

（十七）加大铁水联运资金投入。对纳入铁水联运示范项目的重点铁水联运信息平台建设予以适当资金支持。积极引导社会资本投入铁水联运基础设施建设领域。积极争取地方政府对铁水联运基础设施建设资金、土地及税收等方面的支持。

（十八）健全铁水联运政策法规。抓紧制定铁水联运相关规章，加强铁水联运标准、规范建设，统一和规范铁水联运市场。进一步完善有利于铁水联运发展的价格体系和扶持政策。

（十九）完善铁水联运协调机制。交通运输部、铁道部联合成立推进铁水联运发展领导机构和工作机构，各有关部门和单位根据各自职能分工，加强协调配合，切实做好规划编制、项目审批、资金支持、体制创新、配套政策制定等各项工作。各地交通运输（港口）管理部门、铁路部门要会同有关企业建立相应的合作机制，做好铁水联运工作的落实，同时加强指导监督，加大宣传力度，及时研究新情况，协调解决相关问题，并强化与海关、检验检疫等口岸部门的沟通、协调，形成快速、优质的口岸环境，共同推进铁水联运又好又快发展。

港口生产作业

关于切实加强引航机构管理的意见

交水发〔2011〕28号　2011.1.28

各有关省、自治区、直辖市交通运输厅(委),天津市、上海市交通运输和港口管理局,有关港口行政管理部门,长江航务管理局:

引航管理体制改革以来,我国引航事业发展取得积极成果,引领船舶数量持续增长,引航安全形势稳定,对保障水运业健康发展发挥了重要作用。为进一步规范引航机构管理,提高队伍素质,促进引航事业健康、有序发展,现提出如下意见:

一、加强引航机构建设

各地港口行政管理部门要高度重视引航机构领导班子建设,选拔优秀引航员充实领导班子。港口行政管理部门要加强对引航机构的管理,规范管理标准和程序,切实加强对引航机构发展规划、年度工作计划实施和财务收支情况的监督管理。引航机构的内部管理科室应按照精简、高效的原则设置,严格控制非引航员岗位编制。

引航机构对外代表国家行使主权,具有公益服务和专业技术有偿服务属性,在维护国家主权和保障港航安全方面具有特殊作用,各地应按照国家统一部署,保持全国引航管理体制的统一性和完整性。

二、保持引航队伍稳定

要加大引航员培养力度,确保引航员编制满足港口和航运发展需求,建立科学有效的引航员薪酬制度和考核奖励机制,引航员的工资水平原则上应相当于本地区高级船员的工资水平。要采取有效措施,着力解决引航员数量不足、超负荷工作的问题,要充实和稳定引航员队伍,提高引航员的职业素养和技能,加强风险管理，确保引航员有充沛精力、良好的心理状态和技术状态从事引航工作。

三、保障引航安全和服务质量

引航机构要通过优质服务承诺制、挂牌上船服务、服务信息卡、引航满意度调查等方式，提高引航员服务意识和质量，提高安全引航水平。同时，要加强引航基地及装备建设，充分利用信息化技术，不断提高引航效率，规范引航生产调度。

各地港口行政管理部门和中国引航协会对在引航改革发展中出现的新情况、新问题，要积极研究探索解决办法，有关重要情况及时向我部报告。

关于加强港口企业防治污染海洋环境安全营运管理制度建设的通知

交水发〔2011〕516 号　2011.9.20

各省、自治区、直辖市交通运输厅(委),天津、上海市交通运输和港口管理局,计划单列市港口行政管理部门:

根据《港口法》、《危险化学品安全管理条例》和《港口经营管理规定》,为贯彻实施好《中华人民共和国防治船舶污染海洋环境管理条例》、《中华人民共和国船舶污染海洋环境应急防备和应急处置管理规定》(交通运输部令 2011 年第 4 号),指导港口企业做好安全生产,防治污染海洋环境,我部制订了《港口企业防治污染海洋环境安全营运管理制度导则》(以下简称《导则》)。请各相关单位按照《导则》要求,建立并完善港口企业防治污染海洋环境安全营运管理制度。

请各级港口行政管理部门认真组织宣传《导则》,指导港口企业认真贯彻执行。

附件:港口企业防治污染海洋环境安全营运管理制度导则

附件

港口企业防治污染海洋环境
安全营运管理制度导则

1　范围

本导则适用于港口企业防治污染海洋环境安全营运管理制度建设。

2　一般要求

各单位应结合企业实际,制定港口企业防治污染海洋环境安全营运相关制度,主要包括以下内容:

2.1　安全生产责任制。包括企业内负责安全生产的管理机构,配备安全生产、防污染管理人员;单位内各部门、各岗位和人员的安全生产与防污染职责,安全生产考核与奖惩机制等。

2.2　安全检查制度。包括实施安全检查的责任部门、岗位与责任人、检查内容、检查方式、检查时间与频次安排、检查结果反馈与处理要求等。

2.3　安全教育培训制度。确定安全教育培训主管部门和人员,制定和实施教育培训计划;明确单位主要负责人、安全生产管理人员、操作岗位人员以及其他人员的教育培训要求等。

2.4　安全技术操作规程。包括各岗位、工种、作业安全技术操作规程。

2.5　特种作业与特种作业人员管理制度。包括相关人员资质管理和行为规范。

2.6　设备设施安全管理制度。包括与装卸货物种类、吞吐能力、建设规模及周边环境相适应的安全生产设备设施配备;设备设施台账及更新管理制度;特种设备及强制检测设备管理制度。

2.7　消防安全管理制度。包括消防设施和器材配备,单位防火组织机构,防火责任制和消防设施、器材管理制度等。

2.8　施工和检维修安全管理制度。包括安全设备设施的检维修,动火作业、受限空间(如储罐)内作业、临时用电作业、爆破作业等的安全管理。

2.9　船舶靠离泊安全管理制度。包括船舶靠、离泊作业的安全管理,船舶、码头双方在解系缆作业、铺设围油栏作业、船岸安全检查、通信联络等方面的责任及程序。

2.10　隐患排查与治理制度。包括事故隐患排查,作业行为、设备设施、工艺技术以及作业环境等方面的隐患识别与分析,隐患等级,登记建档,隐患治理方案,有效的治理措施,对治理情况验证和效果评估。

2.11　应急管理制度。包括安全生产应急管理机构,专兼职应急救援队伍;生产安全事故与污染事故应急预案;应急设施,配备应急装备,储备应急物资;应急预案的演练、评估、修订以及事故救援。

2.12　职业健康与劳动防护用品管理制度。包括人员健康保障、劳动保护。

3　特殊要求

从事污染危害性货物船舶装卸作业的单位,还应建立以下管理制度;

3.1　防火防爆防泄漏安全管理制度。包括检测与报警,各项安全保障措施,警示标志设置,对火源的控制和管理,应急保障措施等。

3.2　石油化工码头船岸安全检查联系制度。包括检查联系表,检查内容,岗位责任制度以及管理等。

3.3　液货船水上过驳作业安全管理制度。包括有关技术要求,岗位责任,工艺流程,安全和应急保障措施等。

3.4　危险货物港口作业安全管理制度。包括所装卸的危险货物特点,危险源,技术操作规程,作业流程,现场管理,人员培训,应急保障等。

4 实施与维护

4.1 各单位应将制度发放到各相关部门、岗位和人员，结合教育培训及考核工作，采用多种方式组织开展管理制度的宣传、贯彻工作，确保每个员工熟悉、掌握与本职工作有关的各项制度，落实到具体工作中。

4.2 各单位应建立完善的制度管理办法，包括建档、分发、保管、登记、记录及公布等方面的要求。各相关管理制度应汇总形成体系文件备查，具体内容包括：封面，前言，范围，一般制度要求，特殊要求，制度实施与维护办法等。

4.3 当港口基础设施、总平面布置、装卸工艺、作业货种等发生重大变化时，或者本单位内发生污染海洋环境事故时，应及时对相关管理制度进行修订，确保得到必要的更新和完善。

4.4 各单位应每年至少一次对各项管理制度的执行情况进行自我检查评估。根据评估情况、安全检查反馈的问题等，对管理制度进行内部审核和修订，确保各项制度的符合性、充分性和有效性。

海 事 救 捞

中华人民共和国海员外派管理规定

交通运输部令2011年第3号　2011.3.7

第一章　总　　则

第一条　为规范海员外派管理，提高我国外派海员的整体素质和国际形象，维护外派海员的合法权益，促进海员外派事业的健康发展，根据《中华人民共和国船员条例》和对外劳务合作等法律法规，制定本规定。

第二条　在中华人民共和国境内依法设立的机构从事海员外派活动，适用本规定。

第三条　交通运输部主管全国海员外派工作。

国家海事管理机构负责统一实施全国海员外派的监督管理工作。

交通运输部直属海事管理机构依照各自职责负责具体实施海员外派的监督管理工作。

第四条　海员外派遵循"谁派出，谁负责"的原则。从事海员外派的机构应当对其派出的外派海员负责，做好外派海员在船工作期间及登、离船过程中的各项保障工作。

第二章　海员外派机构资质

第五条　从事海员外派的机构，应当符合下列条件：

（一）在中华人民共和国境内依法设立的法人；

（二）有与外派规模相适应的固定办公场所；

（三）有至少 2 名具有国际航行海船管理级船员任职资历的专职管理人员和至少 3 名具有两年以上海员外派相关从业经历的管理人员；

（四）具有进行外派海员任职前培训和岗位技能训练及处理海员外派相关法律事务的能力；

（五）按照国家海事管理机构的规定，建立船员服务质量管理制度、人员和资源保障制度、教育培训制度、应急处理制度和服务业务报告制度等海员外派管理制度；

（六）具有自有外派海员 100 人以上；

（七）注册资本不低于 500 万元人民币，且为实缴货币资本。本规定实施后，对外劳务合作法规另有规定的，从其规定；

（八）具有足额交纳 100 万元人民币海员外派备用金的能力；

（九）机构及其法定代表人具有良好的商业信誉，最近 3 年内没有重大违约行为和重大违法记录。

第六条 申请从事海员外派的机构，应当提交下列材料：

（一）从事海员外派活动的申请文书；

（二）企业法人营业执照或者事业单位法人证书、组织机构代码证；

（三）经营场所产权证明或者固定场所租赁证明；

（四）具有处理海员外派相关法律事务能力、进行外派海员任职前培训和岗位技能训练能力的证明材料；

（五）专职管理人员任职资格证书复印件及专职业务人员相关从业经历的证明材料；

（六）机构的组织结构、人员组成、职责等情况的说明文件；

（七）海员外派相关管理制度文件；

（八）自有外派海员的名册及劳动合同、缴纳社会保险等证明材料；

（九）已按照海事管理机构要求足额缴纳海员外派备用金的有效证明；

（十）其他相关证明材料。

经批准设立的外商投资职业介绍机构或者中外合资人才中介机构拟开展招聘海员出境业务，应当按照本规定申请从事海员外派。除提交前款规定的材料外，还应当提交外商投资企业批准证书和外商投资企业营业执照复印件。

第七条 机构申请从事海员外派，应当向其工商注册地的交通运输部直属海事管理机构提出，工商注册地没有交通运输部直属海事管理机构的，应当向国家海事管理机构指定的交通运输部直属海事管理机构提出。

第八条 直属海事管理机构自受理申请之日起15个工作日内完成申请材料的书面审核和现场核验，并将审核意见和核验情况连同申请材料一并报国家海事管理机构审批。

第九条 国家海事管理机构收到报送材料后，根据直属海事管理机构的审核意见、核验情况以及机构申请材料，于15个工作日内作出批准或者不予批准的决定。

第十条 国家海事管理机构作出准予从事海员外派决定的，向申请机构颁发海员外派机构资质证书；海员外派机构资质证书的有效期最长不超过5年。

第十一条 海员外派机构资质证书上记载的机构名称、地址、法定代表人等发生变更的，海员外派机构应当自变更发生之日起30个工作日内到海事管理机构办理变更手续。

第十二条 已按《中华人民共和国船员服务管理规定》取得甲级海船船员服务机构资质的机构，应当按本规定申请海员外派机构资质，方可从事海员外派。

第十三条 境外企业、机构在中国境内招收外派海员，应当委托海员外派机构进行。

外国驻华代表机构不得在境内开展海员外派业务。

第十四条 海员外派机构资质实施年审制度。

年审主要审查海员外派机构的资质条件符合情况及合法经营、规范运作情况。

交通运输部直属海事管理机构应当于每年度的2月份至4月

份负责组织实施所属辖区的海员外派机构资质年审工作。

第十五条 海员外派机构应当于每年的2月1日前向所在辖区的海事管理机构申请进行年审,并提交下列材料:

(一)年审申请文书;

(二)年审报告书,包含海员外派机构资质条件符合情况、各项制度有效运行以及本规定执行情况。

第十六条 海员外派机构通过年审的,海事管理机构应当在其海员外派机构资质证书的年审情况栏中予以签注。

第十七条 海员外派机构年审不合格的,海事管理机构责令限期改正;如期改正的,海事管理机构应当在海员外派机构资质证书的年审情况栏中注明情况,予以通过年审;逾期未改正的,应当及时报请国家海事管理机构撤销其海员外派机构资质并依法办理注销手续。

第十八条 年审中被海事管理机构责令限期改正的,海员外派机构在改正期内不得继续选派船员及对外签订新的船舶配员协议,但仍应当承担对已派出外派海员的管理责任。

第十九条 海员外派机构应当在海员外派机构资质证书有效期届满之日60日以前向所在辖区的海事管理机构申请办理海员外派机构资质证书延续手续。申请办理海员外派机构资质证书延续手续,应当提交下列材料:

(一)海员外派机构资质证书延续申请;

(二)本规定第六条(二)至(九)项规定的材料。

第二十条 有下列情形之一的,海员外派机构应当到核发证书的海事管理机构办理资质证书注销手续:

(一)海员外派机构自行申请注销的;

(二)法人依法终止的;

(三)海员外派机构资质证书被依法撤销或者吊销的。

第二十一条 海员外派备用金实行专户存储,专款专用。

备用金的使用管理应当遵守国家关于对外劳务合作备用金管理制度。

第三章　海员外派机构的责任与义务

第二十二条　海员外派机构应当遵守国家船员管理、船员服务管理、船员证件管理、劳动和社会保障及对外劳务合作等有关规定，遵守中华人民共和国缔结或加入的国际公约，履行诚实守信义务。

第二十三条　海员外派机构应当保证本规定第五条第(五)项所规定的各项海员外派管理制度的有效运行。

第二十四条　海员外派机构为海员提供海员外派服务，应当保证外派海员与下列单位之一签订有劳动合同：

(一)本机构；

(二)境外船东；

(三)我国的航运公司或者其他相关行业单位。

外派海员与我国的航运公司或者其他相关行业单位签订劳动合同的，海员外派机构在外派该海员时，应当事先经过外派海员用人单位同意。

外派海员与境外船东签订劳动合同的，海员外派机构应当负责审查劳动合同的内容，发现劳动合同内容不符合法律法规、相关国际公约规定或者存在侵害外派海员利益条款的，应当要求境外船东及时予以纠正。

第二十五条　海员外派机构应当为外派海员购买境外人身意外伤害保险。

第二十六条　海员外派机构应当在充分了解并确保境外船东资信和运营情况良好的前提下，方可与境外船东签订船舶配员服务协议。

第二十七条　海员外派机构与境外船东签订的船舶配员服务协议，应当符合国内法律、法规和相关国际公约要求，并至少包括以下内容：

(一)海员外派机构及境外船东的责任、权利和义务。包括外

派船员的数量、素质要求,派出频率,培训责任,外派机构对船员违规行为的责任分担等;

(二)外派海员的工作、生活条件;

(三)协议期限和外派海员上下船安排;

(四)工资福利待遇及其支付方式;

(五)正常工作时间、加班、额外劳动和休息休假;

(六)船舶适航状况及船舶航行区域;

(七)境外船东为外派海员购买的人身意外、疾病保险和处理标准;

(八)社会保险的缴纳;

(九)外派海员跟踪管理;

(十)突发事件处理;

(十一)外派海员遣返;

(十二)外派海员伤病亡处理;

(十三)外派海员免责条款;

(十四)特殊情况及争议的处理;

(十五)违约责任。

海员外派机构应当将船舶配员服务协议中与外派海员利益有关的内容如实告知外派海员。

第二十八条 海员外派机构应当根据派往船舶的船旗国和公司情况对外派海员进行相关法律法规、管理制度、风俗习惯和注意事项等任职前培训,并根据海员外派实际需要对外派海员进行必要的岗位技能训练。

第二十九条 海员外派机构应当在外派海员上船工作前,与其签订上船协议,协议内容应当至少包括下列内容:

(一)船舶配员服务协议中涉及外派海员利益的所有条款;

(二)海员外派机构对外派海员工作期间的管理和服务责任;

(三)外派海员在境外发生紧急情况时海员外派机构对其的安置责任;

（四）违约责任。

第三十条 海员外派机构应当建立与境外船东、外派海员的沟通机制，及时核查并妥善处理各种投诉。

海员外派机构应当对外派海员工作期间有关人身安全、身体健康、工作技能及职业发展等方面进行跟踪管理，为外派海员履行船舶配员服务合同提供必要支持。

第三十一条 海员外派机构不得因提供就业机会而向外派海员收取费用。

海员外派机构不得克扣外派海员的劳动报酬。

海员外派机构不得要求外派海员提供抵押金或担保金等。

第三十二条 海员外派机构应当为所服务的每名外派海员建立信息档案，主要包括：

（一）外派海员船上任职资历（包括所服务的船公司和船舶的名称、船籍港、所属国家、上船工作起始时间等情况）；

（二）外派海员基本安全培训、适任培训和特殊培训情况；

（三）外派海员适任状况、安全记录和健康情况；

（四）外派海员劳动合同、船舶配员服务协议、上船协议等。

海员外派机构应当按有关规定报送统计数据，并将自有外派海员名册、非自有外派海员名册及上述档案信息按要求定期报海事管理机构备案。

第三十三条 海员外派机构不得把海员外派到下列公司或者船舶：

（一）被港口国监督检查中列入黑名单的船舶；

（二）非经中国境内保险机构或者国际保赔协会成员保险的船舶；

（三）未建立安全营运和防治船舶污染管理体系的公司或者船舶。

第三十四条 海员外派机构资质被暂停、吊销、撤销的，应当继续履行已签订的合同及协议。

第四章　突发事件处理

第三十五条　突发事件发生时，海员外派机构应当按照应急处理制度的规定，立即启动应急预案，并及时向海事管理机构报告。

第三十六条　海员外派机构应当与境外船东共同做好突发事件的处置工作。当境外船东未能及时全面履行突发事件责任时，海员外派机构应妥善处理突发事件，避免外派海员利益受损。

第三十七条　当海员外派机构拒绝承担或者无力承担发生突发事件责任时，可以动用海员外派备用金，用于支付外派海员回国或者接受其他紧急救助所需费用。

第三十八条　海员外派备用金动用后，海员外派机构应当于30日内补齐备用金。

第三十九条　境外突发事件的处理按对外劳务合作有关规定执行。

第五章　监督检查

第四十条　海事管理机构应当建立健全辖区内海员外派机构的管理档案，加强对海员外派机构的监督检查。

第四十一条　海事管理机构实施监督检查，可以询问当事人，向有关海员外派机构或者个人了解情况，查阅、复制有关资料，并保守被调查海员外派机构的商业秘密或者个人隐私。

接受海事管理机构监督检查的海员外派机构或者个人，应当如实反映情况和提供资料，不得以任何理由拒绝或阻挠检查。

第四十二条　海事管理机构实施监督检查时发现海员外派机构不再具备规定条件的，由海事管理机构责令限期改正。

海员外派机构在规定期限内未能改正的，应当依法撤销海员外派机构资质，并依法办理海员外派机构资质证书的注销手续。

第四十三条 海事管理机构应当定期向社会公布海员外派机构名单及机构概况，以及依法履行相应职责和承担法律义务、维护外派海员合法权益、诚实守信等情况。

第六章 法律责任

第四十四条 违反本规定，未经批准擅自从事海员外派活动，有下列情形之一的，由海事管理机构责令改正，处 5 万元以上 25 万元以下罚款；有违法所得的，应当没收违法所得；使用非法证件的，收缴非法证件：

（一）未取得海员外派机构资质擅自开展海员外派的；

（二）以欺骗、贿赂、提供虚假材料等非法手段取得海员外派机构资质的；

（三）超出海员外派机构资质证书有效期擅自开展海员外派的；

（四）海员外派机构资质被依法暂停期间擅自开展海员外派的；

（五）伪造或者变造海员外派机构资质证书擅自开展海员外派的。

第四十五条 海员外派机构在提供外派服务时，提供虚假信息，欺诈外派海员，有下列情形之一的，由海事管理机构给予相应处罚：

（一）重复或者超过标准收取费用，或者在公布的收费项目之外收取费用的；

（二）未将船舶配员服务协议的相关内容如实告知外派海员的；

（三）伪造或者提供虚假船舶配员服务协议信息的；

（四）与外派海员签订的上船协议内容与船舶配员服务协议的内容不符并损害外派海员利益的；

（五）倒卖、出租、出借海员外派机构资质证书，或者以其他形式非法转让海员外派机构资质证书的；

（六）有其他提供虚假信息，欺诈外派海员行为的。

有前款第（一）、（二）项情形之一的，处3万元以上10万元以下罚款，情节严重的，给予暂停海员外派机构资质证书6个月以上2年以下处罚；有前款第（三）、（四）、（五）、（六）项情形之一的，处10万元以上15万元以下罚款，情节严重的，吊销海员外派机构资质证书。

第四十六条 违反本规定，在外派海员未与海员外派机构、境外船东、我国的航运公司或其他相关行业单位签订劳动合同的情况下，提供海员外派服务的，由海事管理机构责令改正，处5万元以上25万元以下罚款；情节严重的，给予暂停海员外派机构资质证书6个月以上2年以下直至吊销的处罚。

第四十七条 海事管理机构工作人员有下列情形之一的，依法给予行政处分：

（一）违反规定批准海员外派机构资质；

（二）不依法履行监督检查职责；

（三）不依法实施行政强制或者行政处罚；

（四）滥用职权、玩忽职守的其他行为。

第七章 附 则

第四十八条 本规定中下列用语的含义是：

（一）海员外派，指为外国籍或者港澳台地区籍船舶提供配员的船员服务活动。

（二）境外船东，指外国籍或港澳台地区籍船舶的所有人、经营人或管理人。

（三）自有外派海员，指仅与本海员外派机构签订劳动合同的船员。

（四）突发事件，指外派海员所在船舶或其本人突然发生意外情况，造成或者可能对外派海员造成危害，需要采取应急处置措施予以应对的事件。

第四十九条　我国与有关国家或地区签订有对外劳务合作相关协议的，按照协议规定执行。

第五十条　本规定自2011年7月1日起施行。

中华人民共和国船舶污染海洋环境应急防备和应急处置管理规定

交通运输部令2011年第4号　2011.1.27

第一章　总　　则

第一条　为提高船舶污染事故应急处置能力，控制、减轻、消除船舶污染事故造成的海洋环境污染损害，依据《中华人民共和国防治船舶污染海洋环境管理条例》等有关法律、行政法规和中华人民共和国缔结或者加入的有关国际条约，制定本规定。

第二条　在中华人民共和国管辖海域内，防治船舶及其有关作业活动污染海洋环境的应急防备和应急处置，适用本规定。

船舶在中华人民共和国管辖海域外发生污染事故，造成或者可能造成中华人民共和国管辖海域污染的，其应急防备和应急处置，也适用本规定。

本规定所称"应急处置"是指在发生或者可能发生船舶污染事故时，为控制、减轻、消除船舶造成海洋环境污染损害而采取的响应行动；"应急防备"是指为应急处置的有效开展而预先采取的相关准备工作。

第三条　交通运输部主管全国防治船舶及其有关作业活动污染海洋环境的应急防备和应急处置工作。

国家海事管理机构负责统一实施船舶及其有关作业活动污染海洋环境应急防备和应急处置工作。

沿海各级海事管理机构依照各自职责负责具体实施防治船舶及其有关作业活动污染海洋环境的应急防备和应急处置工作。

第四条 船舶及其有关作业活动污染海洋环境应急防备和应急处置工作应当遵循统一领导、综合协调、分级负责、属地管理、责任共担的原则。

第二章 应急能力建设和应急预案

第五条 国家防治船舶及其有关作业活动污染海洋环境应急能力建设规划,应当根据全国防治船舶及其有关作业活动污染海洋环境的需要,由国务院交通运输主管部门组织编制,报国务院批准后公布实施。

沿海省级防治船舶及其有关作业活动污染海洋环境应急能力建设规划,应当根据国家防治船舶及其有关作业活动污染海洋环境应急能力建设规划和本地实际情况,由沿海省、自治区、直辖市人民政府组织编制并公布实施。

沿海市级防治船舶及其有关作业活动污染海洋环境应急能力建设规划,应当根据所在地省级人民政府防治船舶及其有关作业活动污染海洋环境应急能力建设规划和本地实际情况,由沿海设区的市级人民政府组织编制并公布实施。

编制防治船舶及其有关作业活动污染海洋环境应急能力建设规划,应当对污染风险和应急防备需求进行评估,合理规划应急力量建设布局。

沿海各级海事管理机构应当积极协助、配合相关地方人民政府完成应急能力建设规划的编制工作。

第六条 交通运输部、沿海设区的市级以上地方人民政府应当根据相应的防治船舶及其有关作业活动污染海洋环境应急能力建设规划,建立健全船舶污染事故应急防备和应急反应机制,建立专业应急队伍,建设船舶污染应急专用设施、设备和器材储备库。

第七条 沿海各级海事管理机构应当根据防治船舶及其有关作业活动污染海洋环境的需要,会同海洋主管部门建立健全船舶及其有关作业活动污染海洋环境的监测、监视机制,加强对船舶及其有关作业活动污染海洋环境的监测、监视。

港口、码头、装卸站以及从事船舶修造的单位应当配备与其装卸货物种类和吞吐能力或者修造船舶能力相适应的污染监视设施和污染物接收设施,并使其处于良好状态。

第八条 交通运输部应当根据国家突发公共事件总体应急预案,制定国家防治船舶及其有关作业活动污染海洋环境的专项应急预案。

沿海省、自治区、直辖市人民政府应当根据国家防治船舶及其有关作业活动污染海洋环境的专项应急预案,制定省级防治船舶及其有关作业活动污染海洋环境应急预案。

沿海设区的市级人民政府应当根据所在地省级防治船舶及其有关作业活动污染海洋环境的应急预案,制定市级防治船舶及其有关作业活动污染海洋环境应急预案。

交通运输部、沿海设区的市级以上地方人民政府应当定期组织防治船舶及其有关作业活动污染海洋环境应急预案的演练。

第九条 中国籍船舶所有人、经营人、管理人以及有关作业单位应当按照国家海事管理机构制定的应急预案编制指南,制定或者修订防治船舶及其有关作业活动污染海洋环境的应急预案,并报海事管理机构批准。

港口、码头、装卸站的经营人应当制定防治船舶及其有关作业活动污染海洋环境的应急预案,并报海事管理机构备案。

船舶以及有关作业单位应当按照制定的应急预案定期组织应急演练,根据演练情况对应急预案进行评估,按照实际需要和情势变化,适时修订应急预案,并对应急预案的演练情况、评估结果和修订情况如实记录。

第十条 中国籍船舶防治污染设施、设备和器材应当符合国家有关标准,并按照国家有关要求通过型式和使用性能检验,其生产、供应单位应当将其所生产、销售的设施、设备和器材的种类及其检验证书向国家海事管理机构备案。

国家海事管理机构应当及时将符合国家有关标准的船舶防治

污染设施、设备和器材及其生产单位向社会公布。

第三章 专项验收

第十一条 港口、码头、装卸站以及从事船舶修造、打捞、拆解等作业活动的单位应当按照交通运输部的要求制定有关安全营运和防治污染的管理制度，按照国家有关防治船舶及其有关作业活动污染海洋环境的规范和标准，配备必须的防治污染设备和器材，确保防治污染设备和器材符合防治船舶及其有关作业活动污染海洋环境的要求，并通过海事管理机构的专项验收。

前款所称防治污染设备和器材符合防治船舶及其有关作业活动污染海洋环境的要求，是指港口、码头、装卸站以及船舶修造、打捞、拆解等有关作业活动单位所配备的防治污染设备和器材，应当能够与其装卸货物种类、吞吐能力或者修造、打捞、拆解活动所必需的污染监视、监测能力，船舶污染物接收处理能力以及船舶污染事故应急处置能力相适应。

第十二条 港口、码头、装卸站以及从事船舶修造、打捞、拆解等作业活动的单位申请专项验收应当具备以下条件：

（一）已经按照交通运输部的要求制定并实施了有关安全营运和防治污染管理制度；

（二）已经按照交通运输部颁布的有关技术规范和标准配备了相应的防治船舶污染设备和器材，并完成主要防治船舶污染设备和器材的调试工作；

（三）提供配备的防治船舶污染设备和器材符合防治船舶及其有关作业活动污染海洋环境要求并能够正常运行的说明材料；

（四）已经完成专项验收申请报告，有关资料齐全。

第十三条 申请专项验收的单位应当向当地直属海事管理机构提出专项验收申请，并提交证明符合第十二条规定条件的申请材料。

第十四条 负责专项验收的海事管理机构应当在专项验收工

作过程中征求港口、环保、设计等单位的意见。

专项验收应当对防治船舶污染设备和器材的配备情况进行全面检查,对其是否符合防治船舶及其有关作业活动污染海洋环境的要求做出评价。

第十五条 海事管理机构组织的专项验收应当自受理申请之日起20日内完成,并做出是否通过专项验收的决定;20日内不能完成的,经海事管理机构负责人批准,可以延长10日。

海事管理机构应当及时向社会公布通过专项验收的港口、码头、装卸站以及船舶修造、打捞、拆解单位。

专项验收不合格的,其申请单位应当按照海事管理机构提出的处理意见进行限期整改,并应当按照本规定重新提出专项验收申请。

第十六条 通过专项验收的单位发生以下情况应当按照本规定的要求重新申请专项验收:

(一)港口、码头、装卸站等工程建设项目发生改建、扩建重大变化的;

(二)船舶修造、打捞、拆解单位从事的作业活动发生重大改变的。

第四章 船舶污染清除单位

第十七条 船舶污染清除单位是指按照本规定取得相应资质并与船舶签订污染清除协议,为船舶提供污染事故应急防备和应急处置服务的单位。

根据服务区域和污染清除能力的不同,船舶污染清除单位的能力等级由高到低分为四级,其中:

(一)一级单位能够在我国管辖海域为船舶提供溢油和其他散装液体污染危害性货物泄漏污染事故应急服务;

(二)二级单位能够在距岸20海里以内的我国管辖海域为船舶提供溢油和其他散装液体污染危害性货物泄漏污染事故应急

服务；

（三）三级单位能够在港区水域为船舶提供溢油应急服务；

（四）四级单位能够在港区水域内的一个作业区、独立码头附近水域为船舶提供溢油应急服务。

第十八条 从事船舶污染清除的单位应当具备以下条件，并经海事管理机构批准：

（一）应急清污能力符合《船舶污染清除单位应急清污能力要求》（附件）的规定；

（二）制定的污染清除作业方案符合防治船舶及其有关作业活动污染海洋环境的要求；

（三）污染物处理方案符合国家有关防治污染规定。

第十九条 申请取得船舶污染清除作业资质的单位应当向当地直属海事管理机构提交证明符合第十八条规定条件的申请材料。

直属海事管理机构受理申请后，应当对申请单位是否具备本规定第十八条规定的条件进行现场核验。

对申请等级为二级、三级、四级的单位，直属海事管理机构应当自受理之日起30日内作出批准或者不予批准的决定，并将能力等级为二级的单位，向国家海事管理机构备案。

对申请等级为一级的单位，直属海事管理机构应当将现场核验报告报国家海事管理机构。国家海事管理机构应当自直属海事管理机构受理申请之日起30日内作出批准或者不予批准的决定。

对予以批准的船舶污染清除单位，海事管理机构应当发给《船舶污染清除单位资质证书》；对不予批准的，应当书面通知申请人并说明理由。

第二十条 《船舶污染清除单位资质证书》应当载明船舶污染清除单位的名称、法定代表人姓名、地址、能力等级、服务区域、有效期限以及其他有关事项。《船舶污染清除单位资质证书》的有效期为3年。

船舶污染清除单位应当在资质证书载明的能力等级和服务区

域内提供服务。

直属海事管理机构应当及时将本辖区内取得资质的船舶污染清除单位的名称、等级和服务区域向社会公布。

第二十一条 《船舶污染清除单位资质证书》记载事项发生变更的,船舶污染清除单位应当向原发证海事管理机构申请办理变更手续。

变更能力等级和服务区域的,应当按照本规定重新提出申请。

第二十二条 船舶污染清除单位应当在《船舶污染清除单位资质证书》有效期届满之日30日以前,向原发证海事管理机构申请办理《船舶污染清除单位资质证书》延续手续。相关海事管理机构应当自受理延续申请之日起30日内,做出批准或者不予批准的决定。

第二十三条 有下列情形之一的,相关海事管理机构应当办理《船舶污染清除单位资质证书》注销手续:

(一)船舶污染清除单位自行申请注销的;

(二)法人依法终止的;

(三)《船舶污染清除单位资质证书》被依法撤销或者吊销的。

第二十四条 船舶污染清除单位应当于每年1月31日前将下列情况向发证海事管理机构备案:

(一)上一年度参与船舶污染事故应急处置工作情况;

(二)船舶污染清除设施、设备、器材和应急人员情况;

(三)上年度船舶污染清除协议的签订和履行情况;

(四)船舶污染应急演习情况。

第五章 船舶污染清除协议的签订

第二十五条 载运散装油类货物的船舶,其经营人应当在船舶进港前或者港外装卸、过驳作业前,按照以下要求与相应的船舶污染清除单位签订船舶污染清除协议:

(一)600总吨以下仅在港区水域航行或作业的船舶,应当与四级以上等级的船舶污染清除单位签订船舶污染清除协议；

（二）600 总吨以上 2000 总吨以下仅在港区水域航行或作业的船舶，应当与三级以上等级的船舶污染清除单位签订船舶污染清除协议；

（三）2000 总吨以上仅在港区水域航行或作业的船舶以及所有进出港口和从事过驳作业的船舶应当与二级以上等级的船舶污染清除单位签订船舶污染清除协议。

第二十六条 载运油类之外的其他散装液体污染危害性货物的船舶，其经营人应当在船舶进港前或者港外装卸、过驳作业前，按照以下要求与相应的船舶污染清除单位签订船舶污染清除协议：

（一）进出港口的船舶以及在距岸 20 海里之内的我国管辖水域从事过驳作业的船舶应当与二级以上等级的船舶污染清除单位签订船舶污染清除协议；

（二）在距岸 20 海里以外的我国管辖水域从事过驳作业的载运其他散装液体污染危害性货物的船舶应当与一级船舶污染清除单位签订船舶污染清除协议。

第二十七条 1 万总吨以上的载运非散装液体污染危害性货物的船舶，其经营人应当在船舶进港前或者港外装卸、过驳作业前，按照以下要求与相应的船舶污染清除单位签订船舶污染清除协议：

（一）进出港口的 2 万总吨以下的船舶应当与四级以上等级的船舶污染清除单位签订船舶污染清除协议；

（二）进出港口的 2 万总吨以上 3 万总吨以下的船舶应当与三级以上等级的船舶污染清除单位签订船舶污染清除协议；

（三）进出港口的 3 万总吨以上的船舶以及在我国管辖水域从事过驳作业的船舶应当与二级以上等级的船舶污染清除单位签订船舶污染清除协议。

第二十八条 与一级、二级船舶污染清除单位签订污染清除协议的船舶划分标准由国家海事管理机构确定。

第二十九条　国家海事管理机构应当制定并公布船舶污染清除协议样本，明确协议双方的权利和义务。

船舶和污染清除单位应当按照国家海事管理机构公布的协议样本签订船舶污染清除协议。

第三十条　船舶应当将所签订的船舶污染清除协议留船备查，并在办理船舶进出港口手续或者作业申请时向海事管理机构出示。

船舶发现船舶污染清除单位存在违反本规定的行为，或者未履行船舶污染清除协议的，应当向船舶污染清除单位所在地的直属海事管理机构报告。

第六章　应急处置

第三十一条　船舶发生污染事故或者可能造成海洋环境污染的，船舶及有关作业单位应当立即启动相应的应急预案，按照有关规定的要求就近向海事管理机构报告，通知签订船舶污染清除协议的船舶污染清除单位，并根据应急预案采取污染控制和清除措施。

船舶在终止清污行动前应当向海事管理机构报告，经海事管理机构同意后方可停止应急处置措施。

第三十二条　船舶污染清除单位接到船舶污染事故通知后，应当根据船舶污染清除协议及时开展污染控制和清除作业，并及时向海事管理机构报告污染控制和清除工作的进展情况。

第三十三条　接到船舶造成或者可能造成海洋环境污染的报告后，海事管理机构应当立即核实有关情况，并加强监测、监视。

发生船舶污染事故的，海事管理机构应当立即组织对船舶污染事故的等级进行评估，并按照应急预案的要求进行报告和通报。

第三十四条　发生船舶污染事故后，应当根据《中华人民共和国防治船舶污染海洋环境管理条例》的规定，成立事故应急指挥机构。事故应急指挥机构应当根据船舶污染事故的等级和特点，启动相应的应急预案，有关部门、单位应当在事故应急指挥机构的统一组织和指挥下，按照应急预案的分工，开展相应的应急处置工作。

第三十五条 发生船舶污染事故或者船舶沉没，可能造成中华人民共和国管辖海域污染的，有关沿海设区的市级以上地方人民政府、海事管理机构根据应急处置的需要，可以征用有关单位和个人的船舶、防治污染设施、设备、器材以及其他物资。有关单位和个人应当予以配合。

有关单位和个人所提供的船舶和防治污染设施、设备、器材应当处于良好可用状态，有关物资质量符合国家有关技术标准、规范的要求。

被征用的船舶和防治污染设施、设备、器材以及其他物资使用完毕或者应急处置工作结束，应当及时返还。船舶和防治污染设施、设备、器材以及其他物资被征用或者征用后毁损、灭失的，应当给予补偿。

第三十六条 发生船舶污染事故，海事管理机构可以组织并采取海上交通管制、清除、打捞、拖航、引航、护航、过驳、水下抽油、爆破等必要措施。采取上述措施的相关费用由造成海洋环境污染的船舶、有关作业单位承担。

需要承担前款规定费用的船舶，应当在开航前缴清有关费用或者提供相应的财务担保。

本条规定的财务担保应由境内银行或者境内保险机构出具。

第三十七条 船舶发生事故有沉没危险时，船员离船前，应当按照规定采取防止溢油措施，尽可能关闭所有货舱（柜）、油舱（柜）管系的阀门，堵塞货舱（柜）、油舱（柜）通气孔。

船舶沉没的，其所有人、经营人或者管理人应当及时向海事管理机构报告船舶燃油、污染危害性货物以及其他污染物的性质、数量、种类及装载位置等情况，委托具有资质的船舶污染清除单位采取污染监视和控制措施，并在必要的时候采取抽出、打捞等措施。

第三十八条 船舶应当在污染事故清除作业结束后，对污染

清除行动进行评估,并将评估报告报送当地直属海事管理机构,评估报告至少应包括下列内容:

(一)事故概况和应急处置情况;

(二)设施、设备、器材以及人员的使用情况;

(三)回收污染物的种类、数量以及处置情况;

(四)污染损害情况;

(五)船舶污染应急预案存在的问题和修改情况。

事故应急指挥机构应当在污染事故清除作业结束后,组织对污染清除作业的总体效果和污染损害情况进行评估,并根据评估结果和实际需要修订相应的应急预案。

第七章 法律责任

第三十九条 海事管理机构应当建立、健全防治船舶污染应急防备和处置的监督检查制度,对船舶以及有关作业单位的防治船舶污染能力以及污染清除作业实施监督检查,并对监督检查情况予以记录。

海事管理机构实施监督检查时,有关单位和个人应当予以协助和配合,不得拒绝、妨碍或者阻挠。

第四十条 海事管理机构发现船舶及其有关作业单位和个人存在违反本规定行为的,应当责令改正;拒不改正的,海事管理机构可以责令停止作业、强制卸载,禁止船舶进出港口、靠泊、过境停留,或者责令停航、改航、离境、驶向指定地点。

第四十一条 违反本规定的规定,船舶未制定防治船舶及其有关作业活动污染海洋环境应急预案,或者应急预案未报海事管理机构批准的,由海事管理机构处 2 万元以下的罚款;港口、码头、装卸站的经营人未制定防治船舶及其有关作业活动污染海洋环境应急预案的,由海事管理机构予以警告,或者责令限期改正。

第四十二条 违反本规定的规定,船舶和有关作业单位未配备防污设施、设备、器材的,或者配备的防污设施、设备、器材不符合国家有关规定和标准的,由海事管理机构予以警告,或者处 2 万元以上 10 万元以下的罚款。

第四十三条 违反本规定的规定,有下列情形之一的,由海事管理机构处 1 万元以上 5 万元以下的罚款:

(一)载运散装液体污染危害性货物的船舶和 1 万总吨以上的其他船舶,其经营人未按照规定签订污染清除作业协议的;

(二)未取得污染清除作业资质的单位擅自签订污染清除作业协议并从事污染清除作业的。

第四十四条 违反本规定的规定,有下列情形之一的,由海事管理机构处 2 万元以上 10 万元以下的罚款:

(一)船舶沉没后,其所有人、经营人未及时向海事管理机构报告船舶燃油、污染危害性货物以及其他污染物的性质、数量、种类及装载位置等情况的;

(二)船舶沉没后,其所有人、经营人未及时采取措施清除船舶燃油、污染危害性货物以及其他污染物的。

第四十五条 违反本规定的规定,发生船舶污染事故,船舶、有关作业单位迟报、漏报事故的,对船舶、有关作业单位,由海事管理机构处 5 万元以上 25 万元以下的罚款;对直接负责的主管人员和其他直接责任人员,由海事管理机构处 1 万元以上 5 万元以下的罚款;直接负责的主管人员和其他直接责任人员属于船员的,给予暂扣适任证书或者其他有关证件 3 个月至 6 个月的处罚。瞒报、谎报事故的,对船舶、有关作业单位,由海事管理机构处 25 万元以上 50 万元以下的罚款;对直接负责的主管人员和其他直接责任人员,由海事管理机构处 5 万元以上 10 万元以下的罚款;直接负责的主管人员和其他直接责任人员属于船员的,并处给予吊销适任证书或者其他有关证件的处罚。

第四十六条 违反本规定的规定,发生船舶污染事故,船舶、有关作业单位未立即启动应急预案的,对船舶、有关作业单位,由海事管理机构处 2 万元以上 10 万元以下的罚款;对直接负责的主管人员和其他直接责任人员,由海事管理机构处 1 万元以上 2 万元以下的罚款;直接负责的主管人员和其他直接责任人员属于船员的,并处给予暂扣适任证书或者其他适任证件1个月至3个月的处罚。

第八章　附　　则

第四十七条　本规定所称“以上”、“以内”包括本数,“以下”、“以外”不包括本数。

第四十八条　本规定自2011年6月1日起施行。

附件

船舶污染清除单位应急清污能力要求

<table>
<tr><th>项目</th><th colspan="2">功能要求</th><th>一级</th><th>二级</th><th>三级</th><th>四级</th><th>具体要求</th></tr>
<tr><td rowspan="4">围油栏</td><td>开阔水域(m)</td><td>总高≥1500mm</td><td>≥2000</td><td>≥1000</td><td>—</td><td>—</td><td rowspan="4">1. 如果根据当地水域的特点,需要调整围油栏类型或总高要求的,应当经过国家海事管理机构的认可。
2. 对防火围油栏的要求仅适用于为油轮及石油开采平台过驳提供污染清除服务的船舶污染清除单位。</td></tr>
<tr><td>非开阔水域(m)</td><td>总高≥900mm</td><td>≥3000</td><td>≥1000</td><td>≥1000</td><td>≥1000</td></tr>
<tr><td>岸线防护(m)</td><td>总高≥600mm</td><td>≥4000</td><td>≥2000</td><td>≥1000</td><td>≥400</td></tr>
<tr><td>防火(m)</td><td>总高≥900mm</td><td>≥400</td><td>≥200</td><td>≥200</td><td>—</td></tr>
<tr><td rowspan="2">收油机</td><td rowspan="2">回收能力(m^3/h)</td><td>高黏度</td><td>≥300</td><td>≥150</td><td>≥30</td><td>≥15</td><td rowspan="2">1. 回收能力指单套或多套收油机每小时回收油水混合物的总量。
2. 高黏度收油机应具备回收以下油品的能力:
(1)在15℃时密度大于等于900kg/m^3的原油;
(2)在15℃时密度大于等于900kg/m^3或50℃时流动黏度大于等于180mm^2/s的燃油。
3. 中、低黏度油收油机应具备回收以下油品的能力:
(1)在15℃时密度小于900kg/m^3的原油;
(2)在15℃时密度小于900kg/m^3或50℃时流动黏度小于180mm^2/s的燃油。</td></tr>
<tr><td>中、低黏度</td><td>≥100</td><td>≥100</td><td>≥50</td><td>≥10</td></tr>
</table>

续上表

项目	功能要求	一级	二级	三级	四级	具体要求
喷洒装置	船上固定式(台)	≥4	≥2	—	—	1. 船上固定式喷洒装置应具有不低于135L/min/套的喷洒量。 2. 便捷喷洒装置应具有不低于18 L/min/套的喷洒量。
	便捷式(台)	≥8	≥4	≥2	≥1	
清洁装置	热水(台)	≥4	≥2	≥1	≥1	1. 热水清洁装置温度应不低于80℃、压力至少达到8MPa。 2. 冷水清洁装置压力应至少达到8MPa。 3. 热水清洁装置可替代冷水清洁装置。 4. 如果根据服务水域的气候特点,需要调整冷热水清洁装置的比例和数量要求的,应当经过国家海事管理机构的认可。
	冷水(台)	≥2	≥1	≥1	≥1	
吸油材料	吸油拖栏(m)	≥4000	≥1000	≥500	≥300	吸油拖栏直径大于等于200mm。
	吸油毡(t)	≥12	≥6	≥3	≥1	
溢油分散剂	常规型(t)	≥20	≥10	≥2	≥1	1. 如配备浓缩型溢油分散剂,应按浓缩比例换算成常规型溢油分散剂的配备量。 2. 如配备溢油凝聚剂,可按照其处理能力替代相应数量的溢油分散剂。

续上表

项目	功能要求	一级	二级	三级	四级	具体要求
卸载装置	总卸载能力(t/h)	≥300	≥200	≥100	≥25	1. 卸载能力指单套或多套卸载装置每小时卸载油品的总量。 2. 一级单位应至少配备1套$150m^3/h$及以上卸载高黏度油品能力的卸载泵；二级单位应至少配备1套$100m^3/h$及以上卸载高黏度油品能力的卸载泵；三级单位应至少配备1套$50m^3/h$及以上卸载高黏度油品能力的卸载泵；四级单位应至少配备1套$15m^3/h$及以上卸载高黏度油品能力的卸载泵。
临时储存装置	临时储存能力(m^3)	≥1600	≥1000	≥400	≥100	临时储存能力指单套或多套临时储存装置的总存储量。
污染物处置	液态污染物处置能力(t/d)	≥100	≥50	≥20	≥10	1. 污染物处置能力指处理液态、固态污染物或者其他污染危害性货物的每天处理吨数。 2. 清污单位可拥有或协议拥有与清污能力相配套的污染物处置装置。
	固态污染物处置能力(t/d)	≥10	≥5	≥2	≥1	

续上表

项目	功能要求	一级	二级	三级	四级	具体要求
船舶	溢油应急处置船(艘)	≥2	≥1	—	—	1. 溢油应急处置船是指具有溢油围控、回收与清除、临时储存、消油剂喷洒、应急辅助卸载和污油水处理等功能的专业船舶。 2. 溢油应急处置船设计航速应不低于 12 节,保证具有 3 节以下的作业航速能力,并至少满足沿海航区的适航要求。一级单位溢油应急处置船污油水舱储能力不低于 $500m^3$;二级单位溢油应急处置船污油水舱储能力不低于 $300m^3$。 3. 辅助船舶应满足围油栏拖带、布放、清污作业等功能需求。
	辅助船舶(艘)	≥8	≥6	≥3	≥2	
作业人员	高级指挥(人)	≥3	≥3	≥2	≥2	1. 高级指挥人员应当具备对船舶污染事故应急反应的宏观掌控能力,能够根据事故情形综合评估风险,及时作出应急反应决策,有效组织实施,并按国家海事管理机构的要求经过培训。 2. 现场指挥人员应能根据指挥机构的对策,结合现场情况,制定具体的清污方案并能组织应急操作人员实施,并按国家海事管理机构的要求经过培训。 3. 应急操作人员应具备应急反应的基本知识和技能,正确使用应急设备和器材,实施清污作业,并按国家海事管理机构的要求经过培训。
	现场指挥(人)	≥8	≥6	≥4	≥3	
	应急操作(人)	≥40	≥30	≥20	≥15	

续上表

项目	功能要求	一级	二级	三级	四级	具体要求
综合保障	应急反应时间(h)	≤4	≤4	≤2	≤2	1. 一、二级单位的应急反应时间是指从接到通知后，主要设备、人员到达距岸20海里的时间。 2. 三、四级单位的应急反应时间是指从接到通知后，主要设备、人员到达港区水域外边界的时间。
	通讯保障	具备多种通信手段，配备足够数量的通信设备，以确保通信畅通。				
	后勤保障	提供应急设备储存地、运输方式、应急设备器材备件、安全防护用品、应急人员食宿、医疗救护等保障，确保应急行动的顺利实施。				
除油类外其他污染危害性货物清除作业	1. 为载运类油散装液体污染危害性货物的船舶提供清污协议服务的一、二级污染清除作业单位，应当根据本表上述要求配备溢油应急设施、设备和器材。 2. 为载运非类油的散装液体污染危害性货物的船舶提供清污协议服务的一、二级污染清除作业单位，还应当根据货物的特性和风险程度，配备相应的应急设施、设备和器材，其中，在专业化工码头服务的船舶污染清除单位应当至少配备3吨化学吸收剂。					

注：1. 相关设备和器材应当符合国家有关标准。

2. 相关设备、器材和船舶如未明确说明可以协议拥有的，应当为自有。

中华人民共和国水上水下活动通航安全管理规定

交通运输部令2011年第5号　2011.1.27

第一条　为了维护水上交通秩序,保障船舶航行、停泊和作业安全,保护水域环境,依据《中华人民共和国海上交通安全法》、《中华人民共和国内河交通安全管理条例》等法律法规,制定本规定。

第二条　公民、法人或者其他组织在中华人民共和国内河通航水域或者岸线上和国家管辖海域从事下列可能影响通航安全的水上水下活动,适用本规定:

(一)勘探、采掘、爆破;

(二)构筑、设置、维修、拆除水上水下构筑物或者设施;

(三)架设桥梁、索道;

(四)铺设、检修、拆除水上水下电缆或者管道;

(五)设置系船浮筒、浮趸、缆桩等设施;

(六)航道建设,航道、码头前沿水域疏浚;

(七)举行大型群众性活动、体育比赛;

(八)打捞沉船、沉物;

(九)在国家管辖海域内进行调查、测量、过驳、大型设施和移动式平台拖带、捕捞、养殖、科学试验等水上水下施工活动以及在港区、锚地、航道、通航密集区进行的其他有碍航行安全的活动;

(十)在内河通航水域进行的气象观测、测量、地质调查,航道日常养护、大面积清除水面垃圾和可能影响内河通航水域交通安全的其他行为。

第三条　水上水下活动通航安全管理应当遵循安全第一、预防为主、方便群众、依法管理的原则。

第四条 国务院交通运输主管部门主管全国水上水下活动通航安全管理工作。

国家海事管理机构在国务院交通运输主管部门的领导下,负责全国水上水下活动通航安全监督管理工作。

各级海事管理机构依照各自的职责权限,负责本辖区水上水下活动通航安全监督管理工作。

第五条 从事本规定第二条第(一)项至第(九)项的水上水下活动的建设单位、主办单位或者对工程总负责的施工作业者,应当按照《中华人民共和国海事行政许可条件规定》明确的相应条件向活动地的海事管理机构提出申请并报送相应的材料。在取得海事管理机构颁发的《中华人民共和国水上水下活动许可证》(以下简称许可证)后,方可进行相应的水上水下活动。

第六条 水上水下活动水域涉及两个以上海事管理机构的,许可证的申请应当向其共同的上一级海事管理机构或者共同的上一级海事管理机构指定的海事管理机构提出。

第七条 从事水上水下活动需要设置安全作业区的,应当经海事管理机构核准公告。

建设单位或者主办单位申请设置安全作业区,可以在向海事管理机构申请许可证时一并提出。

第八条 遇有紧急情况,需要对航道进行修复或者对航道、码头前沿水域进行疏浚的,作业单位可以边申请边施工。

第九条 许可证应当注明允许从事水上水下活动的单位名称、船名、时间、水域、活动内容、有效期等事项。

第十条 许可证的有效期由海事管理机构根据活动的期限及水域环境的特点确定,最长不得超过三年。许可证有效期届满不能结束施工作业的,申请人应当于许可证有效期届满20日前到海事管理机构办理延期手续,由海事管理机构在原证上签注延期期限后方能继续从事相应活动。

第十一条 许可证上注明的船舶在水上水下活动期间发生变

更的,建设单位或者主办单位应当及时到作出许可决定的海事管理机构办理变更手续。在变更手续未办妥前,变更的船舶不得从事相应的水上水下活动。

许可证上注明的实施施工作业的单位、活动内容、水域发生变更的,建设单位或者主办单位应当重新申请许可证。

第十二条 有下列情形之一的,许可证的申请者应当及时向原发证的海事管理机构报告,并办理许可证注销手续:

(一)涉水工程及其设施中止的;

(二)三个月以上不开工的;

(三)提前完工的;

(四)因许可事项变更而重新办理了新的许可证的;

(五)因不可抗力导致批准的水上水下活动无法实施的;

(六)法律、行政法规规定的应当注销行政许可的其他情形。

第十三条 从事本规定第二条第(十)项列明的活动的,应当在活动前将作业或者活动方案报海事管理机构备案。

第十四条 从事按规定需要发布航行警告、航行通告的水上水下活动,应当在活动开始前办妥相关手续。

第十五条 按照国家规定需要立项的对通航安全可能产生影响的涉水工程,在工程立项前交通运输主管部门应当按照职责组织通航安全影响论证审查,论证审查意见作为工程立项审批的条件。

水上水下活动在建设期间或者活动期间对通航安全、防治船舶污染可能构成重大影响的,建设单位或者主办单位应当在申请海事管理机构水上水下活动许可之前进行通航安全评估。

第十六条 涉水工程建设单位、施工单位、业主单位和经营管理单位应当按照《中华人民共和国安全生产法》的要求,建立健全涉水工程水上交通安全制度和管理体系,严格履行涉水工程建设期和使用期水上交通安全有关职责。

第十七条 涉水工程建设单位应当在工程招投标前对参与施工作业的船舶、浮动设施明确应具备的安全标准和条件,在工程招投标后督促施工单位落实施工过程中各项安全保障措施，将施工作业船舶、浮动设施及人员和为施工作业或者活动服务的所有船舶纳入水上交通安全管理体系，并与其签订安全协议。

第十八条 涉水工程建设单位、业主单位应当加强安全生产管理，落实安全生产主体责任。根据国家有关法律、法规及规章要求，明确本单位和施工单位、经营管理单位安全责任人。督促施工单位落实水上交通安全和防治船舶污染的各项要求，并落实通航安全评估以及活动方案中提出的各项安全和防污染的措施。

第十九条 涉水工程建设单位、业主单位应当确保水上交通安全设施与主体工程同时设计、同时施工、同时投入生产和使用。

第二十条 涉水工程勘察设计单位、施工单位应当具备法律、法规规定的资质。

第二十一条 涉水工程施工单位应当落实国家安全作业和防火、防爆、防污染等有关法律法规，制定施工安全保障方案，完善安全生产条件，采取有效安全防范措施，制定水上应急预案，保障涉水工程的水域通航安全。

第二十二条 涉水工程业主单位、经营管理单位，应当采取有效安全措施，保证涉水工程试运行期、竣工后的水上交通安全。

第二十三条 在水上水下活动进行过程中，施工单位和作业人员应当遵守以下规定：

（一）按照海事管理机构批准的作业内容、核定的水域范围和使用核准的船舶进行作业，不得妨碍其他船舶的正常航行；

（二）及时向海事管理机构通报施工进度及计划，并保持工程水域良好的通航环境；

（三）使船舶、浮动设施保持在适于安全航行、停泊或者从事有关活动的状态；

（四）实施施工作业或者活动的船舶、设施应当按照有关规定在明显处昼夜显示规定的号灯号型。在现场作业船舶或者警戒船上配备有效的通信设备，施工作业或者活动期间指派专人警戒，并在指定的频道上守听；

（五）制定、落实有效的防范措施，禁止随意倾倒废弃物，禁止违章向水体投弃施工建筑垃圾、船舶垃圾、排放船舶污染物、生活污水和其他有害物质；

（六）遵守有关水上交通安全和防治污染的相关规定，不得有超载等违法行为。

第二十四条 水上水下活动经海事管理机构核准公告设置安全作业区的，建设单位或者主办单位应当设置相关的安全警示标志和配备必要的安全设施或者警戒船，切实落实通航安全评估中提出的各项安全防范措施和对策，并做好施工与通航及其他有关水上交通安全的协调工作。

第二十五条 与批准的水上水下活动无关的船舶、设施不得进入安全作业区。

建设单位、主办单位或者施工单位不得擅自改变施工作业安全作业区的范围。需要改变的，应当报经海事管理机构重新核准公告。

第二十六条 对水上水下活动产生的可能影响航行安全的障碍物，建设单位或者主办单位应当将形状、尺寸、位置和深度准确地报告海事管理机构，按照海事管理机构的要求设置标志，并按照通航要求及有关规定的要求及时清除遗留物。

第二十七条 水上水下活动完成后，建设单位或者主办单位不得遗留任何妨碍航行的物体，并应当向海事管理机构提交通航安全报告。

海事管理机构收到通航安全报告后，应当及时予以核查。核查中发现存在有碍航行和作业的安全隐患的，海事管理机构有权暂停或者限制涉水工程投入使用。

第二十八条 海事管理机构应当建立涉水工程施工作业或活动现场监督检查制度，依法检查有关建设单位和施工作业单位所属船舶、设施、人员水上通航安全作业条件和采取的通航保障措施落实情况。有关单位和人员应当予以配合。

第二十九条 有下列情形之一的，海事管理机构应当责令建设单位、施工单位立即停止施工作业,并采取安全防范措施。

(一)因恶劣自然条件严重影响安全的;

(二)施工作业水域内发生水上交通事故,危及周围人命、财产安全的;

(三)其他严重影响施工作业安全或通航安全的情形。

第三十条 有下列情形之一的,海事管理机构应当责令改正,拒不改正的,海事管理机构应当责令其停止作业:

(一)建设单位或者业主单位未履行安全管理主体责任的;

(二)未落实通航安全评估提出的安全防范措施的;

(三)未经批准擅自更换或者增加施工作业船舶的;

(四)未按规定采取安全和防污染措施进行水上水下活动的;

(五)雇佣不符合安全标准的船舶和设施进行水上水下活动的;

(六)其他不满足安全生产的情形。

第三十一条 海事管理机构应当建立涉水工程施工单位水上交通安全诚信制度和奖惩机制。在监督检查过程中对发生的下列情形予以通告:

(一)施工过程中发生水上交通事故和船舶污染事故,造成人员伤亡和重大水域污染的;

(二)以不正当手段取得许可证并违法施工的;

(三)不服从管理、未按规定落实水上交通安全保障措施或者存在重大通航安全隐患,拒不改正而强行施工的。

第三十二条 违反本规定,隐瞒有关情况或者提供虚假材料,以欺骗或其他不正当手段取得许可证的,由海事管理机构撤销其水上水下施工作业许可,注销其许可证,并处5000元以上3万元以下的罚款。

第三十三条 有下列行为或者情形之一的,海事管理机构应当责令施工作业单位、施工作业的船舶和设施立即停止施工作业,责令限期改正,并处5000元以上3万元以下的罚款。属于内河通航水域水上水下活动的,处5000元以上5万元以下的罚款:

（一）应申请许可证而未取得，擅自进行水上水下活动的；

（二）许可证失效后仍进行水上水下活动的；

（三）使用涂改或者非法受让的许可证进行水上水下活动的；

（四）未按本规定报备水上水下活动的。

第三十四条 有下列行为或者情形之一的，海事管理机构应当责令改正，并可以处以 2000 元以下的罚款；拒不改正的，海事管理机构应当责令施工作业单位、施工作业的船舶和设施停止作业。

（一）未按有关规定申请发布航行警告、航行通告即行实施水上水下活动的；

（二）水上水下活动与航行警告、航行通告中公告的内容不符的。

第三十五条 未按本规定取得许可证，擅自构筑、设置水上水下建筑物或设施的，禁止任何船舶进行靠泊作业。影响通航环境的，应当责令构筑、设置者限期搬迁或拆除，搬迁或拆除的有关费用由构筑、设置者自行承担。

第三十六条 违反本规定，未妥善处理有碍航行和作业安全隐患并按照海事管理机构的要求采取清除、设置标志、显示信号等措施的，由海事管理机构责令改正，并处 5000 元以上 3 万元以下的罚款。

第三十七条 海事管理机构工作人员不按法定的条件进行海事行政许可或者不依法履行职责进行监督检查，有滥用职权、徇私舞弊、玩忽职守等行为的，由其所在机构或上级机构依法给予行政处分；构成犯罪的，由司法机关依法追究刑事责任。

第三十八条 在军港、渔港内从事相关水上水下活动，按照国家有关规定执行。

第三十九条 本规定自 2011 年 3 月 1 日起施行。1999 年 10 月 8 日原交通部发布的《中华人民共和国水上水下施工作业通航安全管理规定》（交通部令 1999 年第 4 号）同时废止。

中华人民共和国
海上船舶污染事故调查处理规定

交通运输部令2011年第10号　2011.11.14

第一章　总　　则

第一条　为了规范船舶污染事故调查处理工作，依据《中华人民共和国海洋环境保护法》、《中华人民共和国防治船舶污染海洋环境管理条例》等规定，制定本规定。

第二条　本规定适用于造成中华人民共和国管辖海域污染的船舶污染事故的调查处理。

第三条　国务院交通运输主管部门主管船舶污染事故调查处理工作。

国家海事管理机构负责指导、管理和实施船舶污染事故调查处理工作。

各级海事管理机构依照各自职责负责具体开展船舶污染事故调查处理工作。

第四条　船舶污染事故调查处理应当遵循及时、客观、公平、公正的原则，查明事故原因，认定事故责任。

第二章　事故报告

第五条　发现船舶及其有关水上交通事故、作业活动造成或者可能造成海洋环境污染的单位和个人，应当立即将有关情况向就近的海事管理机构报告。海事管理机构接到报告后，应当按照应急预案的要求进行报告和通报。

第六条 发生污染事故的船舶、有关作业单位，应当在采取应急措施的同时及时、妥善地保存相关事故信息，立即向就近的海事管理机构报告以下事项：

（一）船舶的名称、国籍、呼号、识别号或者编号；

（二）船舶所有人、经营人或者管理人、污染损害赔偿责任保险人的名称、地址和联系方式；

（三）相关水文和气象情况；

（四）污染物的种类、基本特性、数量、装载位置等情况；

（五）事故原因或者事故原因的初步判断；

（六）事故污染情况；

（七）已经采取或者准备采取的污染控制、清除措施以及救助要求；

（八）签订了船舶污染清除协议的，还应当报告船舶污染清除单位的名称和联系方式；

（九）船舶、有关作业单位认为需要报告的其他事项。

船舶、有关作业单位向海事管理机构报告后，经核实发现报告内容与事实情况不符的，应当立即对报告内容予以更正。

第七条 发生污染事故的船舶、有关作业单位，应当在事故发生后24小时内向就近的海事管理机构提交《船舶污染事故报告书》。因特殊情况不能在规定时间内提交《船舶污染事故报告书》的，经海事管理机构同意后可予适当延迟，但最长不得超过48小时。

《船舶污染事故报告书》至少应当包括以下内容：

（一）船舶及船舶所有人、经营人或者管理人的有关情况；

（二）污染事故概况；

（三）应急处置情况；

（四）污染损害赔偿责任保险情况；

（五）其他与事故有关的事项。

第八条 中国籍船舶在中华人民共和国管辖海域外发生的船

舶污染事故,其所有人或经营人应当立即向船籍港所在地直属海事管理机构报告,并在48小时内提交《船舶污染事故报告书》;船舶应当在到达国内第一港口之前提前24小时向船籍港直属海事管理机构报告,并接受调查处理。

第九条 船舶污染事故报告后出现的新情况及污染事故的处置进展情况,船舶、有关单位应当及时补充报告。

第三章 事故调查

第十条 船舶污染事故调查处理依照下列规定组织实施:

(一)特别重大船舶污染事故由国务院或者国务院授权国务院交通运输主管部门等部门组织事故调查处理;

(二)重大船舶污染事故由国家海事管理机构组织事故调查处理;

(三)较大船舶污染事故由事故发生地直属海事管理机构负责调查处理;

(四)一般船舶污染事故由事故发生地海事管理机构负责事故调查处理。

船舶污染事故发生地不明的,由事故发现地海事管理机构负责调查处理。事故发生地或者事故发现地跨管辖区域或者相关海事管理机构对管辖权有争议的,由共同的上级海事管理机构确定调查处理机构。

在中华人民共和国管辖海域外发生的船舶污染事故,造成中华人民共和国管辖海域污染的,调查处理机构由国家海事管理机构指定。

中国籍船舶在中华人民共和国管辖海域外发生重大及以上船舶污染事故造成或者可能造成严重影响的,国家海事管理机构可派员开展事故调查。

船舶污染事故给渔业造成损害的,应当吸收渔业主管部门参与调查处理;给军事港口水域造成损害的,应当吸收军队有关主管部门参与调查处理。

第十一条 船舶因发生海上交通事故造成海洋环境污染的，海事管理机构对船舶污染事故的调查应当与船舶交通事故的调查同时进行。

第十二条 海事管理机构接到船舶污染事故报告后，应当及时进行核查取证，开展现场调查工作。

经核实不属于船舶污染事故的，及时通报相关部门处理。

第十三条 船舶污染事故调查应当由至少两名船舶污染事故调查人员实施。

船舶污染事故调查人员应当经过国家海事管理机构组织的培训，具有相应的船舶污染事故调查处理能力。

第十四条 发生下列情况时，船舶污染事故调查处理机构可以组织开展国际、国内船舶污染事故协查：

（一）污染事故肇事船舶逃逸的；

（二）污染事故嫌疑船舶已经开航离港的；

（三）辖区发生污染事故但暂时无法确认污染来源，经分析可能为过往船舶所为的；

（四）其他需要组织协查的情况。

国际间的船舶污染事故协查，由国家海事管理机构统一组织协调。

第十五条 船舶污染事故调查处理机构调查船舶污染事故，应当勘验事故现场，检查相关船舶，询问相关人员，收集证据，查明事故原因。

第十六条 下列材料可以作为船舶污染事故调查的证据：

（一）书证、物证、视听资料；

（二）证人证言；

（三）当事人陈述；

（四）鉴定结论；

（五）勘验笔录、调查笔录、现场笔录；

（六）其他可以证明事实的证据。

第十七条　船舶污染事故的当事人和其他有关人员应当配合调查，如实反映情况和提供资料，不得伪造、隐匿、毁灭证据或者以其他方式妨碍调查取证。

船舶污染事故的当事人和其他有关人员提供的书证、物证、视听资料应当是原件原物，提供抄录件、复印件、照片等非原件原物的，应当签字确认；拒绝确认的，事故调查人员应当注明有关情况。

第十八条　船舶污染事故调查处理机构根据调查处理工作的需要可以行使以下职权：

（一）责令船舶污染事故当事人提供相关技术鉴定或者检验、检测报告；

（二）暂扣相应的证书、文书、资料；

（三）禁止船舶驶离港口或者责令停航、改航、驶往指定地点、停止作业、暂扣船舶。

第四章　鉴定机构的认定

第十九条　从事船舶污染事故技术鉴定或者检测、检验工作的鉴定机构，应当经国务院交通运输主管部门认定。

第二十条　船舶污染事故调查处理机构、船舶及其污染损害赔偿责任保险人和船舶污染事故受损害方，在船舶污染事故调查处理过程中需要委托有关机构进行技术鉴定或者检验、检测的，应当委托经国务院交通运输主管部门认定的机构进行。

未经国务院交通运输主管部门认定的机构所出具的鉴定结论不得作为船舶污染事故调查处理的证据。

第二十一条　从事船舶污染事故技术鉴定、检验、检测工作的机构提出认定申请的，应当符合以下要求：

（一）具有独立法人资格；

（二）能够开展船舶污染源技术鉴定、船舶污染事故原因技术分析、船舶污染物泄漏量技术分析以及船舶污染损害鉴定等一项或者多项工作；

（三）开展任何一项工作至少具有3名高级以上技术职称且在相应技术领域具有3年以上工作经验的专业技术人员；

（四）近5年参加至少3起船舶污染事故的技术鉴定、检验、检测工作；

（五）具有已通过国家实验室认可和国家实验室资质认定的、且配备了开展船舶污染事故技术鉴定、检验、检测所必需的仪器设备、技术资料的实验室；

（六）能够独立出具技术鉴定、检验、检测报告；

（七）建立了相应的工作质量管理制度。

第二十二条 申请鉴定机构认定的，应当向国家海事管理机构提交表明其符合本规定第二十一条要求的材料。

国家海事管理机构应当及时对申请人是否符合要求进行审查，提出审查意见报国务院交通运输主管部门。国务院交通运输主管部门作出是否予以认定的决定后告知申请人。

第二十三条 鉴定机构应当于每年1月31日前将下列情况向国家海事管理机构备案：

（一）上一年度开展船舶污染事故技术鉴定、检验、检测工作情况；

（二）船舶污染事故技术鉴定、检测、检验能力变化情况；

（三）技术鉴定、检测、检验结论在船舶污染事故处理、诉讼和仲裁中的采信情况。

国家海事管理机构应当在收到鉴定机构递交的年度备案材料后，对鉴定机构是否符合本规定的要求进行核查。对不符合认定要求的，责令其限期改正；逾期不改正的，国家海事管理机构报国务院交通运输主管部门批准后依法撤销认定。

国务院交通运输主管部门应当于每年3月31日之前，向社会公布认定的鉴定机构名单。

第二十四条 鉴定机构有下列情况之一的，船舶污染事故调查处理机构应当不予采信其鉴定结论，并责令其限期改正；逾期不改正的，国家海事管理机构报国务院交通运输主管部门批准后应当依法撤销认定：

（一）未按照有关法律、法规和技术规范的要求开展技术鉴定、检测、检验工作的；

（二）船舶污染事故技术鉴定、检测、检验报告出现重大错误，与事实情况明显不符的；

（三）鉴定机构出具虚假报告的。

第五章 事故处理

第二十五条 船舶污染事故调查处理机构应当根据船舶污染事故现场勘验、检查、调查情况和有关的技术鉴定、检验、检测报告，完成船舶污染事故调查。

第二十六条 船舶污染事故调查处理机构应当自事故调查结束之日起20个工作日内制作《船舶污染事故认定书》，并送达当事人。

《船舶污染事故认定书》应当载明事故基本情况、事故原因和事故责任。

海事管理机构在接到船舶污染事故报告或者发现船舶污染事故之日起6个月内无法查明污染源或者无法找到造成污染船舶的，经船舶污染事故调查处理机构负责人批准可以终止事故调查，并在《船舶污染事故认定书》中注明终止调查的原因。

第二十七条 船舶污染事故当事人对事故认定不服的，可以在收到《船舶污染事故认定书》之日起15日内，向船舶污染事故调查处理机构或者其上级机构申请一次重新认定。

第二十八条 造成海洋环境污染的船舶应当在开航前缴清海事管理机构为减轻污染损害而采取的清除、打捞、拖航、引航过驳等应急处置措施的相关费用或者提供相应的财务担保。

财务担保应当是现金担保、由境内银行或者境内保险机构提供的信用担保。

第二十九条 重大以上船舶污染事故的调查处理报告应当向

国务院交通运输主管部门备案。其中重大以上船舶海上溢油事故的调查处理情况,国务院交通运输主管部门应当向国家海上溢油应急处置部际联席会议通报。

第三十条 海上船舶污染事故调查处理的信息发布应当及时、准确。

海上船舶污染事故调查处理信息,由负责组织调查处理工作的机构审核后按照新闻发布的相关规定发布。参与事故调查处理的单位或者个人不得擅自发布相关信息。

第三十一条 船舶污染事故引起的污染损害赔偿争议,当事人可以向海事管理机构申请调解,海事管理机构也可以主动调解。

当事人一方拒绝调解的,海事管理机构不得调解。

征得所有当事人同意后,调解可以邀请其他利害关系人参加。

第三十二条 调解人员应当按照有关法律、法规的规定,对船舶污染损害赔偿争议进行调解。调解成功的,由各方当事人共同签署《船舶污染事故民事纠纷调解协议书》。

《船舶污染事故民事纠纷调解协议书》由当事人各执一份,调查处理机构留存一份。

第三十三条 在调解过程中,当事人向人民法院提起诉讼或者申请仲裁的,应当及时通知海事管理机构,调解自动终止。

当事人中途退出调解的,应当向海事管理机构提交退出调解的书面申请,海事管理机构应当终止调解,并及时通知其他当事人。

海事管理机构调解不成,或者在3个月内未达成调解协议的,应当终止调解。

第六章 法律责任

第三十四条 船舶、有关作业单位违反本规定的,海事管理机构应当责令改正;拒不改正的,海事管理机构可以责令停止作业、强制卸载,禁止船舶进出港口、靠泊、过境停留,或者责令停航、改航、离境、驶向指定地点。

第三十五条 违反本规定,船舶污染事故的当事人和其他有关人员有下列行为之一的,由海事管理机构处以1万元以上5万元以下的罚款:

(一)未如实向组织事故调查处理的机关或者海事管理机构反映情况的;

(二)伪造、隐匿、毁灭证据或者以其他方式妨碍调查取证的。

第三十六条 发生船舶污染事故,船舶、有关作业单位迟报、漏报事故的,对船舶、有关作业单位,由海事管理机构处5万元以上25万元以下的罚款;对直接负责的主管人员和其他直接责任人员,由海事管理机构处1万元以上5万元以下的罚款。直接负责的主管人员和其他直接责任人员属于船员的,并处给予暂扣适任证书或者其他有关证件3个月至6个月的处罚。

本条所称迟报、漏报包括下列情形:

(一)发生船舶污染事故后,未立即向就近的海事管理机构报告的,因不可抗力无法报告的除外;

(二)船舶污染事故报告的内容与事实情况不符,未及时对报告内容予以更正的;

(三)未在规定时限内向海事管理机构提交《船舶污染事故报告书》的;

(四)提交的《船舶污染事故报告书》内容不完整。

第三十七条 发生船舶污染事故,船舶、有关作业单位瞒报、谎报事故的,对船舶、有关作业单位,由海事管理机构处25万元以上50万元以下的罚款;对直接负责的主管人员和其他直接责任人员,由海事管理机构处5万元以上10万元以下的罚款。直接负责的主管人员和其他直接责任人员属于船员的,并处给予吊销适任证书或者其他有关证件的处罚。

本条所称瞒报、谎报包括下列情形:

(一)发生船舶污染事故后,故意不向海事管理机构报告的;

(二)发现船舶污染事故报告的内容与事实情况不符,故意不对报告内容予以更正的；

（三）发生船舶污染事故后，编造虚假信息或者伪造、变造证据，不如实向海事管理机构报告的；

（四）提交《船舶污染事故报告书》弄虚作假的。

第三十八条 在事故调查结束后，海事管理机构对造成船舶污染事故的责任船舶、有关作业单位按照污染事故直接损失的百分之三十处以罚款，但最高不得超过30万元。负有直接责任的主管人员和其他直接责任人员属于国家工作人员的，依法给予行政处分。

直接经济损失是指与船舶污染事故有直接因果关系而造成的财产毁损、减少的实际价值。包括：

（一）为防止或者减轻船舶污染损害采取预防措施所发生的费用，以及预防措施造成的进一步灭失或者损害；

（二）船舶污染事故造成该船舶之外的财产损害；

（三）对受污染的环境已采取或将要采取合理恢复措施的费用。

第三十九条 船舶污染事故造成珊瑚礁、红树林等海洋生态系统及海洋水产资源、海洋保护区破坏的，海事管理机构应当责令相关责任船舶、作业单位限期改正和采取补救措施，并处1万元以上10万元以下的罚款；有违法所得的，没收其违法所得。

第七章 附 则

第四十条 国务院交通运输主管部门所辖港区水域内军事船舶和港区水域外渔业船舶、军事船舶污染事故的调查处理，国家法律、行政法规另有规定的，从其规定。

第四十一条 《船舶污染事故报告书》、《船舶污染事故认定书》、《船舶污染事故民事纠纷调解协议书》及《船舶污染事故民事纠纷调解终止通知书》的格式由国家海事管理机构规定。

第四十二条 本规定自2012年2月1日起施行。

中华人民共和国
海船船员适任考试和发证规则

交通运输部令2011年第12号　2011.12.27

第一章　总　则

第一条　为了提高海船船员素质，保障海上人命和财产安全，保护海洋环境，根据《中华人民共和国海上交通安全法》、《中华人民共和国船员条例》以及我国缔结或者加入的有关国际公约，制定本规则。

第二条　本规则适用于为取得中华人民共和国海船船员适任证书（以下简称适任证书）而进行的考试以及适任证书、适任证书特免证明和外国适任证书承认签证的签发与管理。

第三条　国务院交通运输主管部门主管全国海船船员适任考试和发证工作。

国家海事管理机构在国务院交通运输主管部门的领导下，对海船船员适任考试和发证工作进行统一管理。

国家海事管理机构所属的各级海事管理机构按照国家海事管理机构确定的职责范围具体负责海船船员适任考试和发证工作。

第四条　海船船员适任考试和发证应当遵循公平、公正、公开、便民的原则。

第二章　适任证书

第一节　适任证书基本信息

第五条　适任证书包含以下基本内容：

（一）持证人姓名、性别、出生日期、国籍、持证人签名及照片；

（二）证书等级、编号；

（三）有关国际公约的适用条款；

（四）持证人适任的航区、职务、职能；

（五）持证人适任的船舶种类、主推进动力装置、特殊设备操作等项目；

（六）发证日期和有效期截止日期；

（七）签发机关名称和签发官员署名；

（八）规定需要载明的其他内容。

第六条 持证人适任的航区分为无限航区和沿海航区，但无线电操作人员适任的航区分为 A1、A2、A3 和 A4 海区。

第七条 适任证书等级分为：

（一）船长、驾驶员、轮机长和轮机员适任证书等级分为：

1. 无限航区适任证书分为二个等级：

（1）一等适任证书：适用于 3000 总吨及以上或者主推进动力装置 3000 千瓦及以上的船舶；

（2）二等适任证书：适用于 500 总吨及以上至 3000 总吨或者主推进动力装置 750 千瓦及以上至 3000 千瓦的船舶。

2. 沿海航区适任证书分为三个等级：

（1）一等适任证书：适用于 3000 总吨及以上或者主推进动力装置 3000 千瓦及以上的船舶；

（2）二等适任证书：适用于 500 总吨及以上至 3000 总吨或者主推进动力装置 750 千瓦及以上至 3000 千瓦的船舶；

（3）三等适任证书：适用于未满 500 总吨或者主推进动力装置未满 750 千瓦的船舶。

（二）高级值班水手、高级值班机工适任证书适用于 500 总吨及以上或者主推进动力装置 750 千瓦及以上的船舶。

（三）值班水手、值班机工适任证书等级分为：

1. 无限航区适任证书适用于 500 总吨及以上或者主推进动力装置 750 千瓦及以上的船舶；

2. 沿海航区适任证书分为二个等级：

(1)一等适任证书：适用于500总吨及以上或者主推进动力装置750千瓦及以上的船舶；

(2)二等适任证书：适用于未满500总吨或者主推进动力装置未满750千瓦的船舶。

(四)电子电气员和电子技工适任证书适用于主推进动力装置750千瓦及以上的船舶。

在拖轮上任职的船长和甲板部船员所持适任证书等级与该拖轮的主推进动力装置功率的等级相对应。

第八条 船员职务根据服务部门分为：

(一)船长；

(二)甲板部船员：大副、二副、三副、高级值班水手、值班水手，其中大副、二副、三副统称为驾驶员；

(三)轮机部船员：轮机长、大管轮、二管轮、三管轮、电子电气员、高级值班机工、值班机工、电子技工，其中大管轮、二管轮、三管轮统称为轮机员；

(四)无线电操作人员：一级无线电电子员、二级无线电电子员、通用操作员、限用操作员。

第九条 船员职能根据分工分为：

(一)航行；

(二)货物操作和积载；

(三)船舶作业和人员管理；

(四)轮机工程；

(五)电气、电子和控制工程；

(六)维护和修理；

(七)无线电通信。

船员职能根据技术要求分为：

(一)管理级；

(二)操作级；

(三)支持级。

第十条 适任证书持有人应当在适任证书适用范围内担任职务或者担任低于适任证书适用范围的职务。但担任值班水手职务的船员必须持有值班水手或者高级值班水手适任证书,担任值班机工职务的船员必须持有值班机工或者高级值班机工适任证书。

第二节 适任证书的签发

第十一条 取得适任证书,应当具备下列条件:

(一)持有有效的船员服务簿;

(二)符合国家海事管理机构规定的海船船员任职岗位健康标准;

(三)完成本规则附件规定的适任培训;

(四)具备本规则附件规定的海上任职资历,并且任职表现和安全记录良好;

(五)通过相应的适任考试。

拟在油船、化学品船、液化气船、客船、高速船等特殊类型船舶上任职的船员,还应当具备本章第三节规定的培训、资历等特殊要求。

第十二条 申请海船船员适任证书的,应当提交下列材料:

(一)海船船员适任证书申请表;

(二)船员服务簿;

(三)海船船员健康证书;

(四)身份证件;

(五)符合海事管理机构要求的照片;

(六)岗位适任培训证明或者航海教育毕业证书;

(七)船上见习记录簿;

(八)现持有的适任证书;

(九)专业技能适任培训合格证;

(十)适任考试的合格证明。

持有三副、三管轮适任证书申请二副、二管轮适任证书者,免于向海事管理机构提交本条第一款第(六)、(七)、(九)、(十)项规定的材料；

按照本规则规定免于船上见习者，免于向海事管理机构提交本条第一款第（七）项规定的材料；

初次申请海船船员适任证书者，免于向海事管理机构提交本条第一款第（八）项规定的材料。

按照第二十条规定拟在特殊类型船舶上任职的，还应当提供相应的特殊培训合格证。

申请适任证书再有效的，还应当提交经过相应知识更新的材料，但按照第十五条规定申请适任证书再有效的，免于提交本条第一款（六）、（七）、（九）、（十）项规定的材料，按照第十六条规定申请适任证书再有效的，免于提交本条第一款（六）、（九）项规定的材料。

第十三条 海事管理机构对于发证申请，经审核符合本规则规定条件的，应当按照《行政许可法》、《交通行政许可实施程序规定》的要求签发相应的适任证书。

第十四条 适任证书有效期不超过 5 年，有效期截止日期不超过持证人 65 周岁生日。

第十五条 持有船长和高级船员适任证书者在证书有效期内，满足下列条件之一，并经过与其职务相适应的知识更新培训，可以在适任证书有效期届满前 12 个月内向有相应管理权限的海事管理机构申请适任证书再有效：

（一）从申请之日起向前计算 5 年内具有与其适任证书所记载范围相应的不少于 12 个月的海上服务资历，且任职表现和安全记录良好；

（二）从申请之日起向前计算 6 个月内具有与其适任证书所记载范围相应的累计不少于 3 个月的海上服务资历，且任职表现和安全记录良好。

第十六条 未满足本规则第十五条规定的船长和高级船员，申请适任证书再有效的，应当符合下列规定：

（一）未满足第十五条（一）、（二）项规定，或者适任证书过期

5 年以内的,应当参加模拟器培训和知识更新培训,并通过相应的抽查项目的评估;

(二)适任证书过期 5 年及以上 10 年以下的,应当参加模拟器培训和知识更新培训,并通过相应的抽查科目的理论考试和项目的评估;

(三)适任证书过期 10 年及以上的,应当参加模拟器培训和知识更新培训,通过相应的抽查科目的理论考试和项目的评估,并在适任证书记载的相应航区、等级范围内按照《船上见习记录簿》规定完成不少于 3 个月的船上见习。

第十七条 适任证书损坏或者遗失时,持证人除应当向原证书签发的海事管理机构提交补发申请及本规则第十二条第(一)、(四)、(五)项要求的材料外,还应当满足下列要求:

(一)适任证书损坏的,应当缴回被损坏的证书原件;

(二)适任证书遗失的,应当在发行范围覆盖全国的报纸上登载适任证书遗失公告,或者提交原证书签发海事管理机构所在地公证机关出具的公证书;登载适任证书遗失公告的,自公告之日起满 30 日后方可申请。

补发的适任证书的有效期截止日期与原适任证书的有效期截止日期相同。

第十八条 因违反海事行政管理规定被吊销适任证书者,自证书被吊销之日起 2 年后,通过低一职务的适任考试,可以按照本规则第十二条的规定提交相应材料,向原签发适任证书的海事管理机构申请低一职务的适任证书。

海事管理机构对通过适任考试,且安全记录良好的,应当签发其相应的适任证书。

第十九条 曾在内河船舶、海洋渔业船舶或者军事船舶上任职的人员,具备下列条件的,可以按照国家海事管理机构的规定申请相应的适任证书:

(一)拟申请证书的等级和职务不高于其在内河船舶、海洋渔业船舶或者军事船舶上相应的证书等级和职务,其中可以申请的职务最高为大副或者大管轮；

（二）在内河船舶、海洋渔业船舶或者军事船舶上的水上服务资历能够与本规则规定的海上服务资历相适应，且任职表现和安全记录良好；

（三）参加相应的岗位适任培训，并通过与申请职务相应的理论考试和评估。

第三节　特殊类型船舶船员的特殊要求

第二十条　拟在油船、化学品船、液化气船、客船、高速船等特殊类型船舶上任职的，还应当完成相应的特殊培训，并取得培训合格证。

第二十一条　在两港间航程50海里及以上的客船上服务的船长和高级船员应当持有适用于相应航区3000总吨及以上或者3000千瓦及以上船舶的适任证书。

第二十二条　申请适用于两港间航程50海里及以上客船驾驶员、船长适任证书的，应当具备下列条件：

（一）申请适用于客船三副适任证书者，应当在其他种类的3000总吨及以上海船上担任三副满12个月，任职表现和安全记录良好，并至少在客船上任见习三副3个月；或者通过三副适任考试，在客船上完成18个月的船上见习，任职表现和安全记录良好。

（二）申请适用于客船二副适任证书者，应当在其他种类的3000总吨及以上海船上担任二副满12个月，任职表现和安全记录良好，并至少在客船上任见习二副3个月；或者持有客船三副适任证书并在相应航区、船舶等级的海船上担任三副不少于18个月，任职表现和安全记录良好，其中曾经担任客船三副至少6个月。

（三）申请适用于客船大副适任证书者，应当在其他种类的3000总吨及以上海船上担任大副满24个月，任职表现和安全记录良好，并至少在客船上任见习大副3个月；或者持有客船二副适任证书并在相应航区、船舶等级的海船上担任二副不少于12个月,其中曾经担任客船二副至少6个月,通过大副考试,至少在客船上任见习大副3个月,任职表现和安全记录良好。

(四)申请适用于客船船长适任证书者,应当在其他种类的3000总吨及以上海船上担任船长满24个月,任职表现和安全记录良好,并至少在客船上任见习船长3个月;或者持有客船大副适任证书并在相应航区、船舶等级的海船上担任大副不少于18个月,任职表现和安全记录良好,其中曾经担任客船大副至少6个月,通过船长考试,且至少在客船上任见习船长3个月。

第二十三条 初次申请适用于两港间航程50海里及以上客船轮机长、轮机员适任证书者,应当在其他种类的3000千瓦及以上海船上担任相应职务满12个月,任职表现和安全记录良好,并在客船上任相应见习职务3个月。

通过三管轮适任考试者,在客船上完成规定的18个月船上见习,任职表现和安全记录良好,可以申请适用于客船的三管轮适任证书。

第三章 适任考试

第二十四条 海船船员的适任考试包括理论考试和评估。

理论考试以理论知识为主要考试内容,重点对海船船员专业知识的掌握和理解程度进行测试。

评估通过对相应船舶、模拟器或者其他设备的操作,国际通用语言听力测验与口试等方式,重点对海船船员专业知识综合运用、操作及应急等能力进行技能测评。

第二十五条 适任考试科目、大纲由国家海事管理机构统一制定并公布。相关海事管理机构应当在职责范围内制定并公布适任考试具体计划,明确适任考试的时间、地点、申请程序等相关信息。

第二十六条 申请参加适任考试的,应当按照公布的申请程序向有相应权限的海事管理机构提供下列信息:

（一）身份证件；

（二）所申请考试的适任证书航区、等级、职务；

（三）符合海事管理机构要求的照片。

第二十七条 海事管理机构应当于适任考试开始5日前向申请人发放准考证，并告知申请人查询适任考试成绩的途径等事项。

第二十八条 适任考试有科目或者项目不及格的，可以在初次适任考试准考证签发之日起3年内申请5次补考。逾期不能通过全部适任考试的，所有适任考试成绩失效。

第二十九条 海事管理机构应当在考试结束后30日内公布成绩。适任考试成绩自全部理论考试和评估成绩均合格之日起5年内有效。

第四章 特免证明

第三十条 中国籍船舶在境外遇有不可抗力或者其他导致持证船员不能履行职务的特殊情况，无法满足船舶最低安全配员要求，需要由本船下一级船员临时担任上一级职务时，应当向海事管理机构申请签发特免证明。

第三十一条 申请船长、驾驶员、轮机长、轮机员特免证明的，应当符合下列条件：

（一）申请船长、轮机长特免证明的，应当持有大副或者大管轮适任证书并在自申请之日起前5年内，具有不少于12个月的不低于其适任证书所记载船舶、航区、职务的任职资历，任职表现和安全记录良好，且船长、轮机长不能履行职务的情况是因不可抗力原因造成；

（二）申请大副、大管轮特免证明的，应当持有二副、二管轮适任证书，并在自申请之日起前5年内，具有不少于12个月的不低于其适任证书所记载船舶、航区、职务的任职资历，且任职表现和安全记录良好；

（三）申请二副、二管轮特免证明的，应当持有三副、三管轮适任证书,并在自申请之日起前5年内,具有不少于12个月的不低于其适任证书所记载船舶、航区、职务的任职资历,且任职表现和安全记录良好;

(四)申请三副、三管轮特免证明的,应当持有高级值班水手、值班水手或者高级值班机工、值班机工适任证书,并在自申请之日起前5年内,具有不少于12个月的不低于其适任证书所记载船舶、航区、职务的任职资历,任职表现和安全记录良好。

本条第一款规定的船员以外的其他船员,不予签发特免证明。

第三十二条 申请特免证明的,应当向海事管理机构提交包含下列内容的申请报告:

(一)申请理由;

(二)船舶名称、航行区域、停泊港口;

(三)拟申请签发对象的资历情况;

(四)相关证明材料。

第三十三条 受理申请的海事管理机构应当在受理之日起3日内核实有关情况并报国家海事管理机构批准,对符合第三十一条规定条件的,国家海事管理机构应当签发有效期不超过6个月的特免证明,但船长或者轮机长特免证明的有效期不超过3个月。不符合条件的,应当在受理申请之日起3日内告知申请人不予签发的决定及理由。

第三十四条 一艘船舶上同时持特免证明的船长和高级船员总共不得超过3名。

第三十五条 当事船舶抵达中国第一个港口后,特免证明自动失效。失效的特免证明应当及时缴回原签发的海事管理机构。

第五章 承认签证

第三十六条 持有经修正的《1978年海员培训、发证和值班标准国际公约》(以下简称STCW公约)缔约国签发的外国适任证书的船员在中国籍船舶上任职的,应当取得由国家海事管理机构签发的外国适任证书的承认签证。

第三十七条 申请承认签证的,应当向国家海事管理机构提交下列材料:

(一)所属缔约国签发的适任证书原件;

(二)表明申请人符合 STCW 公约和所属缔约国有关船员管理规定的证明文件;

(三)申请人的海船船员身份证件。

第三十八条 国家海事管理机构应当按照 STCW 公约和本规则规定的标准、条件等内容,对申请承认签证船员所属缔约国的有关船员管理制度从下列方面进行评价:

(一)有关船员适任培训、考试及发证制度是否符合 STCW 公约要求;

(二)是否按照 STCW 公约要求建立了有效的船员质量标准控制体系;

(三)船员适任条件等相关要求是否低于本规则规定的相关标准。

按照本条第一款进行评价的结果应当作为签发承认签证的依据,对于评价结果表明该缔约国的有关船员管理制度不低于 STCW 公约及本规则相关要求,且申请人按照第三十七条提供的材料真实、全面的,国家海事管理机构应当签发相应的承认签证。其中,签发船长、大副、轮机长、大管轮适任证书承认签证前,申请人还应当参加与申请职务相应的海上交通安全、环境保护等方面的培训,并经海事管理机构考核合格。

第三十九条 承认签证的有效期不得超过被承认适任证书的有效期,且最长不得超过 5 年。当被承认适任证书失效时,相应的承认签证自动失效。

第六章 航运公司及相关机构的责任

第四十条 航运公司及相关机构应当保证被指派任职的船员

满足下列要求：

（一）持有适当、有效的适任证书，熟悉自身岗位职责；

（二）熟悉船舶的布置、装置、设备、工作程序、特性和局限性等相关情况；

（三）具有良好工作语言运用及沟通能力，确保在紧急情况下和执行安全、防污染和保安职能时，能够有效履行职责。

第四十一条　航运公司及相关机构应当建立并完善船员培训制度，按照以下要求加强对本公司、机构船员的培训：

（一）按照国家海事管理机构的规定制定并执行有关培训、见习等方面的培训计划，并在培训、见习记录簿内如实填写或者记载；

（二）采取有效措施，确保应当由本公司、机构负责的其他各类船员培训有效实施。

第四十二条　航运公司及相关机构应当备有完整、最新的船员管理法规和相关国际公约。

航运公司及相关机构应当建立船员档案，对船员录用、培训、资历、健康状况以及有关船员考试、证书持有情况等信息进行连续有效的记录和管理，并确保可以供随时查询。

第七章　监督管理

第四十三条　海事管理机构应当对船员履行职责、安全记录等情况进行监督检查，加强对船员适任能力的监管。

第四十四条　有下列情形之一的，海事管理机构可以组织对船员适任能力进行考核：

（一）船舶发生碰撞、搁浅或者触礁的；

（二）在航行、锚泊或者靠泊时，从船上非法排放物质的；

（三）违反航行规则的；

（四）以其他危及海上人命、财产安全和海洋环境的方式操作船舶的。

按照本条第一款对船员进行适任能力考核的，应当根据本规则规定的船员适任要求通过抽考、现场考核等方式进行。对于考核结果表明船员不再符合适任条件的，海事管理机构应当注销其适任证书或者承认签证。

第四十五条 按照第四十四条被注销适任证书的船员，可以按照海事管理机构的要求参加低等级、职务或者航区的评估，海事管理机构签发与其考核结果相适应的适任证书。

第四十六条 负责船员适任考试和发证的海事管理机构应当配备满足适任考试、发证要求的人员、设备、场地和资料，建立相关的质量管理体系并通过国家海事管理机构的审核。

第四十七条 海事管理机构应当加强对从事船员适任考试、发证工作人员岗位培训和考核。不符合上岗条件的，不得从事船员适任考试、发证工作。

第四十八条 海事管理机构应当建立船员信息数据库、船员证书电子登记系统等船员档案，并按照国家海事管理机构的规定具备相应信息的查询功能。

第四十九条 海事管理机构应当公开海船船员适任考试和发证管理的事项、办事程序、举报电话等信息，自觉接受社会的监督。

第五十条 除海事管理机构依法实施外，任何机构和个人不得以任何理由扣留或者吊销船员适任证书。

第八章　法律责任

第五十一条 隐瞒有关情况或者提供虚假材料申请适任证书、特免证明、承认签证的，海事管理机构不予受理或者不予签发适任证书、特免证明、承认签证，并给予警告；申请人在1年内不得再次申请与前次申请等级、职务资格、航区相同的适任证书、特免证明、承认签证。

第五十二条 以欺骗、贿赂等不正当手段取得适任证书、特免证明、承认签证的，由签发证书的海事管理机构或者其上级海事管理机构吊销有关证书,并处2000元以上2万元以下的罚款。

第五十三条 伪造、变造或者买卖适任证书、特免证明、承认签证的,由海事管理机构收缴有关证书,处2万元以上10万元以下罚款,有违法所得的,还应当没收违法所得。

第五十四条 船员未在培训、见习记录簿内作出如实填写或者记载的,由海事管理机构处1000元以上1万元以下罚款;情节严重的,并给予暂扣船员服务簿、船员适任证书6个月以上2年以下直至吊销船员服务簿、船员适任证书的处罚。

第五十五条 船长未在船员服务簿内如实记载船员的服务资历和任职表现,由海事管理机构处2000元以上2万元以下罚款;情节严重的,并给予暂扣适任证书6个月以上2年以下直至吊销适任证书的处罚。

第五十六条 因违反本规则或者其他水上交通安全法规的规定,被海事管理机构吊销适任证书的,自被吊销之日起2年内,不得申请适任证书。

第五十七条 海事管理机构有下列情形之一的,由国家海事管理机构责令改正;情节严重的,限制或者取消其开展适任考试和发证的权限:

(一)违反行政许可法规规定的程序开展适任考试和发证工作的;

(二)超越权限开展适任考试或者签发适任证书的;

(三)对不具备条件的申请人签发适任证书的。

第九章 附 则

第五十八条 适任证书、特免证明、承认签证由国家海事管理机构统一印制。

船上培训、见习记录簿的具体格式和内容由国家海事管理机构统一规定。

第五十九条 本规则下列用语的含义:

（一）海船，是指航行于海上以及江海直达的各类船舶，但不包括军事船舶、渔业船舶、体育运动船舶和非营业性游艇；

（二）无限航区，是指海上任何通航水域，包括世界各国的开放港口和国际通航运河及河流；

（三）沿海航区，是指我国沿海的港口、内水和领海以及国家管辖的一切其他通航海域；

（四）A1 海区，是指至少由一个具有连续数字选择呼叫（即 DSC）报警能力的甚高频（VHF）岸台的无线电话所覆盖的区域；

（五）A2 海区，是指除 A1 海区以外，至少由一个具有连续 DSC 报警能力的中频（MF）岸台的无线电话所覆盖的区域；

（六）A3 海区，是指除 A1 和 A2 海区以外，由具有连续报警能力的国际海事卫星组织（INMARSAT）静止卫星所覆盖的区域；

（七）A4 海区，是指除 A1、A2 和 A3 海区以外的海区；

（八）非运输船，是指工程船舶、拖轮等不从事货物（或者旅客）运输的机动船舶；

（九）安全记录良好，是指自申请之日起向前计算 5 年内未发生负有主要责任的大事故及以上等级事故；

（十）实践教学，是指航海类院校或者培训机构组织实施的实验教学、工厂实习教学和船上实习。

（十一）航运公司，是指船舶所有人、经营人、管理人或者光船承租人；

（十二）相关机构，是指海船船员服务机构和海员外派机构。

第六十条　下列船舶船员的适任考试和发证不适用本规则，按照国家海事管理机构的相关规定执行：

（一）在两港间航程不足 50 海里的客船或者滚装客船上任职的船长和高级船员；

（二）在未满 100 总吨船舶上任职的船长和甲板部船员；

（三）在主推进动力装置未满 220 千瓦船舶上任职的轮机部船员；

（四）仅在船籍港和船籍港附近水域航行和作业的船舶上任

职的船员；

（五）在公务船、水上飞机、地效翼船、非营业性游艇、摩托艇、非自航船上任职的船员。

第六十一条 海船在内河行驶，其船长、驾驶员应当按照国家海事管理机构规定取得相应航线的《海船船员内河航线行驶资格证明》证书，但申请引航的除外。

第六十二条 我国缔结或者加入的国际公约对普通船员适任证书有效期有特别规定的，按照其规定执行。

第六十三条 本规则施行前已经取得海船船员适任证书和正在接受海船船员教育、培训的人员的考试和发证工作，由国家海事管理机构在相关国际公约规定的时间内，采取相应的过渡措施，逐步进行规范。

第六十四条 本规则自 2012 年 3 月 1 日起施行。2004 年 8 月 1 日由原交通部颁布的《中华人民共和国海船船员适任考试、评估和发证规则》（交通部令 2004 年第 6 号）同时废止。

附件

申请海船船员适任证书的培训、海上任职资历和适任考试要求

申请职务	培训		海上任职资历		适任考试	特别规定
	基本安全和专业技能适任培训	岗位适任培训	海上服务资历	船上见习		
值班水手、值班机工	完成基本安全培训、精通救生艇筏和救助艇培训、保安意识培训和负有指定保安职责船员的培训	完成相应的值班水手、值班机工岗位适任培训		具有相应等级的船舶的不少于6个月的海上服务资历，其中至少应有3个月是在船上合格的高级船员或者合格的支持级船员的直接监督之下履行了值班职责	通过相应的值班水手、值班机工适任考试	未满500总吨或者750千瓦的船舶（特殊类型船舶除外），免除精通救生艇筏和救助艇培训

续上表

申请职务	培训		海上任职资历		适任考试	特别规定
	基本安全和专业技能适任培训	岗位适任培训	海上服务资历	船上见习		
高级值班水手、高级值班机工	同上	完成相应的高级值班水手、高级值班机工岗位适任培训	担任值班水手、值班机工满18个月		通过相应的高级值班水手、高级值班机工适任考试	
三副、三管轮	完成基本安全培训、精通救生艇筏和救助艇培训、高级消防培训、精通急救培训、保安意识培训和负有指定保安职责船员的培训	完成相应的三副、三管轮岗位适任培训	担任值班水手、值班机工或者高级值班水手、高级值班机工合计不少于18个月	在相应航区相应等级或者低一航区或者低一等级的船舶上，在船长或者合格的高级船员的指导下履行了不少于6个月的驾驶台或者机舱值班职责	通过三副、三管轮适任考试	未满500总吨或者750千瓦的船舶（特殊类型船舶除外），免除精通救生艇筏和救助艇培训、高级消防培训、精通急救培训

续上表

申请职务	培训		海上任职资历		适任考试	特别规定
	基本安全和专业技能适任培训	岗位适任培训	海上服务资历	船上见习		
二副、二管轮	完成基本安全培训、精通救生艇筏和救助艇培训、高级消防培训、精通急救培训、保安意识培训和负有指定保安职责船员的培训	免除	担任三副、三管轮满 18 个月	免除	免除	未满 500 总吨或者 750 千瓦的船舶（特殊类型船舶除外），免除精通救生艇筏和救助艇培训、高级消防培训、精通急救培训
大副、大管轮	完成基本安全培训、精通救生艇筏和救助艇培训、高级消防培训、精通急救培训、船上医护培训（仅限 500 总吨及以上大副）、保安意识培训和负有指定保安职责船员的培训	完成相应的大副、大管轮岗位适任培训	担任二副、二管轮满 12 个月	在相应航区相应等级或者低一等级的船舶上完成不少于 3 个月的船上见习	通过大副、大管轮适任考试	未满 500 总吨或者 750 千瓦的船舶（特殊类型船舶除外），免除精通救生艇筏和救助艇培训、高级消防培训、精通急救培训

续上表

申请职务	培训		海上任职资历		适任考试	特别规定
	基本安全和专业技能适任培训	岗位适任培训	海上服务资历	船上见习		
船长、轮机长	完成基本安全培训、精通救生艇筏和救助艇培训、高级消防培训、精通急救培训、船上医护培训(仅限500总吨及以上船长)、保安意识培训和负有指定保安职责船员的培训	完成相应的船长、轮机长岗位适任培训	担任大副、大管轮满18个月	在相应航区相应等级的船舶上完成不少于3个月的船上见习	通过船长、轮机长适任考试	未满500总吨或者750千瓦的船舶(特殊类型船舶除外),免除精通救生艇筏和救助艇培训、高级消防培训、精通急救培训
电子技工	完成基本安全培训、精通救生艇筏和救助艇培训、保安意识培训和负有指定保安职责船员的培训	完成相应的电子技工岗位适任培训		具有不少于6个月的海上服务资历,其中至少应有3个月是在船上合格的高级船员或者合格的支持级船员的直接监督之下履行了职责	通过电子技工适任考试	

续上表

申请职务	培训		海上任职资历		适任考试	特别规定
	基本安全和专业技能适任培训	岗位适任培训	海上服务资历	船上见习		
电子电气员	完成基本安全培训、精通救生艇筏和救助艇培训、高级消防培训、精通急救培训、保安意识培训和负有指定保安职责船员的培训	完成相应的电子电气员岗位适任培训	担任电子技工满18个月	在相应等级的船舶上完成不少于6个月的船上见习	通过电子电气员适任考试	
GMDSS 限用操作员	完成基本安全培训、保安意识培训和负有指定保安职责船员的培训	完成 GMDSS 限用操作员岗位适任培训			通过 GMDSS 限用操作员适任考试	特殊类型船舶上任职，还须完成精通救生艇筏和救助艇培训、精通急救培训

续上表

申请职务	培训		海上任职资历		适任考试	特别规定
	基本安全和专业技能适任培训	岗位适任培训	海上服务资历	船上见习		
GMDSS 通用操作员	完成基本安全培训、精通救生艇筏和救助艇培训、精通急救培训、保安意识培训和负有指定保安职责船员的培训	完成 GMDSS 通用操作员岗位适任培训			通过 GMDSS 通用操作员适任考试	
GMDSS 二级无线电电子员	同上	完成 GMDSS 二级无线电电子员岗位适任培训	担任 GMDSS 通用操作员满 12 个月		通过 GMDSS 二级无线电电子员适任考试	
GMDSS 一级无线电电子员	同上	完成 GMDSS 一级无线电电子员岗位适任培训	担任 GMDSS 二级无线电电子员满 18 个月		通过 GMDSS 一级无线电电子员适任考试	

注：

1. 表中“海上服务资历”一列中规定的海上服务资历须在参加岗位适任培训前取得，其中申请无限航区适任证书职务晋升所要求的海上服务资历至少有 6 个月是在无限航区的船舶上任职，其余时间可以在沿海航区的船舶上任职；船长和高级船员船上见习需在适任考试所有科目和项目全部通过后进行，并在船上见习记录簿中记载；申请适任证书的航区扩大、吨位或者功率提高的，可以免予船上见习。

2. 已持有适用于货物运输船舶适任证书的船员在各类非运输船舶上的海上服务资历可以视为在货物运输船舶的海上服务资历；在两港间航程 50 海里及以上的客船上服务的船长和高级船员的海上服务资历按照所持适任证书适用的航区、船舶等级确定。

3. 申请适任证书航区扩大者，应当持有有效的沿海航区相同船舶等级和职务的适任证书，并实际担任其职务不少于 12 个月，并完成相应的岗位适任培训；申请适任证书吨位或者功率提高者，应当持有有效的与所申请的吨位或者功率较低一级但航区和职务相同的适任证书，并实际担任其职务满 12 个月，并完成相应的岗位适任培训。

4. 接受航海类教育和岗位适任培训的学员，可以按照以下情形参加适任考试：

（1）接受不少于 2 年的全日制航海类中职/中专及以上教育的学生或者接受不少于 2 年三副、三管轮、电子电气员岗位适任培训的学员，完成全部理论和实践教学内容后，可以相应地申请沿海航区三副、三管轮、电子电气员的适任考试；或者具有不少于 12 个月的海上服务资历后，可以相应地申请无限航区三副、三管轮、电子电气员适任考试。

（2）接受全日制航海类高职/高专及以上教育的学生，或者完成全日制非航海类大专及以上教育并接受不少于 18 个月三副、三管轮、电子电气员岗位适任培训的学员，完成全部理论和实践教学内容后，可以相应地申请无限航区三副、三管轮、电子电气员的适任考试。

(3)经国家海事管理机构认可,教育培训质量良好的航海院校的全日制航海类本科教育学生,完成全部理论和实践教学内容后,可以相应地申请无限航区二副、二管轮的适任考试。

(4)正在接受航海类教育的学生和三副、三管轮、电子电气员岗位适任培训的学员,可以在毕业或者结业前6个月内相应地申请参加值班水手、值班机工、电子技工适任考试,免于参加相应的值班水手、值班机工、电子技工岗位适任培训。

接受航海类教育或者岗位适任培训的学员通过三副、二副、三管轮、二管轮适任考试后,应当在相应航区相应等级或者低一航区或者低一等级的船舶上完成不少于12个月的船上见习,其中至少应当有6个月是在船长或者高级船员的指导下履行了驾驶台或者机舱值班职责;接受电子电气员航海类教育和适任培训的学员通过适任考试后,应当在相应等级的船舶上完成不少于12个月的船上见习。

5. 国家海事管理机构可以认可教育质量管理体系运行良好的航海类教育机构按照本规则开展的海船船员适任考试。

关于加强潜水打捞行业管理的通知

交救发〔2011〕319号　2011.6.29

各省、自治区、直辖市、新疆生产建设兵团交通运输厅(局、委),天津市、上海市交通运输和港口管理局,各有关单位:

随着我国海上交通运输和能源开发事业的蓬勃发展,潜水、打捞行业在国家经济建设和应急管理中发挥了越来越重要的作用。潜水、打捞行业是国际公认的高风险行业。目前我国潜水、打捞单位管理水平参差不齐,个别单位从业人员伤亡事故时有发生,有些沿海地区潜水职业病高发的问题比较突出。同时我国潜水、打捞技术能力与发达国家相比仍存在一定差距。为进一步加强潜水、打捞行业管理,保障从业人员生命安全和身体健康,不断提高我国潜水、打捞技术水平,促进潜水、打捞行业安全、可持续发展,现就有关事项通知如下:

一、加强潜水、打捞行业监管

交通运输部有关司局、直属单位及各地交通运输主管部门要依据相关法律、行政法规和部门规章,认真履行相关职责,着力加强对潜水打捞行业的管理,监督国家和行业标准的执行情况,高度重视从业人员的劳动保护。积极支持中国潜水打捞行业协会通过行业自律方式推动行业管理的制度化、规范化。

二、加强潜水、打捞行业自律

中国潜水打捞行业协会要在交通运输部及部救助打捞局的指导和管理下,认真落实国务院行政审批制度改革的相关要求,深入研究潜水、打捞行业发展状况,特别是近年来出现的新情况、新问题,制定科学、完备、公平、有效的潜水、打捞单位和人员从业资质资格自律体系,研究建立行业协调机制和自律管理办法,切实履行行业自律职责。推动与外国同类行业组织建立从业资质资格互认机制,维护我国从业单位和人员的权益。

三、加强潜水、打捞企业内部管理体系建设

各潜水、打捞企业要自觉遵守国家法律、法规和行业自律规定,认真执行国家和行业标准,避免行业内不正当竞争,建立和完善质量、环保和职业健康与安全体系,加强对从业人员的教育培训,坚决杜绝从业人员未经专业培训擅自上岗现象,规范作业规则和程序,严格禁止违章作业,完善劳动保护措施,加强装备的日常维护和检查,保障人命财产安全。

关于加强中小学生往返学校水上交通安全工作的通知

交海发〔2011〕565 号　2011.9.30

各省、自治区、直辖市、新疆生产建设兵团交通运输厅(局、委),天津、上海市交通运输和港口管理局,各省、自治区、直辖市教育厅(教委),新疆生产建设兵团教育局:

2011 年 9 月 9 日,湖南省邵阳市邵阳县“湘邵县客 0018”短途客船,在邵阳县夫夷水塘田市镇客运码头接学生 41 人、学生家长 7 人,包括船员 2 人在内共计 50 人,下行约 2 公里抵“向荣村”航段,倾斜进水沉没,人员全部落水,经救助 38 人获救,12 人死亡,其中学生 9 人。

学生伤亡事故不仅影响正常教学秩序,更会给学生家庭带来不幸,造成重大社会影响。当前,寒潮大风季节即将临近,元旦、春节等出行高峰也将陆续来临,各级交通运输部门、教育部门要充分认识到当前学生客运安全的严峻性和保障学生往返学校安全的重要性,本着高度负责的精神,切实做好学生客运安全管理工作。各级交通运输部门、教育部门要立即开展一次全面的学生水路客运隐患排查,全面摸查学生客运的情况,建立基本资料台账,对查出的安全隐患要挂牌督办,认真落实隐患整改措施。

各级交通运输部门和海事机构要加强对水上交通运输安全的管理和监督工作。要抓安全主体责任的落实,督促乡镇政府、船主切实落实安全管理责任,建立完善安全管理员制度,确保安全管理员必须在重点码头、重点时段进行现场交通安全管理。要督促相关方加大投入,确保码头满足安全靠泊要求、船舶处于良好技术条件,船员持有有效证书、具有良好的安全意识、责任意识和职业荣誉感。要加强现场监管，采取有效措施禁止非法客运，严惩超载、违反航行规定等各种违法行为。要加强通航管理，确保学生客运航行区域航道畅通、秩序良好。

各地教育行政部门和学校要加大工作力度，高度重视安全教育工作并抓好落实。对需要乘船往返学校的，每学期第一周都要进行一次安全乘船教育，要通过教育提高中、小学生安全意识、自我保护意识和自防自救能力，使学生在乘船时自觉穿救生衣，主动拒绝乘坐超载及存在安全问题的客船，掌握必要的逃生知识。学校在组织学生往返学校和旅游等大型户外活动中，要积极争取交通运输部门的帮助和指导，确保租用或搭乘有客运资格、安全技术状况良好的船舶，坚决杜绝超载。对于集中乘船的学生，学校要选派责任心强的教师护送乘船，并和船方进行签字确认。

各级交通运输部门、教育部门要尽快将文件精神分别传达到所有海事机构和学校，各省级交通运输部门和教育部门要将本省隐患排查情况于 11 月 15 日前上报交通运输部和教育部。下一步，交通运输部将联合教育部视情对重点省份自查、整改情况进行抽查。

关于对《中华人民共和国水上水下活动通航安全管理规定》第十五条的解释的通知

交政法发〔2011〕612 号　2011.11.9

各省、自治区、直辖市、新疆生产建设兵团交通运输厅(局、委),天津市、上海市交通运输和港口管理局,长江航务管理局、珠江航务管理局、长江口航道管理局、部直属海事局、部内各单位:

2011 年交通运输部颁布了《中华人民共和国水上水下活动通航安全管理规定》(交通运输部令 2011 年第 5 号,以下简称《5 号令》),其中第十五条规定:“按照国家规定需要立项的对通航安全可能产生影响的涉水工程,在工程立项前交通运输主管部门应当按照职责组织通航安全影响论证审查,论证审查意见作为工程立项审批的条件”(第一款)。“水上水下活动在建设期间或者活动期间对通航安全、防治船舶污染可能构成重大影响的,建设单位或者主办单位应当在申请海事管理机构水上水下活动许可之前进行通航安全评估”(第二款)。这一规定,旨在通过建立涉水工程立项审批前的通航安全影响论证审查和水上水下活动通航安全评估制度,加强通航水域涉水工程和相关活动的通航安全管理,提出涉水工程及水上水下活动保障通航安全的可行性建议,降低涉水工程建设和水上水下活动带来的通航安全风险。现针对《5 号令》第十五条规定的内容,作如下解释:

一、通航安全影响论证审查和通航安全评估行为原则

通航安全影响论证审查是涉水工程立项审批前的行业审查行为,通航安全评估是水上水下活动许可前的评估行为,论证审查和评估都仅作为立项审批和活动许可的条件,其行为不是单独的行政许可。论证审查和评估工作应当严格按照相关法律、行政法规、规章的规定执行，不得再设置带有行政许可性质的限制性条件和规定。

二、通航安全影响论证审查和通航安全评估的责任主体

通航安全影响论证审查由交通运输主管部门出具论证审查意见，作为工程立项审批的条件；通航安全评估由海事管理机构出具评估意见，作为水上水下活动行政许可的条件。

三、通航安全影响论证审查的范围

在审查内容上，通航安全影响论证审查包括涉水工程的选址、航道条件、桥梁通航净空尺度、技术要求、通航环境安全等内容。

在涉水工程的界定上，将通航安全影响论证审查的范围限定在按照国家规定需要在规划部门进行立项审批的、并且对通航安全可能产生不利影响的涉水工程范围内。不需要立项审批的或者对通航安全不会产生不利影响的涉水工程不纳入通航安全影响论证审查的范围。

四、通航安全影响论证审查和通航安全评估工作的组织开展原则

（一）通航安全影响论证审查的受理申请、审查和回复。

按照不得多头受理、重复审查的原则，实行谁牵头组织审查，谁受理，并起草回复意见的工作机制。

涉水工程在立项审批阶段交通运输主管部门的行业审查工作，按照现行分级管理的模式实施。部负责审查的涉水工程，由部水运局、海事局根据"三定方案"确定的职责及现行规定分别负责牵头组织职责范围内的涉水工程通航安全论证的受理、审查和起草回复意见。其中，水运局牵头组织的审查会同规划司、海事局参加，海事局牵头组织的审查会同规划司、水运局参加。审查完毕后，由交通运输部统一回复行业审查意见。

根据审查工作需要及便民原则，由水运局牵头组织的审查，水运局可以按照法定程序委托长江航务管理局、涉水工程所在地的省级交通运输主管部门或者授权的航道管理机构进行申请材料的直接受理和相关工作。

由省级交通运输主管部门负责审查的涉水工程,按照部管项目的审查原则及职责分工进行审查并出具审查意见。

(二)通航安全评估的受理申请、审查和回复。

水上水下活动通航安全评估,由海事管理机构按照规定权限和要求牵头组织,统一受理,统一出具评估意见。

五、履行好交通运输主管部门和海事管理机构的审查、评估职责

通航安全影响论证审查和通航安全评估工作是交通运输主管部门和海事管理机构履行行业管理职责、保证航道畅通和船舶航行安全的重要手段,通航安全影响论证审查和通航安全评估的各级审查、评估部门和机构要认真履行职责,提高通航安全影响论证审查和通航安全评估的科学性、合理性,做到规范、公正、便民,切实加强涉水工程建设及水上水下活动全过程的监督管理。

人事劳动科技

关于印发《道路运输经理人职业能力评价管理规定》和《高级道路运输经理人资格考核认定办法》的通知

交评价发〔2011〕55 号　2011.2.22

各省、自治区、直辖市、新疆生产建设兵团交通运输厅(局、委)：

为提高道路运输经理人综合素质,规范其从业行为,部制定了《道路运输经理人职业能力评价管理规定》和《高级道路运输经理人资格考核认定办法》,现印发给你们,请遵照执行。

道路运输经理人职业能力评价管理规定

第一章 总　　则

第一条　为加强道路运输经理人管理，提高其综合素质，规范其从业行为，根据《中华人民共和国道路运输条例》、《道路运输从业人员管理规定》和国家职业资格制度的有关规定，制定本规定。

第二条　本规定适用于道路客货运输企业、国际道路运输企业、出租车企业、机动车维修企业、机动车综合性能检测机构、道路客货运输站(场)、机动车驾驶员培训机构等单位(以下统称道路运输企业)经营管理人员的职业能力评价工作。

第三条　道路运输经理人职业能力评价是通过职业能力考试，对道路运输企业经营管理人员所必备的学识、技术和能力水平的评定。

第四条　道路运输经理人职业能力评价分为初级道路运输经理人、中级道路运输经理人和高级道路运输经理人 3 个级别。

各级别均分为道路旅客运输及客运站经理人、道路货物运输及站场经理人、机动车检测维修经理人和机动车驾驶培训经理人 4 个专业。

第五条　国家实行道路运输经理人从业资格和职业能力评价相结合的制度。取得道路运输经理人从业资格的人员同时取得初级道路运输经理人资格。

第六条　国家鼓励道路运输经理人参加道路运输经理人职业能力考试，不断提高自身素质和经营管理能力。

第七条　交通运输部主管全国道路运输经理人职业能力评价工作。

县级以上地方人民政府交通运输主管部门负责组织领导本行

政区域内的道路运输经理人职业能力评价工作。

第二章 考　　试

第八条　道路运输经理人职业能力评价实行全国统一大纲、统一题库、统一考核标准、统一工作规范和程序的考试制度。

具体考试实施办法由交通运输部另行规定。

第九条　中级道路运输经理人职业能力评价采用理论知识考试方式，高级道路运输经理人职业能力评价采取理论知识考试和综合测评相结合的方式。

道路运输经理人从业资格考试和初级道路运输经理人职业能力考试合并实施，按照交通运输部制定的道路运输经理人从业资格实施办法执行。

第十条　交通运输部负责组织编写和审定考试大纲，组织建立考试题库，组织制定考核标准、工作规范和考试程序。交通运输部职业资格管理机构承担有关具体工作，并对各地考试考务工作进行监督和检查。

第十一条　各地道路运输经理人职业能力考试由省级道路运输管理机构或者省级职业资格专门机构（以下统称考试机构）组织实施。

第十二条　凡中华人民共和国公民，遵守法律、法规和规章，恪守职业道德，所在单位3年内无重特大安全事故或者对重特大安全事故不负主要领导责任，并具备第十三条至十四条规定条件者，均可报名参加相应道路运输经理人职业能力考试。

第十三条　报名参加中级道路运输经理人职业能力考试的人员，除符合第十二条所列基本条件外，还应当符合下列条件之一：

（一）高中或者中专毕业，累计从事道路运输企业经营管理工作满8年，或者相关企业经营管理工作满10年；其中担任企业部门负责人及以上职务满6年；

（二）大专毕业，累计从事道路运输企业经营管理工作满5年，

或者相关企业经营管理工作满7年;其中担任企业部门负责人及以上职务满3年;

（三）本科及本科以上毕业,累计从事道路运输企业经营管理工作满3年,或者相关企业经营管理工作满5年;其中担任企业部门负责人及以上职务满1年。

第十四条 报名参加高级道路运输经理人职业能力考试的人员,除符合第十二条所列基本条件外,还应当符合下列条件之一:

（一）大专毕业,累计从事道路运输企业经营管理工作满10年,或者相关企业经营管理工作满12年;其中担任企业部门负责人及以上职务满8年;

（二）本科毕业,累计从事道路运输企业经营管理工作满8年,或者相关企业经营管理工作满10年;其中担任企业部门负责人及以上职务满6年;

（三）研究生毕业或者获得硕士及以上学位,累计从事道路运输企业经营管理工作满7年,或者相关企业经营管理工作满9年;其中担任道路运输企业部门负责人及以上职务满5年;

（四）取得中级道路运输经理人资格满4年,且担任道路运输企业部门负责人及以上职务满3年。

第十五条 报名参加中、高级道路运输经理人职业能力考试的人员,应当向其从业单位工商注册所在地的考试机构报名,填写相应的《道路运输经理人职业能力考试报名表》（式样见附件1和2）,并提供下列材料:

（一）身份证明及复印件;

（二）学历证明及复印件;

（三）所在单位出具的本人工作经历证明原件;

（四）所在单位出具的3年内无重特大事故中负主要领导责任的证明原件;

（五）考试机构要求提供的其他材料。

第十六条 考试机构对报名材料审核后,对符合报名条件的申请人安排考试。其中高级道路运输经理人的报名材料还需经省级交通运输主管部门审核同意。

第十七条 职业能力考试合格者,由发证机构颁发交通运输部统一印制的相应《中华人民共和国道路运输经理人证书》(以下简称道路运输经理人证书,式样见附件3)。

第十八条 已获得道路运输经理人证书的人员需要增加专业的,应当向原发证机构提出申请,并按照规定参加相应专业的考试。考试合格后,由原发证机构在其证书上增加相应专业。

第十九条 凡以不正当手段取得道路运输经理人证书的,由发证机构取消资格并收回证书,当事人3年内不得再次申请参加道路运输经理人职业能力考试。

第三章 登 记

第二十条 道路运输经理人证书实行登记制度,登记有效期为2年。交通运输部职业资格管理机构负责道路运输经理人证书的登记管理工作。

第二十一条 发证机构具体负责证书登记工作,并将登记情况报交通运输部职业资格管理机构。

第二十二条 初始登记者,在取得道路运输经理人证书时进行登记。

第二十三条 登记有效期满需继续从业的,应当在届满30日前向从业单位所在地的发证机构申请延续登记。除有本规定第二十七条规定情形之一的,发证机构应当根据申请人的申请,在7日内为申请人办理延续登记,逾期未办理的,视为准予延续登记。

第二十四条 延续登记需提交下列材料:

(一)《道路运输经理人延续登记申请表》(式样见附件4);

(二)达到登记期内继续教育要求的证明材料。

第二十五条 在登记有效期内,道路运输经理人变更从业单位或者新增专业的,应当到道路运输经理人证书档案所在地的发证机构办理变更登记手续。变更登记后,其证书在原登记期内继续有效。

第二十六条 变更登记需提交下列材料:

(一)《道路运输经理人变更登记申请表》(式样见附件5);

(二)申请人的任职证明,或者与新单位签订的聘用合同,或者新增专业的考试合格证明。

第二十七条 登记申请人有下列情形之一的,不予登记:

(一)未完成规定学时继续教育的;

(二)无民事行为能力或者限制民事行为能力的;

(三)刑事处罚尚未执行完毕的;

(四)因违法从事道路运输企业经营管理受到刑事处罚,自刑事处罚执行完毕之日起至申请登记之日止不满2年的;

(五)在2个及以上单位从业的。

第二十八条 发证机构应当建立道路运输经理人证书管理数据库,使用全国统一的管理软件,并逐步采用电子存取技术,确保有关信息实时输入、输出和储存。

道路运输经理人数据库包括个人基本情况,职业能力考试、登记、继续教育情况,证书分类和专业以及从业信息等。

第四章 继 续 教 育

第二十九条 道路运输经理人应当按照规定参加包括法律、职业道德和业务知识等内容的继续教育。

第三十条 道路运输经理人继续教育工作根据交通运输部统一编写的继续教育大纲组织,由符合规定的培训机构实施。

继续教育的学时、内容和具体要求,由交通运输部另行规定。

第三十一条 继续教育是道路运输经理人延续登记的必备条件。在每个登记期内,道路运输经理人应当按照规定完成继续教育。

第五章 职业管理

第三十二条 道路运输经理人应当恪守职业道德,接受继续教育,不断提高自身职业素养和企业经营管理水平。在道路运输企业经营管理活动中,应当依法经营、科学管理,并承担相应责任。

第三十三条 道路运输经理人证书全国通用,有效期为6年。道路运输经理人应当在证件有效期届满30日前到原发证机构办理换证手续。

道路运输经理人证书遗失、损毁的,应当向原发证机构申请补发。

第三十四条 道路运输经理人办理换证和补证手续,应当填写《道路运输经理人证书换发、补发登记表》(式样见附件6)。

第三十五条 道路运输经理人有下列情形之一的,由发证机构注销其道路运输经理人证书,并报交通运输部职业资格管理机构备案:

(一)本人主动申请注销的;

(二)持证人死亡的;

(三)未进行登记或者超过登记有效期180天未登记的;

(四)超过道路运输经理人证书有效期180天未申请换证的;

(五)在经营管理中有严重违法乱纪行为或者对所在单位发生重特大事故中负主要领导责任的。

凡被注销的道路运输经理人证书,应当由发证机构予以收回,公告作废并登记归档。无法收回的,证书自行作废。

第三十六条 考试、发证机构工作人员违反本规定有下列情形之一的,由责任人员所在单位依法给予行政处分;构成犯罪的,依法追究刑事责任:

(一)不按照规定的条件和程序组织道路运输经理人职业能力考试的;

(二)发现违法行为未查处的;

(三)索取、收受他人财物及谋取不正当利益的;

(四)滥用职权、玩忽职守的其他行为。

第六章 附 则

第三十七条 本规定印发之日前,长期从事道路运输企业经营管理工作,并符合《高级道路运输经理人资格考核认定办法》规定条件的道路运输企业经营管理人员,可通过考核认定获得高级道路运输经理人证书。

第三十八条 道路运输经理人职业能力考试收费标准由省级以上交通运输主管部门会同同级财政、物价部门核定。

第三十九条 本规定于 2011 年 5 月 1 日起施行。

附件 1

中级道路运输经理人职业能力考试报名表

<table>
<tr><td>姓　　名</td><td></td><td>性　　别</td><td></td><td>民　　族</td><td></td><td rowspan="5">照
片</td></tr>
<tr><td>出生日期</td><td></td><td>身份证号</td><td colspan="3"></td></tr>
<tr><td>手机号码</td><td></td><td>电子邮箱</td><td colspan="3"></td></tr>
<tr><td>最高学历</td><td></td><td>现任职务</td><td colspan="3"></td></tr>
<tr><td>从业单位</td><td colspan="5"></td></tr>
<tr><td>单位地址</td><td colspan="6"></td></tr>
<tr><td>联系人</td><td></td><td>联系电话</td><td></td><td>邮政编码</td><td colspan="2"></td></tr>
<tr><td>考试类型</td><td colspan="6">初考□　　　增项□　　　升级□</td></tr>
<tr><td>原级别</td><td colspan="2"></td><td>原专业</td><td colspan="3"></td></tr>
<tr><td colspan="4">道路运输经理人证书编号(初考者不填)</td><td colspan="3"></td></tr>
<tr><td rowspan="2">报考专业</td><td colspan="3">道路旅客运输及客运站经理人□</td><td colspan="3">道路货物运输及站场经理人□</td></tr>
<tr><td colspan="3">机动车检测维修经理人□</td><td colspan="3">机动车驾驶培训经理人□</td></tr>
<tr><td>材料清单</td><td colspan="6">身份证原件□　　　身份证复印件□
证书原件□　　　证书复印件□
学历证书原件□　　　学历证书复印件□
所在单位出具的本人工作经历证明原件□
所在单位出具的 3 年内无重特大事故中负主要领导责任的证明原件□</td></tr>
<tr><td>承诺</td><td colspan="6">本人承诺上述所有内容真实、有效,并承担由此产生的法律责任。

本人签字:　　　　　　　　日期:</td></tr>
<tr><td>从业单位
审查意见</td><td colspan="6">(印章)
年　月　日</td></tr>
<tr><td>考试机构
审核意见</td><td colspan="6">(印章)
年　月　日</td></tr>
</table>

附件 2

高级道路运输经理人职业能力考试报名表

<table>
<tr><td>姓　名</td><td></td><td>性　别</td><td></td><td>民　族</td><td></td><td rowspan="5">照片</td></tr>
<tr><td>出生日期</td><td></td><td>身份证号</td><td colspan="3"></td></tr>
<tr><td>手机号码</td><td></td><td>电子邮箱</td><td colspan="3"></td></tr>
<tr><td>最高学历</td><td></td><td>现任职务</td><td colspan="3"></td></tr>
<tr><td>从业单位</td><td colspan="5"></td></tr>
<tr><td>单位地址</td><td colspan="6"></td></tr>
<tr><td>联系人</td><td></td><td>联系电话</td><td colspan="2"></td><td>邮政编码</td><td></td></tr>
<tr><td>考试类型</td><td colspan="2">初考□</td><td colspan="2">增项□</td><td colspan="2">升级□</td></tr>
<tr><td>原级别</td><td colspan="2"></td><td colspan="2">原专业</td><td colspan="2"></td></tr>
<tr><td colspan="4">道路运输经理人证书编号(初考者不填)</td><td colspan="3"></td></tr>
<tr><td rowspan="2">报考专业</td><td colspan="3">道路旅客运输及客运站经理人□</td><td colspan="3">道路货物运输及站场经理人□</td></tr>
<tr><td colspan="3">机动车检测维修经理人□</td><td colspan="3">机动车驾驶培训经理人□</td></tr>
<tr><td>材料清单</td><td colspan="6">身份证原件□　身份证复印件□
证书原件□　证书复印件□
学历证书原件□　学历证书复印件□
所在单位出具的本人工作经历证明原件□
所在单位出具的 3 年内无重特大事故中负主要领导责任的证明原件□</td></tr>
<tr><td>承诺</td><td colspan="6">本人承诺上述所有内容真实、有效,并承担由此产生的法律责任。
本人签字:　　日期:</td></tr>
<tr><td>从业单位
审查意见</td><td colspan="6">(印章)
年　月　日</td></tr>
<tr><td>考试机构
初审意见</td><td colspan="6">(印章)
年　月　日</td></tr>
<tr><td>省级交通运输
主管部门
审核意见</td><td colspan="6">(印章)
年　月　日</td></tr>
</table>

附件3

中华人民共和国道路运输经理人证书式样

中华人民共和国
道 路 运 输 经 理 人

证 书

封面

中华人民共和国
道 路 运 输 经 理 人

证 书

第一页

<table>
<tr><td>姓 名</td><td></td><td>性别</td><td></td><td rowspan="2">照片</td></tr>
<tr><td>出生日期</td><td colspan="3"></td></tr>
<tr><td>身份证号</td><td colspan="4"></td></tr>
<tr><td>证书编号</td><td colspan="4"></td></tr>
<tr><td>级 别</td><td colspan="4">中□ 高□</td></tr>
<tr><td rowspan="2">专 业</td><td colspan="3"></td><td></td></tr>
<tr><td colspan="3"></td><td></td></tr>
<tr><td>发证机构</td><td colspan="4">（印章）
发证日期： 年 月 日</td></tr>
</table>

第二页

从业单位变更情况
单位名称： 地址： 电话： 年 月 日 （印章）
单位名称： 地址： 电话： 年 月 日 （印章）
单位名称： 地址： 电话： 年 月 日 （印章）

第三页

从业单位变更情况

单位名称：
地址：
电话：

年　月　日
（印章）

单位名称：
地址：
电话：

年　月　日
（印章）

单位名称：
地址：
电话：

年　月　日
（印章）

第四页

继续教育记录

年　月　日至　　年　月　日参加　　　　　　培训，完成了规定的　　学时继续教育，并经考核合格。

继续教育培训机构：（印章）
年　月　日

第五页

继续教育记录

年　月　日至　　年　月　日参加　　　　　　培训，完成了规定的　　学时继续教育，并经考核合格。

继续教育培训机构：（印章）
年　月　日

第六页

继续教育记录

年　月　日至　　年　月　日参加　　　　　　培训，完成了规定的　　学时继续教育，并经考核合格。

继续教育培训机构：（印章）
年　月　日

第七页

证书登记情况
登记时间：　　年　月　日 登记机构： （印章）
登记时间：　　年　月　日 登记机构： （印章）
登记时间：　　年　月　日 登记机构： （印章）

第八页

注 意 事 项

1. 本证书加盖发证机构印章有效。

2. 证书自颁发之日起每 2 年登记一次,未按期登记的证书无效。

3. 本证书的有效性可从交通职业资格网(www. jtzyzg. org. cn)查询。

封底

附件 4

道路运输经理人延续登记申请表

<table>
<tr><td colspan="2">姓　　名</td><td></td><td>性别</td><td></td><td>出生日期</td><td></td><td rowspan="5">照片</td></tr>
<tr><td colspan="2">身份证号</td><td colspan="2"></td><td>固定电话</td><td colspan="2"></td></tr>
<tr><td colspan="2">电子邮箱</td><td colspan="2"></td><td>手机号码</td><td colspan="2"></td></tr>
<tr><td rowspan="2">最高学历</td><td>毕业院校</td><td colspan="2"></td><td>毕业时间</td><td colspan="2"></td></tr>
<tr><td>专业</td><td></td><td>学位</td><td></td><td>学历</td><td></td></tr>
<tr><td colspan="2">证书级别</td><td></td><td>证书编号</td><td></td><td>初次发证日期</td><td colspan="2"></td></tr>
<tr><td colspan="2">证书专业</td><td></td><td>申请登记专业</td><td colspan="4"></td></tr>
<tr><td rowspan="4">从业单位情况</td><td>单位名称</td><td colspan="2"></td><td colspan="2">道路运输经营许可证号</td><td colspan="2"></td></tr>
<tr><td>工商登记地</td><td></td><td>联系人</td><td></td><td>联系电话</td><td></td><td>企业性质</td><td></td></tr>
<tr><td>单位地址</td><td colspan="3"></td><td>邮政编码</td><td colspan="2"></td></tr>
<tr><td>经营范围
（可多选）</td><td colspan="6">道路旅客运输□　道路货物运输□　国际道路运输□
出租车□　客运站□　货物运输站(场)□
机动车维修□　机动车综合性能检测□
机动车驾驶员培训□
其他(请注明):</td></tr>
<tr><td colspan="8">本人承诺上述所有内容真实、有效,并承担由此产生的法律责任。
本人签字:
年　　月　　日</td></tr>
<tr><td colspan="8">从业单位意见</td></tr>
<tr><td colspan="8">我单位已聘用　　　　同志,聘用期为　　年　　月至　　年　　月,其申报材料真实。
负责人(签字)　　　　　　　　(印章)
年　　月　　日</td></tr>
<tr><td colspan="8">发证机构意见</td></tr>
<tr><td colspan="8">审查人:　　　　负责人:　　　　(印章)
年　　月　　日</td></tr>
</table>

附件 5

道路运输经理人变更登记申请表

<table>
<tr><td>姓　　名</td><td></td><td>性别</td><td></td><td>出生日期</td><td></td><td rowspan="5">照片</td></tr>
<tr><td>身份证号</td><td colspan="2"></td><td>固定电话</td><td colspan="2"></td></tr>
<tr><td>电子邮箱</td><td colspan="2"></td><td>手机号码</td><td colspan="2"></td></tr>
<tr><td rowspan="2">最高学历</td><td>毕业院校</td><td></td><td>毕业时间</td><td colspan="2"></td></tr>
<tr><td>专业</td><td></td><td>学位</td><td></td><td>学历</td></tr>
<tr><td>证书级别</td><td></td><td>证书编号</td><td></td><td>初次发证日期</td><td colspan="2"></td></tr>
<tr><td>证书专业</td><td></td><td>申请登记专业</td><td colspan="4"></td></tr>
<tr><td>原从业单位名称</td><td colspan="2"></td><td>道路运输经营许可证号</td><td colspan="3"></td></tr>
<tr><td rowspan="4">现从业单位情况</td><td>单位名称</td><td></td><td>道路运输经营许可证号</td><td colspan="3"></td></tr>
<tr><td>工商登记地</td><td></td><td>联系人</td><td></td><td>联系电话</td><td></td></tr>
<tr><td>企业性质</td><td></td><td>单位地址</td><td></td><td>邮政编码</td><td></td></tr>
<tr><td>经营范围
(可多选)</td><td colspan="5">道路旅客运输□　道路货物运输□　国际道路运输□
出租车□　客运站□　货物运输站(场)□
机动车维修□　机动车综合性能检测□
机动车驾驶员培训□
其他(请注明):</td></tr>
<tr><td colspan="7">本人承诺上述所有内容真实、有效,并承担由此产生的法律责任。
本人签字:
年　月　日</td></tr>
<tr><td colspan="7">从业单位意见</td></tr>
<tr><td colspan="7">我单位已聘用　　　同志,聘用期为　　年　　月至　　年　　月,其申报材料真实。
负责人(签字)　　　　(印章)
年　月　日</td></tr>
<tr><td colspan="7">发证机构意见</td></tr>
<tr><td colspan="7">审查人:　　　负责人:　　　(印章)
年　月　日</td></tr>
</table>

附件 6

道路运输经理人证书换发、补发登记表

<table>
<tr><td>姓　名</td><td></td><td>性别</td><td></td><td>学历</td><td></td><td rowspan="4">照片</td></tr>
<tr><td>住　址</td><td colspan="5">（电话）</td></tr>
<tr><td>从业单位</td><td colspan="5">（电话）</td></tr>
<tr><td>身份证号</td><td colspan="5"></td></tr>
<tr><td>原证书编号</td><td colspan="3"></td><td>初领证书日期</td><td colspan="2">年　月　日</td></tr>
<tr><td>申请种类</td><td colspan="3">换发□</td><td colspan="3">补发□</td></tr>
<tr><td>申请理由</td><td colspan="6"></td></tr>
<tr><td>承诺</td><td colspan="6">本人承诺上述所有内容真实、有效，并承担由此产生的法律责任。
本人签字：　　　　日期：</td></tr>
<tr><td>发证机构意见</td><td colspan="6">（印章）
年　月　日</td></tr>
<tr><td rowspan="2">证书发放</td><td>发放人（签字）</td><td colspan="2"></td><td>日期</td><td colspan="2"></td></tr>
<tr><td>领取人（签字）</td><td colspan="2"></td><td>日期</td><td colspan="2"></td></tr>
</table>

高级道路运输经理人资格考核认定办法

为做好高级道路运输经理人资格考核认定工作,根据道路运输经理人从业资格和职业能力评价管理的有关规定,制定本办法。

一、考核认定条件

本办法印发之日前,取得大专及以上学历或者学士及以上学位,具有一定企业经营管理能力,其所在单位近两年的质量信誉考核结果不低于 AA,并符合下列条件之一的道路运输企业在职经营管理人员:

(一)担任二级(类)以上或者具备相应条件的道路运输企业副总经理及以上职务累计满 5 年;

(二)担任一级(类)或者具备相应条件的道路运输企业部门经理及以上职务累计满 5 年。

二、组织机构

交通运输部组建高级道路运输经理人资格考核认定领导小组(以下简称部领导小组),负责高级道路运输经理人申请人的资格审核工作。部领导小组由部内有关单位、部分省级交通运输主管部门及其所属道路运输管理机构、部分道路运输企业的领导和专家组成。部领导小组办公室设在交通专业人员资格评价中心。

三、考核认定程序

(一)符合考核认定条件的申请人向从业单位工商注册所在地的省级道路运输管理机构提出考核认定申请。

(二)省级道路运输管理机构对本地区的申报人员进行初审,提出初审意见和推荐名单,并经省级交通运输主管部门审查同意后,报送部领导小组办公室。

(三)经审查通过人员需参加部领导小组办公室组织的统一测试。省级道路运输管理机构负责本地区审查通过人员测试的实施工作,并将测试成绩报部领导小组办公室。

（四）部领导小组办公室将审核结果和测试成绩汇总后报部领导小组审定。经审定和公示无异议的人员可获得《中华人民共和国道路运输经理人证书》（高级）和《中华人民共和国道路运输从业人员从业资格证》（道路运输经理人）。

四、考核认定申报材料

（一）省级道路运输管理机构的意见函。

（二）高级道路运输经理人资格考核认定申报表（表样见附表）。

（三）以下证明材料（原件审核后退还，复印件留存）：

1. 个人身份证明。

2. 学历或者学位证书。

3. 行政职务任命文件。

4. 从业单位的道路运输经营许可证。

5. 从业单位近 2 年的质量信誉考核结果证明。

6. 从业单位资质证明或者具备相应条件的证明材料。

五、申报时间及要求

（一）符合考核认定条件的申请人应当于 2011 年 5 月 1 日前提出考核认定申请，各省级道路运输管理机构应当于 2011 年 6 月 30 日前完成审查工作，签署审查意见后，将全部申请人员材料送部领导小组办公室。

（二）各地区应当推荐符合申报条件、能力业绩突出、业内认可的人员。实施资格考试后不再进行考核认定工作。

（三）各地区在审查时，应当核查各类证书及相关证明文件的原件。报送部领导小组办公室的各类证书等相关材料复印件应当加盖申报人所在单位的印章。

（四）各地区应当严格按照规定的条件和程序，认真做好申报和审查工作。凡不认真把关或者弄虚作假的，停止该地区的申报权和取消个人的申报资格，并依据相应法律和有关规定进行处理。

附表

高级道路运输经理人资格
考核认定申报表

省(区、市)____________________

单 位 名 称____________________

申请人姓名____________________

身份证号码____________________

申 报 专 业____________________

申 报 时 间______年______月______日

中华人民共和国交通运输部　制

填写注意事项

1. 申请人应当如实填写，字迹工整清晰。由于字迹潦草、难以认清所产生的后果，责任自负。

2. "申报专业"中根据本人情况从道路旅客运输及客运站经理人、道路货物运输及站场经理人、机动车检测维修经理人和机动车驾驶培训经理人等4个专业中选报一个。

3. "专业学历"栏中应当填写符合国家教育行政主管部门认定的专业学历，未获学位的，不应自行填写学位。对取得双学士学位者应当分别填报。

4. "累计从事道路运输企业经营管理工作年限"截止日期为本办法印发之日，按满周年累计计算。

5. "自我评价"指申请人对本人在职业生涯中的历史业绩、能力特征和教育培训经历进行自我评述和评价。可另附页。

6. "从业单位证明"指所在单位对申请人的历史业绩提供相应证明，包括社会效益和经济效益两部分。可另附页。

基本情况

<table>
<tr><td>姓　名</td><td></td><td>性别</td><td></td><td>出生日期</td><td></td><td rowspan="5">照片</td></tr>
<tr><td>籍　贯</td><td></td><td>民族</td><td></td><td>身份证号</td><td></td></tr>
<tr><td rowspan="3">从业单位</td><td>单位名称</td><td colspan="4"></td></tr>
<tr><td>单位地址</td><td colspan="4"></td></tr>
<tr><td>联系电话</td><td colspan="2"></td><td>邮政编码</td><td></td></tr>
<tr><td rowspan="3">专业学历</td><td colspan="2">最高学历毕业时间</td><td colspan="2">院校及专业</td><td>学　历</td><td>学　位</td></tr>
<tr><td colspan="2">年　　月</td><td colspan="2"></td><td></td><td></td></tr>
<tr><td colspan="2">年　　月</td><td colspan="2"></td><td></td><td></td></tr>
<tr><td colspan="2">参加工作时间</td><td>年　　月</td><td colspan="3">累计从事道路运输企业经营管理工作年限</td><td></td></tr>
<tr><td colspan="3">任职时间</td><td colspan="4"></td></tr>
<tr><td colspan="2">发表论文、著作情况</td><td colspan="5"></td></tr>
<tr><td colspan="2">自我评价</td><td colspan="5"></td></tr>
<tr><td colspan="2">从业单位证明</td><td colspan="5"></td></tr>
</table>

从事道路运输企业
经营管理工作主要经历

起止时间	从业单位	从事工作	职务
年　月 至　年　月			
年　月 至　年　月			
年　月 至　年　月			
年　月 至　年　月			
年　月 至　年　月			
年　月 至　年　月			
年　月 至　年　月			
年　月 至　年　月			
年　月 至　年　月			
年　月 至　年　月			

<table>
<tr><td>从业单位推荐意见</td></tr>
<tr><td>□申报材料属实，同意推荐申报高级道路运输经理人资格考核认定。
□申报材料不属实，不同意推荐申报高级道路运输经理人资格考核认定。

负责人(签字)：　　　　　　(印章)
年　月　日</td></tr>
<tr><td>省级道路运输管理机构初审意见</td></tr>
<tr><td>□申报材料属实齐全，符合考核认定条件，同意申报高级道路运输经理人资格考核认定。
□申报材料属实齐全，不符合考核认定条件，不同意申报高级道路运输经理人资格考核认定。

负责人(签字)：　　　　　　(印章)
年　月　日</td></tr>
<tr><td>省级交通运输主管部门审查意见</td></tr>
<tr><td>□申报材料属实齐全，符合考核认定条件，同意申报高级道路运输经理人资格考核认定。
□申报材料属实齐全，不符合考核认定条件，不同意申报高级道路运输经理人资格考核认定。

负责人(签字)：　　　　　　(印章)
年　月　日</td></tr>
</table>

高级道路运输经理人资格考核认定领导小组办公室测试及审核意见
□经审查，测试结果和审查情况均符合高级道路运输经理人资格考核认定条件。 □经审查，测试结果或者审查情况不符合高级道路运输经理人资格考核认定条件。 □经审查，测试结果和审查情况均不符合高级道路运输经理人资格考核认定条件。 负责人(签字)：　　(印章) 年　月　日
交通运输部复核、公示及审批意见
□经复核，不符合高级道路运输经理人资格考核认定条件。 □经复核，符合高级道路运输经理人资格考核认定条件，并经公示无异议。 □经复核，符合高级道路运输经理人资格考核认定条件，经公示有异议，最终确认不符合考核认定条件。 (印章) 年　月　日
备注：

关于公布《公路工程造价人员资格考试大纲》的通知

交职发〔2011〕255 号　2011.5.27

各省、自治区、直辖市、新疆生产建设兵团交通运输厅(局、委):

为体现公路建设新标准、新规范、新技术和新工艺的发展对公路工程造价人员管理的新要求,部组织修订了《公路工程造价人员资格考试大纲》,现予公布。

公路工程造价人员资格考试大纲

本考试大纲对公路工程造价相关知识的要求分为了解、熟悉、掌握三个层次,“了解”即考生应知道的公路工程造价相关知识;“熟悉”即要求考生深刻理解的公路工程造价相关知识;“掌握”即考生能运用所要求的公路工程相关知识解决实际工作问题。

公路工程造价人员资格考试分为甲、乙两个等级,考试大纲中凡不加区分的要求是对甲、乙级均适用的要求;凡有所区分的要求,则括号外的是对甲级的要求,括号内的是对乙级的要求,如掌握(熟悉)即要求甲级“掌握”、乙级“熟悉”。

第一科目　公路工程造价基础理论及相关法规

一、公路工程造价管理及其基本制度

(一)掌握公路工程造价的定义及构成、公路工程造价的计价特点;

(二)掌握(熟悉)公路工程造价管理体制及基本内容;

(三)熟悉(了解)公路工程建设管理体制、公路建设项目的划分;

(四)熟悉(了解)公路基本建设的制度、法规;

(五)了解造价人员资格管理制度及工程造价咨询管理制度。

二、工程经济

(一)掌握资金的时间价值及其计算;

(二)掌握(熟悉)投资方案经济效果的评价指标和方法;

(三)熟悉方案优化方法——价值工程;

(四)熟悉(了解)不确定性分析方法;

(五)熟悉(了解)工程寿命周期成本分析的内容和方法。

三、工程财务

(一)熟悉公路建设项目资本金制度、项目资金筹措的渠道与方式；

（二）熟悉（了解）公路建设项目资金成本、资本结构与融资方式；

（三）熟悉（了解）公路建设项目成本管理的内容和方法；

（四）熟悉（了解）公路建设项目资产评估的内容和方法；

（五）熟悉与工程造价有关的税收及保险的内容；

（六）了解公路建设项目财务分析的内容和方法；

（七）了解与工程财务有关的基本知识和相关内容。

四、工程项目管理

（一）掌握工程项目的计划体系、目标控制的措施和方法；

（二）掌握（熟悉）流水施工组织方法、网络计划技术；

（三）熟悉（了解）工程项目的组成和分类、项目建设程序及不同阶段投资控制措施；

（四）熟悉工程项目管理的组织；

（五）了解工程项目管理的类型和任务、工程项目管理相关制度；

（六）了解工程项目风险管理。

五、法律法规

（一）掌握合同法的有关内容；

（二）熟悉公路法、招标投标法、政府采购法、土地管理法、价格法、物权法、国有土地上房屋征收与补偿条例等法律法规中与工程造价有关的内容；

（三）熟悉（了解）国内公路工程招标合同范本的基本内容，了解国外公路工程招标合同范本的基本内容；

（四）了解建筑、标准化、保险、税收、水土保持、环境保护、文物、矿产资源、森林等相关领域法律法规中与工程造价有关的内容。

第二科目　公路工程造价的计价与控制

一、公路工程造价构成

（一）掌握公路工程造价文件的组成；

(二)掌握建筑安装工程费、设备及工器具购置费和工程建设其他费用的构成与计算;

(三)掌握预备费、建设期贷款利息的计算;

(四)了解世界银行建设项目费用构成和国外建筑安装工程费的构成。

二、公路工程造价计价依据

(一)掌握施工定额的构成及其编制方法;

(二)掌握公路工程估算、概算、预算编制办法的基本内容;

(三)掌握概算定额、预算定额、施工机械台班费用定额的基本内容,掌握(熟悉)估算指标的基本内容;

(四)掌握人工、材料、机械台班预算单价的编制;

(五)熟悉公路工程造价计价依据的分类,了解工程建设定额体系的分类;

(六)熟悉(了解)预算定额的编制,了解概算定额和估算指标的编制;

(七)了解工程造价信息管理的基本内容。

三、公路建设项目决策阶段工程造价的计价与控制

(一)掌握(熟悉)投资估算的编制;

(二)熟悉(了解)决策阶段影响工程造价的主要因素;

(三)熟悉(了解)各类财务基础数据的测算;

(四)熟悉(了解)建设项目经济评价的内容;

(五)熟悉(了解)建设项目财务分析报表的编制;

(六)熟悉(了解)建设项目财务评价方法。

四、公路建设项目设计阶段工程造价的计价与控制

(一)掌握与公路工程造价编制相关的外业资料的内容与收集渠道、方法;

(二)掌握初步设计概算、施工图预算的编制;

(三)掌握(了解)初步设计概算、施工图预算的审查;

(四)熟悉(了解)设计阶段影响工程造价的主要因素;

(五)熟悉(了解)设计方案的技术经济比选。

五、公路建设项目招投标与合同管理

(一)掌握公路工程标准施工招标文件的主要条款及合同价款的确定;

(二)掌握工程量清单、招标控制价(或清单预算)及投标报价的编制;

(三)熟悉(了解)公路建设项目施工招标的程序和招标文件的构成;

(四)熟悉公路建设项目施工投标程序及投标策略;

(五)熟悉(了解)公路建设项目施工评标定标;

(六)了解公路建设项目招标的分类及内容;

(七)了解国际上有关建设工程招投标和国际咨询工程师联合会编写的土木工程施工合同条件(简称 FIDIC 合同条件)的主要内容。

六、公路建设项目施工阶段工程造价的计价与控制

(一)掌握工程变更和合同价款的调整、新增支付项目单价的确定;

(二)掌握工程索赔的处理原则和索赔费用的计算;

(三)掌握(熟悉)工程价款的结算;

(四)熟悉(了解)投资偏差分析的方法及纠正措施,了解项目资金计划的编制;

(五)了解国际咨询工程师联合会编写的土木工程施工合同条件(简称 FIDIC 合同条件)下工程价款的结算;

(六)了解工程项目管理软件的使用。

七、竣工决算的编制和竣工后保修费用的处理

(一)掌握(熟悉)公路建设项目工程决算的编制;

(二)掌握(熟悉)新增资产价值的确定;

(三)熟悉公路建设项目竣工决算的内容和编制;

(四)熟悉(了解)保修费用的处理;

(五)了解公路建设项目竣工验收的范围、依据、标准和工作程序;

（六）了解公路建设项目后评价的方法及主要评价指标的计算。

第三科目　公路工程技术与计量

一、公路工程设计、施工基本知识

（一）掌握公路工程设计的阶段划分及具体要求；

（二）掌握公路工程施工的特点、程序；

（三）掌握施工组织设计的基本原理和方法以及不同施工方案对工程造价的影响；

（四）掌握（熟悉）公路工程主要技术经济指标；

（五）熟悉（了解）公路工程技术标准、设计规范、施工技术及验收规范中与工程造价有关的内容。

二、工程材料与工程机械

（一）熟悉公路工程主要材料的分类；

（二）熟悉（了解）公路工程主要材料的特性；

（三）熟悉混凝土强度等级及配合比计算；

（四）熟悉常用施工机械及适用范围；

（五）了解公路工程施工新材料、新技术、新工艺、新设备。

三、临时工程及施工组织

（一）掌握（熟悉）临时工程的内容及依据工程项目特点配置的基本要求；

（二）掌握（熟悉）辅助工程的内容及依据工程项目特点配置的基本要求；

（三）熟悉（了解）施工场地的布置要求；

（四）了解安全生产、文明施工的基本内容及措施要求。

四、路基工程

（一）掌握路基土石方施工作业的基本要求、方法及工艺流程；

（二）掌握公路工程排水设施施工的基本要求、方法及工艺流程；

（三）掌握路基防护工程施工的基本要求、方法及工艺流程；

（四）掌握软弱地基处理施工的基本要求、方法及工艺流程；

（五）掌握路基工程计价工程量的归口计算方法；

（六）熟悉（了解）路基工程设计的基本要求和内容；

（七）了解路基工程施工前的准备工作。

五、路面工程

（一）掌握基层、底基层、垫层施工的基本要求、方法及工艺流程；

（二）掌握沥青路面施工的基本要求、方法及工艺流程；

（三）掌握水泥混凝土路面施工的基本要求、方法及工艺流程；

（四）掌握路面工程量、混合料综合运距的计算方法；

（五）熟悉（了解）路面工程设计的基本要求和内容。

六、隧道工程

（一）掌握公路隧道施工的基本要求、方法及工艺流程；

（二）掌握隧道工程主要结构工程量的计算方法；

（三）熟悉（了解）隧道的分类、组成及其构造；

（四）熟悉（了解）隧道工程设计的基本要求和内容。

七、桥涵工程

（一）掌握涵洞工程施工的基本要求、方法及工艺流程；

（二）掌握一般结构桥梁基础、下部结构、上部结构施工的基本要求、方法及工艺流程，熟悉（了解）特殊结构桥梁基础、下部结构、上部结构施工的基本要求、方法及工艺流程；

（三）掌握桥涵工程主要结构工程量的计算方法；

（四）熟悉（了解）桥涵工程设计的基本要求和内容；

（五）熟悉桥涵工程的组成与分类。

八、交通工程及沿线设施

（一）掌握（熟悉）交通安全设施的基本要求、施工方法及施工工艺流程；

（二）熟悉（了解）收费、监控、通信、供电照明等机电工程、房屋工程、绿化工程、环保工程设计的基本要求。

九、工程计量

（一）掌握公路工程各种工程量的计算方法；

（二）掌握公路工程各种工程量的计量规则；

（三）掌握（熟悉）公路工程计量支付台账的编制；

（四）掌握（熟悉）计量支付工作流程及相关证书签证。

第四科目　公路工程造价案例分析

案例分析主要考察考生在综合掌握公路工程造价基础理论及相关法规、公路工程造价的计价与控制、公路工程技术与计量三个科目的基础上，解决下述有关工程造价实际问题的能力。

一、公路建设项目投资方案经济分析（仅要求甲级）

（一）公路建设项目投资方案经济效果分析；

（二）公路建设项目全寿命周期成本分析；

（三）公路建设项目不确定性分析。

二、公路工程设计与施工方案技术经济分析

（一）公路工程设计与施工方案综合评价；

（二）公路工程设计与施工方案比较与优化；

（三）施工方法、施工机械的合理选择；

（四）工程施工网络计划的调整与优化（仅要求甲级）。

三、定额的编制

施工定额的编制。

四、公路工程造价文件的编制与审查（审查的内容仅要求甲级）

（一）工程量的计算与审查；

（二）临时工程与辅助工程的计算；

（三）投资估算、初步设计概算、施工图预算、施工招标控制价（或清单预算）和施工投标报价的编制与审查（投资估算仅要求甲级）；

（四）工程决算的编制与审查。

五、公路工程合同管理

（一）工程量清单、计量支付台账的编制；

（二）工程价款结算与支付；

（三）工程变更的处理及变更单价的确定；

（四）工程索赔的计算与审核；

（五）公路工程施工合同争议的分析与处理（仅要求甲级）。

六、施工管理

（一）项目标后预算、成本预算的编制；

（二）项目合同结算，项目预计总成本、预计总收入的编制。

关于交通运输行业研发中心建设的实施意见

交科技发〔2011〕436号　2011.8.11

各省、自治区、直辖市、新疆生产建设兵团交通运输厅(局、委),天津市、上海市交通运输和港口管理局,中央管理的交通运输企业,有关科研院所、高等院校,部属各单位:

我部印发的《公路水路交通中长期科技发展规划纲要(2006—2020年)》及《公路水路交通运输"十二五"科技发展规划》明确提出,要建立适应交通运输现代化要求的科技创新体系。交通运输行业研发中心(以下简称行业研发中心)是交通科技创新体系的重要组成部分。行业研发中心以加强技术开发、实现成果转化为主要任务,通过建立工程化、产业化研究试验平台以及推动技术创新、成果转化的有效机制,实现科技成果向现实生产力的有效转化,加快行业技术进步。现就行业研发中心建设提出以下实施意见。

一、指导思想

面向现代交通运输发展需求,发挥政府引导与市场机制作用,建立健全产学研用合作模式,整合利用行业研发资源,促进科技开发和成果转化,提升行业自主创新能力和核心竞争力,为转变发展方式、加快发展现代交通运输业提供强有力支撑。

二、基本原则

(一)需求引导,重在转化。针对交通运输重点领域的科技需求,开展共性关键技术的工程化、产业化开发,促进新技术、新材料、新工艺和新装备在行业的推广应用。

(二)整体布局,分步实施。按照交通运输科技发展的战略部署，确定行业研发中心的发展布局；结合行业需求与资源条件，逐步推进行业研发中心发展，不断优化和完善行业研发中心整体布局。

（三）整合资源，开放合作。鼓励产学研用相结合，优势互补，联合共建；积极开放行业研发中心平台，促进交流合作，实现科技资源与研发成果共享。

（四）政策激励，优胜劣汰。建立激励机制，引导和支持行业研发中心努力提高核心竞争力，实现良性发展；加强考核评估，实行动态管理，促进行业研发中心持续健康发展。

三、发展目标

到 2015 年建设 15 个左右的行业研发中心，初步形成覆盖交通运输发展亟需领域的基本布局，行业技术开发和成果转化能力明显增强；到 2020 年建设 20 个左右行业研发中心，形成覆盖交通运输发展重点领域、兼顾区域分布的整体布局，使行业研发中心成为技术开发与成果转化的重要基地、高层次工程技术人才培养的重要基地。

四、领域布局

公路领域：高等级公路建设与养护技术、材料及装备；公路长大桥梁建设技术及装备；公路桥梁安全检测与加固改造技术及装备；桥梁缆索制造技术。

水路领域：长江航运技术；疏浚与吹填技术及装备；深水枢纽港建设技术及装备；水工建筑物耐久性及新材料。

综合运输与现代物流领域：物联网技术应用；智能交通技术和设备；港口物流先进装卸工艺与装备；集装箱供应链智能化技术。

交通运输安全领域：公路交通安全与应急保障技术及装备；公路交通防灾减灾技术；航海保障与海事防控技术及装备；应急救助与抢险打捞技术及装备；交通运输安全应急信息保障技术及设备。

节能环保领域：公路交通节能与环保技术及装备；港口节能与环保技术及装备；船舶运输环境保护与污染应急处治技术及装备。

五、保障措施

(一)交通运输部制定行业研发中心有关管理制度,明确管理职责,规范管理程序。行业研发中心建设与管理单位(以下简称依托单位)要按照部有关要求,积极探索,建立和完善有利于行业研发中心发展的管理模式与运行机制,不断提高行业研发中心的建设与管理水平。

(二)对于通过认定且符合国家财政投资的行业研发中心,部将安排一定比例的补助投资用于重点仪器设备购置,支持研发中心搭建工程化、产业化的研究试验平台。行业研发中心依托单位及主管部门要在资金投入等方面加大力度,支持行业研发中心建设和发展。

(三)引导行业研发中心不断完善开放合作机制,加快培养高层次工程技术人才和复合型经营管理人才,支持承担行业重大科技研发、成果推广应用等重点任务,不断提高其建设与经营管理水平。

(四)鼓励行业研发中心利用新技术、新产品研发与转化形成增值效应。对取得重大成果与显著效益的行业研发中心予以奖励。对为行业发展作出重要贡献且优势明显的行业研发中心加大扶持力度,争取国家有关部门的支持,力争将其培育成为国家科研基地。

关于印发交通运输行业研发中心管理办法(暂行)的通知

交科技发〔2011〕437 号　2011.8.11

各省、自治区、直辖市、新疆生产建设兵团交通运输厅(局、委),天津市、上海市交通运输和港口管理局,中央管理的交通运输企业,有关科研院所、高等院校,部属各单位:

为贯彻落实交通运输科技发展战略和规划,加强和规范交通运输行业研发中心的建设与管理,促进交通运输行业研发中心持续健康发展,现将部制定的《交通运输行业研发中心管理办法(暂行)》印发给你们,请遵照执行。

交通运输行业研发中心管理办法(暂行)

第一章　总　　则

第一条　为加强和规范交通运输行业研发中心(以下简称行业研发中心)建设与管理,制定本办法。

第二条　行业研发中心是以现代交通运输发展需求为导向,以实现科技成果转化为目标,通过建立健全产学研用合作模式,开展新技术、新材料、新工艺、新装备的研究开发与推广应用,培养高层次工程技术人才以及进行技术交流合作的重要基地。

第三条　行业研发中心面向全行业,主要依托企业、科研院所等具有较强科技研发与成果转化能力的单位进行建设与管理,鼓励产学研用相结合组建行业研发中心。

第四条　行业研发中心的主要任务:

(一)组织和参与行业共性关键技术和先进适用技术的研究与开发,开展具有重要市场价值的科技成果的系统集成及工程化试验验证与产业化推广应用。

(二)搭建科研与产业之间的桥梁,持续不断地为行业提供工程化技术成果。

(三)承担国家和行业下达的技术开发以及标准、规范、工法制修订等任务,实现技术成果的转移和扩散。

(四)开展国际交流与合作,实现先进技术的引进消化吸收和再创新。

(五)实行开放服务,为行业提供技术开发及成果工程化的试验、验证环境,提供信息和技术咨询服务。

(六)培养高层次工程技术开发人才和复合型经营管理人才。

第二章 管理机制

第五条 交通运输部科技主管部门是行业研发中心的归口管理部门,主要职责是:制定行业研发中心事业发展规划及相关政策;组织行业研发中心的认定和评价工作;审定行业研发中心管理委员会组建方案等。

第六条 依托单位主管部门的主要职责是:组织优势科技研发资源申报和建设行业研发中心;落实行业研发中心建设和运行所需的配套条件与支持政策等。

第七条 依托单位的主要职责是:协助交通运输部开展对行业研发中心的认定与评价工作;向管理委员会推荐行业研发中心主任人选;为行业研发中心的建设与发展提供保障条件等。

第八条 行业研发中心均应设立管理委员会和技术委员会。

管理委员会由行业研发中心依托单位(以下称依托单位)及其主管部门有关人员组成,人数不少于7人。管理委员会的组建与调整由依托单位提出并报交通运输部科技主管部门批准。

管理委员会的主要职责是:制定行业研发中心发展规划和管理制度;聘任行业研发中心主任;审定行业研发中心技术委员会组建方案;负责对行业研发中心的年度考核,审议行业研发中心年度工作报告(编制提纲见附件);监督和审查行业研发中心的财务预决算;负责协调行业研发中心建设和运行过程中的有关事项等。

技术委员会由相关专业领域的技术专家和学者等组成,成员不少于7人,技术委员会组建及调整由依托单位提出并报管理委员会审定。技术委员会的主要职责是:为行业研发中心开展科技研发、成果转化等提供技术咨询。

第九条 行业研发中心实行主任负责制。行业研发中心主任应具有较深的学术造诣、较高的工程技术水平以及较强的组织管理和市场开拓能力,其主要职责是:根据管理委员会确认的发展规划和管理制度,全面负责行业研发中心的日常运行管理工作。

第三章　申报与认定

第十条　按照成熟一个、认定一个的原则组织开展行业研发中心建设。交通运输部发布认定指南,符合条件的单位可按要求申报。交通运输部科技主管部门按照初审、现场评审和综合评议的程序组织开展评审认定工作。

第十一条　行业研发中心应具备以下条件:

(一)符合交通运输部发布的行业研发中心建设领域布局,有明确的发展规划和建设方向,所提出的组建方案切实可行。

(二)拥有一支结构合理、素质较高的从事技术开发和成果转化的专业技术人员队伍,以及具有较强市场开拓意识及成果转化经验的经营管理队伍。

(三)具有一批有待工程化、产业化开发的且拥有自主知识产权和良好市场前景的科技成果,或具有较为突出的区域科技研发优势与成果;具有将科技成果向规模生产转化的研究验证环境和能力;具有通过市场机制实现科技成果工程化、产业化,形成良性循环的自我发展能力。

(四)依托单位能为行业研发中心提供必要的条件保障。

第四章　运行管理

第十二条　行业研发中心应加强体制机制创新,建立健全规章制度和激励机制,积极探索科学适用的管理模式和运行机制,确保行业研发中心的顺利建设、高效运行和持续健康发展。

第十三条　管理委员会和技术委员会每年应召开年度工作会议,审议行业研发中心重要事项。

第十四条　行业研发中心应保持人员结构的合理性与相对稳定性。

第十五条　行业研发中心应加大对外开放的力度,努力实现科技资源共享,鼓励科研、开发人员通过合作等形式开展研发活动,拓展技术市场。

第十六条 交通运输部对行业研发中心进行考核评价,实行动态管理,优胜劣汰。

第十七条 行业研发中心应严格实施既定的建设目标和任务。如遇特殊情况需要调整行业研发中心既定建设目标和任务的,应由依托单位报交通运输部科技主管部门批准。

第十八条 对于无法完成建设目标和任务的行业研发中心,交通运输部将视情况通报批评或取消行业研发中心资格。

第五章 附 则

第十九条 交通运输部对通过认定的行业研发中心授予铭牌。铭牌的中文名称为“xxx 行业研发中心(交通运输部)”,英文名称为“Research and Development Center on XXX , Ministry of Transport , PRC”。

第二十条 本办法由交通运输部科技主管部门负责解释。

第二十一条 本办法自发布之日起施行。

附件：行业研发中心年度工作报告编制提纲

行业研发中心年度工作报告

中心名称：________________

专业领域：________________

中心主任：________________

依托单位：________________（加盖单位公章）

通讯地址：________________

邮政编码：________________

电子邮箱：________________

联系电话及传真：________________

交通运输部科技司

二〇　　年

行业研发中心年度工作报告编制提纲

一、发展规划和目标的实现

（一）发展规划、年度研究计划的制定与实施

（二）发展目标的实现

二、行业研发中心的建设情况

（一）研发环境建设状况和投资情况

（二）科技研发与经营管理人才队伍建设情况

三、行业研发中心的工作情况

（一）承担的科研任务和完成情况。

（二）关键技术研发的重大进展。

（三）研究成果、专利、获奖以及成果工程化和产业化情况。

（四）取得效益情况（包括总收入、科研收入、技术咨询服务收入、产品收入和其他收入情况及利税情况）。

（五）国内外技术交流及人员培训情况。

（六）对行业的贡献。

四、行业研发中心的组织机构与运行管理机制

（一）组织机构。

（二）产学研用合作机制与成果转化机制。

（三）规章制度及管理与激励机制。

五、下一年度工作计划

六、其他情况及相关建议

关于印发交通运输行业研发中心认定工作实施细则(试行)的通知

厅科技字〔2011〕179号　2011.8.16

各省、自治区、直辖市、新疆生产建设兵团交通运输厅(局、委),天津市、上海市交通运输和港口管理局,中央管理的交通运输企业,有关科研院所、高等院校,部属各单位:

为加强交通运输行业研发中心的建设与管理,规范认定工作,根据《交通运输行业研发中心管理办法》(暂行),我部制定了《交通运输行业研发中心认定工作实施细则(试行)》,现予印发,请遵照执行。

请将工作中遇到的具体问题及有关建议及时反馈交通运输部科技司。

联系电话:010—65292812、65292813

地址:北京市建国门内大街11号交通运输部科技司

邮政编码:100736

交通运输行业研发中心
认定工作实施细则(试行)

第一章　总　　则

第一条　为加强交通运输行业研发中心(以下简称行业研发中心)的建设和管理,使行业研发中心认定工作更加科学化、规范化,根据《交通运输行业研发中心管理办法》(暂行),制定本细则。

第二条　认定工作遵循"公开、公平、公正"和"依靠专家、发扬民主、实事求是、科学合理"的原则。

第三条　认定工作由交通运输部科技主管部门组织实施。

第二章　申　　报

第四条　根据行业科技发展需求及科技资源条件,由交通运输部发布行业研发中心认定指南,指导行业研发中心认定工作。

第五条　符合行业研发中心认定指南要求并具备行业研发中心建设条件的单位(即依托单位),可向交通运输部提出认定申请,并按照管理办法及认定指南的有关要求,提交以下材料:

(一)行业研发中心申请函;

(二)《行业研发中心申请报告》(编制提纲见附件1);

(三)《行业研发中心基本情况表》(格式见附件2)及有关证明材料等。

申报单位应将以上材料一式两份按期报至交通运输部科技主管部门,并将电子版按照要求发送至相关电子邮箱,逾期不予受理。

第六条　属于地方管理的依托单位申请认定行业研发中心,须经所在省(自治区、直辖市)交通运输主管部门审核同意后报送交通运输部科技主管部门;隶属中央管理企业的依托单位申请认定行业研发中心,须经所属中央管理企业审核同意后报送交通运输部科技主管部门;部属单位申请认定行业研发中心,直接报送交通运输部科技主管部门。

第三章　评审与认定

第七条　初审。交通运输部科技主管部门对受理的《行业研发中心申请报告》等申报材料进行审查。对于通过审查的,部科技主管部门将组织有关专家开展现场评审。

第八条　现场评审。现场评审专家组依据行业研发中心相关管理规定及申报材料,按照召开预备会、听取汇报及核实材料、实地查看、抽查询问、集体评议等环节开展现场评审工作。

第九条　综合评议。交通运输部科技主管部门根据专家现场评审报告,组织由交通运输部内有关司局领导及专家组正、副组长组成的综合评议组,进行综合评议(必要时组织答辩),确定最终认定结果,报交通运输部批准后予以公布。

第四章　专家组及职责

第十条　现场评审专家组构成。现场评审是行业研发中心认定的重要环节,由交通运输部组织评审专家组,负责现场评审工作。专家组由七人组成,包括该领域的专业技术专家、管理专家、财务专家和用户代表等。专家组设正、副组长各一名,由组长独立主持现场评审工作。

第十一条　现场评审专家组主要了解行业研发中心的组建情况,全面核查行业研发中心在基础条件、人才结构、科技活动、科技成果和经济效益等方面的现状与问题,并据此评估其建设的必要性与可行性,提出明确的评审意见,形成专家现场认定评审报告,于当日提交交通运输部科技主管部门。

第十二条 参与评审的专家应严格遵守保密规定，廉洁自律，对违规者给予批评，情节严重者取消专家资格。

第五章 附 则

第十三条 参与认定的有关单位应实事求是地提供有关数据和材料。对于提供虚假证明材料或信息的，一经查出即取消申报资格，已通过认定的取消行业研发中心资格并严肃处理。

第十四条 本细则由交通运输部科技主管部门负责解释。

第十五条 本细则自印发之日起施行。

附件1

行业研发中心申请报告

中心名称：________________________

专业领域：________________________

依托单位：（加盖单位公章）

通讯地址：________________________

邮政编码：________________________

电子邮箱：________________________

申报工作联系人：__________________

联系电话及传真：__________________

交通运输部科技司

二〇一　年

编写说明

1. 申请报告内容应真实、客观、准确。

2. 申请报告封面应加盖依托单位公章。

3. 申请报告一式两份,随申请函一并报至交通运输部科技司。

4. 申请报告有关内容如填写不下,可使用 A4 纸附页。

5. 申请报告以电子版为准,所填文字与数字均为宋体、四号字,不得随意改变申请报告提纲内容顺序及附表格式。

行业研发中心申请报告编制提纲

一、摘要(3000 字左右)

二、建设背景及必要性

(一)本领域在国民经济建设中的地位与作用

(二)国内外技术和产业发展状况、趋势与市场分析

(三)本领域当前亟待解决的关键技术问题

(四)本领域成果转化与产业化存在的主要问题及原因

(五)组建行业研发中心的意义与作用

三、申报单位概况和建设条件

(一)申报单位及合作单位基本概况

(二)已取得的重大科研、工程化、产业化成果与水平

(三)相关的科研、工程化、产业化现有条件,产学研用的工作基础

(四)现有研发人员队伍建设情况及未来发展目标

四、拟建的行业研发中心主要任务与目标

(一)主要发展方向

(二)主要任务

(三)预期目标(含:近期目标——3 年、中远期目标——10 年)

(四)发展战略与经营思路

(五)基础条件建设内容及规模(仪器设备配置、其他配套条件等)

五、拟建的行业研发中心管理与运行机制

(一)机构设置与职责

(二)运行机制

(三)产学研用合作模式

六、经济和社会效益初步分析

七、其他需要说明的问题

八、附件

(一)拟建的行业研发中心章程

(二)行业研发中心基本情况表

格式及填报说明详见本细则附件2。

(三)相关证明材料

需提供的相关证明材料包括:1. 年度资产负债表、损益表和现金流量表的复印件;2. 研发项目的委托函、协议或合同等文件的复印件;3. 成果鉴定、成果转让协议、成果获奖证书、专利证明、工法证明、产品证书、项目验收报告等复印件;4. 其他配套证明文件等。

依托单位意见：   （公 章） 负责人（签字）： 年　　月　　日
地方交通运输主管部门、中央管理企业意见*：   （公 章） 负责人（签字）： 年　　月　　日

*注：部属单位直接向交通运输部科技主管部门报送；

其他单位按照行政隶属关系签署意见后报送。

附件 2

行业研发中心基本情况表

<table>
<tr><td colspan="2">单位名称</td><td colspan="4"></td></tr>
<tr><td colspan="2">单位地址</td><td colspan="2"></td><td>邮政编码</td><td></td></tr>
<tr><td colspan="2">依托单位
负责人</td><td colspan="2"></td><td>联系电话</td><td></td></tr>
<tr><td colspan="2" rowspan="3">申报工作
联系人</td><td colspan="2" rowspan="3"></td><td>联系电话</td><td></td></tr>
<tr><td>传　　真</td><td></td></tr>
<tr><td>电子邮箱</td><td></td></tr>
<tr><td colspan="6">拟建行业研发中心基本数据(20　年)</td></tr>
<tr><td>序号</td><td>类别</td><td>数据名称</td><td>单位</td><td>数据</td><td>备　注</td></tr>
<tr><td rowspan="14">1</td><td rowspan="14">资产和投资状况</td><td>总资产</td><td rowspan="3">万元</td><td></td><td></td></tr>
<tr><td>其中:固定资产原值</td><td></td><td></td></tr>
<tr><td>无形资产</td><td></td><td></td></tr>
<tr><td>总负债</td><td>万元</td><td></td><td></td></tr>
<tr><td>科技经费筹集</td><td rowspan="5">万元</td><td></td><td></td></tr>
<tr><td>其中:1. 政府资金</td><td></td><td></td></tr>
<tr><td>2. 企业资金</td><td></td><td></td></tr>
<tr><td>3. 金融机构贷款</td><td></td><td></td></tr>
<tr><td>4. 其他</td><td></td><td></td></tr>
<tr><td>总支出</td><td>万元</td><td></td><td></td></tr>
<tr><td>科技经费支出</td><td rowspan="4">万元</td><td></td><td></td></tr>
<tr><td>其中:1. 固定资产购建费</td><td></td><td></td></tr>
<tr><td>2. 劳务费</td><td></td><td></td></tr>
<tr><td>3. 研究与试验发展经费(R&D)</td><td></td><td></td></tr>
</table>

续上表

序号	类别	数据名称	单位	数据	备　注
2	基础条件	设备、仪器和软件数量/原值	套/万元		
		研发条件的完备性	/		完备/一般/不完备
		技术装备水平	/		国际/国内先进/一般
		仪器设备利用率	%		
		建筑面积	平方米		
3	人才结构	行业研发中心总人数	人		
		其中:1. 研发人员数	人		
		2. 学术与技术带头人数量	人		
4	科技活动	在研科技项目总数	项		
		国家及省部级科研项目数	项		
		对外合作项目数	项		
		国内外技术交流次数	次		
		国内外专家交流人数	人		
		主持国内外技术学术交流会议数	次		
5	成果与行业贡献	专利申请受理数/授权数	项		分别列出受理数/授权数
		其中:发明			
		实用新型			
		外观设计			
		科技成果及获奖数	项		
		其中:科技成果登记数			
		国家技术发明奖			
		国家科学技术进步奖			
		国家自然科学奖			
		国家发明专利金奖			
		国际科学技术合作奖			
		其他奖项			

续上表

序号	类别	数据名称	单位	数据	备注
5	成果与行业贡献	论文数量(国际/国内)	篇		
		新产品数量	项		
		新工艺	项		
		服务合同数	项		
		成果转化数量	项		
		产品生产规模	台/套		
		形成国家与行业标准	项		
		工法制定数	项		
		对行业直接经济效益	万元		
		培养和提供行业人才数量	人		
6	经济效益	总收入	万元		技术服务收入含技术入股分红收入
		主营业务收入			
		其中:科研项目收入			
		技术服务收入			
		产品收入			
		利润总额	万元		
		净利润(所得税后利润)	万元		
7	其他相关指标				反映本中心研发能力和水平的其他指标
数据和资料真实性确认					
单位负责人	（签字）		申请工作联系人	（签字）	
填表日期： 年 月 日					

指标解释及填报说明：

本表所填报的数据均为行业研发中心评审认定的重要参考数据，请务必保证真实、准确。本表所填报数据的统计期限为申报认定前5年,其中时点数据的统计时间截至统计期限最后一年的12月31日。

(一)资产状况和投资状况

资产状况指截至统计时间行业研发中心财务报表中总资产、总负债、固定资产原值和净值、无形资产的数值。

科技经费筹集额指统计期限内来自于政府资金、企业资金、金融机构贷款和其他渠道用于科研项目的各项经费总额;统计期限内总支出包括科技经费支出和其他各项支出;科技经费支出指统计期限内科技经费内部支出(涉及固定资产购建费、劳务费等)和研究与试验发展经费支出(R&D,涉及基础研究、应用研究和试验发展等)之和。

(二)基础条件

包括已有研发设备、仪器和软件的数量及其购置的原值(以资产负债表为准);按照能否满足工作需求判定研发条件的完备性(完备、一般、不完备)、技术装备水平(国际水平、国内先进、一般)以及设备仪器利用率;建筑面积指行业研发中心截至统计时间,用于研发、中试、办公等用途的自有产权或使用权(含租赁)的建筑面积。

(三)人才结构

研发人员数主要指从事研究、开发和工程化的技术人员数量,学术和技术带头人数量主要指院士、教授、特殊津贴、特聘学术带头人、新世纪百千万人才工程、部新世纪十百千人才工程第一层次人选等。

(四)科技活动

包括年度内行业研发中心开展的在研科技项目总数,国家和省部级项目数,对外合作项目数(包括国际、国内机构、企业等合作项目);统计期限内国际、国内重要技术交流活动次数和专家学者交流人次。

(五)成果与行业贡献

统计期限内专利申请受理数量和授权数量,要分别说明属于发明、实用新型和外观设计;统计期限内科技成果及获奖数包括:科技成果登记数、国家技术发明奖、国家科学技术进步奖、国家自然科学奖、国际科学技术合作奖、国家发明专利金奖和其他奖项等,其他奖项包括公路学会、航海学会、建设工程鲁班奖、土木工程詹天佑奖等同级别奖;统计期限内在国内外学术刊物上发表的论文数量;统计期限内开发的新产品、新工艺数量、成果转化数量、产品生产规模、形成的国家及行业标准、工法数量等。

行业贡献指在统计期限内由于新技术、新成果、新工艺的采纳和新产品的生产对本行业和相关行业产生的直接经济效益,以及培养和提供给行业关键的、重要的技术人才数量。

(六)经济效益

总收入指统计期限内行业研发中心总经营收入;主营业务收入指统计期限内科研项目收入、技术服务收入、产品收入之和;科技收入包括课题和项目经费;技术服务收入包含技术入股分红收入。

(七)其他相关指标

其他可反映本中心研发能力和水平的相关指标。

附件3

行业研发中心申报认定工作流程

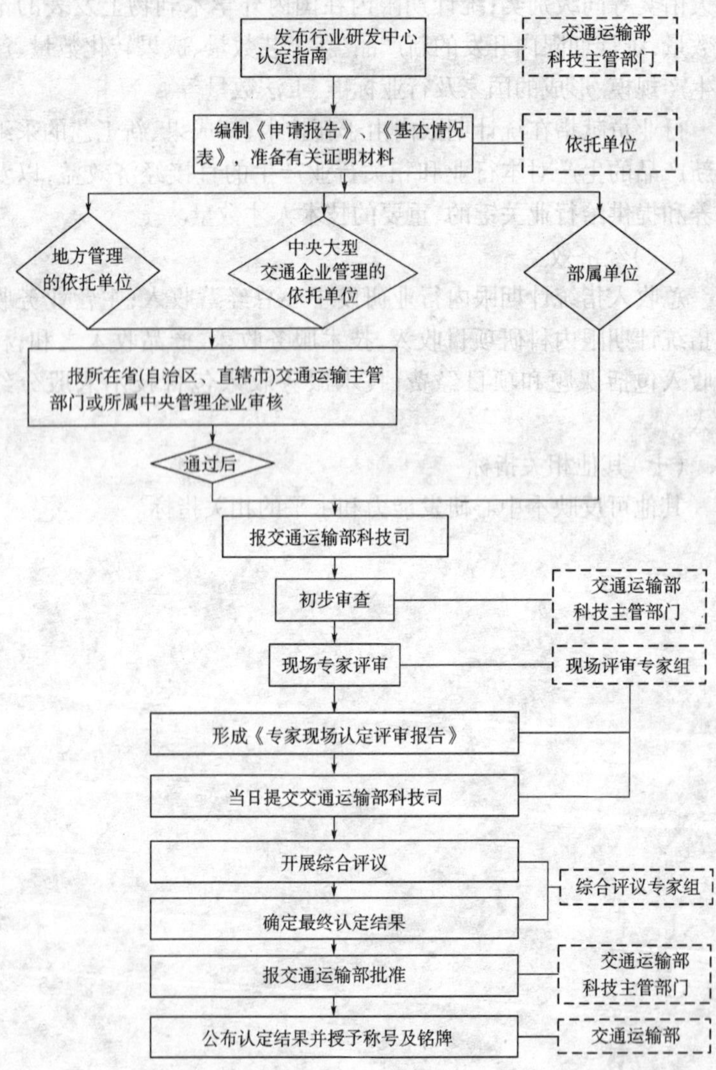

关于加强交通运输科技成果推广工作的意见

交科技发〔2011〕509号 2011.9.19

各省、自治区、直辖市、新疆生产建设兵团交通运输厅(局、委),天津市、上海市交通运输和港口管理局,中央管理的交通运输企业,主要港口管理机构和港务(集团)公司,有关科研院所、高等院校、行业学会(协会),部属各单位:

为深入实施科技强交战略,加快创新型交通运输行业建设,建立有利于促进科技成果推广应用的长效机制,促进科技成果向现实生产力转化,提升行业整体技术水平,依据《中华人民共和国科技进步法》和《中华人民共和国促进科技成果转化法》,就加强交通运输科技成果推广工作提出如下意见。

一、科技成果的推广应用,是科技创新价值的集中体现,是转变发展方式、发展现代交通运输业的迫切需要。各级交通运输主管部门及有关单位要把成果推广工作摆到更加突出的重要位置,提高和统一各方认识,发挥科技主管部门的指导作用,强化业务主管部门在科技成果推广应用工作中的职能,进一步提高科技成果的推广应用水平。

二、加强科技成果推广工作的总体思路是:充分发挥政府与市场合力,着力完善以政府为引导、生产建设单位为主体、科研机构和高等院校为支撑、中介机构为纽带的科技成果推广体系,系统推进组织机构、制度保障、评估体系和信息平台建设,积极探索成果推广应用的有效途径与措施,引导成果的持有者与使用者平等自愿、互惠互利,合作推进科技成果的推广应用。

三、充分调动行业内外各方力量,共同推动科技成果推广工作。各级交通运输主管部门要发挥政策引导与重点推广项目组织作用,完善促进成果推广应用的政策与机制;生产建设单位要积极运用科技成果,提高生产建设的质量与效益;科研机构、高等院校要注重成果转化,面向生产建设开展成果推广、提供技术支撑;中介机构要积极参与成果推广,加强科技信息服务、技术咨询、成果交易等工作。

四、加快科技成果推广机构建设。各级交通运输主管部门及有关单位应因地制宜,充分利用现有资源,建设具有组织管理、中介服务和技术咨询等职能的成果推广机构,支持和保障成果推广机构的正常运转。加快行业研发中心建设,推进科技成果工程化应用和产业化推广。

五、完善科技成果推广制度。各级交通运输主管部门及有关单位要建立健全促进科技成果推广的规章制度,在信息共享、科技奖励、资金投入、知识产权保护、利益关系调整等方面,建立健全促进科技成果推广的激励和保障机制。

六、做好科技评价工作。在科研立项环节,加强对成果应用与转化目标的要求,优先支持成果应用前景良好的科研项目。在项目验收和成果评价环节,强化成果成熟度、适用性和推广应用前景等评价。建立健全成果推广评价体系,注重成果应用情况跟踪与实施效果评估。

七、加强科技成果推广信息平台建设。各级交通运输主管部门及有关单位要依托科技信息资源共享平台,拓展和强化平台的科技成果推广管理和供需信息服务功能。加强科技成果登记,为信息共享提供支撑。加强科技成果推广的统计分析,为指导科技成果推广工作提供依据。各单位要充分利用平台,发布成果推广供需信息,促进科技交流与合作。

八、制定科技成果推广计划。各级交通运输主管部门要结合实际制定推广计划,明确成果推广目标与重点,确定成果推广的主体与方式,系统有序地指导成果的推广应用。

九、加强交通运输标准规范制修订工作。要注重标准规范关键指标的研究，积极将成熟、先进、适用的科技成果纳入标准规范。鼓励具有地区特点的科技成果纳入地方标准规范，推动企业积极参与技术标准制修订。加强科技成果的系统总结与集成，形成技术手册和应用指南。

十、充分发挥科技示范工程与成果推广专项行动的带动与辐射作用。通过部省联动、政产学研相结合，面向生产建设需求，组织实施示范工程与专项行动，重点推动新技术、新工艺、新材料、新设备等的集成应用。

十一、组织编制并发布科技成果推广目录，做好新技术应用登录工作。各级交通运输主管部门要充分利用市场机制，推广应用能够有效提升行业技术水平和质量效益的先进技术和创新产品。

十二、广泛开展各种形式的科技成果培训与交流，加大对成果的宣传推广力度。承担推广任务的单位要组织专家深入生产建设一线，举办科技讲座、技术培训和经验交流等活动，切实提高培训与交流的针对性、系统性和实效性。

十三、建立并拓宽科技成果推广资金渠道。各级交通运输主管部门要积极协调本级财政部门，设立科技成果推广专项资金，每年安排一定的资金用于科技成果推广工作。在进行工程建设方案审批时，鼓励引导建设单位采用新技术成果，加大工程建设研究试验费用于成果推广的比例。各有关单位要根据财政部、科技部印发的《国家科技成果转化引导基金管理暂行办法》，充分利用国家科技成果转化引导基金政策，加速推动科技成果推广应用。

十四、建立科技成果推广工作协调机制。充分发挥各级交通运输主管部门的组织协调作用，在工程设计、建设、运营等环节，加大新技术成果的应用力度，限制和淘汰落后技术，使科技创新贯穿于交通运输生产建设的全过程。

十五、加强知识产权保护和管理。认真贯彻执行《交通运输行业知识产权管理办法》，加强知识产权保护宣传普及工作，提高成果持有者和使用者的知识产权法律意识，切实维护好各方的合法权益，发挥知识产权保护在成果推广中的积极作用。

十六、完善科技奖励制度。在科技奖励中,强化对成果推广应用的评价要求,支持设立科技成果推广奖项,表彰在科技成果推广中做出贡献的单位和个人。在专业技术职称评定和优秀人才评选等方面,将科技成果推广绩效作为评价的重要内容。

十七、切实维护科技成果推广单位和个人合法权益。科技成果推广单位依法或者依照合同约定,在科技成果推广应用活动中享受利益并承担风险。科技成果完成单位将其职务科技成果转让给他人的,单位应当从转让该项职务科技成果所取得的净收入中,提取不低于20%的比例,对完成该项科技成果及其转化做出重要贡献的人员给予奖励。单位独立研究开发或者与其他单位合作研究开发的科技成果实施转化成功投产后,单位应当连续三至五年从实施该科技成果新增留利中提取不低于5%的比例,对完成该项科技成果及其转化做出重要贡献的人员给予奖励。

关于印发公路水运工程监理工程师登记管理办法的通知

交质监发〔2011〕572号　2011.10.10

各省、自治区、直辖市、新疆生产建设兵团交通运输厅(局、委),天津市市政公路管理局,长江航务管理局:

现将《公路水运工程监理工程师登记管理办法》印发给你们,请遵照执行。

公路水运工程监理工程师登记管理办法

第一章 基本要求

第一条 为加强公路水运工程监理工程师从业管理，促进监理市场有序发展，制定本办法。

第二条 取得交通运输部公路水运工程监理工程师或专业监理工程师资格的人员，应按规定进行从业登记和业绩登记。

从业登记是指与监理企业建立合同关系的监理工程师，声明以监理工程师名义从事工程监理或相关业务活动的起始记录。

业绩登记是指监理工程师在工程项目中代表监理企业以监理工程师名义从事监理工作的记录。

第三条 工程项目总监、副总监、总监代表、驻地、副驻地和专业监理工程师应在项目中标监理企业进行从业登记和业绩登记。

第四条 交通运输部工程质量监督局（以下简称部质监局）负责建立和完善登记管理制度及网络登记系统，监督、检查和指导省级交通运输主管部门质量监督机构（以下简称省级质监机构）的登记工作。

各省级质监机构负责本地区监理工程师登记的具体工作。其中，从业登记由监理企业注册地的省级质监机构负责，业绩登记由负责工程项目监督工作的质量监督机构（以下简称项目质监机构）负责。

第五条 登记工作依托部质监局网络登记系统进行，遵循个人录入、企业复核、质监机构审核的原则。监理工程师对其录入和填写资料的真实性负责。

第二章 从业登记

第六条 申请从业登记的监理工程师应正式受聘于一家监理

企业，依法与企业签订劳动合同，企业为其正常缴纳基本养老保险、基本医疗保险和失业保险（离退休人员除外，属于企业内部人事调动或事业单位编制情形的，需提供相关证明）。

第七条 申请人通过虚假手段获得监理资格证书的，提供虚假登记资料的，违反规定同时受聘于两家以上企业的，信用评价周期内从业承诺履行状况很差（信用评价累计扣分大于等于24分）的，仍在刑事、行政处罚期内的，或在职的国家公职人员，省级质监机构不得予以登记。

省级质监机构发现已登记的监理工程师有上述情形的，应当直接注销登记，并告知监理企业和监理工程师本人。省级质监机构应对直接注销从业登记人员的姓名、身份证件号、监理资格证书号、注销原因等情况进行记录备查。

第八条 申请从业登记时需提交下列材料：

（一）监理工程师从业登记表（格式见附件1、附件2）；

（二）身份证件复印件（原件备查）；

（三）监理资格证书和职称证复印件（原件备查）；

（四）劳动合同复印件（原件备查）和缴纳保险情况证明（离退休人员除外，属于企业内部人事调动或事业单位编制情形的，需提供相关证明）；

（五）其他需提交的资料。

第九条 省级质监机构收到监理工程师的从业登记表及相关材料后，应当在20个工作日内完成审核工作。

第十条 自从业登记审核通过之日起，省级质监机构6个月内不受理同一监理工程师的从业登记注销申请。已办理过从业登记的监理工程师，其身份证件、监理资格证书、职称等个人信息发生变化时，应当办理个人信息变更。个人信息变更由本人书面提出，所在监理企业复核，报省级质监机构审核。监理工程师应按要求提供相关信息变更证明资料。

第十一条 监理工程师与监理企业依法终止劳动合同的，应当在合同终止之日起20个工作日内向监理企业提交从业登记注销表(格式见附件3)。监理企业应在收到注销表之日起20个工作日内完成确认工作并报省级质监机构办理注销手续。

监理工程师因其他原因离开监理企业的,自其离开之日起,企业应在20个工作日内向省级质监机构提交从业登记注销表。

省级质监机构收到从业登记注销表后,应在20个工作日内完成审核注销。

第十二条 监理工程师在原从业登记的监理企业注销登记后,方可变更登记至其他企业。对于已进行从业登记的监理工程师,其年龄达到65岁时自动退出从业登记人员数据库。监理工程师变更从业登记所在企业的历史记录可供社会查询。

第十三条 监理工程师已离开监理企业,未在规定的时限内申请从业登记注销的,监理企业应当及时向省级质监机构申请办理其从业登记注销。

监理工程师已离开监理企业,并向监理企业提出从业登记注销,监理企业逾期未予以从业登记注销确认的,监理工程师可持相关证明材料直接向省级质监机构申请办理从业登记注销。

第三章 业绩登记

第十四条 在工程项目上从事监理工作的监理工程师应在进场后20个工作日内,向项目质监机构提交业绩登记表(格式见附件4)。项目质监机构收到监理工程师业绩登记表后,应在20个工作日内完成审核。

第十五条 监理工程师结束工程项目现场监理工作的,自其离开项目现场监理机构之日起20个工作日内,由监理企业向项目质监机构提交业绩登记截止表(格式见附件5)。质监机构收到业绩登记截止表后,应在20个工作日内完成审核;监理企业逾期未办理的,由项目质监机构责成其限期改正。

第十六条 监理工程师在一个工程项目的业绩登记截止审核确认后,方可在下一工程项目上进行业绩登记。未进行业绩登记或业绩登记尚未截止的项目,不作为监理工程师个人的完整业绩。

第四章 监督管理

第十七条 省级质监机构应建立健全从业登记、业绩登记相关管理制度,确保登记工作有序开展。从业登记、业绩登记过程中经审核的电子信息与纸质资料信息具有同等效力。登记申请等相关纸质资料应保存3年。

第十八条 监理企业或监理工程师在从业登记、业绩登记中违反本办法有关规定的,相应行为记入信用记录,纳入监理企业和监理工程师信用评价管理。质监机构工作人员在登记管理中玩忽职守、滥用职权的,按违反质监工作纪律追究责任。

第十九条 任何单位和个人有权对登记工作中的违规行为向质监机构进行举报投诉。

第五章 附 则

第二十条 本办法由部质监局负责解释。

第二十一条 本办法自2012年3月1日起施行。原交通部办公厅《关于完善公路水运工程监理工程师岗位登记制度并开展岗位登记工作的通知》(厅质监字〔2005〕131号)中的附件《公路水运工程监埋工程师岗位登记制度(试行)》同时废止。

附件1

监理工程师从业登记表

<table>
<tr><td>姓名</td><td></td><td>性别</td><td></td><td>身份证件号</td><td colspan="2"></td></tr>
<tr><td colspan="2">技术职称</td><td colspan="2"></td><td>交通运输部
监理工程师
资格证书号</td><td colspan="2">□JGJ ____ □JGZ ____
□JSJ ____ □JSZ ____</td></tr>
<tr><td colspan="2">通讯地址及邮编</td><td colspan="3"></td><td>联系电话</td><td></td></tr>
<tr><td colspan="7">本人已同<u>（单位名称）</u>签订劳动合同,合同自____年____月____日至____年____月____日,现提出在该企业进行从业登记。

本人签字:
年　月　日</td></tr>
<tr><td colspan="7"><u>（姓名）</u>已同我单位签订劳动合同,合同自____年____月____日至____年____月____日。我单位已为其缴纳<u>（保险名称）</u>保险,并同意其在我单位进行从业登记。

监理企业负责人签字:　　（盖章）
年　月　日</td></tr>
<tr><td>省级
质监
机构
意见</td><td colspan="6">（审核未通过的应说明原因）

省级质监机构负责人签字:　　（盖章）
年　月　日</td></tr>
</table>

注:本表一式三份,监理工程师、监理企业和省级质监机构各一份;在□内打√或×。

附件 2

监理工程师从业登记表

（仅适用于人事调动方式时使用）

<table>
<tr><td>姓名</td><td></td><td>性别</td><td></td><td>身份证件号</td><td colspan="2"></td></tr>
<tr><td colspan="2">技术职称</td><td colspan="2"></td><td>交通运输部
监理工程师
资格证书号</td><td colspan="2">□JGJ ____ □JGZ ____
□JSJ ____ □JSZ ____</td></tr>
<tr><td colspan="2">通讯地址及邮编</td><td colspan="3"></td><td>联系电话</td><td></td></tr>
<tr><td colspan="7">本人已由（单位名称）单位调至（企业名称），工作期限自____年____月____日至____年____月____日（或长期），现提出进行从业登记。
本人签字：
年　月　日</td></tr>
<tr><td>调出单位
意见</td><td colspan="6">我单位同意（姓名）调至（单位名称），其（保险名称）保险由我单位缴纳。
监理企业负责人签字：　（盖章）
年　月　日</td></tr>
<tr><td>调入单位
意见</td><td colspan="6">（姓名）已由（调出单位名称）单位调至我单位，工作期限自____年____月____日至____年____月____日（或长期）。其（名称）保险由________缴纳，同意其在我单位进行从业登记。
监理企业负责人签字；　（盖章）
年　月　日</td></tr>
<tr><td>省级质监
机构意见</td><td colspan="6">（审核未通过的应说明原因）
省级质监机构负责人签字：　（盖章）
年　月　日</td></tr>
</table>

注：本表一式四份，监理工程师、调出单位、调入单位和省级质监机构各一份；在□内打√或×。

附件 3

监理工程师从业登记注销表

<table>
<tr><td>姓名</td><td></td><td>性别</td><td></td><td>身份证件号</td><td></td></tr>
<tr><td colspan="3">交通运输部监理工程师
资格证书号</td><td colspan="3">□JGJ ________ □JGZ ________
□JSJ ________ □JSZ ________</td></tr>
<tr><td rowspan="2">□依法终止合同的情况</td><td colspan="5">本人已于____年____月____日同（单位名称）依法解除劳动合同,现提出注销在该企业的从业登记。
本人签字:
年 月 日</td></tr>
<tr><td colspan="5">（原企业意见:情况是否属实）
监理企业负责人签字: （盖章）
年 月 日</td></tr>
<tr><td>□其他终止合同的情况</td><td colspan="5">（姓名）自____年____月____日起已不在我单位工作,现提出注销其在我单位的从业登记。
离开原因:________________________________
____
____
监理企业负责人签字: （盖章）
年 月 日</td></tr>
<tr><td>省级质监机构意见</td><td colspan="5">（审核未通过的应说明原因）
省级质监机构负责人签字: （盖章）
年 月 日</td></tr>
</table>

注:1. 本表一式三份,监理工程师、监理企业和省级质监机构各一份;在□内打√或 ×。

2. 属于“其他终止合同的情况”的,本表一式二份,监理企业和省级质监机构各一份。

附件4

监理工程师业绩登记表

<table>
<tr><td>姓名</td><td></td><td>性别</td><td></td><td>身份证件号</td><td colspan="2"></td></tr>
<tr><td colspan="2">是否从业登记
在中标监理企业</td><td colspan="2">□是
□否</td><td>交通运输部
监理工程师
资格证书号</td><td colspan="2">□JGJ ____ □JGZ ____
□JSJ ____ □JSZ ____</td></tr>
<tr><td colspan="7">本人已在<u>（监理企业名称）</u>中标的________项目__________监理合同段从事<u>（监理岗位）</u>监理工作，现提出进行业绩登记。监理工作起始时间为____年____月____日。

本人签字：
年　月　日</td></tr>
<tr><td colspan="7"><u>（姓名）</u>已在我单位中标的______项目______监理合同段从事<u>（监理岗位）</u>监理工作，监理工作起始时间为____年____月____日，现按规定办理业绩登记手续。

监理企业负责人签字：　　（盖章）
年　月　日</td></tr>
<tr><td colspan="7">建设单位意见：

建设单位负责人签字：　　（盖章）
年　月　日</td></tr>
<tr><td>项目质监
机构意见</td><td colspan="6">（审核未通过的应说明原因）

项目质监机构负责人签字：　　（盖章）
年　月　日</td></tr>
</table>

注：本表一式四份，监理工程师、监理企业、建设单位和项目质监机构各一份；在□内打√或 ×。

附件 5

监理工程师业绩登记截止表

<table>
<tr><td>姓名</td><td></td><td>性别</td><td></td><td>身份证件号</td><td colspan="2"></td></tr>
<tr><td colspan="2">是否从业登记
在中标监理企业</td><td colspan="2">□是
□否</td><td>交通运输部
监理工程师
资格证书号</td><td colspan="2">□JGJ ____ □JGZ ____
□JSJ ____ □JSZ ____</td></tr>
<tr><td colspan="7">____（姓名）____已于____年____月____日离开我单位中标的____________项目________监理合同段。
离开原因：____________________________________
____
____
工作评价：____________________________________
____
____

监理企业负责人签字：　　　　（盖章）
年　　月　　日</td></tr>
<tr><td colspan="7">建设单位意见：

建设单位负责人签字：　　　　（盖章）
年　　月　　日</td></tr>
<tr><td>项目质监
机构意见</td><td colspan="6">（审核未通过的应说明原因）

项目质监机构负责人签字：　　　　（盖章）
年　　月　　日</td></tr>
</table>

注：本表一式三份，监理企业、建设单位和项目质监机构各一份；在□内打√或×。

行风建设

关于印发交通运输行业核心价值体系建设实施纲要的通知

交政法发〔2011〕316号　2011.6.27

各省、自治区、直辖市、新疆生产建设兵团交通运输厅(局、委),天津市市政公路管理局,天津市、上海市交通运输和港口管理局,部属各单位,部内各单位,有关交通运输企业:

现将《交通运输行业核心价值体系建设实施纲要》印发给你们,请结合实际,认真贯彻执行。

交通运输行业核心价值体系建设实施纲要

为贯彻落实党的十七大和十七届三中、四中、五中全会精神，大力加强交通运输文化建设，进一步提高交通运输发展软实力，推动现代交通运输业发展，根据中央关于社会主义核心价值体系建设的有关要求和《全国交通运输行业精神文明建设规划(2011～2015年)》总体安排，制定本实施纲要。

一、充分认识交通运输行业核心价值体系建设的重要意义

1. 交通运输行业核心价值体系是社会主义核心价值体系在交通运输行业的本质体现和主要载体，是交通运输行业思想文化建设长期积淀形成的精神成果，是引领交通运输广大干部职工奋发向上的思想基础，是实现交通运输科学发展、提升"三个服务"能力和水平的重要推动力量。

2. 交通运输行业核心价值体系反映了社会主义核心价值体系的深刻内涵和精神实质。交通运输行业核心价值体系把马克思主义指导思想、中国特色社会主义共同理想、以爱国主义为核心的民族精神和以改革创新为核心的时代精神、以"八荣八耻"为主要内容的社会主义荣辱观等基本内容与交通运输改革发展实际紧密结合，与职工思想道德建设实际紧密结合，融会贯通，凝练形成了行业核心价值体系的实践模型。

3. 行业核心价值观、行业使命、共同愿景、交通精神、职业道德构成了交通运输行业核心价值体系的基本内容，明确了交通运输行业的发展方向、时代责任、价值取向，以及精神动力、职业操守等内容。在深入贯彻落实科学发展观，提高"三个服务"的能力和水平，加快发展现代交通运输业的新形势下，建设交通运输行业核心价值体系具有重要的现实意义和深远的历史影响。

4. 建设交通运输行业核心价值体系，是交通运输行业学习实践社会主义核心价值体系的重要途径。当前，国内国际形势继续

发生着复杂深刻的变化,国际化、市场化、信息化迅猛发展,社会生活、价值取向、行为方式日趋多元多样多变。面对新形势新挑战,必须坚持社会主义核心价值体系的主导地位,牢牢把握行业核心价值体系建设这个根本任务,在交通运输建设、管理、服务等各个方面全面落实社会主义核心价值体系的总体要求,增强共同意识,形成自觉行动,提高行业发展软实力。

5. 建设交通运输行业核心价值体系,是提升全行业干部职工现代文明素质的重要载体。提高"三个服务"的能力和水平,不仅需要现代化的交通运输基础设施,更加需要具有现代文明素质的职工队伍,需要抓住行业核心价值体系建设这个根本,用行业核心价值观、行业使命、共同愿景、交通精神、职业道德武装广大干部职工,努力形成相对统一的行业价值准则和职工行为规范,并使之转化为广大干部职工的价值取向和自觉行动,实现职工素质和服务能力的双提升。

6. 建设交通运输行业核心价值体系,是推动交通运输科学发展的坚强保障。"十二五"时期,交通运输发展仍处于大有可为的重要战略机遇期和矛盾凸显期。加快转变发展方式、大力发展现代交通运输业,是当前和今后一个时期交通运输发展的重大战略任务。落实"十二五"目标任务,需要通过交通运输行业核心价值体系建设,深化行业精神文明建设,切实形成共识,打牢思想基础,保持行业和谐稳定,进一步增强交通运输事业的向心力和凝聚力,最大限度地调动干部职工的积极性和创造性,以人为本,服务民生,创造出无愧于时代的丰功伟业。

二、全面领会交通运输行业核心价值体系建设的指导思想、总体目标和基本原则

7. 当前和今后一个时期,建设交通运输行业核心价值体系的指导思想是:高举中国特色社会主义伟大旗帜,坚持以邓小平理论和"三个代表"重要思想为指导,深入贯彻落实科学发展观,按照建设社会主义核心价值体系的总体要求,围绕加快转变发展方式、大力发展现代交通运输业这个中心任务,按照铸造灵魂、打牢基础、深化主题、彰显特色的根本要求，抓住认知认同、实践养成、文化熏陶、典型示范、舆论引导、制度保障等基本环节，努力提高广大干部职工的思想素质、道德风尚和文化素养，全面提升行业文明程度和服务水平，为发展现代交通运输业提供良好的思想保证、精神动力、舆论氛围和文化条件。

8. 交通运输行业核心价值体系建设的总体目标是：行业核心价值观、行业使命、共同愿景、交通精神、职业道德在全行业得到充分认同和有效实践，交通运输干部职工的道德风尚和文化素养明显改善，行业凝聚力、战斗力显著增强，交通运输服务能力和水平进一步提升，交通运输行业在社会上的认可度和美誉度不断提高。

9. 坚持把握规律与服务大局相结合。要紧紧围绕发展现代交通运输业的目标任务，科学推进交通运输行业核心价值体系建设。既要遵循和把握核心价值体系建设的内在规律与特点，更要紧密联系交通运输发展的新形势、新任务和新要求，努力使交通运输行业核心价值体系建设与交通运输发展的目标过程相互促进、相得益彰。

10. 坚持加强领导与依靠群众相结合。领导高度重视和交通运输职工积极参与是行业核心价值体系建设取得进展的关键。要在统一领导下，有计划有步骤地发动交通运输职工广泛参与，引导职工群众自我教育、自我提高，努力构建具有群众基础的行为规范，共同开展具有群众基础的实践活动。

11. 坚持强化教育与注重实践相结合。要在学习教育的基础上，扎实推进交通运输行业核心价值体系的践行活动。既要注重教育培训，强化思想引导，充分发挥干部职工的主动性、能动性，又要建立健全行为规范，加强日常管理和制度约束，化“虚”为实、重视实践，努力使践行活动在广大干部职工的“自觉、自主、自为”中不断取得新成效。

12. 坚持深化主题与彰显特色相结合。要在建设社会主义核心价值体系的总体要求下，创造性地推进交通运输行业核心价值体系践行活动。既要准确把握建设交通运输行业核心价值体系的主题，树立交通运输行业的整体意识，维护交通运输行业核心价值体系的统一性，也要体现不同地域、不同专业、不同系统的创造性、能动性，努力使践行活动既主题鲜明又丰富多彩。

13. 坚持总结传承与探索创新相结合。要在不断总结理论成果和实践经验的基础上，积极研究探索交通运输行业核心价值体系建设的理念和方法。既要继承交通运输行业精神文明建设优秀成果，弘扬交通运输行业在长期实践中形成的精神财富，又要与时俱进、勇于创新，学习借鉴其他一切先进经验和文明成果，努力使交通运输行业核心价值体系建设更好地体现时代性、把握规律性、富于创造性，始终充满生机与活力。

14. 坚持整体推进与重点突破相结合。要在统筹兼顾、全面推进的基础上，分阶段、有侧重地抓好学习教育、主题实践活动等重点工作。要将交通运输行业核心价值体系建设工作纳入精神文明建设的总体框架，研究制订实施方案和推进措施，统筹抓好组织实施。要研究探索新的工作机制，加强与精神文明建设整体工作的协调推进和融会贯通，不断提升工作成效。

三、深入理解交通运输行业核心价值体系的主要内涵

15. 交通运输行业核心价值体系的基本内容，包括行业核心价值观、行业使命、共同愿景、交通精神和职业道德。这五个方面的内容相互联系、相互贯通、相互促进，是一个有机统一的整体，是交通运输干部职工在长期实践中形成的丰富思想文化成果，是对交通运输行业核心价值体系深刻内涵的科学揭示，是交通运输事业发展的重要基础和精神家园。

16. 行业核心价值观：人便于行，货畅其流，服务群众，奉献社会。行业核心价值观是交通运输行业核心价值体系的高度凝练和科学概括，阐明了行业发展的根本任务和核心价值追求，是制定行业发展战略和方针政策的本质导向和基本遵循。行业核心价值观是行业核心价值体系的核心，解决的是交通运输行业的基本属性和根本宗旨问题。“人便于行、货畅其流”体现了交通运输的基本功能定位和服务特征。交通运输作为国民经济的基础产业和关系国计民生的服务性行业,要建设布局合理、功能完备、有效衔接的交通运输体系,营造公平、公正、公开的交通运输市场环境,提供畅通、高效、安全、绿色的优质文明服务,从根本上解决行路难和运货难的问题,使交通运输适应国民经济发展和建设小康社会的需要。“服务群众,奉献社会”体现了交通运输行业贯彻党的全心全意为人民服务的根本宗旨,建设服务型政府部门和负责任行业,坚持以人为本、服务为先、诚实守信,无私奉献,大力推进交通运输事业科学发展,不断满足经济社会和人民群众日益增长的交通运输需求的高尚品德。

17. 行业使命:发展现代交通,做好“三个服务”。行业使命是交通运输行业核心价值体系的统领,解决的是服务方向和肩负责任的问题。发展现代交通运输业,是新时期交通运输行业深入贯彻落实科学发展观,按照加快转变经济发展方式、推动产业结构优化升级和大力发展现代服务业的战略部署,是推进公路水路交通由传统产业向现代服务业转型,具有全局性、方向性的重大战略,也是交通运输行业适应经济社会发展的客观要求和交通运输发展规律的内在要求和价值取向。“三个服务”是对多年来交通运输实践经验的总结。其中,服务国民经济和社会发展全局,是交通运输工作的总任务;服务社会主义新农村建设,是交通运输工作的重中之重;服务人民群众安全便捷出行,是交通运输工作的根本要求。“三个服务”体现了对交通运输本质属性的深刻认识,体现了对交通运输行业神圣使命的高度认同,是交通运输行业基于交通属性对行业使命所做出的价值选择。

18. 共同愿景:建设一个畅通、高效、安全、绿色的现代化交通运输系统,实现人便于行、货畅其流,让人们享受高品质的运输服务,让经济社会发展更加充满活力,让交通与自然、社会更加和谐。共同愿景是交通运输行业核心价值体系的主题,解决的是价值取向和奋斗目标的问题。交通运输发展的共同愿景体现了交通运输行业作为国民经济和社会发展的基础性和服务型行业的特征,体现了交通运输行业基于自身使命对未来交通运输发展愿望与发展前景的美好憧憬，以及对未来发展目标与发展效果的理想追求，涵盖了衡量交通运输发展效益的关键指标，体现了交通运输发展与自然环境、人文环境的协调关系。“畅通”意味着方便、快捷，要最大程度地提高交通的覆盖率、通达度和机动性；“高效”意味着更准点、更及时，要不断改进组织管理和服务方式，提高客货运输效率；“安全”意味着更少的人员伤亡和财产损失；“绿色”意味着要科学规划，科学设计，尽量节约交通运输基础设施建设土地占用，高度重视保护生态环境。“人便于行、货畅其流”体现了交通运输的基本功能定位和服务特征；“交通与自然、社会更加和谐”体现了交通运输在发展的同时要着重处理好与外部环境的关系。

19. 交通精神：艰苦奋斗、勇于创新、不畏风险、默默奉献。交通精神是行业核心价值体系的精髓，解决的是精神动力和精神风貌的问题。交通精神是民族精神和时代精神在交通实践中的生动体现，是对交通运输行业先进典型精神内核的高度概括，是交通运输行业广大从业人员共同创造的精神财富，是交通运输行业履行自身使命、实现共同愿景的强大动力，代表了交通运输行业广大从业人员的思想意志和精神风貌。艰苦奋斗是交通运输行业的优良传统。长期以来，交通运输行业各条战线广大职工，立足我国建设任务繁重、经济基础薄弱的基本国情，胸怀高度的使命感和责任感，始终保持勤俭节约、艰苦朴素、拼搏进取、努力奋斗的优良传统，大力推进交通现代化建设，确保交通发展的质量、效益和效率，创造了可歌可泣的光辉业绩。勇于创新是交通运输行业的时代追求。锐意进取、勇于创新，是交通运输行业在长期的改革与发展实践中不断适应新的形势变化和发展要求，有效解决突出矛盾和问题，不断取得重大进展与突破的成功经验。不畏风险是交通运输行业的突出意志。无论是工程施工和抢险救灾，还是海上安全保障和人命财产救助，无不存在一定风险。在本职工作中，交通运输职工时时表现出奋不顾身、顽强拼搏的崇高气节。不畏风险是对广大从业人员精神和意志的精准表达。默默奉献是交通运输行业的真情付出。交通建设、运输和管理大多是在气候恶劣、地形复杂、人烟稀少的特殊条件下展开的，广大交通建设、运输和管理人员，在平凡的岗位上、在艰苦的条件下，恪尽职守、真诚奉献，保障了交通运输事业的大发展。

20. 职业道德：爱岗敬业、诚实守信、服务群众、奉献社会。职业道德是行业核心价值体系的基础，解决的是交通运输职工行为规范和职业操守的问题。交通运输行业职业道德是与交通运输管理与服务活动紧密联系的符合职业特点所要求的道德准则、道德情操与道德品质的总和，既是对交通运输职工在职业活动中行为的要求，同时又是职业对社会所负的道德责任与义务。爱岗敬业是职业道德的基础，交通运输工作直接面向社会，与群众利益息息相关，交通运输职工首先要热爱本职工作、履行岗位职责。诚实守信是职业道德的精髓，诚实守信要求交通运输职工做到诚实、诚恳，讲信义、守信用。服务群众是职业道德的基本要求，服务是交通运输工作的本质属性，做好服务是交通运输发展的突出主题。奉献社会是职业道德的最高境界，交通运输职工要将奉献社会作为职业道德建设的出发点和归宿，在奉献中实现自我价值。

四、广泛开展交通运输行业核心价值体系学习教育活动

21. 认真组织开展主题学习教育活动。将每年 4 月设为交通运输行业核心价值体系学习教育月，推动学习教育活动常态化。精心组织学习交流活动，广泛开展知识竞赛、专题讲座、主题演讲等，努力使广大干部职工不断增强学习实践交通运输行业核心价值体系的自觉性，加深理解交通运输行业核心价值体系的丰富内涵和精神实质，逐步掌握交通运输行业核心价值体系建设的基本要求和有效途径，进一步坚定信念，凝聚共识，力求做到内化于心、外化于形。

22. 领导干部带头学习。领导干部要率先垂范、以身作则，通过自身的模范行为带动全行业学习践行交通运输行业核心价值体系。要把学习践行交通运输行业核心价值体系情况作为干部考核、人才选拔、创先争优的重要衡量依据。要把交通运输行业核心价值体系纳入交通运输各级党委（党组）中心组学习计划，作为机

关和企事业单位政治理论学习、公务员和行政执法人员培训的必修课程,加强教育培训和理论研讨,逐步引导广大干部职工从自我做起,从现在做起,从点滴做起,努力形成人人身体力行交通运输行业核心价值体系的生动局面。

23.选树一批交通运输行业核心价值体系教育基地。在行业现有交通运输文化设施的基础上,结合行业实际和体现核心价值体系的要求,积极建设和完善展示交通运输发展历史、弘扬交通运输精神的教育基地,如:交通运输先进人物事迹陈列(展示)馆,车、船、桥、航标等博物馆,革命圣地交通遗址,华夏龙脉、雷锋车等大型群雕,交通运输重点工程参观点等,并逐步向社会免费开放。建立与基地教育相衔接的宣传沟通机制,完善并及时推广教育基地管理经验,不断提升基地教育成效。

24.开辟交通运输行业核心价值体系网上论坛。充分运用网络、手机等现代信息传媒工具,大力传播交通运输行业核心价值体系。各级交通运输部门要在政府门户网站上开设建设交通运输行业核心价值体系的专栏专题,举办"创先争优看典型"、"职业道德讲堂"、"核心价值观网上论坛"等活动。同时通过手机短信群发、短信创作竞赛、开设微博等形式,引导交通运输行业核心价值体系学习教育活动向纵深发展。

五、大力加强交通运输文化建设

25.全面实施交通运输文化建设"十百千"工程。紧密结合交通运输行业核心价值体系建设的要求,广泛发动全行业积极推进交通运输文化建设"十百千"工程。完善评审条件与表彰机制,在品牌选树、示范单位创建、典型培育、总结表彰及推广示范的各个阶段、各个环节,更加突出交通运输行业核心价值体系要求。

26.重点加强交通运输特色文化建设。积极推进独具特色、个性鲜明的公路、海事、救捞、船检、港口、航海、公安、公路执法、道路运输、事业单位等交通运输子系统文化建设,升华车、船、港、站、路、桥、航道、航标、廉政等交通运输专业文化建设,形成独具特色、符合交通运输行业核心价值体系要求的文化体系,促进全行业文化建设落地生根，统筹发展，稳步推进。

六、深化行业群众性文明创建活动

27. 不断更新创建理念、创新活动载体。把交通运输行业核心价值体系的要求融入文明创建活动的全过程，积极倡导现代管理、现代文明、现代服务新理念，努力增强行业文明创建活动的广泛性和深入性。

28. 认真做好精神文明建设评比表彰工作。继续开展交通运输文明行业、文明单位、文明示范窗口等评选表彰工作，与有关部门一起共同做好工人先锋号、青年文明号、巾帼建功等创建活动，不断扩大"学树建创"群众性文明创建活动的覆盖面和影响力，使职工在广泛参与中认同实践交通运输行业核心价值体系。

29. 积极建设文明创建信息化平台。充分利用电子政务和信息化手段，分领域、分专业推进行业文明创建信息化管理，进一步提高行业文明创建和建设交通运输行业核心价值体系的工作效率和效果。

七、挖掘培树凸显行业特色和时代精神的先进典型

30. 积极培养树立行业特色和时代精神的先进典型。对在践行交通运输行业核心价值体系过程中作出突出贡献的先进组织和个人要给予重点宣传和表彰，最大程度地激发广大从业人员践行行业核心价值体系的积极性。

31. 大力学习和宣传践行交通运输行业核心价值体系的先进典型。深入开展学习宣传交通运输行业"双百"人物、道德模范和各类先进典型活动，使交通运输职工学有榜样、赶有目标、见贤思齐，使践行交通运输行业核心价值体系成为交通运输职工的自觉追求。

32. 更加尊重、更加关心、更加爱护先进典型。形成学习模范、崇尚模范、关爱模范、争当模范的机制和氛围，更好地发挥先进典型群体的示范导向和辐射带动作用。

八、积极营造交通运输事业科学发展的舆论氛围

33. 整合宣传资源。把交通运输行业核心价值体系的要求贯穿到交通运输宣传工作之中，提升交通运输行业核心价值体系传播力，使行业内外广泛了解、理解交通运输行业核心价值体系。

34. 加强与新闻媒体的沟通与合作。经常组织开展形式多样的宣传活动，形成交通运输行业核心价值体系对外宣传的强大声势。要把建设交通运输行业核心价值体系作为交通运输行业新闻宣传工作的重要内容，做到统筹谋划、精心组织，突出宣传践行交通运输行业核心价值体系活动中涌现出的先进人物和典型事迹。

35. 开展主题宣传。挖掘运用重大节庆日、重大活动、重大事件中蕴藏的宝贵精神财富，集中宣传交通运输行业核心价值体系的深刻内涵和践行成效，扩大社会影响力，提高全社会对交通运输行业建设核心价值体系的认知度。

九、全面提升交通运输行业的整体形象

36. 加快推进统一行政执法对外形象。力争用 2 到 3 年的时间，统一全系统的执法形象，以路政、运政和港航为重点，严格按照新设计的交通运输行政执法标志、外观识别标准和要求，以统一执法服饰为基础，佩戴交通运输行政执法特定标志，统一和建立交通运输行政执法对外形象和视觉识别体系。向公众和社会展示一个有规模、有实力、有内涵、有信誉的立体的执法形象，体现行业核心价值体系的本质要求。

37. 积极实施交通运输形象精品工程。积极创作彰显交通运输行业核心价值体系建设成效、展示交通运输行业形象的优秀文化作品，加强对新的文化体现形式的研究和引导，形成一批能够真正代表行业形象、具有广泛影响力并被社会所认可的文化作品。力争在“十二五”期间，举办一台讴歌交通运输发展辉煌成就的文艺晚会，制作一部展示交通运输事业发展的电影（电视剧），创作一首交通运输干部职工认可、在行业及社会具有广泛影响的歌曲，切实把交通运输行业核心价值体系体现到文艺创作和文化活动的各个方面。

十、切实加强交通运输行业核心价值体系建设的措施保障

38. 加强组织领导。各单位要从坚持中国特色社会主义理论体系、促进现代交通运输业发展的战略高度，充分认识建设交通运输行业核心价值体系的重要意义，切实把建设交通运输行业核心价值体系工作摆上突出位置。要建立健全党委（党组）统一领导、党政齐抓共管、职能部门统筹协调、广大交通运输职工共同参与的工作机制和工作格局。

39. 周密策划部署。各主管部门要结合实际，各司其职，通力合作，制定具体的实施方案，采取切实可行的措施，在践行载体和方式方法方面大胆创新，抓好组织和推动，做到有布置、有措施、有落实，共创践行行业核心价值体系的良好局面。

40. 完善制度体系。要把交通运输行业核心价值体系体现到现代交通运输建设、发展和服务的政策制定、制度设计和行业管理之中，建立健全推动交通运输行业核心价值体系建设的制度体系。要注重在行业管理中大力倡导主流价值，弘扬正气。表彰奖励践行活动中涌现出的先进集体和个人，充分发挥示范导向作用。

41. 落实保障措施。要加强队伍建设，选配有热情、业务精、肯奉献的同志从事行业核心价值体系建设工作，创造学习条件，定期培训提高，努力造就一支高素质的工作骨干队伍。要建立规范有效的行业核心价值体系建设的资金投入机制。活动经费要纳入年度财务预算，重点工作和重大活动给以必要的经费保障。要建立健全行业核心价值体系建设考核细则，实现对行业核心价值体系建设计划、实施、检查、考核、整改、评估的闭环管理。要着力改善基层工作环境和职工文化生活条件，行业核心价值体系建设物化项目要纳入交通运输发展的整体规划，与交通运输基础设施建设有机衔接，确保落实。

本纲要自印发之日起实施。

关于在全国交通运输行业开展向潘伟同志和郭娜陆地航空班学习的决定

交政法发〔2011〕321号　2011.6.29

各省、自治区、直辖市、新疆生产建设兵团交通运输厅(局、委),天津市市政公路管理局,天津市、上海市交通运输和港口管理局,部属各单位,部内各单位,有关交通运输企业:

近年来,广大交通运输职工深入贯彻落实科学发展观,努力提高"三个服务"的能力和水平,涌现出一批爱岗敬业、开拓创新、文明服务、创先争优的先进典型,潘伟同志和郭娜陆地航空班就是其中的优秀代表。

潘伟,中共党员,交通运输部北海第一救助飞行队队长、救助机长。1979年至2003年在沈阳军区空军服役,2003年转业至交通部救助打捞局,2005年调至交通部北海第一救助飞行队工作,先后任副队长、队长。曾荣获国际海事组织"海上特别勇敢奖"和"全国五一劳动奖章"、"全国交通运输系统先进工作者"等荣誉称号。

潘伟同志牢记宗旨,恪尽职守,放弃商业公司高薪聘请,放弃全家团聚北京的大城市生活,主动要求到一线承担危险的人命救助任务,平均每年值班待命300多天,出色地完成了各项救助和国家重点工程及国家重大突发事件的应急救援保障任务。他苦练技术,勇于创新,努力自学专业英语、民航法规和业务知识,先后取得了美国西科斯基S-76机型教员机长资格证书和欧洲直升机公司EC225机型机长资格证书,积极探索夜间海上搜救、直升机城市救援、山地救援和高速公路救援等新技术,成功完成了多起气象复杂、难度大、危险性高的山地救援和城市救援任务。努力探索飞行救援的新模式，在北部海域建立了3个飞行救助基地和24个临时起降点，初步形成了渤海湾地区陆岛空中救援网络。他不畏艰险、拼搏奉献，始终把遇险群众的生命放在第一位，在恶劣的气象条件下，只要符合起飞标准，都勇往直前，从不退缩。自2005年以来，在极其危急困难的条件下先后驾机415架次，成功救助遇险群众390人，安全救助飞行1300小时。他培育新人，锻炼队伍，克服北部海区飞行员数量少、救助任务繁重等困难，主动承担新飞行员的培训任务，先后培养5名救助机长和4名副驾驶，狠抓飞行员队伍的建设和管理，打造了一支团结协作、敢打敢拼的战斗队伍。潘伟同志以实际行动诠释了"把生的希望送给别人，把死的危险留给自己"的救捞精神，他的先进事迹，体现了共产党员深入学习实践科学发展观、立足岗位创先争优的良好精神风貌，体现了交通运输职工忠诚使命、服务群众的崇高理念，体现了救捞人不畏艰险、勇往直前的英雄气概。

郭娜陆地航空班是由河北保定客运中心站的15名女职工组成，以班长郭娜名字命名，以航空服务为标准的道路客运服务班组。她们自2003年1月成立以来，用心服务，真情付出，不断创新，想旅客之所想，急旅客之所急，帮旅客之所需，受到了社会各界的广泛赞誉。今年2月1日胡锦涛总书记在保定视察时，充分肯定了她们在平凡岗位上以人为本、默默奉献、积极作为、不断进取的可贵精神，称赞她们"能吃苦、讲付出，创新服务"。她们还受到习近平、王兆国等中央领导同志的亲切接见，先后荣获全国"工人先锋号"、"十佳巾帼文明岗"、"三八红旗集体"、"女职工建功立业标兵岗"、"学习型先进班组"、河北省"先进集体"、"五一奖状"等一系列荣誉称号。郭娜同志作为班长，荣获全国"五一巾帼奖章"、"五一劳动奖章"、"女职工建功立业标兵"、"知识型职工先进个人"等荣誉称号。

郭娜陆地航空班针对道路客运站客流大、服务面广、旅客需求多的特点，提出了"航空式标准、零距离服务"的理念，按照航空系统的服务标准开展道路客运服务，总结出一套行之有效的"郭娜服务法”。她们为旅客提供上百项服务，做了上万件好事，寻回失物现金上百万元，为几百名失散的困难旅客找到家人。为了实现给聋哑人、外国人的无盲点服务，她们下工夫学习外语、哑语，为了给顾客做好咨询服务，她们把几百条市内公交和长途客运线路、上千个站点背得如数家珍。她们坚持规范化、标准化服务，推行链式管理和自我管理，从服务程序、语言标准、仪态仪表等方面制定并实行了一套颇具特色的文明服务规范。她们满怀爱心，为及时对困难旅客给予帮助，每人每月拿出部分工资设立“困难旅客救助基金”，并深入社会扶贫帮困，成为群众心目中的“亲人”。她们视班组为家，以集体荣誉为重，从不计较个人得失，相互关爱，团结协作，共同打造了一个充满活力的幸福团队。郭娜陆地航空班是新时期交通运输行业服务窗口的典型代表，是当代服务团队的标杆。她们的先进事迹体现了立足岗位、乐于付出的奉献精神，对标赶超、创先争优的进取精神，用心做事、精益求精的敬业精神，不断探索、刻苦钻研的创新精神，互相帮助、团结协作的团队精神。

潘伟同志、郭娜陆地航空班是继杨庆文、高发明、姚泽炎等先进典型之后，全国交通运输行业涌现出来的重大先进典型，是交通运输行业广大干部职工学习的榜样。部决定，在全国交通运输行业开展向潘伟同志和郭娜陆地航空班学习活动。

潘伟同志、郭娜陆地航空班身处不同环境、不同岗位，但都集中体现了艰苦奋斗、勇于创新、不畏艰险、默默奉献的交通精神。向潘伟同志、郭娜陆地航空班学习，要坚定理想，忠诚使命，树立正确的世界观、人生观和价值观；要刻苦钻研，敢为人先，创新交通建设、管理和服务方式，在交通运输发展实践中发挥聪明才智；要勇往直前，迎难而上，始终坚持人民群众利益高于一切，确保人民群众安全便捷出行；要任劳任怨，默默奉献，恪守职业道德，不计名利得失，为交通运输事业拼搏奉献。

各地区、各部门、各单位要把开展向潘伟同志、郭娜陆地航空班学习活动作为深化创先争优活动、提高“三个服务”能力和水平的一项重要举措，作为“学先进、树新风、建体系、创一流”活动的一项重要内容,加强领导,精心组织,狠抓落实。开展向潘伟同志、郭娜陆地航空班学习活动,要与创先争优活动结合起来,立足岗位,扎实工作;要与践行行业核心价值体系结合起来,弘扬交通精神,并转化为推动交通运输事业科学发展的强大动力;要与交通建设、服务、管理过程结合起来,创新服务理念,改进服务方式,建设优质工程、精品工程。要运用新闻媒介,通过多种形式,广泛宣传潘伟同志、郭娜陆地航空班的先进事迹,鼓励和引导广大干部职工见贤思齐,比学赶帮,立足岗位比奉献,创先争优做模范,把提高服务保障水平化为个人追求和自觉行动,努力在实现"十二五"目标任务、推进交通运输科学发展的伟大实践中建功立业。

附件:1. 渤海神鹰拯救百姓生命 播撒党的海上德政工程——潘伟同志先进事迹

2. 当代交通运输服务团队的楷模——郭娜陆地航空班先进事迹

附件1

渤海神鹰拯救百姓生命
播撒党的海上德政工程

——潘伟同志先进事迹

渤海湾覆盖方圆7.7万平方公里，所辖海区每天有上万条船舶从事海上交通运输和作业生产。交通运输部北海第一救助飞行队作为一支重要的海上专业救助力量，担负着海上紧急情况下遇险群众的人命救助任务。飞行救助机长潘伟，自2005年起，在极其危险困难的气象条件下，先后驾机415架次，成功救助遇险群众390人，成为党和政府在海上播撒“德政工程”的忠实践行者。

作为一名飞行救助机长，当天气突变，其他飞机已经停航时，潘伟机组却在这个时候起飞；当海上波涛汹涌，船只纷纷返港避风时，潘伟却率领队伍在海上与之搏斗。在潘伟身上充分体现了交通运输部党组“三个服务”的执政理念，充分体现了“把生的希望送给别人，把死的危险留给自己”的崇高救捞精神，充分体现了“在关键时候发挥关键作用”的国家海上专业应急救捞队伍的使命与责任。他牢记宗旨、忠诚使命、苦练技术、勇于创新，对救助事业充满真诚；他关爱生命、以人为本、不畏艰险、尽职尽责，对遇险群众充满真情；他情系职工、团结协作、甘于奉献、培育新人，对团队同事充满真心。

对飞行救助事业凝聚真诚

面对渤海湾极端恶劣天气尤其是冬季寒潮大风给海上运输生产带来的困难，以及海难事故频发的严峻形势，2003年，交通部决定加强渤海湾海上救助力量，组建北海第一救助飞行队。利用直升机快速、便捷的优势抢救遇险船员，第一时间挽救海上遇险人民群众的生命。崇高的事业、神圣的使命,深深地打动了潘伟。他主动放弃商业公司的高薪聘请,在转业时选择了交通部救助打捞局。潘伟同志最初被安排在救助打捞局机关飞行调度中心从事海上飞行救助的协调调度工作。工作中,潘伟了解到,组建不久的救助飞行队急缺具有过硬驾驶技术的救助机长。他觉得:“世上没有什么比救人生命的事业更崇高、更重要,不是每个人都有救人的机会,我既然选择了救助打捞局,就应该到海上人命救助的第一线。”随即,潘伟同志放弃在北京全家团聚的大城市生活,主动向组织要求到第一线,直接担负危险的飞行救助任务,救助打捞局党委同意了潘伟的请求。

潘伟同志到第一线感觉到,作为一支海上应急救助的专业飞行队伍,要出色完成人命救助任务,真正做到“在关键时刻发挥关键作用”,不仅要具备良好政治素质,还要具有精湛的飞行救助技术。潘伟同志在部队驾驶的是苏制“米—8”军用直升机,而飞行队从事海上人命救助的直升机是从美国西科斯基公司引进的S－76C＋专用救助直升机,技术要求更高,操作系统更复杂,并且操作手册全部是英文,与曾经在部队驾驶的直升机有很大不同。为了尽快熟悉掌握救助直升机的驾驶技术,潘伟同志从熟练掌握英文操作手册开始,背词汇,他把床上、玻璃上、镜子上、桌子上、卫生间里都贴满了专业英语词汇纸条,走到哪儿,学到哪儿,背到哪儿;学习民航法规,他废寝忘食,孜孜不倦;学习救助飞行实操技术,他虚心请教、不耻下问;学习渤海湾气象海况知识,他全心投入、刻苦钻研;国外深造期间,他珍惜时间、珍惜机会。2005年4月,他以优异的成绩通过了救助机型的全部课目考试,顺利完成了S－76C＋型直升机改型训练任务,并获得了救助飞行驾驶证书。潘伟同志并没有就此满足,继续苦练本领,向更高的技术层次攀登,先后取得了美国西科斯基S－76C＋机型教员(教练)机长资格证书和欧洲直升机公司EC225机型机长资格证书,为出色执行救助任务奠定了扎实的基础,得到了国内外同行的高度评价。

经过几年的磨砺,潘伟同志从一名普通的飞行员,成长为北海第一救助飞行队教员(教练)机长、飞行队队长。为了崇高的海上人命救助事业,他倾尽心血。工作中,他主动作为、勇于创新。为了最大限度地发挥直升机的救助效能,他积极协调环渤海公安、海事、渔政等相关部门,搭建救助信息共享平台,拓宽救助信息渠道,及时获取救助信息;为了缩短救助直升机出动的审批时间,实现快速反应,提高救助效率,他主动加强与济南、青岛、烟台、沈阳、大连等空管部门之间的沟通,争取空域管制部门对救助和训练飞行的支持;他想地方政府之所想,急人民群众之所急,积极增加救助飞机场站,扩大救助半径,先后努力争取建立了大连、蓬莱、青岛三个飞行救助基地,并在山东长岛、辽宁长海设立了24个救助直升机临时起降点,初步建立了覆盖渤海湾海域的陆岛空中救援网络;他按照上级要求,主动协调与山东、辽宁、天津等海事部门建立了救助与海事执法巡航一体化机制,并亲自驾机参与了烟台、威海、青岛、天津、大连等海域的海事执法巡航活动,为海事部门海上执法活动提供了有力的空中支持;他认真贯彻落实国务院领导同志指示精神,积极探索直升机城市救援、高速公路救援和夜间救援新课题,周密组织了烟台山医院城市救援演练,主动参与了山东、辽宁等地高速公路救援调研,获取第一手资料,并亲自驾机在辽宁省内进行了高速公路救援演练,拓展了飞行救助新领域;他狠抓飞行队建设,建立各类管理制度,完善各种技术规范,加强队伍管理,短短几年,打造了一支技术精湛、作风顽强、团结拼搏、敢打硬仗的英雄群体。在他的带领下,北海第一救助飞行队先后获得"全国精神文明建设先进单位"和"全国海(水)上搜救先进单位"等十几项荣誉称号。

对遇险群众凝聚真情

潘伟同志415次驾机救助遇险群众的经历,也是他415次将自己生死置之度外,从死神手里夺回遇险群众生命的艰险历程。他尽职尽责、不畏艰险,珍惜遇险群众的生命胜过珍惜自己的生命,一次次成功救助,都凝聚着潘伟同志对遇险群众的一份真情;

一次次成功救助,谱写了一曲曲感人至深的生命乐章。

首次救助,险象环生。2005 年 10 月 22 日,潘伟带机组前往烟台开发区夹河口救助一名养殖工人。当时海上阵风 10 级,浪高 5 米,渔船像一片树叶似的在风浪中摇摆,巨浪随时都有可能将它击碎。当直升机飞临现场时渔船已进水并开始下沉,渔民死死地抠着船帮,命悬一线。潘伟机组的救生员顺着钢索被放下去,在空中荡起"秋千",摆幅达十几米。潘伟驾驶直升机悬停在渔船上方,接连三次都因救生员空中摆幅过大和渔船剧烈摇摆而无法登船。第四次,机组重新调整了登船的位置,在海浪托起小船的瞬间,绞车手及时放长钢索,救生员乘势踩着船帮滚到前甲板。就在这一刻,钢索被渔船桅杆缠住了!缠着钢索的船只在风浪中疯狂跳跃,随时都可能将直升机拽入大海。"准备切钢索!"情急之中,绞车手向潘伟提出请求。为保护直升机和机上人员的安全,这是常规的处理方法。可一旦切断钢索,包括救生员在内的船上两人可能随时被大海吞没。不能轻易放弃自己的兄弟,潘伟果断发出口令:"不能切,再放钢索!"由于放钢索的速度跟不上小船漂流的速度,钢索被小船拽得不时发出"嘣、嘣"响声,直升机也被钢索拽的左右摇晃,全体机组人员处在极度的危险之中。绞车手再次请求切断钢索,又被潘伟严厉拒绝,"将绞车内的钢索全部放出,引导我操纵直升机向后退,直到能看到小船。"潘伟不停地发出指令。当小船出现在潘伟视线内时,他立刻指示绞车手,让绞车手引导他操纵直升机逆时针绕着小船解开钢索。就在钢索被解脱的一刹那,救生员和渔民一个翻滚跳到船外,迅速被直升机吊起。那一刻,切掉钢索,就要看着自己的兄弟和受伤的渔民被大海吞噬;不切钢索,机组所有人员极有可能被拽入大海导致机毁人亡。关键时刻,潘伟同志胆大心细、处理果断,挽救了遇险者,保住了直升机。这种不舍弃、不放弃的高尚精神,打动了整个救助飞行团队。

单机奋战 7 小时,夺回 14 名群众生命。2006 年 10 月 17 日凌晨 6 点,潘伟接到紧急救助请求,一艘名为"新宝 1"号的货轮在东营附近海域发生故障,船舶进水,船身开始倾斜下沉。此时海上风急浪大,14 名船员危在旦夕。潘伟顶着狂风驾驶救助直升机火速赶到现场。潘伟看到,遇难船舶即将完全沉没,14 名船员挤在四五平方米的船楼上面,七八米高的海浪一波一波打过去,人和船随时都有可能被巨浪吞没。潘伟启动应急救助准备程序,直接飞到遇险船舶上空实施营救。同时指挥在现场守候的其他船舶离开,为直升机救助提供空间。在风速较大,气流不稳的气象条件下,如果直升机悬停高度过高,救生员离机后会在空中大幅度摆动和旋转,不仅不能施救,而且会对救生员生命带来危险。悬停高度过低,海浪和沉船上的桅杆、天线会对直升机的安全带来威胁。潘伟尽可能地调整飞行高度, 200 米、100 米、50 米……风速在不断加大,机身的颠簸也越来越大,救生员刚靠近遇险船楼又被风浪打偏。时间就是生命!潘伟凭借高超的飞行技术,在难船 30 米上空稳稳地控制住直升机,果断确定采用高空引导绳实施救助,绞车手与救生员默契配合,快速、成功地抢救出了第一批 7 名遇险船员。当第二次将剩余 7 名遇险船员全部救起时,"新宝 1"号轮在十几秒钟内完全沉没。遇险的 14 名船员全部获救。此时,潘伟和他的团队同志忍受着饥饿、寒冷和劳累,已连续工作 9 个小时,空中飞行达 7 小时零 5 分,此次救助任务飞行时间之长、救助人数之多,在当时创造了我国海上飞行救助的纪录。

技艺高超精湛,超越救助极限。2007 年 4 月 30 日下午,威海海域东南 140 海里处有一作业渔船渔民重度昏迷急需抢救。这个距离已大大超出了救助直升机 110 海里的救助半径。怎样才能把昏迷的渔民救出来?潘伟突然想到,从驻地蓬莱机场起飞经威海机场到现场,需要飞行 1 小时 50 分钟,在这段时间内,如果渔船能够和直升机相向而行,就可以尽量缩短飞行距离,将昏迷渔民救上直升机。与渔船沟通后,下午 2 时 30 分,潘伟机组冒雨起飞。途中,得知渔船由于风大,滞留原地,并未相向靠近。潘伟计算,根据直升机油耗,140 海里的救助距离,只能给救助留下十分钟时间。此时,机载雷达显示海上有多艘作业渔船,直升机找到难船需要十分钟,救生员登船需要五分钟,担架捆扎需要五分钟,总共需要二十分钟,仅有的十分钟根本来不及救助。怎么办？救还是不救？潘伟猛然想到,如果能省下寻找难船的十分钟,那么还是有希望的。于是,他通过机载电台提前指挥渔船在船头点上火把,指示难船的位置。当直升机接近事发区域时,机组人员一眼就看到了点燃火把的渔船。潘伟驾驶直升机快速飞到渔船上空,准备施救。但渔船的桅杆高,缆线多,可供登船的面积非常小,而且是在船的中部。随着渔船的剧烈摇摆,高高的桅杆将登船的空间全部封锁。救生员三次登船都没有成功,油量显示还有最后一分钟就必须返航。在这种情况下,已经没有救助机会了。忽然,潘伟灵机一动：让渔船停船、减速,减小摇摆,利用船头还没随风调向的瞬间快速登船,不作担架救助,用救生套直接将伤员救上来。机组按照潘伟的方法紧密配合,一次登船成功。救生员迅速将伤员套上,一个手势,绞车手快速操纵绞车将两人提了上来。这时,允许作业的油量已经没有了。不等救生员完全进舱,潘伟就操纵直升机迅速调整方向,顶风返航。直升机在夜色中冒雨在威海机场安全落地,伤员被迅速送到医院。此时,直升机的油量已到最低极限。

辽宁省长告急,参加丹东抗洪抢险。2010 年 8 月 19 日,辽宁丹东地区普降大暴雨,鸭绿江丹东段出现了新中国成立以来第二次大洪峰,部分地区受灾严重。情况万分紧急！辽宁省政府致函交通运输部,请求派救助直升机实施空中救援。李盛霖部长、徐祖远副部长当即指示北海第一救助飞行队前往灾区,尽全力救助遇险群众。接到命令后,潘伟同志驾机迅速赶赴丹东灾区救援。20 日,丹东市宽甸满族自治县虎山镇夹河村道路已经被洪水冲垮,村子四周已经变成一片汪洋。晚 11 时左右,该村妇女刘丽突然出现临产预兆,洪水却封锁了出村的道路,全家人急得手足无措。人命关天,村乡县层层上报。21 日上午,接到报告的丹东市防汛指挥部立刻开始对临产孕妇全面展开救援,但湍急的洪水让冲锋舟无法接近。孕妇的情况却越来越急,两条生命在呼喊！正在丹东防汛抗旱指挥部坐镇指挥的辽宁省陈政高省长得知此事后,直接打电话给潘伟同志,请正在参与防汛抢险的交通运输部北海救助飞行队出动直升机进行营救。蒙蒙雨中,刚刚救起4名遇险群众的潘伟顾不上休息,驾驶直升机立刻奔赴孕妇所在村庄。被洪水浸泡的村庄已经没有一块平坦之地可供降落,直升机在空中盘旋了几圈仍无法着陆。潘伟心急如焚。孕妇不能再等了!最后他决定释放吊带,让直升机在空中悬停,直接把孕妇接上直升机。雨中,气流多变,要保证孕妇的安全,绞车速度不能太快,潘伟紧紧握住操控杆,尽量保持直升机的稳定,直至把孕妇救起。事后,当得知孕妇平安顺利地生下一个健康的婴儿时,还在执行救助任务的潘伟感到十分欣慰,高兴地向机组成员们伸出了大拇指。自8月19日至22日的3天时间内,潘伟机组共计出动直升机20架次,成功解救被洪水围困群众38人,包括那名婴儿应该为39人。为此,辽宁省委省政府特地致信交通运输部表示衷心感谢,而潘伟率领的B-7312直升机救助机组更是被国家防汛抗旱总指挥部、人力资源和社会保障部、解放军总政治部联合授予"全国防汛抗旱先进集体"荣誉称号。

两名工人高空烟囱遇险,直升机紧急驰援。2007年6月25日下午4时许,淄博华能辛店电厂正在改造施工的烟囱内110米处突然失火,两名施工人员被困180米高的烟囱顶部。山东省委省政府领导高度关心遇险群众,王军民副省长亲临现场组织救援。由于内部的通道被烧毁,地面救援已无法进行。26日凌晨3时,正在大连基地值班的潘伟驾驶救助直升机星夜兼程380公里,飞往距事发地较近的潍坊机场。5时整,天刚亮,直升机从潍坊机场起飞,前往施救。5时45分,事发地点天空突然乌云滚滚,电闪雷鸣,潘伟只能将直升机紧急备降在潍坊机场。8时许,潘伟架机再次飞临事发地上空。由于烟囱地处城市区域,顶部还竖着8根4米长的避雷针,救助环境极其复杂,机组又无此类救援经历,释放救生员无法着地,而且着火使烟囱顶部热烟气形成乱流,直升机无法稳定悬停,直接救人风险极大。经机组人员与地面指挥人员协调,决定利用直升机空投绳索给烟囱顶部的被困人员,让被困人员采用绳索下滑的方式脱险。10时10分,直升机向烟囱顶部空投物资，由于烟囱顶部面积太小，经过4次空投才为遇险人员抛送了食物、饮水、手机和绳索，最为关键的绳索投放成功，为遇险人员创造了唯一的获救条件。17时57分，第一名遇险人员补充体力后利用绳索平安落地！19时55分，第二名遇险人员也平安落地！为此，山东省人民政府向交通部发来感谢信，给予飞行队高度赞扬！

救助中收获感动，感动中升华境界。2005年12月，潘伟奉命抽调到上海值班，在长江口救起一名老船长。当时这名老船长驾驶的船舶遇险，他的船即将沉没，船上有8个人，在救生筏只能装载6个人的情况下，这位老船长在安排好其他船员后毅然抱着木板跳入大海。在接近零度的海水中，老船长与大海拼搏了近12个小时。当他被潘伟机组救起的一瞬间，便昏了过去。抢救苏醒后，老船长说的第一句话就是："船上的其他人怎样了？"每当提起这次救助，潘伟都潸然泪下，他感慨于老船长把生的希望送给别人、把死的危险留给自己的英雄情怀，也更激发了他对自己事业的热爱和对生命的尊重。

对潘伟来说，这些救助只是他几百次救助事例的缩影，有人问他，是什么让你这样热爱这份事业？潘伟的回答很深情，他说，当我看到风浪中遇险者那渴求生命的目光和期盼救援的手势，我就会被深深打动，觉得就是冒再大的风险也要将他们救起来；当我将濒临绝境的遇险者一次次从死神手里拉回来的时候，我会感到自己从事的事业如此神圣、如此崇高；我从来没有因为自己能力不足，而轻易让任何一名遇险者丢掉生还的机会。他已经记不清收到过多少面锦旗，记不清有多少人在获救后和他拥抱致谢，更记不清有多少被救群众长跪不起，感谢党和政府的恩情。

对团队同事凝聚真心

潘伟同志救助了390个鲜活的生命，但他自己也深知，这些成绩背后，凝聚着北海救助飞行集体的团队协作精神。他情系群众、培育新人，对同事部下无比关心。潘伟是英雄的机长，也是北海第一救助飞行队的灵魂。

潘伟对同事部下十分关心体贴。在思想上,他教育大家热爱飞行队这个光荣集体,同志之间团结共事,互相信任。在人才培养上,他倾注了大量心血,一方面积极联系国内外专业培训机构,组织人员外出培训学习,一方面还利用自己教员(教练)机长的资格进行内部培训。他常常利用晚上时间,结合自己救助实践精心编写教案,有时备课到深夜。带新飞行员上天,难度大、危险程度高,他从关心飞行员心理入手,帮助克服恐惧心理。实际操作,他一步一示范、一步一讲解,不厌其烦、循循善诱。对飞行学员的不熟练操作,他及时纠正,从不发火,而在事后详细讲解操作要领。潘伟凭借高超的技术和过硬的本领先后培养了 5 名机长、4 名副驾驶,极大缓解了飞行队飞行人才匮乏的压力,同时,还节约了培训经费。仅 2010 年培训 4 名副驾驶就节约培训费用 500 万元。

潘伟积极帮助同事部下解决家庭和生活中遇到的困难。救助飞行队专业技术人员和空勤人员大多是从相关部门引进或吸纳部队转业退伍士兵,解决他们夫妻团聚、家属工作安排和子女上学问题是一大难题,也成为飞行队的“民心工程”。潘伟同志和班子一起积极想办法,努力争取地方政府及有关单位的理解和支持,一个单位一个单位地跑,一个一个地办。经过多方努力,先后解决了 11 名专业技术人员及 4 名家属的大连户口问题,5 名职工家属和子女的就业问题,3 名职工子女的入学问题。一位绞车手的家属来自农村,文化程度比较低,为其安排工作的难度很大。潘伟先后跑了五个单位,最终使该绞车手家属工作得到圆满解决。家属工作的安排和职工子女入学问题的解决,稳定了职工队伍。飞行队有哪位职工家里发生困难,他都积极想办法帮助解决;每遇职工生病住院,他都要抽出时间亲自探望,使大家深受感动。

潘伟同志对年轻职工的婚姻问题也非常关心。飞行队驻地较偏僻,社会接触面窄,队内不少青年找对象成为一大难题。他积极组织有关单位开展青年联谊活动,为他们牵线搭桥。飞行队里的年轻人都亲切地称他为“我们的潘队”。

潘伟同志对职工关心爱护,对自己却要求严格。除在外开会外,一年有300多天他都在值班和工作,没有周末,没有节假日,甚至连生病都不能休息。作为丈夫、父亲和儿子的潘伟,对家庭也常常感到十分愧疚,他和妻子长年分居两地,家庭的重担全部落在体弱多病的妻子身上。潘伟执行救助任务时,必须按照工作要求关闭手机,家人常常无法和他联系,时时让妻子、女儿担惊受怕。年迈的父母住在沈阳,离大连基地不太远,但他一年都难得探望几次。

五年来,潘伟在惊涛骇浪中安全救助飞行1300小时,训练飞行1200多小时。有时候,他一天完成5次救助任务,工作时间长达到15小时。早饭、午饭常常只能在救助返航的间隙吃饼干、喝矿泉水;冬季,没有取暖设备的直升机像个冰窖,强大的寒流常常把他全身冻僵;夏季,三四十摄氏度的座舱里,穿着密不透气的飞行防水服、戴着厚重的头盔常常使他全身汗透;更痛苦的是,直升机高达110分贝的强噪声往往震得他两耳疼痛,紧握操纵杆的双手,往往僵直麻木……

一切为了救助,一切为了遇险群众,潘伟和他的团队永不言弃,无怨无悔。他情系人民,大爱无疆,展示了当代救捞人"把生的希望送给别人,把死的危险留给自己"的高尚情怀。他就是海上百姓生命的守护神,翱翔在渤海湾上空的救助神鹰。

附件 2

当代交通运输服务团队的楷模

——郭娜陆地航空班先进事迹

郭娜陆地航空班是保定客运中心站的一个道路客运站务班组,组建于 2003 年 1 月 1 日,以劳动模范郭娜的名字命名,整个班组现有 15 名成员。该班组组建以来,就瞄准"航空"这一运输业的服务高端,创建既适合公路运输特点又与航空服务接轨的"陆地航空式服务"模式,大胆创新,对标赶超,坚持以满足旅客需求为工作导向,以旅客满意为工作动力,为乘客提供迎宾、导乘、广播、问询、电话订票等服务。她们在平凡的道路客运服务岗位上,以真诚的爱心、甜美的微笑、热情周到的服务,每天迎送数万名旅客,形成了"真情服务、快乐工作、关注细节、勇于创新"的航空班精神,以亲情化、规范化、标准化的服务赢得了社会各界的好评,成为全国交通运输行业窗口服务领域一道亮丽的风景线。2011 年 2 月 1 日,胡锦涛总书记到保定客运中心站实地察看春运期间旅客出行和客运服务情况,慰问坚守在工作一线的干部职工,对郭娜陆地航空班给予了充分肯定,称赞她们"能吃苦、讲付出,创新服务"。

找准目标定位　对标航空服务

这个班组定位为陆地航空班,是因为她们从组建之初就是抱着一种主动对标的决心,瞄准航空服务标准,严格要求自己,努力提高服务水平。航空服务是旅客运输行业的高端,而公路客运呈现客流大、服务面广、乘客要求多等特点,要实行航空式服务确属不易。为了对标赶超航空服务,她们主动到首都机场、北京昌平航空培训基地参观学习,有了较为深入的了解后,她们大胆创新,把目标定位在既适合公路运输特点又与航空服务接轨的“陆地航空式服务”模式上，开始了她们的创建之路。

为了实现道路运输“航空式”服务的梦想，她们冬练三九，夏练三伏，付出了比常人多百倍的努力。她们每天坚持军事化“三语”点名上岗（即用中、英、哑语三种语言为上岗语言），开创了陆地航空服务的先河。在别人下班后，她们还在加班加点学礼仪、练形体；当别人熟睡时，她们还在挑灯夜战，学业务，练技能。有人把腿练肿了，有人把脸笑麻了，甚至还有人晕倒在训练场上。班组的刘海英是“O”型腿，为了达到标准的站姿，每天晚上睡觉时她都将腿用围巾绑起来；张小丽有些驼背，每天回到家中她还要靠墙站立两小时；刘会青来自农村，普通话讲的不标准，每天她都跟着新闻联播主持人学习发音……为达到无障碍服务，她们还聘请专业教师进行英、韩、哑语会话练习和特殊服务技能培训。学习葫芦丝乐器演奏，练习舞蹈，为旅客表演小节目；熟记市“公交线路”，成为外地人的“活地图”；掌握“急救常识”，危急时刻做旅客的护士；通晓旅游知识，做旅客的向导；每人还掌握“一项技能”，练就“一门绝活”，如针艺、包扎、急救等。凡是中专学历的都进修一门大专课程，参加计算机培训班等，全方位提高自己。现在班组95%的人员达到大专以上学历。

立足平凡岗位　乐于奉献付出

郭娜陆地航空班已经创建八年，虽然班组人员不断交替，但她们始终都能做到立足岗位，甘于平凡，乐于奉献，坚持以人为本、以客为主，坚持恒温服务，平等对待每一位乘客。郭娜说，“我们做的都是平凡的工作，没有什么科技含量，但是能把简单的事做好就不简单。”“我们做的工作都是平凡的小事，但是对于每一位旅客来说都是他们的难事，平凡的工作给旅客带来了快乐和方便。”郭娜陆地航空班的姐妹们在竭诚为旅客服务的过程中，从付出的辛劳与汗水中，快乐了自己，找到了幸福，实现了自己的人生价值。

由于航空班的工作性质，经常会有临时性任务，所以她们每个人都做到手机24小时开机，遇有紧急任务，无论有再大困难都随叫随到，第一时间赶到车站，多年如一日，没有一个人抱怨过。班长郭娜为了让千千万万的旅客早日回家团圆，毅然将只有56天的女儿送到百里外的农村老家，投入到紧张的春运工作中。刘海英、王月父母病重不能照看，张跃娜、张玲娜几次悄悄收起住院单，张坤、刘会青、冉冉、刘烁将婚期一延再延……每逢节假日，姐妹们还走向社会，到敬老院、社会福利院看望孤寡老人和孤儿，为老人拆洗被褥，带去自费购买的慰问品，为孩子送上玩具和学习用品，让老人感受到儿女般的温暖，让孩子体会到母亲一样的关爱；在"关爱汶川地震"、保定市"爱心一日捐"等捐款活动中，她们每人都比其他职工多捐出好几倍；她们还通过保定市妇联资助了定兴县五名贫困学生，为他们购买学习用品，送上慰问金，帮助他们渡过难关。

车站是社会的缩影，为促进构建和谐社会，扶贫帮困，班组成立以来，每人每月从工资中拿出10元钱成立了"困难旅客救助基金"（自基金成立以来已救助旅客600余名），在她们的倡导下在服务台前设立了"爱心捐款"，现在每人每天上班时都要在里面投入"一元钱"，虽然她们的工资并不高，但是救助困难旅客已成为她们工作中的一大乐事。在服务工作中，她们经常遇到旅客丢包问题，为此她们发明了"旅客失物快速查寻法"，多年来为旅客寻找行李箱、身份证、银行卡、现金等失物近万件，挽回损失上百万元。

郭娜说："只有心中装着旅客的服务，才是周到体贴的服务；只有避免盲点的服务，才是让人满意的服务；只有留下记忆的服务，才是超越预期的服务；只有用心表达的服务，才是让旅客感动的服务。"2008年7月2日，郭娜、孙博娜正在候车室送水，发现一小男孩儿正坐在候车座椅上掉眼泪，她们便走上前询问。经了解，孩子名叫王义，9岁了，家住安国县，父母离异，母亲远嫁易县。他和爷爷奶奶怄气，偷偷从家里拿了100元钱去易县找妈妈，可是从未出过远门，到了保定就慌了。了解情况后她们拨通了孩子家里的电话,大约2小时后王义的爷爷奶奶、爸爸妈妈分别从安国和易县赶到总站,看着孩子安然无恙,一家人感动不已。2010年6月,她们为一位乘客寻找到装有万元现金的行李箱。当天该乘客从博野县乘车到保定,转乘去内蒙做生意,为了赶火车,一着急将装有巨额现金的行李箱落在了班车上。了解情况后,班组的姐妹们立即启用"旅客失物快速查寻法",只用了半小时就为他找回了巨款。2010年国庆节当天,郭娜在售票厅做导乘服务时发现一名学生在售票厅一角徘徊,经主动询问得知,他是某大学的一名新生,国庆节放假要回家,可是身上的钱不够买一张车票,正在发愁怎么回家。了解情况后郭娜主动为他买了一张车票,把他送上了车,并联系他的家人到曲阳车站接他。每当遇到这样的事,班组的姐妹们都会这样做,看到困难旅客平安回家,她们觉得是一种幸福、一种安慰。班组成立以来,总共为200多名失散儿童找到父母,把近百名失忆老人送回家,为旅客办好事12000余件。

不断钻研探索　创新服务方法

郭娜陆地航空班组建以来,在为旅客用心服务的实践中,不断钻研探索,创新服务方法。经过长期的实践摸索,归纳总结出一套行之有效的"郭娜服务法",包括:四字服务法,即"一看"(看有无需要帮助的旅客),"二笑"(微笑对待每个人),"三听"(倾听旅客的每个要求),"四做"(认真做好每一件事)的服务方法;岗位精细服务法,即广播员要做到"甜、柔、美",问事员要做到"熟、细、亲",流动服务员要做到"及、稳、准",退票员要做到"一看、二辨、三分析、四注意";细节服务五对待,即对待老人照顾多一些,对待孩子爱心多一些,对待残疾旅客关心多一些,对待农民工方便多一些,对待国外友人热心多一些;服务方式五创新,即主动服务(做到及时发现问题,第一时间服务),微笑服务(做到亲切自然,得体大方),亲情服务(做到温馨体贴,一如亲人),无障碍服务(会简单英、哑语对话,会使用特殊服务设备),失物快速查询服务,为无数旅客解燃眉之急。

随着中心站候车面积的增大，为保证第一时间为旅客服务，她们又增设了便民服务车、推行“轮滑式”服务；为缓解电话问询压力，她们开通服务热线，把问询电话由原来的一部增加到八部，并设立专职话务员，可同时为11名旅客解答问题；她们还推出“温馨短信”服务，当遇到班车停发，第一时间为电话订票的旅客提供客运信息（温馨短信内容举例：您好，非常抱歉，今天因为有雾，XX点的班车停发，您订的车票取消。由于班车临时停发，给您的出行带来不便，请您原谅，有事请拨打0312－5972888），让更多的旅客感受到车站贴心的服务。在春运期间，她们针对民工流、学生流、探亲流分别推出特色服务。其中对农民工提供“优先问事、优先订票、优先乘车”，为特困农民工提供方便面、面包，解决他们的吃饭问题，同时启用“特困农民工救助基金”，为他们的回家之路开辟绿色通道。2010年春节航空班的姐妹们为候车旅客送上热腾腾的水饺，2011年又开通了“亲情服务热线”，并赠送“保运伴您行”温馨礼包，让乘客们在新年的旅途中感受到了更多的亲情。

科学规范管理　精益求精做事

为规范陆地航空服务模式，她们从服务程序、语言标准、仪态仪表等方面制定出一套特色的《航空班文明服务标准》，编写了《航空班手册》。从形象上做到了“四统一”、“四规范”。“四统一”即：统一淡妆上岗、统一服装服饰、统一挂牌上岗、统一发式发型；“四规范”即：规范点名交接、规范上岗服务、规范工作程序、规范仪态仪表。为使服务落到实处，她们按照《航空班考核标准》进行考核，班组人员上岗前全部经过业务知识、服务技能、应变能力、简单的英哑语等方面的考核竞聘上岗。每月一次考试，每月评出“最佳星级服务员”（即“服务明星”、“微笑明星”），亮相在“激情加油站”，实行末位淘汰，连续三个月排名末位的予以淘汰，来激励鞭策大家互帮互学，共同进步。推行“链式管理模式”，由制度管理向自我管理迈进，树立了航空服务新形象。

不断改进服务方法，丰富服务内容。她们专门在值班室设置一面镜子，每个姐妹上班前对镜整理仪表，调整心情，确保不将坏情绪带入工作中。在候车室，她们根据不同旅客需求，增设了电视机、饮水机、空调、简易手机充电器、阅报栏、残疾人车、婴儿车等服务设施，小到一针一线，大到行李车、便民车，满足不同的旅客需求。为使旅客享受到家的温馨、亲人般的关爱，她们设立了“生日点歌”、“旅客知音”、“早间新闻30分”、“职工园地”、“旅行猜谜”、“旅客联欢”等服务，丰富了旅客的旅行生活。遇到下雨天，她们主动为旅客提供雨伞；见到行动不便的人，她们及时送上细心准备的轮椅与拐杖；碰到没钱买票的旅客，她们会掏出自己的工资为旅客买票以解燃眉之急。

珍惜集体荣誉　传播航空班精神

郭娜陆地航空班就像一个家，每个成员都能在其中感受家的温暖，共享家的荣誉，分担家的任务，追求共同进步。作为班长，郭娜处处发挥模范带头作用，在她的带动下，陆地航空班的每名成员都保持了强烈的集体荣誉感。她们具有共同的价值追求，对待工作无怨无悔，从不计较个人得失。经过她们的共同努力，郭娜陆地航空班打造成了一个具有共同价值追求，快乐做事、真情服务的优秀团队。她们提供的“航空式标准，零距离服务”，受到了旅客的普遍称赞和社会的广泛认可，郭娜陆地航空班和郭娜本人先后荣获多项国家和省级荣誉称号，受到中央电视台、新华社、人民网、中国交通报、中国交通网、中国经济日报、河北日报、河北工人报等新闻媒体的广泛关注和报道。2009年4月28日，郭娜作为全国“工人先锋号”代表，参加了在人民大会堂召开的“庆祝五一国际劳动节暨保增长促发展劳动竞赛推进大会”，受到国家副主席习近平、全国总工会主席王兆国等领导同志的亲切接见。2011年2月28日，郭娜参加了在人民大会堂召开的“全国女职工五一巾帼奖表彰大会”，受到全国总工会主席王兆国的亲切接见，被授予全国“五一巾帼奖章”，同时被授予全国“五一劳动奖章”。

在成绩和荣誉面前，航空班的每个同志都保持着清醒的头脑，成绩只属于过去,她们要用勤劳和智慧创造更加美好的未来。为了进一步提高服务水平,让服务上档次,她们发扬胡锦涛总书记提出的“能吃苦、讲付出、创新服务”精神,制定长效工作机制,不断探索新的服务领域,利用网络平台了解旅客心理,开通了郭娜陆地航空班电子邮箱,2011 年 2 月 23 日,在班组邮箱的基础上又开通郭娜陆地航空班博客。推出个人工作日志管理模式,每天召开班组“三分钟”交接班短会,总结经验,交流共享。随着时间的推移,航空班的人员也逐步分流到各个工作岗位,她们也把航空班的精神带到了其他工作岗位,形成航空班与站务班、售票班、快送班等班组比学赶帮超的良好学习氛围,带动保运集团整体服务水平的提升。郭娜陆地航空班的姐妹们把微笑送给了旅客,把爱心送给了旅客,把真情送给了旅客。展望未来,她们信心满怀,力争为社会奉献更加温馨满意的交通运输服务!

关于发布经修订的中华人民共和国引航员职业道德和纪律规范的通知

交水发〔2011〕489 号　2011.9.13

各省、自治区、直辖市交通运输厅(委),天津市、上海市交通运输和港口管理局,各港口所在地港口管理部门,中国引航协会,各引航站(中心):

《中华人民共和国引航员职业道德和纪律规范》(交水发〔2011〕119 号)颁布实施以来,对加强引航员队伍的职业道德和纪律建设发挥了积极作用。近年来,我国港航形势发生了很大变化,尤其是引航管理体制改革的实施,对引航员队伍建设又提出了新的要求。为了适应新的引航体制和港航事业发展要求,进一步加强引航员队伍精神文明建设,我部对该规范进行了修订,现予发布。

附件:中华人民共和国引航员职业道德和纪律规范

附件

中华人民共和国引航员职业道德和纪律规范

第一章　总　　则

第一条　为提高引航员的职业素质，维护引航行业的职业声誉，当好“水上国门形象第一人”，为港口和船舶提供优质引航服务，根据国家的有关规定制订本规范。

第二条　凡在中华人民共和国引航机构从事引航工作的引航员均应遵守本规范。

第三条　引航员的服务宗旨是：维护主权，保障安全，精心引领，服务港航。

第四条　引航员的工作接受港口行政管理部门、海事主管部门和社会公众的监督。

第五条　中国引航协会负责指导和督促各引航机构加强对引航员进行职业道德和纪律教育。

第二章　引航员职业道德

第六条　热爱祖国、树立形象，自觉遵守国家法律法规，维护国家主权和尊严，始终坚持树立和维护国家形象。

第七条　爱岗敬业、忠于职守，热爱引航工作，尊师爱徒，以强烈的事业心和责任感，不断提高引航业务水平，忠实履行岗位职责。

第八条　遵章守纪、保障安全，遵循科学严谨、安全第一的原则，严格遵守引航安全操作规程，保障被引领船舶和港口设施的安全。

第九条 诚信服务、优质高效，牢固树立服务理念，增强服务意识，公开、公平、公正，为港航企业提供优质高效的引航服务。

第十条 团结协作、和谐引航，与口岸单位紧密合作；积极配合海事管理机构调查海事事故；关于港口水域的公共安全，及时向引航机构报告安全信息，提供技术咨询服务。

第十一条 自重自律、廉洁奉公，维护“水上国门形象第一人”荣誉，严格遵守廉洁自律的各项规定，自觉抵制各种不正之风。

第十二条 礼貌待人、文明引航，按规定着装、佩戴标志，言行文明，举止端庄，尊重船方习俗。

第三章 引航员职业纪律

第十三条 服从引航机构的管理和调度。

第十四条 严格遵守涉外人员守则，保守国家秘密。

第十五条 不得以个人名义私自承接引航服务。

第十六条 无正当理由不得拒绝引航机构指派的引航任务，不得擅自将引航任务委托他人。

第十七条 禁止在执行引航任务前和引航过程中饮酒。

第十八条 准时登轮，遵守登轮相关纪律及其他与履行职务有关的程序。

第十九条 与被引船舶船长充分沟通引航信息，尊重其合理建议。

第二十条 按照引航作业指令执行引航任务，无正当理由不得中止引航。

第二十一条 不得利用引航工作之便，索取或收受不正当财物。

第四章 奖励与处罚

第二十二条 各引航机构要按照本规范，制定相关制度，作为对引航员的考核依据。

第二十三条 各引航机构对于模范遵守本规范的引航员给予奖励;对于违反本规范的引航员给予相应处罚。

第二十四条 中国引航协会按照本规范要求进行检查,表彰先进,促进行业的道德纪律建设。

第五章 附 则

第二十五条 本规范由交通运输部负责解释。

第二十六条 本规范自发布之日起实施,2001 年 3 月 15 日发布的《中华人民共和国引航员职业道德和纪律规范》(交水发〔2001〕119 号)同时废止。

关于继续做好文明样板航道创建工作的通知

交水发〔2011〕538号　2011.9.28

各省、自治区、直辖市交通运输厅(委),天津、上海市交通运输和港口管理局,长江、珠江航务管理局,长江口航道管理局:

在各级交通运输主管部门的高度重视和精心组织下,通过航道、海事、纪检监察、运输管理等部门的积极努力和其他相关部门的大力支持,已在京杭运河、长江干线、长江三角洲、西江航运干线及珠江三角洲、黑龙江等创建了国家级文明样板航道1704.4公里,省级文明样板航道3369公里。通过文明样板航道创建活动,改善了通航环境,规范了管理行为,提高了服务水平,促进了水运发展,提升了行业文明,产生了积极的社会影响。为贯彻落实好部党组《关于印发〈全国交通运输行业精神文明建设规范(2011—2015年)〉的通知》(交党发〔2011〕7号)关于深化行业文明创建活动的要求,进一步做好文明样板航道创建活动,现将有关事项通知如下:

一、各地交通运输主管部门要把交通运输行业核心价值体系要求融入创建活动全过程,运用现代服务业理念和现代科技手段,丰富创建活动内涵,创新创建活动方式,提高创建成效。要结合各自实际,采取切实措施,提高创建成效,解决突出问题,完善设施条件,提高服务质量和水平,把文明样板航道创建成集平安、畅通、文明、生态、景观为一体的黄金水道。各省(区、市)要选择基础设施条件好、地区重要航道积极开展创建工作,按标准和程序做好检查、验收和申报工作。

二、贵州省赤水河狗狮子至合江段78公里航道已通过贵州省交通运输厅组织的文明样板航道验收,各创建单位要严格按我部有关规定,认真做好创建国家级文明样板航道工作,为部适时组织专家评审做好准备。

三、按照文明样板航道复查要求,我部委托黑龙江、江苏、浙江、广东省交通运输厅分别对黑龙江黑河至奇克段、京杭运河苏南段、京杭运河浙江段和杭申线浙江段(塘栖—红旗塘)、广东西江南江口至肇庆段文明样板航道组织复查,并请以上四省交通运输厅于2011年年底前将复查意见报送我部。我部将视情况派员参加复查工作。

四、受我部委托,长江航道管理局和山东省、浙江省、安徽省交通运输厅组织对长江干线武汉段(大军山至黄颡口)、宜昌段(鳊鱼溪至庙河、中水门至大埠街)、三峡段、洪湖段(城陵矶至军山大桥)、澄通段(黄田港至浏河口),京杭运河山东段,新安江千深段(千岛湖—深渡)文明样板航道进行了复查。经研究,我部决定继续保留以上航段全国文明样板航道称号。

五、各省(区、市)要结合自身实际情况制定文明样板航道创建工作计划,加强组织领导,落实保障措施,扎实推进创建工作。请于2011年10月20日前将"十一五"期创建工作情况、"十二五"期创建工作计划和对创建工作的意见和建议报送我部水运局。

节 能 减 排

关于公布交通运输行业第四批节能减排示范项目的通知

交政法发〔2011〕304 号　2011.6.20

各省、自治区、直辖市、新疆生产建设兵团交通运输厅(局、委),天津市、上海市交通运输和港口管理局,天津市市政公路管理局,部属各单位,有关交通运输企业:

根据交通运输部办公厅《关于推选交通运输行业第四批节能减排示范项目的通知》(厅政法字〔2010〕171 号)和交通运输部节能减排与应对气候变化工作办公室《关于公布交通运输行业节能减排示范项目推选办法的通知》(交能办函〔2010〕208 号),在组织项目申报、专家评审、项目公示的基础上,经部节能减排工作领导小组审定,确定"废旧沥青面层材料再生利用综合技术"等 20 个项目为交通运输行业第四批节能减排示范项目,现予公布。

交通运输行业第四批节能减排示范项目名单

序号	项目名称	推荐单位	实施单位
1	废旧沥青面层材料再生利用综合技术	湖北省交通运输厅	湖北省高速公路实业开发有限公司
2	高速公路改扩建工程废旧道路材料再生利用技术	天津市市政公路管理局	天津市市政工程建设公司等
3	地源热泵技术在高速公路服务站区的应用	河北省交通运输厅	河北省高速公路衡大筹建处
		山西省交通运输厅	山西省交通科学研究院
4	郑新黄河大桥配电照明节能工程	河南省交通运输厅	河南中原高速公路股份有限公司
5	G－BOS 智慧运营系统的应用	江苏省交通运输厅	苏州汽车客运集团有限公司
		交通运输部道路运输司	金龙联合汽车工业(苏州)有限公司
6	营运车辆燃油消耗量及排放量动态监测与统计系统	黑龙江省交通运输厅	黑龙江省道路运输管理局
7	液化天然气(LNG)在道路运输车辆上的应用	福建省交通运输厅	福建省汽车运输总公司
		新疆维吾尔自治区交通厅	新疆金豹物流有限公司
8	中原绿色客运新干线项目——CNG 汽车的应用	河南省交通运输厅	河南省交通运输厅道路运输局

续上表

序号	项目名称	推荐单位	实施单位
9	常州市快速公交系统	交通运输部道路运输司	常州市公共交通集团公司
10	纯电动公交车示范运行项目	山东省交通运输厅	临沂市公共交通总公司
11	利用节能车型开展长途甩挂运输项目	福建省交通运输厅	福建盛丰物流集团有限公司
12	振华物流—LG 工厂物流优化项目	中国交通建设集团有限公司	振华物流集团有限公司
13	港口集装箱双重运输	浙江省交通运输厅	浙江百富国际物流有限公司 宁波港铃与物流有限公司
14	乌北物流平台系统在节能减排的应用	新疆生产建设兵团交通局	新疆生产建设兵团通信科技中心、乌北物流中心
15	LNG 在运输船舶上的应用	江苏省交通运输厅	江苏省宿迁市地方海事局
16	船用冷热全效热泵技术应用	中国船级社	中国船级社
17	滑阀式喷油器在船舶减速航行节能中的应用	中国远洋运输(集团)总公司	中远集装箱运输有限公司
18	零空闲变速操作法	天津市交通运输和港口管理局	天津港(集团)有限公司
19	连云港新苏港 30 万吨级矿石码头节能减排技术综合应用	江苏省交通运输厅	连云港港口集团有限公司
20	青岛港集装箱码头装卸工艺优化系统	山东省交通运输厅	青岛港(集团)有限公司

关于印发“十二五”水运节能减排总体推进实施方案的通知

交水发〔2011〕474号　2011.8.31

各省、自治区、直辖市交通运输厅(委),天津市、上海市交通运输和港口管理局,中央管理的交通运输企业,主要港口企业,有关水运科研、设计院所,部属各单位:

为做好“十二五”时期水运节能减排工作,实现《公路水路交通运输节能减排“十二五”规划》确定的水运节能减排总体目标、主要指标和各项任务,我部组织编制了《“十二五”水运节能减排总体推进实施方案》,现印发给你们,请认真组织实施。我部将视每项重点工作的进度组织开展专项检查。

“十二五”水运节能减排总体推进实施方案

《“十二五”水运节能减排总体推进实施方案》是交通运输部针对“十二五”期水运行业节能减排面临的实际，为落实《公路水路交通运输节能减排“十二五”规划》确定的水运节能减排总体目标、主要指标和各项任务编制而成。《“十二五”水运节能减排总体推进实施方案》明确了“十二五”期推进水运行业节能减排工作的指导思想、原则和目标，以政策法规、标准规范、示范推广、重点技术攻关四个方面为重点，提出了10项重点工作、35项具体工作任务及实施计划，明确了各项目工作的单位、完成时间和成效要求，并提出了保障措施。

一、指导思想

深入贯彻落实科学发展观，全面落实节约资源和保护环境基本国策，以提高能源利用效率、降低能源消耗强度和二氧化碳排放强度为核心，把节能减排作为水运行业转变发展方式和产业结构调整的主要抓手，树立绿色水运发展理念，围绕《公路水路交通运输节能减排“十二五”规划》，强化政策和制度，完善标准和规范，提升创新能力，加大推广应用力度，加强监督与管理，全面推进水运节能减排工作，加快建设绿色水运步伐，促进水运的全面、协调、可持续发展。

二、推进原则

（一）节能减排与促进发展相结合。

坚持把促进水运行业发展作为水运节能减排工作的根本目的，把节能减排作为促进发展的重要途径和手段，在发展中促转变，在转变中谋发展，促进水运行业转变发展方式，调整产业结构，不断提高水运行业服务经济社会的能力、质量和水平。

（二）政府引导、市场调节、企业主体与公众参与相结合。

坚持把建立长效机制作为水运节能减排工作的根本任务，充分发挥政府的引导作用、市场资源配置的基础性作用、港航企业的主体作用和社会公众的广泛参与监督作用，强化综合治理，调动各个方面在节能减排工作中的主动性和积极性。

（三）理念、政策、体制机制和技术创新相结合。

坚持将创新作为水运节能减排工作的主要动力，不断强化节能减排理念，完善节能减排政策法规，健全节能减排体制机制，提升节能减排研发能力，充分发挥科技创新在水运节能减排工作中的重要支撑和引领作用。

（四）存量挖潜与源头控制相结合。

坚持把标本兼治作为水运节能减排的重要手段，通过加强管理、技术改造等方式降低现有设施的能源消耗强度和二氧化碳排放强度，改善用能结构；通过提高标准、推广应用先进技术等方式加强源头控制，从根本上提高节能减排水平。

（五）重点突破与全面推进相结合。

坚持把立足全面、分类指导、突出重点、分步实施、有序推进作为水运节能减排工作的基本方式，着力破解制约和影响水运节能减排的突出问题，以点带面，全面推进水运节能减排工作。

三、推进目标

（一）总体目标。

到 2015 年，水运行业节能减排意识进一步增强，能源利用效率明显提高，二氧化碳排放强度明显降低，管理与运行机制基本建立，政策法规体系、标准规范体系、技术支撑体系和统计监测考核体系基本形成；水运行业用能结构得到有效改善，运输船舶和港口装备大型化、专业化和现代化水平显著提高，节能减排技术得到广泛推广应用；水运行业节能减排能力明显增强，全面完成《公路水路交通运输节能减排“十二五”规划》确定的水运节能减排目标，绿色水运体系基本形成。

（二）主要指标。

到 2015 年，与 2005 年相比较，港口生产单位吞吐量综合能耗下降 8% 以上；营运船舶单位运输周转量能耗下降 15% 以上，其中海洋和内河船舶分别下降16%和14%以上。港口生产单位吞吐量二氧化碳排放下降10%以上;营运船舶单位运输周转量二氧化碳排放下降16%以上,其中海洋船舶和内河船舶分别下降17%和15%以上。

四、主要任务

(一)制定完善水运节能减排政策法规,加强和规范行业管理。

制定完善水运节能减排政策法规,规范水运节能减排管理工作,将节能减排工作逐步纳入法制轨道;制定实施水运行业节能减排工作指导意见,引导水运行业有序开展节能减排工作。

(二)建立健全水运节能减排标准体系,提高设计与管理水平。

完善水运节能减排标准规范,规范和管理行业节能减排工作;制定营运船舶节能减排标准规范,为实施营运船舶准入和退出机制创造条件;编制水运节能减排技术指南和规程,指导水运工程建设和营运过程中采取节能减排措施。

(三)示范推广节能减排技术与经验,提高行业节能减排成效。

开展示范推广节能减排技术与经验的基础性工作,建立试点和推广机制;开展重点技术的试点工作,为进一步推广应用成熟技术奠定基础;开展实用技术和典型经验的推广应用工作,提高全行业节能减排成效。

(四)研究开发节能减排技术与设备,增强科技创新及支撑能力。

加强节能减排技术基础性研究工作,提升科技创新能力和研发水平;组织开展节能减排专项技术攻关,突破关键技术,开发节能减排先进技术和设备,发挥科技创新在节能减排工作中的支撑和引领作用。

五、重点工作

(一)制定水运节能减排政策法规。

1. 制定营运船舶节能减排准入与退出管理办法。

落实《节约能源法》赋予交通运输主管部门的职责，通过严格的行政管理，禁止不符合节能减排标准或者要求的船舶用于运输；综合应用行政、经济等手段，促使已经用于运输的、不符合能耗排放限值标准要求的船舶退出运输领域。

2. 制定港口装备节能减排准入与退出管理办法。

通过严格的行政管理，禁止不符合节能减排标准或者要求的港口装备用于港口生产；综合运用行政、经济等手段，促使已经用于港口生产的、不符合节能减排标准或者要求的港口装备退出港口生产领域。

3. 开展鼓励靠港船舶使用岸电相关政策研究。

研究促进靠港船舶使用岸电的政策，鼓励靠港船舶使用岸电，减少港区排放，提高港区环境质量。

4. 开展鼓励使用有利于节能减排的能源的政策研究。

主要包括鼓励使用非化石能源、液化天然气（LNG）、低硫燃油和燃油添加剂等方面。研究鼓励港航业使用有利于节能减排能源的政策，促进水运业朝着节能减排方向发展。

（二）制定水运行业节能减排工作指导意见。

1. 补充完善港口节能减排指导意见。

根据原交通部《关于港口节能减排工作的指导意见》（交水发〔2007〕747号）实施情况和经验，分析港口节能减排技术发展现状和趋势，修改完善指导意见，全面指导港口开展节能减排工作。

2. 制定船舶运输节能减排指导意见。

提出切实可行的船舶运输节能减排措施，有效指导船舶运输开展节能减排工作。

3. 制定全国内河船型标准化工作总体思路和工作方案。

明确全国内河船舶船型标准化的实施目标、原则和分阶段行动计划，落实配套保障措施。

（三）完善水运节能减排标准规范。

1. 制定水运节能减排标准规范体系。

全面梳理水运业现行标准规范，适应节能减排要求，提出需要制修订的标准规范内容，建立包括水运工程建设、设施设备运行和维护管理、船舶建造及营运管理等在内的水运节能减排标准规范体系，提高水运节能减排标准推进工作的系统性。

2. 补充、完善水运工程节能减排有关设计规范。

梳理现有水运工程标准规范中的相关内容，增加建设期和运营期的减排内容，修订完善节能和环保设计规范，修订评价标准，推进节能减排技术在水运工程上的应用。

3. 制定《集装箱堆场装卸设备供电设施技术规范》。

规范集装箱堆场轨道式或电动轮胎式集装箱门式起重机的供电设施设计和配置要求。

4. 制定《水运工程建设项目节能评价规范》。

结合水运工程的特点，制定水运工程节能评价规范，规范和指导水运工程节能评价工作。

5. 制定《港口设备能耗标志及能耗与排放限值标准》。

制定港口主要用能设备能耗标志及能耗与排放限值标准，为淘汰落后设备创造条件。

6. 制定《干散货码头粉尘控制规范》。

根据粉尘控制方法应用效果要求，对目前使用的各种粉尘控制方法的设计和应用提出规范性要求，为干散货码头有效控制粉尘奠定基础。

（四）制定营运船舶节能减排设计规范。

1. 制定内河绿色船舶规范。

将提高能效、增加有利于节能减排能源利用及资源回收利用等要求纳入规范，先以附加标志形式进行引导，逐渐进行过渡应用，促使船舶设计充分考虑节能减排要求。

2. 完善新投入营运船舶燃料消耗量及二氧化碳排放限值标准。

完善新投入营运船舶燃料消耗量及二氧化碳排放限值标准，为禁止不符合标准的船舶投入营运奠定基础。

3. 制定在役船舶退出营运市场燃料消耗量及二氧化碳排放限值标准。

制定在役船舶退出营运市场燃料消耗量及二氧化碳排放限值标准,为逐步淘汰在役的不符合标准的营运船舶创造条件。

(五)编制水运节能减排技术指南和规程。

1. 制定水运建设项目节能验收评价规程。

制定水运建设项目节能验收评价规程,促使水运工程建设单位落实节能要求,不符合强制性节能标准的项目,不得投入生产、使用。

2. 编制重点设施设备、运输工具节能运行、调度和操作指南。

适应节能减排要求,考虑先进技术手段应用对于运行、调度和操作的影响,编制重点设施设备、运输工具节能运行、调度和操作指南并汇集出版,供企业对使用人员或运行、调度和操作人员培训时参考。

(六)开展示范推广节能减排技术与经验的基础性工作。

1. 建立水运节能减排实用技术与典型经验成果目录。

根据节能减排技术进步和经验积累对成果目录进行动态维护,及时发布和推介节能减排新技术和新经验。

2. 确定示范和推广项目。

根据全国节能减排工作的总体部署,选择水铁联运、港口装卸机械"油改电"等技术先进、实用性强、适用范围广的成果进行示范和推广,并制定相应工作方案;省级交通运输主管部门可根据上述原则,结合本省(区、市)实际情况和特点开展有关工作。

(七)开展重点技术试点工作。

"十二五"时期,将根据节能减排技术发展和研发情况,逐步增加新节能减排技术的应用试点,持续不断开展技术试点工作,根据试点应用经验,确定推广应用项目,推动水运节能减排技术的应用。

1. 试点应用靠港邮轮、旅游船使用岸电技术。

2. 试点应用 LNG 驱动、电力驱动水平运输车辆技术。

3. 试点应用内河柴油和 LNG 混合动力船舶技术。

4. 试点应用集装箱码头全电力装卸工艺技术。

5. 试点应用油码头油气回收再利用技术。

（八）开展重点技术和典型经验推广应用工作。

“十二五”时期，将根据节能减排技术试点和管理经验积累情况，逐步增加重点技术和典型经验的推广应用，持续不断开展推广应用工作。对于应用范围广、推广难度大的项目，编制实施指南。

1. 推广应用轮胎式集装箱门式起重机（RTG）“油改电”技术。

2. 推广应用靠港集装箱船和散货船使用岸电技术。

3. 推广应用起重机、带式输送机系统等港口机械节能运行控制技术。

（九）加强节能减排技术基础性研究工作。

1. 研究制定水运行业二氧化碳排放检测方法。

针对不同类型船舶和港口设备，研究水运行业二氧化碳排放检测方法，为制定检测标准和进行二氧化碳排放检测准备条件。

2. 开展绿色水运发展长效机制研究。

研究建立绿色水运发展长效机制的方式和方法，为推动绿色水运建设提供政策和措施建议。

研究建立绿色水运统计体系。研究建立绿色水运统计体系，收集整理绿色水运统计信息，掌握绿色水运建设工作动态，为制定相关政策措施提供决策依据。

研究建立绿色水运考核体系。研究建立绿色水运考核体系，以统计、监测和检测为手段，提出考核的目标、范围、指标、机制和考核的对象、内容方法等。

研究建立绿色水运企业认证体系。研究绿色水运企业星级认证的指标、标准，绿色水运企业星级认证管理办法，绿色水运企业星级认证指南，绿色水运企业星级认证的范围、开展认证单位的资质、认证结果的运用范围等。

3. 组织开展水运节能减排基础性研究后续工作。

根据需求和计划，组织开展水运节能减排基础性研究后续工作。

（十）组织开展节能减排专项技术攻关。

1. 组织开展集装箱码头节能减排成套技术研究开发。

内容涵盖平面布置、装卸工艺与装备、供电系统、运作管理以及指标体系等方面,开发应用有利于节能减排的新技术设备和管理手段,形成相对完整的集装箱码头节能减排技术体系,促进集装箱码头的节能减排。

2. 组织开展干散货码头节能减排成套技术研究开发。

内容涵盖平面布置、装卸工艺与装备、供电系统、运作管理以及指标体系等方面,开发应用有利于节能减排的新技术设备和管理手段,形成相对完整的干散货码头节能减排技术体系,促进干散货码头的节能减排。

3. 组织开展杂货码头节能减排成套技术研究开发。

内容涵盖平面布置、装卸工艺与装备、供电系统、运作管理以及指标体系等方面,开发应用有利于节能减排的新技术设备和管理手段,形成相对完整的杂货码头节能减排技术体系,促进杂货码头的节能减排。

4. 组织开展内河船舶节能减排成套技术研究开发。

内容涵盖船舶性型优化、轮机设计、新材料应用、清洁能源和可再生能源利用等方面,开发应用有利于内河船舶节能减排的技术。

六、保障措施

(一)组织保障。

在部节能减排工作领导小组统筹安排下,成立水运节能减排推进工作组,负责领导和协调相关工作的开展,狠抓落实,整体推进有关工作。各级交通运输(港航)主管部门要强化对水运节能减排工作的组织领导,节能减排依托项目所在省级交通运输主管部门应成立组织机构,负责本地区水运节能减排实施方案制定及推进工作;其他省份可根据本地区情况和工作需要成立相应机构。

(二)管理保障。

本方案中的工作内容多,涉及的部门和企业多,需要进行高效的管理。各有关单位应加强重点工作落实、开展以及验收工作的管理。通过调查分析,及时发现问题,提出解决问题的建议,保证各项工作按计划顺利落实和开展;按照计划要求,适时进行检查,监督工作进度;认真开展工作成效检查和验收工作,保证预期目标的实现。

(三)资金保障。

节约资源和保护环境是我国的基本国策,建设资源节约型、环境友好型社会是我国"十二五"时期加快转变经济发展方式的重要着力点,国家会加大投入,支持全社会的节能减排工作;另一方面,各级地方政府也应满足中央政府"十二五"规划的要求,根据地方的特点,加大节能减排投入,支持行业和企业转变经济发展方式;此外,企业作为节能减排的主体,应切实履行社会责任,增加投入,通过调整结构、改进管理、应用新技术,不断改善企业用能结构,降低能耗,提高能效,减少排放。

本方案涉及行政管理资源的使用、宣传教育、政策制定、标准完善、人员培训、技术开发、设备改造、激励奖励,需要人力、物力和财力做支撑。为此,需要发挥中央和地方的积极性,多渠道筹集资金,建立节能减排专项资金,用于水运节能减排体系建设、试点工程补偿、推广项目激励、研究开发资助和标准规范制定等,以促进节能减排工作规范有序开展。

(四)宣传保障。

广泛、深入、持久地开展节能减排宣传教育活动,使各级水运行政管理部门、相关企业以及从业人员增强责任,提高节能减排与环保意识,树立绿色发展、低碳发展理念,大力推进节能减排文化建设。

开展经常性的节能减排培训教育、技术和经验交流工作,将节能减排知识纳入职业教育和培训体系,提高从业人员的节能减排业务水平和操作技能,逐步培养和造就一支高素质、稳定的节能减排工作队伍,全面提高全行业从业人员的节能减排素质。

附件:《"十二五"水运节能减排总体推进实施方案》工作任务一览表

附件

《“十二五”水运节能减排总体推进实施方案》工作任务一览表

序号	任　务	完成时间	牵头单位	参加单位
1	制定营运船舶节能减排准入与退出管理办法	2012.12	船级社	水运院、中海公司、长航公司
2	制定港口装备节能减排准入与退出管理办法	2013.12	水规院	水运院、上海港、上海振华重工、天津港、广州港、重庆港、武汉港
3	开展鼓励靠港船舶使用岸电相关政策研究	2012.6	水运院、水规院	船级社、上海港、连云港港、中海公司、重庆港、河北远洋、神华集团、长航公司
4	开展鼓励使用有利于节能减排的能源政策研究	2012.6	交科院、天科院	水运院、水规院、盐田国际、天津港、中海公司、长航公司、重庆港
5	补充完善港口节能减排指导意见	2012.3	水规院、水运院	秦皇岛港、青岛港、连云港港、上海港、厦门港、广州港
6	制定船舶运输节能减排指导意见	2012.12	船级社	水运院、长航公司

续上表

序号	任　务	完成时间	牵头单位	参 加 单 位
7	制定全国内河船型标准化二作总体思路和工作方案	2011.12	水运院	船级社、长江船舶院、长江航道局、重庆港航管理局、珠江航务管理局
8	制定水运节能减排标准规范体系	视情况确定		
9	补充、完善水运工程节能减排有关设计规范	视情况确定		
10	制定《集装箱堆场装卸设备供电设施技术规范》	2013.3	水规院	
11	制定《水运工程建设项目节能评价规范》	视情况确定		
12	制定《港口设备能耗标识及能耗与排放限值标准》	视情况确定		
13	制定《干散货码头粉尘控制规范》	2013.12	一航院	二航院、天科院
14	制定内河绿色船舶规范	2012.12	船级社	长航科研所、长江船舶院
15	完善新投入营运船舶燃料消耗量及 CO_2 排放限值标准	2011.6	水运院	船级社、长航科研所
16	制定在役船舶退出营运市场燃料消耗量及 CO_2 排放限值标准	2012.12	船级社	水运院、长航公司、中海公司、民生公司

续上表

序号	任　务	完成时间	牵头单位	参 加 单 位
17	制定水运建设项目节能验收评价规程	2012.12	水运院	水规院、天科院
18	编制重点设施设备、运输工具节能运行、调度和操作指南	2013.12	水规院、船级社	水运院、连云港港、宁波港、广州港、相关港航企业
19	建立水运节能减排实用技术与典型经验成果目录	视情况确定		
20	确定示范和推广项目			
21	试点应用靠港邮轮、旅游船使用岸电技术	2013.6	上海港、天津港、重庆港、连云港港、厦门港	水规院、一航院、二航院、水运院、船级社
22	试点应用 LNG 驱动、电力驱动水平运输车辆技术	2013.6	盐田国际、宁波港、青岛港、招商国际	相关设计单位、水运院
23	试点应用内河柴油和 LNG 混合动力船舶技术	2013.12	船级社、江苏省交通厅	长江航务管理局、长航公司、江苏省地方海事局、江苏省宿迁地方海事局、江苏蓝色船舶功力有限公司中石油、中海油
24	试点应用集装箱码头全电力装卸工艺	2011.12	上海振华重工	依托工程单位、水运院、水规院

续上表

序号	任　务	完成时间	牵头单位	参加单位
25	试点应用油码头油气回收再利用技术	2011.12	交科院	船级社、青岛港、舟山港
26	推广应用开展 RTG“油改电”技术	视情况确定		
27	推广应用开展靠港集装箱船和散货船使用岸电技术	2015.12	水运院、水规院、船级社	连云港港、上海港、招商国际、日照港、重庆港、青岛港、神华黄骅港务公司、河北远洋
28	推广应用起重机带式输送机系统等港口机械节能运行控制技术	2015.12	水运院、水规院	秦皇岛港、连云港港、唐山港、日照港、神华黄骅港务公司、上海港、广州港、防城港、重庆港
29	研究制定水运行业 CO_2 排放检测方法	2011.12	水运院	水规院、船级社、长航科研所
30	开展绿色水运发展长效机制研究	2013.12	水运院、船级社	水规院、交科院、中远集团、中海公司、长航公司

续上表

<table>
<tr><th>序号</th><th>任　务</th><th>完成时间</th><th>牵头单位</th><th>参加单位</th></tr>
<tr><td>31</td><td>组织开展水运节能减排基础性研究工作</td><td colspan="3" rowspan="5">视情况确定</td></tr>
<tr><td>32</td><td>组织开展集装箱码头节能减排成套技术研究开发</td></tr>
<tr><td>33</td><td>组织开展干散货码头节能减排成套技术研究开发</td></tr>
<tr><td>34</td><td>组织开展杂货码头节能减排成套技术研究开发</td></tr>
<tr><td>35</td><td>组织开展内河船舶节能减排成套技术研究开发</td></tr>
</table>

注:表中单位名称的简称见单位简称——全称对照表。

单位简称——全称对照表

船级社——中国船级社

水运院——交通运输部水运科学研究院

中海公司——中国海运集团总公司

长航公司——中国外运长航集团有限公司

水规院——中交水运规划设计院有限公司

上海港——上海国际港务集团股份有限公司

上海振华重工——上海振华重工(集团)股份有限公司

天津港——天津港集团有限公司

广州港——广州港集团有限公司

武汉港——武汉港务集团有限公司

重庆港——重庆港务物流集团有限公司

连云港港——连云港港口集团

招商国际——招商局国际有限公司

河北远洋——河北远洋运输集团股份有限公司

神华集团——神华集团有限责任公司

中远集团——中国远洋运输集团公司

盐田国际——盐田国际集装箱码头公司

交科院——交通运输部科学研究院

天科院——交通运输部天津水运工程科学研究院

秦皇岛港——秦皇港钢股份有限公司

青岛港——青岛港集团

厦门港——厦门国际港务有限公司

长江船舶院——长航长江船舶设计院

一航院——中交第一航务工程勘察设计院有限公司

二航院——中交第二航务工程勘察设计院有限公司

长航科研所——长航长江航运科学研究所

民生公司——民生事业集团有限公司

宁波港——宁波港股份有限公司

中石油——中国石油天然气股份有限公司

中海油——中国海洋石油总公司

舟山港——舟山港务集团有限公司

日照港——日照港务集团

防城港——防城港务集团有限公司

唐山港——唐山港集团股份有限公司

法 制 建 设

交通运输行政执法证件管理规定

交通运输部令2011年第1号　2011.1.4

第一章　总　　则

第一条　为加强交通运输行政执法证件管理，规范交通运输行政执法人员的执法资格，提高交通运输行政执法人员的整体素质和执法水平，根据《中华人民共和国行政处罚法》等法律、行政法规，制定本规定。

第二条　交通运输行政执法证件是取得交通运输行政执法资格的合法凭证，是依法从事公路路政、道路运政、水路运政、航道行政、港口行政、交通建设工程质量安全监督、海事行政、交通综合行政执法等交通运输行政执法工作的身份证明。

交通运输行政执法证件包括《交通运输行政执法证》和《海事行政执法证》。从事海事执法工作的人员应当持有《海事行政执法证》，从事其他交通运输执法工作的人员应当持有《交通运输行政执法证》。

第三条　交通运输部负责全国交通运输行政执法证件管理工作。

县级以上地方交通运输主管部门负责本地区交通运输行政执法证件管理工作。

交通运输部海事局负责《海事行政执法证》管理工作。长江航务管理局、长江口航道管理局在职责范围内负责《交通运输行政执法证》管理工作。

县级以上交通运输主管部门、交通运输部海事局、长江航务管理局、长江口航道管理局的法制机构负责实施交通运输行政执法证件管理工作。

第四条　交通运输行政执法证件的格式、内容、编号和制作要求由交通运输部规定。

第五条　交通运输行政执法人员在执行公务时,应当出示交通运输行政执法证件。

未取得交通运输行政执法证件的,一律不得从事交通运输行政执法工作。

第二章　证件申领

第六条　申领交通运输行政执法证件应当参加交通运输行政执法人员资格培训,经交通运输行政执法人员资格考试合格。

第七条　参加交通运输行政执法人员资格培训与考试,应当具备以下条件:

(一)十八周岁以上,身体健康;

(二)具有国民教育序列大专以上学历;

(三)具有交通运输行政执法机构正式编制并拟从事交通运输行政执法工作;

(四)品行良好,遵纪守法;

(五)法律、行政法规和规章规定的其他条件。

已经持有《交通行政执法证》但不符合前款规定的第(二)项、第(三)项条件的人员,可以通过申请参加交通运输行政执法人员资格培训和考试,取得《交通运输行政执法证》。

第八条　下列人员不得申请参加交通运输行政执法人员资格培训和考试:

(一)曾因犯罪受过刑事处罚的;

(二)曾被开除公职的。

第九条　符合下列条件之一的人员申请交通运输行政执法资格,经省级交通运输行政执法主管部门、交通运输部海事局、长江

航务管理局、长江口航道管理局审核合格,可免予参加交通运输行政执法人员资格培训和考试:

(一)在法制管理或交通运输行政执法岗位工作15年以上,且具有大学本科以上学历;

(二)在法制管理或基层执法岗位工作10年以上,且具有法学专业本科以上学历。

第十条 申请参加交通运输行政执法人员资格培训和考试的,应当向其所属主管部门提交下列申请材料:

(一)交通运输行政执法人员资格培训和考试申请表,注明申请人基本情况及拟申请参加资格培训和考试的相应执法门类等主要内容;

(二)居民身份证原件及复印件;

(三)学历证书原件及复印件;

(四)人员编制证明材料;

(五)所在单位的推荐函。

第十一条 主管部门收到申请材料后,应当按照本规定第七条、第八条规定的条件进行审查。

县级以上交通运输主管部门设立业务管理机构的,由业务管理机构对所提交的相应执法门类的申请材料提出初步审查意见。

主管部门审查合格的,由其主要负责人签署审查意见并加盖本机关公章后,通过执法人员与执法证件管理系统逐级报送至省级交通运输主管部门或者交通运输部海事局、长江航务管理局、长江口航道管理局。

第十二条 交通运输部负责组织编制全国交通运输行政执法人员培训规划、各执法门类的培训大纲和教材。

第十三条 交通运输部和省级交通运输主管部门、交通运输部海事局、长江航务管理局、长江口航道管理局根据教学设备设施、教学人员力量等情况组织选择交通运输行政执法人员资格培训机构。

第十四条 交通运输行政执法人员资格培训教学人员应当是

参加交通运输部组织的培训并经考试合格的人员，或者经省级以上交通运输主管部门、交通运输部海事局、长江航务管理局、长江口航道管理局认可的法学专家、具有丰富执法经验和较高法制理论水平的专业人员。

第十五条 交通运输行政执法人员培训由交通运输部和省级交通运输主管部门、交通运输部海事局、长江航务管理局、长江口航道管理局在各自的职责范围内负责实施。

第十六条 交通运输行政执法人员资格培训的内容，应当包括基本法律知识、相关交通运输法规、职业道德规范、现场执法实务和军训，其中面授课时数不少于60个学时。

第十七条 交通运输部负责组织制定交通运输行政执法人员资格考试各门类的大纲和考试题库，并逐步推行全国交通运输行政执法人员资格计算机联网考试。

第十八条 省级交通运输主管部门、交通运输部海事局、长江航务管理局、长江口航道管理局负责组织本地区、本系统交通运输行政执法人员资格考试，按照执法门类分别实行统一命题、统一制卷、统一阅卷。

培训和考试应当按照申领执法证件的门类分科目进行。

第十九条 交通运输行政执法人员资格考试包括以下内容：

（一）法律基础知识，包括宪法、立法法、行政许可法、行政处罚法、行政复议法、行政诉讼法、国家赔偿法等；

（二）专业法律知识，包括有关交通运输的法律、行政法规和交通运输部规章，以及与交通运输密切相关的法律、行政法规；

（三）行政执法基础理论和专业知识，包括交通运输行政执法人员道德规范、执法程序规范、执法风纪、执法禁令、执法忌语、执法文书等；

（四）交通运输部规定的其他相关知识。

第二十条 省级交通运输主管部门、交通运输部海事局、长江航务管理局、长江口航道管理局应当将资格培训和考试的相关信息及时录入执法人员与执法证件管理系统，并在本地区、本系统范围内进行公示,公示时间为一周。公示期间无异议的,报交通运输部备案审查。

第三章 证件发放与管理

第二十一条 省级交通运输主管部门是本地区交通运输行政执法证件的发证机关。交通运输部海事局、长江航务管理局、长江口航道管理局是本系统交通运输行政执法证件的发证机关。

发证机关通过执法人员与执法证件管理系统制作并发放交通运输行政执法证件。

第二十二条 持证人应当按照其所持交通运输行政执法证件中注明的执法门类在法定职责和辖区范围内从事交通运输行政执法工作。

第二十三条 持证人应当妥善保管交通运输行政执法证件,不得损毁、涂改或者转借他人。

第二十四条 持证人遗失交通运输行政执法证件的,应当立即向其所属主管部门报告,由其所属主管部门逐级报告至发证机关。发证机关审核属实的,于3日内通过媒体发表遗失声明。声明后通过执法人员与执法证件管理系统补发新证。

第二十五条 交通运输行政执法人员有下列情形之一的,所在单位逐级上报至发证机关,由发证机关注销其交通运输行政执法资格及交通运输行政执法证件:

(一)持证人调离执法单位或者岗位的;

(二)持证人退休的;

(三)其他应当注销交通运输行政执法证件的情况。

第四章 监督检查与责任追究

第二十六条 各级交通运输主管部门及交通运输部海事局、长江航务管理局、长江口航道管理局应当加强交通运输行政执法人员的监督管理,并结合新出台的法律法规及时组织在岗培训,提高交通运输行政执法人员的法律意识、业务素质和执法水平。

第二十七条 发证机关应当结合实际每年组织对本地区、本系统交通运输行政执法人员进行执法工作考核。

第二十八条 交通运输行政执法人员执法工作考核分为以下四个等次:

(一)优秀:工作实绩突出,精通法律与业务,执法行为文明规范,职业道德良好,风纪严明,执法无差错;

(二)合格:能够完成工作任务,熟悉或者比较熟悉法律、业务知识,执法行为规范,职业道德良好,遵章守纪,无故意或者过失引起的执法错案;

(三)基本合格:基本能够完成工作任务,了解一般法律、业务知识,执法行为基本规范,具有一定职业操守,无故意或者重大过失引起的执法错案;

(四)不合格:法律、业务素质差,难以胜任执法工作;因故意或者重大过失引起执法错案。

第二十九条 发证机关应当将交通运输行政执法人员的在岗培训情况、年度考核结果及时输入执法人员与执法证件管理系统,并在本地区、本系统范围内进行通报。

第三十条 发证机关每年应当根据年度考核结果对交通运输行政执法证件进行年审。交通运输行政执法人员考核等次为优秀、合格、基本合格的,保留其交通运输行政执法人员资格,由省级交通运输主管部门、交通运输部海事局、长江航务管理局、长江口航道管理局对其交通运输行政执法证件予以年度审验通过。

未经发证机关年度审验的交通运输行政执法证件自行失效。

第三十一条 交通运输行政执法人员有下列情形之一的,由发证机关作出暂扣其交通运输行政执法证件的决定,并由其所在单位收缴其证件:

(一)年度考核等次为不合格的;

(二)无故不参加岗位培训或考核的;

（三）涂改交通运输行政执法证件或者将交通运输行政执法证件转借他人的；

（四）其他应当暂扣交通运输行政执法证件的情形。

因前款被暂扣交通运输行政执法证件的，在暂扣期间不得从事交通运输行政执法活动。

第三十二条 对暂扣交通运输行政执法证件的人员，发证机关应当对其进行离岗培训。经培训考试合格的，返还其交通运输行政执法证件。

第三十三条 交通运输行政执法人员有下列情形之一的，由发证机关作出吊销其交通运输行政执法证件的决定，并由其所在县级以上交通运输主管部门或者海事管理机构收缴其证件：

（一）受到刑事处罚、劳动教养、行政拘留或者开除处分的；

（二）利用交通运输行政执法权牟取私利、从事违法活动的；

（三）利用职务收受贿赂、以权谋私等行为受到行政记大过以上处分的；

（四）以欺诈、贿赂等不正当手段取得交通运输行政执法证件的；

（五）因违法执法导致行政执法行为经行政诉讼败诉、行政复议被撤销、变更，并引起国家赔偿，造成严重后果的；

（六）违反执法人员工作纪律，造成严重不良社会影响的；

（七）连续两年考核等次为不合格的；

（八）违反交通运输行政执法禁令，情节严重的；

（九）其他应当吊销交通运输行政执法证件的情形。

第三十四条 被吊销交通运输行政执法证件的，不得重新申领交通运输行政执法证件。

第三十五条 交通运输行政执法人员对吊销交通运输行政执法证件不服的，可以在接到吊销通知之日起三十日内向作出该决定的机关申请复核。收到复核申请的机关应当组成调查组自收到复核申请之日起三十日内作出复核决定并书面通知申请人。

第三十六条 暂扣、吊销交通运输行政执法证件的，省级交通运输主管部门、交通运输部海事局、长江航务管理局、长江口航道管理局应当登记,并将有关信息及时通过执法人员与执法证件管理系统报交通运输部备案。

第五章　附　　则

第三十七条　本规定自2011年3月1日起实施。《交通行政执法证件管理规定》(交通部1997年第16号令)同时废止。

关于交通运输系统贯彻实施行政强制法的通知

交政法发〔2011〕585 号　2011.10.17

各省、自治区、直辖市、新疆生产建设兵团交通运输厅(局、委),天津市市政公路管理局,天津市、上海市交通运输和港口管理局,部属各单位,部内各单位:

《中华人民共和国行政强制法》(以下简称行政强制法)已经十一届全国人大常委会第二十一次会议表决通过,将于 2012 年 1 月1 日起正式施行。日前,国务院印发了《关于贯彻实施〈中华人民共和国行政强制法〉的通知》(国发〔2011〕25 号),要求各地、各部门从深入贯彻落实科学发展观,加快建设社会主义法治国家和法治政府,构建社会主义和谐社会的高度,充分认识行政强制法施行的重要意义,采取有效措施,作出具体部署,狠抓贯彻落实,扎实做好行政强制法的贯彻实施工作。为在交通运输系统贯彻实施好行政强制法,进一步规范交通运输行政强制行为,提高交通运输行政管理水平,根据国务院的部署和要求,结合交通运输系统工作实际,现就交通运输系统贯彻实施行政强制法的相关事项通知如下:

一、认真组织行政强制法的学习、宣传和培训活动

行政强制法是继行政处罚法、行政复议法、行政许可法之后又一部规范政府共同行为的重要的行政法典,是我国实施依法治国基本方略的重大步骤,是民主与法制建设的重要成果,是我国行政法律制度的进一步完善。它的颁布实施,将对监督和促进政府行政机关严格依法履行职责,提高行政管理水平和效率,保护行政相对人的合法权益具有重要意义。交通运输部门是国家重要的行政管理部门，履行着重要的法定管理职责，承担着大量的行政执法任务。行政强制法确立了行政强制的基本原则，对行政强制的种类和设定、行政强制措施实施程序、行政机关强制执行程序和申请人民法院强制执行都作出了明确的规定，对各级交通运输主管部门和交通运输行政执法机构在依法履行职责、规范执法行为、转变管理方式、提高管理水平方面提出了新的、更高的要求，必将对交通运输系统产生十分深远的影响。各地、各单位要切实提高对贯彻实施行政强制法重要意义的认识，认真组织好行政强制法的学习、培训和宣传。

全系统各级领导干部要带头学习行政强制法，各级交通运输主管部门党组中心组要建立定期学习制度，开展形式多样的自学、讲座、研讨，准确理解、正确把握、深刻领会行政强制法的精神实质，转变不适应行政强制法精神的思想观念和行为方式。各级交通运输行政主管部门工作人员和交通运输行政执法人员要结合自身的岗位职责，突出重点内容，深入学习和掌握行政强制法所确立的各项原则、制度和规定，在交通运输行政管理和行政执法工作中自觉贯彻执行。省级交通运输主管部门要通过查阅学习记录、组织考核考试等方式做好对本地区、本系统行政强制法学习情况的监督检查。

各级交通运输主管部门要制定行政强制法培训计划，明确责任，分层级、按类别组织好专题培训工作。部拟于 2011 年 10 月 ~ 2012 年 6 月举办五期培训班，组织对部机关、省级交通运输主管部门分管领导及法制工作部门负责同志、部分地市级以上交通运输行政执法机构的负责同志进行培训。各级交通运输主管部门负责组织本地区、本系统的培训工作，在 2012 年 6 月 1 日前通过培训、研讨、专题讲座等多种形式，力争全面培训一次，使全体工作人员都能了解、掌握这部法律。省级交通运输主管部门要重点组织开展好对本系统交通运输行政执法人员特别是一线执法人员的培训工作，要结合交通运输行政执法证件的换发和年审，组织好执法人员的上岗培训、在岗培训和考试工作，将行政强制法作为培训和考试的一项重点内容，培训和考试不合格的不能从事交通运输行政执法工作。

各级交通运输主管部门要将行政强制法的宣传教育纳入“六五”普法的重要内容，在各类行业和地方媒体上开辟行政强制法学习宣传专栏，充分利用高速公路路口、桥梁、车站、港口、码头等公共场所，向交通运输系统从业人员、行政相对人、社会公众大力宣传行政强制法。

二、依法做好行政强制法的各项清理工作

（一）对行政强制规定的清理。根据行政强制法的规定，现行有关行政强制的规定与行政强制法不一致的，都要修改或者废止。部将按照国务院的要求，抓紧对现行交通运输行政法规、规章和部颁规范性文件中有关行政强制的规定进行全面梳理，对需要修改或者废止的提出处理意见。省级交通运输主管部门要抓紧对执行的地方性交通运输法规、规章关于行政强制的规定进行清理。地方各级交通运输主管部门要依法做好本部门颁布的规范性文件关于行政强制规定的清理工作。对于规章和规范性文件中设定行政强制措施或者行政强制执行，对法律、法规规定的行政强制措施的对象、条件、种类作扩大规定，与行政强制法规定的行政强制措施实施程序或者行政强制执行程序不一致的规定，要及时修改或者废止。对于确需保留的，部将根据各地清理意见，将有关情况报国务院法制办，争取列入立法计划。按照国务院的要求，规章和规范性文件的清理工作要于2012年1月1日前全部完成，并向社会公布清理结果。

（二）对行政强制实施主体的清理。各级交通运输主管部门要严格依据行政强制法组织开展好本地区、本系统行政强制实施主体的清理工作。凡发现行政机关、法律法规授权的组织没有法定依据实施行政强制的，行政机关、法律法规授权的组织的内设机构以自已名义实施行政强制措施的，非行政机关未经法律或者行政法规授权实施行政强制的，一律要予以纠正。交通运输综合行政执法机构行使行政强制权后，原行政管理机构不得再实施，杜绝出现重复实施行政强制的现象。各地、各单位要按照《交通运输行政执法证件管理规定》(交通运输部 2011 年 1 号令)的要求,加强对交通运输行政执法人员的资格管理,对于没有依法取得交通运输行政执法证件的人员,一律不得行使行政强制权。

(三)对行政强制程序的清理。各级交通运输主管部门要按照行政强制法关于一般程序和具体程序的各项规定,对本地、本单位、本系统现行的交通运输行政强制程序进行全面摸底和清理,及时调整执法程序,规范执法时限,提高执法效率,凡是现行执法程序规范中与行政强制法的规定不一致的,要予以修改,确保把行政强制法的各项程序性规定落到实处。

三、严格规范交通运输行政强制行为

各地、各单位要严格按照行政强制法的规定,本着教育与强制相结合的原则,审慎实施行政强制。对于一般违法行为要以教育为主,只有在制止严重违法行为、防止证据毁损、避免危害发生、控制危险扩大等紧急情况下,本着证据确凿、依据充分的原则,方可依法采取相应的行政强制措施。实施行政强制措施,要严格按照法定程序,对案件情况进行全面、客观、公正地调查,查清事实,收集证据,经执法机构负责人签字同意后,由两名以上具有交通运输行政执法资格的执法人员实施。要明确告知行政相对人作出行政强制措施的事实、理由和依据以及当事人依法享受的各项权利,并充分听取当事人的陈述和申辩。当事人提出的事实、理由和依据成立的,应当采纳。对重大复杂案件,要经集体讨论决定。实施行政强制执行要事先以书面形式催告当事人履行义务,充分听取当事人的意见,对当事人提出的事实、理由和证据,应当进行记录、复核,当事人提出的事实、理由或者证据成立的,应当采纳。实施行政强制必须依法制作和送达行政强制执法文书,执法文书要求填写规范,并加盖符合执法主体资格的交通运输行政执法专用章,及时送达当事人。绝不允许未开具和送达执法文书就直接对当事人实施行政强制行为。

各地、各单位要重点加强对暂扣车船这一行政强措施的规范和监督。要妥善保管暂扣的车船,指定专人负责车船的登记、保管和案卷的整理,避免车船的人为损毁,减轻自然损耗。严禁使用被扣车船,对已接受处理的车船应立即放行。对因保管不善造成车船损坏或损失的,应依法承担赔偿责任。要重视和做好对暂扣车船的后续处理工作,依法应当给予行政处罚或要求赔(补)偿的,应当及时按照行政处罚程序或赔(补)偿程序进行处理。对无法查找当事人或当事人拒不接受处理的,可以公告形式通知当事人在规定时间内前来接受处理。当事人在法定期限内既不接受处理,又不依法起诉的,执法机构应及时申请人民法院强制执行。逾期未处理的,执法机构应当自行终止或者解除行政强制措施,将暂扣车船返还当事人,

四、建立健全交通运输行政强制相关制度

一是要建立健全规范交通运输行政强制程序制度。部将根据行政强制程序的清理情况,了解掌握交通运输行政强制程序的现状,结合实际研究制定交通运输行政强制程序规定,规范交通运输行政强制的一般程序和具体程序,并制定统一的交通运输行政强制文书格式和制作标准。各地、各单位要制定具体的、可操作性强的、符合交通运输行政执法实际的行政强制行为规范,针对具体执法环节,细化对非法营运、超限超载等常规违法行为实施行政强制措施的执法标准、操作规程和执法文书制作要求。

二是要建立健全交通运输行政强制监督制度。要加强对交通运输行政强制的监督检查工作,部将于 2012 年在全国交通运输系统组织开展行政强制专题监督检查活动。各地、各单位要结合贯彻落实《交通运输行政执法评议考核规定》(交通运输部 2010 年第 2 号令),根据行政强制法的规定,研究制定对交通运输行政强制行为的具体考核评议标准和方式,组织开展好对交通运输行政强制行为的监督检查和评议考核工作。要建立交通运输行政强制责任追究机制,加强对责任追究的落实,凡发生重大责任的错案要进行通报,依法追究错案单位负责人的责任,取消当年评选先进的资格,对执法人员个人要追究相应行政和法律责任。各级交通运

输行政复议机关要畅通对交通运输行政强制行为的行政复议渠道,符合法定受理条件的,要积极受理,对于违法或不当的行政强制行为,要坚决予以纠正。

三是要建立健全规章和规范性文件的定期清理制度及规范性文件合法性审查制度。要定期组织开展对规章和规范性文件的清理工作,结合实际情况和发展要求,就规章和规范性文件中关于行政强制的具体规定继续施行的必要性进行论证。要将有关行政强制的规定作为规范性文件合法性审查的重点,加大审查力度,对于违法设定或者规定行政强制的,要及时提出纠正意见。

五、以贯彻实施行政强制法为契机,进一步提高交通运输行政管理水平

行政强制法对各级交通运输部门的管理理念、管理方式、管理水平提出了非常高的要求。各地、各单位要把贯彻实施行政强制法、规范交通运输行政强制行为作为当前和今后一段时期推进交通运输法治政府部门建设、推动交通运输科学发展的一个重要抓手。要以贯彻行政强制法为契机,进一步增强依法行政的意识,弘扬法治精神,牢固树立"交通行政机关的权力来自法律,交通行政行为应当遵守法律、交通行政违法必须承担责任、交通行政管理要提供优质服务"的观念,突出管理和服务重点,运用法律手段管理好交通运输事务,依法履行监管职能,建设统一、开放、竞争、有序的现代交通运输市场体系。要加强和改进交通运输立法,按照加快形成便捷、通畅、高效、安全的综合交通运输体系的要求,探索建立综合交通运输法规体系。要不断改善交通运输行政执法,引导交通运输行政执法人员规范执法行为,拓宽服务理念,提高执法水平。要大力加强交通运输行政执法队伍建设,从控制总量、调整结构、提高素质、完善保障入手,实现交通运输行政执法队伍的正规化、规范化、专业化、标准化。

贯彻实施行政强制法,专业性强、任务重。各地、各单位要加强领导,加强法制机构建设,充分发挥法制机构的作用,保证法制工作机构人员编制，组织得力人员，抓紧做好行政强制法实施的各项工作。法制机构也要加强自身的组织建设和业务建设，提高自身素质，积极履行好相关职责。各地、各单位要及时总结贯彻实施行政强制法的做法、经验和存在的问题，省级交通运输主管部门要将本地区、本系统的贯彻实施情况形成书面文字材料，于 2012 年年底报部政策法规司。

安 全 应 急

交通运输突发事件应急管理规定

交通运输部令2011年第9号　2011.11.14

第一章　总　则

第一条　为规范交通运输突发事件应对活动，控制、减轻和消除突发事件引起的危害，根据《中华人民共和国突发事件应对法》和有关法律、行政法规，制定本规定。

第二条　交通运输突发事件的应急准备、监测与预警、应急处置、终止与善后等活动，适用本规定。

本规定所称交通运输突发事件，是指突然发生，造成或者可能造成交通运输设施毁损，交通运输中断、阻塞，重大船舶污染及海上溢油应急处置等，需要采取应急处置措施，疏散或者救援人员，提供应急运输保障的自然灾害、事故灾难、公共卫生事件和社会安全事件。

第三条　国务院交通运输主管部门主管全国交通运输突发事件应急管理工作。

县级以上各级交通运输主管部门按照职责分工负责本辖区内交通运输突发事件应急管理工作。

第四条　交通运输突发事件应对活动应当遵循属地管理原则，在各级地方人民政府的统一领导下，建立分级负责、分类管理、协调联动的交通运输应急管理体制。

第五条　县级以上各级交通运输主管部门应当会同有关部门建立应急联动协作机制，共同加强交通运输突发事件应急管理工作。

第二章 应急准备

第六条 国务院交通运输主管部门负责编制并发布国家交通运输应急保障体系建设规划，统筹规划、建设国家级交通运输突发事件应急队伍、应急装备和应急物资保障基地，储备应急运力，相关内容纳入国家应急保障体系规划。

各省、自治区、直辖市交通运输主管部门负责编制并发布地方交通运输应急保障体系建设规划，统筹规划、建设本辖区应急队伍、应急装备和应急物资保障基地，储备应急运力，相关内容纳入地方应急保障体系规划。

第七条 国务院交通运输主管部门应当根据国家突发事件总体应急预案和相关专项应急预案，制定交通运输突发事件部门应急预案。

县级以上各级交通运输主管部门应当根据本级地方人民政府和上级交通运输主管部门制定的相关突发事件应急预案，制定本部门交通运输突发事件应急预案。

交通运输企业应当按照所在地交通运输主管部门制定的交通运输突发事件应急预案，制定本单位交通运输突发事件应急预案。

第八条 应急预案应当根据有关法律、法规的规定，针对交通运输突发事件的性质、特点、社会危害程度以及可能需要提供的交通运输应急保障措施，明确应急管理的组织指挥体系与职责、监测与预警、处置程序、应急保障措施、恢复与重建、培训与演练等具体内容。

第九条 应急预案的制定、修订程序应当符合国家相关规定。应急预案涉及其他相关部门职能的，在制定过程中应当征求各相关部门的意见。

第十条 交通运输主管部门制定的应急预案应当与本级人民政府及上级交通运输主管部门制定的相关应急预案衔接一致。

第十一条 交通运输主管部门制定的应急预案应当报上级交通运输主管部门和本级人民政府备案。

公共交通工具、重点港口和场站的经营单位以及储运易燃易爆物品、危险化学品、放射性物品等危险物品的交通运输企业所制定的应急预案,应当向所属地交通运输主管部门备案。

第十二条 应急预案应当根据实际需要、情势变化和演练验证,适时修订。

第十三条 交通运输主管部门、交通运输企业应当按照有关规划和应急预案的要求,根据应急工作的实际需要,建立健全应急装备和应急物资储备、维护、管理和调拨制度,储备必需的应急物资和运力,配备必要的专用应急指挥交通工具和应急通信装备,并确保应急物资装备处于正常使用状态。

第十四条 交通运输主管部门可以根据交通运输突发事件应急处置的实际需要,统筹规划、建设交通运输专业应急队伍。

交通运输企业应当根据实际需要,建立由本单位职工组成的专职或者兼职应急队伍。

第十五条 交通运输主管部门应当加强应急队伍应急能力和人员素质建设,加强专业应急队伍与非专业应急队伍的合作、联合培训及演练,提高协同应急能力。

交通运输主管部门可以根据应急处置的需要,与其他应急力量提供单位建立必要的应急合作关系。

第十六条 交通运输主管部门应当将本辖区内应急装备、应急物资、运力储备和应急队伍的实时情况及时报上级交通运输主管部门和本级人民政府备案。

交通运输企业应当将本单位应急装备、应急物资、运力储备和应急队伍的实时情况及时报所在地交通运输主管部门备案。

第十七条 所有列入应急队伍的交通运输应急人员,其所属单位应当为其购买人身意外伤害保险,配备必要的防护装备和器材,减少应急人员的人身风险。

第十八条 交通运输主管部门可以根据应急处置实际需要鼓

励志愿者参与交通运输突发事件应对活动。

第十九条 交通运输主管部门可以建立专家咨询制度，聘请专家或者专业机构，为交通运输突发事件应对活动提供相关意见和支持。

第二十条 交通运输主管部门应当建立健全交通运输突发事件应急培训制度，并结合交通运输的实际情况和需要，组织开展交通运输应急知识的宣传普及活动。

交通运输企业应当按照交通运输主管部门制定的应急预案的有关要求，制订年度应急培训计划，组织开展应急培训工作。

第二十一条 交通运输主管部门、交通运输企业应当根据本地区、本单位交通运输突发事件的类型和特点，制订应急演练计划，定期组织开展交通运输突发事件应急演练。

第二十二条 交通运输主管部门应当鼓励、扶持研究开发用于交通运输突发事件预防、监测、预警、应急处置和救援的新技术、新设备和新工具。

第二十三条 交通运输主管部门应当根据本级人民政府财政预算情况，编列应急资金年度预算，设立突发事件应急工作专项资金。

交通运输企业应当安排应急专项经费，保障交通运输突发事件应急工作的需要。

应急专项资金和经费主要用于应急预案编制及修订、应急培训演练、应急装备和队伍建设、日常应急管理、应急宣传以及应急处置措施等。

第三章 监测与预警

第二十四条 交通运输主管部门应当建立并完善交通运输突发事件信息管理制度，及时收集、统计、分析、报告交通运输突发事件信息。

交通运输主管部门应当与各有关部门建立信息共享机制，及时获取与交通运输有关的突发事件信息。

第二十五条 交通运输主管部门应当建立交通运输突发事件风险评估机制,对影响或者可能影响交通运输的相关信息及时进行汇总分析,必要时同相关部门进行会商,评估突发事件发生的可能性及可能造成的损害,研究确定应对措施,制定应对方案。对可能发生重大或者特别重大突发事件的,应当立即向本级人民政府及上一级交通运输主管部门报告相关信息。

第二十六条 交通运输主管部门负责本辖区内交通运输突发事件危险源管理工作。对危险源、危险区域进行调查、登记、风险评估,组织检查、监控,并责令有关单位采取安全防范措施。

交通运输企业应当组织开展企业内交通运输突发事件危险源辨识、评估工作,采取相应安全防范措施,加强危险源监控与管理,并按规定及时向交通运输主管部门报告。

第二十七条 交通运输主管部门应当根据自然灾害、事故灾难、公共卫生事件和社会安全事件的种类和特点,建立健全交通运输突发事件基础信息数据库,配备必要的监测设备、设施和人员,对突发事件易发区域加强监测。

第二十八条 交通运输主管部门应当建立交通运输突发事件应急指挥通信系统。

第二十九条 交通运输主管部门、交通运输企业应当建立应急值班制度,根据交通运输突发事件的种类、特点和实际需要,配备必要值班设施和人员。

第三十条 县级以上地方人民政府宣布进入预警期后,交通运输主管部门应当根据预警级别和可能发生的交通运输突发事件的特点,采取下列措施:

(一)启动相应的交通运输突发事件应急预案;

(二)根据需要启动应急协作机制,加强与相关部门的协调沟通;

(三)按照所属地方人民政府和上级交通运输主管部门的要求,指导交通运输企业采取相关预防措施;

（四）加强对突发事件发生、发展情况的跟踪监测，加强值班和信息报告；

（五）按照地方人民政府的授权，发布相关信息，宣传避免、减轻危害的常识，提出采取特定措施避免或者减轻危害的建议、劝告；

（六）组织应急救援队伍和相关人员进入待命状态，调集应急处置所需的运力和装备，检测用于疏运转移的交通运输工具和应急通信设备，确保其处于良好状态；

（七）加强对交通运输枢纽、重点通航建筑物、重点场站、重点港口、码头、重点运输线路及航道的巡查维护；

（八）法律、法规或者所属地方人民政府提出的其他应急措施。

第三十一条 交通运输主管部门应当根据事态发展以及所属地方人民政府的决定，相应调整或者停止所采取的措施。

第四章 应急处置

第三十二条 交通运输突发事件的应急处置应当在各级人民政府的统一领导下进行。

第三十三条 交通运输突发事件发生后，发生地交通运输主管部门应当立即启动相应的应急预案，在本级人民政府的领导下，组织、部署交通运输突发事件的应急处置工作。

第三十四条 交通运输突发事件发生后，负责或者参与应急处置的交通运输主管部门应当根据有关规定和实际需要，采取以下措施：

（一）组织运力疏散、撤离受困人员，组织搜救突发事件中的遇险人员，组织应急物资运输；

（二）调集人员、物资、设备、工具，对受损的交通基础设施进行抢修、抢通或搭建临时性设施；

（三）对危险源和危险区域进行控制，设立警示标志；

（四）采取必要措施，防止次生、衍生灾害发生；

（五）必要时请求本级人民政府和上级交通运输主管部门协调有关部门，启动联合机制，开展联合应急行动；

（六）按照应急预案规定的程序报告突发事件信息以及应急处置的进展情况；

（七）建立新闻发言人制度，按照本级人民政府的委托或者授权及相关规定，统一、及时、准确地向社会和媒体发布应急处置信息；

（八）其他有利于控制、减轻和消除危害的必要措施。

第三十五条 交通运输突发事件超出本级交通运输主管部门处置能力或管辖范围的，交通运输主管部门可以采取以下措施：

（一）根据应急处置需要请求上级交通运输主管部门在资金、物资、设备设施、应急队伍等方面给予支持；

（二）请求上级交通运输主管部门协调突发事件发生地周边交通运输主管部门给予支持；

（三）请求上级交通运输主管部门派出现场工作组及有关专业技术人员给予指导；

（四）按照建立的应急协作机制，协调有关部门参与应急处置。

第三十六条 在需要组织开展大规模人员疏散、物资疏运的情况下，交通运输主管部门应当根据本级人民政府或者上级交通运输主管部门的指令，及时组织运力参与应急运输。

第三十七条 交通运输企业应当加强对本单位应急设备、设施、队伍的日常管理，保证应急处置工作及时、有效开展。

交通运输突发事件应急处置过程中，交通运输企业应当接受交通运输主管部门的组织、调度和指挥。

第三十八条 交通运输主管部门根据应急处置工作的需要，可以征用有关单位和个人的交通运输工具、相关设备和其他物资。有关单位和个人应当予以配合。

第五章 终止与善后

第三十九条 交通运输突发事件的威胁和危害得到控制或者消除后，负责应急处置的交通运输主管部门应当按照相关人民政府的决定停止执行应急处置措施，并按照有关要求采取必要措施，防止发生次生、衍生事件。

第四十条 交通运输突发事件应急处置结束后，负责应急处置工作的交通运输主管部门应当对应急处置工作进行评估，并向上级交通运输主管部门和本级人民政府报告。

第四十一条 交通运输突发事件应急处置结束后，交通运输主管部门应当根据国家有关扶持遭受突发事件影响行业和地区发展的政策规定以及本级人民政府的恢复重建规划，制定相应的交通运输恢复重建计划并组织实施，重建受损的交通基础设施，消除突发事件造成的破坏及影响。

第四十二条 因应急处置工作需要被征用的交通运输工具、装备和物资在使用完毕应当及时返还。交通运输工具、装备、物资被征用或者征用后毁损、灭失的，应当按照相关法律法规予以补偿。

第六章 监督检查

第四十三条 交通运输主管部门应当建立健全交通运输突发事件应急管理监督检查和考核机制。

监督检查应当包含以下内容：

（一）应急组织机构建立情况；

（二）应急预案制订及实施情况；

（三）应急物资储备情况；

（四）应急队伍建设情况；

（五）危险源监测情况；

（六）信息管理、报送、发布及宣传情况；

（七）应急培训及演练情况；

（八）应急专项资金和经费落实情况；

（九）突发事件应急处置评估情况。

第四十四条 交通运输主管部门应当加强对辖区内交通运输企业等单位应急工作的指导和监督。

第四十五条 违反本规定影响交通运输突发事件应对活动有效进行的，由其上级交通运输主管部门责令改正、通报批评；情节严重的，对直接负责的主管人员和其他直接责任人员按照有关规定给予相应处分；造成严重后果的，由有关部门依法给予处罚或追究相应责任。

第七章 附 则

第四十六条 海事管理机构及各级地方人民政府交通运输主管部门对水上交通安全和防治船舶污染等突发事件的应对活动，依照有关法律法规执行。

一般生产安全事故的应急处置，依照国家有关法律法规执行。

第四十七条 本规定自2012年1月1日起实施。

关于印发公路水运工程生产安全事故应急预案的通知

交质监发〔2011〕6号　2011.1.11

各省、自治区、直辖市、新疆生产建设兵团交通运输厅(局、委),天津市、上海市交通运输和港口管理局,中国交通建设集团有限公司,部属各单位:

根据我部预案管理体系建设及预案管理需要,我部组织修订了《公路水运工程生产安全事故应急预案》,现予发布,自印发之日起实施。《交通建设工程重大生产安全事故应急预案》(交质监发〔2006〕647号)同时废止。

本预案是交通运输部应对特别重大(Ⅰ级)事故的规范性文件,同时是我国公路水运工程生产安全应急预案体系的总纲及行业指导预案。请按照本预案总体要求,进一步完善本部门、本单位的相关预案。

请省级交通运输主管部门(含中国交通建设集团有限公司)应急组织机构填写附件1中相关内容,请部内各单位填写附件2中相关内容,于2011年2月28日前报部质监总站。

联系人:桂志敬

联系电话:010-65292704、65292788

传真:010-65292971

公路水运工程生产安全事故应急预案

中华人民共和国交通运输部编制

二〇一一年一月

目　　录

1 总则

1.1 编制目的

为切实加强公路水运工程生产安全事故的应急管理工作，建立完善应急管理体制和机制，提高事故预防与应对的能力，最大限度减少人员伤亡和财产损失；并指导地方交通运输主管部门和公路水运工程参建单位建立应急管理体系和编制应急预案，满足有效应对生产安全事故的需要，保障公路水运工程建设顺利实施，制定本预案。

1.2 编制依据

1.2.1 法律法规及规章制度

(1)《中华人民共和国突发事件应对法》(2007 年 11 月 1 日施行)；

(2)《中华人民共和国安全生产法》(2002 年 11 月 1 日施行)；

(3)《中华人民共和国公路法》(2004 年 8 月 28 日施行)；

(4)《中华人民共和国港口法》(2004 年 11 月 1 日施行)；

(5)《航道管理条例》(1987 年 8 月 22 日施行)；

(6)《建设工程安全生产管理条例》(2004 年 2 月 1 日施行)；

(7)《生产安全事故报告和调查处理条例》(2007 年 6 月 1 日施行)；

(8)交通运输部《公路水运工程安全生产监督管理办法》(2007 年部长令第 1 号，2007 年 3 月 1 日施行)；

(9)国家安全生产监督管理总局《生产安全事故应急预案管理办法》(2009 年第 17 号令，2009 年 5 月 1 日施行)。

1.2.2 相关应急预案

(1)《国家突发公共事件总体应急预案》(2006 年 1 月 9 日发布)；

(2)《国家安全生产事故灾难应急预案》(2006 年 1 月 23 日发布)；

(3)《国家海上搜救应急预案》(2009 年 3 月 9 日发布);

(4)交通运输部《公路交通突发事件应急预案》(2009 年 5 月 12 日发布);

(5)交通运输部《水路交通突发事件应急预案》(2009 年 1 月 5 日发布);

(6)交通运输部《交通运输行业突发公共事件新闻宣传应急预案》(2009 年 2 月 17 日发布)。

1.3 事故分级

公路水运工程生产安全事故,是指在列入国家或地方基本建设计划的公路水运基础设施新建、改建、扩建、拆除和加固活动中发生的生产安全事故。事故按照人员伤亡、涉险人数、经济损失等因素,一般分为四级:特别重大(Ⅰ级)事故、重大(Ⅱ级)事故、较大(Ⅲ级)事故和一般(Ⅳ级)事故。事故等级确定标准见表 1。

公路水运工程生产安全事故等级标准 表 1

事故级别	死亡失踪人数	涉险人数	重伤(或急性中毒)人数	经济损失(万元)
特别重大(Ⅰ级)	30 及以上	30 及以上	100 及以上	10000 及以上
重大(Ⅱ级)	10 ~ 29	10 ~ 29	50 ~ 99	5000 ~ 10000 之间
较大(Ⅲ级)	3 ~ 9	3 ~ 9	10 ~ 49	1000 ~ 5000 之间
一般(Ⅳ级)	1 ~ 2	1 ~ 2	1 ~ 9	1000 以下

1.4 适用范围

本预案适用于我国境内或管辖水域发生的(除香港、澳门特别行政区外),涉及跨省级行政区域或超出事发地省级交通运输主管部门处置能力的公路水运工程生产安全事故,或由国务院责成的、需要由交通运输部处置的特别重大(Ⅰ级)事故。

本预案指导地方交通运输主管部门和公路水运工程项目参建单位建立应急管理体系和编制应急预案。

1.5 工作原则

(1)以人为本、安全第一,居安思危、预防为主。

应急管理工作要保障工程人员和其他群众的生命财产安全,

以最大限度地减少人员伤亡为首要任务。应急管理工作坚持预防与应急相结合,以预防为主,积极实施施工安全风险评估,加强应急培训和演练,做好应对事故的各项准备工作。

(2)条块结合,属地为主,政府领导、各司其职。

在交通运输部统一领导和组织指导下,各省交通运输主管部门负责本辖区内的公路水运工程生产安全事故应急管理工作。现场救援工作在各级人民政府的统一领导下,由各级交通运输主管部门具体负责,充分发挥行业的技术优势和协调作用,依法指挥事故救援,组织、参与调查处理和对外新闻发布工作。公路水运工程项目建设、施工、监理等参建单位应服从现场指挥,配合事故救援、调查处理工作。

(3)整合资源、协同配合,科学应对、快速高效。

加强公路水运工程应急救援技术的研究开发,建立应急咨询专家库,提高应急决策水平和指挥协调能力。加强与当地有关部门和专业应急救援队伍密切协作,建立应急处置的联动协调机制。加强建设、施工、监理等参建单位兼职应急救援队伍建设,提高自救、互救和应对各类生产安全事故的能力,形成快速高效的应急反应机制。

1.6 预案体系

(1)总体预案:交通运输部公路交通突发事件应急预案与水路交通突发事件应急预案。本层级的两预案作为我国公路和水路交通运输领域突发事件的部门总体预案,由交通运输部制定并公布实施,并报国务院备案。

(2)专项预案:交通运输部公路水运工程生产安全事故应急预案。本预案是在《公路交通突发事件应急预案》和《水路交通突发事件应急预案》框架下的专项应急预案,是我国公路水运工程生产安全应急预案体系的总纲及行业指导预案,是交通运输部应急处置全国公路水运工程生产安全事故的基本程序和组织原则,是交通运输部应对特别重大(Ⅰ级)事故的规范性文件,由交通运输部制定并公布实施。

(3)地方预案:地方交通运输主管部门公路水运工程生产安全事故应急预案。本层级预案分别由省、市、县级交通运输主管部门按照相关法律法规以及交通运输部制定的公路水运工程生产安全事故应急预案的要求,为及时应对辖区内发生的公路水运工程生产安全事故而制订的应急预案,由地方交通运输部门制订并公布实施,报上级交通运输主管部门备案。

(4)项目预案:公路水运工程建设项目生产安全事故应急预案。本层级预案包括项目总体应急预案、合同段应急预案(包括现场处置方案)、危险性较大工程的专项应急预案。在项目开工前,按照交通运输部及地方公路水运工程生产安全事故应急预案的要求,建设单位根据自然环境、工程规模和自身条件,制定本项目总体应急预案;施工单位根据建设单位的总体预案,结合工程特点、施工工艺、地质、水文和气候等实际情况,编制合同段应急预案,以及危险性较大工程的专项应急预案,经监理单位审查后报建设单位备案。

2 组织体系及职责

2.1 应急组织体系构成

公路水运工程生产安全事故应急组织体系由国家部门级(交通运输部)、地方部门级(省、市、县三级交通运输主管部门)、项目级(各公路水运工程项目参建单位)三级应急组织机构构成。

2.2 国家部门级应急组织机构

2.2.1 机构构成

国家部门级应急组织机构由应急领导小组及办公室、应急工作组、技术专家组等构成。日常状态下的应急管理工作由应急工作领导小组办公室具体负责。应急状态下,视情况可设立现场督导组,前往事故现场依法组织、参与事故应急处置工作。

国家部门级应急组织机构负责指导和协调各级交通运输主管部门开展公路水运工程生产安全应急管理工作。应急组织体系如图1所示。

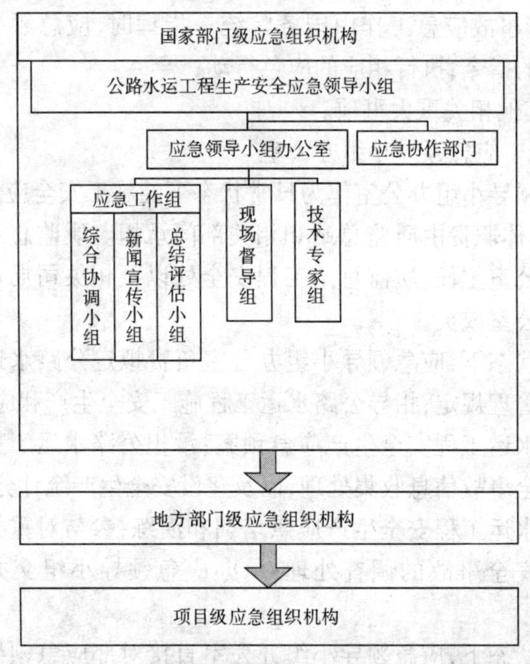

图1　公路水运工程生产安全事故应急组织体系图

2.2.2　应急领导小组

应急领导小组由交通运输部部长任组长，主管副部长、安全总监任副组长，安监司、办公厅、政法司、科技司、公路局、水运局、搜救中心、质监总站、海事局、救捞局等相关业务司局主要领导为成员。领导小组应急状态下的主要职责包括：

(1)决定启动或终止特别重大(Ⅰ级)事故应急响应，并向省级交通运输主管部门宣布进入或解除应急状态；

(2)负责统一领导特别重大(Ⅰ级)事故的应急处置工作，发布指挥调度命令，并督促检查执行情况；

(3)负责协调省际之间工程应急资源和应急人员的调度指挥；

(4)根据国务院要求或应急处置需要，指定成立现场督导组，并派往事故现场指导、协调应急处置工作；

（5）当事故应急工作由国务院统一指挥时，应急领导小组按照国务院的指令，执行相应的应急行动；

（6）其他相关重大事项。

2.2.3　应急领导小组办公室

应急领导小组办公室作为日常状态下的施工安全应急管理常设机构，具体职责由质监总站和相关部门承担。质监总站主管副站长任办公室主任，质监总站工程安全处以及相关司局业务处室领导任办公室成员。

日常状态下，应急领导小组办公室负责拟定公路水运工程安全生产的管理规定；指导公路水运工程施工安全生产和应急管理，发布公路水运工程安全生产应急预案；承担公路水运工程建设领域生产安全事故信息收集处理，以及建设安全生产统计分析工作；组织公路水运工程安全生产应急培训和演练；参与对重大工程质量和生产安全事故的调查处理；承办应急领导小组交办的其他工作。

应急状态下，应急领导小组办公室直接对部应急领导小组负责，具体承办事故预警、应急响应、现场处置等信息的接收与分析，并提出相关建议，传达并执行应急领导小组决定。协助其他应急工作小组完成有关工作。

2.2.4　应急工作组

应急工作组在应急领导小组决定启动Ⅰ级事故应急响应时自动成立。由交通运输部内相关司局共同组建，在应急领导小组统一领导下承担应急处置工作。应急工作组由三个小组组成。

综合协调小组：由办公厅主任任组长，质监总站、安全监督司分管领导任副组长，办公厅、安全监督司、科技司、公路局、水运局、质监总站、搜救中心、海事局、救捞局、通信中心等相关处室人员组成。负责保持与各应急工作小组的信息沟通与工作协调，负责与各应急协作部门的沟通联系；负责应急响应和应急处置过程中的网络、视频、通信等保障工作；搜集、分析、汇总应急工作情况，起草重要报告、综合类文件，并统一上报党中央、国务院和其他相关部门;承办应急领导小组交办的其他工作。

新闻宣传小组:由政策法规司司长任组长,政策法规司分管副司长任副组长,政策法规司相关处室人员及新闻办联络员组成。按照交通运输部《交通运输行业突发公共事件新闻宣传应急预案》要求,负责收集、处理相关新闻报道;按照应急领导小组要求,及时准确发布权威信息,向社会通报事故情况及应急处置工作进展情况,正确引导社会舆论;组织有关新闻媒体宣传报道应急处置工作中涌现出的先进事迹与典型;指导地方应急管理机构新闻发布工作;承办应急领导小组交办的其他工作。

总结评估小组:由质监总站站长任组长,由其他应急工作小组、技术专家组、部直属科研单位有关人员组成。负责跟踪应急处置,对应急处置方案、措施及效果等进行评估,提出改进建议;对应急工作的经验与教训进行总结,并向应急领导小组提交事故应急评估报告;应急工作结束后,对预案体系、组织体系、运行机制及危机公关等进行系统性评估,提出完善应急工作的意见和建议;承办应急领导小组交办的其他工作。

综合协调小组在应急领导小组决定终止Ⅰ级事故应急响应时自动解散;总结评估小组、新闻宣传小组在相关工作完成后,由应急领导小组宣布解散。

2.2.5 现场督导组

现场督导组是由应急领导小组按照国务院安委办要求,或发布公路水运工程Ⅰ级事故响应时,或根据地方交通运输主管部门请求,负责组织成立,派往事发地的临时机构。

现场督导组职责:由应急领导小组指定成立,应急领导小组办公室负责联络。按照国务院的统一部署,参与地方人民政府组织的事故应急处置工作,并及时向应急领导小组报告现场有关情况;组织技术专家开展现场督导,提供工程建设方面的技术支持,防止事态扩大或发生衍生事故;从行业角度分析事故原因,总结经验教训,为事故调查提供技术分析报告;必要时向应急领导小组请求调用国家专业应急救援队伍;承办应急领导小组交办的其他工作。

当国务院统一组建现场工作机构时,交通运输部应派出部级领导参加;当国务院其他部门统一组建现场工作机构时,交通运输部应派出司局级领导参加。

党中央、国务院或交通运输部领导同志批示的生产安全事故,交通运输部应按批示要求,由部级或司局级领导组成或参加现场督导组,赶赴现场开展督导工作。当地方交通运输主管部门请求,或事故有扩大趋势,或现场救援有困难时,由司局级领导组成或参加现场督导组,赶赴现场开展督导工作。

2.2.6　技术专家组

应急领导小组办公室负责组建技术专家组。技术专家组是由公路水运工程领域科研、勘察、设计、施工、监理、检测、监督、法律、安全等方面专家组成的临时咨询机构,其主要职责如下:

(1)开展公路水运工程安全生产事故应急咨询服务工作,为应急领导小组决策提供咨询和建议,参与拟定公路水运工程应急管理制度与预案;

(2)提供公路水运工程生产安全事故应急处置工作的技术支持;

(3)在现场督导组的统一指挥下,预测事态发展趋势,研究事故救援和处置办法,分析事故原因,评估事故损失和提出恢复重建方案等相关建议;

(4)在总结评估组的统一协调下,负责对事故应急总结评估提供专家咨询意见。

2.2.7　应急协作部门

公路水运工程生产安全事故预警和应急处置,需要有关部门积极配合和共同实施。在特别重大(Ⅰ级)事故应急响应中,应急领导小组根据事故特征,在国务院应急管理机构统一领导下,协调安监、公安、卫生、消防、水利、气象、国土、环保、地震等相关部门参加应急协作,各部门的应急任务分工据其职责而定。

武警交通部队作为国家公路水运工程生产安全事故专业应急队伍,其参与事故应急救援工作按照国家有关规定执行。

2.3 地方部门级应急组织机构

地方部门级应急组织机构按照“分类管理、分级负责、属地管理”的国家应急管理体制及本预案的要求，由省、市、县三级交通运输主管部门分别组成本级交通应急组织机构和组织体系，明确相关职责，落实责任人员，并在本级人民政府的领导下，会同本级相关职能部门，建立应急管理预警机制和救援协作机制。

地方部门级应急组织机构，应根据建设安全监管职责及本级应急预案要求，依法组织或参与公路水运工程生产安全事故现场抢险救援和事故调查处理等工作，指导下一级应急组织机构开展公路水运工程生产安全事故应急管理工作。

2.4 项目级应急组织机构

项目级应急组织机构由项目建设单位牵头，施工、监理等单位参加，负责事故现场的先期应急处置，配合本地应急组织机构进行现场救援、事故调查，开展应急总结评估及组织恢复重建等工作。

2.4.1 项目建设单位

项目建设单位应建立本项目应急组织机构，制定本项目生产安全事故总体应急预案，并组织本项目应急演练；组织开展事故应急知识培训和应急宣传工作；负责联络气象、水利、地质等相关部门，协助项目施工单位提供预测预警信息；对施工、监理单位的应急工作进行督促检查；发生生产安全事故后，及时组织、协调、落实各参建单位用于应急抢险救援的物资、设备和人员，听从交通运输主管部门指挥，配合安监、公安、消防、卫生等部门开展现场救援，控制事故的蔓延和扩大，并保护事故现场；按规定向有关交通、安监等部门报送事故情况，配合事故调查、分析和处理等工作，开展应急总结及组织恢复重建工作。

2.4.2 项目施工单位

项目施工单位应结合项目总体应急预案，制定有针对性和衔接性的本合同段应急预案（包括现场处置方案），建立本合同段应急组织机构，组建兼职应急救援队伍；配备必要的应急救援物资及装备；每年至少组织本合同段员工开展一次及以上应急演练和应急知识培训;发生生产安全事故后,按规定向有关部门报送事故情况,立即组织开展自救并保护事故现场;需紧急救援时,应及时向当地交通、公安、消防、卫生等相关部门报告请求;配合事故调查、分析和处理工作,组织开展应急总结及恢复重建工作。

危险性较大工程的桥梁、隧道和大型水上结构工程,以及存在潜在危险的作业区(易发生山体崩塌、滑坡、泥石流,存在有害气体突出的施工环境),项目施工单位应按规定编制专项安全施工方案,开展施工安全风险评估,制订相应的专项应急预案,并向操作人员进行专项方案的宣贯和交底工作。施工单位对准备进入上述作业区的操作人员进行风险告知。

当项目发生生产安全事故后,相邻合同段施工单位应在建设单位的统一指挥下,积极参与现场互救,并采取措施加强本合同段安全防范。

2.4.3 项目监理单位

项目监理单位根据项目总体应急预案,建立本单位的应急组织机构,参与项目的应急演练,对现场监理人员开展应急知识培训,配备必要的安全防护用品。

项目监理单位应审查各施工单位的合同段应急预案(包括现场处置方案);监督专项安全施工方案的实施;开展日常施工现场安全检查,对危险性较大的工程应进行重点巡查,对发现的安全事故隐患及时责令改正;发现事故时,及时向有关部门报告事故情况,配合事故调查、分析和处理工作;审核项目安全生产专项费用使用情况,检查施工单位应急救援物资、设备的到位以及应急知识培训情况,参与建设单位和施工单位组织的应急演练。

2.5 协同工作机制

2.5.1 工作联络

交通运输部建立施工安全应急联络员制度,加强信息沟通,相互配合,形成协同工作机制。

省级交通运输主管部门应确定本地区施工安全应急联络员,由负责施工安全应急管理的处室领导担任,同时确定一名具体工作人员作为联系人，协助联络员开展工作。工作联系表见附件一。交通运输部内各相关司局应明确一名联络员，方便日常状态下的信息流转工作，工作联系表见附件二。

2.5.2 预案联动

各级交通运输主管部门与项目参建单位之间的应急预案应相互衔接，在组织体系设置、运行机制、预案管理和危机公关等方面应协调一致，当上一级应急预案启动响应时，下级预案应加强协调配合，形成行业联动。项目应急预案的基本结构和要点见附件三。

3 运行机制

3.1 预警预防机制

预警预防是通过预测气象灾害（台风、风暴潮、冰雹、暴雨、洪水、暴雪、沙尘暴、海啸等恶劣气象）、地质灾害（地震、山体崩塌、滑坡、泥石流等灾害），以及评估项目设计施工安全风险等方式，收集相关信息并进行分析判断，发布自然灾害类或安全事故类预警信息，提前采取预防措施。

安全事故类预警信息由应急领导小组办公室负责收集、整理，并定期通报。自然灾害类预警信息由中国海上搜救中心、公路路网中心或水路交通应急指挥中心对外预警和公布。

3.1.1 信息来源

预警信息来源主要包括：

（1）公共信息部门：依托信息发布媒体，收集公共信息部门（包括气象、国土、环保、水利、地震等）提供的有关自然灾害、地质灾害类专业实测和预报信息；

（2）国务院及其他政府部门：依托政府办公信息网络及信息通报制度，收集来自国务院应急办及其他政府部门（安全生产监管总局）通报的重大生产安全事故的相关信息；

（3）中国海上搜救中心、公路路网中心与水路交通应急指挥中心：依托三个中心建立的预警支持系统，收集区域性重大自然灾害类交通运输预警信息；

(4)地方交通运输主管部门:依托交通运输部施工安全生产信息管理系统,收集地方交通运输主管部门上报的公路水运工程施工安全事故类预警信息。

(5)项目建设单位:依托备案的项目总体应急预案,收集项目重大风险源分布情况,根据项目局地天气、地质情况,结合施工安全风险评估及动态监测情况,进行分析判断后形成的工程预警信息。

3.1.2　预警支持系统

公路水运工程事故预警支持系统有项目安全督查分析系统、重大风险源信息及评估系统、生产安全事故信息报送及统计分析系统等组成,由应急领导小组办公室负责组织本系统的建设、维护、更新与共享工作。

自然灾害类交通运输预警信息,可从中国海上搜救中心、公路路网中心、水路交通应急指挥中心分别建立的预警支持系统中获取,最大程度地实现信息共享。

3.1.3　预警级别

可预警的自然灾害类交通运输预警级别由高到低划分为Ⅰ级预警(特别严重)、Ⅱ级预警(严重)、Ⅲ级预警(较重)和Ⅳ级预警(一般),分别用红色、橙色、黄色和蓝色来表示。交通运输部负责Ⅰ级预警的启动和发布,地方交通运输主管部门根据各自的职责,负责Ⅱ级及以下预警的启动和发布。划分标准分别执行《公路交通突发事件应急预案》或《水路交通突发事件应急预案》确定的预警分级标准。

安全事故类预警不设定级别。根据已发生的或潜在的生产安全事故特点,预测对其他公路水运工程施工安全可能造成的危害程度、紧急程度和发展态势,交通运输部定向发布预警信息。

3.1.4　预警方式

自然灾害类交通运输预警,按照中国海上搜救中心、公路路网中心、水路交通应急指挥中心的统一部署要求执行。当交通运输部启动公路、水运工程突发事件Ⅰ级预警时,本预案自动启动,不另行发布预警信息。当地交通运输主管部门接收到Ⅰ级预警时，对可能涉及的公路水运工程项目施工现场，应督促项目参建单位立即开展预警。

安全事故类预警，实行向行业定期通报施工安全形势，以及向个别地区与企业定点预警的两种方式。根据全国公路水运工程建设情况，结合项目的督查评价数据以及事故统计分析规律进行定期通报，分析施工安全形势，预测事故高发类型；针对事故频发的地区与企业，有针对性进行重点预警和重点跟踪。

3.1.5 预防工作

3.1.5.1 各级交通运输主管部门预防工作

各级交通运输主管部门应建立与气象、国土、水利、地震、环保等部门的联系渠道，定期开展预警信息接收、转发和预防工作，提前防范由自然灾害引发的生产安全事故。

各级交通运输主管部门应做好与本级安全监督管理部门的信息通报工作，及时把相关信息传达到本地区的项目建设单位。在预警预防过程中，如发现事态扩大，超过本级交通运输主管部门处置能力，应及时上报本级人民政府和上一级交通运输主管部门，提出相关请求，建议提高预警级别。

各级交通运输主管部门应了解本辖区内的重大建设项目安全风险评估情况，审核其项目总体应急预案，掌握本辖区内的主要安全风险分布情况，并督促项目参建单位落实施工过程监控职责。

3.1.5.2 项目参建单位预防工作

项目建设单位应主动跟踪、接收自然灾害预警信息，并督促施工单位对预警信息进行认真分析，判定可能的事故等级，及时督促施工单位调整现场处置方案。超过本项目处置能力时，应提前做好人员撤离和财产转移工作，并上报有关部门提出相关请求。

施工单位应根据预警信息及时调整施工计划，提前进行必要的人员培训和预案演练，增设必要的安全防护设施，做好各项预防工作，监理单位应就预防措施落实情况进行指导和监督。

在日常施工管理中，施工单位应对危险性较大工程的桥梁、隧道和大型水上结构工程以及存在潜在危险的作业区(易发生山体崩塌、滑坡、泥石流,存在有害气体突出的施工环境)开展安全风险评估,加强监控量测,采取合理的防范措施。

3.2 应急响应

3.2.1 事故信息报送

生产安全事故发生后,事发地施工单位应立即向建设单位、项目主管交通运输主管部门和当地安全监督管理部门报告,并上报至地方人民政府及有关部门,必要时可以越级上报。事发地省级交通运输主管部门应按照《交通运输行业建设工程生产安全事故统计报表制度》要求,向部质监总站报告。同时,对于造成或可能造成10人(含)以上死亡或失踪,或5000万元以上直接经济损失的事故应按照《交通运输突发事件信息报告和处理办法》有关规定,报部应急值守机构即中国海上搜救中心总值班室,由其处理后报部领导和相关司局。

有关涉水险情发生后,事发地施工单位立即向当地水(海)上搜救机构、海事部门报告。当发生重大(Ⅱ级)以上水(海)上险情时,向当地水(海)上搜救中心、海事部门报告的同时向中国海上搜救中心报告。事故报送流程见图2。

3.2.2 应急响应

3.2.2.1 分级响应

公路水运工程生产安全事故应急响应分为Ⅰ、Ⅱ、Ⅲ、Ⅳ四级,具体等级划分情况见表2。

交通运输部负责Ⅰ级应急响应的启动和实施,事发地省级交通运输主管部门及事发项目参建单位予以配合。

地方交通运输主管部门按照相关要求,分级负责Ⅱ、Ⅲ、Ⅳ级应急响应,具体的响应程序由地方交通运输主管部门参照Ⅰ级应急响应程序,结合本地区实际自行确定。各级交通运输主管部门应急管理机构在启动和实施本级应急响应的同时,应将应急响应情况报送上一级交通运输主管部门。应急领导小组办公室应密切关注事态发展,做好应急准备;并根据事态进展,如需要,按有关规定报告国务院。

超出其应急处置能力时，报请上一级交通运输主管部门，启动上一级应急预案实施救援。

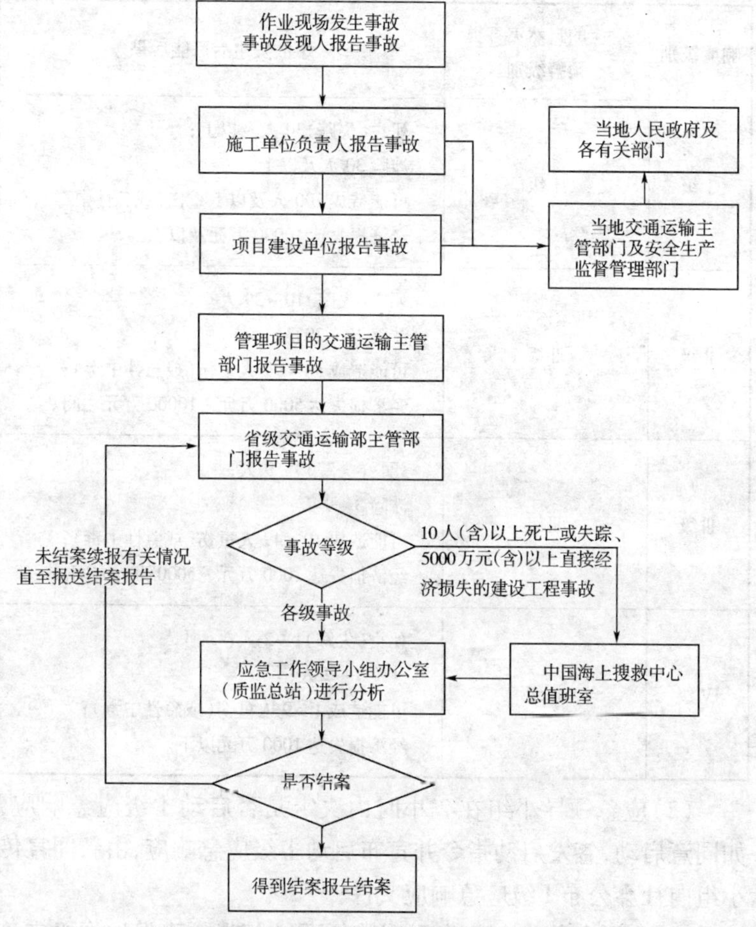

图2　公路水运工程安全生产事故信息报送流程图

3.2.2.2　应急响应程序

Ⅰ级应急响应按下列程序和内容启动，具体响应及处置流程见图3：

(1)应急领导小组办公室对事故信息进行分析，满足Ⅰ级应急响应的，或者接到国务院责成处理的公路水运工程生产安全事故，应立即向应急领导小组报告，提出启动Ⅰ级应急响应的建议；

公路水运工程安全生产事故应急响应等级划分 表2

响应级别	对应的自然灾害类预警级别	事故发生后可能后果
Ⅰ级	Ⅰ级	死亡(失踪)30人及以上； 涉险30人及以上； 可能造成100人及以上重伤(或急性中毒)； 经济损失达10000万元及以上。
Ⅱ级	Ⅱ级	死亡(失踪)10~29人； 涉险10~29人； 可能造成50~99人重伤(或急性中毒)； 经济损失达5000万元~10000万元之间。
Ⅲ级	Ⅲ级	死亡(失踪)3~9人； 涉险3~9人； 可能造成10~49人重伤(或急性中毒)； 经济损失达1000万元~5000万元之间。
Ⅳ级	Ⅳ级	死亡(失踪)1~2人； 涉险1~2人； 可能造成1~9人重伤(或急性中毒)； 经济损失达1000万元以下。

(2)应急领导小组在2小时内决定是否启动Ⅰ级应急响应，如同意启动，签发启动指令并宣布启动Ⅰ级应急响应，由新闻宣传小组向社会公布Ⅰ级应急响应文件；

(3)Ⅰ级应急响应启动后，应急领导小组通知事发地省级应急领导机构。并根据事故情况派出现场督导组，赴现场指导应急救援工作；各应急工作小组自动成立；

(4)Ⅰ级应急响应启动后，各应急工作小组立即启动24小时值班制，由事发地省级应急工作机构直接向应急领导小组办公室

及时续报事故信息,并按照"零报告"制度,形成每日情况简报,情况紧急时应随时上报;

(5)各应急工作小组按照本预案要求,开展应急工作;

(6)协调落实其他有关事项。

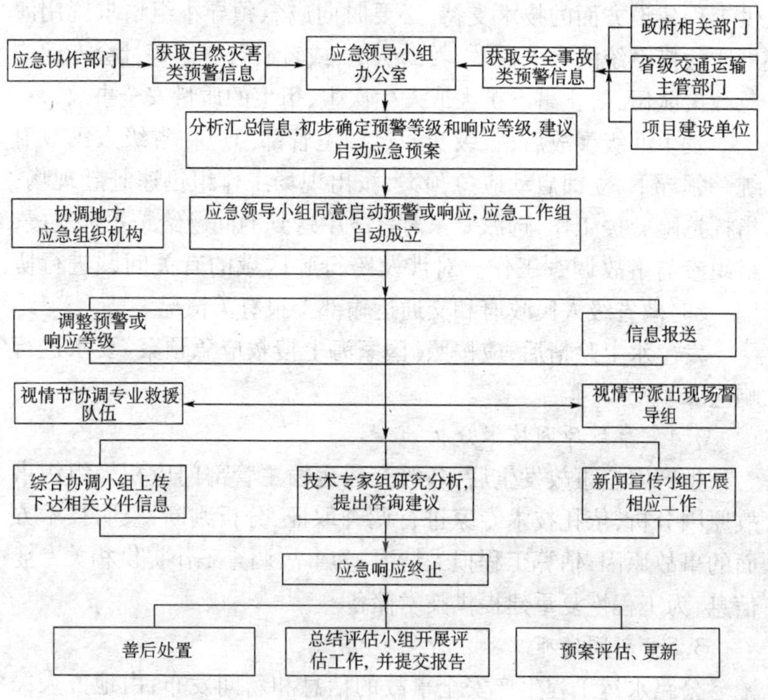

图3 I级应急响应及处置程序

3.3 应急处置

事故发生后,事发地项目施工单位应按规定上报事故,并立即启动本合同段应急预案。在公安、消防、卫生等专业抢险力量到达现场前,项目建设单位应立即启动本项目总体应急预案,立即组织有关应急救援队伍和工作人员营救遇险人员,疏散、撤离、安置受到威胁的人员,控制危险源,标明危险区域,封锁危险场所,并采取其他防止危害扩大的必要措施,妥善保管有关物证,并按照规定及时报告。当上级政府、部门负责现场指挥救援工作时,项目建设、施工、监理等单位应积极听从指挥，做好抢险救援、现场取证、道路引领、后勤保障、秩序维护等协助处置工作。

发生Ⅰ级事故后，交通运输部派出现场督导组到现场指导救援，调查、核实有关情况；协助地方人民政府做好抢险救援工作，提供工程建设方面的技术支持，必要时向应急领导小组请求调用海事或救捞系统的水上搜救、救助队伍，或者武警交通等社会专业应急救援队伍，防止事态扩大或发生次生、衍生的质量安全事故。

发生Ⅱ级事故后，省级交通运输主管部门应在省级人民政府统一领导下，立即启动应急预案，派出现场工作组迅速赶赴现场，指挥抢险救援工作，选派专家对事故中遇到的问题给予技术支援，组织参与事故调查工作。对涉及跨行政区域的有关问题进行协调，及时向省级人民政府和交通运输部上报有关情况。

发生水上险情后，应按照《国家海上搜救应急预案》要求进行响应。

3.4　事故原因技术分析

生产安全事故发生后，各级交通运输主管部门应积极组织事故原因分析，依托技术专家进行调查取证、分析判断，查明技术方面的事故原因，估算工程损失情况，为事故调查工作提供相关专业信息，为工程恢复重建提供技术储备。

3.5　新闻发布

公路水运工程生产安全事故的信息和新闻发布，由地方人民政府实行集中、统一管理，确保信息正确、及时传递，并根据国家有关法律法规、规定向社会公布。交通运输主管部门相关职责参照交通运输部《交通运输行业突发公共事件新闻宣传应急预案》规定执行。

3.6　应急响应终止

3.6.1　应急响应终止条件

符合下列条件之一的，即满足应急终止条件：

(1)险情排除；

(2)现场抢救活动(包括人员搜救、处置等)已经结束；

(3)被困人员安全离开危险区域并得到良好安置。

3.6.2　应急响应终止程序

Ⅰ级应急响应满足终止条件时,由应急领导小组办公室向应急领导小组提出Ⅰ级应急响应终止建议;应急领导小组决定是否终止Ⅰ级应急响应状态,如确定终止响应,签署终止指令,并宣布解散有关应急工作小组。应急领导小组办公室通知有关单位。

Ⅱ、Ⅲ、Ⅳ级应急响应终止程序由地方交通运输主管部门参照Ⅰ级应急响应终止程序,结合本地区实际,自行确定。

3.7　善后处置

3.7.1　社会救助

(1)事发地各级交通运输主管部门配合当地人民政府,对因参加事故应急处理而致病、致残、死亡的人员,及时进行医疗救助;

(2)依据相关规定,对因事故造成生活困难、需要社会救助的人员,配合当地人民政府做好相关救助工作。

3.7.2　安抚家属

对在事故中伤亡的人员及家属,由当地人民政府按照国家有关规定进行安抚、抚恤及善后处理,各级交通运输主管部门以配合为主,做好相关人员的思想稳定工作,消除各种不利因素,确保社会稳定。

3.7.3　物资征用补偿

(1)公路水运工程生产安全事故物资征用由事发地人民政府负责,并按照国家有关规定进行补偿;

(2)对紧急调集、征用的有关单位及个人的物资在使用完毕或者应急工作结束后,应当及时返还。在调集、征用后被毁损、灭失的,应当按照规定给予补偿或补助。

3.8　总结评估

3.8.1　评估总体要求

Ⅰ级应急响应结束后,有关单位应分级编写应急工作总结和事故应急评估报告:

(1)省级交通运输主管部门、项目建设单位、监理单位、施工单位必须编写本单位应急工作总结，总结经验教训，并将应急过程的影像资料与文字资料经省级交通运输主管部门汇总后，于应急结束后的45个工作日内上报部质监总站；

(2)总结评估小组对事故应急救援工作进行评估，负责编写事故应急评估报告，评估应急工作开展情况，总结应急经验教训，提出应急工作改进建议，在应急终止后的60个工作日内提出事故应急工作评估报告，送应急领导小组审核。

Ⅱ、Ⅲ、Ⅳ级应急响应结束时，由参与应急工作的相关单位组织编写应急工作总结；Ⅱ、Ⅲ级应急响应结束后，相关应急管理机构还应编写应急工作评估报告，对应急经验教训加以总结，提出改进建议。

所有事故应急工作评估报告作为公路水运工程生产安全事故应急管理的重要资料存档备案。

3.8.2 评估目的和方法

通过评估，判断处理应急工作的质量和效率，发现存在的问题，总结经验教训，寻找有效的解决手段，为以后事故处置提供有效借鉴信息；修订完善事故应急预案，进一步健全应急管理体系和运行机制。评估工作应坚持定性评估与定量评估相结合，以定性评估为主。

3.8.3 评估内容和程序

评估内容：

(1)事故起因、性质、影响、后果、责任；

(2)事故预警的及时和准确性、预防措施的有效性、应急决策的科学性、指挥和行动协调能力、应急保障能力、现场处置能力、危机公关能力、恢复重建能力；

(3)总结事故处置中的正面经验和负面教训；

评估程序：

(1)总结评估小组搜集评估信息；

(2)事故响应终止后，总结评估小组组织技术专家组召开评估会议，对评估信息汇总分析；

(3)技术专家组负责编写评估报告,并向总结评估小组提交评估报告。

4 应急保障

4.1 人力保障

公路水运工程应急救援队伍采取“专兼结合、联动反应”的机制开展应急保障工作。建设单位应发挥施工单位的自我救助能力,充分了解本项目可调配的应急救援人力和物力,建立兼职的抢险救援队伍和救援设备力量。武警交通部队和公安、消防、矿山、应急抢险、医疗急救等队伍是社会专业抢险救援队伍,是项目救援的重要后备力量,应按照有关规定调动使用。

各级交通运输主管部门要组织好公路水运工程生产安全事故技术专家和应急管理力量:

(1)技术专家力量:主要由从事科研、勘察、设计、施工、监理、检测、监督、法律、安全等专业的技术专家组成,工作职责参照部技术专家组的职责要求,自行确定;

(2)应急管理力量:主要由各级交通运输主管部门的有关人员组成,接受并执行同级人民政府和上级交通运输主管部门的应急命令、指示,组织各有关单位对生产安全事故进行应急处置,与有关单位进行协调及信息交换和新闻发布。

项目建设单位需要组织好公路水运生产安全事故抢险救援力量和应急管理力量:

(1)抢险救援力量:主要由施工单位、当地医疗机构组织的人员组成,负责事发现场第一时间的抢险、人员救护,防止事故扩大;

(2)应急管理力量:主要由项目建设单位的管理人员组成,接受并执行各级人民政府和交通运输主管部门的应急命令、指示,组织各项目参建单位对生产安全事故进行应急处置,与有关单位进行协调及信息交换。

4.2 财力保障

(1)按照《财政应急保障预案》有关规定,应急专项资金保障按照分级承担的原则，纳入本级人民政府财政预算，合理承担应急专项资金。各级交通运输主管部门应按规定使用和管理好应急专项资金和费用，编制应急资金年度预算，定期向同级政府或相关财政部门汇报经费的使用情况，接受政府部门的审计与监督；

(2)项目建设、施工单位应建立应急资金保障制度，制定年度应急保障计划，设立应急管理台账，按照国家有关规定设立和提取安全生产专项费用，并按照建设工程安全费用使用的要求配备必要的应急救援器材、设备。监理单位应加强对施工单位应急资金管理进行审核；事故发生后项目建设、施工、监理单位等应及时研究提出相应的资金补偿或救助措施；

(3)项目建设单位应按有关规定投保建筑工程险及其附加险，以保证事故发生后的赔付。项目施工、监理单位应为本单位员工及劳务合作人员承担相应的社会保险，并含在投标报价中。

5 监督管理

5.1 宣传教育和培训

各级交通运输主管部门及项目建设、施工单位应当按照当地政府的统一部署，有计划、有针对性地开展事故预防及应急知识的宣传，对应急预案进行宣传、讲解，提高应急反应能力。

项目建设和施工单位应有计划地对应急救援技术、管理人员进行培训，提高其专业技能，监理单位应监督施工单位定期组织安全培训，并审查其安全培训记录。

5.2 预案演练

各级交通运输主管部门应督促本地工程项目制定应急演练计划。项目参建单位根据事故预防重点，定期开展应急演练工作。

演练可通过桌面推演、实战演习等多种形式开展，解决操作性、针对性、协同配合等问题，提高快速反应能力、应急救援能力和协同作战能力。

应急演练结束后应当对演练进行总结和评价。

5.3　责任与奖惩

公路水运工程生产安全事故应急管理工作实行领导负责制和责任追究制。

各级交通运输主管部门应定期对在应急工作中做出突出贡献的集体和个人给予宣传、表彰和奖励。

对未依照规定履行事故报告职责，迟报、漏报、瞒报、谎报或授意他人不按规定履行报告职责的，或者在应急管理工作中有失职、渎职行为的，干扰应急救援工作的，由所在单位或上级部门按有关规定进行行政处罚；构成犯罪的，由司法部门依法追究刑事责任。

5.4　预案管理与更新

5.4.1　预案备案

各级交通运输主管部门所制定的公路水运工程生产安全事故应急预案实施后，应及时向上级交通运输主管部门备案。

纳入国高网、国道主干线、重要深水港口范围的工程项目总体应急预案，应报项目所在地的省级交通运输主管部门备案。施工单位制定的各合同段应急预案（包括现场处置方案）经项目监理单位审核后，应向建设单位备案。

5.4.2　预案评审

各级交通运输主管部门应当组织有关专家对本部门编制的公路水运工程生产安全应急预案进行审定。

危险性较大工程的专项应急预案，建设单位应组织专家进行评审，评审应当形成书面纪要并附有专家名单。与所评审预案有利害关系的专家，应当回避。

预案评审时应考虑应急预案的实用性、基本要素的完整性、预防措施的针对性、组织体系的科学性、响应程序的可操作性、应急保障措施的可行性、预案间的衔接性等内容。

5.4.3　预案更新

本预案由交通运输部负责更新，原则上每两年对本预案进行一次评估，根据评估情况对预案进行修订。有下列情况的，本预案应及时进行更新。

(1)本预案所依据的法律法规做出调整或修改,或国家出台新的应急管理相关法律法规;

(2)根据日常应急演练和实际事故应急处置后取得的经验和教训,需对预案做出修订;

(3)因法定职责发生变动需要对应急管理机构进行调整;

(4)其他认为必需修订的事项。

5.5 预案发布与实施

本预案由交通运输部制定,由部质监总站负责解释,自发布之日起实施。

部质监总站联络电话(事故统计报送):010 - 65292952,65292788(工程安全处),传真电话:010 - 65292971;非工作时间(含节假日和夜间)发生重大事故报部应急办,联络电话:010 - 65292218,传真电话:010 - 65292245,同时抄送部值班室,联络电话:010 - 65292528,传真电话:010 - 65292534。

6 附件

附件一　省级应急组织机构联络人及联系方式汇总表

序号	单位名称	联络人及联系方式						备注
		姓　名	职　务	办公电话	手机号码	传真号码	电子邮箱	

注：每省确定两名联络员，分别为应急管理部门负责人、具体工作人员各1名。

附件二　交通运输部应急组织机构联络人及联系方式汇总表

序号	单位名称	联络人及联系方式						备注
		姓　名	职　务	办公电话	手机号码	传真号码	电子邮箱	
	交通运输部办公厅							
	交通运输部安全监督司							
	交通运输部政策法规司							
	交通运输部科技司							
	交通运输部公路局							
	交通运输部水运局							
	交通运输部搜救中心							
	交通运输部质监总站							
	交通运输部海事局							
	交通运输部救助打捞局							
	中国交通通信中心							

附件三　建设、施工单位生产安全事故应急预案的基本结构和要点

1　编制目的

2　风险辨识

2.1　工程概况

2.2　风险辨识

针对危险性较大的分部分项工程，应组织风险评估，并列出不能接受的风险清单。

3　应急组织机构及职责

应明确兼职应急救援队伍的人数。原则上合同价不大于5000万元的，人数不少于15人；5000万元以上的每增加3000万元人数增加5人。

4　预警预防

4.1　预警

应明确自然灾害类预警信息就收方式、程序和责任人；通过风险辨识发现的重大风险，以及经风险评估确定的不能接受的风险，应明确相应的预防措施和责任人，开展有针对性的安全技术交底，明确交底的内容、形式和人数。

4.2　预防

5　应急响应

5.1　事故报告

5.2　应急处置

6 应急物资、设备

应明确应急物资及装备的种类和数量。如：

救护人员的装备：头盔、防护服、防护靴、防护手套、安全带、呼吸保护器具等；

消防救护器材：救生网、救生梯、救生袋、救生垫、救生滑竿、缓降器等；

土石方工程设备：挖掘机、铲车、吊机等；

海上（水上）结构物施工：起重船、救生船、救生艇等各类船只、设备等；

急救医疗器材：担架、纱布、急救药箱等。

7 预案管理

8 预案更新与完善

关于印发航道应急事项报告管理办法的通知

交水发〔2011〕421 号 2011.8.8

各省、自治区、直辖市交通运输厅(委),天津市、上海市交通运输和港口管理局,长江、珠江航务管理局,长江口航道管理局:

为保障航道应急事项处置及时有效,畅通航道应急事项报告的渠道,规范航道应急事项报告的程序、内容、格式和要求,我部组织制定了《航道应急事项报告管理办法》,现予印发,请遵照执行。

部水运局航道处值班电话(24 小时):010 - 65292820

传真(24 小时):010 - 65292841

电子邮箱:syshdc@ mot. gov. cn

航道应急事项报告管理办法

第一条 为保障航道应急事项处置及时有效，规范应急事项报告的程序、内容、格式和要求，根据有关法律法规的规定，制定本办法。

第二条 本办法适用于内河Ⅳ级及以上航道、其他区域重要航道、沿海航道、国境国际河流航道的应急事项报告管理工作。

第三条 交通运输部负责全国航道应急事项报告的管理工作。交通运输部水运局具体负责航道应急事项信息的接收、处理工作。

省级交通运输主管部门负责本行政区域内所管辖航道的航道应急事项报告的管理工作，具体工作由具有管辖权的省级航道管理机构负责。各级航道管理机构依据职责分工和管辖范围，承担相应航道应急事项报告任务。

交通运输部直属航道管理机构具体负责其管辖范围内的航道应急事项报告工作。

第四条 航道应急事项报告应遵循及时、准备、规范、分级报告的原则。

第五条 本办法所称的航道应急事项主要包括：

（一）发生重大及以上航道突发事件；

（二）特殊水情，通航水位超过设计最高通航水位，或低于设计最低通航水位；

（三）特殊冰情，封冻河流出现冰塞，形成壅水上下游水位差大于0.5米；

（四）地震、山体滑坡等自然灾害引起的航道灾情；

（五）航道养护作业过程中发生事故出现沉船、人员伤亡；

（六）国境国际河流航道因国防、外交或特殊航行等需要所发生的应急抢通事项；

（七）与航道有关的其他性质严重，对社会稳定、经济建设造成较大影响或者发生在敏感区域、敏感时段的突发事件；

（八）上级要求报告的其他事项。

第六条 航道管理机构发现或接到航道应急事项报告后，应当立即调查核实，初步评估应急事项的性质，采取必要的控制措施，并应在发现或接报后两小时内逐级上报。

第七条 省级航道管理机构接报辖区范围内发生第五条所列（一）、（四）、（五）、（六）、（七）项的应急事项信息后，应立即将信息通过传真或电子邮件等方式报部和省级交通运输主管部门，涉及西江航运干线的抄送珠江航务管理局；

交通运输部直属航道管理机构接报辖区范围内发生第五条所列（一）、（四）、（五）、（七）项的应急事项信息后，应立即将信息通过传真或电子邮件等方式报部，其中长江航道局、长江三峡通航管理局所辖范围发生上述事项应同时报送长江航务管理局。信息报送不应晚于2小时，信息报出后应进行电话确认。因特殊情况不能在2小时内以书面形式报告的，应先以电话等方式报告，并说明理由，但需在24小时内补充报送书面材料。特殊重大事项，应在发生或接报后立即以电话方式向上级报告，并随后补充相关书面材料。

发生第五条所列其他事项，应根据对航道影响程度按照前款程序及时上报。

第八条 报告主要包括以下内容：

（一）发生的时间、地点及信息来源；

（二）事项的初步情况，包括起因、性质、基本过程、对航道和通航的影响、已造成的后果以及发展趋势；

（三）已采取的措施、效果及下一步安排；

（四）信息报送单位、联系人和联系电话等；

（五）其他需要说明的情况。

对于情况不够清楚、要素不齐全的信息，要及时核实补充内容，后续情况及时上报。

报送格式见附件。

第九条 涉密应急事项应按规定报送。

第十条 应急事项的新进展、衍生的新情况等根据上级要求及时续报。

第十一条 航道应急事项报告的统计期限为每年 1 月 1 日至 12 月 31 日。对于应急事项情况的统计,按照有关规定执行。

第十二条 各级航道管理机构应加强对航道应急事项报告工作的监督检查,对在应急事项报送中的先进集体和先进个人视情况给予适当鼓励。

第十三条 应急事项的报告情况作为航道养护管理考核的一项内容和年度应急抢通经费补助的依据之一。

第十四条 对于违反本办法,迟报、谎报、漏报、瞒报信息,或者通报、报送、公布虚假信息,泄露国家秘密,造成不良后果的责任单位和人员,有关部门应追究其相应责任。

第十五条 各级航道管理机构可参照本办法制定本单位的航道应急事项报告管理办法。

第十六条 本办法由交通运输部水运局负责解释。

第十七条 本办法自公布之日起施行。

附件

航道应急事项报告表

填报单位：　　　　　　　　填报时间：　　　　　　　　编号：

事项名称			
发生时间		地点	
信息来源			
事项初步情况			
已采取措施及效果			
下一步安排			
其他需要说明的情况			

填报人：　　　　　　　　　　　联系电话：

审核人：　　　　　　　　　　　签 发 人：

关于加强交通运输企业安全生产绩效考核的指导意见

交安监发〔2011〕432 号 2011.8.8

各省、自治区、直辖市、新疆生产建设兵团交通运输厅(局、委),天津、上海市交通运输和港口管理局,中远、中海、招商局、中交建设、中外运长航集团:

为深入贯彻落实国务院《关于进一步加强企业安全生产工作的通知》(国发〔2010〕23 号)精神,强化交通运输企业安全生产监督管理,落实企业安全生产主体责任,促进交通运输安全生产形势持续稳定,现就开展交通运输企业安全生产绩效考核工作提出如下意见:

一、指导思想

以科学发展观为指导,坚持安全第一、预防为主、综合治理的方针,通过全面开展交通运输企业安全生产绩效考核,进一步落实企业安全生产的主体责任,不断提高交通运输企业安全生产水平,为促进交通运输行业转变发展方式、建设现代交通运输业提供可靠的安全发展保障。

二、考核范围和目标

(一)考核范围

所有从事道路水路运输、城市客运和公路水运工程建设的企业。

(二)考核目标

2011 年,制定工作方案、考核标准、实施办法等,并选择企业试点;2012 年,在总结试点的基础上扩大考核范围;2013 年,全面开展交通运输企业安全生产绩效考核工作。

三、组织实施

交通运输部安全委员会负责交通运输企业安全生产绩效考核工作的组织指导，交通运输部安全委员会办公室具体负责日常工作，并负责中国远洋运输（集团）总公司、中国海运（集团）总公司、招商局集团有限公司、中国交通建设集团有限公司、中国外运长航集团有限公司（以下简称交通运输中央企业）的绩效考核工作。

交通运输中央企业负责组织实施其所属企业的安全生产绩效考核工作。

各级交通运输主管部门负责组织实施所在地除交通运输中央企业所属企业外的交通运输企业安全生产绩效考核工作。

四、考核内容

交通运输企业安全生产绩效考核内容主要包括国家法律法规、标准规范中对企业安全生产的相关要求以及企业安全生产各项工作的落实情况、取得的效果。各级交通运输主管部门和交通运输中央企业应根据本指导意见，结合本地的实际情况和企业特点，细化和补充其他考核内容。具体考核内容应包括：

（一）机构设置情况。交通运输企业按照国家有关法律法规规定，设置安全生产管理机构、配备专兼职安全管理人员的情况。

（二）责任体系建设情况。交通运输企业建立的安全生产责任体系情况。包括：企业领导和管理部门负责人的安全生产责任制的建设和落实情况；层级安全生产责任制的建设和落实情况；全员“一岗双责”制度的建设和落实情况等。

（三）规章制度建设情况。交通运输企业遵守有关国家和行业的安全生产政策法规，建立企业相关安全生产制度情况。包括：安全生产责任制度；安全生产奖惩制度；安全生产教育培训制度；安全操作规程；安全生产检查及隐患整改制度；安全生产事故处置及应急救援制度；设备设施安全管理制度；从业人员安全管理制度；职业危害预防管理制度；劳动防护用品管理制度；其他安全管理制度等。

（四）安全生产投入情况。交通运输企业确保安全生产条件所必需的资金投入,并按照国家有关规定足额提取安全经费、专款专用的情况。包括:安全生产教育和培训投入;配备、更新、改造和维护安全防护设备、设施投入;风险源的检测、评估和监控投入;应急救援器材、设备投入;应急救援演练投入;劳动防护用品投入;安全生产奖励投入;其他必要的安全生产投入等。

(五)人员培训教育和演练情况。交通运输企业全员安全意识教育和实操技能培训、实操演练的情况。包括:制定教育和培训计划;人员取得有关从业资格;参加与本职岗位相适应的安全教育和培训;组织开展应急救援演练等。

(六)隐患和事故整改情况。交通运输企业按照国家和行业的要求开展隐患排查和治理,并按照四不放过的原则,强化事故整改情况。包括:隐患治理的责任落实、资金保障、整改时限等,隐患排查治理月度统计报送;重大隐患的挂牌督办整改情况;事故统计、信息报送、原因分析、事故教训总结;责任追究和领导问责等。

(七)安全生产事故指标控制情况。交通运输企业遏制事故发生,控制事故指标的情况。包括:事故件数、死亡人数、重大及以上事故情况等。

五、考核结果

(一)交通运输企业安全生产绩效考核等级分为优秀、良好、合格和不合格四个级别。

(二)交通运输中央企业应于每年二月底前完成对二、三级公司上一年度的安全生产绩效考核,并将考核结果汇总报部。

(三)每年二月底前,各省级交通运输主管部门完成对所负责企业上一年度的安全生产绩效考核,考核结果向社会公布,并上报交通运输部和同级人民政府安全生产委员会。

(四)各级交通运输主管部门和交通运输中央企业可根据考核结果对优秀的企业进行表彰,并给予奖励。对考核不合格的企业,予以通报批评,取消次年评优资格,给予相应的经济处罚。对于连续两年考核不合格的企业,责令整改,严重的依法停业整顿。

六、相关要求

（一）各省级交通运输主管部门和交通运输中央企业应明确相应的组织指导机构，确定交通运输企业安全生产绩效考核目标、程序、具体措施和时间安排，制定交通运输企业安全生产绩效考核具体办法，并报部备案。

（二）进行交通运输企业安全生产绩效考核时，应吸收相关安全监管部门参与，充分听取意见。

（三）对交通运输企业安全生产绩效考核应坚持考核内容、流程、结果三公开，确保同类企业考核标准的一致性，所有参加考核的人员应认真履职履责、公正公平、清正廉洁。

关于公布水路运输易流态化固体散装货物安全管理规定的通知

交水发〔2011〕638号　2011.11.9

各有关省、自治区、直辖市交通运输厅(委),天津市、上海市交通运输和港口管理局,部各直属海事局,有关港航管理部门及港航企业,各有关货主及托运人,中国船东协会、中国港口协会、中国理货协会:

近年来,随着我国易流态化固体散装货物水路运输量的持续增长,由于装卸和运输方面有关安全管理措施不到位,船舶沉船事故时有发生,亟待加强易流态化固体散装货物水路运输安全管理。同时,从今年1月1日起,国际海事组织《海运固体散装货物规则》开始生效。鉴此,我部组织制定了《水路运输易流态化固体散装货物安全管理规定》,现予公布,请遵照执行。

水路运输易流态化固体散装货物安全管理规定

第一条 为加强水路运输易流态化固体散装货物安全管理，保障运输安全，根据《中华人民共和国安全生产法》、《中华人民共和国港口法》、《中华人民共和国海上交通安全法》等有关法律、法规和国际公约，制定本规定。

第二条 本规定适用于中华人民共和国管辖范围内港口间运输船舶和到港船舶、港口以及其他有关单位从事易流态化固体散装货物运输、装卸、储存和检测等活动。

第三条 交通运输部主管全国水路运输易流态化固体散装货物安全管理工作。

海事管理机构负责管辖区域内易流态化固体散装货物船舶运输安全监督管理工作。

港口行政管理部门负责行政管辖区域内港口装卸、储存易流态化固体散装货物安全监督管理工作。

第四条 本规定有关术语定义如下：

易流态化固体散装货物，是指本身含有部分细颗粒和一定量水分、当其含水率超过适运水分极限时可能形成自由液面或固液两相流动层的固体散装货物，包括铁精矿、高岭土、红土镍矿和其他具有类似物理性质的货物。

适运水分极限，是指易流态化固体散装货物安全运输最大含水率，通常按其流动水分点的80%～90%确定。流动水分点是指易流态化固体散装货物发生流动时的最小含水率。

第五条 水路运输易流态化固体散装货物实行目录管理。水路运输易流态化固体散装货物目录(见附件1)由交通运输部适时更新并公布。

第六条 凡使用船舶载运易流态化固体散装货物，其含水率不得超过适运水分极限。

第七条 船舶载运积载因数小于 0.56 m^3/t 高密度易流态化固体散装货物时，应在各舱及同一舱内均匀分布，避免重量过分集中于局部，以防止船舶结构变形而影响船舶强度。

第八条 托运人或其代理人（以下简称托运人）应当在货物交付船舶运输前，委托具有国家资质的检测机构（以下简称检测机构）对送检易流态化固体散装货物样品进行适运水分极限、颗粒分布、积载因数检测并出具易流态化固体散装货物检测报告。检测报告有效期 6 个月。易流态化固体散装货物适运水分极限检测所需取样、制样、送检，应当由托运人委托由交通运输部批准的理货机构（以下简称理货机构）进行。

托运人应当在货物装船前，委托检测机构对易流态化固体散装货物平均含水率进行检测并出具货物含水率检测报告。检测报告有效期 7 日。易流态化固体散装货物含水率检测所需取样、制样、送检，应当由托运人委托理货机构进行。托运人应全程参与取样过程。

为保证送检货样状况与装船货物实际状况相一致，托运人还应当委托理货机构对易流态化固体散装货物装船过程实施现场监装。理货机构应当在装船完毕后出具已装船货物含水率汇总报告。

若取样后至装船期间出现可能改变货物适运水分极限和货物含水率等情况，应按本条第二款重新取样检测。

对于通过船舶直接过驳方式转运货物，托运人应当提供货物原始资料并委托检测机构和理货机构对原船易流态化固体散装货物形态进行检查和监测。如无变化，经内贸承运方共同确认后装船；如有变化，应按本条第二款执行。

易流态化固体散装货物取样、制样、送检、检测以及监装等作业程序和要求按国家有关规定和标准执行。

第九条 船舶装载易流态化固体散装货物前 24 小时，船舶或其代理人应当核对托运人或其代理人提交的易流态化固体散装货物检测报告、含水率检测报告等相关单证和资料，确认货物适运，并在船舶开航前向海事管理机构和港口行政管理部门报备。

船舶装载易流态化固体散装货物前12小时，作业委托人应当将易流态化固体散装货物检测报告等相关单证提供港口经营人，港口经营人应及时对易流态化固体散装货物检测报告等相关单证进行核对，经核对无误后方可作业。

港口经营人应当在作业前12小时前用传真或电子邮件将作业计划和有关核对情况报告港口行政管理部门和海事管理机构。

第十条 装船前，船舶可采用易流态化固体散装货物适运性现场检测简易方法(见附件2)检测易流态化固体散装货物含水率是否符合运输要求。如发现货物含水率不符合要求，船舶可以委托其他检测机构对货物含水率进行重新检测。

第十一条 船舶在易流态化固体散装货物作业前，应对照《散货船装卸船/岸安全检查项目表》(见附件3)进行安全检查，并与港口经营人共同确认。

第十二条 港区内外露天储存易流态化固体散装货物，所用堆场应具备良好的排水功能。堆场经营人和港口经营人应当根据气候情况和货物性质加以苫盖，或采取适当措施，防止货物含水率增加。堆场经营人和港口经营人应当将堆场位置及规模等情况报港口行政管理部门备案。

第十三条 港口经营人在装船前或装船过程中发现货物不符合规定要求的，应当告知船舶并配合船舶不予装载或停止装载，同时报告港口行政管理部门和海事管理机构。装船过程遇降水天气，应当停止装船作业并关闭舱盖。

第十四条 港口经营人应根据船舶提供的配载、积载要求装载货物。装载完毕后按船方要求做好平舱工作，船舶对装载质量给予确认。

第十五条 港口经营人在作业过程中应当做好作业情况记录，内容包括作业船舶名称、货种、作业时间、作业单位、负责人及联系方式、天气情况、资料核对情况、堆场情况、装船情况、发现的问题及处理情况等。

第十六条 装船前，船舶应做好货舱内污水井、管系等的维修保护工作，并进行污水测量及抽水试验，以防堵塞或受损，确保畅通。

第十七条 船舶应对装船作业进行全过程观测。如发现问题，船长有权提出拒装或要求重新检测。

装船过程中，船舶可委托理货机构落实船舶装载和积载要求。理货机构应当派专人监测装船过程并做好记录，发现问题应当及时报告船舶和港口经营人。

第十八条 船舶应当合理积载，满足安全航行要求。如发现超载，海事管理机构应当禁止船舶离港。

第十九条 港口行政管理部门和海事管理机构应当加强对装卸易流态化固体散装货物的监管。如发现与原始单证不符或违反国际规则的，依照有关规定进行处理。

第二十条 对静止角小于35°干燥易流态化固体散装货物，船舶应当严格按照积载要求积载，港口经营人应当按照积载要求装舱，装舱完毕及时平舱，平舱效果应经船舶认可。

第二十一条 船舶应当根据装运易流态化固体散装货物的要求，制定操作规程及应急预案，建立定期演练制度，完善各项处置措施。

第二十二条 在航行过程中，船舶应根据所装载货物的特性和航行区域特点制定货舱定期巡查计划，并将定期巡查情况记入航海日志。巡查时如发现水分游离、货物流动或船舶发生倾斜等情况，应采取排水等应急措施，并就近向海事管理机构报告。

第二十三条 船舶经营人或管理人应对船员加强有关专业知识的培训和考核，使其熟悉易流态化固体散装货物的特性、操作规程及应急预案。

第二十四条 载运易流态化固体散装货物的船舶发生水上交通事故，海事管理机构应会同港口行政管理部门对事故进行调查和处理；对特别重大事故或交通运输部认为有必要时，由交通运输部直接组织调查组对事故进行调查和处理。

第二十五条 托运人、港口经营人、船舶经营人及其代理人应当健全制度、加强管理、诚实守信,依法经营。检测机构和理货机构应当恪尽职守、公正执业。港口行政管理部门和海事管理机构应当秉公执法,依法行政。

凡违反规定、玩忽职守、弄虚作假、滥用职权、徇私舞弊,造成事故的,一经查出,依法追究刑事责任;尚不构成犯罪的,依法给予处分。

第二十六条 中国籍船舶从事易流态化固体散装货物国际运输可参照本规定执行。

第二十七条 本规定由交通运输部负责解释。

第二十八条 本规定自公布之日起施行。《交通部关于发布〈海运精选矿粉及含水矿产品安全管理暂行规定〉的通知》[(88)交海字 275 号]以及《交通部、国家技术监督局关于发布〈海运精选矿粉及含水矿产品安全检验方法〉的联合通知》[(89)交运字 198 号]同时废止。

附件1

水路运输易流态化固体散装货物目录
（2011 版）

［本目录除个别品种外，均为国际海事组织 2008 年通过的《国际海运固体散装货物规则》（IMSBC 规则）中标记为 A 类的易流态化固体散货。］

序号	中 文 名	英 文 名
1	沉积铜	Cement Copper
2	红砷镍矿	Nickeline
3	红土镍矿	Laterite-nickel Ore
4	黄铁矿	Pyrites
5	黄铁矿（含铜、细粒、浮选或硫）	Pyrites (Cupreous, Fine, Flotation or Sulphur)
6	黄铁矿，经过煅烧	Pyrites, Calcined
7	黄铁矿粉	Pyritic Ash
8	黄铁矿粉（铁）	Pyritic Ashes (Iron)
9	黄铁矿渣	Pyritic Cinders
10	黄铜矿	Chalcopyrite
11	焦炭渣	Coke Breeze
12	金属硫化精矿	Metal Sulphide Concentrate
13	精矿	Mineral Concentrates
14	硫化铅	Lead Sulphide
15	硫化铅（方铅矿）	Lead Sulphide (Galena)
16	硫化锌	Zinc Sulphide
17	硫化锌（闪锌矿）	Zinc Sulphide (Blende)
18	煤泥	Coal Slurry
19	锰精矿	Manganese Concentrate

续上表

序号	中文名	英文名
20	泥煤苔	Peat Moss
21	镍精矿	Nickel Concentrate
22	镍矿	Nickel Ore
23	铅精矿	Lead Concentrate
24	铅矿石精矿	Lead Ore Concentrate
25	铅矿尾矿	Lead Ore Residue
26	铅锌煅砂(混合)	Lead and Zinc Calcines (Mixed)
27	铅锌中矿	Lead and Zinc Middlings
28	闪锌矿(硫化锌)	Blende (Zinc sulphide)
29	烧结矿	Sinter (Mixed)
30	矿渣	Slag
31	钛铁矿砂	Ilmenite Sand
32	钛铁矿黏土	Ilmenite Clay
33	高岭土(陶土)	China clay
34	铁精矿	Iron Concentrate
35	铁精矿(球团料)	Iron Concentrate (Pellet Feed)
36	铁精矿(烧结料)	Iron Concentrate (Sinter Feed)
37	原矿	Iron Ore
38	铜精矿	Copper Concentrate
39	铜矿石精矿	Copper Ore Concentrate
40	铜泥	Copper Precipitate
41	五水合物原矿	Pentahydrate Crude
42	霞石正长岩(矿物)	Nefeline Syenite (Mineral)
43	锌精矿	Zinc Concentrate
44	锌矿、煅烧的	Zinc Ore, Burnt
45	锌矿、精矿	Zinc Ore, Concentrates
46	锌矿、菱锌矿	Zinc Ore, Calamine

续上表

序号	中文名	英文名
47	锌矿、原矿	Zinc Ore, Crude
48	锌铅煅砂(混合)	Zinc and Lead Calcined (Mixed)
49	锌烧结矿	Zinc Sinter
50	锌淤渣	Zinc Sludge
51	银铅精矿	Lead Silver Concentrate
52	银铅精矿	Silver Lead Concentrate A See Mineral Concentrates Schedule
53	银铅矿精矿	Silver Lead Ore Concentrate
54	银铅矿石	Lead Silver Ore
55	氟石	Fluorspar

附件2

易流态化固体散装货物适运性现场检测简易方法

一、适用于吸水性弱的固体散货

(一)用坚固圆筒或类似的容器(容积为0.5~1升)装半罐样品,从离地面约0.2米高处猛力摔在坚硬的地面上,重复做25次,每次间隔1~2秒,如样品表面游离出水分或液化时,则需要重新检验。

(二)手抓一把样品,从1.5米高处自由落到坚硬地面或甲板上,若样品崩散,则适运,若样品仍为一团,则不适运。

(三)手抓样品成团后,即松开,发现样品散开,则适运;若样品抱团不散,需要重新检验。

二、适用于吸水性强的固体散货

(一)用坚固圆筒或类似的容器(容积为0.5~1升)装半罐样品,从离地面约0.2米高处猛力摔在坚硬的地面上,重复做25次,每次间隔1~2秒,如样品表面游离出水分或液化时,则需要重新检验。

(二)样品放入平底玻璃杯或小容器内,来回不停摇动5分钟,如有明显液体浮在表面,表明不适运。

(三)脚踏在样品上,如出现松软现象,显流沙样流动,表明不适运。

(四)样品放在平盘里,堆成圆锥状后,不断用平盘击桌面,如样品塌成饼状,表明不适运。如样品成碎块或裂开,则适运。

(五)将样品先充分揉捏均匀,然后在平板上用手掌慢慢搓滚成细条,用力均匀,当样品条搓成直径正好为3mm时,如产生横向裂缝并开始断裂,则适运。

附件3

散货船装卸船/岸安全检查项目表

船　　名:＿＿＿＿＿＿＿＿　　日　　期:＿＿＿＿＿＿＿＿

港　　口:＿＿＿＿＿＿＿＿　　码　　头:＿＿＿＿＿＿＿＿

泊位水深:＿＿＿＿＿＿＿＿　　最小水上高度❶:＿＿＿＿＿＿

到港吃水(读数/计算):＿＿＿＿　　水上高度:＿＿＿＿＿＿＿＿

计算出港吃水:＿＿＿＿＿＿　　水上高度:＿＿＿＿＿＿＿＿

本表应由船长、港口经营人负责人或其代表共同填写。

从操作安全考虑,要求所有问题做肯定回答并在方格内相应标记"√",否则应标记"×"并写明原因。同时,船舶与港口经营人应达成采用预防措施的协议。如其中一条不适用则应标记"—"并注明原因。

序号	项　　目	船舶	港口经营人	备　　注
1	泊位水深及水上高度是否适合货物装卸?			
2	系泊设备是否适合当地所有潮汐、海流、天气、通航及船舶靠港泊的情况?	□	□	
3	紧急情况下船舶是否可以随时离开码头?	□	□	
4	船舶与码头之间的通道是否安全? 由船舶/码头(不适用者划去)负责	□	□	
5	船舶/码头同意的通信系统是否有效? 通信方式＿＿＿＿＿＿＿＿ 语言＿＿＿＿＿＿＿＿ 无线电话频道/电话号码＿＿＿＿＿＿	□	□	
6	操作时通信联络人员是否可以识别? 船舶联络人员＿＿＿＿＿＿ 岸上联络人员＿＿＿＿＿＿ 位置＿＿＿＿＿＿＿＿	□	□	

---

❶ 水上高度应考虑:船舶在内河或河口空船吃水情况下过桥时的桅杆高度以及船舶靠泊在泊时要求装卸机械安全避让的高度。

续上表

序号	项　　目	船舶	港口经营人	备　　注
7	船舶及码头是否配备足够处理紧急情况的人员？	□	□	
8	是否准备或计划进行加油操作？	□	□	
9	船舶靠港期间是否准备或计划对码头或船舶进行修理？	□	□	
10	是否接受因货物装卸操作造成损坏的报告和记录程序？	□	□	
11	船舶是否备有港口和码头规定（包括安全和防污染要求及应急措施）的副本？	□	□	
12	托运人是否向船长提供SOLAS第Ⅵ章要求所述的货物性质？	□	□	
13	对于可能需要进入的货舱和围闭处所，其空气是否安全？熏蒸货物是否标明？船舶和码头对需要进行大气监控是否达成一致？	□	□	
14	货物装卸能力和每台装卸机械运行限制是否已通知船舶/码头？ 装货机________ 装货机________ 装货机________	□	□	
15	对于装货/卸压载或卸货/压载在各个阶段的装卸货操作计划是否已经计算？ 计划副本持有人________	□	□	
16	装卸货计划中是否已经清楚地说明作业货舱？是否标明作业次序及每次作业货舱转移的货物等级和吨数？	□	□	
17	是否已经讨论过货物需要平舱？其方法和范围是否已经取得一致？	□	□	

续上表

序号	项目	船舶	港口经营人	备注
18	船舶和码头是否理解并接受如果压载和货物作业失调,货物装卸将暂停直到压载操作调整正常?	□	□	
19	船舶是否已经知道并同意卸货时移去遗留货物的预定程序?	□	□	
20	船舶最终纵平衡程序是否已确立并取得一致意见?	□	□	
21	码头传输系统传输记录的吨数是否已经通知码头？货物装卸完成后船舶准备开航所需的时间?	□	□	

注:本表一式四份,港口经营人、船舶各留存一份,海事管理机构和港口行政管理部门备查各一份。

同意以上各项内容:

时间________________ 日期________________

船舶________________ 港口经营人________________

姓名及职务________________ 姓名及职务________________

关于印发交通运输安全生产事故统计管理规定的通知

交安监发〔2011〕681号　2011.11.21

各省、自治区、直辖市、新疆生产建设兵团交通运输厅(局、委),天津、上海市交通运输和港口管理局,部直属各单位,中远、中海、中外运长航、招商局、中交建设集团:

部制定了《交通运输安全生产事故统计管理规定》,现印发给你们,请各有关部门和单位认真执行。

交通运输安全生产事故统计管理规定

为切实加强和规范交通运输安全生产事故统计工作，保障统计信息及时、准确、全面，充分发挥事故统计在交通运输安全生产管理中的作用，依据《中华人民共和国统计法》及其实施细则、国家有关安全生产法律法规制定本规定。

一、适用范围及定义

（一）本规定适用于中华人民共和国境内及管辖水域内（不含香港、澳门、台湾）交通运输安全生产事故统计工作，以及交通运输中央企业所属运输船舶在境外发生的安全生产事故统计工作。

（二）交通运输安全生产事故是指道路客货运输企业、道路运输站场运营企业、城市客运企业、水路客货运输企业、港口生产企业、交通运输建设施工企业在生产运营过程中所发生的安全生产事故，主要包括营运车辆道路交通事故、道路运输站场安全生产事故、水上交通安全生产事故、港口安全生产事故、交通运输建设施工安全生产事故、城市客运安全生产事故六类。

二、统计机构及职责

（三）交通运输安全生产事故统计实行统一领导、分级负责。交通运输部负责全国交通运输安全生产事故统计工作的统一组织领导，地方各级交通运输主管部门、交通运输部直属机构、交通运输中央企业负责本辖区、本单位的统计工作，其所属的综合安全监管部门在统计部门的指导下具体承担本级安全生产事故统计、汇总、分析等工作。

（四）交通运输部综合安全监管部门的主要职责：

1. 依据国家法律和有关规定，会同部综合统计机构组织制定全国交通运输安全生产事故统计的规章制度、指标体系和技术标准，并组织实施；

2. 贯彻落实国家和部综合统计机构的工作部署和要求，组织、指导全国交通运输安全生产事故统计工作；

3. 参与国家和部综合统计机构对交通运输安全生产事故的统计调查；

4. 收集、汇总、分析全国交通运输安全生产事故统计数据，编印、提供、管理全国交通运输安全生产事故统计资料；

5. 按照相关规定发布全国交通运输安全生产事故统计信息；

6. 组织全国交通运输安全生产事故统计的考核评比和业务培训。

（五）地方各级交通运输主管部门、交通运输部直属机构、交通运输中央企业的主要职责：

1. 执行国家和交通运输部有关统计法律法规和规定，组织实施本辖区、本单位交通运输安全生产事故统计；

2. 负责本辖区或本单位交通运输安全生产事故统计资料的审核、汇总、报送和管理；

3. 制定本辖区或本单位交通运输安全生产统计规章制度、指标体系和技术标准，并组织实施；

4. 按照相关规定发布本辖区内的交通运输安全生产事故统计信息；

5. 负责组织本辖区、本单位交通运输安全生产事故统计的考核评比工作和业务培训。

三、组织实施

（六）交通运输部根据国家有关统计技术标准编制交通运输安全生产事故统计报表，并根据工作需要及时修订完善。

（七）交通运输安全生产事故统计采用月报、年报相结合的方式。月报统计报送截止时间为次月 5 日，遇国家法定节假日可顺延；年报统计报送截止时间为次年 1 月 20 日。

（八）交通运输安全生产事故统计资料的报送应逐级审核报送。报送交通运输部的交通运输安全生产事故统计资料应按以下程序报送：

1. 地方交通运输主管部门管辖范围内的安全生产事故由省级

交通运输主管部门统计汇总并审核后报交通运输部；

2. 部直属机构管辖范围内的交通运输安全生产事故由部直属一级机构统计汇总并审核后报交通运输部；

3. 交通运输中央企业安全生产事故由集团总公司统计汇总并审核后报交通运输部。

（九）各省级交通运输主管部门、交通运输部直属一级机构、交通运输中央企业集团总公司应每季度向交通运输部报送安全生产事故统计分析报告，报送截止时间为季度结束后次月15日。

四、监督管理

（十）各部门、各单位应安排专门的统计人员负责交通运输安全生产事故统计，保障统计人员的相对稳定，统计人员变动应办理统计业务和统计资料的交接。

（十一）统计人员应当具备相应的专业知识和业务能力，并积极参与统计和相关专业培训教育。

（十二）各级交通运输主管部门应建立交通运输安全生产事故统计信息发布制度。对外提供、发布统计资料时应按规定程序办理，未经审核、批准一律不准对外发布。

（十三）各部门、各单位应定期组织交通运输安全生产事故统计工作考核，对成绩突出的统计部门和统计人员给予通报表彰和奖励。

（十四）各部门、各单位应严格执行《中华人民共和国统计法》和本规定。有下列违法行为之一的，由上级主管部门责令整改，予以通报批评，并追究相应责任：

1. 虚报、瞒报、伪造、篡改统计资料的；

2. 在统计检查时，阻挠、抗拒统计检查，拒绝提供情况、提供虚假情况或者转移、隐匿、毁弃原始统计记录、统计台账、统计报表以及与统计有关的其他资料的；

3. 违反《中华人民共和国统计法》和本规定，未经批准，自行编制和印发统计调查报表的；

4. 违反《中华人民共和国统计法》和本规定以及有关统计资

料管理发布规定和保密规定,私自发布统计资料,造成泄密的;

5. 利用职权授意、强制统计人员弄虚作假,刁难、打击、报复统计人员或者举报人员,包庇、袒护统计违法行为的。

五、其他

(十五)本规定由交通运输部负责解释。

(十六)本规定自颁布之日起施行。

关于印发交通运输部安全生产约谈办法的通知

交安监发〔2011〕777 号　2011.12.22

各省、自治区、直辖市、新疆生产建设兵团交通运输厅(局、委),天津市、上海市交通运输和港口管理局,部属各单位,有关交通运输企业:

为贯彻落实《国务院关于坚持科学发展安全发展促进安全生产形势持续稳定好转的意见》(国发〔2011〕40 号)有关要求,进一步加强交通运输安全生产法制建设,部制定了《交通运输部安全生产约谈办法》(试行)。现印发给你们,请遵照执行。

交通运输部安全生产约谈办法(试行)

第一条 为进一步加强交通运输行业安全生产监督管理,促进政府安全监管和企业安全生产主体责任的落实,依据国务院有关要求,结合交通运输的实际,制定本办法。

第二条 本办法适用于交通运输部组织的安全生产约谈工作。

第三条 本办法所称安全生产约谈,是指交通运输部与被约谈单位进行的安全生产诫勉谈话。

第四条 交通运输部安委会办公室负责约谈的具体组织工作,部内相关司局、部海事局、救捞局按职责分工参与约谈工作。

第五条 交通运输行业公路、水路生产运输或建设施工,出现下列情况之一时,部应约请相关单位进行安全生产诫勉谈话:

(一)未落实国家或部有关安全生产工作部署;

(二)挂牌督办的安全隐患,未在规定期限内完成整改或采取相应措施的;

(三)发生重大及以上安全生产事故,存在漏报、谎报或瞒报的;

(四)6 个月内发生 2 次及以上重大安全生产事故或连续发生多起较大安全生产事故并造成较大损失或影响的;

(五)发生特别重大安全生产事故;

(六)有必要进行约谈的其他情况。

第六条 约谈形式分为集体约谈和个别约谈。

在相近时间内 2 个以上地区或单位发生第五条所列情况的,由部领导或部安全总监主持集体约谈;个别地区或单位发生第五条所列情况的,由部领导、安全总监或安委办领导主持个别约谈。

第七条 被约谈单位是指存在第五条所列情况之一的省级交

通运输主管部门、部直属单位、中央管理的交通运输企业。

第八条 被约谈单位主要负责人或分管安全工作的负责人应按要求参加约谈。

第九条 约谈以谈话形式进行。约谈时,约谈人听取被约谈单位对有关情况的陈述,并针对被约谈单位存在的问题进行质询,提出具体整改要求。

第十条 约谈时,被约谈单位应陈述下列情况:

(一)未落实国家或部有关安全生产部署的,应陈述未开展相关工作的原因,下一步整改计划和措施。

(二)挂牌督办仍存在隐患的,应陈述未进行隐患整改或逾期未完成整改的原因,下一步整改计划和实施方案;

(三)发生安全生产事故的,应陈述事故发生的原因,相关处理情况,吸取的教训,已采取或将采取的措施;

(四)漏报、谎报或瞒报安全生产事故的,应陈述事件的处理情况,对违规行为的认识和相关整改措施。

第十一条 约谈由部领导、部安委办或部内相关司局、部海事局、救捞局提出,由部安委办提前10天书面通知被约谈单位,告知约谈事项、约谈时间、约谈地点。

需部领导或安全总监主持的约谈,应报部领导或安全总监批准后下发约谈通知书。

第十二条 被约谈单位收到约谈通知书后,应在收到约谈通知2个工作日内以书面或电话形式确认通知事项。

第十三条 部安委办承担约谈记录工作,负责起草约谈纪要。约谈纪要印发至被约谈单位和参加约谈的所有单位。

第十四条 被约谈单位应在约谈结束后10个工作日内将整改方案以书面形式报部,并应及时报告整改方案执行情况。

第十五条 部安委办应组织部内相关司局、部海事局、救捞局跟踪、督办整改方案执行情况,必要时进行现场检查。

第十六条 部安委办应将约谈记录和被约谈单位上报的材料等资料立卷存档。

第十七条 被约谈单位无故不参加约谈或未认真落实约谈要求的，约谈单位应给予通报批评。因约谈事项未落实或落实不到位而引发安全生产事故的，按有关法律法规的规定由相关部门追究被约谈单位及相关人员责任。

第十八条 各省级交通运输主管部门、部直属单位可参照本办法的有关规定，制定本地区、本系统的安全生产约谈机制。

第十九条 本办法自颁布之日起试行。

附件1

交通运输部安全生产约谈通知书

编号:(20　　)　号

<table>
<tr><td>约谈人</td><td colspan="3"></td></tr>
<tr><td>被约谈单位</td><td colspan="3"></td></tr>
<tr><td>参加约谈单位</td><td colspan="3"></td></tr>
<tr><td>约谈地点</td><td></td><td>约谈时间</td><td></td></tr>
<tr><td colspan="4">约　谈　事　项</td></tr>
<tr><td colspan="4">约谈单位
（盖章）</td></tr>
</table>

附件 2

交通运输部安全生产约谈记录

<table>
<tr><td>约谈人</td><td colspan="3"></td></tr>
<tr><td>参加约谈单位</td><td colspan="3"></td></tr>
<tr><td>被约谈单位</td><td colspan="3"></td></tr>
<tr><td>被约谈人</td><td colspan="3"></td></tr>
<tr><td>约谈地点</td><td></td><td>约谈时间</td><td></td></tr>
<tr><td>约谈事项</td><td></td><td>记录人</td><td></td></tr>
<tr><td colspan="4">约谈记录：</td></tr>
</table>

关于贯彻落实国务院坚持科学发展安全发展促进安全生产形势持续稳定好转的意见

交安监发〔2011〕791号 2011.12.27

各省、自治区、直辖市、新疆生产建设兵团交通运输厅(局、委),天津、上海市交通运输和港口管理局,部属各单位,中远、中海、中外运长航、招商局、中交建设集团:

为深入贯彻落实《国务院关于坚持科学发展安全发展促进安全生产形势持续稳定好转的意见》(国发〔2011〕40号)文件精神,促进交通运输安全生产形势持续稳定好转,提出如下意见:

一、充分认识坚持科学发展安全发展的重大意义,全面贯彻落实国发〔2011〕40号文件精神

安全生产事关人民群众生命财产安全,事关改革开放、经济发展和社会稳定大局,事关党和政府形象和声誉。坚持安全发展既是贯彻落实科学发展观的必然要求,又是科学发展观的重要内容。国发〔2011〕40号文件是继《国务院关于进一步加强企业安全生产工作的通知》(国发〔2010〕23号)之后,国务院下发的又一个重要文件,充分体现了党中央、国务院对安全生产工作的高度重视。国发〔2011〕40号文件从深入贯彻落实科学发展观的战略和全局高度,进一步强调了安全发展的重大意义和安全生产的极端重要性,明确了今后一个时期安全生产工作的指导思想和基本原则,提出了加强改进安全生产工作、促进安全发展的一系列重大决策措施,是"十二五"时期乃至更长远一个时期的全国安全生产工作具有重要指导作用的纲领性、规范性文件。

交通运输行业是国民经济和社会发展的重要基础行业,是国家安全生产的重点领域,直接关系到人民群众的安全畅通便捷绿

色出行，关系到国家重要战略物资和人民群众基本生活资料的安全运输。交通运输系统各部门、各单位要充分认识坚持科学发展安全发展的重大意义，认真组织学习，坚持贯彻落实好国发〔2011〕40 号文件精神，切实增强做好交通运输安全生产工作的责任感、使命感和紧迫感，时刻绷紧安全这根弦，把安全生产工作摆到更加重要的位置，扎实有效推进交通运输安全生产工作。

二、严格落实交通运输企业安全生产的主体责任和管理部门的监管责任

（一）继续深入贯彻落实国发〔2010〕23 号文件精神，全面建立行政一把手负总责、其他领导分工负责、各部门各司其责的安全生产责任制，认真落实行政首长负责制和全体员工安全生产“一岗双责”制度，进一步健全安全生产责任体系，完善责任链条，切实把安全生产责任落实到基层，落实到每一个岗位。

（二）交通运输企业主要负责人、实际控制人要认真履行安全生产第一责任人的责任。健全完善并严格执行各项安全生产规章制度，严禁发生违章指挥、违规作业、违反劳动纪律的“三违”行为。持续加大安全生产投入，做好企业年度安全生产财务预算，提足用好安全生产费用，积极推行安全生产责任保险制度。建立并落实全体员工安全培训教育制度，提高全员安全意识和实操技能。相关部门和境外投资企业要切实加强对境外中资企业安全生产工作的指导和管理。

（三）各级交通运输管理部门要切实履行安全生产监管职责，加大督促检查、指导和监管工作力度，消除安全监管盲区。行政主要负责人作为安全生产第一责任人，要亲自抓、认真履行职责，及时研究部署安全生产工作。要进一步完善安全生产层级责任制，建立履行安全生产责任承诺制，强化安全生产目标考核，全面落实安全监管责任。要不断探索创新与交通运输经济运行、社会管理相适应的安全监管模式，建立健全与企业信誉、项目核准、市场准入和退出等方面相挂钩的安全生产激励约束机制。

三、进一步加强交通运输安全生产法规制度体系建设，加大安

全生产执法力度

（一）加强安全生产法规制度体系建设。制定交通运输安全生产监督管理办法等规章，建立交通运输安全生产重大隐患挂牌督办制度、安全生产责任追究制度、企业安全生产“黑名单”制度，完善安全生产事故约谈机制，落实《交通运输安全生产事故统计管理规定》（交安监发〔2011〕681号）加强安全生产事故统计、报送和分析。各级交通运输管理部门和交通运输企业要进一步完善安全生产管理制度、岗位职责、操作规程、严格执行安全生产相关标准，积极推进并落实企业安全评估制度和市场退出机制。按照“四不放过”原则，严格执行事故查处挂牌督办制度，严肃安全生产事故查处和责任追究。

（二）全面推进交通运输企业安全生产标准化建设。落实《交通运输企业安全生产标准化建设实施方案》（交安监发〔2011〕322号），出台交通运输企业安全生产标准化考评管理办法、达标标准以及考评程序、考评机构及考评人员等管理办法，完善相关配套实施细则。所有具体从事公路水路运输、城市客运和公路水运工程建设等生产经营建设活动的交通运输企业必须纳入安全生产标准化建设之中，实现岗位达标、专业达标和企业达标。2013年底前，所有从事客运、危险化学品和烟花爆竹等重点运输企业必须达标，其他交通运输企业在2015年前达标。要将企业安全生产达标工作与日常安全管理工作有机结合起来，并切实与相关行业行政许可挂钩，促进企业安全管理水平的有效提升。

（三）加大安全生产执法力度。进一步健全交通运输安全生产执法机制体制，健全机构、配足人员、特别是要充实基层一线安全监管力量，配齐安全监管设备设施。注重关口前移、重心下移，切实强化基层监管执法，法定节假日和重要活动期间，单位领导要深入基层、一线检查指导，确保各项措施落实到位。保持高压态势，继续会同相关部门严厉打击交通运输安全生产非法违法生产经营建设行为，凡是发现有非法违法的，一定要从严从重打击，并将违法营运车船和相关公司、人员纳入“黑名单”。切实加强交通运输消防安全工作，大力实施消防安全“防火墙”工程。要深入开展安全生产调研，及时发现问题，采取有效措施加以解决，切实为企业安全生产做好指导服务。创新安全监管监察机制，切实做到严格、公正、廉洁、文明执法。各级交通运输管理部门和交通运输企业应建立健全安全生产举报制度，公布举报电话，主动接受社会公众监督。

四、突出抓好交通运输重要环节、重点领域的安全生产工作

（一）强化道路客运安全管理。严格“三关一监督”安全工作职责，严格“三不进站、五不出站”安全管理规定，严禁客运车辆挂而不管，严禁非法改装车辆从事旅客运输。强化客运驾驶员资格准入，严格从业资格考试，落实继续教育制度，全面提升驾驶员队伍的安全意识和应急处置能力。研究建立长途客车驾驶人强制休息制度，继续严厉打击超员、超速、高速公路违规停车等违法行为。严格按照规定强化安装具有行驶记录功能的卫星定位装置并实行联网联控，切实加强道路客运动态监测和违章的警示处理。实行道路客运安全告知制度，会同有关部门在高速公路客运方面推广使用安全带。

（二）强化水路运输安全监管。加强对“四区一线”重点水域和“四客一危”重点船舶的监管力度。严厉打击水上非法运输行为，重点治理砂石运输，严禁超载和非法营运，有效避免商渔船碰撞事故，特别是要加大渡口渡船的监管力度，坚决杜绝非法渡运情况的发生，杜绝重特大事故的发生。继续强化桥区、枢纽等重点通航水域的安全管理，严防船舶撞桥事故发生，加强大桥建设前的通航论证，将保障通航安全作为审批的重要内容，严格执行大桥通航安全保障等级标准，同步建设桥区航标和可靠的防撞设施；进一步完善桥区航标的配布，增加必要的助航设施，改善通航条件，提高安全保障水平。采取有效措施加强易流态化固体散装货物、钢材的水路运输安全管理。

（三）强化危险化学品、烟花爆竹和放射性物品运输安全管理。要认真贯彻落实好《危险化学品安全管理条例》《烟花爆竹安

全管理条例》和《放射性物品运输安全管理条例》，特别是港口行政管理部门、海事管理机构、运政管理部门等要认真履行职责，严把从事危险化学品、烟花爆竹、放射性物品运输企业、运输车船、从业人员、站场（码头）的准入关，研究提高安全生产准入门槛，积极推进安全生产标准化建设。构建危险化学品、烟花爆竹、放射性物品运输行业及相关部门间的信息共享和工作协调机制，积极推进全程动态管控信息系统建设。危险货物运输车船必须按规定安装具有行驶记录功能的卫星定位、AIS装置。切实强化内河、封闭水域危险化学品运输的监管，严防发生污染水域破坏生态的事故。严厉打击营运车船非法违法从事危险化学品运输，继续加大滚装运输和集装箱运输夹带危险化学品查处力度，二级以上客运站、重要客运码头渡口必须配备使用安检仪，推进车辆滚装运输安检系统的安装应用，严格禁止违禁物品上车、上船。研究制定危险化学品、烟花爆竹、放射性物品运输安全管理制度，不断强化安全监管手段。

（四）强化公路桥隧和城市轨道交通的运营安全管理。提高公路建设质量，完善安全防护设施，加强桥梁、隧道安全隐患排查治理，进一步加大危桥改造、农村公路安保工程的资金投入。所有拟建的长大桥隧必须进行安全评估；所有在建的长大桥隧工程必须作为安全监管重点；所有运营的城市轨道交通必须进一步完善安全生产责任体系，强化运营管理、组织指挥等安全措施，狠抓关键控制，健全应急预案，严格落实管理标准、技术标准和作业标准，切实加强人员安全教育培训，提高从业人员的业务素质和技术能力；所有已建的重要通航水域桥梁，未经过安全评估的必须进行通航风险评估。要进一步加强日常检查和维护，建立完善的安全监测和预警机制。各地交通运输主管部门要在当地党委和政府的领导下，继续加大治超工作力度，坚决遏制超载车辆引发的桥梁垮塌事故。

（五）严格项目建设安全准入，继续推进“平安工地”建设。按照“谁发证、谁审批、谁负责”的原则，进一步落实建设工程招投标、资质审批、施工许可、现场作业等各环节安全监管责任，严把安全生产条件准入关，强化建设项目安全核准，把安全生产条件作为高危建设项目审批的前置条件并严格执行。制定和实施建设、监理、施工等单位安全管理人员上岗标准，完善施工企业和从业人员安全信用体系，健全失信惩戒制度。严格执行相关法律法规和标准规范，落实项目建设安全设施“三同时”制度，未按照“三同时”要求执行的，不得竣工验收、投入使用。推进“平安工地”建设活动向长效机制转化，建立建设项目安全生产管理体系，开展桥梁隧道施工安全风险评估工作，加大公路水运工程安全隐患排查治理，实施公路水运工程施工现场安全生产条件达标考核管理，推进现场人员定位、危险部位施工全程动态监控预警，逐步实现施工现场安全监管信息化，推进工程建设安全。

五、加强交通运输安全生产风险管理和应急救援保障能力建设

（一）推进安全生产风险管理。建立交通运输安全生产重大风险源数据库，对重大安全隐患进行挂牌督办，对查处的安全隐患整改情况进行跟踪督办，强化整改效果。重点强化道路水路客运、危险化学品、烟花爆竹及放射性物品运输、桥梁、城市客运等方面安全隐患排查治理。企业要定期进行安全生产风险分析，及时对安全隐患进行排查、评估、治理。充分运用科技和信息手段，建立健全安全生产隐患排查治理体系，提高隐患排查治理的效率。

（二）加大科技兴安力度。建立完善以企业为主体、以市场为导向、产学研用相结合的安全技术创新体系，加大新技术、新设备、新产品的推广应用，增强安全保障能力。深入研究综合交通运输体系构架下的安全监管方向和相应配套的法规、制度和标准体系。加快交通运输安全监管、安全生产管理和标准化管理信息化建设。建立完善信息互通、协同高效的公路网管理平台体系，推进营运车辆联网联控信息系统和城市公交、轨道交通运营监控系统建设。企业应加快国家规定的各项安全系统和装备建设，创新企业安全

管理方法，不断提升安全生产信息化水平和管理能力。

（三）推进安全生产和应急救援保障能力建设。加大公路、港口、航道、站场等安全基础设施的建设力度，重点加强高速公路和重要干线公路运行监控设施建设。加强港口、站场的安全和保安设施建设，完善事故频发区域的交通标志、标线、信号灯以及必要的隔离设施等配套设施建设。加强水上交通安全监管、航海保障以及救援能力建设。加快推进道路交通、船舶溢油、水上搜救、水下清障打捞等应急救援队伍建设。加快水上安全监管、救助和抢险抢通装备、溢油应急处置设施设备以及国家、省、市交通运输应急救援保障中心建设。完善公路水路应急运输保障机制，建立完善各项应急预案，加强应急演练，增强从业人员和社会公众应急处置能力。加强安全生产和应急装备器材的配置，为专门从事安全监管和应急管理工作的部门配置必要的交通工具、监督检测设备、事故调查取证与分析设备、个人防护设备等。加强交通运输工程施工事故生命探测、救援设备、个体防护等关键技术装备、专用抢险装备器材配备。

六、加强安全生产教育培训，提高从业人员的素质和安全意识

（一）大力实施安全生产培训。制定培训计划，开展不同层次的专业知识和技能培训，重点强化企业和管理部门负责人、安全管理人员、一线重点岗位人员、劳务工的安全培训。加强从业人员资格管理，企业主要负责人和分管负责人安全管理人员、特种作业人员等必须按规定严格考核、持证上岗；监管执法人员必须经培训合格后方可上岗。加大继续教育力度，各级主管安全生产工作的领导以及业务骨干人员每年必须轮训一次，其他从事安全生产工作人员每三年必须进行一次系统培训，每次轮训和系统培训时间原则上不少于 36 学时。

（二）有力推进安全文化建设，提升安全文化素质。加大普法和宣传教育力度，运用多种形式，采取人明群众喜闻乐见的方式，利用电视、互联网、报纸、广播、宣传展板等，普及安全常识，营造“关爱生命、关注安全”的舆论氛围，积极开展安全生产和应急知

识进企业、进学校、进乡村、进社区、进家庭活动,增强社会公众安全意识,提高事故防范和自救互救的能力。严格执行职业病防治法,认真落实职业危害防护措施“三同时”制度,保障从业人员安全健康权益。大型企业要建立健全职业教育和培训机构,积极培育企业安全文化,打造企业安全文化精品,构建自我约束,持续改进的长效机制。

七、进一步加强对安全生产工作的领导

(一)加强组织领导。交通运输系统各部门、各单位要充分学习领会国发〔2011〕40 号文件精神,结合实际,拟定详细的落实措施,强化组织领导,把落实国发〔2011〕40 号文件精神作为当前和今后交通运输安全生产工作的一项重要工作来抓。充分发挥各级交通运输部门安全生产委员会及其办公室的综合协调作用,落实各成员单位的工作责任。

(二)加强安全生产绩效考核。按照《关于加强交通运输企业安全生产绩效考核的指导意见》要求,继续完善安全生产考核体系,把安全生产绩效考核纳入到经济社会发展考核评价指标体系,加大各级领导干部政绩业绩考核中安全生产的权重和考核力度。把安全生产工作纳入行业精神文明和党风廉政建设、社会管理综合治理体系之中。制定完善安全生产奖惩制度,对成效显著的单位和个人要以适当形式予以表扬和奖励,对违法违规、失职渎职的,依法严格追究责任。

(三)不断加大安全生产投入。完善安全投入方面的相关配套政策,按照《交通运输安全生产和应急体系“十二五”发展规划》,各级交通运输主管部门要持续加大安全生产投入。设立安全生产专项经费,探索建立中央、地方、企业和社会共同承担的安全生产长效投入机制。各级交通运输企业要按照相关规定足额提取安全生产费用,加强安全生产设施设备的配备和更新,不断改善企业安全生产条件。

(四)加强对协会和中介机构的规范和指导。各交通运输行业协会要充分发挥桥梁和纽带作用,加强自律,推动行业安全生产标准化建设,建立安全生产诚信机制;组织指导会员企业开展安全生产宣传教育工作,积极推进交通运输企业安全文化体系建设。加强对交通运输安全生产中介机构的管理,实行严格的资格认证制度,确保中介机构依法履行教育培训、科技推广、安全评价、技术咨询等职能。

邮 政 管 理

邮政行业安全监督管理办法

交通运输部令 2011 年第 2 号　2011.1.4

第一章　总　则

第一条　为加强邮政行业安全监督管理，维护邮政通信与信息安全，保护用户合法权益，促进邮政行业健康发展，根据《中华人民共和国邮政法》及有关法律、行政法规，制定本办法。

第二条　在中华人民共和国境内管理、经营和使用邮政服务、快递业务及与此相关的安全活动，适用本办法。

第三条　邮政行业安全监督管理坚持安全第一、预防为主、综合治理的方针，保障寄递渠道畅通和邮件、快件寄递安全，确保邮政企业、快递企业生产安全和邮政行业从业人员人身安全。

第四条　国务院邮政管理部门负责全国的邮政行业安全监督管理工作。

省、自治区、直辖市邮政管理机构负责本行政区域内的邮政行业安全监督管理工作。

第五条　邮政管理部门应当与有关部门相互配合，健全邮政安全保障机制，加强对邮政通信与信息安全的监督管理。

第六条　邮政企业、快递企业应当遵守国家有关安全管理的规定，不得危害国家安全、公共安全和公民、法人、其他组织的合法权益。

第七条　用户交寄邮件、快件应当遵守国家关于禁止寄递或者限制寄递物品的规定，不得通过寄递渠道危害国家安全、公共安全和公民、法人、其他组织的合法权益。

第八条 任何公民、法人或者其他组织不得隐匿、毁弃、非法开拆邮件、快件，不得损毁邮政与快递服务设施或者影响邮政与快递服务设施的正常使用。

有关公民、法人或者其他组织应当配合邮政管理部门实施邮政行业安全监督管理工作。

第二章 通信与信息安全

第九条 邮政企业、快递企业应当提示用户如实填写寄递详情单，包括寄件人、收件人名址和寄递物品的名称、类别、数量等，并核对寄件人和收件人信息，准确注明邮件、快件的重量、资费。国务院邮政管理部门规定寄件人出具身份证明的，邮政企业、快递企业应当要求用户出示有效身份证件。

邮政企业、快递企业应当在用户在场的情况下，当面验视交寄物品，检查是否属于国家禁止或限制寄递的物品，以及物品的名称、类别、数量等是否与寄递详情单所填写的内容一致。依照国家规定需要用户提供有关书面凭证的，邮政企业、快递企业应当要求用户提供凭证原件，核对无误后，方可收寄。

用户拒绝验视、拒不如实填写寄递详情单、拒不提供相应书面凭证或者不按照规定出示有效身份证件的，邮政企业、快递企业不予收寄。

第十条 邮政企业、快递企业在收寄过程中发现用户寄递国家禁止寄递的物品的，应当拒绝收寄。已经收寄的邮件、快件中发现有上述物品的，邮政企业、快递企业应当立即停止转发和投递。

对其中依法需要没收或者销毁的物品，应当立即向有关部门报告，并配合有关部门进行处理。

对已经收寄的不需要没收、销毁的禁寄物品以及一同查处的禁寄物品之外的物品，邮政企业、快递企业应当与寄件人或者收件人取得联系，妥善处理。

第十一条 快递企业不得经营由邮政企业专营的信件寄递业

务，不得寄递国家机关公文。

外商不得投资经营信件的国内快递业务。

第十二条 邮政企业、快递企业应当妥善投递邮件、快件。需要签收的，邮政企业、快递企业应当直接交付收件人，并办理签收手续，或者依法由他人代为签收。

机关、企事业单位、住宅小区管理单位等应当为邮政企业投递邮件提供便利，并保障代收代投邮件的安全。

第十三条 邮政企业、快递企业应当采用技术手段，对收寄、分拣、运输、投递等环节实行安全监控，防止邮件、快件在寄递过程中短少、丢失、损毁。

监控设备应当全天二十四小时运转，监控资料保存时间不得少于三十天，并按照国务院邮政管理部门的要求报送。

第十四条 邮政企业、快递企业应当保护用户的信息安全和通信秘密，确保所掌握的用户使用邮政服务、快递业务的信息不被窃取、泄露。未经法律明确授权或者用户书面同意，邮政企业、快递企业不得将用户使用邮政服务、快递业务的信息提供给任何组织或者个人，但公安机关、国家安全机关、检察机关依法行使职权的除外。

第十五条 邮政企业、快递企业应当配备符合国家标准的安全检查设备，安排具备专门技术和技能的人员对邮件、快件进行安全检查。安全检查设备的标准由国务院邮政管理部门会同有关部门另行制定。

第十六条 邮政企业、快递企业应当按照邮政管理部门规定的项目收集、统计、分析运营信息，确保有关数据的真实、完整，并按时向邮政管理部门报送。

邮政企业、快递企业应当为接入邮政管理部门的信息管理系统预留相应的数据接口，并按规定与邮政管理部门的信息管理系统联网。

第十七条 邮政企业、快递企业应当配合邮政管理部门、公安机关和国家安全机关的安全监督检查，为监督检查人员提供相应的便利条件。

邮政企业、快递企业设计和建设邮件、快件处理场所,应当符合国家安全机关、海关依法履行职责的要求。

第十八条 邮政企业、快递企业应当保障本企业寄递渠道的畅通。

因自然灾害、社会事件、生产安全事故、经营不善等造成或者可能造成邮件、快件积压的,邮政企业、快递企业应当及时组织和调配运力,进行有效疏运。

第十九条 邮政企业、快递企业及其分支机构、从业人员不得非法扣留邮件、快件。

第二十条 邮件、快件积压或者被扣留的,邮政管理部门应当协调处理,必要时可以组织邮政企业、快递企业运输、投递,由此产生的费用由邮件、快件积压或者被扣留的邮政企业、快递企业承担。

第三章 生产安全

第二十一条 邮政企业、快递企业应当遵守本办法和其他有关安全生产的规定,加强安全生产管理,建立、健全安全生产责任制度,完善安全生产条件,确保生产安全。

第二十二条 邮政企业、快递企业应当遵守国家有关安全生产的法律、法规、标准,落实安全生产管理责任。

邮政企业、快递企业的主要负责人是安全生产的第一责任人,对本单位安全生产工作负有下列职责:

(一)建立、健全本企业安全生产责任制;

(二)组织制定本企业安全生产规章制度和操作规程;

(三)保证本企业安全生产资金的投入和有效使用;

(四)积极配合相关部门对本企业的安全生产工作进行监督检查;

(五)督促、检查本企业的安全生产工作,及时消除生产安全事故隐患；

（六）组织制定并实施本企业的生产安全事故应急救援预案；

（七）及时、如实报告生产安全事故。

第二十三条 邮政企业、快递企业应当落实岗前安全培训制度，强化从业人员安全生产知识与技能的培训、教育，使其具备与本岗位相适应的安全生产知识和处置技能。未经安全生产教育和培训合格的从业人员，不得上岗作业。

特种作业人员应当按照规定经专门的安全作业培训并取得特种作业操作资格证书，方可上岗作业。

第二十四条 邮政企业、快递企业应当建立健全安全生产责任制，落实安全生产保障、安全生产检查与事故隐患排查、安全生产教育培训、安全生产信息报告等制度。

第二十五条 邮政企业、快递企业所使用的设施设备的安装、使用、检测、维修、改造和报废，应当符合国家标准或者行业标准。有较大危险因素的生产经营场所和有关设施设备上，应当设置明显的安全警示标志。

第二十六条 邮件处理中心、快件分拨中心、营业网点、员工宿舍等人员密集场所应当设有符合紧急疏散要求、标志明显、保持畅通的出口。禁止封闭、堵塞出口。

前款所列人员密集场所及用于存放物品的临时场地和库房应当按规定设置防火、防触电等安全设施、设备。

第二十七条 邮政企业应当按照有关规定加强邮政汇兑、邮政储蓄资金票据的安全管理。

第二十八条 邮政企业、快递企业新建、改建和扩建邮件处理中心、快件分拨中心，其安全设施必须与主体工程同时设计、同时施工、同时投入生产和使用。已经投入生产和使用的安全设施不符合安全防护标准和要求的，邮政企业、快递企业应当予以更换或者改建。邮政企业、快递企业的邮件处理中心、快件分拨中心设计建设前及竣工验收后，应当向当地省级邮政管理机构备案。

第二十九条 邮政企业、快递企业的从业人员有依法获得安全生产保障的权利，企业应当为从业人员提供工伤保险和相应的个人安全防护措施、装备，营造安全的工作环境。

第四章 应急管理

第三十条 邮政管理部门以及邮政企业、快递企业应当按照《国家邮政业突发事件应急预案》建立健全突发事件应对工作机制，提高应对邮政行业突发事件能力，预防与减少邮政行业突发事件及其造成的损害。

第三十一条 邮政管理部门应当结合邮政行业安全监督管理的实际，定期对本行业突发事件应急预案的可行性、科学性与有效性进行评估，适时修订。定期组织邮政企业、快递企业开展突发事件应急演练。

第三十二条 邮政企业、快递企业应当按照国务院邮政管理部门的规定，制定突发事件应急预案和专项预案，根据情势变化适时修订更新，并及时向邮政管理部门备案。

第三十三条 邮政企业、快递企业应当加强应急队伍建设和物资、技术、经费保障，满足突发事件预防与处置工作的需要。

邮政管理部门为应对突发事件，可以调集和征用有关邮政企业、快递企业的人员、物资及车辆、场地和相关设备，并按照有关规定给予补偿。

第三十四条 发生自然灾害、事故灾难、公共卫生事件、社会安全事件等，造成下列情形之一的，邮政企业、快递企业应当在一小时内向突发事件发生地的省级邮政管理机构和负有相关职责的公安、国家安全、安全生产监督管理等部门报告：

（一）本企业人员死亡或者失踪一人以上，或者重伤三人以上的；

（二）邮件、快件一次丢失、损毁一百件以上，或者积压一千件以上的；

（三）邮寄爆炸物、生物病原体、生物毒素、危险化学品、放射性物品等，在寄递过程中发生爆炸、泄漏的；

（四）邮件处理中心、快件分拨中心内发生重大事故，生产中断的；

（五）其他可能严重影响寄递渠道畅通的情形。

第三十五条 有下列情形之一的，邮政企业、快递企业应当在情形发生之日起三日内，向邮政管理部门报告相关情况：

（一）邮政企业、快递企业及其分支机构因面临高额债务追偿或者因投资、经营不善导致无法履行对其他主体的债务，可能影响正常开展寄递业务的；

（二）邮政企业、快递企业及其分支机构因经济纠纷或者违法行为被有关机关查封运营设备、设施，或者冻结资产的；

（三）邮政企业、快递企业分立、合并、投资融资、变更终止协议等，可能影响正常开展寄递业务的；

（四）邮政企业、快递企业及其从业人员私自开拆、隐匿、毁弃邮件、快件十件以上，或者因故意延误投递邮件、快件被侦查机关立案调查的；

（五）其他可能影响寄递渠道畅通的情形。

第三十六条 突发事件发生后，发生事件的邮政企业、快递企业在报告信息的同时，应当及时启动应急预案进行先期处置，控制事态。

邮政管理部门在接到报告后，应当依照规定及时组织处置并向上级部门报告，必要时，联系有关部门共同处置。

第三十七条 邮政管理部门应当妥善处置邮政行业突发事件，查明事件原因和责任，提出整改措施，并依法对有违法行为的责任人作出处理。涉及其他部门管理职权的，应当联合有关部门共同处理。

第五章 监督管理

第三十八条 邮政管理部门依法履行下列职责：

（一）制定保障邮政通信与信息安全、安全生产的政策、制度和相关标准，并监督实施；

（二）指导与监督邮政企业、快递企业落实安全责任制，督促企业加强内部安全管理；

（三）对邮政行业运行安全进行监测、预警和应急管理；

（四）指导、监督邮政企业、快递企业开展安全运营的宣传教育和培训；

（五）依法对邮政企业、快递企业实施安全监督检查；

（六）组织调查或者参与调查邮政行业安全事故，查处违反邮政行业安全监管规定的行为；

（七）法律、法规、规章规定的其他职责。

第三十九条 邮政管理部门应当加强邮政行业安全管理制度和安全知识的宣传，提高从业人员的安全意识、安全操作技能，增强公众使用寄递服务的安全意识。

第四十条 邮政管理部门应当加强邮政行业安全运行的监测预警，建立信息管理体系，收集、分析与邮政行业安全运行有关的各类信息。

省、自治区、直辖市邮政管理机构应当及时向国务院邮政管理部门报告邮政行业安全信息，并定期通报相应的公安机关、国家安全机关、海关、安全生产监督管理部门。

第四十一条 邮政管理部门应当对邮政企业、快递企业建立健全和遵守安全生产制度以及企业防范安全风险、规范从业人员安全生产行为等情况进行检查。

第四十二条 邮政管理部门发现邮政企业、快递企业存在违反安全管理规定，妨害或者可能妨害邮政行业安全的，应当对其调查。违法行为涉及其他部门的管理职权的，邮政管理部门应当会同有关部门，共同对邮政企业、快递企业进行调查。

第四十三条 邮政管理部门开展监督检查，应当有两名以上监督检查人员参加。

监督检查人员应当出示执法证件，告知邮政企业、快递企业检查事由和依据。

第四十四条 邮政安全监督检查人员应当将检查的时间、地点、内容、发现的问题及其处理情况，作出书面记录，并由监督检查人员和被检查单位的负责人签字；被检查单位负责人拒绝签字的，监督检查人员应当将情况记录在案。

第四十五条 邮政管理部门可以在行业内通报邮政企业、快递企业违反安全监管有关规定、发生安全事件以及对有关责任人员进行处理的情况，必要时可以向社会公开上述信息，但涉及国家秘密、商业秘密与个人隐私的除外。

第六章 法律责任

第四十六条 用户违反本办法第七条规定，寄递危害国家安全、公共安全的信息或者物品，尚不构成犯罪的，依照《中华人民共和国治安管理处罚法》及有关法律、法规处罚；构成犯罪的，依法追究刑事责任。违法邮寄国家禁止出境或者限制出境的物品，按照《中华人民共和国海关法》处罚。给邮政企业、快递企业或者公民、法人及其他组织造成损害的，应当依法承担赔偿责任。

第四十七条 邮政企业、快递企业违反收寄验视制度或者违反规定收寄禁止寄递物品或者限制寄递物品的，依照《中华人民共和国邮政法》第七十五条予以处罚。违法收寄国家禁止出境或限制出境的物品，依照《中华人民共和国海关法》处罚。

第四十八条 违反本办法第十一条规定的，依照《中华人民共和国邮政法》第七十二条予以处罚。

第四十九条 邮政企业、快递企业违法提供用户使用邮政服务、快递业务的信息的，依照《中华人民共和国邮政法》第七十六条予以处罚。

第五十条 违反本办法第十三条第二款、第十六条第一款、第二十八条规定，未按照要求报送有关数据、信息或者备案的，由邮政管理部门责令限期改正，可以处一千元以上一万元以下的罚款。

逾期未改正的,处一万元以上三万元以下的罚款。

第五十一条 邮政企业、快递企业有下列行为之一的,由邮政管理部门责令限期改正,可给予警告或处一万元以下的罚款;逾期未改正的,责令停业整顿,可以并处二万元以下的罚款:

(一)未按照本办法第二十三条的规定对从业人员进行安全生产教育和培训的;

(二)特种作业人员(特种设备作业人员除外)未按照规定经专门的安全作业培训并取得特种作业操作资格证书,上岗作业的。

第五十二条 邮政企业、快递企业有下列行为之一的,由邮政管理部门责令限期改正,可以处三千元以上一万元以下的罚款;逾期未改正的,责令停业整顿,可以并处五万元以下的罚款;造成严重后果,构成犯罪的,依法追究刑事责任:

(一)未在有较大危险因素的生产经营场所和有关设施、设备上设置明显的安全警示标志的;

(二)安全设备的安装、使用、检测、改造和报废不符合国家标准或者行业标准的;

(三)未对安全设备进行经常性维护、保养和定期检测的;

(四)未为从业人员提供符合国家标准或者行业标准的劳动防护用品的;

(五)未对重大安全隐患进行整改的。

第五十三条 邮政企业、快递企业违反本办法第十七条规定,拒不配合安全监督检查的,依据《中华人民共和国邮政法》第七十七条的规定予以处罚。

第五十四条 邮政企业、快递企业违反本办法第三十二条规定,未制定突发事件应急预案和专项预案的,由邮政管理部门责令限期改正,可给予警告或处一千元以上五千元以下的罚款;逾期未改正的,处五千元以上一万元以下的罚款。

第五十五条 邮政管理部门工作人员在安全监督管理工作中滥用职权、玩忽职守、徇私舞弊,构成犯罪的,依法追究刑事责任;尚不构成犯罪的,依法给予处分。

第七章　附　　则

第五十六条　机要通信安全监督管理办法另行制定。

第五十七条　本办法自 2011 年 2 月 1 日起施行。

集邮市场管理办法

交通运输部令2011年第6号 2011.5.6

第一章 总 则

第一条 为了加强对集邮市场的监督管理,规范集邮市场经营行为,保护消费者合法权益,促进集邮市场健康发展,根据《中华人民共和国邮政法》和国务院有关决定,制定本办法。

第二条 在中华人民共和国境内从事集邮票品经营活动、开办集邮票品集中交易市场及对集邮市场进行监督管理,适用本办法。

本办法所称集邮市场是指以集邮票品为交易对象的市场;集邮票品经营,是指以营利为目的,从事集邮票品的批销、零售、拍卖等活动,以及集邮品的制作活动;集邮票品集中交易市场,是指符合本办法第十二条规定条件,有多个集邮票品经营者入场设点,独立、公开地进行集邮票品交易的固定场所。

第三条 集邮票品包括邮资凭证和集邮品。邮资凭证包括邮票、邮资符志、邮资信封、邮资明信片、邮资邮简、邮资信卡等;集邮品,是指邮资凭证的制成品或者仿印仿制邮票图案的制成品。其他国家或者地区发行的邮资凭证进入我国境内,按照集邮品进行管理。

第四条 国务院邮政管理部门负责全国集邮市场的监督管理工作。

省、自治区、直辖市邮政管理机构(以下简称省级邮政管理机构)在国务院邮政管理部门的领导下,负责本行政区域的集邮市场监督管理工作。

国务院邮政管理部门和省级邮政管理机构统称邮政管理部门。

第二章　经营主体管理

第五条　邮政企业应当依法开展集邮票品的制作、销售业务，按照《邮票发行监督管理办法》的规定向邮政管理部门报告邮票销售网点的分布或者变动情况，包括经营集邮品业务的销售网点的分布或者变动情况

其他具有固定经营场所的集邮票品经营者应当在本办法施行后二十日内或者工商登记后二十日内到当地省级邮政管理机构办理备案手续。

第六条　办理集邮票品经营备案手续，应当提交下列材料：

（一）国务院邮政管理部门制定的经营集邮票品业务备案登记表；

（二）营业执照原件及复印件；

（三）法定代表人或者负责人的身份证明；

（四）固定经营场所合法使用的证明；

（五）国务院邮政管理部门要求提供的其他材料。

在集邮票品集中交易市场内经营集邮票品业务的，由市场开办者统一办理备案手续。

第七条　经营集邮票品业务备案情况发生变更的，集邮票品经营者应当在变更发生之日起二十日内向原备案的省级邮政管理机构办理变更手续。

第八条　集邮票品经营者停止经营集邮票品业务，应当自停止经营二十日前告知原备案的省级邮政管理机构，并做好善后处理工作。

第九条　举办展销会从事集邮票品展销活动的主办单位，应当在展销活动举办十五日前，持参加展销单位目录、展销场地证明

等材料,到当地省级邮政管理机构办理备案手续。

第十条 举办集邮票品拍卖活动的主办单位,应当在拍卖活动举行十五日前,持有关拍卖集邮票品的目录,到当地省级邮政管理机构办理备案手续。

第十一条 开办集邮票品集中交易市场,应当依法取得《集邮票品集中交易市场开办许可证》。

第十二条 申请开办集邮票品集中交易市场应当具备下列条件:

(一)符合企业法人条件;

(二)注册资本不低于人民币三十万元;

(三)有适合集邮票品交易的固定经营场所,并且符合公安、消防等管理部门对设立市场的要求;

(四)具备识别邮资凭证真伪的人员和设备;

(五)有集邮票品集中交易市场管理制度。

第十三条 申请开办集邮票品集中交易市场许可的,应当向当地省级邮政管理机构提交下列申请材料:

(一)开办集邮票品集中交易市场申请书;

(二)企业法人资格证明文件或者工商行政管理部门出具的企业名称预核准通知书;

(三)验资报告;

(四)法定代表人的身份证明;

(五)固定经营场所合法使用的证明;

(六)集邮票品集中交易市场管理制度;

(七)法律、法规、规章规定的其他材料。

联合开办集邮票品集中交易市场的,还应当提交联办各方共同签署的协议书。

第十四条 省级邮政管理机构应当自申请受理之日起二十日内对申请材料审查核实,作出批准或者不予批准的决定。二十日内不能作出决定的,经本行政机关负责人批准,可以延长十日,并应当将延长期限的理由告知申请人。予以批准的,颁发《集邮票品集中交易市场开办许可证》;不予批准的,书面通知申请人并说明理由。

申请人凭《集邮票品集中交易市场开办许可证》向工商行政管理部门办理注册登记。

第十五条 《集邮票品集中交易市场开办许可证》的有效期限为五年。

有效期届满,集邮票品集中交易市场经营主体(以下简称市场开办者)继续经营的,应当在《集邮票品集中交易市场开办许可证》有效期限届满三十日前向发证机关提出申请,换领许可证。

第十六条 市场开办者名称、市场名称、注册资本、法定代表人、经营地址等事项发生变更的,应当及时到发证机关申请办理变更手续。

第十七条 市场开办者在《集邮票品集中交易市场开办许可证》有效期内停止经营的,应当提前书面告知发证机关,交回《集邮票品集中交易市场开办许可证》,并做好善后处理工作。

第十八条 市场开办者应当加强市场管理,规范集邮票品经营者的经营行为,建立经营者信誉档案。对于经营者在经营活动中受处罚或者被投诉等情况,市场开办者应当如实记录,并对严重违反市场管理制度的行为予以公布。

市场开办者应当建立投诉受理渠道,接受消费者投诉,并协助有关部门处理集邮票品交易纠纷。

第十九条 有下列情形之一的,省级邮政管理机构应当依法注销《集邮票品集中交易市场开办许可证》:

(一)许可证有效期满未延续的;

(二)法人资格依法被终止的;

(三)申请人取得许可证后,无正当理由超过六个月未开办集邮票品集中交易市场的,或者自行连续停业六个月以上的;

(四)在许可证有效期限内终止经营的;

(五)行政许可被依法撤销的;

(六)法律、行政法规规定的其他情形。

第二十条 《集邮票品集中交易市场开办许可证》由国务院邮政管理部门统一印制。

任何单位或者个人不得伪造、涂改、冒用、租借、买卖和非法转让《集邮票品集中交易市场开办许可证》。

第三章 经营业务管理

第二十一条 集邮票品经营者应当遵守诚实信用、公平交易的原则,严禁强买强卖、欺诈等行为。

第二十二条 制作集邮品,应当在集邮品上注明集邮品的发行单位。

使用仿印仿制邮票图案制作集邮品,应当符合国家有关仿印仿制邮票图案的规定。

第二十三条 集邮票品的进口业务由国务院邮政管理部门指定经营。未经指定,任何单位或者个人不得经营集邮票品的进口业务。

集邮票品的进口业务应当符合本规定关于集邮票品经营活动的各项规定。

第二十四条 举办集邮票品的展销和拍卖活动,以及发布集邮票品广告,应当遵守国家有关法律法规以及国务院邮政管理部门有关集邮票品管理规定。

第二十五条 集邮票品经营者不得从事下列活动:

(一)经营伪造、变造的邮资凭证;

(二)经营国家禁止流通的集邮票品;

(三)经营 1949 年 10 月 1 日以后台湾地区发行的集邮票品;

(四)经营未注明发行单位信息的集邮品;

(五)经营不符合国家规定的仿印仿制邮票图案的集邮品;

(六)经营明显具有虚假信息的集邮品;

(七)经营擅自进口的集邮票品;

(八)冒用他人名义制作或者销售集邮票品;

（九）其他违反国家有关规定的经营活动。

第二十六条 邮政企业应当严格遵守国家关于邮资凭证发行的规定，在规定的发行期内按面值或者规定售价出售邮资凭证。

第二十七条 邮政企业应当根据集邮票品经营活动和广大集邮爱好者的需要，统筹规划，组织好集邮票品的开发与制作。

邮政企业向集邮爱好者提供的集邮票品信息应当真实、准确、完整，不得隐瞒有关信息或者提供虚假信息。

第二十八条 邮政企业应当对集邮票品的制作与销售严格管理。邮政企业的集邮业务机构应当合理开发、制作、销售集邮品。

第四章 监督检查

第二十九条 邮政管理部门应当建立巡查、抽查、定期检查等制度，加强对集邮市场的管理。

集邮市场经营主体应当依法经营，接受邮政管理部门及其他有关部门的监督管理。

第三十条 《集邮票品集中交易市场开办许可证》管理实行年度报告制度。市场开办者应当在每年四月三十日前向当地省级邮政管理机构提交下列材料：

（一）年度报告书，包括年度经营情况、遵守法律法规情况、受到奖励或者处罚的情况、投诉及纠纷处理情况等；

（二）上一年度的资产负债表和损益表；

（三）《集邮票品集中交易市场开办许可证》副本原件；

（四）营业执照复印件；

（五）国务院邮政管理部门要求提供的其他材料。

第三十一条 邮政管理部门依法履行监督管理职责，可以采取以下监督检查措施：

（一）进入集邮票品集中交易市场或者涉嫌发生违反本办法活动的其他场所实施检查；

（二）向有关单位和个人了解情况；

（三）查阅、复制有关文件、资料、凭证；

（四）经邮政管理部门负责人批准，查封与违反本办法活动有关的场所，扣押用于违反本办法活动的相关物品。

第三十二条　任何单位和个人发现第二十五条中所列条款的情形，均可向邮政管理部门举报。邮政管理部门接到举报后，应当及时调查处理。

第三十三条　邮政管理部门工作人员对监督检查中知悉的商业秘密，负有保密义务。

第五章　法律责任

第三十四条　违反本办法第五条、第七条、第九条、第十条有关备案管理规定的，由邮政管理部门责令改正。拒不改正的，可处以三千元以上一万元以下的罚款。

第三十五条　违反本办法第十一条、第十五条第二款有关许可管理规定的，由邮政管理部门给予警告，并可处以一万元以上三万元以下的罚款。

第三十六条　违反本办法第二十五条、第二十六条、第二十七条规定的，由邮政管理部门给予警告；情节严重的，可并处五千元以上三万元以下的罚款；构成犯罪的，依法追究刑事责任。

第三十七条　违反本办法第十八条、第三十条规定的，由邮政管理部门责令改正。情节严重的，可处以一万元以上三万元以下的罚款。

第六章　附　　则

第三十八条　本办法自2011年8月1日起施行。2000年颁布的《集邮市场管理办法》（国家邮政局、国家工商行政管理局第1号令）同时废止。

邮政行业统计管理办法

交通运输部令2011年第8号　2011.10.11

第一章　总　　则

第一条　为加强邮政行业监督管理，规范行业统计工作，保障行业统计资料的真实性、准确性、完整性和及时性，根据《中华人民共和国统计法》、《中华人民共和国邮政法》等法律和相关行政法规，制定本办法。

第二条　本办法适用于邮政管理部门组织实施的邮政行业统计活动。

第三条　邮政行业统计是邮政管理部门根据履行监督管理职责的需要，依法组织实施的部门统计调查活动。其基本任务是通过制定邮政行业统计制度，建立统计指标体系，运用各种统计方法对邮政行业发展情况进行统计调查和统计分析，准确掌握邮政行业的经济运行情况，为行业监督管理提供信息服务，同时为国家统计调查提供相关数据资料。

第四条　邮政行业统计工作实行统一领导、分级负责的原则。

国务院邮政管理部门是全国邮政行业统计工作的主管部门，负责组织、指导、管理、监督全国邮政行业统计工作。

各省、自治区、直辖市邮政管理机构及其管理的邮政监管机构在国务院邮政管理部门的领导下，组织、开展、管理、监督本行政区域的邮政行业统计工作。

国务院邮政管理部门和各省、自治区、直辖市邮政管理机构及其管理的邮政监管机构，统称为邮政管理部门。

第五条 统计调查对象负责组织开展本单位的统计工作，并接受邮政管理部门的监督管理。

统计调查对象是指有义务提供邮政行业统计调查所需资料的邮政企业、快递企业、集邮票品集中交易市场开办者以及邮政行业的其他相关企业和组织。

第六条 邮政管理部门统计机构和统计人员依法独立行使统计调查、统计报告和统计监督的职权，不受侵犯。

第七条 统计调查对象应当按照邮政管理部门规定，依法履行统计义务，真实、准确、完整、及时地提供统计调查所需的资料，不得提供不真实或者不完整的统计资料，不得迟报、拒报统计资料。

第八条 邮政管理部门、统计调查对象应当建立健全统计资料的审核、签署、报送、交接、保管、借用、归档、销毁等管理制度，依法管理统计资料。

第九条 邮政管理部门、统计调查对象应当加强统计能力建设，满足统计工作所需的人员、经费、技术装备和其他各项条件。

第十条 邮政管理部门对在邮政行业统计工作中做出重要贡献和取得突出成绩的统计调查对象和统计工作人员可以给予表彰或者奖励。

第二章　统计机构与统计人员

第十一条 国务院邮政管理部门应当设立统计机构，配备专职统计人员，在国家统计局的业务指导下，统一管理全国范围内的邮政行业统计工作。

省、自治区、直辖市邮政管理机构应当确定统计机构，设立统计岗位，配备专职或者兼职统计人员，在省级人民政府统计机构的业务指导下，统一管理本行政区域内的邮政行业统计工作。

第十二条 统计调查对象主要负责人是统计工作的第一责任人，全面负责本单位统计调查工作，并对本单位统计数据的真实性负责。

第十三条 统计调查对象应当确定人员承担本单位的统计工作,并保持本单位承担统计工作任务的人员的相对稳定,建立健全离岗交接制度。

第十四条 统计调查对象承担统计工作任务的人员应当具有良好的职业道德,具备执行统计任务所需的专业知识和业务能力。

第十五条 统计调查对象承担统计工作任务的人员应当按照邮政管理部门的规定参加统计培训。

第三章 统计调查管理

第十六条 邮政行业统计调查项目由邮政管理部门根据监督管理工作需要制定。制定邮政行业统计调查项目应当经过论证。

邮政行业统计调查项目包括全国邮政行业统计调查项目和地方邮政行业统计调查项目。

第十七条 邮政行业统计调查项目按照下列规定制定、备案或者审批:

(一)全国邮政行业统计调查项目由国务院邮政管理部门统一制定,报国家统计局备案。其中统计调查对象超出邮政管理部门管辖系统的,报国家统计局审批;

(二)地方邮政行业统计调查项目由省、自治区、直辖市邮政管理机构制定,报省级人民政府统计机构审批,并报国务院邮政管理部门备案。

第十八条 邮政行业统计调查项目不得与国家统计调查项目重复。地方邮政行业统计调查项目不得与全国邮政行业统计调查项目重复。

第十九条 邮政管理部门制定统计调查项目,应当同时制定该项目的统计调查制度,并按照第十七条规定一并报经备案或者审批。

统计调查制度应当对调查目的、调查内容、调查方法、调查对象、调查组织方式、调查表式和统计资料的报送等做出规定。统计调查应当按照统计调查制度组织实施,未经批准,任何单位或者个人不得擅自修改。

邮政行业统计对邮政普遍服务业务和快递等其他业务实行分类统计。

第二十条 邮政行业统计调查分为常规统计调查和专项统计调查。

常规统计调查是指邮政管理部门根据统计调查制度开展的经常性、周期性的统计调查。

专项统计调查是指根据国家统一部署或者邮政行业管理需要,邮政管理部门为某一特定目的开展的统计调查。专项统计调查的内容原则上不得与常规统计调查的内容重复。

第二十一条 邮政管理部门统计机构归口管理邮政行业统计调查工作。邮政管理部门其他职能机构开展的专项统计调查,应当报同级统计机构审核,并将统计调查结果报送同级统计机构。

第二十二条 国务院邮政管理部门根据国家统计局制定的统计标准和相关要求统一制定邮政行业统计标准,保证邮政行业统计调查采用的指标含义、计算方法、分类目录、调查表式和统计编码等的标准化。

第二十三条 邮政管理部门制发的邮政行业统计调查表,应当由本部门统计机构统一标明表号、制定机关、批准或者备案文号、有效期限等标志。对未标明上述规定标志或者超过有效期限的统计调查表,统计调查对象有权拒绝填报。

第二十四条 统计调查对象应当加强统计基础工作建设,建立健全原始记录和统计台账制度,严格落实统计工作责任制。

统计原始记录和统计台账应当按照邮政管理部门的规定进行设置,统计数据必须保持与原始记录和统计台账的一致性。

第二十五条 统计调查对象应当按照统计调查制度或者统计调查方案的要求,向邮政管理部门报送各项统计资料。

第二十六条 统计调查对象应当建立健全统计资料的填报审

核制度，填报的统计资料须经统计调查填报人签名，单位负责人和统计负责人签署并加盖单位公章后方可报送。审核、签署人员应当对其审核、签署的统计资料的真实性、准确性、完整性负责。

统计调查对象报送的统计资料发生错误的，应当在报送时限内予以更正，逾期未更正的，应当提交书面说明。统计资料的信息内容出现非正常变化时，应当附加情况说明。

第二十七条 统计调查对象发生下列变更的，应当及时向邮政管理部门统计机构报告，统计机构对其相关信息予以及时调整：

（一）本单位统计负责人发生变化的；

（二）快递企业以商业特许经营模式经营的，其特许企业的组织机构代码或者服务品牌发生变化的。

第二十八条 统计调查对象应当积极推进统计信息化建设，逐步提高统计工作的信息化水平。

第二十九条 快递企业以商业特许经营模式经营的，其特许企业应当组织、指导、监督被特许企业的统计工作。

经国务院邮政管理部门同意后，可以由特许企业按照规定统一收集并报送被特许企业的统计资料。特许企业收集统计资料时，应对被特许企业的统计资料进行审核，对存在问题的应当要求重新报送。特许企业不得编造、篡改被特许企业的数据。

第四章 统计资料管理和公布

第三十条 邮政行业统计资料，是指能够反映邮政行业发展状况的数字、文字、图表等统计信息。主要包括：

（一）统计原始记录、统计台账和统计调查报表；

（二）经过加工整理、分析研究后的综合统计报表和统计分析报告。

第三十一条 邮政管理部门统计机构归口管理邮政行业统计资料，并建立与其他职能机构的资料共享与服务机制。

邮政管理部门内部各职能机构使用的统计资料应当从统计机

构取得,或者经过统计机构审核。

第三十二条 统计调查对象应当建立健全统计资料的交接制度和档案管理制度。对原始记录、统计台账、统计报表及电子数据信息等统计资料,实行专人管理,不得涂改、丢损和随意销毁。原始记录和统计台账至少保存五年。

第三十三条 国务院邮政管理部门统计机构负责汇总、审定全国邮政行业统计资料,经本部门主要负责人签署后予以发布。

省、自治区、直辖市邮政管理机构负责汇总、审定本行政区域邮政行业统计资料,经本机构主要负责人签署后予以发布。

第三十四条 邮政管理部门内部各职能机构在向有关部门、新闻媒体以及社会团体等组织提供相关资料涉及使用统计信息时,应当使用已予以发布的统计资料。需要使用未予以发布的统计资料时,应当经统计机构同意。

第三十五条 邮政管理部门、统计人员、统计调查对象承担统计工作的人员和其他取得统计资料的相关人员,对在统计工作中知悉的未经发布的、涉及统计调查对象商业秘密和个人信息的,应当予以保密。

第五章 监督检查

第三十六条 邮政管理部门应当会同同级人民政府统计机构加强对邮政行业统计调查对象执行统计法规和开展邮政行业统计工作情况的监督检查,协助同级人民政府统计机构依法查处统计违法行为。

第三十七条 邮政管理部门统计机构和统计人员根据邮政行业统计工作需要履行以下职责:

(一)按照邮政行业统计调查制度开展统计工作,调查、搜集有关资料,召开有关调查会议;

(二)在邮政行业统计调查中,可以就与统计有关的问题询问有关单位和相关人员,要求如实提供统计资料;

（三）对统计资料有疑问的，有权检查与统计资料有关的原始记录和凭证；

（四）按照邮政行业统计调查制度要求，对统计调查取得的统计资料和情况加以整理、分析，向上级邮政管理部门或者同级人民政府统计机构提出统计报告；

（五）根据邮政行业的统计调查和统计分析，对邮政行业的发展情况进行统计监督，并可以提出改进工作的建议；

（六）检查邮政行业统计调查制度执行情况；

（七）就发现的不真实的统计资料及统计违法行为进行检查。有权提取、保存检查中发现的违法证据，并移交同级人民政府统计机构。

统计人员履行以上职责时，应当出示邮政管理部门颁发的工作证件；未出示的，统计调查对象有权拒绝配合。

第三十八条 邮政管理部门执行监督检查任务时，被检查单位应当如实反映情况，提供相关证明和资料，不得拒绝、阻碍，不得转移、隐匿、篡改、毁弃原始记录和凭证、统计台账、统计调查表、会计资料及其他相关证明和资料。

第三十九条 统计调查对象有下列行为之一的，由邮政管理部门责令改正，可以予以通报，并移交政府统计主管部门依法处理：

（一）未按照规定建立统计原始记录、统计台账的；

（二）拒绝提供统计资料或者经催报后仍未按时提供统计资料的；

（三）提供不真实或者不完整的统计资料的；

（四）转移、隐匿、篡改、毁弃或者拒绝提供原始记录和凭证、统计台账、统计调查表及其他相关证明和资料的。

第四十条 邮政管理部门负责人、工作人员有违反《中华人民共和国统计法》行为的，依据《中华人民共和国统计法》的规定给予处分。

第四十一条 邮政管理部门工作人员违反本办法规定，泄露统计调查对象的商业秘密及个人信息,构成犯罪的,依法追究刑事责任;尚不构成犯罪的,依法给予处分。

第四十二条 邮政管理部门工作人员在统计监督检查中滥用职权、玩忽职守、徇私舞弊,构成犯罪的,依法追究刑事责任;尚不构成犯罪的,依法给予处分。

第六章 附 则

第四十三条 本办法自2012年1月1日起施行。

其　　他

国务院关于废止和修改部分行政法规的决定

中华人民共和国国务院令第588号　2011.1.8

为进一步深入贯彻依法治国基本方略，维护社会主义法制统一，全面推进依法行政，国务院在1983年以来已对行政法规进行过4次全面清理的基础上，根据经济社会发展和改革深化的新情况、新要求，再次对截至2009年底现行的行政法规共691件进行了全面清理。经过清理，国务院决定：

一、对7件行政法规予以废止。（附件1）

二、对107件行政法规的部分条款予以修改。（附件2）

本决定自公布之日起施行。

附件：1. 国务院决定废止的行政法规

2. 国务院决定修改的行政法规

附件1

国务院决定废止的行政法规

一、关于各地厂矿对于法定假日工资发放办法的决定(1950年7月31日政务院公布)

二、关于保护机场净空的规定(1982年12月11日国务院、中央军委公布)

三、金融机构代客户办理即期和远期外汇买卖管理规定(1987年12月13日国务院批准　1988年3月5日国家外汇管理局公布)

四、境外投资外汇管理办法(1989年2月5日国务院批准　1989年3月6日国家外汇管理局公布)

五、境外金融机构管理办法(1990年3月12日国务院批准　1990年4月13日中国人民银行令第1号公布)

六、中华人民共和国企业劳动争议处理条例(1993年7月6日中华人民共和国国务院令第117号公布)

七、石油天然气管道保护条例(2001年8月2日中华人民共和国国务院令第313号公布)

附件2

国务院决定修改的行政法规

一、对下列行政法规中明显不适应社会主义市场经济和社会发展要求的规定作出修改

1. 将《中华人民共和国对外合作开采海洋石油资源条例》第五条中的“国家长期经济计划”修改为“国家规定”。

2. 将《中华人民共和国城市维护建设税暂行条例》第二条、第三条、第五条中的“产品税”修改为“消费税”。

3. 将《征收教育费附加的暂行规定》第二条、第六条中的“产品税”修改为“消费税”。

4. 删去《全民所有制工业企业厂长工作条例》第三十四条第二项。

5. 删去《铁路货物运输合同实施细则》第三条第二款。

6. 删去《水路货物运输合同实施细则》第三条。

7. 将《全民所有制工业企业承包经营责任制暂行条例》第十九条第一款修改为:“国务院对税种、税率进行重大调整,合同双方可按国务院规定协商变更承包经营合同。”

8. 删去《中华人民共和国乡村集体所有制企业条例》第三十六条第一项。

9. 将《关于外商参与打捞中国沿海水域沉船沉物管理办法》第十条第一款修改为:“外商与中方打捞人签订的共同打捞合同,应当符合《中华人民共和国合同法》的有关规定。”

10. 删去《全民所有制工业企业转换经营机制条例》第八条第四、五、六款,第十条第二、三款,第十一条第二、三、四款,第十三条第六款。

第二十八条修改为:“企业为实现政府规定的社会公益目标,由于定价原因而形成的政策性亏损,物价部门应当依法调整或者放开产品价格，予以解决。不能调整或者放开产品价格的，经财政部门审查核准，给予相应的补贴或者其他方式补偿。采取上述措施后，企业仍然亏损的，作为经营性亏损处理。”

删去第四十七条第一项、第四十八条第一项。

11. 删去《企业国有资产监督管理暂行条例》第二十七条。

二、对下列行政法规中关于“征用”的规定作出修改

（一）将下列行政法规中的“征用”修改为“征收、征用”。

12.《中华人民共和国森林法实施条例》第十六条。

（二）将下列行政法规中的“征用”修改为“征收”。

13.《电力设施保护条例》第十八条。

14.《中华人民共和国城镇土地使用税暂行条例》第九条。

15.《中华人民共和国土地增值税暂行条例》第八条。

16.《城市房地产开发经营管理条例》第四十二条。

17.《基本农田保护条例》第十五条。

18.《中华人民共和国土地管理法实施条例》第二条、第二十条第一款、第二十三条、第二十五条、第二十六条第二款、第四十五条。

19.《长江三峡工程建设移民条例》第十一条第二款、第十二条。

三、删去下列行政法规中关于“投机倒把”规定并作出修改

20. 将《中华人民共和国金银管理条例》第一条修改为：“为加强对金银的管理，保证国家经济建设对金银的需要，特制定本条例。”

第三十条第二项修改为：“（二）为保护国家金银与有关违法犯罪行为坚决斗争，事迹突出的；”

21. 删去《中华人民共和国国库券条例》第十一条第二款。

四、对下列行政法规中关于刑事责任的规定作出修改

（一）将下列行政法规中引用已纳入刑法并被废止的关于惩治犯罪的决定的规定修改为“依照刑法有关规定”。

22.《中华人民共和国陆生野生动物保护实施条例》第三十

三条。

23.《中华人民共和国水生野生动物保护实施条例》第二十六条。

(二)对下列行政法规中关于追究刑事责任的具体规定作出修改。

24.将《中华人民共和国公民出境入境管理法实施细则》第二十三条中的“依照《全国人民代表大会常务委员会关于严惩组织、运送他人偷越国(边)境犯罪的补充规定》的有关条款的规定追究刑事责任”修改为“依法追究刑事责任”。

第二十四条、第二十五条、第二十六条中的“依照《中华人民共和国刑法》和《全国人民代表大会常务委员会关于严惩组织、运送他人偷越国(边)境犯罪的补充规定》的有关条款的规定追究刑事责任”修改为“依法追究刑事责任”。

25.将《民兵工作条例》第四十三条第二款中的“参照《中华人民共和国兵役法》和《中华人民共和国惩治军人违反职责罪暂行条例》的有关规定处罚”修改为“参照《中华人民共和国兵役法》的有关规定处罚;构成犯罪的,依法追究刑事责任”。

五、对下列行政法规中关于治安管理处罚的规定作出修改

(一)将下列行政法规中引用的“治安管理处罚条例”修改为“治安管理处罚法”。

26.《电力设施保护条例》第三十条。

27.《旅馆业治安管理办法》第十七条。

28.《中华人民共和国河道管理条例》第四十五条、第四十六条。

29.《开发建设晋陕蒙接壤地区水土保持规定》第十七条、第十八条。

30.《中华人民共和国渔港水域交通安全管理条例》第二十六条。

31.《有线电视管理暂行办法》第十七条。

32.《中华人民共和国考古涉外工作管理办法》第十八条。

33.《水库大坝安全管理条例》第二十九条、第三十二条第二款。

34.《中华人民共和国防汛条例》第四十三条、第四十六条第二款。

35.《中华人民共和国城镇集体所有制企业条例》第六十三条。

36.《中华人民共和国集会游行示威法实施条例》第二十四条第二款、第二十七条。

37.《城市绿化条例》第二十七条、第三十二条第二款。

38.《城市市容和环境卫生管理条例》第三十八条、第三十九条、第四十条第二款。

39.《电网调度管理条例》第三十条。

40.《中华人民共和国水土保持法实施条例》第三十一条。

41.《核电厂核事故应急管理条例》第三十八条。

42.《中华人民共和国计算机信息系统安全保护条例》第二十四条。

43.《残疾人教育条例》第五十条第二款。

44.《中华人民共和国自然保护区条例》第三十九条。

45.《破坏性地震应急条例》第三十七条。

46.《国防交通条例》第五十一条。

47.《民兵武器装备管理条例》第四十三条。

48.《淮河流域水污染防治暂行条例》第四十条。

49.《中华人民共和国航标条例》第二十四条。

50.《中华人民共和国监控化学品管理条例》第二十五条。

51.《城市道路管理条例》第四十三条。

52.《国家重点建设项目管理办法》第二十四条。

53.《中华人民共和国测量标志保护条例》第二十五条。

54.《计算机信息网络国际联网安全保护管理办法》第二十条。

55.《互联网信息服务管理办法》第二十条。

56.《国务院关于禁止在市场经济活动中实行地区封锁的规定》第二十四条第一款。

57.《中华人民共和国内河交通安全管理条例》第九十条。

58.《互联网上网服务营业场所管理条例》第二十九条第二款。

59.《无照经营查处取缔办法》第十八条。

60.《突发公共卫生事件应急条例》第五十一条。

61.《医疗废物管理条例》第五十条。

62.《中央储备粮管理条例》第五十七条。

63.《民用运力国防动员条例》第四十九条。

（二）对下列行政法规中关于治安管理处罚的具体规定作出修改。

64. 将《旅馆业治安管理办法》第十八条中的“按照《中华人民共和国治安管理处罚条例》第三十九条规定的程序办理”修改为“按照《中华人民共和国治安管理处罚法》第一百零二条的规定办理”。

65. 删去《中华人民共和国城镇集体所有制企业条例》第六十二条。

66. 将《中华人民共和国陆生野生动物保护实施条例》第四十一条中的“尚不构成犯罪的，由公安机关依照《中华人民共和国治安管理处罚条例》的规定处罚”修改为“尚不构成犯罪，应当给予治安管理处罚的，由公安机关依照《中华人民共和国治安管理处罚法》的规定予以处罚”。

67. 将《中华人民共和国集会游行示威法实施条例》第二十四条第一款中的“拒绝、阻碍人民警察依法执行维持交通秩序和社会秩序职务的，依照治安管理处罚条例的规定予以处罚”修改为“拒绝、阻碍人民警察依法执行维持交通秩序和社会秩序职务，应当给予治安管理处罚的，依照治安管理处罚法的规定予以处罚”。

第二十九条修改为：“在举行集会、游行、示威的过程中，破坏公私财物或者侵害他人身体造成伤亡的，应当依法承担赔偿责任。”

68. 将《卖淫嫖娼人员收容教育办法》第七条第一款中的“除依照《中华人民共和国治安管理处罚条例》第三十条的规定处罚外”修改为“除依照《中华人民共和国治安管理处罚法》第六十六条的规定处罚外”。

69. 将《中华人民共和国水生野生动物保护实施条例》第三十二条中的“尚不构成犯罪的，由公安机关依照《中华人民共和国治安管理处罚条例》的规定处罚”修改为“尚不构成犯罪，应当给予治安管理处罚的，由公安机关依照《中华人民共和国治安管理处罚法》的规定予以处罚”。

70. 将《制止牟取暴利的暂行规定》第十三条中的“未使用暴力、威胁方法的，由公安机关依照治安管理处罚条例的有关规定处罚”修改为“未使用暴力、威胁方法，构成违反治安管理行为的，由公安机关依照治安管理处罚法的有关规定予以处罚”。

71. 将《中华人民共和国民用航空安全保卫条例》第三十四条修改为：“违反本条例第十四条的规定或者有本条例第十六条、第二十四条第一项、第二十五条所列行为，构成违反治安管理行为的，由民航公安机关依照《中华人民共和国治安管理处罚法》有关规定予以处罚；有本条例第二十四条第二项所列行为的，由民航公安机关依照《中华人民共和国居民身份证法》有关规定予以处罚。”

六、对下列行政法规中引用法律、行政法规名称或者条文不对应的规定作出修改

（一）对下列行政法规中引用法律、行政法规名称作出修改。

72. 将《中华人民共和国海关船舶吨税暂行办法》第十一条第五项中的“暂行海关法第二十七条规定”修改为“法律、行政法规规定”。

73. 将《中华人民共和国国境口岸卫生监督办法》第一条修改为：“为了加强国境口岸和国际航行交通工具的卫生监督工作，改善国境口岸和交通工具的卫生面貌，控制和消灭传染源，切断传播途径,防止传染病由国外传入和由国内传出,保障人民身体健康,制定本办法。”

74. 将《中华人民共和国中外合资经营企业法实施条例》第七十六条中的“《中华人民共和国外商投资企业和外国企业所得税法》”修改为“《中华人民共和国企业所得税法》”。

第九十一条中的“按照《外商投资企业清算办法》的规定”修改为“依法”。

75. 将《产品质量监督试行办法》第一条修改为:“为了加强对产品的质量监督,促使企业贯彻执行产品技术标准,提高产品质量和经济效益,以适应社会主义现代化建设和人民生活的需要,制定本办法。”

76. 将《中华人民共和国房产税暂行条例》第八条中的“《中华人民共和国税收征收管理暂行条例》”修改为“《中华人民共和国税收征收管理法》”。

77. 将《中华人民共和国海关总署关于外国驻中国使馆和使馆人员进出境物品的规定》第五条第四款中的“按照《中华人民共和国枪支管理办法》的规定办理”修改为“按照《中华人民共和国枪支管理法》的规定办理”。

78. 将《铁路货物运输合同实施细则》第一条修改为:“为了规范铁路货物运输合同,根据有关法律,制定本细则。”

79. 将《水路货物运输合同实施细则》第一条修改为:“为了规范水路货物运输合同,根据有关法律,制定本细则。”

80. 将《森林采伐更新管理办法》第六条第一款中的“按森林法及其实施细则的有关规定办理”修改为“按森林法及其实施条例的有关规定办理”。

81. 将《旅馆业治安管理办法》第三条中的“《中华人民共和国消防条例》”修改为“《中华人民共和国消防法》”。

82. 将《中华人民共和国印花税暂行条例》第十四条中的“《中华人民共和国税收征收管理暂行条例》”修改为“《中华人民共和国税收征收管理法》”。

83. 将《实验动物管理条例》第十七条中的"《家畜家禽防疫条例》"修改为"《中华人民共和国动物防疫法》"。

第二十五条中的"《中华人民共和国进出口动植物检疫条例》"修改为"《中华人民共和国进出境动植物检疫法》"。

84. 将《中华人民共和国乡村集体所有制企业条例》第三十一条中的"参照《国营企业劳动争议处理暂行规定》"修改为"依照《中华人民共和国劳动争议调解仲裁法》"。

85. 将《中华人民共和国固定资产投资方向调节税暂行条例》第十三条中的"《中华人民共和国税收征收管理暂行条例》"修改为"《中华人民共和国税收征收管理法》"。

86. 将《储蓄管理条例》第三十五条、第三十六条中的"《行政复议条例》"修改为"《中华人民共和国行政复议法》"。

87. 将《卖淫嫖娼人员收容教育办法》第二十条中的"可以依照《行政复议条例》的规定向上一级公安机关申请复议;对上一级公安机关的复议决定不服的,可以依照《中华人民共和国行政诉讼法》的规定向人民法院提起诉讼"修改为"可以依法申请行政复议;对行政复议决定不服的,可以依照《中华人民共和国行政诉讼法》的规定向人民法院提起诉讼"。

88. 将《种畜禽管理条例》第十九条中的"《家畜家禽防疫条例》"修改为"《中华人民共和国动物防疫法》"。

89. 将《外国公司船舶运输收入征税办法》第一条修改为:"为了加强对外国公司以船舶从事国际海运业务从中国取得运输收入的税收管理,根据《中华人民共和国税收征收管理法》、《中华人民共和国营业税暂行条例》以及企业所得税相关法律的规定,制定本办法。"

90. 将《中华人民共和国海关稽查条例》第二十四条、第二十五条、第二十六条中的"海关法行政处罚实施细则"修改为"海关行政处罚实施条例"。

91. 将《保税区海关监管办法》第二十八条中的"《中华人民共和国海关法行政处罚实施细则》"修改为"《中华人民共和国海关

行政处罚实施条例》”。

92. 将《生猪屠宰管理条例》第九条第二款中的“食品卫生法”修改为“食品安全法”。

93. 将《关于骗购外汇、非法套汇、逃汇、非法买卖外汇等违反外汇管理规定行为的行政处分或者纪律处分暂行规定》第一条修改为：“为了维护国家外汇管理秩序，惩处违反外汇管理规定的行为，防范金融风险，制定本规定。”

94. 将《农业转基因生物安全管理条例》第四条第三款修改为：“县级以上各级人民政府有关部门依照《中华人民共和国食品安全法》的有关规定，负责转基因食品安全的监督管理工作。”

95. 将《中华人民共和国海关对出口加工区监管的暂行办法》第四十三条中的“《中华人民共和国海关法行政处罚实施细则》”修改为“《中华人民共和国海关行政处罚实施条例》”。

96. 将《中央储备粮管理条例》第五十八条修改为：“本条例规定的对国家机关工作人员的行政处分，依照《中华人民共和国公务员法》的规定执行；对中国储备粮管理总公司及其分支机构、承储企业、中国农业发展银行工作人员的纪律处分，依照国家有关规定执行。”

97. 将《中华人民共和国进出口关税条例》第六十六条中的“《中华人民共和国海关法行政处罚实施细则》”修改为“《中华人民共和国海关行政处罚实施条例》”。

98. 将《反兴奋剂条例》第四十五条中的“《中华人民共和国食品卫生法》”修改为“《中华人民共和国食品安全法》”。

99. 将《财政违法行为处罚处分条例》第三十二条第二款中的“《国家公务员暂行条例》”修改为“《中华人民共和国公务员法》”。

（二）对下列行政法规中引用的法律、行政法规条文序号作出修改。

100. 将《中华人民共和国海洋倾废管理条例》第十五条第一款中的“凡属《中华人民共和国海洋环境保护法》第四十三条规定

的情形”修改为“凡属《中华人民共和国海洋环境保护法》第九十条、第九十二条规定的情形”。

101. 将《森林采伐更新管理办法》第五条中的“采伐林木按照森林法实施细则第十八条规定”修改为“采伐林木按照森林法实施条例第三十条规定”。

第十九条中的“依照森林法第三十四条和森林法实施细则第二十二条的规定处罚”修改为“依照森林法第三十九条和森林法实施条例的有关规定处罚”。

第二十条中的“根据森林法第三十四条规定的处罚原则”修改为“根据森林法第三十九条规定的处罚原则”。

第二十三条中的“依照森林法第三十八条和森林法实施细则第二十二条的规定处理”修改为“依照森林法第四十五条和森林法实施条例的有关规定处理”。

102. 将《渔业资源增殖保护费征收使用办法》第一条中的“根据《中华人民共和国渔业法》第十九条的规定”修改为“根据《中华人民共和国渔业法》的有关规定”。

103. 将《中国人民武装警察部队实行警官警衔制度的具体办法》第一段中的“根据第七届全国人民代表大会常务委员会第二次会议通过颁布的《中国人民解放军军官军衔条例》第三十二条规定”修改为“根据《中国人民解放军军官军衔条例》”。

104. 将《放射性药品管理办法》第十二条中的“必须具备《药品管理法》第五条规定的条件”修改为“必须具备《药品管理法》规定的条件”。

105. 将《海关工作人员使用武器和警械的规定》第一条中的“《中华人民共和国海关法》第四条的规定”修改为“《中华人民共和国海关法》第六条的规定”。

106. 将《中华人民共和国水下文物保护管理条例》第十条第一款中的“符合《中华人民共和国文物保护法》第二十九条各项规定情形的”修改为“符合《中华人民共和国文物保护法》规定情形的”；第二款中的“具有《中华人民共和国文物保护法》第三十条、

第三十一条各项规定情形的”修改为“具有《中华人民共和国文物保护法》规定情形的”。

107.将《中外合资经营企业合营期限暂行规定》第一条中的“根据《中华人民共和国中外合资经营企业法》(一九九〇年四月四日第七届全国人民代表大会第三次会议修正)第十二条的规定”修改为“根据《中华人民共和国中外合资经营企业法》的有关规定”。

108.将《总会计师条例》第十条第二款中的“总会计师应当依照《中华人民共和国会计法》第十九条的规定执行”修改为“总会计师应当依照《中华人民共和国会计法》的有关规定执行”。

109.将《中华人民共和国海关稽查条例》第二十三条第二款中的“依照海关法第三十七条第一款”修改为“依照海关法第六十条第一款、第二款”。

第二十八条中的“依照海关法第四十六条的规定办理”修改为“依照海关法第六十四条的规定办理”。

110.将《票据管理实施办法》第三十条中的“有票据法第一百零三条所列行为之一”修改为“有票据法第一百零二条所列行为之一”。

111.将《城市房地产开发经营管理条例》第二十条中的“应当符合《中华人民共和国城市房地产管理法》第三十八条、第三十九条规定的条件”修改为“应当符合《中华人民共和国城市房地产管理法》第三十九条、第四十条规定的条件”。

112.将《证券交易所风险基金管理暂行办法》第一条中的“根据《中华人民共和国证券法》第一百一十一条、一百一十二条规定”修改为“根据《中华人民共和国证券法》的有关规定”。

113.将《中华人民共和国技术进出口管理条例》第八条、第三十一条中的“有对外贸易法第十六条、第十七条规定情形之一的技术”修改为“有对外贸易法第十六条规定情形之一的技术”。

114.将《计算机软件保护条例》第二十五条中的“依照《中华人民共和国著作权法》第四十八条的规定确定”修改为“依照《中

华人民共和国著作权法》第四十九条的规定确定”。

第二十六条中的“可以依照《中华人民共和国著作权法》第四十九条的规定”修改为“可以依照《中华人民共和国著作权法》第五十条的规定”。

第二十七条中的“软件著作权人可以依照《中华人民共和国著作权法》第五十条的规定”修改为“软件著作权人可以依照《中华人民共和国著作权法》第五十一条的规定”。

115. 将《中华人民共和国著作权法实施条例》第二十二条、第三十二条中的“依照著作权法第二十三条、第三十二条第二款、第三十九条第三款的规定”修改为“依照著作权法第二十三条、第三十三条第二款、第四十条第三款的规定”。

第二十九条中的“视为著作权法第三十一条所称图书脱销”修改为“视为著作权法第三十二条所称图书脱销”。

第三十条中的“著作权人依照著作权法第三十二条第二款声明”修改为“著作权人依照著作权法第三十三条第二款声明”。

第三十一条中的“著作权人依照著作权法第三十九条第三款声明”修改为“著作权人依照著作权法第四十条第三款声明”。

第三十六条、第三十七条第一款中的“有著作权法第四十七条所列侵权行为”修改为“有著作权法第四十八条所列侵权行为”。

116. 将《地震监测管理条例》第三十七条中的“依照《中华人民共和国防震减灾法》第四十三条的规定处以罚款”修改为“依照《中华人民共和国防震减灾法》第八十五条的规定处以罚款”。

117. 将《著作权集体管理条例》第二十五条中的“除著作权法第二十三条、第三十二条第二款、第三十九条第三款、第四十二条第二款和第四十三条规定应当支付的使用费外”修改为“除著作权法第二十三条、第三十三条第二款、第四十条第三款、第四十三条第二款和第四十四条规定应当支付的使用费外”。

第四十七条中的“依照著作权法第二十三条、第三十二条第二款、第三十九条第三款的规定使用他人作品”修改为“依照著作权法第二十三条、第三十三条第二款、第四十条第三款的规定使用他人作品”。

118. 将《广播电台电视台播放录音制品支付报酬暂行办法》第一条中的“根据《中华人民共和国著作权法》(以下称著作权法)第四十三条的规定”修改为“根据《中华人民共和国著作权法》(以下称著作权法)第四十四条的规定”。

第二条第三款中的“依照著作权法第四十三条的规定”修改为“依照著作权法第四十四条的规定”。

七、对下列行政法规的有关规定根据商业银行法作出修改

119. 将《中华人民共和国企业法人登记管理条例》第三十二条中的“通知其开户银行予以划拨”修改为“申请人民法院强制执行”。

120. 删去《现金管理暂行条例》第二十条、第二十一条、第二十二条。

121. 将《企业债券管理条例》第二十六条修改为:“未经批准发行或者变相发行企业债券的,以及未通过证券经营机构发行企业债券的,责令停止发行活动,退还非法所筹资金,处以相当于非法所筹资金金额百分之五以下的罚款。”

第二十七条修改为:“超过批准数额发行企业债券的,责令退还超额发行部分或者核减相当于超额发行金额的贷款额度,处以相当于超额发行部分百分之五以下的罚款。”

122. 删去《非法金融机构和非法金融业务活动取缔办法》第十三条第一款中的“任何单位和个人不得擅自动用有关资金。”

危险化学品安全管理条例

中华人民共和国国务院令第591号　2011.3.2

（2002年1月26日中华人民共和国国务院令第344号公布
2011年2月16日国务院第144次常务会议修订通过）

第一章　总　则

第一条　为了加强危险化学品的安全管理，预防和减少危险化学品事故，保障人民群众生命财产安全，保护环境，制定本条例。

第二条　危险化学品生产、储存、使用、经营和运输的安全管理，适用本条例。

废弃危险化学品的处置，依照有关环境保护的法律、行政法规和国家有关规定执行。

第三条　本条例所称危险化学品，是指具有毒害、腐蚀、爆炸、燃烧、助燃等性质，对人体、设施、环境具有危害的剧毒化学品和其他化学品。

危险化学品目录，由国务院安全生产监督管理部门会同国务院工业和信息化、公安、环境保护、卫生、质量监督检验检疫、交通运输、铁路、民用航空、农业主管部门，根据化学品危险特性的鉴别和分类标准确定、公布，并适时调整。

第四条　危险化学品安全管理，应当坚持安全第一、预防为主、综合治理的方针，强化和落实企业的主体责任。

生产、储存、使用、经营、运输危险化学品的单位（以下统称危险化学品单位）的主要负责人对本单位的危险化学品安全管理工作全面负责。

危险化学品单位应当具备法律、行政法规规定和国家标准、行业标准要求的安全条件，建立、健全安全管理规章制度和岗位安全责任制度，对从业人员进行安全教育、法制教育和岗位技术培训。从业人员应当接受教育和培训，考核合格后上岗作业；对有资格要求的岗位，应当配备依法取得相应资格的人员。

第五条 任何单位和个人不得生产、经营、使用国家禁止生产、经营、使用的危险化学品。

国家对危险化学品的使用有限制性规定的，任何单位和个人不得违反限制性规定使用危险化学品。

第六条 对危险化学品的生产、储存、使用、经营、运输实施安全监督管理的有关部门(以下统称负有危险化学品安全监督管理职责的部门)，依照下列规定履行职责：

(一)安全生产监督管理部门负责危险化学品安全监督管理综合工作，组织确定、公布、调整危险化学品目录，对新建、改建、扩建生产、储存危险化学品(包括使用长输管道输送危险化学品，下同)的建设项目进行安全条件审查，核发危险化学品安全生产许可证、危险化学品安全使用许可证和危险化学品经营许可证，并负责危险化学品登记工作。

(二)公安机关负责危险化学品的公共安全管理，核发剧毒化学品购买许可证、剧毒化学品道路运输通行证，并负责危险化学品运输车辆的道路交通安全管理。

(三)质量监督检验检疫部门负责核发危险化学品及其包装物、容器(不包括储存危险化学品的固定式大型储罐，下同)生产企业的工业产品生产许可证，并依法对其产品质量实施监督，负责对进出口危险化学品及其包装实施检验。

(四)环境保护主管部门负责废弃危险化学品处置的监督管理，组织危险化学品的环境危害性鉴定和环境风险程度评估，确定实施重点环境管理的危险化学品，负责危险化学品环境管理登记和新化学物质环境管理登记；依照职责分工调查相关危险化学品环境污染事故和生态破坏事件，负责危险化学品事故现场的应急环境监测。

（五）交通运输主管部门负责危险化学品道路运输、水路运输的许可以及运输工具的安全管理，对危险化学品水路运输安全实施监督，负责危险化学品道路运输企业、水路运输企业驾驶人员、船员、装卸管理人员、押运人员、申报人员、集装箱装箱现场检查员的资格认定。铁路主管部门负责危险化学品铁路运输的安全管理，负责危险化学品铁路运输承运人、托运人的资质审批及其运输工具的安全管理。民用航空主管部门负责危险化学品航空运输以及航空运输企业及其运输工具的安全管理。

（六）卫生主管部门负责危险化学品毒性鉴定的管理，负责组织、协调危险化学品事故受伤人员的医疗卫生救援工作。

（七）工商行政管理部门依据有关部门的许可证件，核发危险化学品生产、储存、经营、运输企业营业执照，查处危险化学品经营企业违法采购危险化学品的行为。

（八）邮政管理部门负责依法查处寄递危险化学品的行为。

第七条 负有危险化学品安全监督管理职责的部门依法进行监督检查，可以采取下列措施：

（一）进入危险化学品作业场所实施现场检查，向有关单位和人员了解情况，查阅、复制有关文件、资料；

（二）发现危险化学品事故隐患，责令立即消除或者限期消除；

（三）对不符合法律、行政法规、规章规定或者国家标准、行业标准要求的设施、设备、装置、器材、运输工具，责令立即停止使用；

（四）经本部门主要负责人批准，查封违法生产、储存、使用、经营危险化学品的场所，扣押违法生产、储存、使用、经营、运输的危险化学品以及用于违法生产、使用、运输危险化学品的原材料、设备、运输工具；

（五）发现影响危险化学品安全的违法行为，当场予以纠正或者责令限期改正。

负有危险化学品安全监督管理职责的部门依法进行监督检

查，监督检查人员不得少于 2 人，并应当出示执法证件；有关单位和个人对依法进行的监督检查应当予以配合，不得拒绝、阻碍。

第八条 县级以上人民政府应当建立危险化学品安全监督管理工作协调机制，支持、督促负有危险化学品安全监督管理职责的部门依法履行职责，协调、解决危险化学品安全监督管理工作中的重大问题。

负有危险化学品安全监督管理职责的部门应当相互配合、密切协作，依法加强对危险化学品的安全监督管理。

第九条 任何单位和个人对违反本条例规定的行为，有权向负有危险化学品安全监督管理职责的部门举报。负有危险化学品安全监督管理职责的部门接到举报，应当及时依法处理；对不属于本部门职责的，应当及时移送有关部门处理。

第十条 国家鼓励危险化学品生产企业和使用危险化学品从事生产的企业采用有利于提高安全保障水平的先进技术、工艺、设备以及自动控制系统，鼓励对危险化学品实行专门储存、统一配送、集中销售。

第二章 生产、储存安全

第十一条 国家对危险化学品的生产、储存实行统筹规划、合理布局。

国务院工业和信息化主管部门以及国务院其他有关部门依据各自职责，负责危险化学品生产、储存的行业规划和布局。

地方人民政府组织编制城乡规划，应当根据本地区的实际情况，按照确保安全的原则，规划适当区域专门用于危险化学品的生产、储存。

第十二条 新建、改建、扩建生产、储存危险化学品的建设项目（以下简称建设项目），应当由安全生产监督管理部门进行安全条件审查。

建设单位应当对建设项目进行安全条件论证，委托具备国家规定的资质条件的机构对建设项目进行安全评价，并将安全条件论证和安全评价的情况报告报建设项目所在地设区的市级以上人民政府安全生产监督管理部门；安全生产监督管理部门应当自收到报告之日起45日内作出审查决定，并书面通知建设单位。具体办法由国务院安全生产监督管理部门制定。

新建、改建、扩建储存、装卸危险化学品的港口建设项目，由港口行政管理部门按照国务院交通运输主管部门的规定进行安全条件审查。

第十三条 生产、储存危险化学品的单位，应当对其铺设的危险化学品管道设置明显标志，并对危险化学品管道定期检查、检测。

进行可能危及危险化学品管道安全的施工作业，施工单位应当在开工的7日前书面通知管道所属单位，并与管道所属单位共同制定应急预案，采取相应的安全防护措施。管道所属单位应当指派专门人员到现场进行管道安全保护指导。

第十四条 危险化学品生产企业进行生产前，应当依照《安全生产许可证条例》的规定，取得危险化学品安全生产许可证。

生产列入国家实行生产许可证制度的工业产品目录的危险化学品的企业，应当依照《中华人民共和国工业产品生产许可证管理条例》的规定，取得工业产品生产许可证。

负责颁发危险化学品安全生产许可证、工业产品生产许可证的部门，应当将其颁发许可证的情况及时向同级工业和信息化主管部门、环境保护主管部门和公安机关通报。

第十五条 危险化学品生产企业应当提供与其生产的危险化学品相符的化学品安全技术说明书，并在危险化学品包装（包括外包装件）上粘贴或者拴挂与包装内危险化学品相符的化学品安全标签。化学品安全技术说明书和化学品安全标签所载明的内容应当符合国家标准的要求。

危险化学品生产企业发现其生产的危险化学品有新的危险特性的，应当立即公告，并及时修订其化学品安全技术说明书和化学品安全标签。

第十六条 生产实施重点环境管理的危险化学品的企业，应当按照国务院环境保护主管部门的规定，将该危险化学品向环境中释放等相关信息向环境保护主管部门报告。环境保护主管部门可以根据情况采取相应的环境风险控制措施。

第十七条 危险化学品的包装应当符合法律、行政法规、规章的规定以及国家标准、行业标准的要求。

危险化学品包装物、容器的材质以及危险化学品包装的形式、规格、方法和单件质量（重量），应当与所包装的危险化学品的性质和用途相适应。

第十八条 生产列入国家实行生产许可证制度的工业产品目录的危险化学品包装物、容器的企业，应当依照《中华人民共和国工业产品生产许可证管理条例》的规定，取得工业产品生产许可证；其生产的危险化学品包装物、容器经国务院质量监督检验检疫部门认定的检验机构检验合格，方可出厂销售。

运输危险化学品的船舶及其配载的容器，应当按照国家船舶检验规范进行生产，并经海事管理机构认定的船舶检验机构检验合格，方可投入使用。

对重复使用的危险化学品包装物、容器，使用单位在重复使用前应当进行检查；发现存在安全隐患的，应当维修或者更换。使用单位应当对检查情况作出记录，记录的保存期限不得少于2年。

第十九条 危险化学品生产装置或者储存数量构成重大危险源的危险化学品储存设施（运输工具加油站、加气站除外），与下列场所、设施、区域的距离应当符合国家有关规定：

（一）居住区以及商业中心、公园等人员密集场所；

（二）学校、医院、影剧院、体育场（馆）等公共设施；

（三）饮用水源、水厂以及水源保护区；

（四）车站、码头（依法经许可从事危险化学品装卸作业的除外）、机场以及通信干线、通信枢纽、铁路线路、道路交通干线、水路交通干线、地铁风亭以及地铁站出入口；

（五）基本农田保护区、基本草原、畜禽遗传资源保护区、畜禽规模化养殖场（养殖小区）、渔业水域以及种子、种畜禽、水产苗种生产基地；

（六）河流、湖泊、风景名胜区、自然保护区；

（七）军事禁区、军事管理区；

（八）法律、行政法规规定的其他场所、设施、区域。

已建的危险化学品生产装置或者储存数量构成重大危险源的危险化学品储存设施不符合前款规定的，由所在地设区的市级人民政府安全生产监督管理部门会同有关部门监督其所属单位在规定期限内进行整改；需要转产、停产、搬迁、关闭的，由本级人民政府决定并组织实施。

储存数量构成重大危险源的危险化学品储存设施的选址，应当避开地震活动断层和容易发生洪灾、地质灾害的区域。

本条例所称重大危险源，是指生产、储存、使用或者搬运危险化学品，且危险化学品的数量等于或者超过临界量的单元（包括场所和设施）。

第二十条 生产、储存危险化学品的单位，应当根据其生产、储存的危险化学品的种类和危险特性，在作业场所设置相应的监测、监控、通风、防晒、调温、防火、灭火、防爆、泄压、防毒、中和、防潮、防雷、防静电、防腐、防泄漏以及防护围堤或者隔离操作等安全设施、设备，并按照国家标准、行业标准或者国家有关规定对安全设施、设备进行经常性维护、保养，保证安全设施、设备的正常使用。

生产、储存危险化学品的单位，应当在其作业场所和安全设施、设备上设置明显的安全警示标志。

第二十一条 生产、储存危险化学品的单位，应当在其作业场所设置通信、报警装置，并保证处于适用状态。

第二十二条 生产、储存危险化学品的企业，应当委托具备国家规定的资质条件的机构，对本企业的安全生产条件每3年进行一次安全评价，提出安全评价报告。安全评价报告的内容应当包括对安全生产条件存在的问题进行整改的方案。

生产、储存危险化学品的企业,应当将安全评价报告以及整改方案的落实情况报所在地县级人民政府安全生产监督管理部门备案。在港区内储存危险化学品的企业,应当将安全评价报告以及整改方案的落实情况报港口行政管理部门备案。

第二十三条 生产、储存剧毒化学品或者国务院公安部门规定的可用于制造爆炸物品的危险化学品(以下简称易制爆危险化学品)的单位,应当如实记录其生产、储存的剧毒化学品、易制爆危险化学品的数量、流向,并采取必要的安全防范措施,防止剧毒化学品、易制爆危险化学品丢失或者被盗;发现剧毒化学品、易制爆危险化学品丢失或者被盗的,应当立即向当地公安机关报告。

生产、储存剧毒化学品、易制爆危险化学品的单位,应当设置治安保卫机构,配备专职治安保卫人员。

第二十四条 危险化学品应当储存在专用仓库、专用场地或者专用储存室(以下统称专用仓库)内,并由专人负责管理;剧毒化学品以及储存数量构成重大危险源的其他危险化学品,应当在专用仓库内单独存放,并实行双人收发、双人保管制度。

危险化学品的储存方式、方法以及储存数量应当符合国家标准或者国家有关规定。

第二十五条 储存危险化学品的单位应当建立危险化学品出入库核查、登记制度。

对剧毒化学品以及储存数量构成重大危险源的其他危险化学品,储存单位应当将其储存数量、储存地点以及管理人员的情况,报所在地县级人民政府安全生产监督管理部门(在港区内储存的,报港口行政管理部门)和公安机关备案。

第二十六条 危险化学品专用仓库应当符合国家标准、行业标准的要求,并设置明显的标志。储存剧毒化学品、易制爆危险化学品的专用仓库,应当按照国家有关规定设置相应的技术防范设施。

储存危险化学品的单位应当对其危险化学品专用仓库的安全

设施、设备定期进行检测、检验。

第二十七条 生产、储存危险化学品的单位转产、停产、停业或者解散的，应当采取有效措施，及时、妥善处置其危险化学品生产装置、储存设施以及库存的危险化学品，不得丢弃危险化学品；处置方案应当报所在地县级人民政府安全生产监督管理部门、工业和信息化主管部门、环境保护主管部门和公安机关备案。安全生产监督管理部门应当会同环境保护主管部门和公安机关对处置情况进行监督检查，发现未依照规定处置的，应当责令其立即处置。

第三章 使用安全

第二十八条 使用危险化学品的单位，其使用条件（包括工艺）应当符合法律、行政法规的规定和国家标准、行业标准的要求，并根据所使用的危险化学品的种类、危险特性以及使用量和使用方式，建立、健全使用危险化学品的安全管理规章制度和安全操作规程，保证危险化学品的安全使用。

第二十九条 使用危险化学品从事生产并且使用量达到规定数量的化工企业（属于危险化学品生产企业的除外，下同），应当依照本条例的规定取得危险化学品安全使用许可证。

前款规定的危险化学品使用量的数量标准，由国务院安全生产监督管理部门会同国务院公安部门、农业主管部门确定并公布。

第三十条 申请危险化学品安全使用许可证的化工企业，除应当符合本条例第二十八条的规定外，还应当具备下列条件：

（一）有与所使用的危险化学品相适应的专业技术人员；

（二）有安全管理机构和专职安全管理人员；

（三）有符合国家规定的危险化学品事故应急预案和必要的应急救援器材、设备；

（四）依法进行了安全评价。

第三十一条 申请危险化学品安全使用许可证的化工企业，

应当向所在地设区的市级人民政府安全生产监督管理部门提出申请,并提交其符合本条例第三十条规定条件的证明材料。设区的市级人民政府安全生产监督管理部门应当依法进行审查,自收到证明材料之日起45日内作出批准或者不予批准的决定。予以批准的,颁发危险化学品安全使用许可证;不予批准的,书面通知申请人并说明理由。

安全生产监督管理部门应当将其颁发危险化学品安全使用许可证的情况及时向同级环境保护主管部门和公安机关通报。

第三十二条 本条例第十六条关于生产实施重点环境管理的危险化学品的企业的规定,适用于使用实施重点环境管理的危险化学品从事生产的企业;第二十条、第二十一条、第二十三条第一款、第二十七条关于生产、储存危险化学品的单位的规定,适用于使用危险化学品的单位;第二十二条关于生产、储存危险化学品的企业的规定,适用于使用危险化学品从事生产的企业。

第四章 经营安全

第三十三条 国家对危险化学品经营(包括仓储经营,下同)实行许可制度。未经许可,任何单位和个人不得经营危险化学品。

依法设立的危险化学品生产企业在其厂区范围内销售本企业生产的危险化学品,不需要取得危险化学品经营许可。

依照《中华人民共和国港口法》的规定取得港口经营许可证的港口经营人,在港区内从事危险化学品仓储经营,不需要取得危险化学品经营许可。

第三十四条 从事危险化学品经营的企业应当具备下列条件:

(一)有符合国家标准、行业标准的经营场所,储存危险化学品的,还应当有符合国家标准、行业标准的储存设施;

(二)从业人员经过专业技术培训并经考核合格;

(三)有健全的安全管理规章制度;

（四）有专职安全管理人员；

（五）有符合国家规定的危险化学品事故应急预案和必要的应急救援器材、设备；

（六）法律、法规规定的其他条件。

第三十五条 从事剧毒化学品、易制爆危险化学品经营的企业，应当向所在地设区的市级人民政府安全生产监督管理部门提出申请，从事其他危险化学品经营的企业，应当向所在地县级人民政府安全生产监督管理部门提出申请（有储存设施的，应当向所在地设区的市级人民政府安全生产监督管理部门提出申请）。申请人应当提交其符合本条例第三十四条规定条件的证明材料。设区的市级人民政府安全生产监督管理部门或者县级人民政府安全生产监督管理部门应当依法进行审查，并对申请人的经营场所、储存设施进行现场核查，自收到证明材料之日起30日内作出批准或者不予批准的决定。予以批准的，颁发危险化学品经营许可证；不予批准的，书面通知申请人并说明理由。

设区的市级人民政府安全生产监督管理部门和县级人民政府安全生产监督管理部门应当将其颁发危险化学品经营许可证的情况及时向同级环境保护主管部门和公安机关通报。

申请人持危险化学品经营许可证向工商行政管理部门办理登记手续后，方可从事危险化学品经营活动。法律、行政法规或者国务院规定经营危险化学品还需要经其他有关部门许可的，申请人向工商行政管理部门办理登记手续时还应当持相应的许可证件。

第三十六条 危险化学品经营企业储存危险化学品的，应当遵守本条例第二章关于储存危险化学品的规定。危险化学品商店内只能存放民用小包装的危险化学品。

第三十七条 危险化学品经营企业不得向未经许可从事危险化学品生产、经营活动的企业采购危险化学品，不得经营没有化学品安全技术说明书或者化学品安全标签的危险化学品。

第三十八条 依法取得危险化学品安全生产许可证、危险化学品安全使用许可证、危险化学品经营许可证的企业，凭相应的许可证件购买剧毒化学品、易制爆危险化学品。民用爆炸物品生产企业凭民用爆炸物品生产许可证购买易制爆危险化学品。

前款规定以外的单位购买剧毒化学品的，应当向所在地县级人民政府公安机关申请取得剧毒化学品购买许可证；购买易制爆危险化学品的，应当持本单位出具的合法用途说明。

个人不得购买剧毒化学品（属于剧毒化学品的农药除外）和易制爆危险化学品。

第三十九条 申请取得剧毒化学品购买许可证，申请人应当向所在地县级人民政府公安机关提交下列材料：

（一）营业执照或者法人证书（登记证书）的复印件；

（二）拟购买的剧毒化学品品种、数量的说明；

（三）购买剧毒化学品用途的说明；

（四）经办人的身份证明。

县级人民政府公安机关应当自收到前款规定的材料之日起3日内，作出批准或者不予批准的决定。予以批准的，颁发剧毒化学品购买许可证；不予批准的，书面通知申请人并说明理由。

剧毒化学品购买许可证管理办法由国务院公安部门制定。

第四十条 危险化学品生产企业、经营企业销售剧毒化学品、易制爆危险化学品，应当查验本条例第三十八条第一款、第二款规定的相关许可证件或者证明文件，不得向不具有相关许可证件或者证明文件的单位销售剧毒化学品、易制爆危险化学品。对持剧毒化学品购买许可证购买剧毒化学品的，应当按照许可证载明的品种、数量销售。

禁止向个人销售剧毒化学品（属于剧毒化学品的农药除外）和易制爆危险化学品。

第四十一条 危险化学品生产企业、经营企业销售剧毒化学品、易制爆危险化学品，应当如实记录购买单位的名称、地址、经办人的姓名、身份证号码以及所购买的剧毒化学品、易制爆危险化学品的品种、数量、用途。销售记录以及经办人的身份证明复印件、相关许可证件复印件或者证明文件的保存期限不得少于1年。

剧毒化学品、易制爆危险化学品的销售企业、购买单位应当在销售、购买后5日内，将所销售、购买的剧毒化学品、易制爆危险化学品的品种、数量以及流向信息报所在地县级人民政府公安机关备案，并输入计算机系统。

第四十二条 使用剧毒化学品、易制爆危险化学品的单位不得出借、转让其购买的剧毒化学品、易制爆危险化学品；因转产、停产、搬迁、关闭等确需转让的，应当向具有本条例第三十八条第一款、第二款规定的相关许可证件或者证明文件的单位转让，并在转让后将有关情况及时向所在地县级人民政府公安机关报告。

第五章 运输安全

第四十三条 从事危险化学品道路运输、水路运输的，应当分别依照有关道路运输、水路运输的法律、行政法规的规定，取得危险货物道路运输许可、危险货物水路运输许可，并向工商行政管理部门办理登记手续。

危险化学品道路运输企业、水路运输企业应当配备专职安全管理人员。

第四十四条 危险化学品道路运输企业、水路运输企业的驾驶人员、船员、装卸管理人员、押运人员、申报人员、集装箱装箱现场检查员应当经交通运输主管部门考核合格，取得从业资格。具体办法由国务院交通运输主管部门制定。

危险化学品的装卸作业应当遵守安全作业标准、规程和制度，并在装卸管理人员的现场指挥或者监控下进行。水路运输危险化学品的集装箱装箱作业应当在集装箱装箱现场检查员的指挥或者监控下进行，并符合积载、隔离的规范和要求；装箱作业完毕后，集装箱装箱现场检查员应当签署装箱证明书。

第四十五条 运输危险化学品，应当根据危险化学品的危险特性采取相应的安全防护措施，并配备必要的防护用品和应急救援器材。

用于运输危险化学品的槽罐以及其他容器应当封口严密，能够防止危险化学品在运输过程中因温度、湿度或者压力的变化发生渗漏、洒漏；槽罐以及其他容器的溢流和泄压装置应当设置准确、起闭灵活。

运输危险化学品的驾驶人员、船员、装卸管理人员、押运人员、申报人员、集装箱装箱现场检查员，应当了解所运输的危险化学品的危险特性及其包装物、容器的使用要求和出现危险情况时的应急处置方法。

第四十六条 通过道路运输危险化学品的，托运人应当委托依法取得危险货物道路运输许可的企业承运。

第四十七条 通过道路运输危险化学品的，应当按照运输车辆的核定载质量装载危险化学品，不得超载。

危险化学品运输车辆应当符合国家标准要求的安全技术条件，并按照国家有关规定定期进行安全技术检验。

危险化学品运输车辆应当悬挂或者喷涂符合国家标准要求的警示标志。

第四十八条 通过道路运输危险化学品的，应当配备押运人员，并保证所运输的危险化学品处于押运人员的监控之下。

运输危险化学品途中因住宿或者发生影响正常运输的情况，需要较长时间停车的，驾驶人员、押运人员应当采取相应的安全防范措施；运输剧毒化学品或者易制爆危险化学品的，还应当向当地公安机关报告。

第四十九条 未经公安机关批准，运输危险化学品的车辆不得进入危险化学品运输车辆限制通行的区域。危险化学品运输车辆限制通行的区域由县级人民政府公安机关划定，并设置明显的标志。

第五十条 通过道路运输剧毒化学品的，托运人应当向运输始发地或者目的地县级人民政府公安机关申请剧毒化学品道路运输通行证。

申请剧毒化学品道路运输通行证，托运人应当向县级人民政府公安机关提交下列材料：

（一）拟运输的剧毒化学品品种、数量的说明；

（二）运输始发地、目的地、运输时间和运输路线的说明；

（三）承运人取得危险货物道路运输许可、运输车辆取得营运证以及驾驶人员、押运人员取得上岗资格的证明文件；

（四）本条例第三十八条第一款、第二款规定的购买剧毒化学品的相关许可证件，或者海关出具的进出口证明文件。

县级人民政府公安机关应当自收到前款规定的材料之日起7日内，作出批准或者不予批准的决定。予以批准的，颁发剧毒化学品道路运输通行证；不予批准的，书面通知申请人并说明理由。

剧毒化学品道路运输通行证管理办法由国务院公安部门制定。

第五十一条 剧毒化学品、易制爆危险化学品在道路运输途中丢失、被盗、被抢或者出现流散、泄漏等情况的，驾驶人员、押运人员应当立即采取相应的警示措施和安全措施，并向当地公安机关报告。公安机关接到报告后，应当根据实际情况立即向安全生产监督管理部门、环境保护主管部门、卫生主管部门通报。有关部门应当采取必要的应急处置措施。

第五十二条 通过水路运输危险化学品的，应当遵守法律、行政法规以及国务院交通运输主管部门关于危险货物水路运输安全的规定。

第五十三条 海事管理机构应当根据危险化学品的种类和危险特性，确定船舶运输危险化学品的相关安全运输条件。

拟交付船舶运输的化学品的相关安全运输条件不明确的，应当经国家海事管理机构认定的机构进行评估，明确相关安全运输条件并经海事管理机构确认后，方可交付船舶运输。

第五十四条 禁止通过内河封闭水域运输剧毒化学品以及国家规定禁止通过内河运输的其他危险化学品。

前款规定以外的内河水域，禁止运输国家规定禁止通过内河运输的剧毒化学品以及其他危险化学品。

禁止通过内河运输的剧毒化学品以及其他危险化学品的范围，由国务院交通运输主管部门会同国务院环境保护主管部门、工业和信息化主管部门、安全生产监督管理部门，根据危险化学品的危险特性、危险化学品对人体和水环境的危害程度以及消除危害后果的难易程度等因素规定并公布。

第五十五条 国务院交通运输主管部门应当根据危险化学品的危险特性，对通过内河运输本条例第五十四条规定以外的危险化学品（以下简称通过内河运输危险化学品）实行分类管理，对各类危险化学品的运输方式、包装规范和安全防护措施等分别作出规定并监督实施。

第五十六条 通过内河运输危险化学品，应当由依法取得危险货物水路运输许可的水路运输企业承运，其他单位和个人不得承运。托运人应当委托依法取得危险货物水路运输许可的水路运输企业承运，不得委托其他单位和个人承运。

第五十七条 通过内河运输危险化学品，应当使用依法取得危险货物适装证书的运输船舶。水路运输企业应当针对所运输的危险化学品的危险特性，制定运输船舶危险化学品事故应急救援预案，并为运输船舶配备充足、有效的应急救援器材和设备。

通过内河运输危险化学品的船舶，其所有人或者经营人应当取得船舶污染损害责任保险证书或者财务担保证明。船舶污染损害责任保险证书或者财务担保证明的副本应当随船携带。

第五十八条 通过内河运输危险化学品，危险化学品包装物的材质、形式、强度以及包装方法应当符合水路运输危险化学品包装规范的要求。国务院交通运输主管部门对单船运输的危险化学品数量有限制性规定的，承运人应当按照规定安排运输数量。

第五十九条 用于危险化学品运输作业的内河码头、泊位应当符合国家有关安全规范，与饮用水取水口保持国家规定的距离。有关管理单位应当制定码头、泊位危险化学品事故应急预案，并为码头、泊位配备充足、有效的应急救援器材和设备。

用于危险化学品运输作业的内河码头、泊位，经交通运输主管部门按照国家有关规定验收合格后方可投入使用。

第六十条 船舶载运危险化学品进出内河港口，应当将危险化学品的名称、危险特性、包装以及进出港时间等事项，事先报告海事管理机构。海事管理机构接到报告后，应当在国务院交通运输主管部门规定的时间内作出是否同意的决定，通知报告人，同时通报港口行政管理部门。定船舶、定航线、定货种的船舶可以定期报告。

在内河港口内进行危险化学品的装卸、过驳作业，应当将危险化学品的名称、危险特性、包装和作业的时间、地点等事项报告港口行政管理部门。港口行政管理部门接到报告后，应当在国务院交通运输主管部门规定的时间内作出是否同意的决定，通知报告人，同时通报海事管理机构。

载运危险化学品的船舶在内河航行，通过过船建筑物的，应当提前向交通运输主管部门申报，并接受交通运输主管部门的管理。

第六十一条 载运危险化学品的船舶在内河航行、装卸或者停泊，应当悬挂专用的警示标志，按照规定显示专用信号。

载运危险化学品的船舶在内河航行，按照国务院交通运输主管部门的规定需要引航的，应当申请引航。

第六十二条 载运危险化学品的船舶在内河航行，应当遵守法律、行政法规和国家其他有关饮用水水源保护的规定。内河航道发展规划应当与依法经批准的饮用水水源保护区划定方案相协调。

第六十三条 托运危险化学品的，托运人应当向承运人说明所托运的危险化学品的种类、数量、危险特性以及发生危险情况的应急处置措施，并按照国家有关规定对所托运的危险化学品妥善包装，在外包装上设置相应的标志。

运输危险化学品需要添加抑制剂或者稳定剂的，托运人应当添加，并将有关情况告知承运人。

第六十四条 托运人不得在托运的普通货物中夹带危险化学品，不得将危险化学品匿报或者谎报为普通货物托运。

任何单位和个人不得交寄危险化学品或者在邮件、快件内夹带危险化学品，不得将危险化学品匿报或者谎报为普通物品交寄。邮政企业、快递企业不得收寄危险化学品。

对涉嫌违反本条第一款、第二款规定的，交通运输主管部门、邮政管理部门可以依法开拆查验。

第六十五条 通过铁路、航空运输危险化学品的安全管理，依照有关铁路、航空运输的法律、行政法规、规章的规定执行。

第六章 危险化学品登记与事故应急救援

第六十六条 国家实行危险化学品登记制度，为危险化学品安全管理以及危险化学品事故预防和应急救援提供技术、信息支持。

第六十七条 危险化学品生产企业、进口企业，应当向国务院安全生产监督管理部门负责危险化学品登记的机构（以下简称危险化学品登记机构）办理危险化学品登记。

危险化学品登记包括下列内容：

（一）分类和标签信息；

（二）物理、化学性质；

（三）主要用途；

（四）危险特性；

（五）储存、使用、运输的安全要求；

（六）出现危险情况的应急处置措施。

对同一企业生产、进口的同一品种的危险化学品，不进行重复登记。危险化学品生产企业、进口企业发现其生产、进口的危险化学品有新的危险特性的，应当及时向危险化学品登记机构办理登记内容变更手续。

危险化学品登记的具体办法由国务院安全生产监督管理部门制定。

第六十八条 危险化学品登记机构应当定期向工业和信息

化、环境保护、公安、卫生、交通运输、铁路、质量监督检验检疫等部门提供危险化学品登记的有关信息和资料。

第六十九条 县级以上地方人民政府安全生产监督管理部门应当会同工业和信息化、环境保护、公安、卫生、交通运输、铁路、质量监督检验检疫等部门，根据本地区实际情况，制定危险化学品事故应急预案，报本级人民政府批准。

第七十条 危险化学品单位应当制定本单位危险化学品事故应急预案，配备应急救援人员和必要的应急救援器材、设备，并定期组织应急救援演练。

危险化学品单位应当将其危险化学品事故应急预案报所在地设区的市级人民政府安全生产监督管理部门备案。

第七十一条 发生危险化学品事故，事故单位主要负责人应当立即按照本单位危险化学品应急预案组织救援，并向当地安全生产监督管理部门和环境保护、公安、卫生主管部门报告；道路运输、水路运输过程中发生危险化学品事故的，驾驶人员、船员或者押运人员还应当向事故发生地交通运输主管部门报告。

第七十二条 发生危险化学品事故，有关地方人民政府应当立即组织安全生产监督管理、环境保护、公安、卫生、交通运输等有关部门，按照本地区危险化学品事故应急预案组织实施救援，不得拖延、推诿。

有关地方人民政府及其有关部门应当按照下列规定，采取必要的应急处置措施，减少事故损失，防止事故蔓延、扩大：

（一）立即组织营救和救治受害人员，疏散、撤离或者采取其他措施保护危害区域内的其他人员；

（二）迅速控制危害源，测定危险化学品的性质、事故的危害区域及危害程度；

（三）针对事故对人体、动植物、土壤、水源、大气造成的现实危害和可能产生的危害，迅速采取封闭、隔离、洗消等措施；

（四）对危险化学品事故造成的环境污染和生态破坏状况进行监测、评估，并采取相应的环境污染治理和生态修复措施。

第七十三条 有关危险化学品单位应当为危险化学品事故应急救援提供技术指导和必要的协助。

第七十四条 危险化学品事故造成环境污染的，由设区的市级以上人民政府环境保护主管部门统一发布有关信息。

第七章 法律责任

第七十五条 生产、经营、使用国家禁止生产、经营、使用的危险化学品的，由安全生产监督管理部门责令停止生产、经营、使用活动，处20万元以上50万元以下的罚款，有违法所得的，没收违法所得；构成犯罪的，依法追究刑事责任。

有前款规定行为的，安全生产监督管理部门还应当责令其对所生产、经营、使用的危险化学品进行无害化处理。

违反国家关于危险化学品使用的限制性规定使用危险化学品的，依照本条第一款的规定处理。

第七十六条 未经安全条件审查，新建、改建、扩建生产、储存危险化学品的建设项目的，由安全生产监督管理部门责令停止建设，限期改正；逾期不改正的，处50万元以上100万元以下的罚款；构成犯罪的，依法追究刑事责任。

未经安全条件审查，新建、改建、扩建储存、装卸危险化学品的港口建设项目的，由港口行政管理部门依照前款规定予以处罚。

第七十七条 未依法取得危险化学品安全生产许可证从事危险化学品生产，或者未依法取得工业产品生产许可证从事危险化学品及其包装物、容器生产的，分别依照《安全生产许可证条例》、《中华人民共和国工业产品生产许可证管理条例》的规定处罚。

违反本条例规定，化工企业未取得危险化学品安全使用许可证，使用危险化学品从事生产的，由安全生产监督管理部门责令限期改正，处10万元以上20万元以下的罚款；逾期不改正的，责令停产整顿。

违反本条例规定，未取得危险化学品经营许可证从事危险化学品经营的,由安全生产监督管理部门责令停止经营活动,没收违法经营的危险化学品以及违法所得,并处10万元以上20万元以下的罚款;构成犯罪的,依法追究刑事责任。

第七十八条 有下列情形之一的,由安全生产监督管理部门责令改正,可以处5万元以下的罚款;拒不改正的,处5万元以上10万元以下的罚款;情节严重的,责令停产停业整顿:

(一)生产、储存危险化学品的单位未对其铺设的危险化学品管道设置明显的标志,或者未对危险化学品管道定期检查、检测的;

(二)进行可能危及危险化学品管道安全的施工作业,施工单位未按照规定书面通知管道所属单位,或者未与管道所属单位共同制定应急预案、采取相应的安全防护措施,或者管道所属单位未指派专门人员到现场进行管道安全保护指导的;

(三)危险化学品生产企业未提供化学品安全技术说明书,或者未在包装(包括外包装件)上粘贴、拴挂化学品安全标签的;

(四)危险化学品生产企业提供的化学品安全技术说明书与其生产的危险化学品不相符,或者在包装(包括外包装件)粘贴、拴挂的化学品安全标签与包装内危险化学品不相符,或者化学品安全技术说明书、化学品安全标签所载明的内容不符合国家标准要求的;

(五)危险化学品生产企业发现其生产的危险化学品有新的危险特性不立即公告,或者不及时修订其化学品安全技术说明书和化学品安全标签的;

(六)危险化学品经营企业经营没有化学品安全技术说明书和化学品安全标签的危险化学品的;

(七)危险化学品包装物、容器的材质以及包装的形式、规格、方法和单件质量(重量)与所包装的危险化学品的性质和用途不相适应的;

(八)生产、储存危险化学品的单位未在作业场所和安全设施、设备上设置明显的安全警示标志,或者未在作业场所设置通信、报警装置的；

（九）危险化学品专用仓库未设专人负责管理，或者对储存的剧毒化学品以及储存数量构成重大危险源的其他危险化学品未实行双人收发、双人保管制度的；

（十）储存危险化学品的单位未建立危险化学品出入库核查、登记制度的；

（十一）危险化学品专用仓库未设置明显标志的；

（十二）危险化学品生产企业、进口企业不办理危险化学品登记，或者发现其生产、进口的危险化学品有新的危险特性不办理危险化学品登记内容变更手续的。

从事危险化学品仓储经营的港口经营人有前款规定情形的，由港口行政管理部门依照前款规定予以处罚。储存剧毒化学品、易制爆危险化学品的专用仓库未按照国家有关规定设置相应的技术防范设施的，由公安机关依照前款规定予以处罚。

生产、储存剧毒化学品、易制爆危险化学品的单位未设置治安保卫机构、配备专职治安保卫人员的，依照《企业事业单位内部治安保卫条例》的规定处罚。

第七十九条 危险化学品包装物、容器生产企业销售未经检验或者经检验不合格的危险化学品包装物、容器的，由质量监督检验检疫部门责令改正，处10万元以上20万元以下的罚款，有违法所得的，没收违法所得；拒不改正的，责令停产停业整顿；构成犯罪的，依法追究刑事责任。

将未经检验合格的运输危险化学品的船舶及其配载的容器投入使用的，由海事管理机构依照前款规定予以处罚。

第八十条 生产、储存、使用危险化学品的单位有下列情形之一的，由安全生产监督管理部门责令改正，处5万元以上10万元以下的罚款；拒不改正的，责令停产停业整顿直至由原发证机关吊销其相关许可证件，并由工商行政管理部门责令其办理经营范围变更登记或者吊销其营业执照；有关责任人员构成犯罪的，依法追究刑事责任：

（一）对重复使用的危险化学品包装物、容器，在重复使用前不进行检查的；

（二）未根据其生产、储存的危险化学品的种类和危险特性，在作业场所设置相关安全设施、设备，或者未按照国家标准、行业标准或者国家有关规定对安全设施、设备进行经常性维护、保养的；

（三）未依照本条例规定对其安全生产条件定期进行安全评价的；

（四）未将危险化学品储存在专用仓库内，或者未将剧毒化学品以及储存数量构成重大危险源的其他危险化学品在专用仓库内单独存放的；

（五）危险化学品的储存方式、方法或者储存数量不符合国家标准或者国家有关规定的；

（六）危险化学品专用仓库不符合国家标准、行业标准的要求的；

（七）未对危险化学品专用仓库的安全设施、设备定期进行检测、检验的。

从事危险化学品仓储经营的港口经营人有前款规定情形的，由港口行政管理部门依照前款规定予以处罚。

第八十一条 有下列情形之一的，由公安机关责令改正，可以处 1 万元以下的罚款；拒不改正的，处 1 万元以上 5 万元以下的罚款：

（一）生产、储存、使用剧毒化学品、易制爆危险化学品的单位不如实记录生产、储存、使用的剧毒化学品、易制爆危险化学品的数量、流向的；

（二）生产、储存、使用剧毒化学品、易制爆危险化学品的单位发现剧毒化学品、易制爆危险化学品丢失或者被盗，不立即向公安机关报告的；

（三）储存剧毒化学品的单位未将剧毒化学品的储存数量、储存地点以及管理人员的情况报所在地县级人民政府公安机关备案的；

（四）危险化学品生产企业、经营企业不如实记录剧毒化学品、易制爆危险化学品购买单位的名称、地址、经办人的姓名、身份证号码以及所购买的剧毒化学品、易制爆危险化学品的品种、数量、用途，或者保存销售记录和相关材料的时间少于1年的；

（五）剧毒化学品、易制爆危险化学品的销售企业、购买单位未在规定的时限内将所销售、购买的剧毒化学品、易制爆危险化学品的品种、数量以及流向信息报所在地县级人民政府公安机关备案的；

（六）使用剧毒化学品、易制爆危险化学品的单位依照本条例规定转让其购买的剧毒化学品、易制爆危险化学品，未将有关情况向所在地县级人民政府公安机关报告的。

生产、储存危险化学品的企业或者使用危险化学品从事生产的企业未按照本条例规定将安全评价报告以及整改方案的落实情况报安全生产监督管理部门或者港口行政管理部门备案，或者储存危险化学品的单位未将其剧毒化学品以及储存数量构成重大危险源的其他危险化学品的储存数量、储存地点以及管理人员的情况报安全生产监督管理部门或者港口行政管理部门备案的，分别由安全生产监督管理部门或者港口行政管理部门依照前款规定予以处罚。

生产实施重点环境管理的危险化学品的企业或者使用实施重点环境管理的危险化学品从事生产的企业未按照规定将相关信息向环境保护主管部门报告的，由环境保护主管部门依照本条第一款的规定予以处罚。

第八十二条　生产、储存、使用危险化学品的单位转产、停产、停业或者解散，未采取有效措施及时、妥善处置其危险化学品生产装置、储存设施以及库存的危险化学品，或者丢弃危险化学品的，由安全生产监督管理部门责令改正，处5万元以上10万元以下的罚款；构成犯罪的，依法追究刑事责任。

生产、储存、使用危险化学品的单位转产、停产、停业或者解散,未依照本条例规定将其危险化学品生产装置、储存设施以及库存危险化学品的处置方案报有关部门备案的,分别由有关部门责令改正,可以处1万元以下的罚款;拒不改正的,处1万元以上5万元以下的罚款。

第八十三条 危险化学品经营企业向未经许可违法从事危险化学品生产、经营活动的企业采购危险化学品的,由工商行政管理部门责令改正,处10万元以上20万元以下的罚款;拒不改正的,责令停业整顿直至由原发证机关吊销其危险化学品经营许可证,并由工商行政管理部门责令其办理经营范围变更登记或者吊销其营业执照。

第八十四条 危险化学品生产企业、经营企业有下列情形之一的,由安全生产监督管理部门责令改正,没收违法所得,并处10万元以上20万元以下的罚款;拒不改正的,责令停产停业整顿直至吊销其危险化学品安全生产许可证、危险化学品经营许可证,并由工商行政管理部门责令其办理经营范围变更登记或者吊销其营业执照:

(一)向不具有本条例第三十八条第一款、第二款规定的相关许可证件或者证明文件的单位销售剧毒化学品、易制爆危险化学品的;

(二)不按照剧毒化学品购买许可证载明的品种、数量销售剧毒化学品的;

(三)向个人销售剧毒化学品(属于剧毒化学品的农药除外)、易制爆危险化学品的。

不具有本条例第三十八条第一款、第二款规定的相关许可证件或者证明文件的单位购买剧毒化学品、易制爆危险化学品,或者个人购买剧毒化学品(属于剧毒化学品的农药除外)、易制爆危险化学品的,由公安机关没收所购买的剧毒化学品、易制爆危险化学品,可以并处5000元以下的罚款。

使用剧毒化学品、易制爆危险化学品的单位出借或者向不具有本条例第三十八条第一款、第二款规定的相关许可证件的单位转让其购买的剧毒化学品、易制爆危险化学品,或者向个人转让其购买的剧毒化学品(属于剧毒化学品的农药除外)、易制爆危险化学品的,由公安机关责令改正,处 10 万元以上 20 万元以下的罚款;拒不改正的,责令停产停业整顿。

第八十五条 未依法取得危险货物道路运输许可、危险货物水路运输许可,从事危险化学品道路运输、水路运输的,分别依照有关道路运输、水路运输的法律、行政法规的规定处罚。

第八十六条 有下列情形之一的,由交通运输主管部门责令改正,处 5 万元以上 10 万元以下的罚款;拒不改正的,责令停产停业整顿;构成犯罪的,依法追究刑事责任:

(一)危险化学品道路运输企业、水路运输企业的驾驶人员、船员、装卸管理人员、押运人员、申报人员、集装箱装箱现场检查员未取得从业资格上岗作业的;

(二)运输危险化学品,未根据危险化学品的危险特性采取相应的安全防护措施,或者未配备必要的防护用品和应急救援器材的;

(三)使用未依法取得危险货物适装证书的船舶,通过内河运输危险化学品的;

(四)通过内河运输危险化学品的承运人违反国务院交通运输主管部门对单船运输的危险化学品数量的限制性规定运输危险化学品的;

(五)用于危险化学品运输作业的内河码头、泊位不符合国家有关安全规范,或者未与饮用水取水口保持国家规定的安全距离,或者未经交通运输主管部门验收合格投入使用的;

(六)托运人不向承运人说明所托运的危险化学品的种类、数量、危险特性以及发生危险情况的应急处置措施,或者未按照国家有关规定对所托运的危险化学品妥善包装并在外包装上设置相应标志的;

(七)运输危险化学品需要添加抑制剂或者稳定剂,托运人未添加或者未将有关情况告知承运人的。

第八十七条 有下列情形之一的,由交通运输主管部门责令改正，处10万元以上20万元以下的罚款，有违法所得的，没收违法所得；拒不改正的，责令停产停业整顿；构成犯罪的，依法追究刑事责任：

（一）委托未依法取得危险货物道路运输许可、危险货物水路运输许可的企业承运危险化学品的；

（二）通过内河封闭水域运输剧毒化学品以及国家规定禁止通过内河运输的其他危险化学品的；

（三）通过内河运输国家规定禁止通过内河运输的剧毒化学品以及其他危险化学品的；

（四）在托运的普通货物中夹带危险化学品，或者将危险化学品谎报或者匿报为普通货物托运的。

在邮件、快件内夹带危险化学品，或者将危险化学品谎报为普通物品交寄的，依法给予治安管理处罚；构成犯罪的，依法追究刑事责任。

邮政企业、快递企业收寄危险化学品的，依照《中华人民共和国邮政法》的规定处罚。

第八十八条　有下列情形之一的，由公安机关责令改正，处5万元以上10万元以下的罚款；构成违反治安管理行为的，依法给予治安管理处罚；构成犯罪的，依法追究刑事责任：

（一）超过运输车辆的核定载质量装载危险化学品的；

（二）使用安全技术条件不符合国家标准要求的车辆运输危险化学品的；

（三）运输危险化学品的车辆未经公安机关批准进入危险化学品运输车辆限制通行的区域的；

（四）未取得剧毒化学品道路运输通行证，通过道路运输剧毒化学品的。

第八十九条　有下列情形之一的，由公安机关责令改正，处1万元以上5万元以下的罚款；构成违反治安管理行为的，依法给予治安管理处罚：

（一）危险化学品运输车辆未悬挂或者喷涂警示标志，或者悬挂或者喷涂的警示标志不符合国家标准要求的；

（二）通过道路运输危险化学品，不配备押运人员的；

（三）运输剧毒化学品或者易制爆危险化学品途中需要较长时间停车，驾驶人员、押运人员不向当地公安机关报告的；

（四）剧毒化学品、易制爆危险化学品在道路运输途中丢失、被盗、被抢或者发生流散、泄露等情况，驾驶人员、押运人员不采取必要的警示措施和安全措施，或者不向当地公安机关报告的。

第九十条　对发生交通事故负有全部责任或者主要责任的危险化学品道路运输企业，由公安机关责令消除安全隐患，未消除安全隐患的危险化学品运输车辆，禁止上道路行驶。

第九十一条　有下列情形之一的，由交通运输主管部门责令改正，可以处1万元以下的罚款；拒不改正的，处1万元以上5万元以下的罚款：

（一）危险化学品道路运输企业、水路运输企业未配备专职安全管理人员的；

（二）用于危险化学品运输作业的内河码头、泊位的管理单位未制定码头、泊位危险化学品事故应急救援预案，或者未为码头、泊位配备充足、有效的应急救援器材和设备的。

第九十二条　有下列情形之一的，依照《中华人民共和国内河交通安全管理条例》的规定处罚：

（一）通过内河运输危险化学品的水路运输企业未制定运输船舶危险化学品事故应急救援预案，或者未为运输船舶配备充足、有效的应急救援器材和设备的；

（二）通过内河运输危险化学品的船舶的所有人或者经营人未取得船舶污染损害责任保险证书或者财务担保证明的；

（三）船舶载运危险化学品进出内河港口，未将有关事项事先报告海事管理机构并经其同意的；

（四）载运危险化学品的船舶在内河航行、装卸或者停泊，未悬挂专用的警示标志，或者未按照规定显示专用信号，或者未按照规定申请引航的。

未向港口行政管理部门报告并经其同意,在港口内进行危险化学品的装卸、过驳作业的,依照《中华人民共和国港口法》的规定处罚。

第九十三条 伪造、变造或者出租、出借、转让危险化学品安全生产许可证、工业产品生产许可证,或者使用伪造、变造的危险化学品安全生产许可证、工业产品生产许可证的,分别依照《安全生产许可证条例》、《中华人民共和国工业产品生产许可证管理条例》的规定处罚。

伪造、变造或者出租、出借、转让本条例规定的其他许可证,或者使用伪造、变造的本条例规定的其他许可证的,分别由相关许可证的颁发管理机关处10万元以上20万元以下的罚款,有违法所得的,没收违法所得;构成违反治安管理行为的,依法给予治安管理处罚;构成犯罪的,依法追究刑事责任。

第九十四条 危险化学品单位发生危险化学品事故,其主要负责人不立即组织救援或者不立即向有关部门报告的,依照《生产安全事故报告和调查处理条例》的规定处罚。

危险化学品单位发生危险化学品事故,造成他人人身伤害或者财产损失的,依法承担赔偿责任。

第九十五条 发生危险化学品事故,有关地方人民政府及其有关部门不立即组织实施救援,或者不采取必要的应急处置措施减少事故损失,防止事故蔓延、扩大的,对直接负责的主管人员和其他直接责任人员依法给予处分;构成犯罪的,依法追究刑事责任。

第九十六条 负有危险化学品安全监督管理职责的部门的工作人员,在危险化学品安全监督管理工作中滥用职权、玩忽职守、徇私舞弊,构成犯罪的,依法追究刑事责任;尚不构成犯罪的,依法给予处分。

第八章　附　则

第九十七条 监控化学品、属于危险化学品的药品和农药的安全管理,依照本条例的规定执行;法律、行政法规另有规定的,依照其规定。

民用爆炸物品、烟花爆竹、放射性物品、核能物质以及用于国防科研生产的危险化学品的安全管理,不适用本条例。

法律、行政法规对燃气的安全管理另有规定的,依照其规定。

危险化学品容器属于特种设备的,其安全管理依照有关特种设备安全的法律、行政法规的规定执行。

第九十八条 危险化学品的进出口管理,依照有关对外贸易的法律、行政法规、规章的规定执行;进口的危险化学品的储存、使用、经营、运输的安全管理,依照本条例的规定执行。

危险化学品环境管理登记和新化学物质环境管理登记,依照有关环境保护的法律、行政法规、规章的规定执行。危险化学品环境管理登记,按照国家有关规定收取费用。

第九十九条 公众发现、捡拾的无主危险化学品,由公安机关接收。公安机关接收或者有关部门依法没收的危险化学品,需要进行无害化处理的,交由环境保护主管部门组织其认定的专业单位进行处理,或者交由有关危险化学品生产企业进行处理。处理所需费用由国家财政负担。

第一百条 化学品的危险特性尚未确定的,由国务院安全生产监督管理部门、国务院环境保护主管部门、国务院卫生主管部门分别负责组织对该化学品的物理危险性、环境危害性、毒理特性进行鉴定。根据鉴定结果,需要调整危险化学品目录的,依照本条例第三条第二款的规定办理。

第一百零一条 本条例施行前已经使用危险化学品从事生产的化工企业,依照本条例规定需要取得危险化学品安全使用许可证的,应当在国务院安全生产监督管理部门规定的期限内,申请取得危险化学品安全使用许可证。

第一百零二条 本条例自 2011 年 12 月 1 日起施行。

中华人民共和国船舶吨税暂行条例

中华人民共和国国务院令第610号　2011.12.5

第一条　自中华人民共和国境外港口进入境内港口的船舶(以下称应税船舶),应当依照本条例缴纳船舶吨税(以下简称吨税)。

第二条　吨税的税目、税率依照本条例所附的《吨税税目税率表》执行。

《吨税税目税率表》的调整,由国务院决定。

第三条　吨税设置优惠税率和普通税率。

中华人民共和国籍的应税船舶,船籍国(地区)与中华人民共和国签订含有相互给予船舶税费最惠国待遇条款的条约或者协定的应税船舶,适用优惠税率。

其他应税船舶,适用普通税率。

第四条　吨税按照船舶净吨位和吨税执照期限征收。

应税船舶负责人在每次申报纳税时,可以按照《吨税税目税率表》选择申领一种期限的吨税执照。

第五条　吨税的应纳税额按照船舶净吨位乘以适用税率计算。

第六条　吨税由海关负责征收。海关征收吨税应当制发缴款凭证。

应税船舶负责人缴纳吨税或者提供担保后,海关按照其申领的执照期限填发吨税执照。

第七条　应税船舶在进入港口办理入境手续时,应当向海关申报纳税领取吨税执照,或者交验吨税执照。应税船舶在离开港口办理出境手续时,应当交验吨税执照。

应税船舶负责人申领吨税执照时，应当向海关提供下列文件：

（一）船舶国籍证书或者海事部门签发的船舶国籍证书收存证明；

（二）船舶吨位证明。

第八条 吨税纳税义务发生时间为应税船舶进入港口的当日。

应税船舶在吨税执照期满后尚未离开港口的，应当申领新的吨税执照，自上一次执照期满的次日起续缴吨税。

第九条 下列船舶免征吨税：

（一）应纳税额在人民币 50 元以下的船舶；

（二）自境外以购买、受赠、继承等方式取得船舶所有权的初次进口到港的空载船舶；

（三）吨税执照期满后 24 小时内不上下客货的船舶；

（四）非机动船舶（不包括非机动驳船）；

（五）捕捞、养殖渔船；

（六）避难、防疫隔离、修理、终止运营或者拆解，并不上下客货的船舶；

（七）军队、武装警察部队专用或者征用的船舶；

（八）依照法律规定应当予以免税的外国驻华使领馆、国际组织驻华代表机构及其有关人员的船舶；

（九）国务院规定的其他船舶。

第十条 在吨税执照期限内，应税船舶发生下列情形之一的，海关按照实际发生的天数批注延长吨税执照期限：

（一）避难、防疫隔离、修理，并不上下客货；

（二）军队、武装警察部队征用。

应税船舶因不可抗力在未设立海关地点停泊的，船舶负责人应当立即向附近海关报告，并在不可抗力原因消除后，依照本条例规定向海关申报纳税。

第十一条 符合本条例第九条第五项至第八项、第十条规定的船舶，应当提供海事部门、渔业船舶管理部门或者卫生检疫部门等部门、机构出具的具有法律效力的证明文件或者使用关系证明文件，申明免税或者延长吨税执照期限的依据和理由。

第十二条 应税船舶负责人应当自海关填发吨税缴款凭证之日起15日内向指定银行缴清税款。未按期缴清税款的，自滞纳税款之日起，按日加收滞纳税款0.5‰的滞纳金。

第十三条 应税船舶到达港口前，经海关核准先行申报并办结出入境手续的，应税船舶负责人应当向海关提供与其依法履行吨税缴纳义务相适应的担保；应税船舶到达港口后，依照本条例规定向海关申报纳税。

下列财产、权利可以用于担保：

（一）人民币、可自由兑换货币；

（二）汇票、本票、支票、债券、存单；

（三）银行、非银行金融机构的保函；

（四）海关依法认可的其他财产、权利。

第十四条 应税船舶在吨税执照期限内，因修理导致净吨位变化的，吨税执照继续有效。应税船舶办理出入境手续时，应当提供船舶经过修理的证明文件。

第十五条 应税船舶在吨税执照期限内，因税目税率调整或者船籍改变而导致适用税率变化的，吨税执照继续有效。

因船籍改变而导致适用税率变化的，应税船舶在办理出入境手续时，应当提供船籍改变的证明文件。

第十六条 吨税执照在期满前毁损或者遗失的，应当向原发照海关书面申请核发吨税执照副本，不再补税。

第十七条 海关发现少征或者漏征税款的，应当自应税船舶应当缴纳税款之日起1年内，补征税款。但因应税船舶违反规定造成少征或者漏征税款的，海关可以自应当缴纳税款之日起3年内追征税款，并自应当缴纳税款之日起按日加征少征或者漏征税款0.5‰的滞纳金。

海关发现多征税款的，应当立即通知应税船舶办理退还手续，并加算银行同期活期存款利息。

应税船舶发现多缴税款的，可以自缴纳税款之日起1年内以书面形式要求海关退还多缴的税款并加算银行同期活期存款利息；海关应当自受理退税申请之日起30日内查实并通知应税船舶办理退还手续。

应税船舶应当自收到本条第二款、第三款规定的通知之日起3个月内办理有关退还手续。

第十八条 应税船舶有下列行为之一的，由海关责令限期改正，处2000元以上3万元以下罚款；不缴或者少缴应纳税款的，处不缴或者少缴税款50%以上5倍以下的罚款，但罚款不得低于2000元：

（一）未按照规定申报纳税、领取吨税执照的；

（二）未按照规定交验吨税执照及其他证明文件的。

第十九条 吨税税款、滞纳金、罚款以人民币计算。

第二十条 本条例下列用语的含义：

净吨位，是指由船籍国（地区）政府授权签发的船舶吨位证明书上标明的净吨位。

非机动船舶，是指自身没有动力装置，依靠外力驱动的船舶。

非机动驳船，是指在船舶管理部门登记为驳船的非机动船舶。

捕捞、养殖渔船，是指在中华人民共和国渔业船舶管理部门登记为捕捞船或者养殖船的船舶。

拖船，是指专门用于拖（推）动运输船舶的专业作业船舶。拖船按照发动机功率每1千瓦折合净吨位0.67吨。

吨税执照期限，是指按照公历年、日计算的期间。

第二十一条 本条例自2012年1月1日起施行。1952年9月16日政务院财政经济委员会批准、1952年9月29日海关总署发布的《中华人民共和国海关船舶吨税暂行办法》同时废止。

附：

吨税税目税率表

税 目 （按船舶净吨位划分）	税 率（元/净吨）						备 注
	普通税率 （按执照期限划分）			优惠税率 （按执照期限划分）			
	1年	90日	30日	1年	90日	30日	
不超过2000净吨	12.6	4.2	2.1	9.0	3.0	1.5	拖船和非机动驳船分别按相同净吨位船舶税率的50%计征税款
超过2000净吨，但不超过10000净吨	24.0	8.0	4.0	17.4	5.8	2.9	
超过10000净吨，但不超过50000净吨	27.6	9.2	4.6	19.8	6.6	3.3	
超过50000净吨	31.8	10.6	5.3	22.8	7.6	3.8	

中华人民共和国车船税法实施条例

中华人民共和国国务院令第611号　2011.12.5

第一条　根据《中华人民共和国车船税法》(以下简称车船税法)的规定,制定本条例。

第二条　车船税法第一条所称车辆、船舶,是指:

(一)依法应当在车船登记管理部门登记的机动车辆和船舶;

(二)依法不需要在车船登记管理部门登记的在单位内部场所行驶或者作业的机动车辆和船舶。

第三条　省、自治区、直辖市人民政府根据车船税法所附《车船税税目税额表》确定车辆具体适用税额,应当遵循以下原则:

(一)乘用车依排气量从小到大递增税额;

(二)客车按照核定载客人数20人以下和20人(含)以上两档划分,递增税额。

省、自治区、直辖市人民政府确定的车辆具体适用税额,应当报国务院备案。

第四条　机动船舶具体适用税额为:

(一)净吨位不超过200吨的,每吨3元;

(二)净吨位超过200吨但不超过2000吨的,每吨4元;

(三)净吨位超过2000吨但不超过10000吨的,每吨5元;

(四)净吨位超过10000吨的,每吨6元。

拖船按照发动机功率每1千瓦折合净吨位0.67吨计算征收车船税。

第五条　游艇具体适用税额为:

(一)艇身长度不超过10米的,每米600元;

(二)艇身长度超过10米但不超过18米的,每米900元;

（三）艇身长度超过 18 米但不超过 30 米的，每米 1300 元；

（四）艇身长度超过 30 米的，每米 2000 元；

（五）辅助动力帆艇，每米 600 元。

第六条 车船税法和本条例所涉及的排气量、整备质量、核定载客人数、净吨位、千瓦、艇身长度，以车船登记管理部门核发的车船登记证书或者行驶证所载数据为准。

依法不需要办理登记的车船和依法应当登记而未办理登记或者不能提供车船登记证书、行驶证的车船，以车船出厂合格证明或者进口凭证标注的技术参数、数据为准；不能提供车船出厂合格证明或者进口凭证的，由主管税务机关参照国家相关标准核定，没有国家相关标准的参照同类车船核定。

第七条 车船税法第三条第一项所称的捕捞、养殖渔船，是指在渔业船舶登记管理部门登记为捕捞船或者养殖船的船舶。

第八条 车船税法第三条第二项所称的军队、武装警察部队专用的车船，是指按照规定在军队、武装警察部队车船登记管理部门登记，并领取军队、武警牌照的车船。

第九条 车船税法第三条第三项所称的警用车船，是指公安机关、国家安全机关、监狱、劳动教养管理机关和人民法院、人民检察院领取警用牌照的车辆和执行警务的专用船舶。

第十条 节约能源、使用新能源的车船可以免征或者减半征收车船税。免征或者减半征收车船税的车船的范围，由国务院财政、税务主管部门商国务院有关部门制订，报国务院批准。

对受地震、洪涝等严重自然灾害影响纳税困难以及其他特殊原因确需减免税的车船，可以在一定期限内减征或者免征车船税。具体减免期限和数额由省、自治区、直辖市人民政府确定，报国务院备案。

第十一条 车船税由地方税务机关负责征收。

第十二条 机动车车船税扣缴义务人在代收车船税时，应当在机动车交通事故责任强制保险的保险单以及保费发票上注明已收税款的信息，作为代收税款凭证。

第十三条 已完税或者依法减免税的车辆，纳税人应当向扣缴义务人提供登记地的主管税务机关出具的完税凭证或者减免税证明。

第十四条 纳税人没有按照规定期限缴纳车船税的，扣缴义务人在代收代缴税款时，可以一并代收代缴欠缴税款的滞纳金。

第十五条 扣缴义务人已代收代缴车船税的，纳税人不再向车辆登记地的主管税务机关申报缴纳车船税。

没有扣缴义务人的，纳税人应当向主管税务机关自行申报缴纳车船税。

第十六条 纳税人缴纳车船税时，应当提供反映排气量、整备质量、核定载客人数、净吨位、千瓦、艇身长度等与纳税相关信息的相应凭证以及税务机关根据实际需要要求提供的其他资料。

纳税人以前年度已经提供前款所列资料信息的，可以不再提供。

第十七条 车辆车船税的纳税人按照纳税地点所在的省、自治区、直辖市人民政府确定的具体适用税额缴纳车船税。

第十八条 扣缴义务人应当及时解缴代收代缴的税款和滞纳金，并向主管税务机关申报。扣缴义务人向税务机关解缴税款和滞纳金时，应当同时报送明细的税款和滞纳金扣缴报告。扣缴义务人解缴税款和滞纳金的具体期限，由省、自治区、直辖市地方税务机关依照法律、行政法规的规定确定。

第十九条 购置的新车船，购置当年的应纳税额自纳税义务发生的当月起按月计算。应纳税额为年应纳税额除以 12 再乘以应纳税月份数。

在一个纳税年度内，已完税的车船被盗抢、报废、灭失的，纳税人可以凭有关管理机关出具的证明和完税凭证，向纳税所在地的主管税务机关申请退还自被盗抢、报废、灭失月份起至该纳税年度终了期间的税款。

已办理退税的被盗抢车船失而复得的，纳税人应当从公安机关出具相关证明的当月起计算缴纳车船税。

第二十条 已缴纳车船税的车船在同一纳税年度内办理转让过户的,不另纳税,也不退税。

第二十一条 车船税法第八条所称取得车船所有权或者管理权的当月,应当以购买车船的发票或者其他证明文件所载日期的当月为准。

第二十二条 税务机关可以在车船登记管理部门、车船检验机构的办公场所集中办理车船税征收事宜。

公安机关交通管理部门在办理车辆相关登记和定期检验手续时,经核查,对没有提供依法纳税或者免税证明的,不予办理相关手续。

第二十三条 车船税按年申报,分月计算,一次性缴纳。纳税年度为公历1月1日至12月31日。

第二十四条 临时入境的外国车船和香港特别行政区、澳门特别行政区、台湾地区的车船,不征收车船税。

第二十五条 按照规定缴纳船舶吨税的机动船舶,自车船税法实施之日起5年内免征车船税。

依法不需要在车船登记管理部门登记的机场、港口、铁路站场内部行驶或者作业的车船,自车船税法实施之日起5年内免征车船税。

第二十六条 车船税法所附《车船税税目税额表》中车辆、船舶的含义如下:

乘用车,是指在设计和技术特性上主要用于载运乘客及随身行李,核定载客人数包括驾驶员在内不超过9人的汽车。

商用车,是指除乘用车外,在设计和技术特性上用于载运乘客、货物的汽车,划分为客车和货车。

半挂牵引车,是指装备有特殊装置用于牵引半挂车的商用车。

三轮汽车,是指最高设计车速不超过每小时50公里,具有三个车轮的货车。

低速载货汽车,是指以柴油机为动力,最高设计车速不超过每小时70公里,具有四个车轮的货车。

挂车，是指就其设计和技术特性需由汽车或者拖拉机牵引，才能正常使用的一种无动力的道路车辆。

专用作业车，是指在其设计和技术特性上用于特殊工作的车辆。

轮式专用机械车，是指有特殊结构和专门功能，装有橡胶车轮可以自行行驶，最高设计车速大于每小时 20 公里的轮式工程机械车。

摩托车，是指无论采用何种驱动方式，最高设计车速大于每小时 50 公里，或者使用内燃机，其排量大于 50 毫升的两轮或者三轮车辆。

船舶，是指各类机动、非机动船舶以及其他水上移动装置，但是船舶上装备的救生艇筏和长度小于 5 米的艇筏除外。其中，机动船舶是指用机器推进的船舶；拖船是指专门用于拖（推）动运输船舶的专业作业船舶；非机动驳船，是指在船舶登记管理部门登记为驳船的非机动船舶；游艇是指具备内置机械推进动力装置，长度在 90 米以下，主要用于游览观光、休闲娱乐、水上体育运动等活动，并应当具有船舶检验证书和适航证书的船舶。

第二十七条　本条例自 2012 年 1 月 1 日起施行。

关于深化政务公开加强政务服务的意见

中共中央办公厅　国务院办公厅　2011.6.8

为深入贯彻落实党的十七大和十七届三中、四中、五中全会精神，促进服务政府、责任政府、法治政府、廉洁政府建设，提高依法行政和政务服务水平，现就深化政务公开、加强政务服务提出如下意见。

一、深化政务公开、加强政务服务的重要性和总体要求

1. 深化政务公开、加强政务服务的重要性。深化政务公开、加强政务服务，对于推进行政体制改革、加强对行政权力监督制约、从源头上防治腐败和提供高效便民服务，都具有重要意义。党的十六大以来，在党中央、国务院坚强领导下，政务公开不断深化，政府信息公开、行政权力公开透明运行、公共企事业单位办事公开全方位推进，政务（行政）服务中心（以下简称服务中心）发展迅速，服务群众功能不断完善。但是，工作中也还存在一些问题，主要是：政务公开方面，有的存在重形式轻内容现象，有的公开内容不全面、程序不规范，有的不能妥善处理信息公开与保守秘密的关系，政府信息共享机制不够健全；政务服务方面，服务体系建设不够完善，服务中心运行缺乏明确规范，公开办理的行政审批和服务事项不能满足群众需求等。各地区各部门要高度重视解决这些问题，坚持保障人民群众的知情权和监督权，加大推进政务公开力度，把公开透明的要求贯穿于政务服务各个环节，以公开促进政务服务水平的提高，创造条件保障人民群众更好地了解和监督政府工作。

2. 深化政务公开、加强政务服务的总体要求。要以邓小平理论和“三个代表”重要思想为指导，深入贯彻落实科学发展观，坚持以人为本、执政为民，坚持围绕中心、服务大局，按照深化行政体制改革的要求，转变政府职能，推进行政权力运行程序化和公开透明；按照公开为原则、不公开为例外的要求，及时、准确、全面公开群众普遍关心、涉及群众切身利益的政府信息；按照便民利民的要求，进一步改进政务服务，提高行政效能，推进政务服务体系建设，为人民群众提供优质便捷高效服务。

二、以改革创新精神深化政务公开工作

3. 创新政务公开方式方法。坚持方便群众知情、便于群众监督的原则，拓宽工作领域，深化公开内容，丰富公开形式，促进政府自身建设和管理创新。坚持区别情况、分类指导，提高政务公开的针对性和有效性。坚持创新载体、完善制度，实现政务公开的规范化、标准化。坚持问政于民、问需于民、问计于民，依靠群众积极支持和广泛参与，畅通政府和群众互动渠道，切实提高政务公开的社会效益。

4. 推行行政决策公开。坚持依法科学民主决策，建立健全体现以人为本、执政为民要求的决策机制，逐步扩大行政决策公开的领域和范围，推进行政决策过程和结果公开。凡涉及群众切身利益的重要改革方案、重大政策措施、重点工程项目，在决策前要广泛征求群众意见，并以适当方式反馈或者公布意见采纳情况。完善重大行政决策程序规则，把公众参与、专家论证、风险评估、合法性审查和集体讨论决定作为必经程序加以规范，增强公共政策制定透明度和公众参与度。

5. 推进行政权力公开透明运行。坚持依法行使权力，积极推进行政权力运行程序化和公开透明，确保行政机关和公务员严格依照法律规定的权限履职尽责。按照职权法定、程序合法的要求，依法梳理审核行政职权，编制行政职权目录，明确行使权力的主体、依据、运行程序和监督措施等，并向社会公布。严格规范行政裁量权行使，细化、量化裁量基准，公开裁量范围、种类和幅度。重点公开行政机关在实施行政许可、行政处罚、行政收费、行政征收等执法活动中履行职责情况，积极探索执法投诉和执法结果公开制度。

6. 加大行政审批公开力度。公布本地区本部门不涉及国家秘密、商业秘密和个人隐私的行政审批项目目录,继续清理、调整和减少行政审批事项。没有法律法规依据,行政机关不得设置或变相设置行政许可事项和非行政许可审批事项。进一步减少审批事项,优化工作流程,公开办理程序,强化过程监控,建立行政审批事项的动态管理制度。逐步依法将审批职能和审批事项集中到服务中心公开办理,建立健全决策、执行、监督相互协调又相互制约的运行机制。

7. 深入实施政府信息公开条例。各级行政机关要严格执行政府信息公开条例,主动、及时、准确公开财政预算决算、重大建设项目批准和实施、社会公益事业建设等领域的政府信息。各级政府财政总预算和总决算,部门预算和决算,以及政府性基金、国有资本经营等方面的预算和决算,都要向社会公开。公开的内容要详细全面,逐步细化到"项"级科目。各部门要逐步公开出国出境、出差、公务接待、公务用车、会议等经费支出。抓好重大突发事件和群众关注热点问题的公开,客观公布事件进展、政府举措、公众防范措施和调查处理结果,及时回应社会关切,正确引导社会舆论。进一步完善政府信息依申请公开、保密审查和监督保障等措施,认真做好涉及政府信息公开的举报投诉、行政复议、行政诉讼等工作。妥善处理好信息公开与保守秘密的关系,对依法应当保密的,要切实做好保密工作。

8. 着力深化基层政务公开。总结推广基层政务公开的成熟做法,大力推进乡镇(街道)政务公开,及时公开城乡社区居民关心的事项。健全农村集体资金、资产、资源管理制度,为深入推进村务公开打好基础。健全公共企事业单位办事公开制度,所有面向基层服务的医院、学校、公交等公共企事业单位,都要全面推行办事公开,主动接受群众监督。要编制办事公开目录,重点公开岗位职责、服务承诺、收费项目、工作规范、办事纪律、监督渠道等。主管部门要切实承担起对公共企事业单位办事公开的组织协调、监督指导职责。

9. 加强行政机关内部事务公开。加大干部工作、机关财务预决算、政府采购、基建工程等信息的公开力度,加强权力运行监控。开展廉政风险防控管理,梳理行政机关内部职权依据和运行流程,查找廉政风险点,制定防控措施,并及时在内部公开,加强对关键岗位和重点环节权力运行的制约和监督,防止权力滥用。

三、统筹推进政务服务体系建设

10. 逐步建立健全政务服务体系。按照建设服务型政府的要求,将政府及其部门的政务服务体系建设纳入基本公共服务体系建设的范畴,完善相关政策规定和管理措施,整合政务服务资源,健全政务服务平台,促进政务服务的均等化、规范化、高效化,提供让群众满意的高质量政务服务。

11. 充分发挥服务中心作用。服务中心是实施政务公开、加强政务服务的重要平台。各地要因地制宜规范和发展各级各类服务中心。凡与企业和人民群众密切相关的行政管理事项,包括行政许可、非行政许可审批和公共服务事项均应纳入服务中心办理。因涉密、场地限制等特殊情况不进入服务中心办理的,由本级政府决定。双重管理和垂直管理部门的行政许可、非行政许可审批和公共服务事项,按照便于工作、加强服务的原则,适合依托服务中心的可纳入当地服务中心办理。

12. 明确服务中心职能。各省(自治区、直辖市)要在本行政区域内规范省、市、县三级服务中心的名称、场所标识、进驻部门、办理事项和运行模式,推进政务服务规范化建设。服务中心管理机构负责对政府各部门进驻、委托事项办理的组织协调、监督管理和指导服务,对进驻窗口工作人员进行管理培训和日常考核,承担本级政府赋予的其他职责。服务中心管理机构作为行政机构,应使用行政编制,配备少而精的工作人员;已使用事业编制的,应在行政编制总额内调剂出一部分进行替换。在调整、配备服务中心编制中,要结合当地政府机构改革,注重优化整体编制结构,坚持增减平衡。服务中心管理机构规格由本级政府决定,其运行经费和人员办公经费列入本级财政预算。经本级政府同意确需由部门单独设立的办事大厅,应当接受服务中心的指导和监督。

13. 规范服务中心运行。以提高服务质量和效率为重点规范服务中心运行,着力为群众解决实际问题。进驻服务中心的政府部门要对其服务窗口办理事项充分授权,使不需要现场勘察、集体讨论、专家论证、听证的一般性审批事项能在窗口受理后直接办结。逐步实行“一个窗口受理、一站式审批、一条龙服务、一个窗口收费”的运行模式。对同一个行政审批事项涉及两个以上部门的,逐步实行联合办理或并联审批。凡进驻服务中心办理的事项都要公开办理主体、办理依据、办理条件、办理程序、办理时限、办事结果、收费依据、收费标准和监督渠道。建立健全首问负责、限时办结、责任追究、效能评估等制度,提高服务水平。服务中心应设置专门的政府信息公开查阅场所。

14. 推进基层便民服务。坚持把方便基层群众办事作为政务服务的出发点和落脚点。探索在乡镇(街道)开展便民服务的有效形式,有条件的地方要依托城乡社区综合服务设施设立便民服务中心,将劳动就业、社会保险、社会救助、社会福利、计划生育、农用地审批、新型农村合作医疗及涉农补贴等纳入其中公开规范办理;在城乡社区(村)设立便民代办点,将便民服务向城乡社区(村)延伸。推行便民服务免费代办制度。

15. 建立统一规范的公共资源交易平台。完善公共资源配置、公共资产交易、公共产品生产领域的市场运行机制,推进公共资源交易统一集中管理,逐步拓展公共资源市场化配置的实施范围,确保公共资源交易公开、公平、公正。为公共资源交易搭建平台、提供服务,逐步推进省、市、县、乡四级公共资源交易网络建设。有条件的地方可探索公共资源交易平台与服务中心合并的一体化管理模式。

16. 加强信息化建设。推广电信网、广电网、互联网等现代科技手段在政务服务中的应用,提高政务服务信息化水平。将服务中心信息化纳入当地电子政务建设总体规划,充分利用现有电子政务资源,逐步实现网上办理审批、缴费、咨询、办证、监督以及联网核查等事项。规范技术标准,推动不同层级服务中心之间实现网络互联互通、信息共享和业务协同。重视和加强政府网站建设,完善门户网站功能,扩大网上办事范围,及时充实和更新信息发布内容,凡是不涉密的文件要通过政府门户网站公开发布。

17.整合政务服务资源。进一步加强各项载体建设,发挥好政府公报、政务公开栏、公开办事指南等在政务服务中的作用,完善新闻发言人制度,创新政务服务方式,畅通政务服务渠道。进一步加强统一规划和资源整合,充分发挥现有场所和信息化资源功能,切实避免重复建设和投资浪费。要以服务中心为主体,逐步实现各级各类政务服务平台的联结与融合,形成上下联动、层级清晰、覆盖城乡的政务服务体系。

四、强化监督保障措施

18.加强组织领导。各级党委和政府要高度重视政务公开和政务服务工作,将其列入重要议事日程,统一研究部署,及时解决工作中的重大问题。坚持从实际出发,研究提出改进和加强政务公开和政务服务工作的措施,循序渐进,务求实效。行政首长要作为第一责任人,分管领导要亲自抓督促、抓协调、抓落实。落实政府部门工作责任,进一步加强财政、编制等方面的支持保障,加强宣传教育,加大培训力度,形成工作合力。切实加强服务中心党的建设,深入开展创先争优活动。政务公开工作领导机构要协助党委和政府抓好统筹安排,指导、协调政务公开和政务服务各项工作。各级监察机关要认真履行行政监察法赋予的职责,加强对政务公开工作的组织协调和检查指导。

19.加强制度建设。建立和完善规范行政裁量权、加强廉政风险防控、完善政务公开程序、规范服务中心运行、评议政务服务质量等方面的制度,为深化政务公开、加强政务服务提供制度保障。建立健全政府信息公开条例配套制度,制定政府信息公开的评估标准和程序,逐步实现政府信息公开的系统化和标准化。研究建立党务公开、政务公开、司法公开、厂务公开、村务公开和公共企事业单位办事公开有机结合的制度规范，使之相互促进、协调运转。

20.加强监督考核。各地区各部门要把政务公开和政务服务工作纳入党风廉政建设责任制考核、行政机关绩效考核和民主评议范围，细化考核评估标准。建立健全电子监察系统，对行政许可、非行政许可审批和公共服务事项实现全过程监察。加强党的基层组织和党代会代表的监督，充分发挥人大代表、政协委员、民主党派、人民团体和新闻媒体的监督作用，强化社会监督。高度重视人民群众监督，认真解决群众投诉反映的问题。研究改进和加强监督的方式方法，切实提高监督实效。建立健全激励和问责机制，对工作落实到位、社会满意度高的地区和部门要予以奖励；对工作落实不力的，要进行诫勉谈话，限期整改；对损害群众合法权益、造成严重后果的，要严格追究责任，坚决避免政务公开和政务服务流于形式，确保各项工作落到实处。

国务院办公厅关于促进物流业健康发展政策措施的意见

国办发〔2011〕38号　2011.8.2

各省、自治区、直辖市人民政府，国务院各部委、各直属机构：

为进一步贯彻落实《国务院关于印发物流业调整和振兴规划的通知》（国发〔2009〕8号）精神，制定和完善相关配套政策措施，促进物流业健康发展，经国务院同意，现提出以下意见：

一、切实减轻物流企业税收负担

根据物流业的产业特点和物流企业一体化、社会化、网络化、规模化发展要求，统筹完善有关税收支持政策。有关部门要抓紧完善物流企业营业税差额纳税试点办法，进一步扩大试点范围，并在总结试点经验、完善相关配套措施的基础上全面推广。要结合增值税改革试点，尽快研究解决仓储、配送和货运代理等环节与运输环节营业税税率不统一的问题。研究完善大宗商品仓储设施用地的土地使用税政策，既要促进物流企业集约使用土地，又要满足大宗商品实际物流需要。

二、加大对物流业的土地政策支持力度

仓储设施、配送中心、转运中心以及物流园区等物流基础设施占地面积大、资金投入多、投资回收期长，要在加强和改善管理、切实节约土地的基础上，加大土地政策支持力度。科学制定全国物流园区发展专项规划，提高土地集约利用水平，对纳入规划的物流园区用地给予重点保障。对各地区物流业发展规划确定的重点物流项目用地，应在土地利用总体规划修编时纳入规划统筹安排，涉及农用地转用的，可在土地利用年度计划中优先安排。对政府供应的物流用地，应纳入年度建设用地供应计划，依法采取招标、拍卖或挂牌等方式出让。积极支持利用工业企业旧厂房、仓库和存量土地资源建设物流设施或提供物流服务，涉及原划拨土地使用权转让或租赁的，应按规定办理土地有偿使用手续，经批准可采取协议方式出让。土地出让收入依法实行"收支两条线"管理。

三、促进物流车辆便利通行

进一步降低过路过桥收费，按照规定逐步有序取消政府还贷二级公路收费，减少普通公路收费站点数量，控制收费公路规模，优化收费公路结构。加大对高速公路收费的监管力度，撤并不合理的收费站点，逐步降低偏高的高速公路收费标准，对已出让经营权的繁忙路段，应根据政府财力状况逐步回购经营权。尽快研究修订《收费公路管理条例》，统筹发展以普通公路为主的体现政府普遍服务的非收费公路和以高速公路为主的收费公路。大力推行不停车收费系统，提高车辆通行效率。抓紧修订完善道路大型物件运输管理办法和超限运输车辆行驶公路规定，规范道路交通管理和超限治理行为。按照依法、高效、环保的原则，研究制定城市配送管理办法，确定城市配送车辆的标准环保车型，全面禁止将客运车辆改装为货运车辆，有效解决城市中转配送难、配送货车停靠难等问题，促进符合条件的物流企业加快规模化发展。研究调整挂车交强险征收政策，促进甩挂运输发展。

四、加快物流管理体制改革

加快推进物流管理体制改革，打破物流管理的条块分割。加强依法行政，完善政府监管，强化行业自律。结合制(修)订相关法律、行政法规，在规范管理的前提下适当放宽对物流企业资质的行政许可和审批条件，改进资质审批管理方式。认真清理针对物流企业的资质审批项目，逐步减少行政审批。要破除地区封锁和体制、机制障碍，积极为物流企业设立法人、非法人分支机构提供便利，鼓励物流企业开展跨区域网络化经营。进一步规范交通、公安、环保、质检、消防等方面的审批手续，缩短审批时间，提高审批效率。对于法律未规定或国务院未批准必须由法人机构申请的资质，物流企业总部统一申请获得后，其非法人分支机构可向所在地有关部门备案获得。物流企业总部统一办理工商登记注册和经营审批手续后，其非法人分支机构可持总部出具的文件，直接到所在地工商行政管理机关申请登记注册，免予办理工商登记核转手续。合理规划口岸布局，改善口岸通关管理，提高通关效率，促进国际物流和保税物流发展。加强物流业政策及法规体系建设，从国民经济行业分类、产业统计、工商注册、土地使用及税目设立等方面明确物流业类别，进一步确定物流业的产业地位。尽快完善物流调查统计和信息管理制度。

五、鼓励整合物流设施资源

支持大型优势物流企业通过兼并重组等方式，对分散的物流设施资源进行整合；鼓励中小物流企业加强联盟合作，创新合作方式和服务模式，优化资源配置，提高服务水平，积极推进物流业发展方式转变。目前只为本行业本系统提供服务的仓储和运输设施，要积极创造条件向社会开放，开展社会化物流服务。支持商贸流通企业发展共同配送，降低配送成本，提高配送效率。支持物流企业加强与制造企业合作，全面参与制造企业的供应链管理，或与制造企业共同组建第三方物流企业。制造企业剥离物流资产和业务，可根据《财政部国家税务总局关于企业重组业务企业所得税处理若干问题的通知》（财税〔2009〕59 号）、《财政部国家税务总局关于企业改制重组若干契税政策的通知》（财税〔2008〕175 号）和《财政部关于企业重组有关职工安置费用财务管理问题的通知》（财企〔2009〕117 号）等文件规定，享受税收、资产处置、人员安置等相关扶持政策。统筹规划和发展工业园区、经济开发区、海关特殊监管区域、高新技术产业园区等制造业集聚区的物流服务体系，积极引导区内企业将物流业务外包，扩大物流需求，推动区域内物流基础设施和信息平台等共享共用。

六、推进物流技术创新和应用

加强物流新技术的自主研发，重点支持货物跟踪定位、无线射频识别、物流信息平台、智能交通、物流管理软件、移动物流信息服务等关键技术攻关。适时启动物联网在物流领域的应用示范。加快先进物流设备的研制，提高物流装备的现代化水平。加强物流标准的制定和推广，促进物流标准的贯彻实施。鼓励物流企业应用供应链管理技术和信息技术，地方各级人民政府对物流企业的物流信息平台建设要积极给予扶持。推动有关部门、重点制造企业和商贸企业、物流企业不断提高物流信息资源的开发利用水平，促进物流信息的科学采集、安全管理、有效利用、深度开发、有序交换和集成应用。调整完善物流企业申请高新技术企业的认定标准，具备条件的物流企业可以享受高新技术企业的相关政策。推进物流信息资源开放共享，处理好安全与协同的关系，鼓励采取多种方式实现物流信息的互通交换，促进信息流、物流和资金流的协同和联动，提高物流服务效率和经营管理水平。

七、加大对物流业的投入

各级人民政府要加大对物流基础设施投资的扶持力度，对符合条件的重点物流企业的运输、仓储、配送、信息设施和物流园区的基础设施建设给予必要的资金扶持。积极引导银行业金融机构加大对物流企业的信贷支持力度，加快推动适合物流企业特点的金融产品和服务方式创新，积极探索抵押或质押等多种贷款担保方式，进一步提高对物流企业的金融服务水平。完善融资机制，进一步拓宽融资渠道，积极支持符合条件的物流企业上市和发行企业债券。

八、优先发展农产品物流业

要把农产品物流业发展放在优先位置，加大政策扶持力度，加快建立畅通高效、安全便利的农产品物流体系，着力解决农产品物流经营规模小、环节多、成本高、损耗大的问题。大力发展“农超对接”、“农校对接”、“农企对接”等产地到销地的直接配送方式，支持发展农民专业合作组织，加强主产区大型农产品集散中心建设，促进大型连锁超市、学校、酒店、大企业等最终用户与农民专业合作社、生产基地建立长期稳定的产销关系。发挥供销社和邮政等物流体系在农村的网络优势，积极开展“农资下乡”配送和农产品进城配送服务。抓紧开展农产品增值税抵扣政策调整试点，妥善解决农产品进项税抵扣中存在的问题,鼓励大型企业从事农产品物流业,提高农产品物流业的规模效益。加大农产品冷链物流基础设施建设投入,加快建立主要品种和重点地区的冷链物流体系,对开展鲜活农产品业务的冷库用电实行与工业同价。推动农产品包装和标识的标准化,完善农产品质量安全可追溯制度。提高对农产品批发市场和农贸市场(含社区菜市场)公益性的认识,加大政府投入和政策扶持力度。加强农产品批发市场、农贸市场的规划和建设,新建城市居住区要严格按照相关规定,配套建设社区菜市场或相应的商业设施,不得随意改变用途。农产品批发市场用地作为经营性商业用地,应严格按照规划合理布局,土地招拍挂出让前,所在区域有工业用地交易地价的,可以参照市场地价水平、所在区域基准地价和工业用地最低价标准等确定出让底价,土地出让后严禁擅自改变用途从事商业性房地产开发,确需改变用途、性质或者进行转让的,应当符合土地利用总体规划并经依法批准。研究农产品批发市场相关房产税政策,农产品批发市场和农贸市场的用水、用电、用气、用热价格实行与工业同价。规范和降低农产品批发市场、农贸市场的摊位费等相关收费,必要时按法定程序将摊位费纳入地方政府定价目录管理,清理超市向供应商收取的违反国家相关法律法规的通道费。继续严格执行并完善鲜活农产品"绿色通道"政策,进一步加强管理,完善技术手段,提高车辆检测水平和通行效率。进一步落实鲜活农产品配送车辆24小时进城通行和便利停靠政策。提高粮食物流现代化水平,推进粮食储、运、装、卸的"四散化",加强东北产区散粮收纳和发放设施及南方销区的铁路、港口散粮接卸设施建设,推动东北地区散粮火车入关,加快发展散粮铁水联运。进一步推进棉花质检体制改革,提高棉花包装质量和物流技术装备水平与标准化程度,在全国范围推行棉花的机械快速装卸作业法,组织好新疆棉外运工作。

九、加强组织协调

各地区、各有关部门要充分认识物流业的重要性,加快政府职能转变和管理创新,积极推动物流业又好又快发展。国务院有关部门要按照职能分工,加强对物流业发展的协调指导,抓紧细化政策措施,认真组织贯彻实施,切实规范物流服务,提升物流业经营水平。发展改革委要会同有关部门加强对各项政策措施落实情况的督促检查,及时研究新情况、解决新问题,为物流业进一步健康发展创造良好的政策和体制环境。

车辆购置税用于交通运输重点项目专项资金管理暂行办法

财建〔2011〕93号　2011.3.28

第一章　总　　则

第一条　为了加强车辆购置税(以下简称车购税)用于交通运输重点项目专项资金的使用管理,进一步促进交通运输事业顺利发展,根据《中华人民共和国预算法》、《交通和车辆税费改革实施方案》(国发〔2000〕34号)等有关规定,制定本办法。

第二条　车购税用于交通运输重点项目专项资金(以下简称专项资金)是指中央财政从车购税收入中安排的,用于地方交通运输重点项目支出的专项资金。

第二章　使用范围和预算管理方式

第三条　专项资金的使用范围包括:纳入交通运输行业规划范围的公路(含桥梁、隧道)建设、公路客货运枢纽(含物流园区)建设、内河水运建设以及国务院和财政部批准的其他支出。

第四条　专项资金按项目管理,实行财政专项转移支付,不得用于平衡一般财政预算。

第五条　专项资金的项目管理以交通运输主管部门为主,资金管理以财政主管部门为主。

第三章 项目库管理

第六条 交通运输部会同财政部，按照交通运输建设规划及交通运输事业发展的需求，定期联合向各省、自治区、直辖市、计划单列市[以下简称各省(区、市)]交通运输、财政主管部门布置项目申报工作，明确项目申报有关要求。

第七条 各省(区、市)交通运输主管部门按照项目申报的有关要求组织项目申报工作，在与省级财政主管部门协商后，将符合条件并履行完毕基本建设审批程序的项目上报交通运输部。

第八条 交通运输部建立项目库并与财政部共享。交通运输部对地方上报的项目进行审核，将符合条件的项目纳入项目库，并会同财政部通知有关省(区、市)交通运输、财政主管部门，项目库实行滚动管理。对“十一五”期间已安排过资金的续建项目，可由交通运输部商财政部直接导入项目库。

各省(区、市)交通运输主管部门要结合实际情况逐步建立专项资金的省级支出项目库，并实现支出项目的滚动管理，项目库与同级财政主管部门共享。

第九条 专项资金的补助标准原则上五年确定一次。由交通运输部会同财政部确定补助标准的基本原则，具体各类型项目的补助标准由交通运输部制订，报财政部核备。因特殊情况确需调整补助标准的项目，由交通运输部商财政部结合实际情况另行确定。

第四章 资金下达

第十条 交通运输部根据财政部下达的车购税收支规模，提出年度各类型项目资金规模建议报财政部审定。

第十一条 交通运输部按照确定的各类型专项资金支出规模，结合交通运输基础设施建设任务及项目前期工作准备情况，从项目库中遴选项目，提出年度支出预算安排建议，报财政部审核。

第十二条 财政部对年度支出预算审核后，根据车购税入库和支出情况，结合各地施工的季节性要求，将专项资金分批下达有关省(区、市)财政主管部门，同时抄送交通运输部。

第十三条 项目预算一经批准，各有关单位要严格按照下达的项目名称和预算金额执行。在预算执行中，如因项目停(缓)建等情况需要对项目预算进行调整，应由省级交通运输主管部门联合财政主管部门向交通运输部、财政部提出申请，由交通运输部汇总审核后报财政部审批。

第十四条 各省(区、市)财政、交通运输主管部门要切实采取有效措施，保证专项资金得到科学、合理、安全、有效使用。具体资金支付按照财政国库管理制度有关规定执行。

第五章 决算管理

第十五条 专项资金的使用部门应当按照预算安排级次和决算管理的相关规定编制专项资金年度决算，纳入部门决算报同级财政主管部门审批。

各省(区、市)交通运输主管部门应当按照交通运输部的要求定期向交通运输部报送专项资金预算执行情况，并按要求编报资金使用情况统计表。

第十六条 专项资金项目支出预算如当年未执行完毕，可结转下年度继续使用。专项资金结余的具体使用办法，由各省(区、市)财政主管部门商交通运输主管部门制定。

第十七条 专项资金用于基本建设项目的竣工决算报批程序，由各省(区、市)财政主管部门确定。

第六章 监督检查

第十八条 各级财政、交通运输主管部门，财政部驻各省

(区、市)财政监察专员办事处要加强对专项资金管理和财务监督,确保专项资金专款专用。

第十九条 对部门、单位和个人违反国家方针政策、法律、行政法规和有关规定,截留、挪用等行为,财政、交通运输等主管部门应及时制止和纠正,并严格按照《中华人民共和国预算法》、《财政违法行为处罚处分条例》(国务院令第427号)及其他有关法规予以处理。

第七章 附 则

第二十条 本办法由财政部商交通运输部负责解释。

第二十一条 本办法自发布之日起执行。此前有关规定与本办法不一致的,以此办法为准。

港口建设费征收使用管理办法

财综〔2011〕29号　2011.4.25

第一章　总　则

第一条　为促进水运事业健康发展，规范港口建设费的征收、使用和管理，根据《中华人民共和国港口法》及国务院有关批示精神，制定本办法。

第二条　本办法适用于港口建设费的征收、解缴、使用、管理和监督。

第三条　港口建设费属于政府性基金，收入全额上缴国库，纳入财政预算，实行"收支两条线"管理。

第四条　港口建设费的征收、解缴、使用等，应当接受财政、审计部门的监督检查。

第二章　征　收

第五条　港口建设费的征收对象为经对外开放口岸港口辖区范围内所有码头、浮筒、锚地、水域装卸（含过驳）的货物。

第六条　港口建设费的义务缴纳人（以下简称缴费人）是货物的托运人（或其代理人）或收货人（或其代理人）。

第七条　交通运输部负责港口建设费的征收管理工作。港口所在地海事管理机构具体负责本港口辖区内港口建设费的征收工作。

海事管理机构应建立健全征收港口建设费工作机制，直接向缴费人征收港口建设费。根据征收工作需要,海事管理机构可以与船舶代理公司、货物承运人(仅限内贸货物)等单位签订委托代收协议代收港口建设费。海事管理机构负责对港口建设费代收单位的代收行为进行日常管理和监督。

海事管理机构应将拟委托代收港口建设费单位的名单报交通运输部、财政部核准。

第八条 港口建设费的具体征收标准如下:

(一)国内出口货物每重量吨(或换算吨)4 元;国外进出口货物每重量吨(或换算吨)5.6 元。

货物重量吨和换算吨的计算方法,按照国务院交通运输主管部门现行有关规定执行。

(二)国内出口集装箱和内支线集装箱 20 英尺每箱 32 元,40 英尺每箱 48 元;国外进出口集装箱 20 英尺每箱 64 元,40 英尺每箱 96 元。

20 英尺和 40 英尺以外的其他非标准集装箱按照相近箱型的收费标准征收。

第九条 水泥、粮食、化肥、农药、盐、砂土、石灰粉按照本办法第八条(一)规定的征收标准减半征收。黄沙、磷矿石、碎石等低值货物暂缓征收港口建设费。

第十条 南京以上(不含南京)长江干线港口和其他内河港口在本办法第八条、第九条规定征收标准的基础上减半征收。

第十一条 下列货物免征港口建设费:

(一)我国军用物品,使馆物品,联合国机构的物品;

(二)国际过境货物、国际中转货物、保税货物(办理完进口清关手续的除外);

(三)邮件(不包括邮政包裹)和按客运手续办理的行李、包裹;

(四)船舶自用的燃、物料,装货垫缚材料,随货物同行的包装备品;

(五)渔船捕获的鱼鲜以及同行的防腐用冰和盐,随活畜、活禽同行的必要饲料；

（六）空集装箱（商品箱除外）；

（七）国务院规定的其他货物。

第十二条 国内外进出口货物，按照以下规定计征港口建设费：

（一）出口国外的货物，由征收（代收）单位在装船港按每张装货单向托运人（或其代理人）计征一次港口建设费。

（二）国外进口的货物，由征收（代收）单位在卸船港按每张提单向收货人（或其代理人）计征一次港口建设费。

（三）国外进口到港未卸，换单后原船又运往国内其他港口的货物，征收（代收）单位在换单港口按照国外进出口货物的征收标准向国内收货人（或其代理人）计征一次港口建设费。

（四）国外进口未提离港口库场，又装船转为国内出口的货物（包括船过船作业的货物），只计征一次国外进口货物的港口建设费。

（五）国内出口货物，由征收（代收）单位在装船港向托运人（或其代理人）征收一次港口建设费；装船港不是对外开放口岸港口，卸船港是对外开放口岸港口的，由卸船港向收货人（或其代理人）征收一次港口建设费。

（六）国内水路集运转出口国外的货物，由征收（代收）单位在国内出口的第一装船港向托运人（或其代理人）计征一次国内出口货物港口建设费。出口国外时，再由征收（代收）单位在出口国外的转运港按国外进出口和国内出口货物收费标准的差额补征港口建设费。如果第一装船港不是对外开放口岸港口，由出口国外的转运港按国外进出口收费标准直接计征。

（七）国内外出口货物缴费人在办理装船手续时缴纳港口建设费，国外进口货物缴费人在办理提货手续时缴纳港口建设费。

第十三条 海事管理机构在货物装船或货物提离港口时，应查验港口建设费缴讫凭证。未缴清港口建设费的国内外进出口货物，不得装船或提离港口。

第十四条 征收港口建设费应使用财政部统一监制的政府性基金专用票据。

第十五条 代收单位应当在收到港口建设费的当日，将所收资金全额缴入所在地海事管理机构经批准的相关银行账户，海事管理机构应于当日将收到的港口建设费全额就地缴入国库，缴库时开具“一般缴款书”。

第十六条 港口建设费80%部分上缴中央国库，20%部分缴入所在城市对应级次国库。缴库时，填列《政府收支分类科目》103类“非税收入”，01款“政府性基金收入”，15项“港口建设费收入”，并注明中央、地方分成比例。

第十七条 海事管理机构、财政部门应加强与国库之间港口建设费收入的对账工作。未经国务院或财政部批准，任何地方、部门和单位不得改变港口建设费的征收对象、范围和标准，不得减征、免征、缓征、停征港口建设费。

第三章 使 用

第十八条 港口建设费使用遵循以收定支、专款专用的原则。

中央分成的港口建设费主要用于：

（一）沿海港口公共基础设施建设支出，包括沿海港口航道、防波堤、锚地等基础设施建设，陆岛交通码头建设。

（二）内河水运建设支出，包括内河航道、船闸、升船机、航电枢纽、中西部内河港口建设等。

（三）支持保障系统建设支出，包括沿海和内河水域的海事、救助打捞、安全及应急通信、航道等。

（四）专项性支出，包括交通建设发展前期工作经费、日元还贷支出等。

（五）征管经费。

（六）支付船舶代理公司或货物承运人的港口建设费代征手续费。

（七）国务院批准的其他支出。

地方分成的港口建设费主要用于辖区内港口公共基础设施以及航运支持保障系统的建设和维护。

第十九条 海事管理机构委托船舶代理公司或货物承运人等单位代收港口建设费，可按其代收港口建设费的1%支付代征手续费。代征手续费列入交通运输部预算，由中央财政通过基金预算统筹安排。海事管理机构及其委托的代收单位不得在代收收入中直接提留代征手续费。

第二十条 交通运输部应当按照规定编制年度中央港口建设费收支预决算，纳入其预决算并报财政部审批。港口建设费补助地方项目支出的资金管理办法由财政部会同交通运输部另行制定。

第二十一条 有关城市人民政府交通运输（港口）管理部门应当按照规定编制年度地方港口建设费收支预决算，纳入同级交通运输（港口）管理部门预决算并报同级财政部门审批。

第二十二条 港口建设费的资金支付按照财政国库管理制度有关规定执行，并按规定填列《政府收支分类科目》相关科目。

第二十三条 船舶代理公司、货物承运人收到的港口建设费代征手续费，应当列入“营业外收入－其他收入”科目统一核算。

第二十四条 海事管理机构应当建立港口建设费统计报表制度，按月向上级海事管理机构报送，并于每月结束后的5个工作日内，抄送所在地财政部驻各省、自治区、直辖市及计划单列市财政监察专员办事处和同级财政部门。

第四章 监督检查与法律责任

第二十五条 财政部负责对港口建设费的征收使用情况进行监督检查。

财政部、交通运输部、地方财政部门按照职责分工，依法对港口建设费的征收、监缴以及使用情况实施日常监督检查，中国人民银行分支机构按照《国家金库条例》及其《实施细则》等规定，对商业银行办理港口建设费的收纳、解缴入库等业务情况实施日常监督检查。任何单位或者个人不得拒绝、妨碍或者阻挠。有关单位或者个人应当接受依法实施的监督检查，并为其提供方便。

海事管理机构应严格按照中央预算单位银行账户管理等相关规定，加强账户和资金管理，不得坐收坐支、截留、挪用港口建设费。

第二十六条 对于违反本办法，缴费人不缴或者少缴港口建设费的，地方财政部门、海事管理机构应对相关责任单位和责任人按照《财政违法行为处罚处分条例》(国务院令第427号)及有关法律法规予以处理。

第二十七条 对于违反本办法，船舶代理公司、货物承运人没有足额代收、及时解缴港口建设费的，财政部和地方财政部门、海事管理机构应责令其限期改正；情节严重的，应采取有效措施责令船舶代理公司、货物承运人予以追缴，并按日加收应缴未缴金额万分之五的滞纳金，随同港口建设费按规定的比例分别上缴中央和地方国库。

第二十八条 对于违反本办法，海事管理机构不征、少征港口建设费，或未按规定将港口建设费收入及时足额缴入相应级次国库的，财政部、交通运输部应责令其限期改正，情节严重的，应对相关责任单位和责任人按照国务院令第427号及有关法规予以处理。

第二十九条 对于违反本办法，不使用财政部统一监制的政府性基金票据，由财政部责令其限期改正，并对相关责任单位和责任人按照国务院令第427号及有关法规予以处理。

第三十条 对于违反本办法，有关单位截留、挤占、挪用等未按规定使用港口建设费的行为，财政部、地方财政部门按照国务院令第427号及有关法规对相关责任单位和责任人予以处理。

第五章　附　　则

第三十一条　本办法自 2011 年 10 月 1 日起施行，到 2020 年 12 月 31 日止。本办法施行后，其他港口建设费的相关规定同时废止。

第三十二条　本办法由财政部、交通运输部负责解释。

部分地方交通法规规章

安徽省治理货物运输车辆超限超载办法

安徽省人民政府令第235号　2011.9.9

第一章　总　　则

第一条　为了治理货物运输车辆超限超载，保护人民群众生命、财产安全，保障公路完好、安全和畅通，根据《中华人民共和国公路法》、《中华人民共和国道路交通安全法》和国务院《公路安全保护条例》等法律、法规，结合本省实际，制定本办法。

第二条　本办法适用于本省行政区域内货物运输车辆（以下简称货运车辆）超限超载的治理活动。

本办法所称超限运输，是指货运车辆载物超过法律、法规、规章和国家标准规定或者交通标志标明的限载、限高、限宽、限长标准，在公路上行驶的行为。

本办法所称超载运输，是指货运车辆载物超过核定载质量，在公路上行驶的行为。

第三条　治理货运车辆超限超载，坚持标本兼治、立足源头、长效治理的原则，实行政府领导、部门监管、各方联动的工作机制。

第四条　县级以上人民政府应当加强对货运车辆超限超载治理工作的领导，建立货运车辆超限超载治理工作联席会议制度和行政执法联动工作制度，实行目标责任制和责任追究制。

县级以上人民政府应当将货运车辆超限超载治理工作所需经费，纳入本级财政预算。

第五条　县级以上人民政府交通运输行政主管部门和公安机关应当依据职责分工，负责本行政区域内货运车辆超限超载治理工作。县级以上人民政府交通运输行政主管部门所属的道路运输管理机构、公路管理机构(以下简称县级以上道路运输管理机构、公路管理机构)和公安机关交通管理部门具体负责本行政区域内货运车辆超限超载治理工作。

县级以上人民政府经济和信息化、发展改革、工商行政管理、质量技术监督、安全生产、国土资源、财政、价格、监察等部门应当按照各自职责,做好货运车辆超限超载治理的相关工作。

第六条 任何单位和个人均有权举报货运车辆超限超载违法行为。接到举报的部门应当按照职责,及时调查处理。

对举报道路运输管理机构、公路管理机构和公安机关交通管理部门等有关部门执法人员违法行为的,接到举报的部门应当按照职责,及时组织核查,并依法处理。

第七条 县级以上人民政府及其有关部门,对货运车辆超限超载治理工作中成绩显著的单位和个人,应当给予表彰和奖励。

第二章 源头治理

第八条 车辆的外廓尺寸、轴荷和总质量应当符合国家有关车辆外廓尺寸、轴荷、质量限值等机动车安全技术标准,不符合标准的不得生产、销售。

第九条 公安机关交通管理部门办理车辆登记,应当当场查验。对不符合机动车国家安全技术标准的车辆,公安机关交通管理部门不得予以登记和发放号牌、行驶证,县级以上道路运输管理机构不得发放车辆营运证。

第十条 禁止任何单位和个人擅自改变货运车辆已登记的结构、构造或者特征。

禁止擅自改变已登记的结构、构造或者特征的货运车辆在公路上行驶。

第十一条 运输不可解体物品需要改装车辆的,应当由具有相应资质的车辆生产企业按照规定的车型和技术参数进行改装。

第十二条 县级以上道路运输管理机构和公安机关交通管理部门在监督检查中发现不符合机动车安全技术标准或者擅自改变已登记的结构、构造或者特征的货运车辆，应当将有关货运车辆生产、改装企业的信息通报经济和信息化、质量技术监督行政主管部门。经济和信息化、质量技术监督行政主管部门应当依法查处，并将查处结果及时抄告工商行政管理部门和通报信息的单位。

第十三条 煤炭、砂石等货物集散地和货运站等从事道路货物运输装载、配载的经营者（以下称货运源头单位），应当遵守下列规定：

（一）明确本单位有关从业人员职责，建立并落实责任追究制度；

（二）对货物装载、开票、计重等从业人员进行培训；

（三）安装符合标准的货物计重设备和设施；

（四）对货运车辆驾驶员出示的行驶证、车辆营运证和从业资格证进行登记；

（五）按照货运车辆核定载质量和装载要求装载、配货，如实计重、开票、签发装载单；

（六）建立、健全货运车辆装载、配载的登记、统计制度和档案，并按规定向县级以上道路运输管理机构报送相关信息。

第十四条 货运源头单位不得有下列行为：

（一）不按规定装载、配载货物，放行超限超载货运车辆；

（二）为没有号牌或者车辆行驶证、营运证的货运车辆装载、配载货物；

（三）为未出示从业资格证人员驾驶的货运车辆装载、配载货物；

（四）为擅自改变已登记的结构、构造或者特征的货运车辆装载、配载货物；

（五）为超限超载的货运车辆提供虚假装载证明。

第十五条 货运经营者应当对所属货运车辆驾驶员进行车辆安全知识和依法装载、配载的培训学习，确保道路运输安全。

货运经营者不得聘用无从业资格证的货运车辆驾驶员，不得指使、强令货运车辆驾驶员超限超载运输货物。

第十六条 货运车辆驾驶员装载货物时，应当向货运源头单位出示行驶证、车辆营运证和驾驶员从业资格证；运输途中，应当随车携带装载单，装载单载明的内容应当与实际装载量相符。

货运车辆驾驶员不得驾驶超限超载货运车辆。

第十七条 县级以上道路运输管理机构应当在货运源头单位公布车辆限载标准、监督机构名称和监督电话。

县级以上道路运输管理机构可以通过进驻、巡查等方式，对货运源头单位进行监督管理。对货运源头单位较集中的区域，经县级以上人民政府批准，县级以上道路运输管理机构可以在货运源头单位主要出入口实施定点监管，加强对货运源头单位的监督检查。

县级以上道路运输管理机构对装载超过规定标准的车辆，应当责令当场卸载。对不属于本部门职权范围的违法行为，应当及时移送有关行政机关。

第十八条 货运源头单位的生产、经营许可机关或者主管部门，应当协助道路运输管理机构做好货运源头治理工作，对其移送的案件依法查处，并将查处结果及时抄告移送案件的机构。

货运源头单位所在地乡（镇）人民政府应当配合道路运输管理机构做好货运源头治理工作，支持道路运输管理机构依法履行监督管理职责。

第三章 路面治理

第十九条 超过公路、公路桥梁、公路隧道限载、限高、限宽、限长标准的车辆，不得在公路、公路桥梁上或者公路隧道里行驶。

公路、公路桥梁、公路隧道限载、限高、限宽、限长标准调整的，公路管理机构、公路经营企业应当及时变更限载、限高、限宽、限长标志；需要绕行的，应当标明绕行路线。

第二十条 县级人民政府交通运输行政主管部门或者乡(镇)人民政府可以根据保护乡道、村道的需要,在乡道、村道的出入口设置必要的限高、限宽设施,但是不得影响消防和卫生急救等应急通行需要,不得向通行车辆收费。

第二十一条 货运车辆载运不可解体物品,车货总体的外廓尺寸或者总质量超过公路、公路桥梁、公路隧道的限载、限高、限宽、限长标准,确需在公路、公路桥梁上、公路隧道里行驶的,货运经营者应当依法经县级以上公路管理机构审批,取得超限运输车辆通行证。

公路超限运输影响交通安全的,公路管理机构在审批超限运输申请时,应当征求公安机关交通管理部门意见。

经批准进行超限运输的车辆,应当随车携带超限运输车辆通行证,按照指定的时间、路线和速度行驶,并悬挂明显标志。

禁止租借、转让超限运输车辆通行证。禁止使用伪造、变造的超限运输车辆通行证。

第二十二条 省人民政府交通运输行政主管部门应当结合公路基础设施建设,按照统一规划、合理布局的原则,制定固定超限超载检测站点建设规划,报省人民政府批准后实施。

公路管理机构应当配备必要的设备和人员,加强对固定超限超载检测站点的管理,规范执法,并公布监督电话。

第二十三条 县级以上人民政府应当组织交通运输行政主管部门、公安机关开展路面治理联合执法。

县级以上公路管理机构和公安机关交通管理部门应当建立健全治理超限超载监控网络,按照统一的超限超载认定标准,在固定超限超载检测站点对货运车辆进行超限超载检测、检查;对超限超载车辆避站绕行、短途驳载等行为,应当以固定超限超载检测站点为依托,以固定检测和流动稽查相结合的方式进行查处。

县级以上公安机关负责维护固定超限超载检测站点的交通及治安秩序。

第二十四条 县级以上公路管理机构根据需要,可以在固定超限超载检测站点附近的公路路面设置超限超载检测装置和车辆减速带，并设置提示标志。

超限超载检测装置应当经法定计量检定机构依法检定。未经检定或者检定不合格的，其检测结果不得作为卸载、处罚的依据。

第二十五条 县级以上公路管理机构、公安机关交通管理部门在监督检查中，发现涉嫌超限超载运输的货运车辆，应当就近引导至固定超限超载检测站点进行处理。

货运车辆应当按照超限超载检测指示标志或者公路管理机构、公安机关交通管理部门执法人员的指挥接受超限超载检测，不得故意堵塞固定超限超载检测站点通行车道、强行通过固定超限超载检测站点或者以其他方式扰乱检测秩序，不得采取短途驳载等方式逃避检测。

禁止通过引路绕行等方式，为不符合国家有关载运标准的货运车辆逃避超限超载检测提供便利。

第二十六条 经检测超限超载的货运车辆，运输可解体物品的，县级以上公路管理机构或者公安机关交通管理部门应当责令承运人卸载；承运人在规定时间内不卸载的，县级以上公路管理机构或者公安机关交通管理部门应当强制卸载，卸载费用由承运人承担。对未经批准擅自运输不可解体物品的，县级以上公路管理机构应当责令车辆停驶，依法处理，并告知当事人补办审批手续。

经检测未超限超载的货运车辆，县级以上公路管理机构或者公安机关交通管理部门应当立即放行。

第二十七条 超限超载货运车辆需要固定超限超载检测站点协助卸载或者保管货物的，应当支付必要的劳务或者保管费用，其收费标准由省人民政府价格行政主管部门核定。

承运人应当在 7 日内对卸载的货物进行处置，逾期不处置的，由县级以上公路管理机构依照国家和省有关规定处理。

第二十八条 造成公路、公路附属设施损坏的，货运车辆驾驶员应当立即报告县级以上公路管理机构，接受公路管理机构的现场调查处理；危及交通安全的，还应当设置警示标志或者采取其他安全防护措施,并迅速报告公安机关交通管理部门。

第二十九条 县级以上人民政府交通运输行政主管部门和公安机关及有关部门应当建立货运车辆超限超载信息系统,对货运车辆超限超载违法行为及时登记、抄告、处理和公示,实现信息共享。

第四章 法律责任

第三十条 本办法第八条规定,非法生产、销售外廓尺寸、轴荷、总质量不符合国家有关车辆外廓尺寸、轴荷、质量限值等机动车安全技术标准的车辆的,按照《中华人民共和国道路交通安全法》的有关规定处罚。

违反本办法第十一条规定,具有国家规定资质的车辆生产企业未按照规定车型和技术参数改装车辆的,由原发证机关责令改正,处4万元以上20万元以下的罚款;拒不改正的,吊销其资质证书。

第三十一条 违反本办法第十四条第(一)、(二)、(四)、(五)项规定的,由县级以上道路运输管理机构责令改正,处1万元以上3万元以下的罚款;因货运站配载造成货运车辆超限、超载,情节严重的,由原许可机关依法吊销道路运输经营许可证。

违反本办法第十四条第(三)项规定的,由县级以上道路运输管理机构责令改正,按照每辆次处1000元的罚款。

第三十二条 违反本办法第十五条第二款规定,货运经营者指使、强令货运车辆驾驶员超限超载运输货物的,由县级以上道路运输管理机构责令改正,并按照国务院《公路安全保护条例》的有关规定处罚。

第三十三条 违反本办法第十九条第一款规定,在公路上行驶的车辆,车货总体的外廓尺寸、轴荷或者总质量超过公路、公路桥梁、公路隧道限定标准的,由县级以上公路管理机构责令改正,并按照国务院《公路安全保护条例》的有关规定处罚。

第三十四条 违反本办法第二十一条第三款的规定,经批准进行超限运输的货运车辆，未按照指定时间、路线和速度行驶的，由县级以上公路管理机构或者公安机关交通管理部门责令改正；拒不改正的，县级以上公路管理机构或者公安机关交通管理部门可以扣留车辆。未随车携带超限运输车辆通行证的，由县级以上公路管理机构扣留车辆，责令货运车辆驾驶人提供超限运输车辆通行证或者相应的证明。

违反本办法第二十一条第四款的规定，租借、转让超限运输车辆通行证的，由县级以上公路管理机构没收超限运输车辆通行证，处1000元以上5000元以下的罚款。使用伪造、变造的超限运输车辆通行证的，由县级以上公路管理机构没收伪造、变造的超限运输车辆通行证，处3万元以下的罚款。

第三十五条 对1年内违法超限运输超过3次的货运车辆，由县级以上道路运输管理机构吊销其车辆营运证；对1年内违法超限运输超过3次的货运车辆驾驶员，由县级以上道路运输管理机构责令其停止从事营业性运输；道路运输企业1年内违法超限运输的货运车辆超过本单位货运车辆总数10%的，由县级以上道路运输管理机构责令道路运输企业停业整顿；情节严重的，吊销其道路运输经营许可证，并向社会公告。

第三十六条 违反本办法第二十五条第二款规定，有下列行为之一的，由县级以上公路管理机构强制拖离或者扣留货运车辆，处3万元以下的罚款：

（一）采取故意堵塞固定超限超载检测站点通行车道、强行通过固定超限超载检测站点等方式扰乱超限超载检测秩序的；

（二）采取短途驳载等方式逃避超限超载检测的。

第三十七条 违反本办法第二十八条规定，造成公路、公路附属设施损坏，拒不接受县级以上公路管理机构现场调查处理的，公路管理机构可以扣留货运车辆。

公路管理机构扣留货运车辆的，应当当场出具凭证，并告知当事人在规定期限内到公路管理机构接受处理。逾期不接受处理，并经公告3个月仍不来接受处理的，对扣留的车辆，由公路管理机构依法处理。

公路管理机构对被扣留的车辆应当妥善保管,不得使用。

第三十八条 违反本办法的规定,构成违反治安管理行为的,由公安机关依法给予治安管理处罚;构成犯罪的,依法追究刑事责任。

第三十九条 县级以上人民政府应当组织对严重超限超载的货运车辆进行责任倒查,倒查装载、配载的货运源头单位、车辆生产或者改装企业、车辆所属单位、途经固定超限超载检测站点等单位或者个人的过错责任。

责任倒查中涉及企业或者个人的,由其行政主管部门依法追究法定代表人和直接责任人员的责任;涉及行政机关及其工作人员的,由所在单位或者监察机关依法追究有关人员的责任;构成犯罪的,依法追究刑事责任。

第四十条 县级以上道路运输管理机构、公路管理机构和公安机关交通管理部门或者其他有关部门的工作人员有下列情形之一的,由所在单位或者监察机关依法给予行政处分;构成犯罪的,依法追究刑事责任:

(一)对不符合机动车国家安全技术标准的货运车辆予以登记和发放号牌、行驶证或者车辆营运证的;

(二)违反规定为超限货运车辆办理超限运输车辆通行证的;

(三)违反规定放行超限超载货运车辆或者只罚款,不实施卸载的;

(四)违反规定拦截、检查正常行驶的货运车辆的;

(五)违法扣留货运车辆或者使用依法扣留的货运车辆的;

(六)接到货运车辆超限超载违法行为的投诉、举报,未及时组织核查,并依法处理的;

(七)有其他玩忽职守、徇私舞弊、滥用职权行为的。

第五章　附　　则

第四十一条 本办法自2011年11月1日起施行。

甘肃省道路交通安全条例

甘肃省人民代表大会常务委员会公告第52号　2011.11.24

第一章　总　　则

第一条　为了维护道路交通秩序，预防和减少交通事故，保护人身安全，保护公民、法人和其他组织的财产安全及其他合法权益，提高通行效率，根据《中华人民共和国道路交通安全法》和《中华人民共和国道路交通安全法实施条例》等法律、行政法规，结合本省实际，制定本条例。

第二条　本省行政区域内的车辆驾驶人、行人、乘车人以及与道路交通活动有关的单位和个人，应当遵守本条例。

第三条　道路交通安全工作遵循依法管理、高效便民的原则，保障道路交通有序、安全、畅通。

第四条　县级以上人民政府应当加强道路交通安全工作，加大道路交通安全基础设施建设投入，组织全社会参与维护道路交通秩序；根据经济社会发展和道路交通状况，制定道路交通安全管理规划并组织实施。

第五条　县级以上人民政府公安机关交通管理部门负责本行政区域内的道路交通安全管理工作。

县级以上人民政府交通运输、建设、农业（农业机械）等部门按照各自职责，做好有关道路交通安全工作。

第六条　公安机关交通管理部门应当依法履行职责，公开办事制度和程序，提高服务质量；加强交通警察队伍建设，确保执法公正、规范、文明、高效。

单位和个人应当依法履行道路交通安全义务，服从公安机关交通管理部门及其交通警察的管理。

第二章　道路交通安全责任

第七条　县级以上人民政府应当建立健全道路交通安全工作协调机制，解决道路交通安全管理工作中的重大问题。

高速公路重特大交通事故、道路阻断等公共安全事件的处置，应当纳入沿线县级以上人民政府应急管理体系。

乡（镇）人民政府、街道办事处应当督促本辖区单位落实道路交通安全责任，及时消除安全隐患。

第八条　公安机关交通管理部门依法实施车辆登记、检验和驾驶人考试、审验制度，查处道路交通违法行为，处理道路交通事故，维护道路交通秩序。

经县级以上人民政府批准，公安机关交通管理部门可以根据工作需要聘用交通协管员，其工资、福利等待遇由同级财政予以保障。

交通协管员协助交通警察维护道路交通秩序，保护事故现场，抢救受伤人员，开展交通安全宣传等，但不得作出行政处罚决定或者实施行政强制措施。

第九条　发展和改革、交通运输部门应当将交通安全基础设施建设列入道路建设规划。

建设（规划）、交通运输部门应当编制城市交通专项规划和城市综合交通体系规划，对涉及道路交通的建设项目应当组织公安机关交通管理部门等单位进行道路交通影响分析和论证。

第十条　交通运输、建设部门应当按照国家有关技术标准和规范，设置和完善交通标志、标线、信号灯等交通安全管理设施。

第十一条　交通运输、公安、安全监管部门应当利用重点营运车辆联网联控系统提供的监管手段，实施联合监管。

交通运输部门负责建立营运车辆动态信息公共服务平台，实现与重点营运车辆联网联控系统的联网，并向公安、安全监管等部门开放数据传送。

第十二条 质量技术监督、工商行政管理部门应当依据各自职责，及时查处非法生产、拼装车辆以及销售不符合安全技术标准的车辆成品、配件等行为。

第十三条 卫生部门应当建立完善交通事故医疗救治快速反应机制。发生重大道路交通事故后，卫生、交通运输部门应当保证救援渠道畅通，伤员得到及时救治。

第十四条 农业（农业机械）部门依法对上道路行驶的拖拉机、联合收割机等农业机械实施登记、检验，加强对农业机械驾驶人培训学校的资格管理和安全教育，负责拖拉机、联合收割机等农业机械驾驶人考试、发证和审验等工作。

第十五条 人力资源和社会保障、财政部门应当依照国家有关规定，落实交通警察污染防尘津贴和超时工作补贴。

第十六条 教育部门应当将道路交通安全知识纳入法制教育内容，督促各级各类学校落实道路交通安全措施。

第十七条 商务部门应当加强对报废机动车回收拆解行业和报废机动车回收拆解企业的监督管理。

第十八条 气象部门应当加强对大风、大雾、暴雨（雪）、霜冻等灾害天气的监测、预报和预警，并将可能影响道路交通安全的天气信息及时通报公安机关交通管理部门。

第十九条 报刊、广播、电视、网络等媒体，应当加强道路交通安全宣传，普及道路交通安全知识，免费发布道路交通安全公益广告，及时发布公安机关交通管理部门采取的道路交通管理措施和可能影响道路交通安全的有关信息。

第二十条 机动车安全技术检验机构应当按照规定和国家标准实施安全技术检验，不得为机动车出具虚假检验报告。

第二十一条 机动车驾驶培训机构应当按照国家有关规定进行驾驶培训，不得缩短培训时间或者减少培训内容，并如实向机动车驾驶人考核发证部门提供培训记录。

第二十二条 承修机动车的企业或者个体工商户应当建立承修登记、查验制度，如实登记下列项目，并接受公安机关的检查：

（一）按照机动车行驶证项目登记送修车辆的号牌、车型、发动机号码、车架号码、厂牌型号、车身颜色；

（二）车主名称或者姓名、送修人姓名、居民身份证号码或者驾驶证号码；

（三）修理项目和部位；

（四）送修时间、收车人姓名。

发现有交通肇事逃逸嫌疑车辆的，应当立即报告公安机关交通管理部门并配合调查。

第二十三条 报废机动车回收企业回收报废机动车时，应当登记报废车辆所有人身份证明和车辆牌号、发动机号码、车架号码等信息，并向当事人出具车辆报废证明。

报废的大型客、货车及其他营运车辆、摩托车应当在公安机关交通管理部门的监督下解体。

第二十四条 机关、企业事业单位、社会团体以及其他组织应当建立健全内部交通安全制度，教育本单位人员遵守道路交通安全法律、法规，对聘用的机动车驾驶人进行驾驶证和身份证件登记，自觉接受公安机关交通管理部门的监督检查。

第三章 车辆和驾驶人

第二十五条 公安机关交通管理部门应当按照国家有关规定办理机动车登记。

机动车所有人有下列情形之一的，不予办理其新购置机动车注册和转移登记：

（一）依法应当办理机动车注销登记而未办理的；

（二）连续两个检验周期未按规定办理其所有的机动车检验手续的；

（三）其他不符合登记情形的。

第二十六条 教练车应当符合国家安全技术标准,悬挂公安机关交通管理部门核发的教练车号牌,并有明显标志。

机动车驾驶培训教练员,应当持有省机动车驾驶培训主管部门核发的教练员证。

在道路上学习驾驶的,应当按公安机关交通管理部门指定的路线、时间行驶。

第二十七条 专门接送中小学生、学龄前儿童的校车,应当经当地教育部门和公安机关交通管理部门确认后领取校车标牌,在车身喷涂统一标准的校车外观标识和车属单位名称。

校车应当保持安全性能良好,校车驾驶人应当具备相应准驾车型三年以上安全驾驶经历。

校车交通安全管理的具体办法由省人民政府制定。

第二十八条 载货汽车应当在驾驶室两侧喷涂核定载质量,载货汽车和挂车应当按照国家安全技术标准粘贴车身反光标识;危险货物运输车辆,应当按照有关规定喷涂相关标志标识。

本省注册登记的重型、中型货车和挂车,应当按照规定在其侧面或者后下部安装防撞装置。

第二十九条 禁止机动车安装和使用妨碍行人或者其他车辆安全通行的照明、音响以及影响交通技术监控设备正常运行的装置和材料。

机动车不得使用镜面反光遮阳膜,不得粘贴、喷涂妨碍安全驾驶的文字、图案,不得在车内悬挂、放置妨碍安全驾驶的物品。

第三十条 公路营运性载客汽车、旅游客车、校车、危险品运输车、重型载货汽车、半挂牵引车,应当安装、使用符合国家标准的行驶记录仪,并保持行驶记录仪正常运行。公路营运性载客汽车、旅游客车、校车、危险品运输车等车辆安装的行驶记录仪应当具有卫星定位功能。

交通警察可以对行驶记录仪记录的机动车行驶速度、连续驾驶时间等行驶状态信息进行检查。

第三十一条 机动车加装压缩天然气、液化石油气燃料装置或者改成其他能源装置的，应当到机动车登记地公安机关交通管理部门备案，并提供具有改装资质的机构出具的改装合格证明。

第三十二条 公安机关交通管理部门应当记录机动车驾驶人道路交通安全违法行为、累积记分和发生道路交通事故等信息，并通过通信、网络等途径提供查询服务，方便机动车所有人、管理人或者驾驶人查询。

第三十三条 公安机关交通管理部门应当及时将道路交通安全违法行为告知当事人，当事人未及时接受处理的，公安机关交通管理部门可以在办理机动车检验时一并处理。

交通安全技术监控记录资料可以作为公安机关交通管理部门处理道路交通安全违法行为的证据。

第三十四条 电动自行车、残疾人机动轮椅车实行登记制度。经公安机关交通管理部门登记并领取牌证后，方可上道路行驶。

登记管理的实施时间由市（州）人民政府根据当地实际情况自行决定。

依法登记的电动自行车、残疾人机动轮椅车号牌、行驶证的式样由省公安机关交通管理部门统一规定并监制。

第三十五条 申请电动自行车、残疾人机动轮椅车登记，应当提交下列证明：

（一）车辆所有人身份证明；

（二）车辆来历证明；

（三）车辆出厂合格证明。

不能提供出厂合格证明的，应当符合本省非机动车上牌产品目录。产品目录由省公安机关交通管理部门会同有关部门编制并公布。

申请残疾人机动轮椅车登记的，还应当提交残疾人联合会出具的下肢残疾证明。

第三十六条 已经领取牌证的电动自行车、残疾人机动轮椅车有下列情形之一的，车辆所有人应当到公安机关交通管理部门办理相关手续：

（一）所有权发生转移的；

（二）补领号牌、行驶证的；

（三）车辆所有人的住所迁出登记地公安机关交通管理部门管辖区域的。

第三十七条 驾驶电动自行车、残疾人机动轮椅车上道路行驶，应当按照规定悬挂号牌，并保持清晰。

电动自行车、残疾人机动轮椅车号牌和行驶证不得转借、挪用、涂改。

第三十八条 机动车驾驶人应当学习道路交通安全法律、法规，接受公安机关交通管理部门组织的道路交通安全知识的教育和培训。

机动车驾驶人违反道路交通安全法律、法规或者对发生道路交通事故负有责任的，应当接受一定时间的道路交通安全知识的学习和教育。

第四章 道路通行条件

第三十九条 道路管理部门应当根据道路等级、交通流量、安全状况以及交通管理的需要，按照国家技术标准或者规范要求，在道路上设置相应的交通安全设施，并保持清晰、醒目、准确、完好。

高速公路公安机关交通管理部门业务技术用房应当与道路、交通安全设施同步规划设计、同步施工建设、同步交付使用，所需资金在省预算内基建资金中予以安排。

改建和扩建道路后通行条件发生变化的，道路管理部门应当及时增设、调换、更新道路交通信号和交通安全设施。

乡村道路、单位或者个人自建道路应当在公安机关交通管理部门指导下，按照国家有关标准设置交通标志、标线等交通设施。

第四十条 道路沿线的机动车出入口应当设置在交通流量相对较小的路段上，并设置让行交通标志、标线。

因工程建设确需在公路及公路用地范围内增设或者封闭平面

交叉口、通道、出入口的，道路管理部门进行审批时，应当征求当地公安机关交通管理部门的意见。

第四十一条 公共停车场（库）、公交场（站）建设应当纳入城市综合交通体系规划，并与城市建设和改造同步进行。

新建、改建、扩建城市道路应当根据城市综合交通体系规划，设置公交专用车道和港湾式停靠站台。

新建、改建、扩建的公共建筑、商业街区、居住区、大（中）型建筑等，应当按照标准配建、增建停车场（库）。配建、增建的停车场（库）应当与主体工程同时投入使用，不得停用或者挪作他用。

公共停车场（库）应当在出入方便的位置，设置残疾人车辆专用车位，配备无障碍设施。

第四十二条 机动车停车位不足的城市街区，公安机关交通管理部门可以根据交通状况，在道路范围内施划临时停车泊位，并规定停车泊位的使用时间，设置警示标志。

因紧急情况或者举办大型群众性活动，公安机关交通管理部门可以在道路范围内确定临时停车区，或者暂停道路停车泊位的使用。

其他任何单位和个人不得设置、撤除道路停车泊位，或者设置停车障碍。

第四十三条 客运出租车应当遵守临时停车规定，即停即走。设有客运出租车停靠站点的，应当在停靠站点停车候客。

公安机关交通管理部门应当根据道路交通状况，合理设置校车和通勤车辆停靠站位。

第四十四条 占用、挖掘道路，或者跨越、穿越道路架设、增设管线设施，建设单位应当事先征得道路主管部门同意；影响道路通行的，还应当征得公安机关交通管理部门同意。

建设单位应当在规定期限内完成施工作业，并按照原有技术标准或者规划标准修复道路。需延长施工期限的，应当重新申请。

第四十五条 因工程建设需要中断交通或者半幅封闭高速公路的，应当征得省公安机关交通管理部门同意；中断或者半幅封闭其他道路交通的,应当征得市(州)公安机关交通管理部门同意。

遇有交通堵塞或者其他紧急情况时,公安机关交通管理部门可以要求暂时停止道路施工、作业,临时恢复通行。

第五章　道路通行规定

第四十六条　车辆、行人应当各行其道。

没有划分机动车道、非机动车道、人行道的,机动车在道路中间通行,非机动车、行人靠道路右侧通行;路面宽度七米以上的,从道路右侧边缘线算起,行人应当在路面宽度不超过一米的范围内通行,自行车、电动自行车应当在路面宽度不超过一点五米的范围内通行,其他非机动车应当在路面宽度不超过二点二米的范围内通行。

第四十七条　机动车转弯、变更车道、超车、掉头、靠路边停车时,在城市道路上应当提前三十米、公路上应当提前一百米开启转向灯,不得急停猛拐。

第四十八条　在道路同方向划有二条以上机动车道的,大型载客汽车、载货汽车、摩托车、轮式自行机械车在右侧车道行驶,其他客车在左侧车道行驶,但超越前方车辆时除外。

第四十九条　道路同方向划有二条以上机动车道且没有限速标志、标线的,城市道路最高时速为六十公里,封闭的机动车专用道路和公路最高时速为八十公里。

第五十条　车辆进出道路,应当减速或者停车瞭望,让在道路内正常行驶的车辆、行人优先通行。在允许机动车进出非机动车道、人行道的路段,机动车进出时不得妨碍非机动车、行人正常通行。

第五十一条　车辆变更车道不得影响其他车辆、行人正常通行,并应当遵守下列规定:

(一)让车道内行驶的车辆或者行人先行;

(二)不得一次连续变更二条以上机动车道;

（三）从左右两侧车道向同一车道变更时，右侧车道的车辆让左侧车道的车辆先行。

第五十二条 机动车行经交通信号灯控制的交叉路口时，应当按照交通信号灯指示或者交通警察指挥依次有序通过，不得停滞、缓行，妨碍后方车辆正常通行。

长途客运车辆不得在城市道路上缓行揽客，妨碍行人和车辆正常通行；不得在高速公路上停车上下乘客。

摩托车不得在道路上追逐竞驶。

第五十三条 公共汽车进入站点时应当在站点一侧依次靠边停车，暂时不能进入站点的，应当在靠站点一侧机动车道内依次等候进站；驶离站点时应当单排依次按顺序行驶。

公共汽车进出站点需要借道通行的，应当避让该车道正常行驶的车辆。校车可以借用公交专用车道通行。

公交客运车辆载客不得超过核载人数；行经高速公路和汽车专用公路，乘载人数不得超过座位数。

第五十四条 机动车在道路上停放、临时停车，应当遵守下列规定：

（一）在交通标志、标线规定的道路停车泊位内，按顺行方向依次停放，车身不得超出停车泊位；

（二）借道进出道路停车泊位的，不得妨碍其他车辆或者行人正常通行。

在夜间无路灯照明或者在风、雪、雨、雾、沙尘等低能见度气象条件下，机动车在道路上停放、临时停车的，还应当开启危险报警闪光灯、示廓灯和后位灯。

第五十五条 驾驶机动车有下列情形之一的，驾驶人应当让行：

（一）行经人行横道；

（二）通过未设交通信号灯的路口；

（三）经过泥泞或者积水道路；

（四）遇公共汽车驶入或者驶出公共汽车站点；

（五）行驶中遇校车或者中小学、幼儿园学生上下校车。

第五十六条 机动车试车应当遵守下列规定：

（一）按照规定悬挂公安机关交通管理部门核发的试车号牌；

（二）按照公安机关交通管理部门规定的时间、路线进行；

（三）由取得机动车驾驶证一年以上的驾驶人驾驶；

（四）不得搭乘与试车无关的人员；

（五）不得在道路上进行制动测试。

第五十七条 非机动车在道路上行驶应当遵守下列规定：

（一）通过有交通信号灯控制的交叉路口，遇有放行信号时，让先于本放行信号放行的车辆、行人先行；

（二）不得在机动车辆之间穿插通行；

（三）不得在车行道上停车滞留；

（四）与相邻行驶的非机动车保持安全距离，在与行人混行的道路上避让行人；

（五）设有转向灯的，应当保持转向灯良好，掉头、转弯前开启转向灯；没有转向灯的，掉头、转弯时，应当采取适当方式进行示意；

（六）人力客运三轮车按照核定的人数载人，人力货运三轮车不得载人。

第五十八条 乘车人乘坐公共汽车和长途汽车，应当在停靠站或者指定地点依次候车，待车停稳后上下车。

第五十九条 行人不得有下列行为：

（一）进入高速公路或者其他封闭的机动车专用道；

（二）在车行道上等候、招引、拦截车辆或者玩耍、追逐；

（三）在车行道上发放广告、兜售物品；

（四）在车行道上赶骑牲畜。

第六十条 十二周岁以上的未成年人可以驾驶自行车，十六周岁以上的未成年人可以驾驶电动自行车，但均不得搭载人员。

成年人驾驶自行车、电动自行车只准搭载一名十二周岁以下的未成年人。搭载学龄前儿童的，应当使用安全座椅。

第六章　道路交通事故处理

第六十一条　县级以上人民政府应当制定道路交通事故应急处置预案，发生重特大道路交通事故，应当按照事故响应等级及时启动应急处置预案。

第六十二条　公安机关交通管理部门接到重特大道路交通事故或者危险品运输事故报警时，应当立即采取应急措施，并通过本级公安机关报告当地人民政府。

第六十三条　发生道路交通事故，造成人员伤亡的，当事人应当立即抢救受伤人员，并报警等候处理；未造成人员伤亡且当事人可以自行移动车辆的，应当在确保安全的情况下，对现场拍照或者标划车辆位置后，将车辆移至不妨碍交通的安全地点，自行协商处理或者报警等候处理。涉及保险理赔的，应当及时通知保险公司。

第六十四条　自行协商处理的交通事故，当事人应当填写道路交通事故损害赔偿协议书，或者另行书面记录事故发生的时间、地点、车辆号牌、机动车驾驶证号、保险凭证号、碰撞部位、赔偿责任等内容，由当事人签字确认，作为保险理赔和处理交通事故的证据。

公安机关交通管理部门利用道路交通监控设备对交通事故现场进行抓拍的视频和照片，或者当事人自行拍摄的交通事故现场照片，可以作为保险理赔的证据。

自行协商处理的交通事故，一方当事人因另一方当事人利用虚假身份或者虚假信息填写道路交通事故损害赔偿协议书，导致无法获得赔偿而向公安机关交通管理部门报案的，应当提供道路交通事故现场照片、协议等证据。

适用快速理赔的，保险公司应当在五个工作日内履行赔付义务。

第六十五条　有下列情形之一的，当事人可以直接申请保险公司理赔：

（一）当事人依法自行协商处理的交通事故；

（二）仅造成自身车辆损失的单方交通事故；

（三）车辆在道路以外通行时发生的事故。

第六十六条 机动车驾驶人肇事后有下列情形之一的，认定为交通肇事逃逸：

（一）驾驶车辆或者遗弃车辆逃离事故现场的；

（二）报案后不及时抢救伤者或者保护现场，逃离事故现场后又返回的；

（三）将伤者送到医院后，未报案或者未留下真实联系信息离开的；

（四）在接受调查期间逃匿的。

机动车驾驶人肇事后逃逸，随车人、知情人应当报告公安机关交通管理部门。

第六十七条 发生道路交通事故，造成车辆损坏或者在道路上散落物品，妨碍其他车辆正常通行的，当事人应当按照公安机关交通管理部门的要求及时清除障碍。当事人无法及时清除的，由公安机关交通管理部门通知清障单位清除，清障费用由机动车所有人、管理人或者驾驶人支付。

第六十八条 机动车与非机动车、行人发生交通事故造成人身伤亡、财产损失，超过机动车交通事故责任强制保险责任限额的部分，非机动车、行人没有过错的，由机动车一方承担赔偿责任；有证据证明非机动车驾驶人、行人有过错的，机动车一方按照以下规定承担赔偿责任：

（一）在禁止非机动车、行人通行的道路上发生交通事故，机动车一方无过错的，承担不超过百分之五的赔偿责任；

（二）在本条第一项规定以外的道路上发生交通事故，机动车一方无过错的，承担不超过百分之十的赔偿责任；

（三）机动车一方负次要责任的，承担百分之四十至百分之五十的赔偿责任；

（四）机动车一方负同等责任的，承担百分之五十至百分之七十的赔偿责任；

（五）机动车一方负主要责任的，承担百分之七十至百分之九十的赔偿责任。

交通事故由非机动车驾驶人、行人故意碰撞机动车造成的，机动车一方不承担赔偿责任。

第六十九条 非机动车之间、非机动车与行人之间发生交通事故造成人身伤亡、财产损失的，由有过错的一方承担赔偿责任；双方都有过错的，按照各自过错的比例承担赔偿责任。

第七十条 对因交通事故造成人身伤亡的，残疾赔偿金、死亡赔偿金按本省城镇居民上年度人均可支配收入标准计算，其被扶养人的生活费按被扶养人经常居住地所在省（直辖市、自治区）上年度城镇居民人均消费性支出标准或者农村居民人均年生活消费支出标准计算。

第七十一条 交通事故死亡人员身份无法确认的，身份按照城镇居民认定。赔偿费用由道路交通事故社会救助基金管理机构保管，待死亡人员身份确定后转交赔偿权利人。赔偿权利人可以按本条例第七十条的规定追偿死亡人员被扶养人的生活费。

第七十二条 发生交通事故造成人身伤亡、财产损失不能及时了结的，有赔偿责任的当事人或者事故车辆所有人应当提供有效担保；不提供有效担保的，公安机关交通管理部门可以根据交通事故处理的需要扣留有关事故车辆。公安机关交通管理部门应当妥善保管被扣留的事故车辆，并按照国家有关规定处理。

交通事故有效担保中保证金的具体交纳标准、使用管理办法，由省人民政府制定。

第七十三条 参加机动车交通事故责任强制保险的机动车发生交通事故，因抢救受伤人员需要保险公司支付或者垫付抢救费用的，保险公司在接到公安机关交通管理部门的书面通知后，应当及时在机动车交通事故责任强制保险责任限额范围内予以支付或者垫付。

第七十四条 机动车发生交通事故，因抢救受伤人员需要道路交通事故社会救助基金垫付费用的,由公安机关交通管理部门通知道路交通事故社会救助基金管理机构垫付。社会救助基金管理机构应当按照有关规定及时垫付。

第七十五条 公安机关交通管理部门在送达交通事故认定书时,应当告知当事人就交通事故损害赔偿纠纷可以请求公安机关交通管理部门进行调解,也可以请求人民调解委员会调解,或者直接向人民法院提起民事诉讼。

经公安机关交通管理部门或者人民调解委员会调解达成协议的,当事人可以自愿向人民法院申请调解协议诉前司法确认。

公安机关交通管理部门、司法行政部门、人民法院应当建立和完善行政调解、人民调解、司法调解相衔接的交通事故损害赔偿纠纷调解机制。

第七十六条 因调查交通事故案件需要,公安机关交通管理部门可以查阅或者复制有关单位记载过往车辆信息的资料,以及车辆维修单位维修记录和交通事故当事人的通讯记录,必要时可以依法提取和封存相关信息、资料,有关单位应当及时、如实、无偿提供,不得伪造、隐匿、转移、销毁。

第七章 法律责任

第七十七条 公安机关交通管理部门及其交通警察对道路交通安全违法行为情节轻微,未影响道路通行的,应当指出违法行为,给予口头警告后放行。

对违反道路交通安全法律、行政法规和本条例的行为,由公安机关交通管理部门依照《中华人民共和国道路交通安全法》、《中华人民共和国道路交通安全法实施条例》和本条例的规定,给予警告、罚款、暂扣或者吊销机动车驾驶证、拘留等行政处罚;其中给予罚款处罚的,按照本条例规定的具体标准执行。

第七十八条 行人、乘车人违反道路通行规定的,处警告;警告后拒不改正的,处二十元罚款。

第七十九条 非机动车驾驶人有下列行为之一的,处三十元至五十元的罚款:

(一)不按规定通行的;

(二)不按规定驾驶的;

(三)不按规定载人载物的;

(四)不在规定地点停车或者停车妨碍其他车辆和行人通行的;

(五)不服从交通警察指挥的;

(六)驾驶人不符合驾驶资格的;

(七)自行车、三轮车加装动力装置的;

(八)驾驶未依法登记的非机动车上道路行驶的;

(九)醉酒驾驶非机动车、驾驭畜力车的。

第八十条 机动车驾驶人有下列行为之一的,处五十元罚款:

(一)不系安全带的;

(二)驾驶摩托车不戴安全头盔的;

(三)驾驶摩托车不按规定载人的;

(四)在禁止鸣喇叭的区域或者路段鸣喇叭的;

(五)不避让正在作业的道路养护车、工程作业车的。

第八十一条 机动车驾驶人有下列行为之一的,处一百元罚款:

(一)驾驶机动车未随车携带行驶证、驾驶证、保险标志、检验合格标志的;

(二)驾驶证丢失、损毁期间驾驶机动车的;

(三)驾驶摩托车手离车把或者车把上悬挂物品的;

(四)在机动车驾驶室的前后窗范围内悬挂、放置妨碍驾驶视线的物品的;

(五)实习期内未粘贴或者悬挂实习标志的;

(六)未按规定鸣喇叭示意或者使用灯光的;

(七)行经漫水路或者漫水桥时未低速通过的;

(八)在单位院内、居民居住区内不低速行驶或者不避让行人的；

（九）在车门、车厢没有关好时行车的；

（十）违反规定停放、临时停车且驾驶人不在现场或者驾驶人虽在现场拒绝立即驶离的；

（十一）驾驶公路客运车辆以外的载客汽车载人超过核定人数不足百分之二十的；

（十二）在没有划分机动车道、非机动车道和人行道的道路上，不在道路中间通行的；

（十三）未按规定将故障车辆移到不妨碍交通的地方停放的；

（十四）未使用专用清障车拖曳转向或者照明、信号装置失效的机动车的；

（十五）行经渡口，不按指挥依次待渡或者上下渡船不低速行驶的；

（十六）在夜间或者在容易发生危险的路段行驶，以及遇有沙尘、冰雹、雨、雪、雾、结冰等气象条件时，未按规定降低行驶速度的；

（十七）货运机动车违反规定附载作业人员的；

（十八）拖拉机载人或者牵引多辆挂车的。

第八十二条 机动车驾驶人有下列行为之一的，处二百元罚款：

（一）违反分道行驶规定或者逆向行驶的；

（二）不按规定倒车、会车、超车、掉头、让行的；

（三）不按交通信号灯规定通行或者不服从交通警察指挥的；

（四）违反警告标志标线、禁令指示的；

（五）通过路口或者行经铁路道口时，不按规定通行的；

（六）违反规定在人行横道或者网状线区域内停车等候的；

（七）变更车道时影响正常行驶的机动车的；

（八）在同车道行驶中，不按规定与前车保持必要的安全距离的；

（九）行经人行横道，未减速行驶、未避让行人的；

（十）不避让执行任务的警车、消防车、救护车、工程救险车的；

（十一）驾驶机动车下陡坡时熄火、空挡滑行的；

（十二）拖拉机驶入大中城市中心城区道路或者其他禁止通行道路的；

（十三）违反规定使用专用车道的；

（十四）客运机动车违反规定载货或者货运机动车违反规定载人的；

（十五）不具备相应准驾车型三年以上安全驾驶经历的人驾驶校车的；

（十六）挂车载人或者不按规定牵引车辆的；

（十七）驾车时拨打接听手持电话或者观看影视节目的；

（十八）机动车载货长度、宽度、高度超过规定的；

（十九）机动车运载超限的不可解体的物品，影响交通安全，不按照公安机关交通管理部门指定的时间、路线、速度行驶或者未悬挂明显标志的；

（二十）向道路上抛洒物品、遗洒或者飘散载运物的；

（二十一）运载危险物品未经批准或者未悬挂警示标志、未采取安全措施，不按规定的时间、路线、速度行驶的；

（二十二）机动车载运超限物品行经铁路道口时不按指定的道口、时间通过的；

（二十三）机动车在发生故障或者事故后，不按规定设置警告标志或者使用灯光的；

（二十四）道路养护施工作业车辆、机械作业时未开启示警灯和危险报警闪光灯的；

（二十五）患有妨碍安全驾驶机动车的疾病、服用国家管制的精神药品或者麻醉药品、过度疲劳仍继续驾驶的；

（二十六）连续驾车超过四小时未停车休息或者休息少于二十分钟的；

（二十七）驾驶证被依法扣留期间或者违法记分达到十二分

仍驾驶机动车的；

（二十八）不按规定在道路上试车的；

（二十九）未按规定安装机动车号牌或者故意遮挡、污损机动车号牌的；

（三十）未按规定办理变更、转移登记的；

（三十一）机动车未接受定期安全技术检验的；

（三十二）载货汽车、挂车未按规定安装防护装置、粘贴车身反光标识、喷涂放大牌号的；

（三十三）挂车的灯光信号、制动、连接、安全防护等装置不符合国家标准的；

（三十四）警车、消防车、救护车、工程救险车违反规定使用警报器或者标志灯具的；

（三十五）非特种车喷涂特种车特定标志图案的；

（三十六）非校车喷涂校车标志或者校车未喷涂校车标志的；

（三十七）机动车喷涂、粘贴标识或者车身广告，影响安全驾驶的；

（三十八）安装和使用妨碍行人或者其他车辆安全通行的照明、音响以及影响交通技术监控设备正常运行的装置和材料的；

（三十九）违反规定安装搭载人员的设备或者动力装置的；

（四十）未按规定安装行驶记录仪或者行驶记录仪不能正常使用的；

（四十一）驾驶安全设施不全或者机件不符合技术标准的机动车的；

（四十二）以欺骗、贿赂等不正当手段补、换领机动车登记证书、号牌、行驶证和检验合格标志的；

（四十三）取得机动车驾驶证而使用他人机动车驾驶证驾驶机动车的；

（四十四）未按指定路线、时间学习驾驶的；

（四十五）使用非教练车、无教练学习驾车或者教练车乘坐无关人员的；

（四十六）在实习期内驾驶公共汽车、营运客车、执行任务特种车、载有危险物品车、驾车牵引挂车的。

第八十三条 在高速公路上，机动车驾驶人有下列行为之一的，处一百元罚款：

（一）驾驶设计最高时速低于七十公里的机动车进入高速公路的；

（二）驾驶拖拉机进入高速公路的；

（三）在高速公路路肩行驶或者不按规定在高速公路应急车道行驶的；

（四）机动车从匝道进入、驶离高速公路时，不按规定使用灯光，或者妨碍已在高速公路内的机动车正常行驶的；

（五）未减速通过施工作业路段的；

（六）两轮摩托车载人的；

（七）载货汽车车厢内载人的；

（八）车辆发生故障或者交通事故后，车上人员未转移到右侧路肩上或者应急车道内的。

第八十四条 在高速公路上，机动车驾驶人有下列行为之一的，处二百元罚款：

（一）不系安全带的；

（二）不按规定超车、停车的；

（三）长时间占用左侧车道或者骑、轧车行道分界线的；

（四）不按规定与同车道前车保持安全距离的；

（五）遇有低能见度气象条件时，不按规定行驶的；

（六）倒车、逆行、穿越中央分隔带掉头的；

（七）正常情况下以低于规定的最低时速行驶的；

（八）车辆发生故障或者交通事故后，不按规定使用危险报警闪光灯、设置警告标志的；

（九）违反规定拖曳故障车、肇事车的；

（十）试车或者学习驾驶机动车的。

第八十五条 有下列行为之一的，处五百元罚款：

（一）驾驶未经登记或者无临时通行牌证的机动车上道路行驶的；

（二）改变机动车型号、发动机号、车架号或者车辆识别代号的；

（三）以隐瞒、欺骗手段补领机动车驾驶证的；

（四）未经许可占用道路从事非交通活动的；

（五）违反交通管制规定强行通行，不听劝阻的。

第八十六条 有下列行为之一的，处一千元罚款：

（一）驾驶非机动车造成交通事故后逃逸，尚不构成犯罪的；

（二）以欺骗、贿赂手段取得机动车牌证、驾驶证的；

（三）非法安装警报器或者标志灯具的；

（四）机动车驾驶培训机构未如实提供培训记录的；

（五）明知是交通肇事逃逸车辆，承修不报的。

第八十七条 有下列行为之一的，处二千元罚款：

（一）驾驶拼装的机动车或者已达报废标准的车辆上道路行驶的；

（二）非法拦截、扣留机动车辆，造成交通严重阻塞或者较大财产损失的；

（三）强迫机动车驾驶人违反道路交通安全法律、法规和机动车安全驾驶要求驾驶机动车，造成交通事故，尚不构成犯罪的；

（四）驾驶机动车造成交通事故后逃逸，尚不构成犯罪的；

（五）故意损毁、移动、涂改交通设施，造成危害后果，尚不构成犯罪的。

第八十八条 有下列行为之一的，按以下规定处罚：

（一）未取得机动车驾驶证或者机动车驾驶证被吊销、暂扣期间仍驾驶摩托车、拖拉机、低速载货汽车、三轮汽车的，处五百元罚款；

（二）未取得机动车驾驶证或者机动车驾驶证被吊销、暂扣期间仍驾驶其他机动车的，处一千元罚款；

（三）未取得机动车驾驶证或者机动车驾驶证被吊销、暂扣期间驾驶营运客车的,处二千元罚款。

将三轮汽车、摩托车、拖拉机交由未取得驾驶证或者相应驾驶证被吊销、暂扣的人驾驶的,处二百元罚款;将其他机动车交由未取得机动车驾驶证或者机动车驾驶证被吊销、暂扣的人驾驶的,处五百元罚款。

驾驶与驾驶证载明的准驾车型不相符合的车辆的,按未取得机动车驾驶证给予罚款。

第八十九条 饮酒后驾驶机动车的,处一千元罚款。因饮酒后驾驶机动车被处罚,再次饮酒后驾驶机动车的,处二千元罚款。饮酒后驾驶营运机动车的,处五千元罚款。

第九十条 伪造、变造或者使用伪造、变造的检验合格标志、保险标志的,处二千元罚款。

伪造、变造或者使用伪造、变造的机动车登记证书、号牌、行驶证、驾驶证的,处四千元罚款。

使用其他车辆的机动车登记证书、号牌、行驶证、检验合格标志、保险标志的,处四千元罚款。

第九十一条 公路客运车辆载客超过核定人数或者违反规定载货的,对机动车驾驶人按下列规定处罚:

(一)超过核定人数不足百分之二十的,处三百元罚款;

(二)超过核定人数百分之二十不足百分之五十的,处一千元罚款;

(三)超过核定人数百分之五十的,处二千元罚款;

(四)违反规定载货的,处五百元罚款。

其他客车载人超过核定人数百分之二十或者违反规定载货的,对驾驶人处二百元罚款。

校车载人超过核定人数的,对驾驶人处一千元罚款;经处罚不改的,对直接负责的主管人员处五千元罚款。

运输单位的车辆违反本条第一款规定的情形,经处罚不改的,对直接负责的主管人员处三千元罚款。

第九十二条 货运机动车超过核定载质量或者违反规定载客

的,对机动车驾驶人按下列规定处罚:

(一)超过核定载质量不足百分之三十的,处二百元罚款;

(二)超过核定载质量百分之三十不足百分之五十的,处五百元罚款;

(三)超过核定载质量百分之五十不足百分之百的,处一千元罚款;

(四)超过核定载质量百分之百的,处二千元罚款;

(五)运输剧毒化学品机动车超过核定载质量不足百分之三十的,处一千元罚款;

(六)运输剧毒化学品机动车超过核定载质量百分之三十的,处二千元罚款;

(七)违反规定载客的,处五百元罚款。

运输单位的车辆违反本条前款规定的情形,经处罚不改的,对直接负责的主管人员处三千元罚款。

第九十三条 驾驶机动车违反限速规定的,对驾驶人按下列规定处罚:

(一)超过规定时速百分之二十不足百分之五十的,处二百元罚款;

(二)超过规定时速百分之五十不足百分之七十的,处五百元罚款;

(三)超过规定时速百分之七十的,处一千元罚款;

(四)运输剧毒化学品机动车超过规定时速不足百分之五十的,处一千元罚款;

(五)运输剧毒化学品机动车超过规定时速百分之五十的,处二千元罚款。

第九十四条 道路两侧及隔离带上种植物或者设置广告牌、管线等,遮挡路灯、交通信号灯、交通标志,妨碍安全视距,由公安机关交通管理部门责令行为人排除妨碍;拒不执行的,处一千元罚款。

擅自占用、挖掘道路或者从事其他影响交通安全活动的,由道路管理部门责令停止违法行为,并恢复原状,可以依法给予罚款。影响道路通行的,由公安机关交通管理部门处二千元罚款。

第九十五条 机动车安全技术检验机构出具虚假检验结果的,处所收检验费用十倍的罚款。

不按规定投保机动车强制责任险的,处投保最低责任限额应交纳的保险费的二倍罚款。

第九十六条 交通警察有下列行为之一的,依法给予行政处分:

(一)为不符合法定条件的机动车发放机动车登记证书、号牌、行驶证、检验合格标志的;

(二)批准不符合法定条件的机动车安装、使用警车、消防车、救护车、工程救险车的警报器、标志灯具,喷涂标志图案的;

(三)为不符合驾驶许可条件、未经考试或者考试不合格人员发放机动车驾驶证的;

(四)不执行罚款决定与罚款收缴分离制度或者不按规定将依法收取的费用、收缴的罚款及没收的违法所得全部上缴国库的;

(五)举办或者参与举办驾驶学校或者驾驶培训班、机动车修理厂或者收费停车场等经营活动的;

(六)利用职务上的便利收受他人财物或者谋取其他利益的;

(七)违法扣留车辆、机动车行驶证、驾驶证、车辆号牌的;

(八)使用依法扣留的车辆的;

(九)当场收取罚款不开具罚款收据或者不如实填写罚款额的;

(十)徇私舞弊,不公正处理交通事故的;

(十一)故意刁难,拖延办理机动车牌证的;

(十二)非执行紧急任务时使用警报器、标志灯具的;

(十三)违反规定拦截、检查正常行驶的车辆的;

(十四)非执行紧急公务时拦截搭乘机动车的;

(十五)不履行法定职责的。

公安机关交通管理部门有前款所列行为之一的,对直接负责的主管人员和其他直接责任人员给予相应的行政处分。

第八章　附　　则

第九十七条　本条例自 2012 年 1 月 1 日起施行。2005 年 11 月 25 日甘肃省第十届人民代表大会常务委员会第十九次会议通过的《甘肃省道路交通安全违法行为罚款执行标准规定》同时废止。

湖南省高速公路条例

湖南省第十一届人民代表大会常务委员会
公告第52号　2011.5.27

第一章　总　　则

第一条　为加强高速公路建设和管理，保障高速公路的建设质量、高效运营和安全畅通，根据《中华人民共和国公路法》和其他有关法律、行政法规，结合本省实际，制定本条例。

第二条　在本省行政区域内从事高速公路的规划、建设、养护、使用、经营和管理，适用本条例。

第三条　省人民政府交通运输主管部门主管全省高速公路工作，其所属的高速公路管理机构负责相关具体工作。

省人民政府公安、国土资源、财政、税务、价格、审计等主管部门和其他有关部门以及高速公路沿线各级人民政府依照各自职责，做好高速公路的相关工作。

第四条　任何单位和个人都有爱护高速公路及高速公路附属设施的义务，不得破坏、损坏或者非法占用高速公路、高速公路用地及高速公路附属设施，不得在高速公路上非法设卡、收费、罚款和拦截、检查车辆。

第五条　高速公路管理机构、公安机关高速公路交通管理机构和高速公路沿线所在地县级以上人民政府应当制定高速公路突发事件应急预案。高速公路经营管理者应当根据相关的应急预案，组建应急队伍，并定期组织应急演练。

第二章　规划与建设

第六条　高速公路规划与建设应当遵守相关法律法规，节约用地，保护耕地、文物古迹和生态环境。

第七条　本省高速公路规划应当根据国家高速公路网规划以及本省国民经济和社会发展的需要科学编制，符合土地利用总体规划和城乡规划，并与其他方式的交通运输发展规划相协调。

本省高速公路规划由省人民政府交通运输主管部门会同有关部门并商高速公路沿线设区的市、自治州人民政府编制，经省人民政府批准后报国务院交通运输主管部门备案，并向社会公布。高速公路规划的修改，应当按照编制程序报批。

第八条　编制高速公路建设计划、确定高速公路建设项目应当以高速公路规划为依据。

第九条　高速公路建设应当遵循基本建设程序，执行国家规定的工程设计、施工和监理规范以及技术标准，保证合理设计施工周期，确保工程质量。本省高速公路初步设计应当经省人民政府交通运输主管部门审查批准后实施。

高速公路建设项目应当按照国家有关规定实行招标投标制度、项目法人负责制度、工程监理制度。

第十条　高速公路建设可以采取政府投资、社会投资等方式筹集资金。

鼓励、引导国内外经济组织按照特许经营的方式，依法投资建设高速公路。投资者的合法权益受法律保护。

高速公路特许经营项目应当依法采取招标投标方式选定投资经营者；需要转让高速公路特许经营权的，应当经省人民政府批准。

第十一条　高速公路服务区应当按照国家有关标准统筹规划、合理布局和建设。

高速公路服务区应当建设下列基本设施：

（一）短暂休息区、停车场、饮用水供应点、厕所等公共设施；

（二）加油、购物、住宿、饮食、汽车维修等设施；

（三）绿化、水土保持、夜间照明、给排水、污水处理、备用电源等设施。

第十二条 高速公路通信、监控、收费系统和超限运输检测、交通量观测、路政管理、交通安全管理等设施应当与高速公路建设项目同步设计、同步建设、同步验收使用。

本条例实施前已通车的高速公路未建设前款规定的系统和设施的，由高速公路经营管理者负责补建。

高速公路通过居民聚居区的，应当按照国家相关规定设置隔音设施。

第十三条 高速公路沿线县级以上人民政府及其有关主管部门应当按照各自职责，依法做好高速公路建设征地补偿安置和协调工作。

高速公路征地补偿安置费用支付标准和方式依照法律法规和省人民政府的规定执行。任何部门和单位不得截留、挪用征地补偿安置费用。

第十四条 高速公路建设需要临时用地的，应当依照土地管理法律法规的规定进行审批；能够利用其他土地的，不得占用耕地；临时用地期限届满，应当恢复原状。

第十五条 高速公路建设应当避免损坏其他公路和设施；确实无法避免的，高速公路建设单位应当按照不低于该公路和设施原有的技术标准予以修复，或者给予相应的经济补偿。

第十六条 省人民政府交通运输主管部门及其高速公路管理机构应当加强对高速公路项目建设工程质量的监督检查，督促高速公路建设单位及时采取措施处理建设过程中的工程质量问题。

第十七条 高速公路建设项目未按照国家有关规定进行交工验收或者交工验收不合格的，不得交付使用。

高速公路项目竣工验收后，高速公路建设单位应当依照档案管理法律法规和国务院交通运输主管部门的规定，向档案馆和高速公路管理机构移交建设项目档案资料。

第三章 养 护

第十八条 高速公路的养护由高速公路经营管理者组织实施。高速公路经营管理者应当按照国务院交通运输主管部门规定的技术规范和操作规程编制高速公路中长期养护计划和年度养护计划,报省人民政府交通运输主管部门备案。

高速公路经营管理者应当科学调度、统筹安排,确定合理的施工时间和工期,减少对车辆运行的影响,保证高速公路及其附属设施处于良好的技术状态。

第十九条 从事高速公路养护的单位应当具有相应的资质。

高速公路养护单位进行养护时,应当遵守下列规定:

(一)按照国家规定合理设置施工区域,在养护施工现场设置施工标志及安全防护设施;

(二)公路养护作业需要占用半幅公路进行作业、作业路段长度超过两公里且作业期限超过三十日的,应当通过媒体和沿线可变信息板等设施予以公告;

(三)配合公安机关高速公路交通管理机构采取限速通行、变更车道等交通安全管理措施;

(四)及时清理并按照有关规定处理养护废弃物;

(五)作业人员穿着统一的安全标志服,作业车辆喷涂明显的标志图案,作业时开启示警灯;

(六)法律法规对高速公路养护的其他规定。

第二十条 高速公路养护作业时,过往车辆应当按照设置的导向标志减速行驶,注意避让作业车辆、设备和人员。

第二十一条 因突发事件致使高速公路损坏的,高速公路经营管理者应当及时修复;损坏严重难以及时修复的,应当向省高速公路管理机构和省公安机关高速公路交通管理机构以及所在地县级以上人民政府报告,并及时向社会公告。

第四章　经营与服务

第二十二条　省高速公路管理机构应当制定全省高速公路经营与服务的整体规划和管理规范,加强对高速公路经营与服务活动的监督管理。

第二十三条　高速公路经营管理者应当健全制度,加强管理,提高公共服务和运营管理水平,保障服务设施完好,公开服务项目、收费标准、监督电话等事项,接受社会监督。

第二十四条　高速公路收费期限由省人民政府按照国家相关规定审查批准。高速公路收费标准应当经省人民政府交通运输主管部门会同同级价格等主管部门审核后,报省人民政府审查批准;报批前应当进行听证。

高速公路经营管理者应当按照省人民政府批准的收费标准和收费期限收费,并在收费站显著位置公布收费站名称、审批机关、收费标准、收费单位、收费起止年限等内容。

高速公路通行费稽查由高速公路管理机构负责。

第二十五条　收费站收费车道的设置应当与车辆流量相适应。

收费站应当根据车辆流量等实际情况开启足够的收费车道或者采取其他措施,保证收费车道畅通。

因未开启足够收费车道导致高速公路堵塞的,驾驶人可以向高速公路管理机构投诉;高速公路管理机构应当及时督促收费站开启收费车道,并追究有关人员的责任。

第二十六条　高速公路应当实行联网收费,统一结算和管理。

省高速公路管理机构应当定期向高速公路经营管理者公布收费结算信息。高速公路经营管理者有权查询本单位的收费结算信息。

第二十七条　高速公路经营管理者应当依法收费,出具经省人民政府财政或者税务主管部门统一印(监)制的有效收费票据,不得有下列行为：

（一）擅自扩大车辆通行费收费范围或者提高收费标准；

（二）在车辆通行费外加收或者代收其他费用；

（三）擅自减免车辆通行费。

第二十八条 机动车通过高速公路收费站时，驾驶员应当主动交纳车辆通行费；符合国家和省人民政府规定的减免条件的，驾驶员应当主动出示相关证件，交付查验。

禁止车辆强行通过或者故意堵塞收费车道。

第二十九条 高速公路服务区经营者应当守法经营，诚实守信，文明服务，公开服务内容、标准、价格，不得欺诈他人，不得强制他人接受有偿服务。

第三十条 高速公路服务区机动车维修经营者应当按照国家有关技术规范对机动车进行维修，保证维修质量，并在实施维修前向车主明示维修收费标准。

第三十一条 高速公路管理机构和高速公路服务区所在地县级以上人民政府价格、工商、环境保护、卫生等主管部门应当加强对高速公路服务区经营活动的监督检查。

第三十二条 对高速公路通信管网、广告资源应当实行统筹规划、合理开发利用，具体办法由省人民政府另行制定。

第三十三条 转让国家高速公路网项目收费权的，应当依照法定程序报国务院交通运输主管部门批准。转让国家高速公路网以外项目收费权的，应当经省人民政府交通运输主管部门审核同意后，报省人民政府批准，并报国务院交通运输主管部门备案。

受让方在依法取得高速公路项目收费权后，应当按照国家规定的标准和规范要求，做好高速公路养护工作，保证高速公路处于良好的技术状态。

第三十四条 高速公路经营管理者应当在特许经营期限届满之日，将所经营的高速公路及其附属设施无偿移交给省人民政府交通运输主管部门；省人民政府交通运输主管部门应当按照国家规定做好相关移交验收工作，并确定养护和管理单位。

第五章　路政管理与交通安全管理

第三十五条　高速公路经营管理者应当按照有关规定组织交通流量、运输量和路况质量调查统计，如实向省高速公路管理机构报送统计数据。

第三十六条　高速公路沿线县级以上人民政府应当根据保障高速公路运行安全和节约用地的原则以及高速公路规划，组织交通运输、国土资源等主管部门划定高速公路建筑控制区的范围。

高速公路建筑控制区的范围从高速公路用地外缘起向外的距离标准不少于三十米。

在高速公路建筑控制区域内，除公路养护、防护需要以外，不得新建、扩建建筑物或者构筑物。

第三十七条　在高速公路、高速公路用地范围以及建筑控制区从事下列活动，应当报省高速公路管理机构批准；影响交通安全的，还应当报省公安机关高速公路交通管理机构同意；涉及经营性高速公路的，应当征求高速公路经营管理者的意见：

（一）占用、挖掘高速公路；

（二）跨越、穿越高速公路修建桥梁、渡槽或者架设、埋设管线等设施；

（三）在高速公路建筑控制区或者用地范围内架设、埋设管线等设施；

（四）超限运输车和其他可能损害高速公路路面的机具在高速公路上行驶；

（五）设置非公路标志及非交通工程设施；

（六）在高速公路上增设、改建平面交接道口；

（七）更新砍伐公路用地范围内的护路树木；

（八）法律法规规定的其他事项。

第三十八条　禁止下列损坏、污染高速公路，危及高速公路安全，影响高速公路畅通的行为：

（一）在高速公路路面、高速公路用地范围内设点洗车、焚烧、堆放物品、倾倒垃圾、设置障碍、挖沟引水，在高速公路路面及边沟排放废水；

（二）在高速公路大中型桥梁周围二百米、隧道上方和洞口外一百米范围内，以及在高速公路两侧一百米范围内挖砂、采石（矿）、倾倒废弃物；

（三）在高速公路桥孔、涵洞内堆放易燃易爆物品，进行明火作业，搭建设施；

（四）进行危及高速公路安全的爆破作业；

（五）损坏或者擅自移动、涂改高速公路附属设施；

（六）向车外抛撒物品；

（七）车辆洒漏物品或者其装载物触地拖曳；

（八）运输危险物品车辆驶入禁止通行区域；

（九）法律法规禁止的其他行为。

第三十九条 行人、非机动车、拖拉机、轮式专用机械车、铰接式客车、全挂拖斗车以及其他设计最高时速低于七十公里的机动车，不得进入高速公路。

禁止在高速公路上上下乘客、装卸货物。

第四十条 车辆在高速公路上正常行驶时，最高时速小型客车不得高于一百二十公里，大型客车、货运汽车不得高于一百公里；最低时速不得低于六十公里，但遇有限速交通标志或者路面限速标记时，不得超过或者低于标志、标记标明的速度行驶；限速标志、标记和测速监控设施应当按照国家有关规定合理设置。

第四十一条 高速公路隧道应当具有排水、通风、照明、监控、报警、消防、救助等设施，高速公路经营管理者应当保持设施处于完好状态。

第四十二条 载运易燃、易爆、剧毒、放射性等危险物品的车辆，应当避免通过特长高速公路隧道和桥梁；确需通过的，负责审批的机关应当通知有关单位进行监管。

第四十三条 超高、超宽、超长等超限车辆不得在高速公路上行驶;车辆载运超限的不可解体物品确需在高速公路上行驶的,运输单位或者个人应当向公安机关高速公路交通管理机构和高速公路管理机构申请公路超限运输许可后方可上路。

高速公路经营管理者应当在高速公路入口处设置车辆限载、限高、限宽、限长标志和禁行车辆的标志。高速公路经营管理者发现超限车辆的,应当予以劝阻;劝阻不成的,应当及时向高速公路管理机构或者公安机关高速公路交通管理机构报告。

第四十四条 高速公路沿车辆行驶方向最右侧车道与护栏之间部分为应急通道。

除执行指挥疏导交通、抢险救援等紧急任务的警车、消防车、救援车以及其他从事高速公路管理、养护活动的车辆和设备外,其他车辆不得在应急通道内行驶,不得在非紧急情况下停车。

第四十五条 机动车在高速公路发生交通事故的,驾驶人应当及时报警;公安机关高速公路交通管理机构接到报警后,应当立即采取措施,组织抢救受伤人员,尽快恢复交通,并及时通知高速公路管理机构进行路损理赔处理。

第四十六条 高速公路管理机构和公安机关高速公路交通管理机构应当加强高速公路日常巡查,发现危及高速公路安全、影响高速公路畅通情形的,及时采取措施,确保畅通和安全。

第四十七条 高速公路上行驶车辆的装载物掉落、遗洒或者飘散的,车辆驾驶人应当及时采取措施处理;无法处理的,应当在来车方向适当距离外设置警示标志,并及时向高速公路管理机构或者公安机关高速公路交通管理机构报告;高速公路经营管理者应当及时进行清理。

高速公路车辆救援服务按照国家有关规定执行。

第四十八条 因严重自然灾害、恶劣天气或者重特大交通事故等特殊情形影响车辆正常通行时,高速公路管理机构和公安机关高速公路交通管理机构应当及时通报路况信息,采取措施,疏导车辆;采取措施仍难以保证交通安全确需关闭高速公路的,公安机关高速公路交通管理机构应当及时通报高速公路管理机构,并向社会公告。影响车辆正常通行的情况消除后,公安机关高速公路交通管理机构应当及时开通高速公路,并向社会公告。

过往车辆在特长高速公路隧道内发生重大事故的,隧道管理者应当及时向公安机关高速公路交通管理机构报告;需要封闭隧道的,及时封闭隧道,并相应采取临时处置措施,利用高速公路沿线可变信息板等设施将信息告知过往车辆驾驶人。

第六章 法律责任

第四十九条 违反本条例第九条第一款规定,高速公路建设未执行国家规定的工程设计、施工、监理规范以及技术标准,影响工程质量的,由交通运输主管部门依照《建设工程质量管理条例》予以处罚。

第五十条 违反本条例第十七条第一款规定,高速公路建设项目未进行交工验收或者交工验收不合格,擅自交付使用的,由交通运输主管部门责令改正,处工程合同价款百分之二以上百分之四以下罚款。

第五十一条 违反本条例第十八条规定,高速公路经营管理者未按照国务院交通运输主管部门规定的技术规范和操作规程进行养护的,由省高速公路管理机构责令限期改正;拒不改正的,由省高速公路管理机构指定其他具有相应资质的单位进行养护,养护费用由原高速公路经营管理者承担。

第五十二条 违反本条例第二十八条规定,拒交、逃交车辆通行费的,高速公路经营管理者有权要求其补交应当交纳的车辆通行费;对为拒交、逃交车辆通行费而故意堵塞收费道口妨碍车辆正常通行的,高速公路管理机构可以将车辆强制停放至指定地点依法进行处理;对强行冲卡、破坏收费设施或者从事其他扰乱高速公路经营管理秩序活动,违反《中华人民共和国治安管理处罚法》的,由公安机关依法予以处罚。

第五十三条 违反本条例第三十条规定,高速公路服务区机动车维修经营者使用假冒伪劣配件维修机动车的，由道路运输管理机构责令改正，没收违法所得，处违法所得二倍以上十倍以下罚款；没有违法所得或者违法所得不足一万元的，处二万元以上五万元以下罚款。

第五十四条 违反本条例第三十九条第二款规定，在高速公路上上下乘客或者装卸货物的，由公安机关高速公路交通管理机构责令改正，处五百元以上二千元以下罚款。

第五十五条 违反本条例第四十四条第二款规定，机动车占用高速公路应急通道行驶或者在非紧急情况下停车的，由公安机关高速公路交通管理机构责令改正，处二百元罚款；造成高速公路堵塞，阻碍执行紧急任务的车辆通行的，处二百元以上五百元以下罚款。

第五十六条 违反本条例规定，有关行政主管部门及其工作人员滥用职权、玩忽职守、徇私舞弊的，依法给予处分；触犯刑法构成犯罪的，依法追究刑事责任。

第五十七条 违反本条例规定，造成高速公路或者他人损害的，应当依法承担赔偿责任。

第七章 附 则

第五十八条 本条例中下列用语的含义：

（一）高速公路附属设施是指为保护、养护高速公路和保障高速公路畅通所设置的公路防护、排水、养护、绿化、管理、通讯、收费、监控、服务等设施、设备，以及专用建筑物和构筑物等；

（二）高速公路经营管理者是指合法取得收费公路权益的经济组织，包括不以营利为目的的管理政府还贷公路的法人组织；

（三）高速公路用地是指高速公路（含匝道）两侧边缘以外已经依法征收的土地。

第五十九条 本条例自2011年10月1日起施行。

吉林省公路条例

吉林省第十一届人民代表大会常务委员会

公告第57号　2011.11.23

第一章　总　　则

第一条　为了加强公路的建设和管理,促进公路事业的发展,保障公路的完好、安全和畅通,适应经济社会发展的需要,根据《中华人民共和国公路法》、《公路安全保护条例》和有关法律、行政法规,结合本省实际,制定本条例。

第二条　在本省行政区域内,从事公路的规划、建设、养护、路政管理和监督,以及其他与公路有关的活动,均须遵守本条例。

第三条　本条例所称公路包括国道、省道、县道、乡道和村道。

第四条　公路发展应当遵循全面规划、合理布局、确保质量、保障畅通、保护环境、建设改造与养护管理并重的原则。

第五条　省人民政府交通运输主管部门主管全省的公路管理工作。省公路管理机构负责国道、省道的建设、养护和路政管理。

县级人民政府负责县道建设和养护,可以根据实际情况决定乡道、村道的建设和养护。县级公路管理机构负责县道、乡道、村道的路政管理工作。乡级人民政府可以根据县级公路管理机构委托设立专职人员负责乡道、村道的路政管理工作。

县级以上人民政府发展和改革、公安、财政、规划、建设、国土资源、铁路、林业、水利、环境保护、工商行政管理、档案、地震等有关部门,按照各自职责,依法负责公路的相关工作。

第六条　任何单位和个人均有权依法使用、利用公路及其设施,有权检举、控告、依法制止违反公路法律、法规的行为。

县级以上人民政府及其交通运输主管部门对公路的建设、养护和路政管理做出突出贡献的单位和个人,应当给予表彰、奖励。

第二章　公 路 规 划

第七条　公路规划应当根据国民经济和社会发展以及国防建设等需要编制,与城乡规划和其他方式的交通运输发展规划相协调。

第八条　编制国民经济和社会发展规划、城乡规划、土地利用总体规划,涉及公路规划的内容,应当征求同级交通运输主管部门的意见。

第九条　编制公路规划应当经过专家论证,按照国家和省有关规定征求有关部门的意见,并向社会公众征求意见。

公路规划批准后,应当及时向社会公布。但是涉及国防的内容除外。

第十条　县级人民政府交通运输主管部门应当协助乡级人民政府编制乡道、村道规划。乡道、村道规划应当与乡(镇)、村庄规划相衔接。

第十一条　实施公路规划应当遵循先重点、后一般的原则,优先安排具有重大经济、社会、国防意义以及交通闭塞、急需畅通地区的公路建设项目。

第十二条　公路在公路网中的等级与实际作用明显不相适应时,由原规划编制机关提出变更申请,按照国家规定的程序变更。

第十三条　县级以上人民政府交通运输主管部门,应当统筹规划现有公路的客货运站点、服务区、加油站、标志牌等附属设施的设置,并在危险路段设置警示标志,提高公路的服务功能。

新建公路设置客货运站点、服务区、加油站、标志牌等附属设施应当征求相关部门和社会公众意见,与公路同时规划、同时设计、同时建设。

第三章　公路建设

第十四条　公路建设应当按照保护耕地、林地和湿地，节约用地的原则，充分利用现有道路，依法保护环境、保护文物古迹，防止水土流失。

第十五条　公路建设应当按照国家规定的基本建设程序、建设工程有关规定和技术规范进行。公路建设实行项目法人负责制度、工程招标投标制度、工程监理制度和工程质量责任追究等制度。

公路建设、勘察设计、施工和监理单位应当依法对公路工程质量负责。

各级人民政府应当将公路建设质量纳入绩效管理考评工作。县级以上人民政府交通运输主管部门应当监督公路建设项目执行基本建设程序，建立公路建设项目公示制度，接受社会公众监督。

第十六条　县级人民政府交通运输主管部门和乡级人民政府，可以聘请技术人员和村民代表参与县道、乡道和村道建设质量的监督。

第十七条　公路建设用地由县级以上人民政府提供，涉及的征地、补偿、安置工作，由公路沿线县级以上人民政府负责。公路建设用地的土地补偿费、安置补助费、森林植被恢复费、地上附着物和青苗补偿费等费用标准，按照国家和省有关规定执行。

自县级以上人民政府发出拟征地通知书之日起，当地人民政府及其有关部门，在拟建公路的建筑控制区内不得再批准建设建筑物、构筑物。

第十八条　县级以上人民政府应当确定公路两侧边沟（截水沟、坡脚护坡道）外缘起不少于一米的公路用地。

划定公路用地，公路建设单位应当依法办理用地审批手续。

第十九条　新建公路时，公路和相关行业的地下管线及相关设施，应当同时规划、同时设计，并按照先地下、后地上的施工原则,进行建设。

第二十条 必要的公路附属设施应当按照国家和省的规划、标准、技术规范,与公路同时设计、同时建设、同时验收。

县级以上人民政府交通运输主管部门应当按照国家标准设置交通标志、标线,并保证交通标志、标线完好、清晰。

第二十一条 县级以上人民政府交通运输主管部门应当加强公路工程造价管理,公路工程造价管理机构应当依法履行职责,合理确定工程造价。

第二十二条 公路建设单位应当按照档案管理有关规定,及时收集、整理、保存工程资料,建立健全工程档案。

第二十三条 因城镇发展需要将公路改为城镇道路时,由交通运输主管部门和市政主管部门提出意见后,按照公路规划和城乡规划的审批程序审批。

第二十四条 因改线等原因停用的公路路段,由公路管理机构设置禁止使用标志,并依法处理。

第四章 公路养护

第二十五条 非经营性公路养护由公路管理机构自行组织养护,也可以委托他人代为养护,其中大中修和改建工程养护应当按照交通运输主管部门有关规定进行招标。

经营性公路养护方式由公路经营企业自行确定。

第二十六条 公路养护作业单位应当具备下列资质条件:

(一)有一定数量的符合要求的技术人员;

(二)有与公路养护作业相适应的技术设备;

(三)有与公路养护作业相适应的作业经历;

(四)符合国务院交通运输主管部门规定的其他条件。

第二十七条 乡级人民政府可以采取建立群众性和专业性养护相结合的方式,对乡道、村道进行养护。

第二十八条 公路管理机构、公路经营企业应当按照国家和省有关技术规范和操作规程养护公路及其附属设施,及时清除路面积雪,保证公路及其附属设施经常处于良好的技术状态。

第二十九条 乡级以上公路养护计划由公路管理机构、公路经营企业按照公路的等级、里程、路况、养护定额及养护规范编制,报交通运输主管部门审查。使用财政资金养护的,应当由交通运输主管部门会同财政部门审查。

第三十条 公路管理机构应当统筹安排公路养护工程施工,科学确定养护计划,避免由于同一线路或者相邻线路集中施工,造成区域路段交通堵塞。对于重要交通路段,应当集中力量尽快修复,确保畅通。

第三十一条 在省或者设区的市交界区域进行公路养护作业,可能造成交通堵塞的,有关公路管理机构、公安机关交通管理部门应当事先书面通报相邻的省或者设区的市公路管理机构、公安机关交通管理部门,共同制定疏导预案,确定分流线路。

第三十二条 公路管理机构、公路经营企业应当设立养护公告牌,公示养护单位、养护作业单位的名称、养护路段、养护类别和联系方式。

第三十三条 进行公路养护施工,作业单位应当按照技术规范和有关规定,在规定位置设置交通安全设施与警示标志,隔离车流、人流与工作区;必要时,应当安排专人引导车辆、行人通过。

第三十四条 任何单位和个人不得擅自移动公路养护施工安全警示标志和防护设施。非施工作业人员不得进入公路施工作业区域。

第三十五条 进行公路养护施工时,作业人员应当穿着统一的安全标志服装,养护作业的车辆、机械设备应当设置明显的作业标志,开启危险报警闪光灯。在不影响过往车辆通行的前提下,养护作业车辆行驶方向、路线不受交通标志、标线限制,过往车辆应当避让。

第三十六条 养护公路临时使用的作业用地以及所需要的砂石、土料、用水,由县级和乡级人民政府负责落实,养护作业单位应当依法办理相关手续。

第三十七条 公路管理机构、公路经营企业应当按照国家和省的公路规划和技术规范，逐步完善和维护公路的机电、监控、收费、信息系统，使其保持良好的技术状态。

第三十八条 公路管理机构、公路经营企业应当按照国家和省的有关规定对公路实施绿化，公路路肩、边坡和公路用地上的植被影响通行安全时，应当及时修剪，需要采伐时，应当依法办理审批手续，并按规定更新补种。

第三十九条 公路管理机构、公路经营企业应当按照国家和省规定的标准，定期检测公路桥梁。公路养护作业单位发现公路桥梁存在安全隐患的，应当及时维修和加固，同时通知同级公安机关交通管理部门、公路管理机构以及河道管理部门，根据实际情况采取限速行驶、单向行驶或者封闭绕行等措施，并按照养护技术规范要求，在作业区的起点和终点设置交通安全设施和警示标志，确保行车安全和畅通。其中影响船舶航行安全的，应当及时通知海事机构，采取设置警示标志、发布航行通(警)告、实施航行管制等措施，保证航行安全。

在公路桥梁下通过的船舶和漂浮物，可能危及公路桥梁安全的，公路管理机构应当进行监控，及时排除安全隐患。

第四十条 县级以上人民政府应当建立公路抢险应急制度并制定应急预案。各级公路管理机构应当组建应急抢险队伍，完善应急物资储备、调配体系，确保在恶劣天气、地质灾害、突发事件等紧急情况发生时的抢修救援需要。

第四十一条 公路管理机构、公路经营企业应当按照省人民政府交通运输主管部门的规定巡查公路，并作巡查记录。

公路管理机构、公路经营企业接到举报或者在巡查中发现损坏公路及其设施和影响公路正常使用的行为，应当制止。

公路管理机构、公路经营企业对损坏的公路及其设施，应当及时修复。对不能正常使用的公路，应当按照养护技术规范要求，在养护作业区的起点和终点设置警示标志，及时采取措施，方便车辆通行。

第五章　路政管理

第四十二条　公路建筑控制区的范围,从公路用地外缘起向外的距离标准为:

(一)国道不少于二十米;

(二)省道不少十五米;

(三)县道不少于十米;

(四)乡道不少于五米;

(五)村道不少于二米。

第四十三条　除公路防护、养护需要外,禁止在公路建筑控制区内修建永久性建筑物和构筑物;需要建设临时性建筑物和构筑物的,必须事先征得有关公路管理机构同意,并依法办理相关手续。

在公路建筑控制区内先于公路建成的永久性建筑物和构筑物,不得扩建。

公路建筑控制区内建设临时性建筑物、构筑物和堆放物品,在公路拓宽、改造需要拆除或者搬迁时,应当无条件拆除或者搬迁。

第四十四条　新建村镇、开发区、学校、住宅区、娱乐场所、商业街以及农贸市场等建筑群或者货物集散地尽可能在公路一侧进行。

确因自然环境、地理位置等原因不能按照本条前款规定建设的,应当按照交通运输主管部门和建设主管部门的要求,修建必要的隔离和跨越、穿越公路的设施。

第四十五条　在下列范围内禁止从事采矿、采石、取土、爆破作业等危及公路及其设施安全的活动:

(一)国道、省道、县道的公路用地外缘起向外一百米,乡道、村道的公路用地外缘起向外五十米;

(二)公路渡口和中型以上公路桥梁周围二百米;

（三）公路隧道上方和洞口外一百米。

第四十六条 拟建设铁路、河道、渡槽、管（杆）线等设施，需要跨越、穿越现有公路或者在建公路时，应当事先征求交通运输主管部门的意见。交通运输主管部门发现拟建设施的设计和施工方案不符合技术要求的，应当提出修改意见，建设单位应当采纳。

第四十七条 建设工程施工，确需占用、挖掘、跨越、穿越公路、公路用地及公路建筑控制区的，应当遵守下列规定：

（一）与公路管理机构协商一致，涉及交通安全的，还须征得公安机关交通管理部门同意；

（二）拟建设施与公路建设规划和计划相协调，符合公路工程技术标准和规范，不妨碍安全通行视距，不遮挡公路标志、信号灯；

（三）新建跨越公路电讯、广播、电力线路时，导线距离路面的垂直高度不低于七米；

（四）按照批准的施工方案施工，确保施工安全。

在公路、公路用地、公路建筑控制区范围内设置非公路设施的，应当按省有关规定缴纳公路占用费。

第四十八条 根据《公路安全保护条例》规定扣留车辆时，违法行为人拒不配合的，公路管理机构可以先行采用技术性措施限制车辆行驶。

第四十九条 公路、公路用地及公路建筑控制区范围内的非公路设施，由其产权人或者管理人负责维护和管理。

公路管理机构发现非公路设施损坏，影响公路安全畅通的，应当通知其产权人或者管理人处理；危及公路正常使用的，可以采取临时安全措施，并通知其产权人或者管理人限期修复、处理；逾期未予修复、处理的或者设施的产权人、管理人难以找到的，公路管理机构应当采取修复、拆除、清除等消除危险的措施，费用由其产权人或者管理人承担。

第五十条 在公路用地和公路建筑控制区内，提供加油、维修、餐饮、购物、休息、广告经营服务的单位和个人，应当遵守公路经营服务规范。

第五十一条 公路管理机构对涉嫌违反公路法律法规的行为,应当及时检查,就地处理;不能就地处理的,应当就近处理。

第六章 资金保障

第五十二条 县级以上人民政府应当根据当年公路建设任务及养护和管理需要,将公路建设、养护和管理资金纳入本级财政预算。

第五十三条 县级以上人民政府可以通过出让县道、乡道、村道的冠名权、绿化经营权、广告经营权、路边资源开发经营权等方式筹集社会资金,用于县道、乡道、村道的建设、养护。

第五十四条 非经营性公路的养护资金,由财政部门按照审定的公路养护计划及时足额拨付。经营性公路的养护资金,除省另有规定外,由管理机构按照交通运输主管部门审定的公路养护计划,在银行开设专户预留,用于公路养护。交通运输主管部门负责养护资金支出的监督。

第五十五条 路产赔偿费、公路占用费应当用于公路路产的养护和管理。

第五十六条 公路建设、养护资金,应当专款专用,任何单位和个人不得截留、挤占和挪用,并接受审计、财政部门的监督检查。

第七章 监督管理

第五十七条 县级以上人民政府交通运输主管部门、公路管理机构应当加强公路管理行政执法队伍建设,完善执法工作制度,监督执法工作,依法查处违法行为。

第五十八条 县级以上人民政府交通运输主管部门及其公路管理机构应当收集公路上的交通流量、养护作业、交通阻断等与公路运行有关的信息,按照国家和省的规定,及时公布公路运行信息。

第五十九条　县级以上人民政府交通运输主管部门及其公路管理机构应当按照国家和省的有关规定，对涉嫌超过规定限制标准的车辆进行检查。

第六十条　县级以上人民政府交通运输主管部门及其公路管理机构应当在办公场所和相关网站，公示公路管理工作的执法主体、执法依据、执法程序、监督办法等，自觉接受社会公众的监督。

交通行政执法人员在执法过程中应当统一着装，办公场所应当统一执法标识和外观形象。

第六十一条　社会公众对交通运输主管部门、公路管理机构及其监督检查人员的违法违纪行为有权检举、控告，有关部门应当依据职责及时查处。

第六十二条　实施公路建设时，在征地完成后，公路管理机构可以按照建成后的公路行使行政管理权。

第八章　法律责任

第六十三条　违反本条例第二十八条规定，公路养护作业单位未按照国家规定的技术规范和操作规程进行公路养护作业的，由公路管理机构责令改正，处以一万元以上三万元以下罚款；拒不改正的，处以三万元以上五万元以下罚款，并吊销其资质证书。

第六十四条　违反本条例第四十一条第一款规定，公路管理机构、公路经营企业未按规定巡查公路、制作巡查记录的，由交通运输主管部门责令改正。

第六十五条　违反本条例第四十三条规定，在公路建筑控制区内修建建筑物、地面构筑物的，由公路管理机构责令限期拆除，可以处以一万元以上三万元以下罚款；逾期不拆除的，可以处以三万元以上五万元以下罚款，并由公路管理机构拆除，拆除费用由建筑者、构筑者承担。

第六十六条　有下列违法行为之一的，由公路管理机构责令停止违法行为，限期改正，可以处以五千元以下罚款；对情节严重

的,可以处以五千元以上三万元以下罚款:

(一)违反本条例第三十四条规定,擅自移动公路养护施工安全警示标志和防护设施,可能危及公路安全的;

(二)违反本条例第四十五条规定,在禁止范围内从事危及公路安全活动的;

(三)违反本条例第四十七条第一项规定,未经批准擅自占用、挖掘、跨越、穿越公路、公路用地、公路建筑控制区的;

(四)违反本条例第四十七条第二项规定,拟建设施不符合公路工程技术标准和规范,妨碍安全通行视距或者遮挡公路标志、信号灯的;

(五)违反本条例第四十七条第三项规定,新建跨越公路电讯、广播、电力线路时,导线距离路面的垂直高度不符合要求的;

(六)违反本条例第四十七条第四项规定,未按照批准的施工方案施工的。

第六十七条 因超限运输造成公路损害的,应当依法缴纳路产赔偿费。赔偿标准由省交通运输主管部门征求同级物价、财政部门意见后制定。超限运输的单位和个人不能提供有效证据证明其车辆行驶公路里程的,按照发现其违法行为的行驶路线在本省内的最大行驶里程计算赔偿数额。如果能够确定实际损失的,按照实际损失赔偿。

第六十八条 未经许可超限行驶的车辆,公路管理机构应当责令其承运人自行卸载超限物品;拒不卸载的,不得驶离,并可以对其强制卸载。

第六十九条 公路管理机构、公路经营企业未按本条例规定履行巡查、维护、管理义务,或者其他组织、个人违反本条例,造成他人人身财产损失的,应当依法承担民事责任。

第七十条 对违反公路法律、法规的行为,交通运输主管部门、公路管理机构应当予以制止;危及公路安全、畅通的,可对危及公路安全、畅通的堆放物、散落物、建筑物和构筑物采取必要的强制清理、拆除、暂扣措施。

采取上述措施时,应当出具省人民政府交通运输主管部门统一制发的行政执法文书。暂扣的物品,应当妥善保管,并在当事人接受处理或者提供相应的经济担保后归还。

第七十一条 违反本条例规定,造成公路及其设施损害的,应当依法承担民事责任。公路管理机构与公路使用人、利用人之间因公路设施管理与使用、利用而产生的民事纠纷,由双方协商解决;协商不成的,应当通过仲裁或者民事诉讼解决。

第七十二条 县级以上人民政府交通运输主管部门及其公路管理机构、公路经营企业和其他有关部门的工作人员,在土地征收、招标投标、建设质量监管等公路管理工作中滥用职权、玩忽职守、徇私舞弊的,由其所在单位、上级机关或者有关主管部门依法给予行政处分;构成犯罪的,依法追究刑事责任。

第九章 附 则

第七十三条 本条例所称公路附属设施,是指公路、公路用地范围内为公路及通行车辆提供安全、通讯、检测、养护、机电、监控、收费、信息系统的设施;排水系统(边沟、截水沟、盲沟等)、桥梁附属设施、隧道附属设施;道班房、收费站、检测站、公路建设和养护料场、公路客货运站点、服务区、路线指示牌等设施。

第七十四条 本条例自 2012 年 1 月 1 日起施行。《吉林省公路管理条例》同时废止。

青海省农村公路养护与管理办法

青海省人民政府令第78号　2011.7.22

第一章　总　则

第一条　为加强农村公路养护与管理，实现有路必养，保障农村公路完好、安全、畅通，促进农村经济社会持续发展，根据《中华人民共和国公路法》和国家有关规定，结合本省实际，制定本办法。

第二条　本省行政区域内农村公路的养护与管理，适用本办法。

本办法所称农村公路，是指县道、乡道和村道。

县道、乡道、村道的命名和编号，由省交通主管部门按照国务院交通主管部门的有关规定确定。

第三条　农村公路养护与管理遵循统筹规划、分级负责、以县为主、乡（镇）村配合、依法管理、保障畅通的原则。

第四条　农村公路、公路用地及其附属设施受法律保护。任何单位和个人不得损坏或者侵占，不得妨碍养护施工作业。

公民和组织有权检举和控告损坏或者侵占农村公路、公路用地、附属设施和其他影响农村公路安全的行为。

第二章　养护管理职责

第五条　省、州（地、市）人民政府应当加强对农村公路养护与管理工作的领导。

省交通主管部门主管全省农村公路的养护与管理,其所属的公路管理机构具体负责监督指导全省农村公路养护与管理工作。州(地、市)交通主管部门监督负责本行政区域内农村公路养护与管理工作。

县级以上人民政府发展改革、财政、国土资源、公安、住房城乡建设、水利、农牧、林业、环保等部门按照各自职责,做好农村公路养护与管理的相关工作。

第六条 县级人民政府是本行政区域内农村公路养护与管理的责任主体,应当建立健全农村公路养护与管理体系。组织领导有关部门和乡(镇)人民政府做好农村公路养护与管理工作。

乡(镇)人民政府在县人民政府的领导下,负责行政区域内乡道、村道的日常养护与管理工作。

第七条 县级交通主管部门具体负责本行政区域内农村公路的养护与管理工作,履行下列职责:

(一)负责编制和监督实施农村公路养护计划;

(二)负责管理使用农村公路养护资金,并向社会公示;

(三)监督检查、考核农村公路养护质量;

(四)指导乡(镇)人民政府养护乡道、村道;

(五)建立农村公路养护基础数据档案;

(六)负责辖区内农村公路路政管理工作。

第八条 村(牧)民委员会在乡(镇)人民政府的指导下,按照村民自愿、民主决策的原则,组织农牧民做好本村村内道路的养护与管理。

第三章 养护资金

第九条 县级以上人民政府应当建立以政府投入为主的稳定的养护资金筹集、拨付机制,将农村公路养护资金纳入本级财政预算,并根据财政收入的增长和农村公路事业发展的需要,逐步增加农村公路养护资金。

鼓励社会各界投资支持参与农村公路养护。

第十条 县级交通主管部门应当根据本行政区域农村公路基础数据、路况等情况，编制年度农村公路养护计划，并逐级上报省交通主管部门。

省交通主管部门负责审核批准各地区年度农村公路养护计划，会同省财政部门根据各地区年度农村公路养护计划，按照确定的比例统筹安排农村公路养护补助资金。

省交通主管部门应当建立健全全省农村公路养护数据库。

第十一条 国家和省财政补助的农村公路养护资金，根据年度农村公路养护计划，按有关规定及时、足额拨付。

州(地、市)、县两级人民政府按规定比例筹集的农村公路养护资金，由财政部门会同同级交通主管部门根据年度农村公路养护计划，按有关规定及时、足额拨付。

第十二条 农村公路养护资金实行专款专用，任何单位和个人不得截留、挤占或者挪用。

县级交通主管部门应当建立养护资金管理使用制度，提高资金使用效率，向沿线群众公示养护资金补助标准，并将年度资金使用情况逐级报省交通主管部门备案。

财政、审计和监察部门应当对农村公路养护资金使用情况进行监督检查。

第四章　农村公路养护

第十三条 农村公路应当按照国家、省公路养护技术规范和操作规程进行养护，保持路基边坡稳定，路面平整，路肩整洁，排水畅通，桥涵构造物完好。

第十四条 农村公路大中修养护和次高级以上路面及桥梁等技术性较强的养护工程，由县级交通主管部门按照路段或者区域，通过招投标等方式择优选择专业养护单位。

第十五条 县道由县级交通主管部门组织专业养护单位养

护，并签订养护合同；乡道由乡（镇）人民政府通过聘用、委托、承包等方式，组织沿线农牧民分段进行日常养护，并签订养护合同；村道由村（牧）民委员会通过一事一议组织农牧民采用分段承包养护、群众集中养护等方式进行日常养护；村内道路由村（牧）民委员会通过一事一议确定符合当地实际的方式组织农牧民养护。养护工作成绩突出的，由县级人民政府给予奖补。

农村公路沿线的单位和个人应当支持配合农村公路养护。

第十六条 县级交通主管部门对从事公路养护的农牧民进行技术培训，并对农村公路养护给予技术指导。

乡道、村道沿线的乡（镇）人民政府指导村（牧）民委员会组织农牧民对农村公路状况进行巡查，发现公路坍塌、坑槽、隆起等损毁的，应当及时向乡（镇）人民政府或者县级交通主管部门报告。

第十七条 农村公路养护作业时，应当遵守下列安全规定：

（一）在作业区间或者施工路段两端设置明显的警示标志；

（二）专业养护作业人员应当穿着安全标志服；

（三）养护作业车辆、机械设备应当设置明显的作业标志；

（四）在夜间或者恶劣天气下作业的，现场应当设置醒目警示信号；

（五）养护作业完毕后，应当及时清理遗留物。

第十八条 农村公路养护作业期间，应当保障车辆通行的基本条件和安全，不得因养护作业随意中断交通。

因养护作业确需中断交通的，应会同公安机关交通管理部门提前向社会公告，并按规定设置绕行标志。

第十九条 州（地、市）、县级交通主管部门应当制定农村公路抢修应急预案。因泥石流、积雪、淤冰、水毁等严重自然灾害致使农村公路中断或者严重损坏时，及时报请当地人民政府，按预案组织抢修，尽快恢复交通。短期内不能修复的，应当修建临时便道或者指明绕行线路。

县道、乡道中断时，县级交通主管部门应当及时报告县人民政府和上级交通主管部门。

第二十条　县级交通主管部门、乡（镇）人民政府应当加强对农村公路交通标志、标牌等设施的维护和管理。在桥梁、隧道、急弯、陡坡或者容易发生危险的路段，按规定设置明显的交通标志和安全防护设施。

第二十一条　县、乡（镇）人民政府应当统筹解决农村公路养护所需挖砂、采石、取土、取水的料场及作业用地，村（牧）民委员会应当给予支持和协助。

第二十二条　县级交通主管部门、乡（镇）人民政府应当按照绿化规划和公路养护技术规范的要求，按照"宜林则林，宜草则草"的原则，因地制宜，做好农村公路绿化美化工作。

养护农村公路时应当遵守有关法律、法规，加强对农村公路沿线生态环境的保护，防治水土流失。

第五章　路政管理

第二十三条　县级交通主管部门应当按照当地实际，制定公路巡查制度，并组织路政执法人员定期进行路况巡查，如实填写巡查记录，及时查处破坏、损坏或者非法占用公路、公路用地及公路附属设施和影响公路安全的行为。

第二十四条　农村公路两侧建筑控制区的范围：县道不少于10米、乡道不少于5米、村道不少于1.5米。

第二十五条　任何单位和个人不得擅自占用和挖掘农村公路。

确需占用、挖掘农村公路的，建设单位或者个人应事先征得县级交通主管部门的同意，影响交通安全的，须征得公安交通管理机关批准；确需占用、挖掘村道的，还应当事先征得村（牧）民委员会的同意。

占用、挖掘农村公路的建设单位或者个人应当按照不低于原有公路技术标准予以修复、改建或者给予补偿。

第二十六条　任何单位和个人不得在农村公路及农村公路用

地范围进行下列行为：

（一）打场晒粮、放养牲畜；

（二）摆摊设点；

（三）挖沟引水、取土、漫路灌溉；

（四）倾倒垃圾、撒漏污物；

（五）堆放物料、设置其他障碍物。

第二十七条 超限运输车辆不得在农村公路上行驶。超长、超高、超宽的运输车辆，确需行驶农村公路时，必须经县级交通主管部门批准，并按照要求采取有效的防护措施；影响交通安全的，还应当经同级公安机关交通管理部门批准。

第六章 法律责任

第二十八条 违本办法第二十六条规定损坏、影响县道、乡道安全畅通的，由县级交通主管部门责令改正；拒不改正的，按下列规定予以处罚：

（一）违反第一项、第二项规定的，处以五十元罚款；

（二）违反第三项规定的，处以二百元以上一千元以下的罚款；

（三）违反第四项、第五项规定的，处以五十元以上二百元以下的罚款。

违反本办法第二十六条规定损坏、影响村道安全畅通的，村（牧）民委员应责令当事人停止违法行为，恢复原状；拒不停止违法行为的，村（牧）民委员会应当及时报告乡（镇）人民政府，由县级交通主管部门依照前款规定处理。

第二十九条 县、乡（镇）人民政府和县级以上交通主管部门及其公路管理机构有下列行为之一的，由其上级人民政府或者交通主管部门责令改正；对直接负责的主管人员和其他直接责任人员依法给予行政处分；构成犯罪的，依法追究刑事责任：

（一）未依法履行农村公路养护职责的；

(二)未按规定比例筹集拨付农村公路养护资金的;

(三)侵占、挪用、截留养护资金的;

(四)其他玩忽职守、徇私舞弊、滥用职权的行为。

第三十条 养护作业单位违反本办法规定,有下列行为之一的,由交通主管部门依法予以警告,情节严重的,处以二百元以上二千元以下的罚款:

(一)违反养护技术规范和操作规程的;

(二)在养护作业区域未设置明显的警示标志的;

(三)随意中断交通的;

(四)未及时收集、清理养护废弃物,损害农村公路沿线生态环境的。

第三十一条 阻碍农村公路养护施工作业,或者殴打管理养护人员造成人身伤害的,由公安机关依照《中华人民共和国治安管理处罚法》的规定给予处罚;构成犯罪的,依法追究刑事责任。

第七章 附 则

第三十二条 本办法所称县道是指县级人民政府所在地连接所辖行政区域内乡(镇)人民政府所在地、主要商品生产和集散地的公路,以及不属于国道、省道的县际间的主要公路。

乡道是指不属于县道以上的乡(镇)与乡(镇)之间及乡(镇)与外部连接的公路。

村道是指不属于乡道以上公路的建制村与建制村之间以及建制村与外部连接的公路。

第三十三条 本办法应用中的具体问题由省交通主管部门负责解释。

第三十四条 本办法自 2011 年 8 月 22 日起施行。

山西省水路交通管理条例

山西省第十一届人民代表大会常务委员会
第二十四次会议通过　2011.7.28

第一章　总　则

第一条　为加强水路交通管理，维护水路交通秩序，保障水路运输安全，促进水路交通事业发展，根据有关法律、法规，结合本省实际，制定本条例。

第二条　本条例适用于本省行政区域内水路交通及其管理活动。

第三条　各级人民政府应当加强对水路交通管理工作的领导，建立健全水上交通安全管理制度，落实水上交通安全管理责任。

第四条　省、设区的市及有关县（市、区）人民政府应当将水路交通事业纳入国民经济和社会发展规划，将水路交通管理经费列入本级财政预算。

第五条　县级以上人民政府交通运输主管部门主管本行政区域内水路交通工作，其所属的航运管理机构具体负责港口、渡口、航道、水路运输管理工作；海事管埋机构具体负责船舶、浮动设施的检验与水上交通安全监督管理工作。

县级以上人民政府其他有关部门应当按照各自职责，做好水路交通管理相关工作。

第二章　水 路 运 输

第六条　水路运输经营实行行政许可制度。任何单位和个人未经许可不得从事水路运输经营活动。

第七条 单船载客十二人以下的客船运输经营，应当取得企业法人资格并具备下列条件：

（一）有与经营活动相适应的组织机构、生产经营管理制度、安全生产制度和应急救援预案；

（二）安全生产管理人员应当持有船员适任证书，并与企业签订一年以上全日制劳动合同；

（三）总运力达到二十四客位以上；

（四）办理旅客意外伤害强制险等国家规定的险种；

（五）有船舶停靠、乘客上下船所必需的安全设施；

（六）国家和省规定的其他条件。

单船载客超过十二人的客船运输经营，应当符合国家有关规定。

第八条 申请单船载客十二人以下水路运输经营许可的企业，应当向设区的市航运管理机构提交下列材料：

（一）申请书；

（二）可行性研究报告；

（三）企业法人、营业执照副本及其复印件；

（四）船舶检验证书、船舶所有权登记证书、船舶国籍证书；

（五）安全生产管理人员身份证、船员适任证书、劳动合同；

（六）组织机构设置、生产经营管理制度、安全生产制度和应急救援预案；

（七）旅客意外伤害强制险证明文件；

（八）船舶停靠、旅客上下船所必需的安全设施的证明文件。

设区的市航运管理机构应当自受理申请之日起二十日内进行审核，对符合本条例第七条规定条件的，作出许可决定并且颁发水路运输许可证、船舶营业运输证；不符合条件的，书面向申请人说明理由。

第九条 水路运输经营者应当按照经营资质条件开展经营活动，并保持经营资质条件。

船舶营运时,应当随船携带船舶营业运输证。

第十条 水路运输经营者要求停业或者歇业的,应当向许可机关提出申请,并办理相关手续。

第三章 船舶、浮动设施与船员

第十一条 船舶、浮动设施所有人应当持所有权的证明文件和技术资料,到设区的市海事管理机构依法进行登记,但长度小于五米的非机动船除外。

船舶、浮动设施登记事项发生变更时,其所有人应当持登记的有关证明文件和变更证明文件,到登记机构办理变更登记。

船舶、浮动设施灭失、失踪的,其所有人应当到登记机构办理注销登记。

第十二条 依法登记或者即将登记的船舶、浮动设施的当事人应当按照国家和省有关规定向海事管理机构申请检验。

第十三条 长度小于五米的机动船和电瓶船申请检验的,应当向海事管理机构提出申请,并提交下列材料:

(一)检验申请书;

(二)船舶出厂合格证或者质量证明书。

海事管理机构应当自受理申请之日起二十日内进行检验,检验合格的,向申请人颁发船舶检验证书;经检验不合格的,书面向申请人说明理由。

第十四条 长度小于五米的非机动船舶、水上摩托艇所有人应当持购船发票和合格证到经营地县(市、区)海事管理机构备案。

备案船舶发生转籍、注销、租赁和抵押的应当到备案机关重新办理备案手续。

第十五条 水上摩托艇应当在海事管理机构划定的专门水域进行活动。

第十六条 船员、水上摩托艇驾驶人员应当经有资质的培训机构进行安全和技能培训,依法取得有效证书,方可驾驶签注范围内的船舶或者水上摩托艇。

禁止未取得适任证书或者其他适任证件的船员上岗。

第四章 港口、渡口与航道

第十七条 港口、航道及其设施的建设应当依法办理有关审批手续。用于环境保护和安全生产的设施应当与主体工程同时设计、施工和投入使用。

第十八条 公益性渡口和经营性渡口的设置、撤销,分别由渡口所在地乡(镇)人民政府或者渡口经营者向县(市、区)人民政府交通运输主管部门提出申请,由渡口所在地县(市、区)人民政府审批。

禁止任何单位和个人擅自设置、撤销渡口。

第十九条 公益性渡口的建设、养护和管理由渡口所在地县(市、区)人民政府负责;经营性渡口的建设、养护和管理由经营者负责。

渡口的管理者或者经营者应当在渡口设置明显标志并保持标志完好。

禁止任何单位和个人擅自移动、损毁渡口安全设施及其标志。

第二十条 禁止在港口、渡口、航道水域内从事下列活动:

(一)养殖、种植;

(二)排放超过国家标准的有毒、有害物质;

(三)倾倒泥土、砂石、废弃物;

(四)法律法规禁止的其他活动。

第二十一条 未经批准,任何单位和个人不得擅自在通航水域内挖砂、取石、堆存材料、设置永久性固定设施。

第二十二条 航运管理机构应当加强航道及其设施的监测、养护,保障航道的安全、畅通。

航运管理机构组织实施勘测、疏浚、抛泥、吹填、清障以及维修航道和设置航标等施工作业，任何单位和个人不得非法阻挠、干涉或者索取费用。

第五章　应急与安全

第二十三条　省、设区的市、有关县（市、区）人民政府应当加强水上应急救援工作的领导，根据本地实际，建立应急救援体系，组织制定水上应急救援预案，保障应急救援经费。

第二十四条　省人民政府应当建立水上应急救援指挥机构。

重点水域所在地设区的市人民政府应当建立水上应急救援队伍，并配备相应的装备、器材，提高水上应急救援能力。

重点水域的范围由省人民政府确定。

第二十五条　水上应急救援预案应当包括下列内容：

（一）应急救援组织指挥机构与职责；

（二）预防与预警机制；

（三）应急救援响应；

（四）后期处置；

（五）应急救援保障。

水上应急救援预案应当抄送上一级人民政府交通运输主管部门、安全生产监督管理部门。

第二十六条　乡（镇）人民政府负责本辖区内农村生产、生活使用船舶及渡口的安全管理工作，明确水上交通安全管理人员，落实安全管理责任，接受县级以上海事管理机构的监督检查和业务指导。

乡（镇）人民政府与村民委员会、村民委员会与船舶所有人应当分别签订安全管理责任书，明确各自的安全责任。

第二十七条　在河流、湖泊、水库等通航水域从事水上旅游、经营性漂流、水上体育运动以及群众性活动，其组织者、经营者应当依法办理审批手续，落实安全责任。

第二十八条　船舶和浮动设施的所有人或者经营人对其水路运输或者其他经营活动承担安全生产责任，建立安全生产责任制和安全应急救援预案，保证必需的安全投入，配备必要的安全救护、救生设备，并对其所属的管理人员、船员、水手及其他从业人员进行安全培训。

第二十九条　有下列情形之一的，禁止船舶航行：

（一）超载运输旅客或者超载、超限运输货物的；

（二）跨航线作业的；

（三）遇洪水、冰雪或者大风、大雨、大雾等恶劣天气不适航的；

（四）乘客与大牲畜、危险货物混载以及装载不当影响安全的；

（五）酒后驾船的；

（六）船舶的救生设备不齐全的；

（七）法律法规禁止的其他情形。

第三十条　船舶、浮动设施遇险时，船员及其他工作人员应当采取有效措施实施自救，并及时报告当地人民政府及海事管理机构。

县级以上人民政府接到报告后，应当根据预案响应级别启动应急救援预案，并对救助工作进行领导和协调。海事管理机构接到报告后，应当立即组织实施救援。

遇险现场和附近的船舶、船员，应当服从当地人民政府以及海事管理机构的统一调度指挥。

第三十一条　海事管理机构调查处理水上交通事故，当事人应当积极配合，未经海事管理机构同意，肇事船舶不得驶离指定的停泊地点。

水上交通事故的报告、调查和处理，按照国家和省有关规定执行。

第三十二条　用于海事、航运监督管理的执法车辆、船舶应当使用统一的标志、标识，配备示警灯。

第六章 法律责任

第三十三条 违反本条例规定,未经许可擅自从事水路运输经营活动的,由航运管理机构没收其违法所得,并处违法所得一倍以上二倍以下罚款;没有违法所得的,处三万元罚款。

第三十四条 违反本条例规定,船舶、浮动设施未经登记、检验航行或者作业的,由海事管理机构责令停止航行或者作业,限期登记、检验;拒不停止航行或者作业的,暂扣船舶、浮动设施;情节严重的,处五百元以上二千元以下罚款。

第三十五条 违反本条例规定,船员未取得适任证书或者其他适任证件上岗的,由海事管理机构责令其立即离岗,对直接责任人员处二千元以上五千元以下罚款,并对聘用单位处一万元以上二万元以下罚款。

第三十六条 违反本条例规定,擅自移动、损毁渡口安全设施或者标志的,由海事管理机构责令改正,并处五百元以上二千元以下罚款。

第三十七条 违反本条例规定,未经批准擅自在通航水域内挖砂、取石、堆存材料、设置永久性固定设施的,由海事管理机构责令改正;逾期不改正的,可以申请人民法院强制执行。

第三十八条 违反本条例规定,乡(镇)人民政府不履行船舶及渡口管理职责,造成安全事故的,对直接负责的主管人员和其他直接责任人员依法给予行政处分;构成犯罪的,依法追究刑事责任。

第三十九条 违反本条例规定,未经海事管理机构同意,肇事船舶驶离指定停泊地点的,由海事管理机构责令改正;拒不改正的,海事管理机构可以暂扣船舶及其相关器具,并处二千元以上五千元以下罚款。

第四十条 违反本条例规定,交通运输主管部门、海事、航运管理机构工作人员以及其他行政机关工作人员玩忽职守、滥用职权、徇私舞弊的，依法给予行政处分；构成犯罪的，依法追究刑事责任。

第七章　附　　则

第四十一条　本条例自2011年10月1日起施行。

上海市农村公路管理办法

上海市人民政府令第63号　2011.3.30

第一章　总　　则

第一条　（目的和依据）

为了加强本市农村公路管理，保障农村公路完好畅通，促进城乡经济社会发展一体化，根据《中华人民共和国公路法》、《上海市公路管理条例》和其他有关法律、法规的规定，结合本市实际，制定本办法。

第二条　（适用范围）

本市行政区域内农村公路及其附属设施的规划、建设、养护和管理，适用本办法。

第三条　（定义）

本办法所称农村公路，是指纳入本市公路规划并符合规定建设标准的乡道、村道，包括乡道、村道范围内的桥梁、隧道和涵洞。

乡道是指由乡（镇）人民政府组织建设，连接乡（镇）人民政府所在地与其所辖行政村之间、乡（镇）与乡（镇）之间以及乡（镇）与外部公路网之间的公路。

村道是指由村民委员会组织建设，连接行政村与行政村之间以及行政村与外部公路网之间的公路。

第四条（管理部门职责）

上海市建设交通行政管理部门是本市农村公路的主管部门，负责组织实施本办法；其所属的市公路管理机构负责全市农村公路的监督管理。

区(县)建设交通行政管理部门按照职责,负责本辖区内农村公路的管理;其所属的区(县)公路管理机构负责本辖区内农村公路的具体管理工作。

本市发展改革、规划国土、公安交通、交通港口和绿化市容等行政管理部门按照各自职责,协同实施本办法。

第五条 (乡镇政府和村民委员会的职责)

乡(镇)人民政府负责本辖区内乡道的建设工作;村民委员会在当地人民政府的指导下,按照村民自愿的原则,负责村道的建设工作。

乡(镇)人民政府和村民委员会应当配合区(县)公路管理机构做好农村公路的养护与路政管理工作。

第六条 (管理和宣传要求)

区(县)人民政府应当建立农村公路投入保障制度,优先补贴危桥改造以及与农民生产生活密切相关的农村公路建设。

区(县)公路管理机构和乡(镇)人民政府应当根据本辖区内农村公路实际情况,落实相应的管理机构、管理人员和装备。

市、区(县)建设交通行政管理部门和公路管理机构以及乡(镇)人民政府应当通过多种形式,宣传农村公路相关管理规定和养护知识,提高农民爱路、护路意识。

第七条 (资金监管)

市和区(县)建设交通行政管理部门应当会同有关部门建立农村公路建设和养护财政资金管理制度。农村公路建设和养护财政资金应当接受财政、审计部门的监督、检查。

乡(镇)人民政府应当将本乡(镇)农村公路建设财政资金使用情况向公路沿线乡(镇)、村进行政务公开。村民委员会应当将本村自筹的农村公路建设资金的使用情况,按照村务公开的要求进行公示。

第二章　规划和建设

第八条　（规划）

农村公路规划的制定应当贯彻保护耕地、节约用地、保护环境的原则，并与当地实际需要和经济条件相适应。

乡道规划由区（县）建设交通行政管理部门听取区（县）有关行政管理部门和有关乡（镇）人民政府的意见后组织编制，经区（县）人民政府和市建设交通行政管理部门初审后，报市人民政府批准。

村道规划由乡（镇）人民政府会同区（县）建设交通行政管理部门和规划管理部门组织编制，报区（县）人民政府批准后纳入村庄规划，并报市公路管理机构备案。

第九条　（征求意见）

组织编制乡道规划时，区（县）建设交通行政管理部门应当通过政府网站、新闻媒体等，将乡道规划草案征求社会公众意见。草案公示时间不得少于10日。

组织编制村道规划时，乡（镇）人民政府应当将村道规划草案征求沿线村村民的意见。草案在沿线村的村务公示栏中的公示时间不得少于10日。沿线村的村民委员会应当就村道规划草案召集村民会议或者村民代表会议进行讨论，并将意见汇总后提交给乡（镇）人民政府。

乡道规划和村道规划的组织编制机关应当会同有关部门对反馈意见进行研究，并及时将意见的处理情况予以回复。

第十条　（建设计划）

乡（镇）人民政府应当按照乡道规划，编制乡道建设计划，经法定程序批准后组织实施，并报区（县）建设交通行政管理部门备案。

村民委员会应当按照村道规划以及建设资金落实情况，编制村道建设计划，报区（县）建设交通行政管理部门备案。

跨区(县)或者跨乡(镇)的乡道、村道建设计划,分别由市建设交通行政管理部门或者区(县)建设交通行政管理部门负责协调。

区(县)建设交通行政管理部门应当将乡道、村道建设计划及其执行情况汇总后,报市建设交通行政管理部门备案。

第十一条 (农村公路用地)

农村公路建设使用土地,应当按照有关法律、法规、规章的规定办理审批手续。

农村集体土地复垦后,增加的耕地占补平衡指标优先满足村道建设计划确定的本村村道建设需要。

第十二条 (建设标准)

乡道的建设标准不得低于三级公路标准。受地形、地质等自然条件限制的路段,经区(县)公路管理机构组织论证后,可以在确保安全的前提下适当降低标准,但不得低于四级公路标准。

村道的建设标准不得低于四级公路标准。其中,通行公共交通车辆的村道建设标准不得低于双车道的四级公路标准。

农村公路应当按照国家和本市有关规定和标准,设置交通标志、标线、安全保障设施等交通安全设施。

第十三条 (建设资金)

乡道的建设资金以乡(镇)人民政府的财政资金为主,市和区(县)人民政府予以适当补贴。

村道的建设资金以村民委员会的自筹资金为主,市、区(县)和乡(镇)人民政府予以适当补贴。

鼓励通过其他合法渠道和方式筹集农村公路建设资金。

第十四条 (建设管理)

农村公路应当按照有关法律、法规、规章以及技术标准、规范进行建设。区(县)公路管理机构应当对农村公路的建设质量安全实施监督管理。

属于同一乡(镇)的两个以上的农村公路建设招标投标项目,乡(镇)人民政府可以在区(县)公路管理机构的指导下,组织合并招标投标。但大桥、特大桥建设项目应当单独组织招标投标。

除依法需要通过招标投标确定监理单位外的,其他村道建设项目,可以由区(县)公路管理机构组建工程监理组,免费提供监理服务。

第十五条 (技术指导)

农村公路建设项目的建设单位应当将施工图设计文件向区(县)公路管理机构征求意见,区(县)公路管理机构应当及时提供技术指导意见。

第十六条 (命名和编号)

农村公路竣工验收前,乡(镇)人民政府应当将农村公路名称报区(县)建设交通行政管理部门,由区(县)建设交通行政管理部门征求区(县)地名管理部门意见后确定。

跨区(县)的农村公路名称由区(县)建设交通行政管理部门报市建设交通行政管理部门,经市建设交通行政管理部门征求市地名管理部门意见后确定。

农村公路的编号,按照国家有关规定执行。

第十七条 (移交接管)

新建、改建的农村公路竣工验收合格后,建设单位应当向区(县)建设交通行政管理部门书面提出养护移交申请,并按要求提供公路设施量清单、竣工档案等养护管理资料。

区(县)建设交通行政管理部门应当对养护移交申请进行初审,并将符合要求的申请和相关资料提交给市建设交通行政管理部门。市建设交通行政管理部门应当在收到申请后的30日内,完成农村公路认定工作,并将认定结果告知区(县)建设交通行政管理部门。市公路管理机构应当根据认定结果,及时将该农村公路纳入本市公路设施量。

农村公路经认定后,区(县)建设交通行政管理部门应当与建设单位签订农村公路养护移交接管协议。

第十八条 (废弃及公告)

乡(镇)人民政府和村民委员会应当将失去使用功能的农村

公路上报区(县)建设交通行政管理部门,并由区(县)建设交通行政管理部门征得区(县)规划行政管理部门的同意后宣布废弃。

区(县)建设交通行政管理部门以及乡(镇)人民政府应当将废弃的农村公路及时向社会公告,并设立明显标志。

区(县)规划行政管理部门应当按照土地利用规划的要求,重新确定废弃农村公路的土地使用性质。

第三章　养护管理

第十九条　(养护管理范围)

纳入本市公路设施量的农村公路,由区(县)公路管理机构负责养护管理。

因公路规划变更需要调整农村公路行政等级,或者农村公路失去使用功能而废弃的,区(县)建设交通行政管理部门应当及时向市公路管理机构办理公路设施量变更手续。

第二十条　(养护与管理计划)

区(县)公路管理机构应当根据公路设施量、农村公路养护技术规范和养护定额,编制农村公路年度养护与管理计划,并将其纳入本辖区公路年度养护与管理计划,报区(县)建设交通行政管理部门批准后组织实施。

农村公路养护技术规范和养护定额,由市建设交通行政管理部门组织制定。

第二十一条　(养护管理资金)

农村公路养护管理资金以区(县)人民政府的财政资金为主,国家下拨给本市的公路养护管理资金予以适当补贴。

乡(镇)人民政府应当根据本辖区实际情况,安排一定的资金用于农村公路养护。

第二十二条　(养护作业单位)

区(县)公路管理机构应当采取公开招标的方式,选定承担农村公路养护作业的单位。

对不具备法定招标条件的农村公路小修保养作业,区(县)公路管理机构可以委托沿线乡(镇)人民政府选定养护单位。

第二十三条 (大中修工程)

区(县)公路管理机构应当按照公路技术状况评定标准,每年至少对农村公路进行一次技术状况检测和调查,及时确定农村公路大、中修工程项目。

农村公路大、中修工程项目应当按照本市公路养护工程质量检验评定标准,进行竣工验收。

第二十四条 (桥梁管理)

市建设交通行政管理部门应当组织制定本市农村公路桥梁养护管理工作制度和养护技术规程。

区(县)公路管理机构应当设置专职的桥梁养护工程师。桥梁养护工程师负责以下工作:

(一)对农村公路桥梁养护管理进行技术指导;

(二)起草农村公路桥梁的年度养护与管理计划;

(三)组织开展农村公路养护单位有关技术人员的桥梁技术业务培训。

第二十五条 (桥梁检查)

区(县)公路管理机构应当按照农村公路桥梁养护管理工作制度,对本辖区农村公路桥梁质量安全情况履行检查职责,并做好相关检查记录。

有下列情形之一的,区(县)公路管理机构应当委托具有相应资质的检测单位对桥梁进行检测:

(一)桥梁因洪水冲刷、物体撞击、自然灾害或者超重车辆通过造成损坏的;

(二)桥梁技术状况不佳达到四类、五类标准或者桥梁损坏原因以及程度难以判明的;

(三)桥梁需要提高荷载等级的;

(四)有必要进行检测的其他情形。

区(县)公路管理机构应当根据相关检查结果,及时更换限载标志,并按照农村公路桥梁养护管理工作制度的要求组织实施桥梁的维修、加固和改造等处置措施。

第二十六条 （桥梁损坏的处置）

对受到严重损坏影响通行安全的桥梁,区(县)公路管理机构或者乡(镇)人民政府应当立即采取禁止或者限制通行的措施,并及时通知公安交通管理部门。

区(县)公路管理机构应当及时将桥梁的损坏情况以及维修建议报告区(县)建设交通行政管理部门和市公路管理机构。区(县)建设交通行政管理部门应当优先落实相关经费,及时组织实施桥梁维修作业。

第二十七条 （档案与信息管理）

区(县)公路管理机构应当建立农村公路养护管理档案。

区(县)公路管理机构应当定期采集、更新农村公路数据信息,并做好相关统计和分析工作,为养护管理提供依据。

农村公路数据信息应当纳入本市公路信息化管理体系。

第二十八条 （树木更新砍伐）

乡道及其用地范围内的树木不得任意砍伐、迁移。确实需要更新砍伐的,应当经市建设交通行政管理部门同意后,按照有关法律、法规的规定办理审批手续,并更新补种。

村道及其用地范围内的树木需要砍伐或者迁移的,应当经村民委员会同意;有损坏村道路面平整、村道路基和边坡等影响通行安全情形的,村民委员会应当要求申请人采取安全措施并及时修复。

第四章 路政管理

第二十九条 （禁止行为）

未经依法批准,任何单位和个人不得在农村公路上设卡、收费。

农村公路及其用地范围内禁止从事下列行为:

(一)利用农村公路桥梁进行带缆、牵拉、吊装等施工作业,设置超过规定标准的高压电力线和易燃易爆的管线；

（二）在农村公路桥梁下停泊船只；

（三）在农村公路桥梁的桥孔内堆放易燃易爆物品、擅自明火作业、搭建永久性设施或者擅自搭建临时性设施；

（四）取土或者爆破作业；

（五）设置障碍，挖沟引水；

（六）设置摊点、堆放物品、打场晒粮、种植作物、放养牲畜；

（七）倾倒渣土、垃圾，焚烧各类废弃物；

（八）堵塞排水沟渠、填埋边沟；

（九）机动车滴漏、散落、飞扬物品或者随车人员向外抛物；

（十）将农村公路作为检验机动车制动性能的场地；

（十一）损坏或者擅自涂改、移动农村公路附属设施；

（十二）损坏、污染农村公路和影响农村公路畅通的其他行为。

第三十条 （限制行为）

村民或者其他单位和个人在村道及村道用地范围内从事下列行为的，应当征得村民委员会同意；村民委员会同意后，应当报区（县）公路管理机构备案：

（一）临时占用和挖掘村道及村道用地的；

（二）跨越、穿越村道修建桥梁或者架设、埋设管线等设施，以及在村道用地范围内架设、埋设管线、电缆等设施的；

（三）在村道上增设平面交叉道口的；

（四）在村道及村道用地范围内设置标牌、广告牌等非公路标志的；

（五）车辆或者车辆载运的物件超过村道限载标准或者限制性通行条件但确需通行的。

村民委员会实施前款规定行为的，应当报区（县）公路管理机构备案。

乡道及乡道用地范围内从事本条第一款规定行为的，应当按照有关法律、法规的规定办理审批手续。

实施上述行为时，区(县)公路管理机构应当派员至现场进行技术指导，避免对农村公路造成损坏。

第三十一条 （封闭农村公路）

因施工作业和养护作业确需封闭农村公路的，区(县)公路管理机构应当在该农村公路路段两端设置明显的警示标志；可以绕道通行的，还应当在绕道通行路口设置指示标志。

实施封闭农村公路措施3日前，区(县)公路管理机构应当通知相关乡(镇)人民政府和村民委员会，并会同公安交通管理部门通过新闻媒体、村务公示栏等方式联合发布封闭农村公路的通告。

第三十二条 （日常巡查）

区(县)公路管理机构应当建立农村公路日常巡查制度，依法制止、查处和纠正违反路政管理的行为。

沿线乡(镇)人民政府和村民委员会应当协助做好农村公路日常巡查工作；发现有违反路政管理的行为或者接到举报的，应当及时将相关情况上报区(县)公路管理机构。

第三十三条 （应急处置）

区(县)建设交通行政管理部门应当制定本辖区的农村公路突发事件应急预案。

因突发事件造成农村公路及其附属设施损坏并且严重影响交通安全的，事发地区(县)公路管理机构或者乡(镇)人民政府应当派员赶赴现场先行处置，并立即向区(县)人民政府和建设交通行政管理部门报告。

区(县)建设交通行政管理部门应当按照应急预案的要求，立即组织抢修；短期内难以修复的，应当修建临时便道或者在路口标明绕行线路。

第五章 法律责任

第三十四条 （已有违法处理规定）

违反本办法的行为，法律、法规、规章已有规定的，从其规定。

第三十五条 （违反禁止行为的处理）

违反本办法第二十九条第一款规定，在村道上设卡、收费的，由区（县）建设交通行政管理部门责令停止违法行为，并处以200元以上1000元以下的罚款。

违反本办法第二十九条第二款规定，在村道上从事第（一）、（二）、（三）、（四）、（十一）、（十二）项禁止行为的，由区（县）建设交通行政管理部门责令停止违法行为，并可处以100元以上500元以下的罚款；情节严重的，处以500元以上5000元以下的罚款。

违反本办法第二十九条第二款规定，在村道上从事第（五）、（六）、（七）、（八）、（九）、（十）项禁止行为的，由区（县）建设交通行政管理部门责令限期改正，并可处以100元以上500元以下的罚款；情节严重的，处以500元以上3000元以下的罚款；逾期不改正的，区（县）建设交通行政管理部门可以代为清除，有关费用由违法行为人承担。

第三十六条 （违反路政许可行为的处理）

违反本办法第三十条第一款规定，未经同意擅自在村道上从事相关行为的，由区（县）建设交通行政管理部门按照下列规定予以处理：

（一）从事第（一）、（二）、（五）项行为的，责令停止违法行为，并可处以100元以上500元以下的罚款；造成严重后果的，处以500元以上5000元以下的罚款。

（二）从事第（三）项行为的，责令恢复原状，并可处以1000元以上1万元以下的罚款。

（三）从事第（四）项行为的，责令限期拆除，并可处以500元以上5000元以下的罚款；逾期不拆除的，予以强制拆除，有关费用由违法行为人承担。

第三十七条 （委托处罚）

区（县）建设交通行政管理部门可以委托区（县）公路管理机构实施本办法规定的行政处罚。

第三十八条 （行政责任）

违反本办法规定，市、区（县）建设交通行政管理部门和公路管理机构、乡（镇）人民政府以及其他相关行政管理部门及其工作人员有下列行为之一的，由所在单位或者上级主管部门依法对直接负责的主管人员和其他直接责任人员给予行政处分；构成犯罪的，依法追究刑事责任：

（一）不依法处理违法行为，不依法履行农村公路管理和监督职责的；

（二）无法定依据或者违反法定程序执法的；

（三）滥用职权、玩忽职守、徇私舞弊的其他行为。

市建设交通行政管理部门应当对全市农村公路养护与管理情况进行检查考核，检查考核结果作为下年度市级养护与管理补贴资金分配的依据之一。

第六章　附　则

第三十九条 （实施日期）

本办法于 2011 年 5 月 1 日起施行。

云南省城市出租汽车管理办法

云南省人民政府令第167号　2011.5.6

第一章　总　　则

第一条　为了加强城市出租汽车管理，提高出租汽车行业服务质量，保障乘客、经营者及其从业人员的合法权益，根据国家有关法律、法规，结合本省实际，制定本办法。

第二条　本省行政区域内城市出租汽车的行业规划、经营、服务、管理等活动，适用本办法。

本办法所称的城市出租汽车，是指依法取得经营权，在城市范围内根据乘客意愿提供客运服务，按照行驶里程和时间计费的小型客车。

第三条　城市出租汽车行业的发展，应当与城市建设和经济、社会发展水平相适应，并与其他公共交通客运方式相协调。

第四条　设区的市人民政府、县（市）人民政府（以下简称城市人民政府）应当加强对城市出租汽车行业的管理，合理配置资源，鼓励使用环保、节能型车辆，促进节能减排，推行信息化管理，引导经营者实行规模化、公司化经营。

第五条　交通运输行政主管部门应当根据城市总体规划，会同发展改革、住房城乡建设（规划）、公安等部门编制城市客运出租汽车发展规划，报本级人民政府批准后实施。

第六条　省、州人民政府交通运输行政主管部门负责本行政区域内城市出租汽车行业的指导工作。

城市人民政府交通运输行政主管部门负责本行政区域内城市

出租汽车监督管理工作。其他有关部门按照各自职责做好城市出租汽车的有关管理工作。

第七条 出租汽车行业协会应当根据法律、法规及协会章程对出租汽车行业进行自律管理。

第二章 经营资质管理

第八条 从事城市出租汽车经营的企业,应当具备下列条件:

(一)有城市人民政府规定数量的车辆;

(二)有相应的资金、经营场所和设施;

(三)有与经营业务相适应的安全技术、调度、驾驶、票务、车辆管理等专职人员;

(四)有与经营方式相配套的营运、安全、财务、保险、劳动人事等管理制度和服务质量保障措施;

(五)法律、法规、规章规定的其他条件。

第九条 从事城市出租汽车经营的个体经营者,应当符合下列条件:

(一)有符合城市人民政府规定的车辆;

(二)有承担责任事故风险理赔等相应的民事责任能力;

(三)法律、法规、规章规定的其他条件。

第十条 申领出租汽车经营资格证的企业,除向交通运输行政主管部门提交证明其具备本办法第八条规定条件的材料外,还应当提交下列材料:

(一)申请书;

(二)企业章程或者协议;

(三)企业负责人的身份证明,经办人的身份证明及委托书;

(四)拟投入车辆承诺书,包括车辆数量、技术等级、类型等级等;

(五)资信证明、场地使用或者租用证明。

申领出租汽车经营资格证的个体经营者,除向交通运输行政

主管部门提交证明其具备第九条规定条件的材料外,还应当提交下列材料:

(一)申请书;

(二)申请人身份证明;

(三)法律、法规、规章规定的其他材料。

交通运输行政主管部门应当自受理申请之日起,20 日内作出是否许可的决定。

第十一条 从事城市出租汽车服务的驾驶人,应当具备下列条件:

(一)具有当地身份证明或者居住证明;

(二)持有相应准驾车型的机动车驾驶证,并有 3 年以上驾龄;

(三)年龄在 60 周岁以下,身体健康;

(四)年内未发生负有主要或者全部责任的重大以上交通事故;

(五)法律、法规规定的其他条件。

符合前款规定条件的驾驶人应当向交通运输行政主管部门提出申请,经出租汽车职业培训考试合格,取得交通运输行政主管部门核发的驾驶员客运资格证后,方可从事城市出租汽车客运服务。

第十二条 城市出租汽车经营资格许可实行期限制,具体经营许可期限由城市人民政府确定。法律、法规有规定的,从其规定。

第十三条 经许可从事城市出租汽车经营的企业或者个体经营者(以下统称城市出租汽车经营者),应当持出租汽车经营资格证、营业执照、税务登记、专用车辆牌照和保险等证照,向交通运输行政主管部门申请办理车辆营运证。出租汽车经营资格证、车辆营运证不得非法转让。

第十四条 交通运输行政主管部门应当对城市出租汽车经营者进行信誉质量考核,对出租汽车从业人员进行诚信考核,对车辆状况进行审验。车辆状况审验不得收取任何费用。

第十五条 城市出租汽车经营者合并、分立、变更住址以及其他登记事项的，应当向原许可的交通运输行政主管部门申报，并按照规定到有关部门办理登记手续。

第三章 客运服务管理

第十六条 城市出租汽车经营者和从业人员应当执行国家或者行业服务质量标准。

城市出租汽车经营者应当与出租汽车驾驶人签订经营服务协议，约定双方的权利、义务和服务质量等内容。

第十七条 城市出租汽车经营者应当按照核准的车辆数量投入营运，不得擅自暂停或者终止营运。需要暂停营运的，应当报经交通运输行政主管部门批准；需要终止营运的，应当提前 3 个月向交通运输行政主管部门申报并办理有关手续。

第十八条 城市出租汽车应当在车籍所在地的城市营运，不得在异地驻点经营。

第十九条 城市出租汽车客运价格实行政府定价，由价格主管部门按照管理权限拟订方案，报同级人民政府批准后执行。

第二十条 城市出租汽车经营者应当遵守下列规定：

（一）定期对驾驶人和管理人员进行业务培训，加强职业道德和安全知识教育；

（二）由专人负责票据管理，建立相应台账；

（三）建立驾驶人和车辆档案；

（四）按时办理驾驶人及车辆年审手续，协助有关部门做好驾驶人交通事故的处理及保险索赔；

（五）协助管理部门做好日常监督检查、投诉处理和失物查找；

（六）依据国家有关技术规范对车辆进行定期维护、检测，确保车辆技术状况良好。

第二十一条 城市出租汽车的技术性能应当达到国家标准，

并符合下列要求：

（一）车身、车厢整洁；

（二）符合规定的车型、排气量要求，车辆技术性能完好；

（三）车辆牌照清晰、完整；

（四）符合出租汽车标志色和标识管理规定，车身明显部位设置经营者名称、投诉电话；车厢内设置收费标准、监督电话等服务标志；

（五）按照规定安装、配备、使用出租汽车顶灯、计价器、灭火器、防劫设施和空车待租标志及卫星定位车载终端等，并保持完好；

（六）符合客运服务规范对车辆的其他要求。

第二十二条　城市出租汽车驾驶人应当遵守下列规定：

（一）衣着整洁，举止文明；

（二）保持车辆整洁卫生；

（三）随车携带车辆营运证、驾驶员客运资格证；

（四）按照合理路线或者乘客要求的路线行驶；未经乘客同意，不得绕道行驶或者招揽他人同乘；

（五）发现乘客遗失在车内的物品，应当妥善保管并及时报告交通运输行政主管部门或者公安机关；

（六）自觉遵守交通法规，维护营运秩序，接受管理部门的监督检查；

（七）执行其他有关客运服务规范的要求。

第二十三条　驾驶人使用出租汽车计价器应当遵守下列规定：

（一）经质量技术监督部门鉴定合格；

（二）按计价器显示的数据和金额收费；

（三）不得利用计价器作弊欺骗乘客；

（四）不得私拆计价器铅封、改变质量技术监督部门设定的参数或者车辆有关部位的结构，影响计价器的准确度；

（五）无人乘坐或者待租时，应当竖立空车标志牌，载客时应

当放下标志牌,使用计价器;

(六)计价器出现故障应立即停止营运,及时到指定地点修复合格后方可营运,不得擅自改变计价器的安装位置。

第二十四条 城市出租汽车实行扬手招车、预约订车、站点租乘和包车等客运服务方式。交通运输行政主管部门应当会同公安机关交通管理等部门在城市商业中心地区、居住区和主要道路上,根据方便乘客的原则和道路条件,设置有明显标志的出租汽车上、下乘客的临时停靠点。

机场、火车站、城市轨道交通站、客运码头、长途汽车站和其他客流集散的公共场所,应当设置出租汽车专用候车点。

第二十五条 城市出租汽车驾驶人无正当理由不得有下列拒绝运送乘客的行为:

(一)在客运集散点或者道路边待租时拒绝载客;

(二)载客营运途中中断服务;

(三)乘客招手停车后不载客;

(四)法律、法规、规章规定的其他行为。

第二十六条 乘客应当文明乘车,并且遵守下列规定:

(一)不得在车内或者向车外乱扔废弃物,不得吸烟和污损车辆;

(二)不得携带易燃、易爆等危险品乘车;

(三)不得要求在禁止停车的地点上、下车;

(四)不得有影响驾驶人安全行车的行为;

(五)法律、法规、规章规定的其他行为。

第二十七条 乘客应当按照计价器显示的价格支付车费及途中所经路段发生的合法征收的道路、桥梁通行费。

乘客需要到达的目的地,途中可能产生道路、桥梁通行费用的,驾驶人应当在始发地向乘客说明,乘客无正当理由拒付的,驾驶人可以拒绝服务。

有下列情况之一时,乘客可以拒绝支付车费:

(一)出租汽车无计价器或者有计价器不使用的;

（二）驾驶人不出具发票的；

（三）驾驶人未经乘客同意明显绕道行驶的；

（四）未经乘客同意搭载他人的；

（五）由于驾驶人的原因、基价里程内车辆发生故障或者交通事故，未完成运送服务的。

第二十八条 乘客需要到偏僻地区时，驾驶人可以要求乘客随同到就近的公安机关办理验证登记手续，并报告其所属的城市出租汽车经营者。乘客应当予以配合。

第四章 监督检查

第二十九条 交通运输行政主管部门执法人员对出租汽车客运经营行为实施监督检查时，应当按照规定佩戴标志，并出示行政执法证件。

第三十条 城市人民政府交通运输行政主管部门应当建立健全城市出租汽车经营企业质量信誉考核制度。

城市人民政府交通运输行政主管部门和城市出租汽车经营者应当公布投诉举报电话、通信地址或者电子邮件信箱，接受社会监督。

城市人民政府交通运输行政主管部门接到投诉后，应当自受理之日起:7 日内处理完毕；情况复杂的，经部门负责人批准，可以在 15 日内处理完毕，并将处理结果通知投诉人。

城市出租汽车客运经营者接到投诉后，应当自受理之日起:日内作出答复。乘客对答复有异议的，可以向城市人民政府交通运输行政主管部门申请处理。

第三十一条 城市人民政府交通运输行政主管部门对违反本办法规定的行为，在作出行政处罚前，可以暂扣车辆营运证和驾驶员客运资格证，并出具暂扣证明。

城市人民政府交通运输行政主管部门在实施监督检查过程中，对无车辆营运证又不能当场提供有效证明的载客营运车辆，可以予以暂扣,并出具暂扣凭证。

第五章 法律责任

第三十二条 交通运输行政主管部门工作人员违反本办法,滥用职权、徇私舞弊、玩忽职守的,由其所在单位或者上级主管部门给予处分;构成犯罪的,依法追究其刑事责任。

第三十三条 未取得出租汽车经营资格证、车辆营运证从事客运经营的,由城市人民政府交通运输行政主管部门责令停止营运,处5000元以上3万元以下罚款;专门用于非法经营的车辆,由交通运输行政主管部门依照国务院《无照经营查处取缔办法》予以处罚;构成犯罪的,依法追究刑事责任。

超出许可范围从事客运经营的,由交通运输行政主管部门责令改正,处1000元以上5000元以下罚款。

第三十四条 违反本办法规定,擅自转让出租汽车经营资格证或者车辆营运证的,由城市人民政府交通运输行政主管部门责令改正,处1万元以上3万元以下罚款。

第三十五条 城市出租汽车经营者有下列行为之一的,由城市人民政府交通运输行政主管部门按照下列规定予以处罚:

(一)未按照核准的车辆数量投入营运,擅自暂停或者终止营运的,对经营企业处1万元以上3万元以下罚款;对个体经营者处500元以上1万元以下罚款;

(二)违反第二十条规定的,责令改正,可以处1000元以上3000元以下罚款。

第三十六条 城市出租汽车驾驶人有下列行为之一的,由城市人民政府交通运输行政主管部门按照下列规定予以处罚:

(一)违反第二十二条第(一)、(二)项规定的,给予警告,可以并处50元以上100元以下罚款;

(二)违反第二十二条第(三)、(四)项规定的,处100元以上200元以下罚款;

（三）违反第二十三条第（一）项规定的，责令改正，处500元以上1000元以下罚款；

（四）违反第二十三条第（二）至（六）项规定的，处200元以上500元以下罚款；

（五）违反第二十五条规定的，处100元以上200元以下罚款。

第六章　附　　则

第三十七条　本办法自2011年8月1日起施行。

云南省城市公共交通管理办法

云南省人民政府令第167号　2011.5.6

第一章　总　　则

第一条　为了发展城市公共交通，规范客运活动秩序，保障运营安全，维护城市公共交通活动当事人合法权益，根据有关法律、法规，结合本省实际，制定本办法。

第二条　本省行政区域内城市公共交通的规划、建设、运营、服务、安全及其相关管理活动，适用本办法。

本办法所称城市公共交通，是指在城市人民政府确定的区域内，利用公共汽车、电动公交车、城市轨道交通车辆等交通工具和设施，按照核定的线路、站点、时间运营，为社会公众提供出行服务的客运活动。

第三条　城市公共交通是社会公益性事业。县级以上人民政府应当在财政政策、城市规划、用地保障、设施建设、交通管理等方面，优先支持城市公共交通发展。

第四条　设区的市人民政府、县（市）人民政府（以下简称城市人民政府）应当将城市公共交通发展纳入国民经济和社会发展规划，完善基础设施，优化运营结构，加大资金投入和政策扶持，落实各项补贴、补偿等政策，并及时拨付有关费用。

鼓励社会资金投资城市公共交通建设、综合开发，鼓励城市公交企业使用环保节能型车辆。

第五条　省、州人民政府交通运输行政主管部门负责本行政区域内城市公共交通的业务指导工作；城市人民政府交通运输行政主管部门负责本行政区域内城市公共交通的监督管理工作。

其他有关部门按照职责做好城市公共交通的有关管理工作。

第二章 规划和建设

第六条 省人民政府交通运输行政主管部门应当会同有关部门组织编制全省综合运输体系规划，报省人民政府批准后实施。

城市人民政府交通运输行政主管部门应当根据城市总体规划、全省综合运输体系规划，组织编制城市公共交通规划，报同级人民政府批准并公布后实施。城市公共交通基础设施建设应当符合城市公共交通规划，并与轨道交通和其他交通方式的基础设施相协调。

第七条 城市人民政府应当优先安排公共交通设施建设用地，将公共交通场站和配套设施纳入城市旧城改造和新城建设计划。

城市公共交通规划确定的停车场、枢纽站、首末站、保修厂等城市公共交通服务设施用地，符合划拨用地目录的，应当划拨供给。

新城区开发、旧城区改造、居住小区建设和体育场馆、飞机场、火车站、长途汽车站、码头，以及大型商业中心、大型文化娱乐场所、旅游景点等工程项目的规划、建设，应当按照城市公共交通规划配套建设公共交通场站，并实行同步设计、同步建设、同步竣工、同步交付使用。

第八条 有关部门在审批城市公共交通建设工程项目设计方案前，应当征求城市人民政府交通运输行政主管部门的意见。工程竣工后，城市人民政府交通运输行政主管部门应当参与验收。

第九条 新建、改建、扩建城市道路时，应当根据城市公共交通线路、客运服务设施建设、道路交通安全等专项规划设置候车站、始发站场。对符合公共交通车辆通行条件的旧居住区，应当设置公共交通线路站点。

具备条件的城市主干道可以设置城市公共汽车专用车道,保证公共汽车优先通行。

第十条 城市公共交通运营企业应当按照规定和标准设置公交站牌,并在站牌上标明线路名称、行驶方向、始末班车时间、所在站点和沿途停靠站点以及票价等信息。

第十一条 在城市建设活动中,禁止下列行为:

(一)侵占规划预留的公共交通设施建设用地或者擅自改变其使用性质;

(二)随意挤占公共交通设施用地或者改变土地用途;

(三)擅自改变公共交通场站设施的用途;

(四)擅自迁移、拆除、占用、关闭公共交通停车场、站点、站牌、候车亭等客运服务设施;

(五)损坏公共交通设施和配套服务设施。

第三章 运 营 许 可

第十二条 从事城市公共交通运营的企业,应当具备下列条件:

(一)良好的银行资信和相应的偿债能力;

(二)符合运营要求的流动资金和运营车辆;

(三)符合规定的驾驶人员和相应的管理人员;

(四)健全的运营服务、安全生产、应急处置等管理制度;

(五)法律、法规、规章规定的其他条件。

第十三条 从事公共交通运营的车辆应当具备下列条件:

(一)符合规定的车型,且技术性能和设施完好;

(二)符合有关技术标准和安全、环保、卫生要求;

(三)配备有效的消防设备和器材。

第十四条 从事城市公共交通运营的驾驶人员应当具备下列条件:

(一)年龄在21周岁以上,60周岁以下;

（二）身体健康，无职业禁忌；

（三）持有与准驾车型相符合的机动车驾驶证；

（四）3 年内未发生负有主要或者全部责任的重大以上交通事故。

第十五条 从事城市公共交通运营的，应当依法取得线路运营许可。申请线路运营许可的，应当向城市人民政府交通运输行政主管部门提交符合下列条件的材料：

（一）有客运企业法人资格；

（二）有符合城市人民政府规定数量、车型的运营车辆；

（三）有满足线路运营需求的资金、停车场地和配套设施；

（四）有与运营相适应的驾驶人员、管理人员和其他专业人员；

（五）有线路运营方案和健全的运营服务、安全管理制度；

（六）法律、法规、规章规定的其他条件。

第十六条 线路运营许可采取招标等公平竞争或者直接授予的方式确定。

同一城市有 3 个以上公共交通运营企业申请同一线路的，应当通过招标等方式实施线路运营许可，并将安全生产、服务质量等作为招标主要内容。城市人民政府交通运输行政主管部门应当自中标通知书发出之日起 10 日内，与中标企业订立中标合同，核发线路运营许可证。

采取直接授予方式确定运营线路许可的，城市人民政府交通运输行政主管部门应当自收到申请之日起 20 日内作出是否许可的决定。

城市公共交通线路运营许可实行期限制，具体运营期限由城市人民政府确定。

第十七条 取得线路运营许可的企业，应当与城市人民政府交通运输行政主管部门签订运营服务协议。协议内容应当包括线路名称、站点、首班车和末班车时间、线路配置车辆的最低额度、票制、票价、服务质量承诺、安全保障措施等。

第十八条 取得线路运营许可的企业，确需调整线路、站点、时间或者减少运营车次的，应当向城市人民政府交通运输行政主管部门提出书面申请。城市人民政府交通运输行政主管部门批准调整的，公共交通运营企业应当于实施之日的10日前向社会公告。

因市政工程建设、大型公益活动等特殊情况需要临时变更线路、时间、站点的，建设或者主办单位应当在20日前书面告知公共交通运营企业。公共交通运营企业应当于10日前在站点张贴公告，并通过媒体向社会公告。

第十九条 公共交通运营企业需要停业、歇业或者停开线路的，应当提前6个月向作出许可的城市人民政府交通运输行政主管部门申请办理有关手续。经批准停业、歇业或者停开线路的，公共交通运营企业应当在停业、歇业或者停开线路之前30日向社会公告。

第二十条 城市公共交通线路运营期限届满需要延续的，应当在期限届满6个月前提出申请。城市人民政府交通运输行政主管部门应当自受理之日起20日内作出决定。对符合运营安全、服务质量等要求的，应当作出准予延续的决定；对不符合要求的，应当作出不予延续的决定，并书面告知申请人。

第四章 运营服务

第二十一条 公共交通运营企业应当按照城市人民政府交通运输行政主管部门核准的线路、站点、班次间隔、首班车和末班车时间运营，并遵守下列规定：

（一）依法运营，服从管理；

（二）执行行业标准、规范，保证服务质量，接受社会监督；

（三）开展安全教育，加强行车安全管理，保证运营安全；

（四）对运营设施进行维护，保证其处于良好的运营服务状态；

（五）执行价格主管部门核准的客运价格；

（六）按照机动车运行安全技术标准核定的人数载客；

（七）遵守城市公共交通的其他服务规范。

第二十二条 运营车辆应当按照规定的期限和标准进行维护，保持车容整洁、设施齐备完好，色彩、标志符合要求，在规定位置标明线路站点、票价、安全乘车须知和投诉电话等内容。

在城市公共交通车辆和设施设置广告，应当符合广告管理等有关规定，不得影响城市公共交通运营服务和安全。

第二十三条 公共交通运营企业不得使用报废、擅自改装拼装、检测不合格的车辆以及不符合国家强制标准要求的车辆从事公共交通客运运营。

运营企业应当建立车辆技术档案和管理档案，及时、完整、准确记载有关内容并妥善保管。

第二十四条 城市公共交通从业人员运营服务时应当遵守下列规定：

（一）衣着整洁，文明礼貌；

（二）按照核准的收费标准收费，提供有效的报销票证；

（三）执行有关优惠或免费乘车的规定；

（四）正确及时报清公共汽车线路名称、行驶方向和停靠站名称，提示安全注意事项，为老、幼、病、残、孕乘客提供可能的帮助；

（五）按照核定的运营线路、车次、时间发车和运营，不得到站不停、滞站揽客，中途甩客、不得擅自站外上下乘客、中途调头；

（六）按规定携带、佩戴相关证件；

（七）合理调度、及时疏散乘客；

（八）遵守城市公共交通的其他服务规范。

第二十五条 乘客应当遵守下列规定：

（一）遵守公共道德，服从管理；

（二）不得携带易燃、易爆、有毒等危险品乘车；

（三）不得携带宠物和易污染等有碍乘客安全或者健康的物品乘车；

（四）不得在车厢内吸烟、吐痰、乱扔垃圾、散发广告，或者向车外抛掷物品；

（五）不得有影响车辆正常行驶、乘客安全和乘车秩序的行为；

（六）学龄前儿童、不能辨认自己行为的醉酒者、精神病患者乘车应当有人陪护；

（七）身高120厘米以上的乘客应当按照规定付费乘车。

乘客违反上述规定情形之一，经劝阻拒不改正的，驾驶员、乘务员可以拒绝对其提供服务。

第五章 运营安全

第二十六条 城市人民政府应当加强对城市公共交通安全管理工作的领导，督促有关部门履行安全监督管理职责，及时协调、解决安全监督管理中的重大问题。

城市人民政府交通运输行政主管部门应当定期开展安全检查，督促企业消除安全隐患。

安全生产监督、公安等有关部门应当按照职责对城市公共交通安全实施监督管理。

第二十七条 公共交通运营企业应当采取措施，加强安全管理，并履行下列职责：

（一）建立健全安全生产管理机构，配备专职安全生产管理人员；

（二）建立健全安全生产责任制，落实车辆定期例保检验等安全管理制度，加强安全检查，消除隐患；

（三）建立并实施从业人员安全教育培训制度，保证从业人员熟悉安全运营规章制度和安全操作规程。

第二十八条 城市轨道交通经营者应当定期对城市轨道交通安全保障系统以及消防、防汛、防护、报警等器材和设备进行检测、维修、更新和改造，保证其处于良好的运行状态。

城市人民政府交通运输行政主管部门应当按照国家有关规定设置城市轨道交通安全保护区。在安全保护区内进行作业的,作业单位应当制定有效的安全防护方案,报城市人民政府交通运输行政主管部门备案。

第二十九条 公共交通运营企业应当在公共交通车辆及公共场站的醒目位置设置安全警示标志,并保持灭火器、安全锤、车门紧急开启装置等安全应急装置完好。

城市公共交通场站经营者应当建立安全巡查制度。遇到危及运营安全的紧急情况,应当及时采取疏散或者限制客流等临时措施,确保运营安全。

第三十条 城市人民政府交通行政运输主管部门应当会同有关部门制定城市公共交通应急预案,报本级人民政府批准后实施。

运营企业应当根据城市公共交通应急预案制定本企业的应急预案,定期进行演练。

第三十一条 城市公共交通突发事件发生后,城市人民政府应当启动应急预案,采取应急处置措施。

遇有抢险救灾、突发性事件以及重大活动等情况时,运营企业应当服从城市人民政府的统一调度和指挥。

第六章 监 督 管 理

第三十二条 省人民政府交通运输行政主管部门应当会同有关部门制定城市公共交通安全行车、服务质量、车容车貌等方面的标准和规范。

县级以上人民政府交通运输行政主管部门应当加强对城市公共交通活动的监督检查,及时查处违法行为。

第三十三条 城市人民政府交通运输行政主管部门应当建立举报投诉制度,公开举报投诉电话、通信地址、电子邮箱,接受社会监督。

第三十四条 城市人民政府交通运输行政主管部门应当定期

组织对公共交通运营企业的服务质量、运营安全、岗位培训等事项进行考核。

第七章 法律责任

第三十五条 国家工作人员在城市公共交通管理工作中玩忽职守、滥用职权、徇私舞弊的,依法给予处分;构成犯罪的,依法追究刑事责任。

第三十六条 违反本办法规定的行为,法律法规已有处罚规定的,从其规定;法律法规没有处罚规定的,由城市人民政府交通运输行政主管部门按照下列规定处罚:

(一)擅自迁移、拆除、占用、关闭公共交通停车场、站点、站牌、候车亭等客运服务设施的,责令改正,限期恢复原状,处 1 万元以上 3 万元以下罚款;造成损失的,依法承担赔偿责任;

(二)损坏公共交通设施和配套服务设施的,处 500 元以上 5000 元以下罚款;造成损失的,依法承担赔偿责任;

(三)未取得运营线路许可从事城市公共交通运营活动的,责令停止运营,处 1 万元以上 3 万元以下罚款;

(四)公共交通运营企业未经批准擅自停业、歇业或者停开线路的,责令改正,处 5000 元以上 3 万元以下的罚款;

(五)公共交通运营企业未经批准擅自调整线路、站点、时间运营或者擅自减少运营车次的,责令改正,处 2000 元以上 1 万元以下罚款;

(六)公共交通运营企业聘用不符合规定条件的驾驶人员从事公共交通运营驾驶活动的,按照每人次处以 500 元以上 1000 元以下罚款;

(七)公共交通运营企业未执行服务承诺确定的客运服务标准,或者未按照核准的线路、站点、日总班次、班次间隔、首班车和末班车时间、车辆数、车型、服务质量、安全保障措施等运营的,责令改正,处 1000 元以上 5000 元以下罚款。

城市公共交通从业人员到站不停、滞站揽客、中途甩客、违反规定中途掉头的，由城市人民政府交通运输行政主管部门予以警告，可以并处50元以上200元以下罚款。

第八章　附　　则

第三十七条　法律、法规、规章对城市轨道交通管理另有规定的，从其规定。

第三十八条　本办法自2011年8月1日起施行。

重庆市水上交通安全管理条例

重庆市人民代表大会常务委员会公告〔2011〕42 号　2011.11.25

第一章　总　　则

第一条　为加强水上交通安全管理,维护水上交通秩序,保障人民生命、财产安全,根据《中华人民共和国内河交通安全管理条例》和有关法律法规,结合本市实际,制定本条例。

第二条　在本市行政区域内通航水域从事航行、停泊和作业等活动以及在非通航水域从事与水上交通安全有关的活动,适用本条例。

本市行政区域内渔业船舶和渔港水域的水上交通安全管理,参照本条例执行。

第三条　水上交通安全管理按照安全第一、预防为主、方便群众、依法管理的原则,实施综合治理,保障水上交通安全、有序、通畅。

第四条　市、区县(自治县)人民政府应当加强水上交通安全管理,建立健全水上交通安全管理责任制度,协调解决水上交通安全管理工作中的重大问题,制定水上交通安全事故应急救援预案,落实人员、装备和经费,保障应急救援工作正常开展。

乡(镇)人民政府、街道办事处对本行政区域内的水上交通安全管理履行下列职责:

(一)建立健全村(居)民委员会和船舶所有人、经营人的船舶安全责任制;

(二)落实渡口船舶、船员、旅客定额的安全管理责任制和客渡船舶签单发航管理制度；

(三)负责本行政区域内乡镇自用船舶登记管理工作；

(四)确定水上交通安全管理的专门人员；

(五)组织安全宣传、安全检查和安全隐患督察整改，以及安全管理人员的考评；

(六)督促船舶所有人、经营人和船员遵守有关内河交通安全的法律、法规和规章。

第五条 通行政主管部门负责本市行政区域内通航水域水上交通安全管理工作，其所属的海事管理机构具体实施所辖通航水域的水上交通安全监督管理。

渔业行政主管部门负责对本市行政区域内的渔业船舶和渔港水域实施安全监督管理。

公安、水利、环保、市政、旅游、体育、园林等有关行政管理部门按照各自职责，共同做好水上交通安全监督管理。

长江海事管理机构按照职责对所辖水域实施水上交通安全监督管理。

第六条 水上交通安全管理实行所有人、经营人负责制。

船舶、浮动设施的所有人、经营人应当加强对船舶、浮动设施的安全管理，建立健全安全管理制度，按照规定从事航行、停泊和作业以及与水上交通安全有关的活动，并对其船舶、浮动设施的交通安全负责。

第七条 水库、风景名胜区、自然保护区、城市园林等非通航水域的管理机构和经营者负责所辖水域内的水上交通安全日常管理和维护工作。

管理机构应当加强对其所辖水域的交通安全监督管理；对有水上餐饮、娱乐等经营的，还应当督促水上餐饮、娱乐经营者建立健全安全管理制度和应急救援预案，并定期开展演练。

水上餐饮、娱乐经营者应当落实安全保障措施，在其经营的活动水域内设置明显的安全标志和隔离设施，保障水上餐饮、娱乐活动安全。

第二章　船舶、浮动设施和船员

第八条　船舶、浮动设施应当依照《中华人民共和国船舶登记条例》规定向船舶登记机关申请船舶登记。体育运动、渔业船舶按照国家有关规定向其主管部门申请登记。

乡镇自用船舶，应当向船舶所有人住所地或者经常居住地乡镇人民政府申请登记。

水库、风景名胜区、自然保护区、城市园林等非通航水域内的漂流船艇（筏）等水上餐饮、娱乐船舶应当到其管理机构进行登记。

第九条　船舶、浮动设施的所有人、经营人应当履行下列职责：

（一）建立健全内部安全监督机构，配备安全管理人员；

（二）依照规定配备船员。合理安排值班作业，保证船员休息时间；聘用有适任证书或者其他适任证件的船员；对船员定期进行安全教育和技术培训；不得指使、强令船员违章操作；

（三）制定船舶、浮动设施的调度、使用、维修、保养制度及操作规程，完善安全生产和劳动保护措施；

（四）督促、检查安全工作，及时消除安全生产隐患，按照规定上报水上交通安全生产事故；

（五）组织制定、实施安全应急救援预案，并定期进行演练；

（六）保证安全生产和安全管理工作必要的资金、技术投入；

（七）法律法规规定的其他职责。

第十条　交通行政主管部门应当对通航水域设置餐饮、娱乐趸船实行规划管理。

在通航水域设置从事餐饮、娱乐的趸船，其所有人、经营人除应当遵守第九条的规定外，还应当遵守下列规定：

（一）按照《重庆市航道管理条例》等法规的规定进行通航安全评估；

（二）按照港航管理机构规定的停泊区域和停泊方式停泊；

（三）按照交通行政主管部门的规定，配备相应的消防、救生、防污设备，设置船舶系固和方便人员通行安全的辅助设施；

（四）按照《重庆市长江三峡水库库区及流域水污染防治条例》的规定防止污染通航水域水体。

第十一条 租赁或者承包船舶、浮动设施的，应当签订书合同，并在合同中明确双方水上交通安全管理职责和义务。

第十二条 载客船舶应当按照标准配备救生设施。载运学生上学放学的船舶，应当配备儿童救生衣和相应的救生浮具；其船员应当督促学生穿着救生衣。

第十三条 船员应当依照《中华人民共和国船员条例》的规定注册，取得船员服务簿。

船员应当经水上交通安全专业培训，其中客船、载运危险货物船舶等的船员还应当经相应的特殊培训，并经海事管理机构考试合格，取得相应的适任证件。

体育运动以及渔业船舶、乡镇自用船舶船员的管理由其登记机关按照国家有关规定执行。

第十四条 海事管理机构应当对船员实行水上交通安全违法行为记分管理制度。

在规定期限记分达到规定分值的船员应当参加海事管理机构组织的强制性安全培训和考试；考试不合格者或者无正当理由拒不参加安全培训和考试的，由海事管理机构依法注销其船员适任证书或者适任证件。

第十五条 船员在船期间，应当符合《中华人民共和国船员条例》有关要求，并不得有下列行为：

（一）超额、超载、超速、超时、超越航线驾船；

（二）抢航、抢漕、抢档；

（三）违反规定人畜混装；

（四）驾驶货船、渔船、乡镇自用船舶等不具备载客条件的船舶私载旅客；

（五）患有妨碍安全驾驶的疾病仍从事航行、停泊和作业活动，或者在航行、停泊和作业活动期间饮酒、服用国家管制的精神药品或者麻醉药品；

（六）其他违反水上交通安全的行为。

第三章 航行、停泊和作业

第十六条 船舶航行应当保持了望，注意观察，并在核定的航区、航线内采用安全航速航行；其航速应当保障船舶和在船人员的安全，并不得危及其他船舶、浮动设施的安全。

船舶安全航速应当根据能见度、通航密度、船舶操纵性能和风、浪、水流、航路状况以及周围环境等主要因素决定；使用雷达的船舶，还应当考虑雷达设备的特性、效率和局限性。

第十七条 船舶航行应当具备以下条件：

（一）持有有效的船舶检验证书和船舶登记证书；

（二）配备符合国务院交通行政主管部门规定的船员；

（三）依照规定标明船名、船籍港、载重线；

（四）船舶主机、舵机、锚机等机器和船体完好，消防、救生等设施设备齐全有效，依照规定配备、使用甚高频无线电话（VHF）、全球卫星定位系统（GPS）、船舶自动识别系统（AIS）等通信、助航设备和视频设施，以及相关安全保卫设施；

（五）配备必要的航行资料。

按照国家规定必须取得船舶污染损害责任、沉船打捞责任保险文书或者财务保证书的船舶，应当随船携带其副本。

浮动设施从事有关活动，应当具备本条第一款第一项、第二项规定的条件。

第十八条 高速客船应当使用安全航速，防止碰撞、浪损等交通事故，在航行时应当主动让清其他船舶。

高速客船不得夜航。因特殊情况确需夜航的，应当在夜航前二十四小时报海事管理机构批准。

第十九条 船舶应当在码头、泊位或者海事管理机构公布的锚地、停泊区、作业区停泊；遇有紧急情况，需要在其他水域停泊的，应当向海事管理机构报告。

船舶停泊，应当留有足以保证船舶安全的船员值班。

第二十条 船舶、浮动设施进行各种作业或者活动，应当选择安全作业区域，采取安全保障措施，并不得妨碍其他船舶、浮动设施的安全。

船舶、浮动设施进行明火作业，应当在作业前二十四小时报海事管理机构备案。

第二十一条 船舶、浮动设施在储存、装卸、运输危险货物时，应当遵守国家有关危险货物运输和管理的规定，保证水上交通安全。

禁止客船和客渡船装运危险货物。

禁止旅客携带危险物品上船。

第二十二条 船舶航行、停泊、作业应当遵守《中华人民共和国内河避碰规则》、交通管制区的特殊规定和海事管理机构发布的有关航行通告、警告，正确使用声、光信号和其他信号，不得妨碍或者危及其他船舶航行、停泊或者作业的安全。

第四章 通航保障

第二十三条 航道管理部门应当加强航道管理，保持航道畅通和助航标志有效、明显。

航道发生变迁，水深、宽度发生变化或者航标发生位移、损坏、灭失，影响通航安全的，航道管理部门应当及时采取措施，使航道、航标保持正常状态。

任何单位和个人不得擅自移动助航标志，发现助航标志移动或者损坏，应当立即向海事管理机构和航道管理部门报告。

第二十四条 任何单位和个人不得有下列影响通航安全的行为：

(一)在航道内设置各种网具、种植植物、水生物和设置永久性固定设施；

(二)在通航水域人工放排、在控制水域拖排；

(三)向通航水域倾倒砂石、泥土、弃物、弃渣、垃圾以及其他废弃物的；

(四)垂钓、游泳、漂流等其他影响通航安全的行为。

渔船在通航水域内进行捕捞作业，不得妨碍船舶航行安全。

第二十五条 水电站、水库管理单位或者其他调水作业单位应当建立水情信息传递制度和通报制度，在因调水作业导致水位急剧变化，可能影响水上交通安全的区域内及时发布相关水情信息。

第二十六条 在通航水域或者岸线上进行下列可能影响通航安全的作业或者活动的，应当在进行作业或者活动前报海事管理机构批准：

(一)勘探、采掘、爆破；

(二)构筑、设置、维修、拆除水上水下构筑物或者设施；

(三)架设桥梁、索道；

(四)铺设、检修、拆除水上水下电缆或者管道；

(五)设置系船浮筒、浮趸、缆桩等设施；

(六)航道建设，航道、码头前沿水域疏浚；

(七)举行大型群众性活动、体育比赛。

前款所列作业或者活动结束后，建设施工单位或者活动组织者应当按照通航管理规定及时清除遗留物。

进行气象观测、测量、地质调查和航道日常养护，以及大面积清除水面垃圾等影响通航安全的作业，应当在作业前向海事管理机构备案。

海事管理机构应当将批准和备案情况通过网络、报纸等形式予以公布。

第二十七条 封航封渡水位由海事管理机构根据辖区航道变化情况提出，并报经当地区县(自治县)人民政府批准后发布。

遇有影响水上交通安全情形的，海事管理机构可以根据情况采取限时航行、单航、封航等临时性限制、疏导交通的措施。

第五章　救助及事故调查处理

第二十八条　水上交通安全管理机构应当根据水上交通安全的情况，建立健全安全监督检查制度，加强对船舶、浮动设施、船员和通航安全环境的监督检查，及时制止和纠正船舶、浮动设施的违法行为，防止发生水上交通安全事故。

第二十九条　海事管理机构负责水上救助的组织、指挥。

海事管理机构应当建立水上救助体系和水上突发事件应急反应机制，配备必要的设施、设备，设置并公布水上遇险求救专用电话，实行二十四小时值班制度。

第三十条　船舶、浮动设施遇险，在船工作人员应当采取紧急措施进行自救，减少人员伤亡和财产损失。其所有人、经营人应当立即向遇险地海事管理机构报告，并做好现场保护工作。

海事管理机构收到船舶、浮动设施遇险求救信号或者报告后，应当根据险情等级，及时启动相应的应急救援预案，组织力量进行救助，同时向遇险地区县（自治县）人民政府和上级海事管理机构报告。

船员、浮动设施上的工作人员或者其他人员发现其他船舶、浮动设施遇险，或者收到求救信号后，应当全力救助遇险人员，并服从海事管理机构的统一调度指挥。

第三十一条　水上交通安全事故发生后，海事管理机构应当采取有效措施，保障航路畅通，防止发生其他事故。

船舶、浮动设施发生水上交通安全事故后，不及时采取措施，严重危及水上交通安全的，海事管理机构可以采取卸载、拖出特定区域、解除动力、冲滩、破坏性打捞等紧急措施，发生的费用和损失由事故责任人依法承担。

第三十二条　海事管理机构对水上交通安全事故进行调查和

取证时，有关单位和人员应当接受和配合，如实陈述事故的有关情况和提供有关证据，不得谎报或者隐匿、毁灭证据。

发生水上交通安全事故的船舶、浮动设施在事故调查期间，未提供担保或者未经海事管理机构同意，不得离开海事管理机构指定地点。

第三十三条 水上交通安全事故船舶、浮动设施的所有人或者经营人应当在事故发生后二十四小时内向事故发生地海事管理机构提交事故报告书和有关资料。

第三十四条 海事管理机构应当在事故调查、取证结束后三十日内，依法作出事故调查结论，作为处理水上交通事故的依据。

事故调查结论应当载明事故的基本事实、事故原因和事故当事人的责任认定等内容，并书面告知当事人。

第三十五条 当事人对区县(自治县)海事管理机构作出的事故调查结论不服的，可以在收到书面事故调查结论次日起十五日内向市海事管理机构申请复核。市海事管理机构应当在收到复核申请书之日起三十日内完成复核并作出决定。

第三十六条 海事管理机构可以根据情况实施水上交通安全技术监控；实施技术监控的，应当设立标识。

技术监控记录资料可以作为海事管理机构处理违法行为的依据。

第六章 法律责任

第三十七条 违反水上交通安全管理规定的行为，由海事管理机构依法处理；实行交通综合行政执法的，由交通综合行政执法机构依法处理。

第三十八条 违反本条例规定，有下列情形之一的，对责任船员处二百元以上一千元以下罚款；情节严重的，暂扣其船员适任证书或者其他适任证件三个月至六个月；情节特别严重的，吊销船员适任证书或者其他适任证件。对负有责任的船舶所有人或者经营人处一千元以上五千元以下罚款：

（一）超额、超载、超速、超时、超越航线驾船；

（二）抢航、抢漕、抢档；

（三）违反规定人畜混装；

（四）患有妨碍安全驾驶的疾病仍从事航行、停泊和作业活动，或者在航行、停泊和作业活动期间饮酒、服用国家管制的精神药品或者麻醉药品；

（五）不遵守水上交通管制区的特殊规定和海事管理机构发布的有关通告的；

（六）不正确使用声、光信号和其他信号的。

对前款第四项行为的检测、认定，由海事管理机构参照有关道路交通安全管理法律法规的规定执行。

第三十九条 违反本条例规定，驾驶货船、渔船、乡镇自用船舶等不具备载客条件的船舶私载旅客的，对责任船员处二百元以上一千元以下罚款；情节严重的，暂扣其船员适任证书或者其他适任证件六个月至十二个月直至吊销适任证书或者其他适任证件。

第四十条 违反本条例规定，有下列情形之一的，对负有责任的船舶所有人或者经营人处一千元以上五千元以下的罚款。对负有责任的船员处二百元以上一千元以下罚款；情节严重的，暂扣其船员适任证书或者其他适任证件三个月至六个月；情节特别严重的，吊销责任船员船员适任证书或者其他适任证件：

（一）船舶主机、舵机、锚机等机器和船体坏损，消防、救生等设施设备失效、不全航行的；

（二）按规定应当配备、使用而未配备、使用甚高频无线电话（VHF）、全球卫星定位系统（GPS）、船舶自动识别系统（AIS）等通讯、助航设备和视频设施，以及相关安全保卫设施的。

第四十一条 违反本条例规定，船舶、浮动设施进行明火作业，未依法向海事管理机构备案的，对负有责任的船舶所有人或者经营人处五千元以上三万元以下罚款。

第四十二条 违反本条例规定，船舶航行时不按规定标明、擅自涂改或者遮挡船名、船籍港、载重线的，对负有责任的船舶所有人或者经营人处五千元以上三万元以下罚款。对负有责任的船员处二百元以上一千元以下罚款；情节严重的，暂扣责任船员船员适任证书或者其他适任证件三个月至六个月；情节特别严重的，吊销责任船员船员适任证书或者其他适任证件。

第四十三条 违反本条例规定，有下列情形之一的，责令限期改正，处二百元以上一千元以下罚款；情节严重的，处一千元以上一万元以下罚款：

（一）在通航水域人工放排、在控制水域拖排的；

（二）向通航水域倾倒砂石、泥土、弃物、弃渣、垃圾以及其他废弃物的；

（三）垂钓、游泳、漂流等其他影响通航安全的行为。

第四十四条 违反本条例规定，在航道内设置各种网具、种植植物、水生物和设置永久性固定设施的，责令限期改正；逾期不改正的，予以强制清除，因清除而发生的费用由责任人承担，并处一千元以上一万元以下罚款。

第四十五条 船舶、浮动设施有下列危及水上交通安全行为的，可以禁止其离港、责令驶向或者移至指定地点接受处理；对拒不执行者，可以采取拖移、卸载、解除动力、暂扣等紧急措施：

（一）超额、超载、超速、超时、超越航线航行的；

（二）在封航、封渡水位航行的；

（三）在客运码头、危险货物装卸码头、船闸区域擅自滞留，危及水上交通安全的。

第四十六条 对发生水上交通安全事故并负主要责任或者全部责任的船舶，存在严重安全隐患的，责令其停航整顿；一年内发生两起重大及以上水上交通安全事故并负主要责任或者全部责任的，责令其停业整顿；构成犯罪的，依法追究刑事责任。

第四十七条 海事管理机构、渔政管理机构和其他管理机构及其工作人员在水上交通安全管理活动中滥用职权、玩忽职守、徇私舞弊的，由其上级机关或者监察机关责令改正，对直接负责的主管人员和其他直接责任人员依法给予处分;构成犯罪的,依法追究刑事责任。

第四十八条 有其他水上交通安全违法行为的,由海事管理机构、渔政管理机构及其他管理机构根据各自法定职责和有关法律法规实施处罚。

第七章 附 则

第四十九条 本条例下例用语的含义:

(一)通航水域,是指由海事管理机构认定的可供船舶航行的江、河、湖泊、水库等水域。

(二)船舶,是指各类排水或者非排水的船、艇、筏、水上飞行器、潜水器、移动式平台以及其他水上移动装置。

(三)浮动设施,是指采用缆绳或者锚链等非刚性固定方式系固并漂浮或者潜于水中的建筑、装置。

(四)趸船,是指不航行作业、用锚及缆索系固于岸线或者特定水域的船舶及水上设施。

(五)乡镇自用船舶是指村(居)民个人或者家庭所有,用于农副业生产和生活服务,航行于本乡镇或者相邻乡镇水域的船舶。

第五十条 本条例自 2012 年 1 月 1 日起施行。

附　录

2011年废止的交通运输规章目录

被废止的规章名称	被废止规章的发布日期	废止依据
交通行政执法证件管理规定	1997年10月16日以交通部令1997年第16号发布	2011年1月4日被交通运输部以交通运输部令2011年第1号《交通运输行政执法证件管理规定》废止
中华人民共和国水上水下施工作业通航安全管理规定	1999年10月8日以交通部令1999年第4号发布	2011年1月27日被交通运输部以交通运输部令2011年第5号《中华人民共和国水上水下活动通航安全管理规定》废止
集邮市场管理办法	2000年5月24日以国家邮政局、国家工商行政管理局第1号令发布	2011年5月6日被交通运输部以交通运输部令2011年第6号《集邮市场管理办法》废止
中华人民共和国海船船员适任考试、评估和发证规则	2004年8月1日以交通部令2004年第6号发布	2011年12月27日被交通运输部以交通运输部令2011年第12号《中华人民共和国海船船员适任考试和发证规则》废止

ISBN 978-7-114-09928-1

9 787114 099281 >